専門訴訟講座 ❽

倒産・再生訴訟

松嶋英機　伊藤眞　園尾隆司　編

発行 民事法研究会

　　　　　　は　し　が　き

1．はじめに——紛争発生の不可避性

　利害の対立する倒産と再生の局面においては、紛争の発生が不可避であり、宿命的であるとすらいえる。事業を囲む主体として、属性でいえば、取引先、社債権者、金融機関、株主、労働者、経営者など、さまざまな利害関係人が存在するが、平常時であれば、アダム・スミスのいう見えざる手によって導かれ、それらの利害関係人が衝突することはない。むしろ、商取引先との間で事業活動が行われ、投資家や金融機関が投下資金を回収し、株主への配当が行われることをみれば、利害関係人相互間には依存関係が存在するといってよい。まことに、世は共存共栄の仕組みで成り立っている。

　しかし、いったん事業が危機に陥れば、その依存関係は退き、対立関係が前面に出るといってよい。事業活動に必要な資金が枯渇し、商取引債権の決済が滞り、金融機関に対する返済や社債の償還に支障が生じ、また、労働債権や租税債権などの支払が困難になる状況が表面化すれば、各債権者による回収、担保権や相殺の実行、詐害行為や偏頗行為などが競合し、それらに対抗して倒産手続が開始されるとともに、これらの対立は、破産管財人などの手続機関と利害関係人との間の紛争に転化することとなる。倒産手続が清算型（破産・特別清算）であるか、再生型（民事再生・会社更生）であるかを問わず、これは変わるところがない。その意味で、倒産は、婚礼の祝宴に不和の女神エリスが投げ込んだ林檎に似たものを感じさせる。[1]

2．紛争解決の仕組みと基準

　紛争発生が不可避であることは、倒産手続にその解決が求められることを意味する。一方で、利害関係人間の公平や平等の理念に背馳しないように配慮しつつ、他方で、事業組織や財産の価値を保全しながら、しかも迅速に紛争を解決することは、倒産手続に対する経済社会の信頼を確保するうえで、

　1　その林檎には、「一番美しい方へ」と記されていた。ブルフィンチ（野上弥生子訳）『ギリシャ・ローマ神話』274頁。

はしがき

常に意識しなければならない課題ということができる。手続遂行の中心となる破産管財人、再生債務者・管財人、更生手続の管財人からみれば、法理（本書第2部）を踏まえつつ、各種の権利の取扱いを定め、変更や調整を試みることになるし（本書第1部）、中立かつ公正な立場にある裁判所には、その試みが妥当なものであるかどうかについて適正かつ迅速な判断が求められる（本書第3部）。

　もちろん、紛争解決のあり方は一様ではない。資産の保全のため、あるいは事業価値の再構築のためには、裁判ではなく、和解や協定という合意に基づく解決が望まれることが多い。ときには、アレクサンドロス大王のごとく、ゴルディアスの結び目を一刀のもとに断ち切らざるを得ない場合もあるが、むしろ得心のうえの受容れが望ましい場合が少なくない。ただし、その際にも、裁判に移行すれば、いかなる基準と手続によって判断が示されるかを把握していることが不可欠である。

3．裁判官、弁護士、研究者の協働

　本書は、これまで7巻刊行された「専門訴訟講座」の基本的編集方針に則り、倒産・再生関係訴訟を3部に分け、各部をそれぞれ弁護士、研究者、裁判官が担当し、多様な角度からの検討と検証を展開している。これまでの各巻と異なる点は、弁護士を執筆者とする第1部に、研究者の手になる第2部が続き、さらに争訟の判断者の立場にある裁判官による第3部がそれを締め括っていることである。これは、倒産・再生案件の渦中にまず脚を踏み入れるのが弁護士であり、その執務の基礎となる理論について研究者の視点から分析がなされ、裁判官による評価が加えられるという流れに沿ったものとして、ご理解賜りたい。

　三重奏曲にたとえれば、高音部のヴァイオリンを弁護士が、低音部のチェロを研究者が、広い音域で基調を形作るピアノを裁判官が受け持つ構成となっており、それぞれの部分について力を尽くして執筆にあたっていただいた各位に感謝申し上げる。もっとも、この分野における実務の動きは速く、本書の改訂を求められる時期も遠くはないと思われる。

最後になるが、濱田芳貴弁護士（西村あさひ法律事務所）には、全体を通じてご協力をお願いし、また、株式会社民事法研究会（田口信義社長）からは、全社をあげて支援賜り、特に、同社編集部の安倍雄一氏に、原稿の督促から校正までの労苦を引き受けていただいた。記して御礼申し上げる。

　なお、編者ら自身に係る事柄ではあるが、本書は、過ぐる年に古稀を迎えた松嶋、近く古稀に至る伊藤、今11月に40年の裁判官生活の区切りを迎える園尾が、微力を尽くし、倒産・再生の実務と理論の研鑽に努めたいとの思いから編んだものである。斯界における評価が、「晴空、一鶴、雲を排して上り」[2]の古辞が示すがごとき高みに到ることができるよう、読者諸賢のご叱正を乞う。

　平成26年10月吉日

　　　　　　　　　　　　　　　編者　松嶋　英機
　　　　　　　　　　　　　　　同　　伊藤　眞
　　　　　　　　　　　　　　　同　　園尾　隆司

2　劉禹錫『秋詞』。読み下し文は、井波律子『中国名詩集』16頁による。

目　次

第1部　倒産・再生訴訟の実務

序章　倒産手続と各種の争訟——弁護士の立場から

第1節　倒産事件に争訟発生は必然 …… 2
Ⅰ　倒産は事件の坩堝 …… 2
　1　はじめに …… 2
　2　事件処理の困難性と容易性 …… 3
Ⅱ　倒産処理手続における事件処理の原則 …… 3

第2節　倒産事件と弁護士の関与類型 …… 4
Ⅰ　依頼者の区分による代理人弁護士 …… 4
Ⅱ　倒産処理手続に関する代理人弁護士と倒産事件の個別争訟の代理人弁護士 …… 5
　1　はじめに …… 5
　2　倒産処理手続を追行する債務者代理人、管財人等と個別争訟の債務者または管財人等の代理人との連携の必要性 …… 5

第3節　役員に対する損害賠償請求事件 …… 6
Ⅰ　はじめに …… 6
Ⅱ　通常の経営時の役員会に対する影響 …… 7
　1　コンプライアンス、コーポレートガバナンス、アカウンタビリティ（説明責任）意識 …… 7

2　倒産処理手続の選択における影響……………………………………8

第1章　倒産手続の申立てと手続開始決定

第1節　保全処分・変更・取消・解除……………11
Ⅰ　保全処分の意義………………………………………………………11
Ⅱ　処分禁止の仮処分その他の保全処分………………………………11
　　1　業務および財産に関する保全処分………………………………11
　　2　弁済禁止の保全処分………………………………………………12
　　3　保全管理命令………………………………………………………15
Ⅲ　開始決定前の他の手続の中止命令、包括的禁止命令、担保権実行中止命令………………………………………………21
　　1　開始決定前の中止命令等の意義…………………………………21
　　2　他の手続の中止命令………………………………………………21
　　3　担保権実行中止命令………………………………………………22
　　4　包括的禁止命令……………………………………………………26

第2節　手続開始決定……………28
Ⅰ　倒産手続開始の裁判と即時抗告……………………………………28
Ⅱ　破産手続開始をめぐる争訟の実務…………………………………29
　　1　破産原因と破産障害事由…………………………………………29
　　2　自己破産の場合……………………………………………………29
　　3　債権者申立ての場合………………………………………………30
Ⅲ　再生手続開始決定をめぐる争訟の実務……………………………31
　　1　債務者申立て………………………………………………………31
　　2　債権者申立て………………………………………………………34

目　次

Ⅳ　更生手続開始決定をめぐる争訟の実務················35
　1　債務者申立て···35
　2　債権者申立て···36
　3　他の手続との競合···36

第3節　管理型民事再生・DIP型会社更生······40
Ⅰ　管理型民事再生··40
　1　管理型民事再生の概要·······································40
　2　管理命令の趣旨···40
　3　管理命令を発令できる場合·······························43
　4　管理命令発令の効果···44
　5　管理命令の取消し等···45
　6　管理命令の発令の状況·······································45
Ⅱ　DIP型会社更生··46
　1　DIP型会社更生の意義·······································46
　2　DIP型会社更生の運用の背景···························46
　3　DIP型会社更生運用の要件·······························48
　4　DIP型会社更生の東京地方裁判所の運用·······51
　5　管財人の解任等···54
Ⅲ　管理型民事再生とDIP型会社更生··························54

第2章　倒産手続参加

第1節　破産債権・再生債権・更生債権の行使················56
Ⅰ　債権届出・取下げ··56
　1　破産債権・再生債権・更生債権の行使···········56

	2	債権届出の取下げ･････････････････････････････････････60
II	債権調査 ･･･61
	1	認否書の作成･････････････････････････････････････61
	2	債権調査をめぐる実務問題･････････････････････････62
III	債権の確定 ･･･68
	1	倒産各法における債権確定の制度 ･････････････････68
	2	倒産債権査定決定手続････････････････････････････69
	3	査定異議の訴えの手続････････････････････････････73
	4	倒産手続開始当時に係属している訴訟の債権確定訴訟としての受継･･･････････････････････････････････････75
	5	有名義倒産債権に対する異議の主張･･･････････････76
	6	主張の制限･･･････････････････････････････････････77

第2節　更生担保権の行使 ････････････････････････77

I	担保権の存否に関する問題 ･････････････････････････････77
	1	更生担保権の意義と更生管財人の調査････････････77
	2	動産売買先取特権の存否に関する問題･････････････79
	3	所有権留保の存否に関する問題･･･････････････････80
	4	集合動産譲渡担保の存否に関する問題･････････････81
	5	将来債権譲渡担保の存否に関する問題･････････････81
II	担保権で保全された額の確定に関する問題 ･････････････83
	1	評価基準の変遷と時価の意義･････････････････････83
	2	不動産の評価･････････････････････････････････････88
	3	リース物件の評価･････････････････････････････････90
	4	将来債権譲渡担保の評価･････････････････････････91

目 次

第3章　担保権の行使と消滅に関する利害調整と争訟

第1節　担保権の行使とその制約……………92

I　破産法・民事再生法・会社更生法における担保権の処遇……92
　1　優先弁済権の保護と制約の必要性………………………92
　2　破産法における行使と制約………………………………93
　3　民事再生法における行使と制約…………………………94
　4　会社更生法における行使と制約…………………………95

II　実行手続中止………………………………………………96
　1　強制執行等の中止…………………………………………96
　2　担保権に基づく実行手続の中止…………………………96
　3　更生手続における実行手続の中止と転付命令…………97

III　手続内における担保権者（別除権者）との利害調整………99
　1　任意売却と担保解除（担保の変換）……………………99
　2　継続使用と別除権協定……………………………………101

第2節　担保権の消滅許可に関連する攻撃防御……………101

I　各倒産手続における担保権の取扱いと担保権消滅許可制度との関係………………………………101
II　破産法における担保権の消滅許可に関連する攻撃防御……103
　1　担保権消滅許可の申立て…………………………………103
　2　担保権の消滅許可に関連する攻撃防御…………………105
III　民事再生法における担保権の消滅許可に関連する攻撃防御
　　………………………………………………………………107

8

	1	担保権消滅許可の申立て……………………………………107
	2	担保権の消滅許可に関連する攻撃防御……………………109

Ⅳ 会社更生法における担保権の消滅許可に関連する攻撃防御
　……………………………………………………………………111

	1	担保権消滅許可の申立て……………………………………111
	2	担保権の消滅許可に関連する攻撃防御……………………113
	〈表1〉 各倒産手続における担保権消滅許可制度の概要………114

第3節　留置権をめぐる利害調整と争訟……………117

Ⅰ　破産法・民事再生法・会社更生法における留置権の処遇……117
Ⅱ　手形の商事留置権の取扱い………………………………………118
Ⅲ　破産法・会社更生法の商事留置権消滅請求の制度……………120
Ⅳ　民事留置権に対する対応…………………………………………121

第4章　否認をめぐる紛争

第1節　詐害行為と正当な事業活動の境界
　――「濫用的」会社分割と許容されるべき会社分割………………123

Ⅰ　はじめに……………………………………………………………123
Ⅱ　「濫用的」会社分割とは何か……………………………………124

	1	典型例…………………………………………………………124
	2	「良い」会社分割との対比…………………………………126
	3	濫用的会社分割への対処……………………………………127
	4	濫用的会社分割において「濫用」ならしめる要素………135

第2節　偏頗行為否認……………144

9

目次

I 総論 ……………………………………………… 144
1 現行法における改正点 ……………………………… 144
2 偏頗行為否認の要件 ………………………………… 146
3 否認の効果 …………………………………………… 148

II 債務消滅に関する行為——概説 ……………… 150

III 弁済 ……………………………………………… 151
1 期限弁済と期限前弁済 ……………………………… 151
2 第三者による弁済 …………………………………… 151
3 借入金による弁済 …………………………………… 152
4 優先的な債権に対する弁済 ………………………… 153
5 濫用的会社分割の否認 ……………………………… 153

IV 代物弁済 ………………………………………… 155
1 財産減少行為との関係 ……………………………… 155
2 担保目的物による代物弁済 ………………………… 155

V 担保提供 ………………………………………… 156
1 非義務行為の特則 …………………………………… 156
2 同時交換的行為 ……………………………………… 157
3 第三者による行為 …………………………………… 157
4 集合債権譲渡担保の否認 …………………………… 158

VI 対抗要件具備行為 ……………………………… 158
1 対抗要件具備行為の否認の趣旨 …………………… 158
2 否認の対象となる対抗要件具備行為 ……………… 159
3 集合債権譲渡担保における対抗要件具備行為 …… 160
4 対抗要件具備行為に対する対抗要件否認によらない否認の可否 …… 161

VII 執行行為 ………………………………………… 163
1 執行行為の否認の趣旨 ……………………………… 163
2 否認しようとする行為について執行力ある債務名義があるとき

に該当する場合……………………………………………………163
　　3　否認しようとする行為が執行行為に基づくものであるときに
　　　該当する場合……………………………………………………165

第5章　相殺禁止に関する紛争

第1節　相殺権行使の制限——相殺禁止規定
……………………………………………………………………167
Ⅰ　相殺禁止の趣旨……………………………………………………167
Ⅱ　相殺禁止規定を排除する合意の効力……………………………168
Ⅲ　相殺権行使の効果…………………………………………………168

第2節　受働債権となる債務の負担時期による制限……………………………………169
Ⅰ　1号禁止——手続開始後の債務負担……………………………169
　　1　1号禁止…………………………………………………………169
　　2　公共工事の前払金に係る信託終了後の預金払戻債務の負担時期……170
　　3　停止条件付債務を受働債権とする相殺の可否………………171
Ⅱ　2号禁止——支払不能後の債務負担……………………………177
　　1　2号禁止…………………………………………………………177
　　2　支払不能後の新たな債務負担…………………………………177
　　3　支払不能後の既存債務の引受け………………………………180
Ⅲ　3号禁止——支払停止後の債務負担……………………………181
　　1　3号禁止…………………………………………………………181
　　2　投資信託の解約金返還債務……………………………………181
Ⅳ　4号禁止——倒産手続開始申立て後の債務負担………………183

11

目次

  1 4号禁止 ……………………………………………………… 183
  2 手続相互の関係 ……………………………………………… 183
 Ⅴ 相殺禁止の例外 ………………………………………………… 184
  1 相殺の例外的許容①──「法定の原因」 …………………… 184
  2 相殺の例外的許容②──「前に生じた原因」 ……………… 185
  3 相殺の例外的許容③──申立て時より「1年以上前に生じた原因」
    …………………………………………………………………… 191

第3節 自働債権となる債権の取得時期による制限 ……………… 192

Ⅰ 1号禁止──倒産手続開始後の債権の取得 ……………………… 192
  1 1号禁止 ………………………………………………………… 192
  2 弁済による代位と相殺 ………………………………………… 193
  3 通貨デリバティブ取引における三者間相殺合意条項に基づく相殺
    …………………………………………………………………… 196
  4 双方未履行双務契約の解除によって生じる損害賠償請求権を
    自働債権とする相殺の可否 …………………………………… 197
Ⅱ 2号～4号禁止──支払不能・支払停止・倒産手続申立て後の債権の取得 ………………………………………………………… 198
Ⅲ 相殺禁止の例外 …………………………………………………… 198
  1 相殺の例外的許容①──「法定の原因」 …………………… 198
  2 相殺の例外的許容②──「前に生じた原因」 ……………… 199
  3 相殺の例外的許容③──申立て時より「1年以上前に生じた原因」
    …………………………………………………………………… 201
  4 相殺の例外的許容④──「契約」 …………………………… 202

12

第6章　再生・更生計画をめぐる利害調整と争訟

第1節　はじめに ……………………………………………………203
第2節　再生・更生計画（案）とは何なのか
　……………………………………………………………………………205

I　法的な仕組みとしての再生・更生計画（案）……………205
　1　定義的な説明……………………………………………………205
　2　内容面の説明……………………………………………………206
　3　株式会社に係る計画（案）の特性……………………………207
II　事業再生の文脈における再生・更生計画（案）…………209
　1　事業収益力の改善などの側面…………………………………209
　2　実態債務超過の解消などの側面………………………………210
III　再生・更生計画（案）をめぐる関係者の実質的な利害……211
　1　倒産債権者の利害………………………………………………211
　2　株主の利害………………………………………………………212

第3節　手続の諸段階における関係者の利害調整と争訟 ………………………………………………214

I　計画案の提出と付議の段階……………………………………214
　1　計画案の提出義務と提出権……………………………………214
　2　債権者が提出する計画案に係る内容的な制約………………215
　3　付議決定の審理と判断…………………………………………216
　4　裁判所の許可を要する条項……………………………………218
II　計画案の決議と計画の認可の段階…………………………219

目 次

  1　議決権（額）の確定方法……………………………………………219
  2　計画案の可決と否決…………………………………………………220
  3　認可・不認可をめぐる争訟…………………………………………222
 Ⅲ　認可された計画の遂行・履行の段階……………………………………228
  1　計画の効力とその発生根拠…………………………………………228
  2　計画の遂行段階における関係者の利害調整および争訟…………229

第7章　役員の損害賠償責任

第1節　役員の法人に対する責任……………………236

 Ⅰ　役員に対する責任追及の手続……………………………………………236
  1　概　要…………………………………………………………………236
  2　破綻時における役員の法人に対する責任…………………………237
  3　役員賠償責任査定手続の概要………………………………………238
  4　財産の保全手続………………………………………………………242
 Ⅱ　倒産手続開始と訴訟による責任追及との関係…………………………243
  1　倒産手続開始後に責任追及訴訟を提起することの可否…………243
  2　責任追及訴訟係属中に倒産手続が開始された場合の訴訟手続の
   帰趨………………………………………………………………………247

第2節　役員の会社債権者に対する責任…………251

 Ⅰ　経営危機時における役員の責任…………………………………………251
  1　問題の所在……………………………………………………………251
  2　役員の会社債権者に対する責任……………………………………252
 Ⅱ　倒産手続における問題……………………………………………………255
  1　会社法429条1項と倒産手続との関係………………………………255
  2　係属中訴訟の帰趨……………………………………………………258

第2部 倒産・再生訴訟の法理

序章 各種倒産手続の特質と優先劣後をめぐる争訟

第1節 はじめに──各種倒産手続の特質 ……260

第2節 私的整理と法的倒産手続の競合から協働へ ……261
- Ⅰ 私的整理と法的倒産手続の共存 ……262
- Ⅱ 私的整理と法的倒産手続の協働 ……264

第3節 法的倒産手続間の関係 ……265
- Ⅰ 債権者一般の利益からみた民事再生と会社更生 ……265
- Ⅱ 先行手続と後行手続との一体性の確保 ……267
- Ⅲ 別除権協定の意義と対象債権の共益債権化の可能性 ……268

第4節 おわりに ……271

第1章 「支払不能」・「支払停止」概念の意義と機能

第1節 はじめに──問題状況と本稿における視座 ……272
- Ⅰ 問題状況と検討対象 ……272

目 次

Ⅱ 本稿における視座——判断のあり方の相違 ……………………275
第2節 「支払不能」概念の意義と機能………………277
Ⅰ 支払不能の意義に関する学説および裁判例——特に債務の弁済期到来・債務不履行の要否 ……………………277
　1 問題状況 ……………………………………………………277
　2 学説および裁判例 …………………………………………278
Ⅱ 検　討 …………………………………………………………282
第3節 「支払停止」概念の意義と機能………………286
Ⅰ 「支払停止」の意義に関する裁判例と問題状況 ……………286
　1 裁判例の横断的分析 ………………………………………286
　2 問題状況 ……………………………………………………286
　〈表2〉「支払停止」の意義に関する裁判例の横断的分析 ……288
Ⅱ 債務整理開始通知・債務免除等要請行為の「支払停止」該当性 ……………………………………………………295
　1 学説および裁判例 …………………………………………295
　2 検　討 ………………………………………………………301
第4節 おわりに……………………………………302

第2章　「債権者一般の利益」概念の意義と機能

はじめに ……………………………………………………………304
第1節 アメリカ法にみる再建型倒産処理手続の成り立ち(constitution)……306

16

目　次

Ⅰ　アメリカ法第11章手続の基礎 …………………………………306
Ⅱ　私的整理に対する優越 …………………………………………307

第2節　アメリカ法における「最善の利益」（Best Interests Test）概念……308

Ⅰ　目　的 ……………………………………………………………308
Ⅱ　最善の利益テスト（Best Interests Test）により保護される者 …………………………………………………………309
Ⅲ　最善の利益テスト（Best Interests Test）で守られる価値 ………………………………………………………………310

第3節　組分けの重要性 ……………………………311

Ⅰ　総　説 ……………………………………………………………311
Ⅱ　組分けの規律 ……………………………………………………312

第4節　クラムダウンの仕組み …………………314

Ⅰ　総　説 ……………………………………………………………314
Ⅱ　担保権者に保障される価値 ……………………………………316
　1　前　提 …………………………………………………………316
　2　クラムダウンの第1手法（1129条(b)(2)(A)(i)）……………318
　3　クラムダウンの第2手法（1129条(b)(2)(A)(ii)）…………321
　4　クラムダウンの第3手法（1129条(b)(2)(A)(iii)）…………321
　5　沿革を踏まえた若干の検討 …………………………………322
Ⅲ　一般債権者や持分権者に保障される価値 ……………………327
　1　絶対優先原則 …………………………………………………327
　2　不公正な差別 …………………………………………………328
　3　ギフト問題 ……………………………………………………329
　4　沿革を踏まえた若干の検討 …………………………………330

17

第5節　イギリス法における保障されるべき価値の議論──Out-of-the moneyの問題 ································332

- I　Schemes of Arrangement の活用 ································332
- II　Out-of-the money による処理──My Travel Group Plc 事件 ································333
- III　価値評価をめぐる問題──Re Bluebrook Ltd 事件 ········334
- IV　若干の検討 ································335

第6節　日本法への投影 ································336

- I　再建型倒産処理手続の憲法的価値 ································336
- II　清算価値保障原則の意義 ································338
- III　保障されるべき清算価値の内容 ································339
- IV　権利保護条項の位置づけ ································340
- V　絶対優先原則の意義 ································343

結びに代えて ································345

第3章　債権確定の手続構造と諸問題

第1節　債権確定手続の全体構造と各手続の概観 ································346

- I　債権確定手続の全体構造 ································346
- II　破産手続の債権調査・確定手続 ································347
  - 1　債権の届出 ································347
  - 2　債権調査 ································349

		3	査定手続 ·· 350
		4	査定異議の訴え ·· 351

　Ⅲ　民事再生手続の債権調査・確定手続 ···································· 352
　　　1　債権調査・確定手続の構造 ·· 352
　　　2　債権届出と調査 ·· 352
　　　3　査定と査定異議の訴え ·· 354

　Ⅳ　会社更生手続の債権調査・確定手続 ···································· 354
　　　1　債権調査・確定手続の構造 ·· 354
　　　2　債権届出と調査 ·· 355
　　　3　査定決定と債権確定訴訟 ·· 356

　Ⅴ　債権の性質に争いがある場合 ·· 357

第2節　訴訟手続の中断と受継 ·· 358

　Ⅰ　破産手続 ··· 358
　　　1　訴訟の中断 ·· 358
　　　2　訴訟の受継 ·· 359

　Ⅱ　民事再生手続 ··· 361
　　　1　訴訟の中断 ·· 361
　　　2　訴訟の受継 ·· 362

　Ⅲ　会社更生手続 ··· 363
　　　1　訴訟の中断 ·· 363
　　　2　訴訟の受継 ·· 363

　Ⅳ　債権者代位訴訟の扱い ·· 365

第3節　債権調査・確定手続における争い方

·· 366

　Ⅰ　破産債権者による主張の制限 ·· 366
　　　1　異議権の喪失 ··· 366

19

2　主張制限 ……………………………………………………367
Ⅱ　戦略的異議 ………………………………………………………368

第4節　**債権確定の効果** ……………………………………369
Ⅰ　確定の対象 ………………………………………………………369
Ⅱ　確定判決と同一の効力 …………………………………………370
　　1　確定判決と同一の効力が発生する場合と範囲 ……………370
　　2　効力の内容 …………………………………………………371

第4章　倒産手続における担保権の処遇

第1節　**はじめに──倒産手続と担保権** ………373
第2節　**担保権実行中止命令の手続構造と問題点** …………………………………………………375
Ⅰ　要　件 ……………………………………………………………376
Ⅱ　手続および効力 …………………………………………………378
Ⅲ　非典型担保 ………………………………………………………379

第3節　**担保権消滅許可制度の手続構造と問題点** …………………………………………………381
Ⅰ　破産手続 …………………………………………………………381
　　1　趣　旨 ………………………………………………………381
　　2　要　件 ………………………………………………………382
　　3　制度の対象たる担保権 ……………………………………383
Ⅱ　再生手続 …………………………………………………………385

1	趣　旨	385
2	要　件	385
3	非典型担保	388
4	金銭の納付	388
Ⅲ	更生手続	389

第4節　別除権協定 390

Ⅰ	内　容	390
Ⅱ	別除権協定に基づく債権の性質	390
Ⅲ	別除権協定が解除された場合の被担保債権額の減縮の効果	391

第5章　倒産手続における債権者平等原則

第1節　はじめに 394

第2節　倒産手続における債権者平等の内容 396

Ⅰ	形式的平等の内容	396
Ⅱ	実質的平等の内容	397

第3節　倒産手続における債権者平等原則の例外場面 401

Ⅰ	別除権・更生担保権	401
Ⅱ	共益債権・財団債権	403
Ⅲ	租税債権・労働債権	404

21

目 次

Ⅳ 優先的破産債権・一般優先債権等 ……………………………405
Ⅴ 少額債権 ……………………………………………………………407
 1 中小企業者に対する少額債権の弁済 ……………………408
 2 手続の円滑な進行を図るためにする少額債権の弁済 ……408
 3 早期に弁済しなければ事業の継続に著しい支障を来す少額債権の弁済 ……………………………………………………409
 4 更生計画・再生計画における少額債権 …………………411
Ⅵ 内部者債権等の劣後化 ……………………………………………412

第4節 新たな例外場面と考慮要素の抽出
──結びに代えて── ……………………413

第3部 倒産・再生訴訟の裁判

序章 倒産手続と各種の争訟

第1節 倒産事件の裁判手続としての特色 ……416
Ⅰ 倒産手続の法源 ……………………………………………………416
Ⅱ 倒産手続における裁判 ……………………………………………417
 1 決　定 ……………………………………………………………417
 2 命　令 ……………………………………………………………419
 3 判　決 ……………………………………………………………419
Ⅲ 倒産手続と民事訴訟手続の関係 …………………………………420
 1 倒産手続は民事訴訟手続か …………………………………420
 2 倒産手続に民事訴訟法が準用される範囲 …………………421
 3 倒産手続に付随する民事訴訟 ………………………………422

| | 4 | 倒産手続上の財団に関する民事訴訟 | 422 |

Ⅳ 倒産手続と非訟手続との関係 423

第2節 倒産裁判所と受訴裁判所 424

Ⅰ 倒産裁判所 424
Ⅱ 受訴裁判所 424
　1　倒産手続に付随する訴訟事件の受訴裁判所 424
　2　倒産手続上の財団に関する民事訴訟の受訴裁判所 426

第3節 倒産手続と職権主義 426

Ⅰ 手続開始における職権主義 426
Ⅱ 手続進行および事実調査における職権主義 428

第1章　手続開始決定をめぐる裁判上の諸問題

第1節 申立ての方式上の不備をめぐる審理
429
　〈表3〉　各種倒産手続の申立ての方式 430

第2節 申立適格（申立要件）や申立権の濫用をめぐる審理 431

Ⅰ 破産手続における申立適格（申立要件）をめぐる審理 431
Ⅱ 申立権の濫用をめぐる審理 432
　1　破産手続における申立権の濫用をめぐる審理 433
　2　民事再生手続における申立権の濫用の審理 434

第3節 手続開始要件をめぐる審理 436

23

目 次

- Ⅰ 破産手続の開始要件の審理 …………………………………436
  - 1 破産手続開始原因 ………………………………………436
  - 2 支払不能 …………………………………………………437
  - 3 支払停止 …………………………………………………438
  - 4 債務超過 …………………………………………………438
- Ⅱ 民事再生手続の開始要件の審理 ……………………………440
  - 1 再生手続開始原因と申立棄却事由 ……………………440
  - 2 「再生計画案の作成若しくは可決の見込み又は再生計画の認可の見込みのないことが明らかであるとき」の意義 ……………440
  - 3 審理方法 …………………………………………………441
- Ⅲ 会社更生手続の開始要件の審理 ……………………………442
- Ⅳ 特別清算手続の開始要件の審理 ……………………………443

第4節 各種手続が競合する場合の審理 …………443

- Ⅰ 各種手続相互間の優先関係 …………………………………443
- Ⅱ 破産手続と民事再生手続が競合する場合の審理 …………445
- Ⅲ 会社更生手続と民事再生手続が競合する場合の審理 ……445

第5節 各種保全処分をめぐる実務運用 …………446

- Ⅰ 破産手続 ………………………………………………………446
- Ⅱ 民事再生手続 …………………………………………………447
  - 【書式1】 標準的な保全処分の主文例（東京地方裁判所）……448
- Ⅲ 会社更生手続 …………………………………………………449
- Ⅳ 特別清算手続 …………………………………………………450

第 2 章　担保権実行中止および担保権消滅請求についての裁判上の諸問題

はじめに ……………………………………………………………451

第 1 節　担保権の実行手続の中止命令 …………………451
Ⅰ　意　義 ……………………………………………………………451
Ⅱ　中止命令の発令要件 ……………………………………………452
　1　再生債務者所有の財産であること ……………………………452
　2　再生債権者の一般の利益に適合すること ……………………453
　3　競売申立人に不当な損害を及ぼすおそれがないこと ………453
Ⅲ　中止命令の対象 …………………………………………………454
　1　民事再生法53条 1 項に定める別除権 …………………………454
　2　物上代位に基づく債権差押手続、担保不動産の収益執行手続 …454
　3　非典型担保 ………………………………………………………456
Ⅳ　中止命令の審理手続 ……………………………………………459
Ⅴ　中止命令の発令 …………………………………………………460
　1　発　令 ……………………………………………………………460
　2　中止期間 …………………………………………………………461
　3　発令後の手続 ……………………………………………………461
Ⅵ　中止期間の伸長決定 ……………………………………………462

第 2 節　担保権消滅請求 …………………………………462
Ⅰ　意　義 ……………………………………………………………462
Ⅱ　担保権消滅許可の要件 …………………………………………463
　1　再生債務者所有の財産であること ……………………………463
　2　事業継続に不可欠な財産であること …………………………464

25

3　再生計画案の可決の見込み……………………………………467
Ⅲ　担保権消滅許可の対象……………………………………………468
　　1　民事再生法53条1項に定める別除権………………………468
　　2　非典型担保…………………………………………………468
Ⅳ　担保権消滅許可の審理手続………………………………………470
　　1　申立て………………………………………………………470
　　2　担保権者の意見聴取…………………………………………471
Ⅴ　担保権消滅許可決定の発令………………………………………472
　　1　発　令………………………………………………………472
　　2　発令後の手続…………………………………………………472
Ⅵ　価額決定請求………………………………………………………472
　　1　請求手続………………………………………………………472
　　2　評　価………………………………………………………473
　　3　価額決定………………………………………………………474
Ⅶ　価額に相当する金銭の納付および担保権の登記の抹消………474
Ⅷ　配当手続……………………………………………………………475

第3章　更生担保権の確定に係る裁判上の諸問題

第1節　更生担保権の調査確定の手続……………476

Ⅰ　概　説………………………………………………………………476
Ⅱ　更生担保権の届出…………………………………………………478
　　1　概　説………………………………………………………478
　　2　更生債権となる被担保債権との関係………………………479
　　3　更生手続開始後の利息損害金の扱い………………………480

Ⅲ 更生担保権の調査 480
1 概　説 480
2 認　否 480
3 調査期間における調査 481

Ⅳ 更生担保権の確定手続 482
1 概　説 482
2 無名義債権の確定手続 483
3 有名義債権の確定手続 483
4 更生担保権における確定手続の実情 484

第2節　更生担保権の額を定める手続における審理 484

Ⅰ 価額決定の申立て 484
1 申立て 484
2 管轄、手数料の有無 485
3 参考資料の提出 485
4 申立ての利益 485

Ⅱ 費用の予納 486
1 予納者、予納の時期 486
2 予納の方法等 486

Ⅲ 審　理 487
1 評価人の必要的選任等 487
2 評価基準等 487
3 審理における留意点等 488

Ⅳ 決　定 489
1 価額決定 489
2 費用負担者 489

目 次

- V 決定後の手続等 ··490
  - 1 不服申立て ··490
  - 2 確定した場合の扱い ···490
  - 3 価額決定手続中の更生手続終了 ···································490

第3節　更生担保権の存否をめぐる審理 ············491

- I 更生担保権査定手続と価額決定手続との関係 ···············491
  - 1 価額決定等の拘束力 ···491
  - 2 被担保債権の存否または額に争いがある場合 ·············491
- II 申立て・審理 ···492
  - 1 申立て ··492
  - 2 管轄、審理の時期 ··492
  - 3 必要的審尋、主張制限 ···492
- III 担保権の性質に応じた検討 ··493
  - 1 約定担保物権 ··493
  - 2 法定担保物権 ··493
- IV 目的物を共通にする複数の更生担保権がある場合の取扱い
  ··495
  - 1 旧法下での問題・議論 ···495
  - 2 現行法での取扱い ··496
- V 決定・不服申立て等 ···497
  - 1 決定 ···497
  - 2 合意による解決（和解）··497
  - 3 不服申立て ··498
  - 4 確定した決定の効力等 ···498
  - 5 訴訟費用の償還 ···498
  - 6 更生担保権査定手続中の更生手続終了 ·······················498

28

VI 査定異議の訴え……499
1 訴えの提起……499
2 訴額の算定……499
3 訴訟手続……499
4 判決、和解等……500
5 更生担保権査定異議の訴え係属中の更生手続終了……500

VII 更生担保権査定手続によらずに確定される更生担保権……501
1 訴訟手続の受継（無名義債権）……501
2 訴訟手続の受継（有名義債権）……501
3 受継訴訟の係属中の更生手続終了……502

第4章 否認権行使についての裁判上の諸問題

第1節 支払不能、支払停止……503
I 意 義……503
II 支払停止該当性……504
III 支払不能、支払停止の要件事実的性質……505

第2節 否認の訴えの要件事実……505
I 訴えの性質、訴訟物……506
II 詐害行為否認の要件事実……506
1 一般的な詐害行為否認（破160条1項1号）……506
〔図1〕ブロックダイヤグラム（一般的な詐害行為否認）……507
2 危機時期における詐害行為否認（破160条1項2号）……508
〔図2〕ブロックダイヤグラム（危機時期における詐害行為否認）……509
3 対価が過大な債務消滅行為に関する詐害行為否認（破160条2項）

29

   ………510
 4　相当な対価を得てした財産の処分行為に関する詐害行為否認
  （破161条1項）………510
 〔図3〕　ブロックダイヤグラム（対価が過大な債務消滅行為に関する
   詐害行為否認）………511
 〔図4〕　ブロックダイヤグラム（相当な対価を得てした財産の処分行
   為に関する詐害行為否認）………512
 5　無償行為否認（破160条3項）………514
 〔図5〕　ブロックダイヤグラム（無償行為否認）………515
Ⅲ　偏頗行為否認の要件事実………516
 1　意　義………516
 2　同時交換的取引の除外………516
 3　一般的な偏頗行為否認（破162条1項1号）………517
 〔図6〕　ブロックダイヤグラム（一般的な偏頗行為否認）………518
 4　非義務行為の偏頗行為否認（破162条1項2号）………520
 〔図7〕　ブロックダイヤグラム（非義務行為の偏頗行為否認）………521
Ⅳ　対抗要件否認の要件事実………522
 1　要　件………522
 2　請求原因………522
 3　抗　弁………522
 〔図8〕　ブロックダイヤグラム（対抗要件否認）………523
Ⅴ　執行行為否認の要件事実………523
 1　意　義………523
 2　否認対象行為………524
Ⅵ　転得者否認の要件事実………525
 1　要　件………525
 2　請求原因………525

| 〔図9〕 ブロックダイヤグラム（転得者否認）……………………526
| 3　抗　弁………………………………………………………………526
| Ⅶ　価額償還請求の要件事実…………………………………………527
| 1　要　件………………………………………………………………527
| 2　請求原因……………………………………………………………527
| 3　抗　弁………………………………………………………………527
| 〔図10〕 ブロックダイヤグラム（価額償還請求）……………………528
| Ⅷ　差額償還請求の要件事実…………………………………………528
| 1　意義・要件…………………………………………………………528
| 〔図11〕 ブロックダイヤグラム（差額償還請求）……………………529
| 2　請求原因……………………………………………………………529
| 3　抗　弁………………………………………………………………529

第3節　否認の請求……………………………………………………530

第4節　否認の請求を認容する決定に対する異議の訴え……………530

Ⅰ　否認の訴えとの関係……………………………………………………530
Ⅱ　異議の訴えの訴訟物、要件事実………………………………………531
Ⅲ　争点整理…………………………………………………………………531

第5章　計画認可決定をめぐる裁判上の諸問題

はじめに………………………………………………………………………533

第1節　付議決定の審理………………………………………………533

Ⅰ　付議決定の要件…………………………………………………………533

目　次

　　1　一般調査期間が終了していないとき（民再169条1項1号）…………534
　　2　財産状況報告集会における再生債務者等による報告または民事
　　　　再生法125条1項の報告書の提出がないとき（民再169条1項2号）
　　　　…………………………………………………………………………534
　　3　裁判所が再生計画案について民事再生法174条2項各号（3号を
　　　　除く）に掲げる要件のいずれかを満たさないものと認めるとき
　　　　（民再169条1項3号）…………………………………………………534
　　4　民事再生法191条2号の規定により再生手続を廃止するとき
　　　　（民再169条1項4号）…………………………………………………535
　Ⅱ　東京地方裁判所における付議決定の審理方法……………………………535
　Ⅲ　付議決定がされない場合………………………………………………………536
　Ⅳ　再生計画案が複数提出された場合の付議決定上の問題点……………537
　　1　届出再生債権者からの再生計画案の提出……………………………537
　　2　届出再生債権者案が提出された場合の具体的な調整………………538
　　3　債権者案を付議する場合の問題点……………………………………539
　　4　複数の再生計画案を付議する場合の留意事項………………………542
　　5　債権者案の認可段階における遂行可能性の判断……………………543

　第2節　再生計画認可決定の審理…………………………………………545
　Ⅰ　再生計画認可決定の意義………………………………………………………545
　Ⅱ　再生計画認可決定の要件（不認可事由）……………………………………546
　　1　再生手続または再生計画が法律の規定に違反し、かつ、その不
　　　　備を補正することができないものであるとき（民再174条2項
　　　　1号本文）………………………………………………………………546
　　2　再生計画が遂行される見込みがないとき（民再174条2項2号）……553
　　3　再生計画の決議が不正の方法によって成立するに至ったとき
　　　　（民再174条2項3号）…………………………………………………555
　　4　再生計画の決議が再生債権者の一般の利益に反するとき

　　　　（民再174条2項4号）…………………………………………556
　Ⅲ　東京地方裁判所における再生計画認可決定の審理方法………559
　　1　利害関係人の意見陳述権……………………………………560
　　2　再生計画認可の決定時期……………………………………560
　　3　再生計画認可・不認可の決定………………………………560
　　4　再生計画認可決定の効力の発生時期………………………561
　　5　再生計画認可決定に対する即時抗告………………………562

第6章　即時抗告をめぐる諸問題

第1節　即時抗告の要件 …………………………………………567

Ⅰ　即時抗告の対象となる裁判……………………………………567
　　1　不服申立不許の原則と即時抗告を認める場合………………567
　　2　即時抗告を認める規定………………………………………568
Ⅱ　即時抗告の手続…………………………………………………569
　　1　即時抗告権者…………………………………………………569
　　2　即時抗告期間…………………………………………………570
　　3　抗告状および委任状の提出…………………………………571
　　4　抗告理由書、準備書面および書証の提出……………………571
Ⅲ　即時抗告の効果…………………………………………………572
　　1　確定遮断効……………………………………………………572
　　2　執行停止効……………………………………………………573

第2節　即時抗告についての審理および裁判

　　　　　　　　　　　　　　　　　　　　　　　　…………573
Ⅰ　原審における手続………………………………………………573
　　1　原審における更正決定………………………………………573

2　抗告審への事件の送付……………………………………………574
Ⅱ　抗告審における手続………………………………………………574
　　1　抗告の適法性の審査………………………………………………574
　　2　抗告理由についての審理…………………………………………575
　　3　抗告審における判断の基準時……………………………………576
　　4　抗告審における裁判………………………………………………577
　　5　裁判以外の終了事由………………………………………………578

第3節　抗告審の裁判に対する不服申立て……579

Ⅰ　特別抗告または許可抗告…………………………………………579
　　1　特別抗告……………………………………………………………579
　　2　許可抗告……………………………………………………………579
Ⅱ　その他の不服申立ての可否………………………………………580
　　1　即時抗告……………………………………………………………580
　　2　再抗告………………………………………………………………581

第4節　即時抗告に関する諸問題と立法措置の必要性……………………………………581

Ⅰ　移送決定と即時抗告………………………………………………581
　　1　移送決定に対する不服申立禁止…………………………………581
　　2　自庁処理を認める規定の必要性…………………………………583
Ⅱ　費用の予納と即時抗告……………………………………………583
　　1　問題の所在…………………………………………………………583
　　2　立法措置の必要性…………………………………………………584
Ⅲ　再生債務者の株式の取得等を定める条項に関する許可決定に対する即時抗告………………………………………………585
　　1　問題の所在…………………………………………………………585
　　2　立法措置の必要性…………………………………………………586

目　次

- 判例索引……………………………………………………………587
- 事項索引……………………………………………………………593
- 編者略歴……………………………………………………………602
- 執筆者一覧……………………………………………………………605

凡例

凡　例

〈法令等略語表〉

民再	民事再生法
民再規	民事再生規則
会更	会社更生法
旧会更	平成14年改正前会社更生法
会更規	会社更生規則
破	破産法
旧破	旧破産法（大正11・4・25法律71号）（廃止）
破規	破産規則
和議	和議法（廃止）
更生特例	金融機関等の更生手続の特例等に関する法律
民	民法
会	会社法
商	平成17年改正後商法
旧商	平成17年改正前商法
民訴	民事訴訟法
民訴規	民事訴訟規則
民執	民事執行法
民訴費	民事訴訟費用等に関する法律
民執規	民事執行規則
民保	民事保全法
非訟	非訟事件手続法
旧非訟	平成23年改正前非訟事件手続法
非訟規	非訟事件手続規則
会非訟規	会社非訟事件等手続規則
仮登記担保	仮登記担保契約に関する法律
動産債権譲渡	動産及び債権の譲渡の対抗要件に関する民法の特例等に関する法律
自抵	自動車抵当法
信託	信託法
裁	裁判所法
一般法人	一般社団法人及び一般財団法人に関する法律
借地借家	借地借家法

〈判例集・判例評釈書誌略語表〉

民集	最高裁判所民事判例集、大審院民事判例集
下民集	下級裁判所民事裁判例集
裁判集民	最高裁判所裁判集民事
東高民時報	東京高等裁判所（民事）判決時報
訟月	訟務月報
金商	金融・商事判例
判時	判例時報
判評	判例評論
判タ	判例タイムズ
リマークス	私法判例リマークス
最判解民	最高裁判所判例解説・民事篇

〈定期刊行物略語表〉

金法	金融法務事情
銀法	銀行法務21
ジュリ	ジュリスト
曹時	法曹時報
民商	民商法雑誌
法協	法学協会雑誌

〈文献略語表〉

一問一答新破産法	小川秀樹編著『一問一答新しい破産法』（商事法務、2004年）
伊藤・会社更生法	伊藤眞『会社更生法』（有斐閣、2012年）
伊藤・破産法民事再生法	伊藤眞『破産法・民事再生法〔第3版〕』（有斐閣、2014年）
最新実務会社更生	東京地裁会社更生実務研究会編『最新実務会社更生』（金融財政事情研究会、2011年）
条解会社更生法(上)(中)(下)	兼子一監修・三ヶ月章ほか『条解会社更生法(上)(中)(下)』（弘文堂、1973年(上)(中)、1974年(下)、2001年第4次補訂）
条解破産法	伊藤眞＝岡正晶＝田原睦夫＝林道晴＝松下淳一＝森宏司『条解破産法』（弘文堂、2010年）
条解民事再生法	園尾隆司＝小林秀之編『条解民事再生法〔第3版〕』（弘文堂、2013年）
新注釈民事再生法(上)(下)	才口千晴＝伊藤眞監修・全国倒産処理弁護士ネットワーク編『新注釈民事再生法(上)(下)〔第2版〕』（金融財政事情研究会、2010年）

凡 例

大コンメ	竹下守夫編集代表・上原敏夫ほか編『大コンメタール破産法』（青林書院、2007年）
倒産法概説	山本和彦＝中西正＝笠井正俊＝沖野眞已＝水元宏典『倒産法概説〔第2版〕』（弘文堂、2010年）
破産管財の手引	鹿子木康＝島岡大雄編・東京地裁破産再生実務研究会『破産管財の手引〔増補版〕』（金融財政事情研究会、2012年）
破産民事再生の実務	西謙二＝中山孝雄編・東京地裁破産再生実務研究会『破産・民事再生の実務(上)(中)(下)〔新版〕』（金融財政事情研究会、2008年）
民事再生の手引	鹿子木康編・東京地裁民事再生実務研究会『民事再生の手引（裁判実務シリーズ4）』（商事法務、2012年）

第1部 倒産・再生訴訟の実務

序章
倒産手続と各種の争訟
──弁護士の立場から

第1節　倒産事件に争訟発生は必然

I　倒産は事件の坩堝

1　はじめに

　経済活動を継続していた企業が倒産すれば、債務不履行、不法行為、刑事事件、行政法規違反などが同時多発することは一般的にみられる現象である。倒産は事件の坩堝といわれる所以である。
　倒産処理手続は、倒産企業の負担する過剰な債務を集団的に処理する手続である。倒産手続が法的手続であれば、その債務は破産のように強制的に処理され、また、特別清算、民事再生、会社更生のように一定の多数決で処理されるとしても、処理される債務は確定することが前提である。また、原則として全債権者の同意を必要とする私的整理においては債務の確定がなおさら必要となる。これら債務の確定は確定自体が容易でない場合もあり、また故意に確定を遅らせる手段を講じた場合は、倒産処理手続の進行の障害になる。
　さらに集団的債務処理の対象ではない債務、たとえば財団債権や共益債権

などの発生の原因となる事件も日常見受けられるところである。財団債権や共益債権の有無に関する事件の帰趨は、破産や特別清算であれば配当率を大きく左右することとなる。民事再生や会社更生または私的再生手続においては弁済率を左右するのみならず、資金繰りの面から再生可能性すら左右することもありうるのである。なお、本稿では特に断らない限り法的倒産手続を中心に述べることとする。

2 事件処理の困難性と容易性

倒産を原因として発生する事件の当事者は当然のことながら利害が対立する。そして、このような事件は倒産そのものより発生するか、倒産と近接する時期の債務者の行為により発生する場合が多い。事件の当事者が倒産債務者の相手方である場合は、債務者が倒産しているだけに事件が有利に解決したところで損失を免れることはできない。法的倒産手続の申立ては秘密裏に準備して行われるので、債権者からみれば債務者の倒産はまさに青天の霹靂である。しかも蓋を開けてみると粉飾があったりして、だまされたと怒り心頭に発する債権者もいる。倒産前の仕入れを取込み詐欺として刑事告訴する例も多く、感情のもつれが原因で事件の解決が長引く場合も多い。一方、損害を被った債権者でも、合理的な者は、少々債権額が増加したところでいずれ債権はカットされるとすれば、事件の解決に時間と労力と費用をかけるのは無駄だと割り切って和解する場合もある。そして被害について損金処理を少しでも多く、かつ、速やかに行うことで税務上のメリットを享受するのである。困難な事件の様相を呈していた事件がある日突如、和解で解決するのはこのような隠された債権者側の事情による場合もある。

II 倒産処理手続における事件処理の原則

倒産法は事件解決のための諸制度を定めているが、事件処理の原則は、①公正公平、②簡易・迅速、③合理的であることではないかと思われる。倒産

事件は多くの利害関係人が関与する集団的債務処理手続であるので、①の公正公平、③の合理的という原則は不可欠である。②の簡易・迅速の点は、倒産事件が経済的事件であり、また社会的事件でもあるので、清算型であれ再生型であれ、簡易・迅速に処理することが要求されるのであり、倒産処理手続中に係属する個別の事件処理も同様に簡易・迅速性が要求されるのである。詳細は第1章以下に譲るが、たとえば否認の請求や査定請求の新制度は簡易・迅速の典型例である。

　破産の場合、旧法下においては、否認権の行使は、訴えの提起または訴訟における抗弁の主張（旧破76条）に限定されていたが、平成16年改正によって、簡易・迅速に決定で行う否認の請求制度が導入された（破174条）。債権の確定についても同じく平成16年の改正によって債権確定訴訟（旧破244条1項）から債権査定手続制度（破125条）が導入された。民事再生および会社更生も同様の制度が存在する（否認権の行使につき民再135条1項、137条1項、会更95条1項、97条1項。債権の確定につき民再105条1項、106条1項、会更151条1項、152条1項）。

第2節　倒産事件と弁護士の関与類型

Ⅰ　依頼者の区分による代理人弁護士

　倒産事件は多数の利害関係人が関与することとなるので、弁護士もそれぞれの利害関係人の代理人または立場で関与することになる。大別すれば以下のとおりである。

　①　債務者の代理人
　②　債権者の代理人
　③　裁判所が選任する倒産処理手続の機関としての立場（保全管理人、管

財人、監督委員、調査委員等）
④　従業員・労働組合の代理人
⑤　株主・出資者の代理人
⑥　地方自治体その他の利害団体の代理人

II　倒産処理手続に関する代理人弁護士と倒産事件の個別争訟の代理人弁護士

1　はじめに

　弁護士が倒産事件に関与する場合には、倒産処理手続自体についての代理人として関与する場合と、債務者を一方当事者とする個別争訟の代理人として関与する場合および両方の代理人を兼ねる場合がある。倒産企業の規模の大小や争訟事件の難易度にもよるが、中小企業の倒産事件であれば特に区別することなく、倒産処理手続に関与する弁護士が個別争訟も含めてすべてに関与することが多い。しかし、中規模以上の倒産事件や専門性を必要とする争訟案件または倒産処理手続にとって重大な影響を及ぼしかねない争訟であれば、倒産処理手続に関与する弁護士以外にも専門の弁護士を追加的に代理人として依頼する例も多い。たとえば知的財産事件、独占禁止法事件、金融商品取引法事件、労働事件などがあげられる。また、海外案件などでは多くの場合、専門弁護士が当事者の代理人となる例が多いように思われる。

2　倒産処理手続を追行する債務者代理人、管財人等と個別争訟の債務者または管財人等の代理人との連携の必要性

　個別争訟の内容が債務の有無や債務の額に関するものであれば、確定しなければ配当や弁済額の計算ができない。また、債務の額が相当に多額となる可能性がある場合は、倒産処理手続の進行の障害となりうる。重要資産に対する担保権の有無も同様である。

一方、事業継続を左右する争訟も存する。たとえば、重要な取引契約の解除の有効性が争われる争訟、重要な特許権の存否に関する争訟、多数の被害者を相手とする金融商品の販売をめぐる社会的事件などである。
　このような関係にある個別争訟は倒産処理手続と無関係に進行させたり、解決したりすることは好ましくない。他方、倒産処理手続も個別争訟の解決内容や解決時期を考慮しないで独自に追行することはできないのである。
　したがって、個別争訟の代理人弁護士と倒産処理手続の代理人弁護士または管財人等は常に連携しておくことが必要となる。連携の実をあげるために、当初から個別争訟の弁護団に倒産処理手続を追行する代理人弁護団または管財人団の弁護士を入れて、情報を適時に入手できることが効率的である。
　筆者の再生事件に関する方針としては、債務の存否や額の多少に関する争訟も、事業継続を左右しかねない争訟も、再生計画案の概要が対外的に提案される前に迅速に解決することとしている。個別争訟の解決内容が再生計画案の中で吸収できれば問題は生じないからである。たとえば一般債権が100億円でこれに対する弁済原資が30億円と仮定すると弁済率は30％である。個別争訟の内容が債務の額を争う査定申立事件であり、債権者は最終的に1億円の上乗せを認めれば和解すると言っている場合、その1億円を認めれば一般債権は101億円となる。この場合、弁済率は29.7％となる。30％と29.7％は50歩100歩であり、債権者の再生計画案に対する賛否を左右する率ではない。それより、迅速再生が肝心である。

第3節　役員に対する損害賠償請求事件

Ⅰ　はじめに

　株式会社の取締役、会計参与、監査役、執行役、会計監査人に対する損害

賠償請求の根拠は、善管注意義務（会330条、402条3項、民644条）および取締役の忠実義務（会355条）の懈怠（同法423条1項）に求められる。その他の会社や一般社団法人等についても、同様の根拠規定が存在する。詳細は第7章を参照されたい。

　本節ではこれら役員等に対する損害賠償請求問題が、平常時の経営にどのような影響を与えているか、また倒産処理手続において債務者や管財人の役員等に対する損害賠償請求権の行使はいかにあるべきかについて述べることとする。

II　通常の経営時の役員会に対する影響

1　コンプライアンス、コーポレートガバナンス、アカウンタビリティ（説明責任）意識

　最近は上場会社の取締役、監査役、執行役、監査法人等は、これらの言葉に非常に敏感である。特に社外取締役、社外監査役の役員会における発言は明らかにコンプライアンス違反による損害賠償責任を念頭においたものと思われるものが多く見受けられる。経営のチェック機能として期待される社外役員の発言も行き過ぎると経営の支障ともなり、たとえば、「今の発言を議事録にとどめてもらいたい」と要求するに至っては役員会の雰囲気にマイナスの影響が生じてしまう。そして、行き過ぎた発言を重ねた社外役員が次の改選期に選任されないことも経験するところである。「経営判断の原則」は、役員等の損害賠償責任を認める原則あるいは経営を萎縮させるための原則というより、むしろ自由な経営を確保するための最低限の原則を示すものととらえるべきではないかと思われる。M&Aや海外を含む投資が常態化している今日、コンプライアンスや経営判断の原則に対する正しくかつ弾力的な理解が望まれる。

2　倒産処理手続の選択における影響

(1)　私的整理か法的整理か

　オーナー企業が倒産の危機に直面したとき、倒産処理を私的整理で行うか法的整理で行うかの判断について、役員の損害賠償責任が重要な要素であることは間違いない。最終的に法的整理を選択したとしても、その決断に至るまでに相当の期間を要し、そのために経営が悪化し、「早期着手・迅速再生」とはほど遠い実情が生じているのが現実である。

　私的整理においても、まずは金融機関や大口債権者との話合いによる再生を図り、それが不調に終わったことに伴って、その後、私的整理ガイドライン、中小企業再生支援協議会、事業再生ADR、そして最後に地域経済活性化支援機構（REVIC）の順番に手続の選択を検討するのが一般的である。やはり手続の決定までに相当の期間を要する場合があり、相談を受けた弁護士の労力と苦労が推測される。

(2)　法的整理手続の選択──破産、特別清算、民事再生、会社更生のいずれか

　法的倒産処理手続を選択せざるを得ないとしても、オーナー企業であろうと上場会社のサラリーマン社長であろうと、破産と会社更生については選択を避けようとする点は共通していると言っても過言ではない。役員に対する民事上、刑事上の責任追及に強い危惧を抱いていることによる。破産と会社更生は、管財人が必置の機関であり、管財人による役員への責任の追及は、大変厳しいものであると一般的に認識されている。民事再生かあるいは会社更生を選択せざるを得ないとすれば、多くの場合は、民事再生を選択するのが実情である。全国的に会社更生が減少している最大の理由の1つには、役員に対する損害賠償請求の厳しさがある。しかし、この判断は必ずしも正しいとは思われない。民事再生においても会社更生においても、手続の公正公平という観点から責任のある役員に対する損害賠償請求はせざるを得ないが、それゆえに、役員が適切で妥当な倒産処理手続の選択を避けるようになる運

用は、債務者代理人たる弁護士も裁判所も避けなければならない。

(3) 損害賠償請求の可否、請求額および和解

　倒産処理手続が開始された場合、管財人または民事再生債務者が旧役員等または現役員等に対し、損害賠償請求を行うか否かは以下の要素を総合的に勘案して判断すべきであろう。

① 会社が倒産したことに対する道義的責任のみならず、善管注意義務、忠実義務違反等の法的責任の有無
② 各役員等の責任の軽重
③ 会社の借入債務に対する連帯保証の有無
④ 個人財産の内容
⑤ 今後の会社再生に対する協力の必要性
⑥ 会社倒産による利害関係人の損失の大小
⑦ 会社倒産に対する社会的批判の大小

　民事再生手続中の中小企業で管財人が選任されていない場合は、請求の対象は社長のみが多いと思われる。この場合、連帯保証実行による求償権の放棄、株式の無償譲渡、ある程度の損害賠償金、退任などが査定申立て前の和解の内容であり、また査定申立て後の和解においても同様の内容となると思われる。

　しかし、大型倒産でかつ社会的批判も大きく、債権者、従業員、株主等の損失も大きい場合には、早期に多額の損害賠償査定の申立てを行い、マスコミ等に公表する例が多い。これによって債権者や従業員の役員等に対する責任追及が緩和され、会社再生への協力が得られる効果は大きい。ただし、役員の個人財産の範囲を超えていつまでも多額の損害賠償にこだわり、査定手続、異議の訴えを係属していくのも合理的とは思えない。倒産処理手続の進行にあわせて適時に和解も考慮すべきである。

　平成25年12月5日に公表された「経営者保証に関するガイドライン研究会」のガイドライン〈http://www.zenginkyo.or.jp/news/entryitems/news251205_1.pdf〉の運用が開始されている時代である。役員の損害賠償請求に

ついてもより弾力的な運用が必要とされているのではないかと思われる。

(松嶋英機)

第1章
倒産手続の申立てと手続開始決定

第1節　保全処分・変更・取消・解除

I　保全処分の意義

　倒産手続は、いずれも裁判所による手続開始決定によって開始され、開始後は債権者の個別的な権利行使が制限される一方、倒産債務者は裁判所の監督の下に行為制限を受けることになる。しかし、手続開始前の段階であっても、債権者の各種権利行使を制限したり、倒産債務者の管理処分権を制限したりすることによって、倒産債務者財産の散逸を防ぎ、倒産手続の実効性を確保する必要性が認められることから、倒産債務者の財産の保全を図るため裁判所において保全処分を命ずることが認められている。

II　処分禁止の仮処分その他の保全処分

1　業務および財産に関する保全処分

　業務および財産に関する保全処分は、財産の処分禁止の仮処分などを命じることを通じて倒産債務者の業務遂行権や財産管理処分権の行使を制限して、

11

その業務を維持し財産を保全することを目的とする。

裁判所は、手続開始の申立てがあった場合には、申立てによってまたは職権で、開始決定があるまでの間、倒産債務者の業務および財産に関し、財産の処分禁止の仮処分その他の必要な保全処分を命じることができる（会更28条1項、民再30条1項、破28条1項）。また、裁判所は、いったん発令した保全処分を変更しまたは取り消すことができる（会更28条2項、民再30条2項、破28条2項）。保全処分およびその変更または取消決定に対しては、即時抗告ができるが（会更28条3項、民再30条3項、破28条3項）、即時抗告には執行停止の効力はない（会更28条4項、民再30条4項、破28条4項）。

業務および財産に関する保全処分の例としては、①処分禁止型保全処分（財産処分禁止の保全処分など）、②業務制限型保全処分（弁済禁止、借財禁止の保全処分など）、③対第三者型保全処分（非典型担保権の実行禁止保全処分など）があげられる。また、対第三者型保全処分の特別類型としては否認権のための保全処分（会更39条の2、民再134条の2、破171条）や役員等の財産に対する保全処分（会更40条、99条、民再142条、破177条）、倒産債務者の業務および財産全般についての保全措置として保全管理命令（会更30条、民再79条、破91条）、監督命令（会更35条、民再54条）および調査命令（会更39条、民再62条）などがあげられる。

以下では、これらの保全処分のうち実務で一般に使用されている弁済禁止の保全処分と保全管理命令を取り上げ、その実務上の諸問題につき検討する。

2 弁済禁止の保全処分

(1) 弁済禁止の保全処分の内容

弁済禁止の保全処分は、保全処分決定以前の原因に基づいた債務の弁済を一律に禁止し、債権者間の平等を確保し、倒産債務者の積極財産の減少を防止する、再建型倒産手続において代表的な保全処分である。実務上、民事再

---

1 池下朗「開始前会社の業務及び財産に関する保全処分」（西岡清一郎ほか編・会社更生の実務（上）108頁。

生手続では原則として、また会社更生手続ではいわゆるDIP型会社更生において、申立ての直後に発令される。実務的には、銀行取引停止処分を免れるとともに、倒産債務者が債権者から取立てを受けることによって生じる手続開始前の混乱を避けるための意味合いが大きい。

(2) 弁済禁止の保全処分の効力

弁済禁止の保全処分は、倒産債務者に対して任意弁済を禁止するものであって、債権者の取立権には影響せず、債権者が給付の訴えを提起して債務名義をとることは禁止されない（最判昭和37・3・23民集16巻3号607頁）し、強制執行による取立ても妨げられないと解されている（東京高決昭和59・3・27判時1117号142頁）。また、倒産債務者の帰責事由が必要とされない保全処分発令後の履行遅滞による遅延損害金の発生は認められる（札幌高判昭和31・6・27下民集7巻6号1645頁）が、倒産債務者の履行遅滞を理由とした解除は許されないと解されている（最判昭和57・3・30民集36巻3号484頁）。

倒産債務者が弁済禁止の保全処分に反して弁済等の行為をした場合、債権者が行為の当時、保全処分について悪意であったときは、その有効性を主張できない（会更28条6項、民再30条6項、破28条6項）。悪意の立証責任は、弁済金等の返還を請求する倒産債務者らの側にある。

(3) 弁済禁止保全処分の例外と一部取消し

(ア) 弁済禁止の保全処分の定型例

弁済禁止の保全処分については、通常、各地方裁判所が標準的な内容を定めた定型例を用意している。

そのような定型例では、従業員との雇用関係により生じた債務や公共料金

---

2 最新実務会社更生77頁、民事再生の手引46頁〔吉田真悟〕、全国倒産処理弁護士ネットワーク編『会社更生の実務Q&A120問』21頁〔綾克己〕、全国倒産処理弁護士ネットワーク編『通常再生の実務Q&A120問』44頁〔桶谷和人〕参照。

3 民事再生における各地方裁判所の定型例につき、全国倒産処理弁護士ネットワーク編・前掲（注2・通常再生の実務）334頁、会社更生における東京地方裁判所および大阪地方裁判所の定型例につき、全国倒産処理弁護士ネットワーク編・前掲（注2・会社更生の実務）314頁、337頁参照。

〔第1部・第1章〕第1節　保全処分・変更・取消・解除

に係る債務など一定範囲の債務が弁済禁止の対象から除外されるのが通例である。開始決定後も共益債権・財団債権、優先債権または少額債権等を理由に計画または手続外で弁済することが予定されている債権が対象とされる。[4]
もっとも、定型例によらず、定型例における除外少額債権の額を増額したり、定型例にない除外債権を加えた申立てが行われる例もある。倒産債務者においてかかる除外債権を弁済して当該債権者との取引を維持継続しなければ、倒産債務者の事業の継続に著しく支障が生ずるものと考えて行われる措置であり、再建型倒産手続においては一定の必要性・合理性を認める余地があるものと解される。しかし、債権者との平等の関係から偏頗弁済のおそれが生じたり、公平性に問題があるとの疑義を払拭できないケースもありうるとの指摘もなされているところであり、裁判所において、かかる除外債権額の増額または除外債権の追加を認めるにあたっては、倒産債務者の業態、事業規模、日常取引の範囲、資金繰りといった諸般の事情を考慮し、慎重な検討がなされるのが通例である。[5]とりわけ、少額債権の増額については、債権者平等の見地から再建計画において他の債権者にも一律に少額債権として支払った金額と同額の金額を支払うことになると考えられるため、資金繰りの検討にあたって、申立て時における一次的な資金繰りだけではなく、再建計画の作成に与える影響や再建計画の履行時の資金繰りに支障を来すことがないかをも踏まえて慎重に精査することが必要だと解されている。[6]

　　(イ)　一部取消し

　弁済禁止の保全処分の発令後、事業継続のために弁済する必要が生じたために倒産債務者により保全処分の一部取消しの申立てがなされる場合がある[7]（会更28条2項、民再30条2項、破28条2項参照）。保全処分の一部取消しにつ

4　民事再生の手引48頁〔吉田真悟〕、東京地裁破産再生実務研究会編『破産・民事再生の実務〔第3版〕民事再生・個人再生編』72頁参照。
5　破産民事再生の実務(下)72頁参照〔八幡有紀〕。
6　民事再生の手引48頁〔吉田真悟〕参照。
7　民事再生の手引52頁〔吉田真悟〕、東京地裁破産再生実務研究会・前掲（注4）74頁参照。

14

いては、衡平の観点から、開始決定後に債権者平等の例外として弁済が認められる規定（たとえば少額債権の弁済——会更47条5項、民再85条5項）に準じた事情が認められる場合に限り認めるのが妥当である。

3 保全管理命令

(1) 保全管理命令の概要

　保全管理命令は、財産の散逸防止や（再建型倒産手続の場合）継続事業価値の維持のために、倒産債務者である法人の機関から事業経営権および管理処分権を包括的に剥奪し、保全管理人に付与する強力な保全措置である。

　会社更生手続において、裁判所は、更生手続の目的を達成するために必要があると認めるときは、開始前会社の業務および財産に関し、保全管理人による管理を命ずることができる（会更30条）。

　これに対し、破産手続においては、債務者の財産の管理および処分が失当であるとき、その他「債務者の財産の確保のために特に必要があると認めるとき」、債務者の財産に関して（破91条1項）、民事再生手続においては、再生債務者の財産の管理または処分が失当であるとき、その他「再生債務者の事業の継続のために特に必要があると認めるとき」、再生債務者の業務および財産に関して（民再79条1項）、手続開始決定があるまでの間保全管理命令を発令することができるものとされる一方、これらの手続開始申立てにつき棄却決定がなされ、それに対する即時抗告があった場合にも保全管理命令の発令が認められる（破91条3項、民再79条3項）。このような規定ぶりの違いは、会社更生手続では保全管理命令の発令が原則的運用形態であるのに対し、破産手続や民事再生手続では保全管理命令の発令が「特に必要」なときにされる例外的事象として位置づけられていることに関連するものと考えられる。

　以下では、原則的運用形態である会社更生手続上の保全管理命令の実務を解説の中心に据え、適宜他の倒産手続におけるそれにも言及する形で検討を進める。

(2) 保全管理人の権限

　保全管理命令が発令されると、開始前会社の事業の経営権および財産の管理処分権は保全管理人に専属する（会更32条1項本文）こととなり、従来の経営陣はこれらの権限を失う。

　ただし、保全管理人は、常務に属しない行為をするには、裁判所の許可を得なければならない（会更32条1項ただし書）。また、裁判所は必要があると認めるときは一定の行為につき裁判所の許可を得なければならないものとすることができる（同条3項、72条2項）が、一般に保全管理命令の発令の前日までの原因に基づいて生じた債務の弁済および担保提供が要許可事項として定められる。東京地方裁判所においては、これに加えて、①会社更生法72条2項各号に準ずる行為（ただし、保全段階において関係ないものを除く）および②裁判所が特に指定するものとして、スポンサー契約およびスポンサー選定業務に関する契約（FA契約）の締結を要許可事項として定めるのが通例である。[8]

　また、保全管理人は、開始前会社の取締役ほか関係者に対し、開始前会社の業務および財産の状況につき報告を求め、帳簿、書類その他の物件を検査する調査権限を有する（会更34条、77条）。

(3) 保全管理人による事業譲渡

　保全管理段階で保全管理人による事業譲渡が認められるかについては、従来、暫定的・現状維持的な保全管理人の職務の性格から、債務者企業の財産構成や組織構成の大幅な改変をもたらす事業譲渡は、たとえ裁判所の許可を得たとしても保全管理人に認めるべきではないとの消極説もあったところである。しかし、実務においては、保全管理段階にあっても事業譲渡をしなければ倒産債務者事業が著しく毀損するときには事業譲渡を認める必要性があることは否定できないことを踏まえ、保全管理人は、裁判所の許可を得たうえで事業譲渡を実行できるとする積極説によった運用がなされている[9]（この

　8　最新実務会社更生69頁。

点は民事再生手続・破産手続でも同様である)。[10]

　もっとも、保全管理人による事業譲渡が可能であるとしても、(計画外)事業譲渡が開始決定後の手続として定められていること(会更46条、民再42条。なお破78条2項3号)やいまだ手続開始に至っていない段階では、開始前会社の事業用財産の帰属を本質的に変更するのは避けるべきことなどを踏まえ、保全管理人による事業譲渡は、開始前会社の事業組織がその機能を失いつつあり、緊急にそれをしなければ、顧客が離散するなどの事態が予想され、事業価値が著しく毀損されることが明らかであるなど、価値保全行為とみなされる場合に例外的にのみ認められるべきであるとして局面を制限的に解する有力な見解があることには留意が必要である。[11]とりわけ、債務超過でないまたはそれが不明な場合や債権者申立ての場合には、裁判所が許可をなすにあたっては慎重に判断を行うことが要請されよう。[12]

　なお、会社更生法、民事再生法には計画外事業譲渡を行う場合には債権者の意向聴取の規定(会更46条3項、民再42条2項)があることを踏まえると、原則として、これに準じて債権者の意向聴取を行うのが適当である。[13]もっとも、緊急に事業譲渡をしなければ企業価値の毀損が著しく、債権者の意向聴取を待っていたのでは企業の存続が困難であるという特別な事情や債務超過が甚だしく明らかに債権者への配当が困難であるような特別な事情が存する場合には裁判所が許可を与えてよいと解する見解が有力であり、企業価値の[14]

9　髙橋典明「倒産手続における保全管理人の地位と事業譲渡」(倒産実務交流会編・倒産実務の諸問題)75頁。なお、松下祐記「保全管理人による事業譲渡について——会社更生を念頭に」同83頁参照。
10　破産法93条3項は、破産管財人による事業譲渡に関する破産法78条2項3号ほかの規定を保全管理人に準用している。したがって、破産手続では、明文の定めにより、保全管理人が保全手続中に破産者の意見を聞いたうえで、裁判所の許可を得て事業譲渡を実行することが可能と解される。髙橋・前掲(注9)79頁参照。なお、破産手続における事業譲渡の実例につき東京地裁破産再生実務研究会編『破産・民事再生の実務〔第3版〕破産編』86頁以下参照。
11　伊藤・会社更生法81頁。
12　髙橋・前掲(注9)81頁参照。
13　伊藤・会社更生法81頁。
14　髙橋・前掲(注9)82頁。

17

保全管理の趣旨から当該見解を妥当と考える。

　開始決定前であることから、事業譲渡にあたり、会社法上の手続（会467条1項1号・2号）および会社更生法上の株主の保護手続（会更46条4項など）を履践する必要があるかについても問題となるが、債務超過が明白であるか債務超過を疎明できるのであれば、株主の実質的持分は失われていることを理由にかかる手続を不要と解することも許されよう。しかし、債務超過ではないまたは疎明がなされず債務超過の有無が不明な場合には、株主保護の手続を履践する必要があるものと解される。

(4) 管理型会社更生と DIP 型会社更生における運用の異同

　会社申立ての場合、原則として保全管理命令が発令され、利害関係のない第三者（弁護士）が保全管理人に選任される実務運用がなされている。

　もっとも、東京地方裁判所および大阪地方裁判所では、会社申立ての事件で現経営陣が自ら事業再建を手がける意欲がある場合に、更生手続開始時に DIP 型 4 要件（①現経営陣に不正行為等の違法な経営責任の問題がないこと、②主要債権者が現経営陣の経営関与に反対していないこと、③スポンサーとなるべき者がいる場合には、その了解があること、④現経営陣の経営関与によって更生手続の適正な遂行が損なわれるような事情が認められないこと）を満たせば、保全管理命令を発令することなく、現経営陣に開始前会社の事業経営権および財産管理処分権を認めたうえ、上記弁済禁止等の保全処分を発令するとともに、監督命令兼調査命令を発令して、会社更生の実務経験の豊富な弁護士を監督委員兼調査委員に選任し、現経営陣による事業経営および財産管理処分の監督や手続開始の当否の調査等を行わせる取扱いを認めている。[16]

(5) 債権者・株主申立ての場合の運用

　東京地方裁判所においては、債権者申立ての場合、会社の経営・財務状況

15　髙橋・前掲（注9）81頁、伊藤・会社更生法81頁。
16　最新実務会社更生76頁以下、上田裕康ほか「大阪地方裁判所における DIP 型会社更生事件」金法1922号47頁以下、全国倒産処理弁護士ネットワーク・前掲（注2・会社更生の実務）10頁〔佐々木英人〕以下。

等についての十分な情報がなく、更生手続開始の原因の存否自体が明らかとはいえなくなる場合も想定される等の事情を踏まえ、①現経営陣を直ちに排除すべきことが明らかとまではいえない場合には、調査委員を選任して更生手続開始の当否や保全管理命令の発令の当否等に関する調査命令を発令する、②現経営陣を直ちに排除すべきことが明らかとまではいえないが、現経営陣の経営権に監督を及ぼすべき事情がある場合には、調査命令に加えて監督命令を発令する、③現経営陣を直ちに排除すべきことが明らかな場合には保全管理命令を発令する、といった類型的取扱いが多く、株主申立事件も債権者申立事件に準じた取扱いとなるとされている[17]。これに対し、大阪地方裁判所においては、債権者申立ての場合についても調査命令が発令されることなく、直ちに保全管理命令が発令された事例が多く、株主申立ての場合も同様の傾向を示すものとも推測される。また、近時、事業再生ADR手続が仮受理され、再生計画の策定を進めていた会社について債権者兼元会社代表者が申立てをし、大阪地方裁判所が保全管理命令を発令したのに対し、かかる保全管理命令の発令の可否が争われた事案において、「従来の経営陣が経営を継続した場合、財産の隠匿や散逸、事業劣化の危険がある場合や従来の経営陣に経営を委ねておくのが相当でない事情がある場合」が「更生手続の目的を達成するために必要があると認めるとき」に該当し、「更生手続開始の見込みがあるかどうかも、保全管理命令発令の要否を判断するために軽視できない要素というべきである」と判示した判例がある（大阪高決平成23・12・27金法1942号97頁）[18・19]。

---

[17] 最新実務会社更生87頁以下。
[18] 本件では保全管理命令の発令について即時抗告がなされ、抗告審において抗告棄却の決定がなされ確定している。
[19] 本件判決については、事業再生ADR手続中の債権者による会社更生の申立てであることを踏まえ、保全管理命令の発令の判断につき裁判所はもう少し慎重であるべきではなかったかとの指摘がなされている（松嶋英機「事業再生ADRから法的整理への移行に伴う諸問題」（東京弁護士会倒産法部編・倒産法改正展望）93頁）。
　もっとも、本件では、事業再生ADRの申立て前にメインバンクが貸付債権につき期限の利益を喪失させたうえ出金停止（預金拘束）措置を講ずるなど更生会社に対して非協力的態度をとっ

〔第1部・第1章〕第1節　保全処分・変更・取消・解除

　両地方裁判所の過去の事件の傾向（調査可能な保全管理命令と調査命令の件数および比率）、公表された東京地方裁判所の実務運用および前掲大阪高決平成23・12・27を一見したときには、債権者・株主の申立ての場合、東京地方裁判所では調査命令が発令される傾向が強く、直ちに保全管理命令が発令されるのは例外的であるのに対し、大阪地方裁判所では直ちに保全管理命令が発令されるのが原則形として運用されるかの印象を受けるところである。

　しかし、大阪地方裁判所の実務運用が公表されていないため、にわかに判断することは困難であるが、大阪地方裁判所の実務に関与する実務家から聞いたところ等も踏まえると、両地方裁判所の間で必ずしも運用の実務に差があるわけではなく、これまで債権者申立事件として両地方裁判所に係属した事件の内容の違いが、結果として過去の事例に反映しているにすぎないと考えることもできそうである。前掲大阪高決平成23・12・27の保全管理命令発令基準として掲げる「従来の経営陣に委ねておくのが相当ではない事情がある場合」についても、東京地方裁判所の「現経営陣を直ちに排除すべきことが明らかな場合」と実質的に同一のものと考えることも可能である。

　両地方裁判所の実務運用基準の異同は、とりわけ債権者による申立ての意思決定および管轄裁判所の選択に影響を与える事柄として重要性を有する。しかし、これを両地方裁判所の過去の保全管理命令・調査命令が発令された事件数・比率や前掲大阪高決平成23・12・27のみで読み解くのは妥当ではなく、両地方裁判所で保全管理命令あるいは調査命令が発令された事件の実情

ていたことや現経営陣と旧経営陣を含む創業一族間で熾烈な内紛状態が続き、これが更生会社の再建の障害となっていたところ、現経営陣側にもかかる事態に至ったことにつき責任を指摘されてもやむを得ないことなど、評者が論じられていない事実関係を含め諸般の事情を総合考慮のうえ、保全管理命令が相当との判断がなされたものと考えられる。本件は、むしろたとえ事業再生ADR手続中であっても、債権者による更生手続開始の申立てを妨げるものではないことを明らかにしたうえ、その場合、裁判所は保全管理人に経営権を移行する保全管理命令と現経営陣による経営および再生計画策定維持を前提とする調査命令発令の選択が可能であるところ、事業の性質に応じて前者の選択を相当とした先例として位置づけるのが適当であろう。

20　最新実務会社更生76頁以下参照。なお、大阪地方裁判所の実務運用については、現在までに刊行物に公表されたものはないようである。

を精査して初めて明らかになるものと考える。[21]この点は今後の両地方裁判所の実務に関する実証的研究に委ねたい。

III 開始決定前の他の手続の中止命令、包括的禁止命令、担保権実行中止命令

1 開始決定前の中止命令等の意義

倒産手続の申立てがあっただけでは債権者等からの個別権利行使は制限されず、業務および財産に関する保全処分命令や保全管理命令が発令されても、法的手続による債権者等からの個別権利行使は妨げられない。そのため、開始決定前に倒産債務者の財産が散逸し、倒産手続の目的達成が困難になるおそれがある。そのような事態を防止し、業務および財産の保全を図るため、開始決定前の債権者等の個別権利行使を制限する他の手続の中止命令、包括的禁止命令、担保権実行中止命令の制度が設けられている。

2 他の手続の中止命令

(1) 中止命令の対象

他の手続の中止命令の対象となるのは、①他の倒産手続[22]、②強制執行等[23]、③企業担保権の実行手続[24]、④財産関係の訴訟手続、⑤財産関係の事件で行政

---

21 山田尚武「債権者等申立ての更生手続における保全管理命令の発令基準」(栂善夫先生・遠藤賢治先生古稀祝賀・民事手続における法と実践)1105頁以下は、両地方裁判所の実務運用の違いを示唆している。
22 会社更生手続において民事再生・破産・特別清算の各手続、民事再生手続においては破産・特別清算の各手続、特別清算手続においては破産手続が対象となる。
23 担保権については、更生手続では更生担保権として手続内に取り込まれていることから他の手続の中止命令の対象となるが、民事再生手続や破産手続においては別除権となるため当該中止命令の対象とはならない。もっとも、民事再生法は、後記のとおり、一定の場合に担保権の実行手続の中止の必要性を認め、別途担保権の実行手続の中止命令の制度(民再31条)を定めている。
24 ただし、民事再生法では、企業担保権は一般優先債権(民再122条)と扱われるため中止命令の対象とならない(条解民事再生法125頁〔瀬戸英雄=上野尚文〕参照)。

21

庁に係属しているものの手続である（会更24条、民再26条、破24条、会512条）。会社更生手続においては、このほか、⑥国税滞納処分およびその例による処分で開始前会社の財産に対してすでにされているもの（共益債権を徴収するためのものを除く）も中止命令の対象とされている（会更24条2項[25]）。これらの中止命令の対象となる手続はいずれもすでに申し立てられ、現に係属しているものでなければならない。また、国税滞納処分等について中止命令を発する場合には、あらかじめ徴収権限を有する者の意見を聴かなければならない（会更24条2項ただし書）。

(2) 中止命令の要件、変更または取消し

裁判所は、手続開始の申立てがあった場合において、必要があると認めるときは、申立てによりまたは職権で（ただし、国税滞納処分等の場合は職権で）、中止命令を発令することができる。ただし、強制執行等につき中止命令が発令されるのは、執行債権者などに不当な損害を及ぼすおそれがない場合に限られる（会更24条1項、民再26条1項、破24条1項）。

裁判所は、中止命令を変更しまたは取り消すことができる（会更24条4項、民再26条2項、破24条2項）。保全処分およびその変更または取消決定に対しては、即時抗告ができるが（会更24条6項、民再26条4項、破24条4項）、即時抗告には執行停止の効力はない（会更24条7項、民再26条5項、破24条5項）。

3 担保権実行中止命令

(1) 担保権実行中止命令の意義

民事再生手続においては担保権（特別の先取特権、質権、抵当権または商事留置権）は別除権とされ（民再53条）、会社更生手続におけるように強制執行等の中止命令の対象とはならない。しかし、担保権の実行について一切の制約がないものとすると、再生債務者の事業または経済生活の再生のために必

---

[25] ただし、会社更生手続では上記①ないし⑥のすべてが対象となるが、民事再生手続では①、②、④および⑤、破産手続では②ないし⑤、特別清算手続では①および②が対象となるなど、倒産手続ごとに中止命令の対象となる手続の範囲や内容が異なることに留意が必要である。

要不可欠な財産が失われることにより再生債務者の再生が困難となるほか、再生債権者の一般の利益に反する場合も想定される。そこで、担保権の対象となっている当該財産の保全を目的として再生債務者が担保権者との間で、被担保債権の弁済方法等（弁済方法のほか、代替担保の提供、担保物件の処分時期・方法等）について合意による解決を図るための時間的猶予を与え、あるいは交渉が調わない場合には担保権消滅許可請求（同法148条以下）に備える機会を付与するために、担保権の実行手続を一時的に中止することができる制度が設けられた（同法31条）。

(2) 担保権実行中止命令の要件

担保権実行中止命令の要件は、再生手続開始の申立てがあったことを前提として、①担保権の実行手続の中止が再生債権者の一般の利益に適合すること、②競売申立人に不当な損害を及ぼすおそれがないものと認められること、および③被担保債権が再生債権であることである（民再31条1項）。担保権実行中止命令は、再生債務者等利害関係人の申立てにより、または職権に基づき発令される。

担保権実行中止命令を発するにあたっては、裁判所は競売申立人の意見を聴かなければならない（民再31条2項）。裁判所は、中止命令を変更しまたは取り消すことができる（同条3項）。中止命令および変更決定に対しては、競売申立人に限って即時抗告ができる（同条4項）。即時抗告には執行停止の効力はない（同条5項）。

(3) 担保権実行中止命令の対象となる担保権

担保権実行中止命令の対象となるのは担保権の実行手続である。商法または会社法の規定による留置権による競売（民執195条）も対象となる。また民事再生法の規定では「競売」申立人という文言が用いられているが担保不動産収益執行（同法180条2項）も含まれると解してよい。[26] 抵当権や動産売買先取特権に基づく物上代位としての債権差押えも対象と解される（抵当権に基

26　伊藤・破産法民事再生法785頁、倒産法概説406頁〔笠井正俊〕。

づく物上代位につき大阪高決平成16・12・10金商1220号35頁、動産売買先取特権に基づく物上代位につき京都地決平成13・5・28判タ1067号274頁。ただし、いずれも中止命令を発令していない)。[27]

　譲渡担保、所有権留保、ファイナンス・リース等の非典型担保の実行が担保権実行中止命令の対象となりうるかについては議論があるところであるが、非典型担保についても上記制度趣旨があてはまることに照らせば、民事再生法31条を類推適用し対象となる余地を認めたうえで、非典型担保としての特性(倒産手続において簡易な実行を確保させること)を要件の判断において考慮するのが妥当である。[28] 裁判例としては、集合債権譲渡担保について、担保権実行中止命令を発した原判決を維持した大阪高決平成21・6・3金商1321号30頁、再生手続において発令された中止命令に反してされた債権譲渡通知の有効性が争われた東京高判平成18・8・30金商1277号21頁が担保権実行中止命令の規定が類推適用されることを認めている。福岡高那覇支決平成21・9・7判タ1321号278頁は賃料債権に対する譲渡担保権について担保権実行中止命令の規定が類推適用されることを認めている。また、フルペイアウト方式のファイナンス・リースの法的性質を判示した最判平成20・12・16民集62巻10号2561頁における田原睦夫裁判官の補足意見は、ファイナンス・リースに担保権実行中止命令の規定の類推適用が認められることを前提とした論旨を展開している。

　担保権実行手続の目的物は、再生債務者の財産に属するものでなければならない。再生債務者が第三者のために物上保証をしている場合も含むが、再生債務者の代表者等第三者による物上保証は対象とはならない(福岡高決平成18・2・13判時1940号128頁参照)。

---

[27] 伊藤・破産法民事再生法785頁、倒産法概説406頁〔笠井正俊〕、新注釈民事再生法(上)150頁〔三森仁〕、条解民事再生法147頁〔高田裕成〕。
[28] 中止命令の要件および手続との関係で考慮すべき問題点を検討した文献として池上哲朗「再生手続における担保権の実行手続の中止命令、担保権消滅許可請求、価額決定請求」(島岡大雄ほか編・倒産と訴訟) 364頁以下参照。

(4) 担保権実行中止命令の効果

担保権実行中止命令が発令されると、継続中の担保権の実行手続は現状のまま凍結され、中止命令で定められた期間手続は進行しない。中止期間は、担保権実行中止命令が定める「相当の期間」である（民再31条1項）。東京地方裁判所の実務運用では、中止期間を3か月と定めることが多いが、別除権協定の交渉に要する期間や従前の交渉経緯等を踏まえ、これより短期間が定められることもある。[29]その期間の伸長が必要な場合には、期間到来前に裁判所に対して期間伸長の申立てをする必要がある。

ただし、担保権の実行手続の進行を現実に停止させるためには、民事執行法上の一時停止文書（民執183条1項6号、192条、193条2項）に該当する中止命令を執行裁判所に提出し、執行停止の手続を行う必要がある。

譲渡担保、所有権留保、ファイナンス・リース等の非典型担保については中止の対象となる実行行為をどのように観念するかと関連するが、非典型担保の実行として担保目的物に対する引渡執行や引渡請求権を保全するための仮処分が行われる場合は、中止命令を一時停止文書（民執183条1項6号、192条、193条2項）に準じて取扱い、これに実行中止の効果を認めることが考えられる。担保目的物の事実上の引上げ行為に対しては、中止命令の適用の余地がないと解する見解もあるが[30]、債権者に対し中止命令の決定書を提示することにより、引上げ行為の停止を求めることは可能と考えてよい。[31]また、集合債権譲渡担保について、中止命令決定書の債権者への送達により、債権譲渡通知等債権譲渡の対抗要件を具備するための権利行使を禁止する効果が生じるものと解される（前掲東京高判平成18・8・30参照）。

なお、上記のほかの詳細については、倒産手続における担保権の処遇を取り扱う別稿に委ねることとしたい（第2部第4章参照）。

---

29 東京地裁破産再生実務研究会・前掲（注4）80頁。
30 条解民事再生法147頁〔高田裕成〕。
31 新注釈民事再生法(上)160頁〔三森仁〕。

4　包括的禁止命令

(1)　包括的禁止命令の意義

　倒産手続開始の申立てから手続開始決定までの間に、多数の債権者が、多様な資産に対し強制執行等の権利行使を行うことが予測される場合に、倒産債務者としては、これを回避するため、強制執行等の手続が係属するたびに個別に中止命令の申立てをしなければならないとすると、手続は極めて煩雑なものとなり、事業の継続等に支障が生じるなど倒産手続の目的を達成しがたい事態が生ずるおそれがある。このような事態に対応するため、包括的禁止命令の制度が導入された。

(2)　包括的禁止命令の要件と効果

　包括的禁止命令の要件は、①個別の中止命令によって当該倒産手続の目的を十分に達成することができないおそれがあると認めるべき特別の事情があること（会更25条1項本文、民再27条1項本文、破25条1項本文）、および②事前にまたは同時に、倒産債務者の主要な財産に関し保全処分がなされていることまたは保全管理命令もしくは監督命令が発令されていること（会更25条1項ただし書、民再27条1項ただし書、破25条1項ただし書）である。他の手続の中止命令の場合とは異なり、国税滞納処分等について徴収権限者の意見を聴く必要はない。

　なお、①の特別事情としては、倒産債務者の資金繰りが逼迫している場合において、債務名義を有している債権者が存在し、売掛金、預金、現金、在庫商品等に対する差押えが予想される場合などがこれにあたる。けだし、個別の中止命令・取消命令の手続を行う間に運転資金が行き詰まったり、業務が停止するおそれがあるからである。[32]

　包括的禁止命令が発令されると、すべての債権者に対して中止命令の対象となる強制執行等を将来的にすることが禁止され、発令時にすでにされてい

32　東京地裁破産再生実務研究会・前掲（注4）68頁、新注釈民事再生法(上)130頁〔髙木裕康〕。

III 開始決定前の他の手続の中止命令、包括的禁止命令、担保権実行中止命令

る強制執行等は中止する（会更25条3項、民再27条2項、破25条3項）。

包括的禁止命令が発令されたときは、その命令の対象となる債権については、当該包括的禁止命令が効力を失った日の翌日から2か月を経過する日までの間は、時効が完成しない（会更25条8項、民再27条7項、破25条8項）。

裁判所は、包括的禁止命令を変更しまたは取り消すことができる（会更25条4項、民再27条3項、破25条4項）。保全処分およびその変更または取消決定に対しては、即時抗告ができるが（会更25条6項、民再27条5項、破25条6項）、即時抗告には執行停止の効力はない（会更25条7項、民再27条6項、破25条7項）。

(3) **包括的禁止命令の解除**

包括的禁止命令は、債権者による個別的権利行使を一律禁止することになる。しかし、対象となる債権者に不当な損害を及ぼすおそれがあると認めるときは、当該債権者の申立てによって、当該債権者に限り包括的禁止命令を解除することができるものとされている（会更27条1項、民再29条1項、破27条1項）。解除の申立てをすることができる債権者は、禁止命令前に強制執行等の申立てをした者だけではなく、禁止命令後に強制執行等をしようとする者を含むが、その者は、強制執行等の申立てをしたうえで解除の申立てをしなければならない[33]。

なお、国税滞納処分が包括的禁止命令の対象とされる会社更生手続および破産手続においては、裁判所が国税滞納処分を行う者に不当な損害を及ぼすおそれがあると認める場合には当該国税処分を行う者に限り包括的禁止命令を解除することができる（会更27条2項、破27条2項）。

解除決定がなされると、当該債権者は、倒産債務者の財産に対する当該強制執行等をすることができ、当該包括的禁止命令が発せられる前に債権者がした当該強制執行等の手続は続行する（会更27条1項、民再29条1項、破27条1項）。

---

33 伊藤・会社更生法68頁、伊藤・破産法民事再生法153頁、778頁。

27

解除決定を受けた者については、その決定の日の翌日から 2 か月を経過するまでの間、時効が完成しないものとされる（会更27条 3 項、民再29条 2 項、破27条 3 項）。

(佐藤昌巳)

第 2 節　手続開始決定

I　倒産手続開始の裁判と即時抗告

倒産手続開始の申立てについての裁判は決定の形式により、この裁判に対しては、即時抗告ができる（破 9 条、33条 1 項、民再 9 条、36条 1 項、会更 9 条、44条 1 項）。決定に対する即時抗告期間は、公告の有無によって異なる。手続開始決定については公告され（破32条 1 項、民再35条 1 項、会更43条 1 項）、公告が効力を生じてから 2 週間の不変期間である（破 9 条後段、民再 9 条後段、会更 9 条後段。公告の効力発生につき破10条 2 項、民再10条 2 項、会更10条 2 項）。公告がなされない裁判の場合は、裁判の告知を受けた日から 1 週間の不変期間である（破13条、民再18条、会更13条、民訴332条）。[1]

倒産手続開始の申立てについての裁判は、訴訟手続ではないが、事案によっては開始決定のいかんをめぐって当事者対立構造が生じ、争訟的な性格を有することがある。このような場合、裁判所の慎重な審理が求められる一方で、倒産手続には迅速性が要求される。

1　特別清算の開始命令も公告される（会890条 1 項）が、即時抗告権者は清算株式会社に限る（会884条 1 項、890条 4 項）。申立却下の裁判については申立人に限って即時抗告ができる（同法884条 1 項、890条 5 項）。開始・棄却いずれについても即時抗告期間は 1 週間の不変期間である（非訟81条、82条、67条 2 項）。以下、特別清算について、本稿では紙幅の関係から必要に応じて言及するにとどめる。

II　破産手続開始をめぐる争訟の実務

1　破産原因と破産障害事由

　破産原因は支払不能（破15条）および、物的会社については、これに加えて債務超過（破16条1項・2項）である。破産原因がなければ申立ては棄却される。不適法な申立ては却下される。

　破産障害事由（特にその事由があると破産手続開始ができない場合）として、費用予納なきこと（破30条1項1号）、不当・不誠実な申立て（同項2号）以外に、他の倒産手続の申立てまたは開始決定等の存在がある。法は再建型を清算型に優先させる原則に立っており[2]、破産手続開始決定後にも再建型手続の申立てが可能である[3]。

2　自己破産の場合

　債務者が自ら破産の申立てをする、いわゆる自己破産の場合、開始原因の存在について疎明は必要とされない。自ら破産を申し立てること自体が、開始原因の存在を事実上推定させるからである。管轄、予納など適法要件を欠いて不適法却下されない限り、速やかに開始に至る。例外的に、清算の必要がないのに免責のみを目的として再度の申立てを行うなどのケースでは、不当目的（破30条1項2号）として棄却され、または申立権の濫用として却下される事例もある[4]。

---

[2]　松下淳一『民事再生法入門』32頁は「再生手続それ自体の属性として破産手続に優先すると考えるのは適切ではない。清算型・再建型の区別を問わず、債権者にとってより高率の弁済が可能な手続が優越する仕組みであると理解すべきであろう」と指摘する。

[3]　清算型の中では、自主的な協定による簡易な手続である特別清算を破産に優先させる（会512条1項1号、515条1項・2項）。破産手続開始決定後は管理処分権が破産管財人に専属するので、特別清算手続開始の申立てはできない。

[4]　中山孝雄「破産手続開始原因の審理」（園尾隆司ほか編・新裁判実務大系(28)新版破産法）116頁。破産民事再生の実務(中)249頁〔片山憲一〕。

3　債権者申立ての場合

申立て債権者は、その有する債権の存在および破産原因について疎明することが必要である（破18条2項）。債務者がこれを争うときは、破産手続開始決定をめぐって当事者対立構造が生ずる典型場面となる。準自己破産の場合も、破産原因について疎明が必要である（同法19条3項）。たとえば会社に内紛があり、取締役の一部が準自己破産を申し立てるような場合、開始をめぐり争訟性が生じ得る。

(1)　債権の存在

申立て債権者が債権を有することについては、まず申立ての適法要件として疎明が必要である。加えて当該債権の存在が債務超過を基礎づける（当該債権が不存在なら債務超過とならない）場合であれば、証明まで必要になる。[5] 債務名義まで要求するものではない。取引債務であれば書証からの立証も容易であろうが、不法行為に基づく損害賠償等について債権額を含めて迅速に立証することは困難であろう。

(2)　開始原因

債権者申立て事案は疎明資料の収集に制約を伴い、債権者代理人は尽力しなければならない。①支払不能につき、現に債務不履行が生じている場合に限るのか、これと同視し得る場合に拡張できるかについて議論があるが、少なくとも債権者申立て破産の場合、開始の裁判の審理は、現に債務不履行が発生していることまでの主張・立証を要するものと運用されている。[6] ②債務超過につき、債務者の資産評価は、事業活動継続中であれば継続価値により、事業停止後であれば清算価値による。申立て時点での清算貸借対照表を作成する資料は手元にないことも多いので、入手し得る直近の決算書等を用いて[7]

5　中山・前掲（注4）115頁。
6　山本和彦「支払不能の概念について」（新堂幸司＝山本和彦編・民事手続法と商事法務）170頁、条解破産法35頁、清水祐介「支払不能と支払停止をめぐる考察」（岡正晶ほか編・倒産法の最新論点ソリューション）159頁。
7　中山・前掲（注4）111頁。

(3) 保全管理命令

債権者申立てがあれば債務者に送達されるので、これを契機として開始決定前に資産の散逸や隠匿が懸念されることがあり、保全管理命令（破91条）による対処が考えられる。保全管理命令は審尋なく発令されるので、資産保全には効果的である一方、実務上、債務者審尋がなくとも開始原因の心証を充足できるような場合でなければ発令を得るのは難しい。速やかに開始決定を得るに足りる、十分な準備が必要である。

(4) 債権者申立事案における予納金の扱い

債権者申立ての場合、申立債権者の負担で納付した予納金の返還請求権は財団債権である（破148条1項1号）。実務上は、第1順位である管財人報酬に次いで、第2順位と扱われている。[8]破産管財人は、報酬を賄える程度の財団を収集できた時点で、速やかに予納金を返還する。異時廃止事案の場合、公租公課を先に弁済すると予納金の返還ができなくなることがあり、注意を要する。

III 再生手続開始決定をめぐる争訟の実務

1 債務者申立て

(1) 棄却事由

再生手続開始について法は消極的要件を定め、開始原因事実があれば棄却事由なき限り開始できることとして再建の機会を広く認める。棄却事由のうち、①手続費用予納なきこと（民再25条1号）は、当然の形式的要件である。[9]

---

[8] 破産管財の手引350頁〔柳澤直人＝古谷慎吾〕。
[9] 東京地方裁判所の場合、債務者申立事件に限り、裁判所の裁量で、申立て時6割、残4割を開始決定後2か月以内（さらに2回分割可）とする分納を認めている。民事再生の手引42頁〔寺田聡〕。

②清算型によることが債権者の一般の利益に適合する場合（同条2号）は、清算価値保障原則の現れである。③計画案の作成可決、計画認可の見込みがないことが明らか（同条3号）の例としては、極端な資金不足でおよそ事業継続できない場合（東京高決平成12・5・17金商1094号42頁）や、多数債権者が当初から再生に反対して破産を望む場合（東京高決平成13・3・8判タ1089号295頁）などがある。

当事者対立構造を背景とし、開始の裁判をめぐって争訟的な性格を有するケースでは、特に④不当な目的で開始申立てがされたとき、その他申立てが誠実にされたものでないとき（民再25条4号）の該当性が問題となることが多い。

(2) **不当目的、不誠実申立て等**

申立ての不当、不誠実（民再25条4号）とは、申立人の目的が法の目的（同法1条）に合致しないことであり、債務者申立て事案では、①債務者が保全処分等を利用して一時的な資金繰りや資産隠しを目的としたり、手続を進める意図がなく一時しのぎで取り下げようとしたりする場合が該当する。債権者申立て事案では、②債権回収を目的とする債権者が取下げを交渉材料に利用したり、③嫌がらせの場合、④株価操作目的等[10]が該当する。

いったん再生計画不認可決定があっても、その後に債権者の意向を聴取し、あらためて計画案を策定して再度の申立てをする場合は、民事再生法25条4号に該当しないと解する（東京高決平成17・1・13判タ1200号291頁）[11]。

いわゆる「取込み詐欺」の民事再生法25条4号該当性については議論がある[12]。裁判例には再生申立てを取締役会で決議した後、これを秘して取込み詐欺的に仕入れを1か月にわたり継続して取引債務を増大させ、代表者が申立て後の債権者説明会に出頭せず、申立代理人も連絡がとれない場合に不誠

---

10 条解民事再生法121頁〔瀬戸英雄＝上野尚文〕。
11 このほか、不当・不誠実な申立て（民再25条4号）に該当しないとされたものとして、東京高決平成19・7・9判タ1263号347頁（粉飾決算など）、東京高決平成19・9・21判タ1268号326頁（借入れ時の担保書類偽造）がある。

実な申立てに該当するとしたものがある（高松高決平成17・10・25金商1249号37頁）。

その他民事再生法25条4号に該当するとされた裁判例には、ゴルフ場運営会社が通算4度目の申立てをし、真に再生債権者の権利変更による調整が必要ではないのにもっぱら担保権の抹消が目的と認定されたもの（東京高決平成24・3・9判時2151号9頁）、連帯保証等を定める公正証書による強制執行を目前に民事再生手続開始を申立て、当該債務負担行為の無償否認を意図したところ、否認権行使により債務負担を免れることのみをもっぱら目的としたと認定されたもの（東京高決平成24・9・7金商1410号57頁）[13]等がある。

(3) 棄却事由の認定についての実務

債務者申立ての場合は、監督命令（民再54条）が発令されていることが通常であり、再生裁判所が棄却事由を判断するに際しては、監督委員の意見書が重要な役割を果たす。監督委員は、主要債権者から意見聴取する等して棄却事由の有無を判断する。

特に棄却事由の有無について慎重な判断が必要な事案で、資産散逸等のおそれがなければ、監督命令ではなく調査命令（民再62条）が発令される例もある（一例として、法人再生が挫折して牽連破産に移行した後、会社財産を不正に費消した疑いのある代表者個人が、金融機関債権者らの反発を受けながら通常再生を申し立てたケースがあり、調査委員の調査中に再生申立てが取下げされ、その後に自己破産申立てに至った）。

(4) 債権者申立て破産への対抗手段としての民事再生申立て

債権者による破産申立ては、責任財産を債務者自身の管理から奪い、破産

---

12 不誠実な申立てに該当するとする見解（伊藤眞ほか編『注釈民事再生法(上)〔新版〕』89頁〔須藤英章〕）、民事刑事上の責任を問い得ることは別として、再生手続開始の条件との関係では直ちに不当不誠実といえないとする見解（条解民事再生法121頁〔瀬戸英雄＝上野尚文〕）、もっぱら第三者をだまして利得を得る目的など明らかに濫用的な場合に限るべきとする見解（新注釈民事再生法(上)122頁〔高井章光〕）など。
13 ただし連帯保証債務負担を免れることのみをもっぱら目的にしたといえる事案なのかなど、疑問が残る。判例評釈として、山本和彦「判批」NBL994号12頁、伊藤尚「判批」金法1969号6頁、安達拓「判批」金法1998号6頁。

管財人に管理させて、迅速適正な清算を図ることを意図する。債務者が破産手続開始を争おうとしても、開始要件それ自体は否定しがたい場合、対抗手段として、DIP型の民事再生手続開始の申立てに及ぶケースがある。先に述べたとおり、法は清算型より再建型手続を優先させる原則に立っており、民事再生手続開始または開始申立てが破産障害事由となるので、破産手続開始の審理中はもとより、破産手続開始決定後であっても、民事再生手続開始の申立てをすることが可能である。再生手続開始の申立て後、開始決定までの間は、裁判所の職権で、破産手続を中止できる（民再26条1項本文）。再生手続開始決定があれば破産手続は中止される（同法39条1項）。

実務上、対抗的な民事再生手続の開始申立ての場合には、十分な検討・準備がないまま申立てに至るものもあり、棄却事由の有無につき、慎重な検討が必要であれば調査命令を発令する。調査委員は、債務者一般の利益（清算価値保障）や計画案作成の見込み等を調査するほか、再生債権者から意見を聴取する等して、棄却事由の有無を調査する。特に資産散逸のおそれがあるなど、事案によっては当初から監督命令を発する運用もある。

対抗的な再生手続開始申立てが開始されない場合（棄却のほか、実務上は再生を断念して取下げに至る例もある）[14]、破産手続が続行される。

2　債権者申立て

東京地方裁判所の民事再生は原則DIP型であり、債権者申立ては異例である。再生手続開始原因の存否はともかく、棄却事由なきこと（特に民再25条3号。計画案作成可決、計画認可の見込みなきことが明らか）について、債権者が資料を入手して主張・立証することは容易ではない。調査命令を発令して棄却事由の存否などを調査する運用である[15]。

---

[14] 東京地方裁判所の場合、平成12年から平成23年12月末までの間に対抗手段として再生手続開始の申立てがされ、調査命令が発令された件数は15件であり、うち棄却6件、取下げ8件、開始1件であるという。破産管財の手引108頁〔下田敦〕。

Ⅳ　更生手続開始決定をめぐる争訟の実務

1　債務者申立て

　申立てと同時に保全管理命令（会更30条）を発令する運用である。更生手続開始原因（同法17条1項）があれば、棄却事由に該当する場合を除いて、更生手続開始の決定をする。棄却事由は、手続費用予納なきこと（同法41条1項1号）、他の手続によることが債権者の一般の利益に適合する場合（同項2号）、計画案の作成可決、計画認可の見込みがないことが明らか（同項3号）、不当な目的で開始申立てがされたとき、その他申立てが誠実にされたものでないとき（同項4号）である。

　原則DIP型の民事再生と異なり、債務者が自ら経営権を失うことを覚悟し、予納金を負担して、自ら申し立てる管理型の会社更生について、不当目的・不誠実な申立て（会更41条1項4号）が争われることは、民事再生との競合事例を除けば、稀であろう。開始前会社がDIP型会社更生を希望して申し立てる場合は、監督命令兼調査命令（同法35条、39条）を発令し、開始可否だけでなく、DIP型として開始することの相当性を検討する。

15　東京地方裁判所の場合、平成12年から平成23年12月末までの間に債権者から再生手続開始の申立てがされ、調査命令が発令された件数は9件であり、うち棄却3件、取下げ6件、開始ゼロ件であるという。破産管財の手引108頁〔下田敦〕。
16　旧会社更生法38条5号「更生の見込みがないとき」と比較して緩和されている。
17　旧法下の議論では、会社更生手続の対象は、担保権を制約する大がかりな手続にふさわしい企業に限られると考え（条解会社更生法(出)341頁）、会社更生法を適用すべきでない会社の申立ては申立権の濫用というべきであって、不誠実な申立てに該当するとの考えがあった（松田二郎『会社更生法〔新版〕』72頁）。現行法について、民事再生の申立てができることを理由に会社更生申立てを棄却することはないが、会社が一定程度の規模に満たず、手続を発動するにふさわしい社会的価値を備えていない企業があえて会社更生手続を申し立てる場合には、他の棄却事由の該当性は格別、不誠実な申立てにも該当する余地があるとの指摘がある（永野厚郎「新会社更生手続における裁判所の役割と運用の見直し」（東京弁護士会編・入門新会社更生法）12頁）。現実には中小企業の会社更生申立てが増加している（西岡清一郎「会社更生法の運用の実情と今後の課題」事業再生と債権管理109号73頁）。

2 債権者申立て

債権者申立ての場合、会社の経営状況や財務内容等についての情報が不足していることが多い。保全管理命令ではなく、調査命令（会更39条）の発令にとどめ、手続開始原因事実や棄却事由の有無、保全措置や役員等責任査定決定を必要とする事情の存否等の調査を行うのが一般的な運用である（株主申立ての場合も同様である）。

債務者会社について調査の結果、破産手続開始原因事実があり、更生開始の棄却事由もあるときは、職権で破産手続開始決定がなされる（会更252条1項）。

3 他の手続との競合

(1) 会社更生優先の原則

破産、特別清算、民事再生いずれの申立てまたは開始決定があっても、新たに会社更生手続開始の申立てが可能であり、更生申立てがあれば、申立てまたは職権によって他の倒産手続の中止を命ずることができる（会更24条1項1号）。更生開始となれば、先行する他の倒産手続は当然に中止する（同法50条1項）。会社更生手続開始決定があれば、破産、特別清算、民事再生の各手続開始の申立てはできない（同条同項）。以上の意味において、法は更生手続を他の手続に優先させており、他の手続の中止の裁判は、更生裁判所が行う。

したがって競合する手続の調整は更生手続で行われるものであり、会社更生申立ての有無は、他の手続開始の裁判における裁判所の判断事項ではない（前掲東京高決平成17・1・13）。[18]

(2) 他の手続によることが債権者一般の利益に適合する場合

更生手続の優先は絶対的ではなく、破産、特別清算または再生手続が係属

---

[18] 伊藤・会社更生法42頁注17。

し、当該手続によることが債権者一般の利益に適合する場合には、例外的に更生手続開始申立ての棄却事由となる（会更41条1項3号）。係属する各手続は開始決定がなされていることを要さず、また更生手続開始申立て後にそれらの手続が申し立てられたものであってもよい。[19]更生手続開始の申立てがあっても、その開始決定があるまでの間は、後れて他の手続を申し立て、これが債権者一般の利益に適合する旨の主張をもって更生開始を争うことが可能である。

(3) **民事再生との競合の実務（「債権者一般の利益」の判断）**

　実務上、問題となるのは、民事再生との競合事例である。[20]典型的には従来の経営陣が、経営権を維持して事業再生を図るべくDIP型の民事再生を申し立てる一方、債権者は従来の経営陣を排除すべく、管理型の会社更生を申し立てる場合がある。特にゴルフ場は企業規模からも民事再生に適合することが多いと思われる一方[21]、預託金債権者は一般取引債権者と異なって経済合理性のほかにさまざまな思惑が生じることもあり[22]、現経営陣と債権者、あるいは債権者相互に深刻な利害対立が生じやすく、更生と再生の競合事例が生じている。

　このように、更生と再生の競合事案では、当事者対立構造が生じる中で、棄却事由「債権者一般の利益の適合性」（会更41条1項2号）をどのように判断するか問題となる。[23]

19　旧会社更生法38条4号の解釈につき、条解会社更生法(上)346頁。
20　破産と更生の競合事例として、東京高決昭和60・7・30判タ572号90頁がある。
21　ただし、更生・再生いずれの手続によるかについて、企業規模の大小は副次的な要因にとどまる。林圭介「会社更生手続の実務の概要——大阪地裁」（門口正人ほか・新裁判実務大系(21)会社更生法・民事再生法）15頁。
22　北秀昭＝長島良成「ゴルフ場の会社更生」（門口正人ほか・新裁判実務大系(21)会社更生法・民事再生法）236頁。
23　西岡清一郎「会社更生手続の実務の概要——東京地裁」（門口正人ほか・新裁判実務大系(21)会社更生法・民事再生法）3頁。高井章光「再生手続と更生手続の競合」（中島弘雅ほか編・民事再生法判例の分析と展開（金商1361号）32頁。古里健治「民事再生と会社更生の競合」（富永浩明＝三森仁編・ゴルフ場の事業再生）188頁。

(ア) 会社更生法41条1項2号の判断についての一般的準則

ゴルフ場につき更生・再生の両手続が競合した事案の裁判例が、「更生手続と再生手続のいずれが債権者の一般の利益に適合するかについては、更生手続と再生手続の制度の相違や双方の進捗状況等を踏まえた上で、債権者に対する弁済の時期や額のみならず、事業継続による債権者の利益の有無、資本構成の変化等による債権者の企業経営参加の要否と可能性等を総合的に判断する必要がある」、「一般的には、経営者の交代、株式の減資等の組織変更や担保権の行使の制約の必要性、あるいは優先債権の権利変更の必要性がある場合は、更生手続によることが望ましいといえる」（大阪高決平成18・4・26判時1930号100頁）[24]との準則を示している。このほか、一般的に更生に適している事案としては、頭数要件ではなく総額要件による可決が必要な場合、権利保護条項や決議における組分けを活用したい場合が考えられる。

(イ) 調査命令、監督命令

多岐にわたる事情を総合的に判断する必要があるので、更生裁判所は調査命令（会更39条）を発令する運用である。前掲大阪高決平成18・4・26の準則が示す検討項目は、調査委員の調査指針としても働く。裁判所は必要に応じて監督命令（会更35条）を付加することもある。

(ウ) 「債権者一般の利益」の判断の実務

偏頗弁済や会社財産の私的流用が明らかとなれば現経営陣を排除する必要が高く、更生手続開始の保全措置として速やかに保全管理命令（会更30条）を発令したり、事案によっては職権破産により破産管財人に管理処分権を専属させるべきこともあり得る[25]。したがって現経営陣の不正、DIP型手続に委ねることが不都合な事情の有無、当面の資金繰り等について、調査委員は初動から重点的にチェックする。

そうした事情が明らかでない限り、並行して係属している再生手続は、再

24　評釈として大島義孝「判批」NBL855号21頁、上江洲純子「民事再生手続係属中の会社更生手続開始の適否」沖縄法学37号189頁。
25　永野・前掲（注17）32頁。

生手続の標準スケジュールに従って粛々と進行していく。先に示した大阪高決平成18・4・26の準則があげる各事情は、手続当初の段階では検討が難しいものが多い。弁済額や弁済期間は想定の比較にとどまる。再生手続において監督委員が開始相当意見を出し、開始決定に至った場合には、更生裁判所は、再生手続を中止するよりも、その進行をみることが自然な場合も多いであろう。[26]

特に手続競合事例が生じやすいゴルフ場の争訟では、その事業は会員債権者を主な顧客として成り立つので、会員債権者の意向、利益に配慮すべきことが指摘されており（東京地決平成20・5・15判時2007号96頁、東京地決平成20・6・10判時2007号100頁）、[27]大多数の債権者の意向と再生手続の進捗状況が、更生手続開始の判断の基礎事情として特に重要な意味をもってくる。[28]調査委員がアンケートをとるなどの手法も考えられるが、無関心層もあること、会員が適切な判断をするには適切な情報開示が前提となるが、対立が激しい事案ではネガティブキャンペーンなど錯綜する事態もあること、調査段階では債権額を含めた多数の判定に限界があることなど難しい点も多い。

調査委員は事案に応じて、経営陣、会員債権者、その他債権者など利害関係人と臨機応変に接触し、補助者公認会計士の調査とあわせ、裁判所に報告しつつ検討していく。裁判例には、再生計画認可決定が確定するまで調査委員の調査を継続し、スポンサー選定過程に明らかな不当性はないこと、現経営陣の経営が事業価値を毀損しているといいがたいこと、否認対象行為がないか、あるいは否認対象などの問題点に開始前会社による対応策が講じられたことに加えて、多数債権者の賛成により再生計画案が可決認可確定したことも判断の要素として、再生手続によることが債権者一般の利益に適合すると認め（会更41条1項2号）、更生手続開始申立てを棄却したものがある（前

---

26 西岡・前掲（注17）73頁。
27 北＝長島・前掲（注22）236頁。
28 座談会「倒産法全面改正後の実情と問題点」ジュリ1349号7頁〔森倫洋発言〕、9頁〔笠井正俊発言〕。

掲東京地決平成20・5・15、同東京地決平成20・6・10)。

(清水祐介)

第3節　管理型民事再生・DIP型会社更生

I　管理型民事再生

1　管理型民事再生の概要

　管理型民事再生は、再生手続において、裁判所により、管理命令が発令されて、管財人が選任され（民再64条1項）、再生債務者の業務の遂行並びに財産の管理および処分をする権利が、裁判所が選任した管財人に専属し（同法66条）、管財人によって再生手続が追行される（同法38条3項参照）場合をいう。

　管理命令は、再生債務者（法人である場合に限る）の財産の管理または処分が失当であるとき、その他再生債務者の事業の再生のために特に必要があると認めるときに発令することができる（民再64条1項）。

2　管理命令の趣旨

(1)　再生手続は DIP 型再建手続

　再生手続においては、再生手続開始後も、原則として、再生債務者に、業務遂行権および財産の管理処分権が認められる（民再38条1項）。これは、中小企業を主な対象と想定している再生手続においては、現在の経営者の経営

1　民事再生法の「法律案の概要」においては、「中小企業等に再建しやすい法的枠組みを提供し、債権者等の利害関係人にとって公平かつ透明であり、現代の経済社会に適合した迅速かつ機能的な再建型倒産処理手続を新設する」とされていた。

能力や人脈等を再建に活かす必要があることが多いこと、経営権を失うことが前提となると再生手続の申立てを躊躇し再建の支障となること等が考慮されたものである。

そして、「再生手続が開始された場合には、再生債務者は、債権者に対し、公平かつ誠実に、……再生手続を追行する義務を負う」（民再38条2項）、「再生債務者は、再生手続の円滑な進行に努めなければならない」（民再規1条1項）とされており、再生手続においては、再生債務者が手続を追行させる主体として位置づけられている。

(2) 再生債務者の公平誠実義務

ところで、再生手続は、「経済的に窮境にある債務者について、……当該債務者とその債権者との間の民事上の権利関係を適切に調整し、もって当該債務者の事業又は経済生活の再生を図ることを目的とする」（民再1条）手続であり、「当該債務者とその債権者との間の民事上の権利関係を適切に調整」することが求められる。

そのため、再生債務者は、再生手続開始後も、業務遂行権および財産の管理処分権が認められているものの、「再生手続が開始された場合には、再生債務者は、債権者に対し、公平かつ誠実に、前項の権利（筆者注：業務遂行権および財産の管理処分権）を行使し、再生手続を追行する義務（筆者注：公平誠実義務）を負う」（民再38条2項）とされる。公平誠実義務の規定は、再生債務者が、「再生手続開始の決定によって……再生債権者の利益を守る義務を負う手続機関としての性格を帯びるに至る」ことから、「再生手続の開始後は、再生債務者が、手続開始前と同様に自らの利益のみを図って行動するのは相当ではなく、債権者の全体の利益を適切に代表し、その利益を損な

---

2 花村良一『民事再生法要説』192頁は、「①手続開始時に必ず管財人を選任する会社更生手続については、経営者の退陣を前提とすることとなり、その結果、手続開始甲立てを躊躇する傾向があることが指摘されていること、②再生手続が主たる対象として想定している中小企業等の再建のためには、現経営者の経営能力・信用を活用しなければならない場合が多いと考えられること等を考慮して、再生手続では、手続開始の決定と同時に又は決定後に、必要に応じて、管理命令を発することができるものとしている」とする。

うことのないように行動する責務を負う必要があると考えられた」ことによる。債権者の全体の利益としては、中心となるものは、再生債務者の財産の価値の増大および再生計画案における弁済率の極大化と考えられる。

(3) **再生債務者の公平誠実義務を担保する制度**

再生債権者は、再生手続開始決定後は、債権の個別行使が禁止される（民再85条1項）。そのため、再生債権者の立場から、再生債務者が公平誠実義務を履行することを担保するための対抗手段としては、再生計画案に対する議決権の行使（同法169条2項、172条の3第1項）および再生債権者としての再生計画案の提出（同法163条2項）が中心となる。

さらに、民事再生法は、監督命令による監督委員による監督（民再54条1項）および管理命令による管財人による管理（同法64条1項）も定めている。これらの監督命令および管理命令も、再生債務者が公平誠実義務を履行することを実質的に担保するための制度として機能する。

(ｱ) **監督命令**

監督命令は、再生債務者に、業務遂行権および財産の管理処分権を認めつつ、監督委員による監督を行うものである。監督委員は、同意権限（民再54条2項）および調査権限（同法59条、民再規22条）並びに進行協議（民再規22

---

3 松下淳一「民事再生の現状と課題──手続機関について」事業再生と債権管理123号5頁。また、伊藤眞「再生債務者の地位と責務(中)」金法1686号114頁は、「再生債務者は、実体法上の債務者概念とは区別された手続上の概念であり（民事再生法2条1号）、事業の再生、すなわち債務者財産の収益価値を保全し、これを利害関係人に配分するために創設された地位にほかならない」とする。

4 花村・前掲（注2）127頁。

5 松下・前掲（注3）8頁は、「再生債権者の利益とは何かということはさらに考える必要がありますが、広く考えれば、再生債務者の財産の価値の増大、弁済原資の拡大を意味するわけですけれども、再生債務者と対立するものとして再生債権者の側の利益を考えるのであれば、典型的に現れるのは再生計画案における弁済率の最大化、これが再生債権者の利益のコアになる部分であろうと思います」とする。

6 伊藤・前掲（注3）119頁は、「会社の機関と再生債務者の機関の双方の地位に基づいて、株主と債権者に対して信認義務を負う取締役は、第一に、会社財産の収益価値がその清算価値を上回っていることを確認しなければならない。……第二に、収益価値の保全とその最大化を図らなければならない。第三に、再生計画において収益価値を公平に配分しなければならない」とする。

条の2)等に基づいて、再生債務者が公平かつ誠実に、業務遂行権および財産の管理処分権を行使し再生手続を追行するよう監督を行う。

　　　(イ)　管理命令

　監督命令には、「不適切な再生債務者の行為を抑制する方向には働くことができるものの、債権者の利益の最大化のために適切な行為を再生債務者にさせることまではできない」[7]という限界がある。

　そこで、再生債務者の業務遂行権および財産の管理処分権を奪っても、債権者の利益の最大化等のために適切な行為を行う必要が高い場合には、管理命令（民再64条1項）が発令され、管財人に業務遂行権および財産の管理処分権を行使させることとなる（同法66条）。

3　管理命令を発令できる場合

　民事再生法は、管理命令を発令できる場合として、①再生債務者（法人である場合に限る）の財産の管理または処分が失当であるとき、②その他再生債務者の事業の再生のために特に必要があると認めるときの2つの場合をあげる。これらの場合は、再生債務者の業務遂行権および財産の管理処分権を奪っても、債権者の利益の最大化のために適切な行為を行う必要が高い場合である。

　具体例としては、「①経営者が放漫経営を続け、又は経営能力が不十分であるために、再生債務者の多数が経営者の交替を希望している場合や、②理事、取締役等の役員が重大な職務上の不正行為をした場合等が考えられる」[8]とされる。

　なお、管理命令を発令できるのは、再生債務者が法人である場合に限られる。[9]ただし、法人であれば、更生手続のように株式会社に限られることはなく、医療法人その他の法人であっても管理命令を発令することができる。[10]

7　松下淳一「再建型倒産手続における手続機関選任の近時の運用について」（門口正人判事退官記念・新しい時代の民事司法）126頁。
8　花村・前掲（注2）193頁。

4 管理命令発令の効果

　管理命令が発せられた場合には、再生債務者の業務の遂行並びに財産の管理および処分をする権利は、裁判所が選任した管財人に専属する。また、再生手続も、管財人によって追行される（民再38条3項参照）。そのため、管財人において、事業の経営を行い、再生計画案の作成および裁判所への提出[11]（同法163条1項）も行うこととなる。

　その他、管財人は、否認権の行使（民再135条1項）、役員の責任に基づく損害賠償請求権の査定申立て（同法143条1項）および担保権消滅の許可申立て（同法148条1項）等も行うことができる。また、管財人も、債務の自認を

9　管理命令の発令を再生債務者が法人である場合に限った理由について、花村・前掲（注2）193頁は、「再生債務者が個人である場合については、①個人の経済生活の再生のために管財人が必要になる事案は想定しにくいこと、②事業を営む場合であっても、その事業は専ら個人の信用に依拠することが多く、事業主体の交代になじまないと考えられること、③管理処分権の対象となるべき財産について、事業用の財産と私生活上の財産とを峻別することは困難であり、すべての財産を管財人が管理するものとすると、私生活の維持・継続に支障を来す結果となること等の理由に基づくものである。なお、法人である場合に限る結果として、再生債務者が『法人格なき社団』に該当する場合についても、管理命令を発することはできないことになるが、①そのような団体について、管財人を選任してまでその再生を図らなければならないような事案は想定しにくいこと、②団体に帰属する財産の外延が明確でないこと等から、個人である場合と同様に取り扱うこととしたものである」とする。

10　株式会社以外に更生手続が認められる例外について、金融機関等の更生手続の特例等に関する法律15条、180条、377条等参照。

11　管財人も、「再生計画の定めによる再生債務者の株式の取得に関する条項」、「株式の併合に関する条項」および「資本金の額の減少に関する条項又は再生債務者が発行することができる株式の総数についての定款の変更に関する条項」については、再生債務者が債務超過である場合には、あらかじめ裁判所の許可を得ることによって、そのような条項を定めた再生計画案を作成することができる（民再166条1項・2項、154条3項）。しかし、「募集株式（譲渡制限株式であるものに限る。）を引き受ける者の募集に関する条項を定めた再生計画案」は、再生債務者のみが提出することができるとされており（民再166条の2第1項、154条4項）、管財人には提出権限が認められていない。そのため、管財人は、再生計画に定めて、いわゆる100％減資（全株式の再生債務者による無償取得）をすること自体は可能であるが、新たに新株を発行する条項を定めることができない。したがって、管財人は、結局、資本構成を入れ替える再生計画案を作成することができないこととなる。これは、再生手続がDIP型手続であることを重視し、再生債務者以外の者による資本構成の変更を認めないとしたものと考えられる（一問一答新破産法394頁参照）。

することとされている（同法101条3項。ただし、管財人による債務の自認については民事再生法181条1項3号の適用はない）。

5　管理命令の取消し等

　裁判所は、管理命令を変更し、または取り消すことができる（民再64条4項）。

　また、管財人は、裁判所が監督する（民再78条、57条1項）。そして、裁判所は、管財人が再生債務者の業務および財産の管理の監督を適切に行っていないとき、その他重要な事由があるときは、利害関係人の申立てによりまたは職権で、管財人を解任することができる（同法78条、57条2項）。

6　管理命令の発令の状況

　再生手続において、管理命令の発令された事案は、大阪地方裁判所では比較的多いが、東京地方裁判所では、これまでは、比較的少なかったようである。

12　小久保孝雄ほか「大阪地方裁判所第6民事部における倒産事件処理の概況」判タ1340号27頁は、大阪地方裁判所における再生手続の管理命令の発令について、「管理命令は、平成12年に2件、平成13年に18件、平成14年に21件、平成15年に17件、平成16年に9件、平成17年に6件、平成18年に3件、平成19年に2件、平成20年に6件、平成21年に2件、平成22年は1件発令されている。ただし、上記の合計87件のうち39件は、再生手続廃止決定後の保全管理命令に関する立法がされる前の事件につき、保全管理命令発令の趣旨で代用的に管理命令を発令したものであり、本来型の管理命令の発令件数は48件である。したがって、平成12年4月1日から平成22年12月31日までの間の申立総件数838件に対する本来型の管理命令の発令率は、約6％となる」とする。
13　東京地方裁判所の管理命令の運用について、須藤英章ほか「パネルディスカッション――新倒産法制10年を検証する」（伊藤眞＝須藤英章監修・新倒産法制10年を検証する――事業再生実務の深化と課題）55頁〔鹿子木康発言〕は、「これまで東京地裁で管理型の発令がほとんどなかった背景としましては、DIP型の倒産手続として再生手続の申立てができる環境が整ってきているのに、問題があると管理命令が発令されるというのでは、債務者側が管理命令の発令を恐れて手続を利用するのに躊躇するおそれがあるという考え方があったようです。しかし、債務者の財産管理に大きな問題があってDIP型として手続を進めることがきわめて困難な場合まで管理命令を行わないというのは相当ではありませんので、本年（平成22年）1月からこの運用を改めたところです」とする。また、東京地裁破産再生実務研究会編『破産・民事再生の実務〔第3版〕民事再生・個人再生編』191頁も、東京地方裁判所の管理型の発令がほとんどなかった運用につ

〔第1部・第1章〕第3節　管理型民事再生・DIP型会社更生

II　DIP型会社更生

1　DIP型会社更生の意義

　DIP型会社更生は、更生手続において、現経営陣から管財人を選任して、更生手続開始後も引き続き経営を委ねて事業の再建を図ることとする場合をいうとされる。[15・16・17]

2　DIP型会社更生の運用の背景

　更生手続では、「債務者が業務遂行権及び財産の管理処分権を失わないDIP型」[18]の手続構造は採用されておらず、必ず管財人を選任する管理型の

　　いて、「東京地方裁判所破産再生部は、平成22年1月からこの運用を改めた。それ以降平成25年9月までの間に、管理命令を発令した再生事件は9件ある」とする。
14　東京地方裁判所で管理命令が発令された事例としては、医療法人（鹿子木発言）、酒類販売業の会社（事業再生と債権管理135号100頁）、不動産ディベロッパー、事業向けの信用保証会社等がある。なお、東京地方裁判所で管理命令が発令された事例の詳細については、鹿子木康「再生事件における適性な手続進行を確保するための工夫」（松嶋英機弁護士古稀記念論文集・時代をリードする再生論）171〜177頁参照。
15　最新実務会社更生76頁は、DIP型会社更生について、「東京地裁においては、会社申立ての事件で現経営陣が自ら事業再建を手がける意欲がある場合に、更生手続開始時にDIP型4要件を満たせば、現経営陣の中から管財人を選任して再建に当たらせることを許容する運用をしている」とする。
16　なお、松下・前掲（注7）132頁は、「『DIP型』とは、経営に従事する人が倒産手続の開始前後で同一であるという意味ではなく、倒産手続開始後も手続機関が選任されず、債務者がその資格において業務遂行をし続けることができるという意味で用いるのであれば、現在のいわゆる『DIP型更生手続』はDIP型と呼ぶことはできない」とする。
17　DIP型会社更生の全般について、難波孝一ほか「会社更生事件の最近の実情と今後の新たな展開」金法1853号24頁、高井章光ほか「DIP型会社更生の実証的検証」（松下淳一＝事業再生研究機構編・新・更生計画の実務と理論）585頁参照。
18　最新実務会社更生2頁は、「管理型手続においては、債務者が手続開始によって事業の経営権や財産の管理処分権を喪失し、裁判所の選任した管財人にこれを専属させることになるのに対し、DIP型手続は、債務者自身が手続開始後も事業の経営権や財産の管理処分権を失わない点に特徴がある」とする。

46

手続が採用されている。更生手続で管理型の手続が採用された理由は、更生手続の中立性および公平性への信頼・更生手続自体に対する信頼を重視したものと考えられる[19]。

そのため、従来は、会社更生法67条3項が「裁判所は、第100条第1項に規定する役員等責任査定決定を受けるおそれがあると認められる者は、管財人に選任することができない」と規定し、「従来の取締役等であっても、欠格事由に該当せず、かつ、管財人の職務を行うに適した者であれば管財人等に選任することができる旨を条文上明確に表現」[20]したにもかかわらず、従前の取締役が管財人に選任される実務運用はなされておらず、「従前は、利害関係のない管財人を選任し、現経営陣を必ず総退陣させる運用が行われてきた」[21]。

しかし、企業の事業価値の維持の点からは、従前の取締役を管財人として活用することが望ましい場合も存在する[22・23・24]。また、「民事再生法の施行後、DIP型の民事再生手続により相当数の企業再建が図られてきたこれまでの経験の積み重ねから、DIP型手続に対する理解が浸透し、DIP型の会社更

---

[19] 深山卓也編著『一問一答新会社更生法』99頁は、「更生手続は、担保権付債権、一般の優先権がある債権、株主の権利をも手続内に取り込み、その行使を制約した上で、更生計画によって権利変更をする手続ですから、従来の取締役等が事業の経営権および財産の管理処分権を保持し続けることとした場合には、利害関係人から厳しい反発が生じ、更生手続の円滑な進行を阻害し、著しい混乱を生じかねないと考えられます」とする。
[20] 深山・前掲（注19）100頁。
[21] 最新実務会社更生17頁。
[22] 深山・前掲（注19）100頁は、取締役の管財人への活用について、「更生会社の従来の取締役等の中には、更生手続開始の申立て直前に再建支援企業（いわゆるスポンサー企業）から派遣された者のように、経営責任がなく、かつ、支援企業と深い人的関係を有する者や、倒産について直接的な経営責任はなく、かつ、事業の維持更生に有益な特殊技能や能力を有する者も存在すると考えられ、このような者を活用することが、更生会社の事業の維持更生に有用な場合があることは否定できません」とする。
[23] 最新実務会社更生17頁は、DIP型会社更生の運用導入の理由について、「①事業価値の毀損の少ない早期における申立てを促すこと、②経営の断絶を避け、現経営陣を活用しての再建策を遂行することにより事業価値の毀損を防止して利害関係人の満足を最大化すること、③更生手続が倒産手続全体の中でふさわしい役割を果たせるよう事案に即した多様な選択肢を提供することを目的とするものであ」るとする。

生手続を受け入れる社会的な土壌も次第に形成されてきた」。そこで、東京地方裁判所では、「平成20年12月にDIP型更生手続の運用を導入するための方策を検討して公表し、平成21年1月から実際の運用を始め」[25]るようになったとされる。[26・27]

3 DIP型会社更生運用の要件

東京地方裁判所では、DIP型会社更生運用が認められるためには、下記の4つの要件（DIP型4要件）を要するとしている。[28]なお、DIP型会社更生が認められるには、現経営陣に、管財人に選任されて自ら株式会社の事業の維持更生を図ろうとする意欲があることは当然の前提となる。

① 経営陣に不正行為等の違法な経営責任の問題がないこと
② 主要債権者が現経営陣の経営関与に反対していないこと

---

24 松下淳一＝事業再生研究機構編『新・更生計画の実務と理論』466頁は、「更生計画に記載のある範囲でみれば、更生会社がDIP型の更生手続によることを希望した理由として、以下のようなものが挙げられている」として、「取引先との関係を維持し、早期再建を図る」、「ノウハウを有する現経営陣により経営し、事業価値の毀損を防止する」、「現経営陣の専門的知識や取引先等との継続的な信頼関係を活用する、事業の劣化を最大限防止しつつ、迅速な再建を図る」、「膨大なデータをもとに債権調査等を迅速に遂行するためには業務内容を熟知した取締役を中心として申立後の作業体制を整備し、申立前の準備作業との連続性を確保することが必要」、「会社のリソース及びネットワークを最大限活用して事業の再建を図る」をあげている。

25 最新実務会社更生17頁

26 東京地方裁判所でDIP型会社更生の申立ては、平成23年8月31日現在で、9件であり、そのうち、5件がDIP型での開始、2件が中間型での開始、2件が管理型での開始とされている（最新実務会社更生29頁別紙1-7参照、菅野博之ほか「東京地裁におけるDIP型会社更生手続の運用」事業再生と債権管理127号26頁参照）。なお、平成23年9月1日以降平成24年末までの間に、上記のほかに新たに、半導体メーカー、電子部品メーカー、海上運送業会社の3社（3グループ）がDIP型での更生手続開始となっているようである。なお、DIP型会社更生の具体的事件について、松下＝事業再生研究機構・前掲（注24）352頁参照。

27 大阪地方裁判所でのDIP型会社更生の申立てについて、上田裕康ほか「大阪地方裁判所におけるDIP型会社更生事件」金法1922号50頁は、平成22年9月29日に申し立てられた不動産賃貸業会社のDIP型会社更生申立てについて、「大阪地裁におけるDIP型会社更生手続の最初の案件」として紹介する。

28 上田ほか・前掲（注27）51頁は、大阪地方裁判所のDIP型会社更生の運用に関し、「管財人候補者の管財人としての適性に関し、大阪地裁は、DIP型会社更生手続の運用が認められる要件として、東京地裁における4要件と同様のものを考えているとのことであ」るとする。

③　スポンサーとなるべき者がいる場合はその了解があること
④　現経営陣の経営関与によって更生手続の適正な遂行が損なわれるような事情が認められないこと

(1)　要件①「現経営陣に不正行為等の違法な経営責任の問題がないこと」

会社更生法67条3項は、「裁判所は、第100条第1項に規定する役員等責任査定決定を受けるおそれがあると認められる者は、管財人に選任することができない」と規定している。したがって、「現経営陣に不正行為等の違法な経営責任の問題がないこと」は、法律上要求される必須の要件となる。

なお、「裁判所は、管財人を選任するに当たっては、その職務を行うに適した者を選任するものとする」（会更規20条1項）とされる。「したがって、この欠格事由に該当しない取締役等が直ちに管財人として選任されるというものではなく、更生手続を円滑かつ適正に進行させる観点から、裁判所が、その事案における管財人の職務に最も適していると認めたときに初めて管財人に選任されることにな」る。[29]

(2)　要件②「主要債権者が現経営陣の経営関与に反対していないこと」

この要件を要する趣旨については、「現経営陣に従前どおり経営を任せて再建を担わせるのが相当かどうかは、この点に強い利害関係を有する主要債権者のよく知るところである。また、主要債権者が現経営陣による再建にあえて反対していない場合には、必ずしも現経営陣の退陣を求める必要はなく、その反対に、主要債権者が現経営陣の経営関与に反対している場合には、その協力が得られず、更生計画案可決の見通しを立てるのが困難になる」ため[30]とする。[31・32] 現経営陣を管財人に選任する場合には、債権者から管財人の公平性に疑義をもたれないことが重要である。そのような観点からも、この要件は、「裁判所は、管財人を選任するに当たっては、その職務を行うに適した者を

29　深山・前掲（注19）100頁。
30　最新実務会社更生21頁。

選任する」（会更規20条１項）ための判断の要素として重要なものと考えられる。

(3) 要件③「スポンサーとなるべき者がいる場合はその了解があること」

　この要件を要する趣旨については、「DIP型更生手続の運用を求める会社申立ての事案においては、申立ての段階で債務者会社が第三者とスポンサー契約を締結しているケース（いわゆるプレパッケージ型申立）もあると思われる。このようなケースにおいて、大多数の債権者が当該スポンサーの選定に反対していない場合には、更生手続の進行に当たってこれを尊重することには合理性がある。そのような場合には、手続の円滑な進行を期するため、上記要件③を満たすことが必要である」とする。[33]

(4) 要件④「現経営陣の経営関与によって更生手続の適正な遂行が損なわれるような事情が認められないこと」

　この要件を要する趣旨については、「上記①〜③の要件を満たしている場合であっても、保全段階において、現経営陣が保全処分に違反したり、監督委員の同意事項を無視したり、調査委員の調査に非協力的な言動に出るなどの事態が発生することもあり得る。このような事情がある場合に、現経営陣が更生手続開始後に経営に関与することを認めるならば、更生手続の公正を害し、その適切な遂行を妨げることになりかねない」からとする。[34]すでに述

31　主要債権者の意義に関して、難波ほか・前掲（注17）30頁注13は、「労働債権や租税債権といった一般の優先権のある債権について多額の弁済遅滞が生じている状況で会社更生手続の申立てがされたような事案では、……DIP型会社更生手続の運用をするかどうかについては、更生債権等の総額に占める労働債権や租税債権の割合によっては、大口債権者としての従業員全体や租税当局（地方自治体等）の意向を考慮することになるであろう」とする。

32　松下・前掲（注７）134頁は、「『主要債権者』とは、第１に、単独で更生計画案の可決いかんに相当程度の影響を及ぼすことができるほどの議決権を有する債権者を意味し、第２に、複数の異なる債権者ではあるが利害関係が類似しているために同一歩調をとることが十分に期待できる債権者群で、かつそれらの者の議決権を合算すれば更生計画案の可決可能性に相当程度の影響を及ぼすことができる議決権を有する者、と解すべきであろう」とする。

33　最新実務会社更生21頁。

34　最新実務会社更生21頁。

べたように、現経営陣を管財人に選任する場合には、債権者から管財人の公平性に疑義をもたれないことが重要である。そのような観点から、この要件も、重要なものと考えられる。

4　DIP型会社更生の東京地方裁判所の運用

DIP型会社更生に関する東京地方裁判所の運用は、以下のとおりである。[35]

(1) 開始前の保全措置

(ア) 保全処分

DIP型会社更生の申立てがあった場合、「更生手続開始申立て段階では、DIP型4要件を全て満たしているかは判然としないことが通常である」[36]。そこで、東京地方裁判所では、「現経営陣に不正行為等の違法な経営責任の問題の存在が明らかでない場合には、現経営陣に経営権を留保する保全措置をとることとしている」[37]とする。

「現経営陣に経営権を留保する保全措置」は、具体的には、「①弁済禁止等の保全処分（会社更生法28条1項）を発令し、同時に、②監督命令兼調査命令を発令する運用」[38]である。

保全処分については、「現経営陣の経営権を留保するため、保全管理命令を発令することなく、弁済禁止等の保全処分（会社更生法28条1項）を発令」[39]する。

35　上田ほか・前掲（注27）52頁は、大阪地方裁判所におけるDIP型会社更生事件における監督命令および調査命令の運用について、「開始決定前の監督命令兼調査命令および開始決定時の調査命令の運用は東京地裁におけるそれと同様である。加えて、更生計画認可後に、認可された更生計画に定める弁済の履行状況についての履行監督が付されることとなった。これは東京地裁の運用とは異なるものであるが、本件においては、……事情があったことから、本件の事案に応じた柔軟な対応がなされたものであり、大阪地裁のDIP型会社更生事件において常に履行監督が求められるというものではない」とする。
36　最新実務会社更生76頁。
37　最新実務会社更生76頁。
38　最新実務会社更生76頁。
39　最新実務会社更生76頁。

(イ) 監督命令兼調査命令

東京地方裁判所では、債権者から管財人の公平性に疑義をもたれないように、開始前の保全処分のほか、「管財人を公正中立な立場からチェックするため」[40]、開始決定前は、「監督委員兼調査委員」（会更35条、39条）を選任し、「現経営陣による事業の経営及び財産の管理処分の監督や手続開始の当否の調査等」[41]を実施する運用としている。[42]

(A) 監督命令

監督命令は、「更生手続開始の申立てがあった場合において、更生手続の目的を達成するために必要があると認めるときは、……更生手続開始の申立てにつき決定があるまでの間、監督委員による監督を命ずる処分」である（会更35条1項）。

具体的には、監督命令において、監督委員を選任し、かつ、その同意を得なければ開始前会社がすることができない行為を指定し、開始前会社についての現経営陣による事業の経営および財産の管理処分の監督を行う。[43・44]

(B) 調査命令——開始決定前の調査命令

開始決定前の調査命令は、更生手続開始の申立てがあった時から当該申立

---

40 最新実務会社更生18頁。
41 最新実務会社更生79頁。
42 最新実務会社更生79頁は、「監督命令の申立て及び調査命令の申立ては、それぞれ別個の申立てではあるが、利害関係人に監督委員兼調査委員の立場を分かりやすく伝えるために、一つの裁判書で決定する運用をして」いるとする。
43 最新実務会社更生79頁は、東京地方裁判所のDIP型会社更生を想定した保全段階の管理命令に関して、「通常、監督委員の同意を得なければならない行為として具体的に定めるのは、①管財人の許可事項（法（筆者注：会社更生法）72条2項各号に掲げる行為のうち、保全段階においては関係のないもの（同項4号）及び別途監督委員の承認権限を定めるもの（同項8号）を除くもの）に準じてこれに関連する行為、②裁判所が特に指定するものとして、スポンサー契約及びスポンサー選定業務に関する契約の締結となっている」とする。
44 また、東京地方裁判所では、開始前会社が、更生手続開始の申立て後更生手続開始前に、開始前会社の事業の継続に欠くことができない行為をする場合に、その行為によって生ずべき相手方の請求権を共益債権とする旨の裁判所の許可に代わる承認をする権限を監督委員に付与し（会更128条3項）、この点を通じても監督委員が開始前会社を監督する運用もされている（最新実務会社更生78頁参照）。

てについての決定があるまでの間においても、必要があると認めるときは、更生手続開始の原因となる事実、申立棄却事由の有無、開始前会社の業務および財産の状況その他更生手続開始の申立てについての判断をするのに必要な事項並びに更生手続を開始することの当否並びにその他更生事件に関し調査委員による調査または意見陳述を必要とする事項等の全部または一部を対象とする調査命令を発することができる（会更39条1項、125条2項）とするものである。

東京地方裁判所では、「DIP型会社更生を想定した保全段階での調査命令としては、①更生手続開始原因事実及び申立棄却事由の有無、開始前会社の業務及び財産の状況、更生手続開始の当否といった一般的な調査事項のほか、②DIP型に特有のものとして、現経営陣が事業家管財人又は事業家管財人代理の職務を行うに適した者であるかどうかという管財人の適性に関する事項も調査事項となる」とされている。[45]

(2) 調査委員の選任──開始決定後の手続

東京地方裁判所の運用では、DIP型会社更生については、更生手続開始の決定をし、現経営陣の中から事業家管財人を選任する場合、「これと同時に、裁判所は、改めて調査命令を発令し（会社更生法125条）、保全段階における監督委員兼調査委員を調査委員に選任するのが一般的である。その際、調査委員には、管財人が行う財産評定、債権調査、更生計画案の当否の調査を命ずるとともに、管財人が裁判所からの要許可事項の許可申請をする場合に意見を付することを求めている」[46][47]とする。

45　最新実務会社更生82頁。
46　最新実務会社更生23頁。
47　東京地方裁判所のDIP型会社更生の運用について、最新実務会社更生23頁は、「監督委員兼調査委員の調査報告の結果、更生手続を開始するのが相当であり、かつ、前述のDIP型4要件を満たすものと認められる場合には、更生手続開始の決定をし、現経営陣の中から事業家管財人を選任することになる。これと同時に、裁判所は、改めて調査命令を発令し（法（筆者注：会社更生法）125条）、保全段階における監督委員兼調査委員を調査委員に選任するのが一般的である。その際、調査委員には、管財人が行う財産評定、債権調査、更生計画案の当否の調査を命ずるとともに、管財人が裁判所からの要許可事項の許可申請をする場合に意見を付することを求めてい

開始決定後の調査命令は、裁判所は、更生手続開始後において、必要があると認めるときは、「管財人の作成する貸借対照表及び財産目録の当否並びに更生会社の業務及び財産の管理状況その他裁判所の命ずる事項に関する管財人の報告の当否」、「更生計画案又は更生計画の当否」、「その他更生事件に関し調査委員による調査又は意見陳述を必要とする事項」等の全部または一部を対象とする調査委員による調査または意見陳述を命ずる処分（調査命令）をすることができるとするものである（会更125条1項）。

　開始決定後の調査委員の選任により、現経営陣から選任された管財人に対して債権者から管財人の公平性に疑義をもたれないことをさらに担保しようとする趣旨と考えられる。

5　管財人の解任等

　管財人は、裁判所が監督する（会更68条1項）。そして、裁判所は、管財人が更生会社の業務および財産の管理を適切に行っていないとき、その他重要な事由があるときは、利害関係人の申立てによりまたは職権で、管財人を解任することができる（同条2項）。

III　管理型民事再生とDIP型会社更生

　以上のように、本来DIP型である再生手続にも管理型が認められており、管理型である更生手続においても、実質的にDIP型といえるDIP型更生手続の運用もなされている。

　そのため、現在、再生手続と更生手続との差が少なくなってきているともいわれる。[48・49]

　る」とする。
48　従前は、再生手続は、中小企業を対象としたDIP型再建手続とされ、更生手続は、大企業を対象とした管理型再建手続とされていた。しかし、現実には、再生手続でも大企業を対象とすることもあり、更生手続でも規模の小さい企業も対象となっている。

　また、担保権についても、再生手続は担保権を制約しないのが原則であるが、担保権消滅の許

それらを踏まえて、更生手続と再生手続を統合すべきという主張も存在する[50]。しかし、更生手続と再生手続を統合すべきという主張に対しては、更生手続と再生手続の本質的存在意義から「少なくとも近い将来においては、再生手続と更生手続とは、それぞれの存在意義を失わない」とする見解も有力である[51]。

(富永浩明)

可（民再148条以下）により担保権が制約される場合もある。他方、更生手続においては、担保権は更生担保権とされるが、更生担保権についても、実務上は処分連動方式も採用されて、更生担保権が別除権化している実務運用もある。
　さらに、再生手続は、中小企業を対象とする手続であったことから、再生手続においては、原則として、法人の組織上の事項については変更を加えないものとして、立法当初は、法人の組織上の事項については、「再生計画の定めによる資本の減少に関する条項及び再生債務者が発行する株式の総数についての定款の変更に関する条項」（民再154条3項）のみが規定されていた。しかし、その後、募集株式の発行を可能とする規定（同法161条、162条、166条の2）が新設され、現在においては、再生手続において、100％減資（発行済み株式総数の再生債務者による取得および消却）および募集株式の発行が行われ、法人の資本の入替えも可能となっている。

49　民事再生と会社更生の差異、特色等について、多比羅誠「会社更生手続の選択基準」（門口正人ほか・新裁判実務大系㉑会社更生法・民事再生法）28頁、腰塚和男＝成田敏「会社更生と民事再生との選択」（高木新二郎＝伊藤眞編・講座倒産の法システム第3巻再建型倒産処理手続）3頁参照。
50　富永浩明「倒産手続の統一」（東京弁護士会倒産法部編・倒産法改正展望）196頁。
51　伊藤眞「新倒産法制10年の成果と課題」（伊藤眞＝須藤英章監修・新倒産法制10年を検証する——事業再生実務の深化と課題）5頁は、「少なくとも近い将来においては、再生手続と更生手続とは、それぞれの存在意義を失わないと愚考いたします。……管理型再生手続とDIP型更生手続という形で、両者が接近しているにもかかわらず、それぞれの本質的存在意義として何を捉えるべきなのでしょうか。……本質的差異は、再生手続には、合意型あるいは関係人自治型手続の要素が組み込まれている点にあると考えます。……これに対して、更生手続においては、……更生手続が私的自治を排除している現れと理解すべきです」とする。

第2章 倒産手続参加

第1節 破産債権・再生債権・更生債権の行使

I 債権届出・取下げ

1 破産債権・再生債権・更生債権の行使

(1) 債権届出の必要性

債権者が破産・再生・更生手続に参加するための方法が、債権届出である。破産債権は、破産手続によらなければ行使することができないとされており（破100条1項）、再生債権、更生債権についても同旨の規定がある（民再85条1項、会更47条1項。個別権利行使の禁止）。

個別権利行使が禁止される結果、債権者は有する債権について給付訴訟を提起することは許されないから（破産債権につき、最判平成13・7・19金法1628号47頁）、手続参加を希望する債権者は、債権届出を行うことが求められる。

(2) 債権届出の方法

債権者は、裁判所が定める届出期間内に、書面により債権届出を行わなければならない（期間遵守義務につき破111条1項、民再94条1項、会更138条1項。書面によることにつき破規1条1項、民再規2条1項・2項、会更規1条1項）。

破産手続の場合は、破産債権に関する証拠書類の写しを届出書に添付する

必要がある（破規32条4項。もっとも、本規定は訓示規定と解されており、証拠書類が添付されていないことを理由に届出が不適法として却下されるものではなく、実務上も証拠書類が添付されていない届出に対しても、適宜、証拠書類の追完を求める取扱いがなされている例が多い）。民事再生手続や会社更生手続では、届出書に証拠書類を添付する必要はないが、再生債務者や管財人から送付を求められれば、これに応じなければならないものとされている（民再規37条、会更規44条1項）。実務上、かかる書類の提出を求める例が多い。

(3) 債権届出の効果

債権者は、債権届出をすることにより、各手続上認められる権利（債権者集会における議決権、債権調査手続における異議権等）を行使することができる。

また、債権届出には手続終了までの時効中断効がある（民152条）。

(4) 予備的債権届出

(ｱ) 予備的債権届出の可否

実務上、ある請求を主位的に請求するものの、これが認められない場合に備えて予備的な債権届出がなされることがある。これを実務では予備的債権届出とよんでいる。

予備的債権届出の可否について議論はあるが、実務上は、破産・再生・更生いずれの手続においても、予備的債権届出を認めていると考えられる。債権届出は訴訟行為の一種であり原則として条件をつけることは許されないが、民事訴訟手続でも一定の場合には予備的主張が許されていることから、管財人や再生債務者等が主位的請求の認否を明確に行えるものであれば、予備的債権届出を否定する必要はないと思われる。裁判例でも、予備的債権届出を認めたものがある（民事再生の事案につき、東京地判平成21・10・30判時2075号48頁）。

予備的債権届出は、以下のように取り扱われる。[1]

---

[1] 条解破産法756頁。

① 主位的請求が認容も排斥もされていない状態では、停止条件付権利の届出に準じ、権利行使（配当受領等）は認めない
② 主位的請求の認容が確定すれば、予備的債権届出の効力は失われる
③ 主位的請求の排斥が確定すれば、予備的債権届出の内容（債権調査手続を経て認められた内容）に沿って権利行使が認められる

予備的債権届出の例としては、①相殺により債権者が有する債権の消滅を主張しつつ、相殺が認められない場合に備えて債権届出をする場合、②個別権利行使が許される債権（財団債権等）の債権者としての地位を主張しつつ、これが認められない場合に備えて債権届出を行う場合、などがある。

予備的債権届出がなされる理由は、債権届出がない破産債権・再生債権・更生債権は失権し配当・弁済を受けることができなくなるため、万一自己の主位的主張が認められなかった場合でも配当・弁済を受けうる地位を確保しておきたいという債権者の意向があるためである。理論上は、「その責めに帰することができない事由」により債権届出がなかったためその事由消滅後1か月以内に債権届出をすることができる場合（破112条1項、民再95条1項、会更139条1項）にあたるケースがあるとも考えられるが、届出をしなかったことが「その責めに帰することができない事由」に該当しないとされる危険性を回避したい、あるいは特別調査期間や特別調査期日に要する費用は債権者の負担であるところ、かかる費用負担を回避したい、という債権者の立場からすれば、予備的債権届出を選択するメリットがある。また、再生手続・更生手続においては、債権者からの相殺権を行使しうる期間の制限があること、共益債権に該当するか否かについて債権者と再生債務者等との間で見解の相違が生じることが多いといったことも一因となり、これらの手続において予備的債権届出が用いられることが多い。

(イ) 予備的債権届出があった場合の実務対応

債権者から予備的債権届出があった場合、管財人や再生債務者等としては、当該債権者とできるだけ早期に交渉の機会をもち、当該債権者の主張内容や証拠書類を検討して調整を図り、債権調査前の和解を試みる。

調整がつかない場合は債権調査段階で異議を述べることになるが、異議を述べると債権者から査定申立てをされることが予想され、更なる対応が必要となることに加え、手続の円滑な進行が妨げられる結果となりうることから、実務上、債権調査前に債権者と和解に至るケースが少なくない。

(5) 届出事項の変更

(ア) 主体の変更

債権届出後に債権譲渡、法定代位、任意代位などにより債権の帰属主体に変更があった場合は、新たに債権を取得した者が届出名義の変更手続を行う（破113条1項、民再96条、会更141条）。届出名義の変更手続は、債権者が失権する可能性が生じる時期（破産手続では一般調査期間の経過または一般調査期日の終了、再生・更生手続では債権届出期間の経過）以後でも行うことができる。なお、債権譲渡を原因とする届出名義変更の場合は、債権譲渡の一般原則に従い、対抗要件の具備が必要になる（民467条）。

実務的には、画一的統一的な処理を行う観点から、債権者から事前に問合せがあれば、裁判所が用意している「届出名義変更届出書」の書式を利用するよう促す例がある。届出書には証拠書類の写しを添付しなければならないとされており（破規35条2項、32条4項1号、民再規35条2項、会更規40条2項）、債権譲渡契約書等が添付されて債権の帰属主体の変更を確認することができるようになっているが、債権の帰属をめぐる紛争に巻き込まれるのを可能な限り避ける観点から、新旧債権者連名で手続をするよう促すことが望ましい。

具体的な配当・弁済受領請求権が成立した後（破産手続では配当額通知後、再生手続では再生計画認可決定確定後、更生手続では更生計画認可決定後）に債権の帰属主体に変更があったときは、新旧債権者が連名で、管財人や再生債務者に対して名義変更届および送金先の変更依頼をすることで適宜対応している例が多い。

(イ)　債権額の変更
　(A)　増　額
　債権額を増額する届出（以下、「増額届出」という）は、他の債権者の不利益になる変更であるから、新しい届出と同様の規制を受ける（なお、届出の時的限界については、後記Ⅱ参照）。

　具体的な取扱いは、増額届出の時期により異なる。債権届出期間内の増額届出には、書面で届け出ることを要する点を除き（破規1条1項、民再規2条1項・2項、会更規1条1項）、特に法的制約はない。これに対し、破産手続における一般調査期間経過または一般調査期日終了後、再生手続・更生手続における債権届出期間後の増額届出は、「その責めに帰することができない事由」の存在および当該事由消滅から1か月以内の制約に服する（破112条1項、民再95条1項、会更139条1項）。

　増額届出が許される場合、実務上、届出書の差替えや再提出で処理する例が多い。

　(B)　減　額
　債権額を減額する届出（以下、「減額届出」という）は、他の債権者にとって有利な変更であり、債権届出の全部または一部取下げとして取り扱われる。詳細は後記2を参照されたい。

2　債権届出の取下げ

(1)　法的性質
　債権届出の取下げは、手続参加の撤回を求める裁判所に対する意思表示である。

(2)　取下げの時期的制限
　(ア)　債権確定前
　取下げが可能であることに争いはない。
　(イ)　債権確定後
　債権確定後に取下げができるか否かは、肯定・否定両説がある。ただし、

否定説を前提にしても、取下げの意思表示を将来の配当・弁済受領権の放棄と構成すれば、その効力を否定する理由はないため[2]、いずれの見解によっても、将来の配当・弁済が不要になるという点では共通である。

実務では、債権確定後の債権届出の取下げを、その後の手続に関与する権利および将来の配当・弁済受領権を放棄する意思表示と解して取り扱い、将来に向かってのみ効力を有するものとしている[3]。そのため、債権届出の効力、債権確定の効力、債権者集会における議決権行使およびその効果、受領済みの配当・弁済の効力には影響がない。届出に基づく時効中断効も影響を受けず、新たな時効期間が進行する（民174条の2第1項後段）。

II 債権調査

1 認否書の作成

(1) 債権調査の意義

債権調査とは、債権届出があった債権について、その適格性、債権の存否、額、優先劣後の順位および別除権者（更生手続では更生担保権者）の届け出予定不足額の当否について調査することをいう。

(2) 債権調査

(ア) 破産手続における債権調査

破産手続における債権調査の方法は、法律上は期間方式と期日方式があり、法文上は、期間方式が原則とされているが（破116条1項・2項）、実務上は、東京地方裁判所破産再生部（民事第20部）や大阪地方裁判所をはじめ、多くの裁判所で期日方式が採用されている。一般調査期日が定められたときは、破産管財人は期日に出頭し、債権届出期間内に届出があった破産債権について認否をしなければならない（同法121条1項、117条1項）。一般調査期日に

---

2 伊藤・会社更生法470頁。
3 東京地裁破産再生実務研究会編『破産・民事再生の実務〔第3版〕破産編』442頁。

おける破産管財人の認否は口頭主義であるが、裁判所は破産管財人に認否予定書の提出を命ずることができることとされており（破規42条1項）、実務上も、一般調査期日において口頭で多数の破産債権について逐一認否を述べるのは煩雑であり、また、認否内容を記録に残す観点から、破産管財人が債権調査期日に認否書を提出し、これに基づいて（認否書記載のとおりである旨陳述して）認否するのが一般的である。

　届出をした破産債権者は、一般調査期日に出頭し、一般調査期日に係る破産債権について異議を述べることができるが（破121条2項）、必ず異議の理由をも述べなければならない（破規43条1項前段）。

　(イ)　再生手続、更生手続における債権調査

　再生手続、更生手続における債権調査の方法は、期間方式のみである。再生債務者等、管財人は、裁判所が指定する日までに、債権調査期間内に届出があった再生債権、更生債権について認否をしなければならない（民再101条1項、会更146条1項）。

　届出をした再生債権者、更生債権者は、認否表の内容に異議があれば、一般調査期間内に書面で異議を述べることができる（民再102条1項、会更147条1項）。異議の理由を述べる必要があることは、破産手続と同様である（民再規39条1項、会更規46条1項前段）。

2　債権調査をめぐる実務問題

(1)　債権届出期間に遅れた債権届出

　(ア)　破産法の規律

　債権者は、債権届出期間内に債権届出を行わなければならないが（破111条1項）、破産債権者がその責めに帰することができない事由によって、破産債権の一般調査期間の経過または一般調査期日の終了までに債権届出をすることができなかった場合には、その事由消滅後1か月以内に限り、債権届出をすることが許される（同法112条1項）。この規定による債権届出が許されないときは、いかなる事由があっても、もはや債権届出をすることはでき

ず、失権する（破産手続に参加することができないため、配当を受けることができない）。

なお、破産法112条1項に基づく届出がいつまで許されるのかについては、法文上必ずしも明らかではないが、破産債権の除斥を免れるための手続（破198条1項参照）を履行できる時間的余裕がある時期までと考えられている。[4]

(イ) 民事再生法・会社更生法の規律

民事再生法や会社更生法も破産法とおおむね同様の規律であるが、基準時が異なる。すなわち、民事再生法や会社更生法では、債権届出期間内に届出をしない債権者について、その責めに帰することができない事由によって債権届出をすることができなかった場合には、その事由消滅後1か月以内に限り、債権届出をすることが許されると定めており（民再95条1項、会更139条1項）、破産法に比して基準時が早い。

なお、再生手続および更生手続においては、再生計画案あるいは更生計画案の付議決定後は債権届出をすることができないとされている（民再95条4項、会更139条4項）。

(ウ) 実務対応

(A) 破産手続における実務対応

破産管財実務上、債権届出期間に遅れて債権届出書が届くことが散見される。破産債権者に原因があることもあるが（たとえば、届出書を出すことを単純に失念していた）、破産手続開始決定後に判明した新たな債権者からなされる例もある（破産管財人は、破産手続開始決定後に新たな債権者の存在を認識した場合、当該債権者に対して破産手続開始決定通知および債権届出書を個別に送付しているが、これらの書類発送時点で債権届出期間を過ぎているケースも少なくない）。

債権届出期間経過後に届出があっても、破産管財人および破産債権者の異議がない場合は、その認否をすることができる（破121条7項）。実務上、一

---

4 大コンメ497頁〔井上一成〕。

般債権調査期日と同日時に指定されている債権者集会までに届出があった場合、破産管財人は、破産債権者から異議がない限り、認否するのが通常である（もっとも、破産債権者が異議を述べることは稀である）。また、東京地方裁判所破産再生部（民事第20部）では、破産財団の財産換価が終了するまで債権者集会と一般債権調査期日を続行し、破産債権に係る認否を留保する取扱いであるため、一般債権調査期日において届出があったすべての破産債権の認否をすることができる事例が大半である。

(B) 再生手続における実務対応

再生手続では、債権届出期間に届出がなかった場合、再生債権は、その責めに帰することができない事由によって債権届出期間内に届出をすることができなかった場合（民再95条1項）等を除き、原則として失権する。民事再生法95条1項を満たす事情がある債権については、再生債務者等の裁量により、一般調査期間における調査対象として認否書に記載することができる（同法101条2項）。単に届出を失念していた等という事情により債権届出期間内に届出ができなかったものについては失権するので、法律上は、認否を要しない。

もっとも、他方において、再生債務者等は、届出がされていない再生債権があることを知っている場合は、当該再生債権について自認債権として認否表に記載しなければならないから（民再101条3項）、認否表に記載されることに変わりない（ただし、自認債権は議決権がない）。

実務上は、失権効という強い効力の影響の大きさおよび自認債権として取り扱う場合との事務作業量の差異の少なさを考慮し、できる限り権利行使する機会を認めるべく、民事再生法95条の要件を弾力的に解し、債権届出期間に遅れた債権届出全般について債権調査を行い、一般調査期間で認否する事例が散見される[5]。東京地方裁判所破産再生部（民事第20部）も同条の要件を緩やかに解しているようであり、再生債務者に異議がないときは、一般調査

---

5 企業再建弁護士グループ編『民事再生QA500〔第3版〕プラス300』270頁。

期間開始前であれば認否書に届出と認否の追加記載を認めている。[6]

(C) 更生手続における実務対応

　更生手続における失権効に関する規律は再生手続と同様であり、その責めに帰することができない事由によって債権届出期間内に届出をすることができなかった場合（会更139条1項）を除き、原則として失権する。会社更生法139条1項を満たす事情がある債権については、管財人の裁量により、一般調査期間の対象として認否書に記載することができる（同法146条2項）。

　会社更生法139条1項の解釈については、できるだけ広く解すべきであり、失権させるのが酷だと認められるときは「責めに帰することができない事由」に該当するとする見解もあるが、[7]必ずしもこの見解に沿って実務が運用されているわけではないと考えられる。そのため、管財人は、知れたる債権者のうち、債権届出期間の終期が近づいたにもかかわらず届出をしていない債権者に対し、適宜の方法で催促することで対応している（会更規42条本文参照）。

　なお、更生手続には自認債権の制度がないことから、管財人が届出がなされていない更生債権等があることを知っていたとしても、当該債権は認否書には記載されない。[8]

(2) 戦略的異議

(ア) 意　義

　戦略的異議とは、債権の存在自体を必ずしも否定するわけではないが、届出債権者間の実質的な衡平を図るために述べる異議のことである。[9]

　戦略的異議は、特に破産手続において述べられる事例が見受けられるので、以下、破産手続を念頭において論ずる。

6　東京地裁破産再生実務研究会編『破産・民事再生の実務〔第3版〕民事再生・個人再生編』214頁。
7　条解会社更生法(中)585頁。
8　東京地裁会社更生実務研究会編『会社更生の実務(下)〔新版〕』175頁。
9　全国倒産処理弁護士ネットワーク編『破産実務Q&A200問』267頁。

(イ) 戦略的異議の事例

戦略的異議の代表的な事例としては、以下のものがあるとされる。[10]

① 否認対象行為があるが、その範囲が不明確であったり、否認行為の回復に当該行為者（破産債権者）の協力が得られないときに、否認権行使による破産財団の増殖の程度等を考慮して、その否認対象行為者の届出債権全額について異議を述べる場合

② 破産法人の代表者等の旧経営陣、親会社、支配株主等からの届出に係る破産債権について、信義則ないし権利濫用の法理に照らして異議を述べる場合

③ 相殺が可能であるにもかかわらず相殺をせずに債権届出をしてきた場合や、全部履行義務を負わない第三者からの弁済等により、破産手続開始時の債権額が減少する可能性がある場合に、見込減少額について異議を述べる場合

(ウ) 戦略的異議の可否

破産管財人が戦略的異議を述べることについては、否定的な見解もあるが、破産債権者間の実質的衡平を図る目的で認否権を行使し、あるいは認否権の行使を通じて破産債権者の協力を確保し、破産財団を増殖することも、破産管財人の認否権行使として正当なものと評価されるとする見解が有力である。[11]実務上でも、戦略的異議が述べられることがあるが、破産管財人としては、恣意的に戦略的異議を述べることは許されず、異議の対象となる破産債権者および裁判所に対して異議を出す理由を十分説明できることが必要であるため、当該債権者との交渉に努め、それでも解決に至らなかった場合における、いわば最後の切り札として戦略的異議が用いられている例が多い。

(3) 異議の撤回に伴う債権者表の訂正

(ア) 破産手続の場合

債権者表は正確な内容で作成すべきことはいうまでもないが、異議を述べ

10　東京地裁破産再生実務研究会・前掲（注3）467頁。
11　伊藤・破産法民事再生法616頁。

たものの後日撤回する場合には、どうしても債権者表の訂正が必要になる。破産管財人は最後配当に関する除斥期間経過までであれば認否を認める旨に変更することができると解されており、[12]認否変更に伴って債権者表の訂正が必要になるが、裁判所書記官に申し立てることにより、債権者表の更正処分を受けることができる（破115条3項）。

(イ) 再生手続の場合

再生債務者等は、認否書に認めない旨の認否をした後であっても、認める旨に変更することができる。この場合には、変更の内容を記載した書面を裁判所に提出するとともに、当該再生債権を有する再生債権者に対し、その旨を通知しなければならない（民再規41条1項）。

認否の変更が許される時期的制限については争いがあるが、債権の内容に係る異議の変更は債権査定申立期間（民再105条2項）が経過するまでに限ると解する見解が有力である。なお、議決権の額に対する異議は、債権者集会を招集する場合はその当日に裁判所が議決権に関する決定をすることになっているため、法文上は債権者集会当日までは変更可能であるが（民再170条1項）、集会期日を開催する場合、コンピュータで投票集計を行っている裁判所では、集会期日の数日前までに届け出る運用となっている例がある。これに対し、書面決議に付する場合は、裁判所は議決権の額を決定したうえで書面決議に付する決定をしているため、裁判所が議決権の決定をした後は、異議の撤回は許されない。[13]

(ウ) 更生手続の場合

管財人も、認否書に認めない旨の認否をした後であっても、認める旨に変更することができる。その場合の規律は、再生手続と同様である（会更規44条2項）。

認否の変更が許される時期的制限についても、再生手続と同様の争いがあり、原則として債権査定手続期間（会更151条2項）が経過するまでとすべき

---

12 大コンメ488頁〔井上一成〕。
13 東京地裁破産再生実務研究会・前掲（注6）218頁。

であるとの見解が有力である。[14]

III 債権の確定

1 倒産各法における債権確定の制度

(1) 倒産債権の確定

　債権調査手続によって、手続機関（破産管財人、再生債務者、再生管財人または更生管財人）が認め、かつ届出債権者等から調査期間内に異議等を述べられなかった債権は、届出どおりの額で確定し、そのまま配当または弁済の基礎とされる（破124条1項、民再104条1項、会更150条1項）。裁判所書記官は、債権調査結果を債権者表に記載して、調査結果と確定内容を明確にし（破124条2項、民再104条2項、会更150条2項）、債権者表は倒産債権者（更生手続においては株主を含む）全員に対して確定判決と同一の効力を有する（破124条3項、民再104条3項、会更150条3項）。これにより、配当または再生・更生計画案の作成および遂行の基礎が形成される。

(2) 異議等を受けた倒産債権の確定——債権査定決定手続と査定異議訴訟手続

　これに対し、手続機関が認めず、または異議等の述べられた債権（以下、「異議等を受けた倒産債権」といい、同債権を保有する債権者を「異議等を受けた倒産債権者」という）は確定せず、届け出た倒産債権者と異議等を述べた者との間で、異議等を受けた倒産債権について存否を決する手続が必要になり、①債権査定決定手続（破125条、民再105条、会更151条）、②査定決定に対する不服申立方法としての異議の訴え（破126条、民再106条、会更152条）による確定が図られる。

　①の倒産手続内での査定決定手続と、②の倒産手続外での訴訟手続という2

14　伊藤・会社更生法475頁。

段階の構成をとることによって、①においては簡易・迅速・合理的な債権確定を優先し（狭義の倒産裁判所[15]による決定手続で倒産債権の存否を判断する）、他方、倒産債権者による権利行使の最終的な局面で、終局判断を決定手続だけに委ねるのは相当でないことから、決定に不服のある場合に限って②の異議訴訟による確定の手段を導入したものである。

(3) 査定手続によることができない場合──債権確定訴訟としての受継と有名義債権を争う訴訟手続

また、③開始決定時に係属する訴訟につき債権確定訴訟として受継（破127条、民再107条、会更156条）、④有名義債権を争う訴訟手続（破129条、民再109条、会更158条）も設けられている。

すなわち、異議等を受けた倒産債権についてすでに訴訟が係属している場合には、その訴訟を利用して倒産債権の確定を図るのが合理的である（上記③）。また、異議等を受けた倒産債権に執行力ある債務名義または終局判決がある場合には、これを排除するのにふさわしい訴訟手続による必要がある（上記④）。そこで、これらの場合には債権査定の申立てはできず（破125条1項ただし書、民再105条1項ただし書、会更151条1項ただし書）、直ちに訴訟手続で異議等のある債権の確定を図るものとしている（③につき破127条1項、民再107条1項、会更156条1項。④につき破129条1項・2項、民再109条1項・2項、会更158条1項・2項）。

2　倒産債権査定決定手続

(1) 申立て

異議等を受けた倒産債権者は、その金額等を確定するために、異議者等の全員を相手方として、裁判所に、倒産債権査定の申立てをすることができる（破125条1項本文、民再105条1項本文、会更151条1項本文）。

破産者、再生債務者（管理命令発令の場合）、更生会社も異議を述べること

15　倒産手続開始の決定をした倒産裁判所。たとえば、破産法125条1項本文の「裁判所」。

ができるが、これらの異議は倒産手続内における債権確定を妨げる効力はないので、倒産債権者は査定申立てをする必要はない。もっとも、破産者からの異議には、債権者表の記載に基づく破産者に対する強制執行を防止する機能があるから（破221条2項）、破産手続終了後に破産者の自由財産に対して執行しようとするときは、破産債権者は別訴を提起する必要がある。[16]

　査定の申立ては、異議等を受けた倒産債権に係る調査期間末日等または調査期日から1か月の不変期間内にしなければならない（破125条2項、民再105条2項、会更151条2項）。不変期間とするのは、法律関係を早期に確定し、迅速な手続進行を図るためである。査定申立期間が経過すると、当該倒産債権者は手続に参加できないことが確定する。[17]

　東京地方裁判所破産再生部（民事第20部）では、破産手続の場合、原則として破産債権の調査が換価終了時まで留保されているので、債権調査期日後直ちに配当手続に入ることとなる。とすると、債権調査期日から1か月が経過する前に配当の除斥期間（破205条、198条1項）が満了してしまうことがある。この場合には除斥期間内に査定申立てをする必要がある。[18]

　また、査定申立期間経過後に破産管財人等は異議を撤回できるか、それとも査定申立期間の経過によって倒産債権は異議内容どおりに確定するかが問題となる。撤回を認めるならば破産債権等はいつまで経っても確定しなくなってしまうので、撤回は原則として否定すべきである。[19]

(2) 審　尋

　査定の申立てがあったときは、異議者等を審尋しなければならない（破

16　条解破産法836頁。
17　伊藤・破産法民事再生法621頁、950頁、伊藤・会社更生法486頁。なお、会社更生法151条6項は、この場合、「届出がなかったものとみなす」と定めており、明文規定のない破産手続・民事再生手続でも同様に解すべきである（条解破産法839頁、条解民事再生法559頁〔笹浪恒弘＝福田舞〕）。他方、伊藤・破産法民事再生法621頁、950頁、伊藤・会社更生法486頁では、届出の事実自体は残るので時効中断効は存続するとし、会社更生法151条6項の効果として時効中断効自体も消滅するとの考え方はやや行き過ぎであるとする。
18　破産管財の手引277頁〔片山健＝原雅基〕。
19　酒井良介＝上甲悌二「債権確定訴訟」（島岡大雄ほか編・倒産と訴訟）111頁。

125条4項、民再105条5項、会更151条4項)。異議者等に反論の機会を与えるためである。

　東京地方裁判所破産再生部(民事第20部)では、破産事件では原則書面審尋により決定する運用をしており、査定申立人に対する相手方が破産管財人であるときは答弁書の提出を求めている。[20] 再生事件でも、書面審尋の方法をとり、再生債務者は通常は1～2週間で答弁書を提出する。[21]

　また、東京地方裁判所商事部(民事第8部)では会社更生事件において、査定申立期間が満了し、査定申立事件が出揃った段階で、管財人から各査定申立事件の進行意見を聴取し、書面審尋により進行するか、審尋期日を指定して進行するか、手続外での交渉を先行させるかなどの方針を立て、審尋期日を指定して進行する場合には、ほとんどの事案で主任裁判官を受命裁判官に指定して手続を進めている。[22]

(3) 決定およびその効力

　査定の申立てがあったときは、倒産裁判所は、上記審尋を経たうえで、不適法却下する場合を除き、決定で、異議等を受けた倒産債権の存否および額等を査定する裁判(倒産債権査定決定)をしなければならない(破125条3項、民再105条3項、会更151条3項)。届出債権に対する異議を容れてその全額が不存在と判断するときも、倒産裁判所は、査定申立ての棄却ではなく、異議に係る債権はゼロ円であるとの査定決定を行う(更生事件につき、東京地決平成16・4・7判タ1153号294頁参照)。

　倒産債権に係る査定決定が確定したとき(査定決定に対する後記の異議訴訟が不変期間内に提起されなかったとき)は、倒産債権者(更生手続においては株主を含む)全員に対して、確定判決と同一の効力を有する(破131条2項、民再111条2項、会更161条2項)。

20　破産管財の手引277頁〔片山健＝原雅基〕。
21　民事再生の手引166頁〔西林崇之〕。
22　最新実務会社更生189頁、東京地裁会社更生実務研究会編『会社更生の実務(下)〔新版〕』197頁〔渡邉千恵子＝谷口安史〕。

(4) 査定手続における和解の可否

　査定手続段階で、決定によるのではなく和解による解決の要請も当然にある。査定手続における裁判上の和解の可否については従前議論があったが、非訟事件手続法の施行に伴い、査定手続でも裁判上の和解が可能となった（非訟65条。民事訴訟法の準用につき破13条、民再18条、会更13条）。査定手続で裁判上の和解をする場合、査定の裁判所と和解の許否を判断する倒産裁判所は同一なので、倒産裁判所の許可（破78条2項11号、民再41条1項6号、会更72条2項6号）は不要であると解される。

　査定手続では、和解による解決がもともと制度的に予定されているわけではないが、申立人・相手方間の話し合いにより、両者間の合意内容に沿う形で、届出債権額の一部取下げや異議の撤回等の手段を用いて、倒産債権の存否をめぐる争いが和解的に解決されることも多い。

(5) 倒産手続が終了した場合における査定手続の帰趨

　破産手続の場合には、開始決定の取消しまたは廃止決定の確定により破産手続が終了したときは査定手続も終了し、破産手続終結決定により破産手続が終了したときは、査定決定手続は引き続き係属する（破133条1項）。

　再生手続の場合には、再生計画認可決定の確定前に再生手続が終了したときは査定手続も終了し、認可決定確定後に再生手続が終了したときは引き続き係属する（民再112条の2第1項）。後者の場合、管理命令に基づいて再生管財人が選任され、同管財人を当事者とする査定手続があるときは、査定手続は再生手続終了により中断し、再生債務者が受継する（民再112条の2第2項、68条2項・3項）。

　更生手続の場合には、更生計画認可決定前に更生手続が終了したときは査定手続も終了し、認可決定後に更生手続が終了したときは引き続き係属する（会更163条1項）。後者の場合、査定手続は更生手続終了により中断し、更生会社であった会社が受継する（会更163条2項、52条4項・5項）。

3 査定異議の訴えの手続

(1) 申立て等

倒産債権査定決定に不服のある者は、決定の送達を受けた日から1か月の不変期間内に、倒産債権に係る査定異議の訴えを提起することができる（破126条1項、民再106条1項、会更152条1項）。他方で、倒産債権査定決定に対する即時抗告はできない（破9条、民再9条、会更9条）。倒産手続の遅延を避けるために、不変期間による出訴期間制限が設けられている。

査定異議の訴えは、倒産事件が係属する国法上の裁判所（広義の倒産裁判所）の専属管轄に属する（破126条2項、2条3項、民再106条2項、6条、会更152条6項、6条）。専属管轄にしたのは、査定異議の訴えについては複数の当事者の関与が予想されるので、共通の管轄を定めておくのが望ましいところ、倒産裁判所が倒産事件の関係人にとって利害関係の中心といえるからである。なお、原則的土地管轄を有する地方裁判所に移送する制度も設けられている（破126条3項、民再106条3項、会更152条3項）。

(2) 訴えの性質および訴訟物

査定異議の訴えの性質は、査定決定の効果を認可しまたは変更するための形成の訴えであり、訴訟物は査定決定に対する異議権であると解される（破126条1項・7項、民再106条1項・7項、会更152条1項・7項）。[23]

訴訟物を異議等の対象となった倒産債権とする、確認訴訟であるとの見解もある。[24] しかるに、「異議の訴え」とする条文の文言に加えて、倒産手続に査定等の手続を導入する際の先例となった「船主の所有者等の責任の制限に関する法律」における査定の裁判に対する異議の訴えの法的性質が、査定の裁判の変更を求める変更の訴えと解されていることからも、形成の訴えと解するのが相当である。[25][26]

---

23 伊藤・破産法民事再生法622頁、951頁、伊藤・会社更生法488頁。
24 北澤純一「破産債権査定異議の訴えに関する覚書(上)」判タ1289号44頁。
25 稲葉威雄＝寺田逸郎『船舶の所有者等の責任の制限に関する法律の解説』375頁。

〔第1部・第2章〕第1節　破産債権・再生債権・更生債権の行使

(3) 当事者適格および審理

　査定異議の訴えを提起する者が、異議等を受けた倒産債権者であるときは、異議者等全員を共同被告とし、逆に異議者等がこれを提起するときは、当該倒産債権者を被告としなければならない（必要的共同訴訟。破126条4項、民再106条4項、会更152条4項）。

　同一債権について数個同時に訴訟が係属するときは、必要的共同訴訟における合一確定の必要から、弁論および裁判は併合しなければならず、審理についての必要的共同訴訟の特則（民訴40条1項～3項）が準用され、口頭弁論は1か月の出訴期間が経過した後でなければ開始できない（破126条5項・6項、民再106条5項・6項、会更152条5項・6項）。

　後記のとおり、査定異議の訴えの判決には対世効が付与されるので（破131条1項、民再111条1項、会更161条1項）、異議等を受けた倒産債権者が原告のときは、共同被告たる異議者等の全員が固有必要的共同訴訟の関係に立つ。異議者等が原告のときは、異議者等たる原告が複数存在しても各自に当事者適格が認められるが、類似必要的共同訴訟の関係に立つ。

(4) 査定異議の訴えの判決

　不適法として却下する場合（出訴期間経過など）を除き、査定決定を認可し、または変更する旨判決主文で明らかにする（破126条7項、民再106条7項、会更152条7項）。

　査定決定を認可する場合とは、査定決定に対する異議の訴えに理由がない

26　条解破産法843頁。訴訟物をかように解する帰結として、伊藤教授は次のような問題点を指摘している（伊藤・会社更生法489頁）。
　　すなわち、更生担保権の主張をしている者に対して、管財人が基礎となる担保権について対抗要件否認の請求をし、それを認める決定に対して異議訴訟が係属しているとし、他方、その者が更生担保権の届出をしたことについて、管財人が認めない旨を述べ、こちらもゼロ査定の裁判がなされ、それに対する異議訴訟が係属しているとした場合、両者は訴訟物が異なる一方で、紛争の実体は同一であると思われるところ、特別に両者の進行を調整する手続はないので、結論が区々になるおそれがあることから、実務上の運用によって矛盾のない解決を実現することが望まれるというものである。担保権の否認請求が認められる一方で、当該担保権者による更生担保権の査定申立てが認められた事例として、東京地決平成23・11・24金法1940号148頁がある。

ときなので、いわば請求棄却判決に相当し、同判決が確定したときは査定決定の内容どおりに倒産債権が確定する。査定決定を変更する場合とは、査定決定に対する異議の訴えに一定の理由があるときであり、査定決定の全部または一部を取り消すだけでは足りず、倒産債権の内容等につき判決で新たな判断が示される。

　査定異議の訴えの結果は、債権者表に記載され、倒産債権者等の全員に対して効力を生じる（対世効。破131条1項、民再111条1項、会更161条1項）。

(5) 査定異議訴訟における和解の可否

　査定異議の訴えの場合、破産管財人等が届出額の一部を認めて異議を撤回し、債権者はその余の届出額の取下げをするといった内容の裁判上の和解が成立することも少なくない。和解が可能であることについては争いはない。なお、倒産裁判所の許可（破78条2項11号、民再41条1項6号、会更72条2項6号）は必要である。[27]

　すでに中間配当がされている場合には、同配当率を乗じた額を和解金名目で支払う場合もある。また、優先的破産債権たる労働債権に関する和解の場合には、労働者保護の観点から、破産法101条の弁済許可に関する条項が盛り込まれる場合もある。[28] この点は、前述の査定手続における和解（前記2(4)）でも同様である。

4　倒産手続開始当時に係属している訴訟の債権確定訴訟としての受継

　異議等を受けた倒産債権に関し倒産手続開始時に訴訟が係属する場合には、その訴訟は中断する（破44条1項、民再40条1項、会更52条1項）。

　この訴訟は管財人等による受継の対象にはならない（破44条2項、民再40条2項、会更52条2項）。異議等を受けた倒産債権者がその内容・額等について確定を求めようとするときは、中断中の当該訴訟について、異議者等の全

27　東京地裁会社更生実務研究会・前掲（注22）206頁〔渡邉千恵子＝谷口安史〕。
28　酒井＝上甲・前掲（注19）137頁。

員を当該訴訟の相手方として、異議等を受けた倒産債権に係る調査期間の末日等または調査期日から1か月の不変期間内に（破127条2項、民再107条2項、会更156条2項）、訴訟手続の受継の申立てをしなければならない（破127条1項、民再107条1項、会更156条1項）。すなわち、すでに紛争として具体化した訴訟が係属している場合にはこれを利用させるのが合理的なので、別個に査定手続を開始することなく、係属中の訴訟を倒産債権確定訴訟として続行させることになる。

債権者は、受継後は、異議の排除に適するように確認訴訟へ請求の趣旨を変更し、または反訴を提起する。この訴訟は異議者全員を被告とする固有必要的共同訴訟である。

5　有名義倒産債権に対する異議の主張

異議等を受けた倒産債権のうち、執行力ある債務名義または終局判決のあるものについては、異議者等は管財人等がすることのできる訴訟手続によってのみ、異議を主張することができる（破129条1項、民再109条1項、会更158条1項）。執行力のある債務名義が作成されているならば、債権の存否・額・内容等につき蓋然性が担保されているので、かかる債権者の既得的地位を尊重するものである。

上記の異議の主張は債務名義等の種類によって異なる。確定判決であれば、再審の訴え（民訴338条）、判決更正の申立て（同法257条）、請求異議の訴え（民執35条）、債務不存在確認の訴え（後二者については争いあり）等を、執行証書（同法22条5号）であれば請求異議の訴え、未確定の終局判決であれば上訴等を提起することになる。

これらの訴訟手続は、異議等を受けた倒産債権に係る調査期間の末日等または調査期日から1か月の不変期間内にしなければならない（破129条3項、125条2項、民再109条3項、105条2項、会更158条3項、151条2項）。

6　主張の制限

　査定手続、査定異議の訴えおよび既存訴訟の受継による確定訴訟において、異議等を受けた倒産債権者は、同債権の内容および原因について、倒産債権者表に記載されている事項のみ主張できるにとどまる（破128条、民再108条、会更157条）。債権確定手続は、異議者とその相手方（異議等を受けた倒産債権者）との間で争うことを通じて、手続機関および債権者の関与の下に一挙に確定させるための手続であり、その趣旨で作成された倒産債権者表の記載からはずれてそれ以外の事項を主張できるとするのは、趣旨を逸脱するからである。

　もっとも、法律上の性質は異にしても、発生原因事実から同一の債権と評価されるような債権の同一性を害しない限度であれば、倒産債権者表に記載された届出事項と異なる一定程度の付加主張は許される。たとえば、売買代金債権として届け出たものを請負代金債権へと変更する場合などである（大阪高判昭和56・6・25判時1031号165頁）。

（進士　肇／田汲幸弘）

第2節　更生担保権の行使

I　担保権の存否に関する問題

1　更生担保権の意義と更生管財人の調査

　更生担保権とは、更生手続開始当時、更生会社の財産につき存する、特別の先取特権、質権、抵当権、および商事留置権（商法または会社法上の留置権）の被担保債権であって、更生手続開始前の原因に基づいて生じたものまたは会社更生法2条8項各号において特別に更生債権として規定されている

もの（共益債権を除く）のうち、当該担保権の目的である財産の価額が更生手続開始の時における時価であるとした場合における当該担保権によって担保された範囲のものをいう（会更2条10項本文）。

　更生管財人（以下、単に「管財人」という）は、更生担保権の届出について、その基礎である被担保債権および担保権を含む内容、担保権の目的である財産の価額および議決権の額を認否するが（会更146条2項2号）、確定した場合には、更生債権者等および株主全員に対して確定判決と同一の効力を有する（同法150条3項）。更生担保権の存否および価額は、一般債権者への弁済原資に直接影響を与えるため、管財人は、善良なる管理者の注意をもって異議権を行使し、届出事項・証拠書類に照らし、または調査に基づいて、根拠薄弱と思われるものについては異議を述べる。ただし、更生会社は資料を提出すべき証人的立場に立ち[1]、管財人は更生会社の有する資料をも踏まえて認否をすることが前提とされる（会更規44条）。

　更生担保権の基礎である担保権は、更生手続開始当時更生会社の財産について存在しなければならず、管財人には第三者性が認められるので、物権変動等に対抗要件を要する場合には、開始決定時に対抗要件が具備されていなければならない[2]。担保の対象資産のうち不動産は不動産登記（民177条）、債権は確定日付ある通知または承諾（同法467条2項）もしくは動産及び債権の譲渡の対抗要件に関する民法の特例等に関する法律（以下、「動産債権譲渡特例法」という）に基づく登記といった公示制度により、成立および対抗要件具備を確認できるため、争いが生じるのは、後述の将来債権譲渡を除き、主として存否ではなく評価の場面である。これに対して動産は、売買という典型的な取引類型において公示不要の法定担保物権である動産先取特権が認められ（同法311条5号）、また占有改定（同法183条）という公示性の乏しい対抗要件の具備方法があることから、更生担保権の存否について、実務上の問題が生じやすい。以下では、更生担保権の存否について生じる問題を概観す

1　条解会社更生法㊥636頁。
2　伊藤・会社更生法253頁。

る。

2 動産売買先取特権の存否に関する問題

　動産売買先取特権は特別の先取特権であり、更生担保権の基礎となるが（会更2条10項）、更生担保権の届出において、個々の目的物ごとに、その特定性が明確になるよう具体的に記載しなければならない。[3]動産売買先取特権は、平常時における民事執行手続において、平成15年法律第134号による民事執行法190条等の改正により、代替許可制度が定められた後においても、目的物が種類物である場合には、執行場所に存在する同一種類の商品等の中から目的物を特定できなければ、差押えできない。[4]

　この点、商取引債権保護の要請を背景として、判決手続と執行手続との相違に着目し、執行手続における行使と比較して、判決手続としての性質を有する更生担保権の行使においては、対象物の特定および証明の程度が緩和されると論じる見解もある。[5]しかし、平成15年民事執行法改正時においては、継続的給付の場合に過度に目的動産の特定を求めると実際には機能しなくなるとの指摘もあったが、目的物件の特定の問題は実体権の範囲の問題であるため採用されなかった。[6]特定性は、単に手続法上の問題ではなく、実体法上の問題でもあり、また特定性の要件を緩和すると、複数の仕入先から同一種類物を仕入れていた場合に、他の動産売買先取特権者や所有権留保権者の担保目的物をもって更生担保権とし、仕入先が1社であったとしても、一般債権者の引当て財産となっている動産をもって、更生担保権の基礎とする事態が生じ、他の担保権者や一般債権者を害する。商取引債権保護の必要性について否定するものではないが、これは他の制度に委ねるべきであろう。よっ

---

[3] 条解会社更生法(中)582頁。
[4] 谷口園恵ほか編『改正担保・執行法の実務（事業再生と債権管理別冊2号）』150頁、137頁、森田浩美「民事執行規則等の一部を改正する規則の概要（4・完）」NBL780号58頁など。
[5] 池口毅＝木村真也「更生手続下における動産売買先取特権の取扱いについて」（倒産実務交流会編・争点倒産実務の諸問題）137頁。
[6] 道垣内弘人ほか『新しい担保・執行制度〔補訂版〕』133頁。

て、動産売買先取特権者が更生担保権を届け出るにあたっては、目的物を差押えが可能な程度に特定して記載する必要があると解すべきである。[7]

3 所有権留保の存否に関する問題

最判平成22・6・4民集64巻4号1107頁は、再生手続における留保所有権者は登録なくして別除権を行使できない旨判示しており、更生手続において、留保所有権は更生担保権であり、その権利行使には対抗要件の具備が必要と解される。

実務上、留保所有権に関して更生担保権の存否が問題となる場面として、目的物が登録要件のない種類物であり、他の仕入先からの商品と区別できず、または他の仕入先商品と区別できたとしても、継続反復的に取引されるため、既払いの商品と区別できない場合が考えられる。

前者に関し、下級審は、登録要件のない動産について、占有改定による対抗要件具備の可能性を認めつつ、目的物が他の仕入先との仕入商品と分別保管されず、判別できない状況であった等の事情が認められる事案においては、占有改定を否定する。[8]この下級審判例のようなケースでは、更生担保権の行使も認められないであろう。

また、後者に関し、当該動産の代金が支払済みであっても、売主に対する一切の債務が完済されるまで所有権を留保するとの特約（拡大された所有権留保）は無効と解されるので（東京地判平成16・4・13金法1727号108頁）、このような特約が付されている場合を含め、実体法上、代金支払済みの商品についての留保所有権は消滅する。問題は、当該種類物についての代金支払の有無に関する立証責任である。平常時を前提とした所有権に基づく動産引渡請求訴訟における要件事実については、従前から議論されているところ、前掲[9]

---

[7] 園尾隆司＝谷口安史「動産売買先取特権」（園尾隆司＝多比羅誠編・倒産法の判例・実務・改正提言）378頁、小林信明「動産売買先取特権の倒産手続における取扱い」（田原睦夫先生古稀・最高裁判事退官記念論文集・現代民事法の実務と理論（下巻））203頁と結論において同じ。

[8] 東京地判平成22・9・8判タ1350号246頁とその控訴審である東京高判平成23・6・7判例集未登載（なお、遠藤元一「判批」NBL998号40頁）参照。

最判平成22・6・4によれば、更生担保権を主張する留保所有権者の側に、当該動産の代金が未払いであることの主張・立証責任があるものと解するが、上記2と同様、特定性の問題でもあり、異論があり得る。

4　集合動産譲渡担保の存否に関する問題

集合動産譲渡担保は、種類、所在場所あるいは量的範囲を指定することで特定が図られる（最判昭和54・2・15民集33巻1号51頁）。更生手続開始により目的物が固定するかは議論がある。実務家の間では、譲渡担保権者がその実行に着手すれば、その時点で目的物の範囲が固定し、以後債務者が取得するものについては担保権の効力が及ばないが、実行に着手しない限り、債務者は集合物に組み入れられている動産や債権についての処分権を有するとの見解[10]が支持を得ていると思われる。この見解によれば、開始時点に存在しない動産についても更生担保権の基礎となり得るが、評価基準をいかに解するか、さらなる議論が待たれる。

5　将来債権譲渡担保の存否に関する問題

近時、キャッシュフローに着目した担保がABL[11]として発展し、将来債権譲渡の効力、対抗要件の具備、将来債権の譲受人が具体的に発生する債権を当然に取得することを認める一連の判例法理（最判平成11・1・29民集53巻1号151頁、最判平成13・11・22民集55巻6号1056頁、最判平成19・2・15民集61巻1号243頁）と債務者不特定の債権譲渡登記を可能とする平成16年の動産債権譲渡特例法の改正が、これを支える。しかるに、将来債権譲渡の効力が、倒産手続開始後において具体的に発生する債権に対して及ぶとの結論は、価値判断として妥当とはいえず、金融機関側からも、たとえば債権を生む費用

9　吉川愼一「所有権に基づく動産引渡請求訴訟の要件事実(2)」判タ1350号4頁。
10　伊藤・会社更生法215頁。
11　内田貴「報告1総論〈シンポジウム〉変容する担保法制──理論と政策」金融法研究19号37頁、中島弘雅「ABL担保取引と倒産処理の交錯」金融法研究28号6頁など。

に着目した制約が提案されている。[12]

　前掲最判平成19・2・15は、「譲渡担保の目的とされた債権が将来発生したときには、譲渡担保権者は、譲渡担保設定者の特段の行為を要することなく、当然に、当該債権を担保の目的で取得する」と判示するが、その理解として、開始後に発生した債権に、譲渡の効力が及ぶことを否定することはできないとする見解[13]と、判示に「譲渡人の処分権能が及ぶ限り」という限定が当然に組み込まれており、倒産手続における解釈の「決め手とはならない」との見解[14]に分かれる。

　債権法改正の議論において将来債権譲渡の効力が及ぶ範囲を、譲渡人の処分権が及ぶ範囲とする旨議論され、「民法（債権関係）の改正に関する要綱仮案」（平成26年8月26日決定）は規定として採用しないが、当該考え方自体にはそれほど異論がないものと考えられている。[15]

　解釈論として、①倒産手続において、譲受人のために一般債権者への弁済原資から費用負担して債権を発生させるとすれば倒産法の公序に反すること、[16]②倒産手続開始は包括的執行の性格を有するところ、当該債権を差し押さえる平時の個別執行と異なり、当該債権を発生させる倒産財団全体を差し押さえる点が決定的に異なること、[17]③管財人または再生債務者は、包括的に差し押さえられた倒産財団を使用し、いかなる範囲で、いかなる債権を発生させるべきかを、債権者に対する善管注意義務または公平誠実義務に照らして判断していくのであり、これは、倒産手続開始に先立ち、将来債権の譲渡人が行った処分とは全く異なる独自のものであることから、管財人の下で発生し

12　井上聡「金融取引から見た債権譲渡法制のあり方」金法1874号80頁。
13　山本和彦「債権法改正と倒産法(上)」NBL924号17頁。
14　沖野眞已「債権法改正と倒産」（山本和彦＝事業再生研究機構編・債権法改正と事業再生）43頁。
15　法制審議会民法（債権関係）部会第93回会議「民法（債権関係）の改正に関する要綱案の取りまとめに向けた検討(17)」9頁。
16　小林信明「倒産法における将来債権譲渡に関する規定の創設」（東京弁護士会倒産法部編・倒産法改正展望）326頁。
17　小林・前掲（注16）322頁。

た債権には譲渡の効力は及ばないと解するのが相当である[18]。

II　担保権で保全された額の確定に関する問題

1　評価基準の変遷と時価の意義

(1)　評価基準の変遷と現行法の定め

　更生担保権の評価は、管財人の調査すべき項目の中で最重要なものであり[19]、評定額が更生担保権者の権利の範囲を画するため、管財人と更生担保権者との間でその評定額をめぐって争いが生じることが多い。昭和27年制定の会社更生法においては、財産評定の評価基準および基準時について明文がなく[20]、評価基準を処分価額とする見解と継続企業価値によるとの見解が対立し、昭和42年改正において、更生手続開始時を基準として継続企業価値により評価するとしたが（旧会更124条の2）、平成14年改正において更生手続開始時の「時価」に改正された（会更2条10項）。

　「時価」の意義については、立法当時から今日に至るまでさまざまな観点からの論考が出され[21]、また、資産グループごとの時価の具体的検討は、事業再生研究機構財産評定委員会編『新しい会社更生手続の時価マニュアル』

---

[18] 伊藤眞「債権譲渡法制の改正と倒産法」金法1990号43頁は、「管理処分権の主体の交代をもって、実体法上の地位の承継とみなすかどうかについては、倒産法の目的などを考慮されるべき事項であり、承継として扱うことが、その目的実現を著しく困難にすると認められ得るとすれば、たとえ同一の契約を前提として破産管財人や再生債務者等が取得すべき将来債権であっても、少なくともそれが破産財団や再生債務者財産に帰属するものであるときには、譲受人によって把握されないという考え方も成り立とう」とする。

[19] 東京地裁会社更生実務研究会『会社更生の実務(上)』337頁。

[20] 中山弘幸「財産評定(1)」（竹下守夫＝藤田耕三編・裁判実務大系(3)会社訴訟・会社更生法〔改訂版〕）385頁。

[21] 伊藤眞「会社更生手続の意義」判タ1132号12頁、山本和彦「倒産法改正と理論的課題」NBL751号26頁、松下淳一「更生手続における『時価』について」（事業再生研究機構財産評定委員会編・新しい会社更生手続の「時価」マニュアル）225頁、藤本利一「更生担保権の評価基準の再検討」（倒産法改正研究会編・提言倒産法改正）142頁など。

(以下、「時価マニュアル」という）や、日本公認会計士協会「財産の価額の評定等に関するガイドライン（中間報告）」（以下、「財産評定等ガイドライン」という）などに詳しい。

現行法が時価概念を採用したことによる実務への影響について、更生担保権者の立場がやや強くなるとの見解もあるが[22]、具体的事例における時価評価の困難性を通じて、「新法における財産評定や更生担保権の時価という評価基準は、明確で透明性のある客観的なもので、時価は一義的に定まり、従来の継続企業価値といった不透明で争いを残す評価基準とは異なるものと理解する論者もいるようであるが、それは誤解であり、また幻想である」との指摘もある[23]。

本稿では、実務的観点から、現行法が時価基準を採用した意義や関連する問題点を検討する。なお、更生担保権の確定に係る裁判上の諸問題は第3部第3章を参照されたい。

(2) 現行法における更生担保権の評価方法

担保目的の評価基準である「時価」は、財産評定の基準（会更83条1項・2項）と同一文言であり、同一の評価概念と解される[24]。そして、財産評定は、更生会社の財産的基礎を明らかにすることを目的とするため、時価は、会計上の評価指針もしくは評価方法を逸脱できない。ここで、会計学上、時価とは「企業が現に保有している資産を、その評価時点における市場価格または経済価値に基づいて評価した額をいう」と定義されるが、当該資産を「購入する視点」により「現在購入価格」または「現在取替原価」が、「売却する視点」により「正味実現可能価額」が、「使用する視点」により「将来キャッシュフローの割引現価」がそれぞれ算定され、複数の物差しが存在する[25]。そこで、会計上、状況に応じて、公正妥当な評価指針・評価方法として許容

---

22 笠井正俊「財産評価」ジュリ1241号32頁。
23 中井康之「瀬戸内国際マリンホテルの場合」（商事法務編・再生・再編事例集1）86頁。
24 時価マニュアル76頁。
25 森田哲彌『会計学大辞典〔第4版増補版〕』449頁。

される物差しを選択しなければならないが、ある1つの資産について許容される評価指針・評価方法は必ずしも単一でなく、複数存在する。また時価は、更生担保権の目的の価額となり、更生担保権者の範囲や、さらには更生担保権者らに対する弁済額をも画する機能も有するため、単に会計上の問題ではなく、会社更生法に基づく法的な評価の問題でもある。そこで、時価評価にあたっては、「会計上の評価指針・評価方法として許容される幅のあるもののなかから最も公正妥当と認められ、かつ、更生担保権の範囲を画する基準としても正当化できるものを選択すること」が重要とされる。[26]

複数存在する物差しの中から適切な評価基準を選ぶべき具体例として、ゴルフ場のような転用困難な不動産等については事業継続価値（使用価値）による評価（ただし、更生手続開始時の現状有姿の状態を前提とし、平均的経営者が経営するとした場合の収益を前提とする）[27]、また製品等の棚卸資産や売却予定の不動産等については処分価額に基づく評価がそれぞれ適切であるとされる。[28]このように、旧法で採用されていた事業継続価値も時価の1つであるから、新法の評価から排斥されていない点に注意が必要である。また、「処分価額」は多義的な概念であり、公正な市場価格、任意売却も含めた市場取引価格、競売による価額（清算価値）など複数の考え方があることに注意する必要がある。[29]

(3) 「時価」基準を採用した意義

現行法が「時価」基準を採用した意義としてまずあげられるのは、旧法は継続企業価値を基準とし、企業全体の継続価値を算定してそれを個々の資産に割り付ける方式が通説・判例であったところ、現行法下においては、個々の財産の時価を直接評価することである。そのため、旧法において、企業全体の継続価値が小さいときは、たとえば不動産に割り付けられた評価額が当

---

26 時価マニュアル85頁。
27 時価マニュアル105頁。
28 時価マニュアル85頁。
29 時価マニュアル86頁。

該不動産の清算価値を下回ることもあり得たが、現行法においてそのような評価は許されない。この点について、改正当時から、少なくとも従前の実務慣行よりは担保評価はあがるとの指摘がなされている[30]。

(4) 会社更生法に基づく法的な評価であることの意義

次に、時価が「単に会計上の問題ではなく、会社更生法に基づく法的な評価の問題」である意義であるが、更生担保権の目的である財産の評価額（＝時価）は更生担保権の範囲を画するものであり、同時に更生担保権者への弁済額の基準となるため、更生会社と更生担保権者との利害調整を考慮せずに決めることはできない。不動産鑑定評価の作業過程として、「評価の終盤では、債権届出額も横にらみして、債権者に拒絶されない価額と事業弁済できると思われる額との狭いレンジの中で財産評定価額を決定していかなければならない」、しかるに清算価値を下回ってはならないため、「適正な価格帯の中で、債権者に拒絶されない価額、収益弁済可能な価額、合理的な説明ができる価格等の条件を満たした価額が、新法2条10項および83条1項の『時価』となると考えている」と論じられているとおりである[31]。

また、前述のとおり、会計における時価には複数の評価基準があるが、本来担保権は権利行使によって得られる交換価値を把握する権利であることからすれば、更生担保権の目的財産の評価基準は、競売・早期売却を前提にした処分価額を中心に考えるべきである[32]。そして、更生手続においては、更生計画を通じて更生担保権者に対して「処分価額（清算）」を上回る「時価」を弁済することになるところ、このことが正当化されるのは、担保権の実行が禁止されることで、企業が存続し、これにより企業全体の価値が高くなることに求められる。処分価額（清算）を超える部分の弁済は、担保権の実行を禁止することとの均衡を考慮して、法政策的に、担保権の実行禁止から生

30　伊藤眞ほか編『新会社更生法の基本構造と平成16年判例（ジュリスト増刊）』80頁〔田原睦夫発言〕。
31　蒲池豊郷「新会社更生法の財産評定を経験して」（商事法務編・再生・再編事例集1）201頁。
32　松下・前掲（注21）231頁。

じる企業全体の価値の上昇分の一部を更生担保権者に配分しているのだと理解できるのである。[33]

　だとすれば、更生担保権の目的財産の評価にあたっては、会計上の評価指針・評価方法として許容される幅の範囲内で、更生会社の収益や事業全体の価値を考慮に入れることが許容されるべきである。

　この点に関連して、リース物件のほとんどが汎用性のない特殊な通信機器であり、処分価値はゼロであったが、リース債権者の利益を正当に評価するという観点から、減価償却の方法による評価を行い、ただし、単純な減価償却の計算による会社の資産の額が会社の事業価値を上回るため、減価償却で評価した金額を基準として、所有資産もリース資産も事業価値に割り付けるという評価方法をリース債権者に示したところ、財産評定を継続企業価値ではなく時価とする改正会社更生法に反するとの猛烈な反発を受けて断念したとの事例報告が、管財人よりなされている。[34]確かに、全体の事業価値を個別資産に割り付ける方法は、旧法を想起させ、現行法上問題があるようにも思われる。しかし、前述のとおり、更生担保権の目的財産の評価にあたっては、処分価額を中心に考えるべきであり、また、会計上の評価指針・評価方法として許容される幅の範囲内で、更生会社の収益や事業全体の価値を考慮に入れることが許容される。したがって、①リース物件の処分価額がゼロであり、かつ②会社の事業価値が減価償却後の資産合計額を下回ることから、会計上減損会計が認められ得るという当該事案においては、[35]所有資産とリース資産の具体的内訳や、これらの資産がすべて単一の事業に向けられたものか否かなどの点が必ずしも明らかではないものの、管財人がリース債権者に示した方法も許容され得ると考える。

---

[33] 山本和彦「倒産法改正と理論的課題──利害関係人の法的地位を中心として」NBL751号26頁、松下・前掲（注21）230頁。
[34] 腰塚和男「ウィルコムの会社更生手続」事業再生と債権管理136号96頁。
[35] 腰塚・前掲（注34）96頁。

2　不動産の評価

(1)　概　説

　不動産の評価は、実務上最も対立が生じる場面であり、平成16年10月時点の集計ではあるが、時価算定の基準に関して各管財人が対応に苦慮していることがうかがわれると報告されており、現在でも同様と考えられる。[36]

　価額決定手続において裁判所の選任した評価人が不動産の時価を評価する場合において、会社更生規則48条が準用する民事再生規則79条2項は、「評価人は、財産が不動産である場合には、その評価をするに際し、当該不動産の所在する場所の環境、その種類、規模、構造等に応じ、取引事例比較法、収益還元法、原価法その他の評価の方法を適切に用いなければならない」と定める。このうち「当該不動産の所在する場所の環境、その種類、規模、構造等」は例示であって、当該不動産に関する一切の事情を基礎に評価することになる。また、「取引事例比較法、収益還元法、原価法その他の評価の方法」という評価方法は、基本的に、前述の「売却する視点」、「使用する視点」、「購入する視点」という会計上の3つの視点からなる評価方法・物差しを組み合わせて評価するということと同義である。

　なお、不動産鑑定評価基準において、「時価」は、「正常価格」すなわち現実の社会経済情勢の下で合理的と考えられる条件を満たす市場で形成されるであろう市場価値と解されている。[37]しかし、会社更生における財産評定は、更生会社の現実の使用状況を所与のものとして、個々の不動産の時価を評価することにあり、土地上の建物の構造や用途、利用状況、それによって得られる収益等の具体的事情を捨象することはできないため、[38]多くの場合、正常価格をもって財産評定における時価とすることは相当ではない。

---

[36]　第二東京弁護士会倒産法検討委員会「会社更生手続の実務に関するアンケート結果の報告(3)」NBL833号40頁。
[37]　社団法人日本不動産鑑定協会「会社更生法に係る不動産の鑑定評価上の留意事項」判タ1126号12頁。
[38]　時価マニュアル94頁。

(2) 評価をめぐる紛争の典型例

更生会社と担保権者との間で争いが生じる古典的な例として、商業地域になってしまっている場所に所在する工場の例があげられる。更生会社は継続使用を前提として評価し、担保権者は最適利用として処分価額による評価を主張して対立する場面である。[39]

このような不動産については、まず土地については正常価格、建物については再調達価額を基準とし、その積算額で評価するという方法が考えられる。しかし、多くの場合、更生会社の工場はその資産構成が最適なものになっておらず、上記評価方法では過大評価となる。更生会社の財産評定は、現実の状況を所与のものとして評価するところ、更生会社の不動産の多くは、最有効使用という正常価格で評価する前提条件を欠くのである。そこで、このように資産効率が悪い場合には、事業継続を前提に、収益を基準とした評価方法を採用できる。[40] ただし、旧法と異なり、企業全体の継続価値を算定して割り付けるのではなく、最小単位の事業ごとに算定する必要がある。[41] また当該不動産の時価を評価するには、当該更生会社の実際の事業ではなく、現状の不動産から得られる平均的収益を基準とするべきではあるが、現実問題として、かかる平均的収益を算定することは困難であり、更生会社が実際に得ている事業収益を参考にせざるを得ない。[42]

このように、事業の用に供されている工場等の時価は、事業収益を前提として評価することができるが、清算価値としての処分価額を下回ることはできない。ただし、当該処分価額の算定にあたっては、建物の取り壊しに要する費用等のほか、工場に勤務する従業員への退職手当など、不動産そのものからみれば外的要因に基づく用途変更コストであって、不動産鑑定においては減価要因としての考慮が困難なものについても、更生会社の財産評定とし[43]

---

39 伊藤ほか・前掲（注30）78頁〔伊藤眞発言〕。
40 田原睦夫「更生担保権とその評価基準」判タ1132号201頁。
41 時価マニュアル108頁、財産評定等ガイドライン第100～107項。
42 時価マニュアル109頁。
43 長場信夫「会社更生手続と財産評定」判タ1191号135頁。

〔第1部・第2章〕第2節　更生担保権の行使

ては考慮し得る。[44・45]

　なお、更生会社の利用目的を考慮する場合には、更生の方針という手続開始後の事情により更生担保権額が異なることに対する理論上の難点など克服すべき点もあり、更なる議論が待たれる。[46]

3　リース物件の評価

　財産評定等ガイドラインは、いわゆるファイナンス・リース契約の対象資産の評価方法について、「会計上、当該資産と同様の能力を有する資産の観察可能な市場価格によるか、市場が存在しない場合には、再調達価額を求めた上で、当該資産の取得時から評定時点までの物理的、機能的、経済的減価を適切に修正した価額、または当該資産から獲得されるキャッシュフローに基づいて収益還元価額によることができる」と定めている（第125項、126項、121項）。これも、基本的に、前述の「売却する視点」、「購入する視点」、「使用する視点」という会計上の3つの視点からなる評価方法・物差しを組み合わせて評価するということと同義である。ただし、実務上、この評価方法によって、ある狭い幅での評価額が当然に定まるというわけではなく、しばしば管財人とリース会社がそれぞれ主張する評価額に大きな乖離が生じる。

　最判平成7・4・14民集49巻4号1063頁は、リース契約に旧会社更生法103条1項（現会社更生法61条1項）は適用されず、未払リース料債権は、共益債権ではなく更生債権である旨判旨し、担保付であると直接には触れないが、これを担保付倒産債権と解するのが通説である（ただし、同判例、後述の平成20年判例、本決定を含む下級審は、「いわゆるフルペイアウト方式のファイナンス・リース契約」であることをあえて判決理由中で述べており、その意義についての詳述は控えるが、これと異なるオペレーティングリースの法的性質は別異に

44　東西倒産実務研究会編『会社更生・会社整理』53頁〔大河内一雄発言〕、高木新二郎『新倒産法制の課題と将来』199頁に同旨。
45　中井康之「更生手続における財産評定」判タ1132号150頁。
46　伊藤ほか・前掲（注30）78頁〔松下淳一発言、深山卓也発言〕。

解され得よう)。リース債権が更生担保権であるとして、担保目的物の法的性質については議論がある。この点に関連して、最判平成20・12・16民集62巻10号2561頁は、民事再生の事案において、リースについて、「その交換価値によって未払リース料や規定損害金の弁済を受けるという担保としての意義を有する」と判示するが、この判例が担保目的物の法的性質をどのように理解しているかについては、利用権[47]、所有権[48]、引き続き解釈に委ねている[49]、と見解が分かれる。ただし、いずれにせよ、更生担保権の評価においては、前述のように「時価」は一義的ではなく、また更生会社における利用状況なども考慮されるため、リース目的物の法的性質から、直ちに時価が導かれるものではない。

4 将来債権譲渡担保の評価

前記Ⅰ5で述べたとおり、更生手続開始後に発生する債権については将来債権譲渡担保の効力は及ばないと解すべきであるが、仮に、この点が肯定されるとすると、次に、手続開始時に具体的に発生していない将来債権の時価をいかに評価するかが問題となる。

将来債権譲渡担保の評価として、①手続開始時の残高(開始時残高限定説)、②開始時に現存する財産の価額に将来発生が見込まれる財産の割引現在価値を加算した額(全体価値把握説)、③将来の財産を生み出すに必要な合理的事業活動費用を控除した額(費用控除後価値把握説)に分かれ[50]、①に沿った取扱い例が報告されている[51]。

(簑毛良和/志甫治宣)

---

47 中西正「判批」リマークス37号140頁など。
48 髙田賢治「判批」速報判例解説6号167頁など。
49 森冨義明「判解」ジュリ1384号129頁など。
50 倒産法概説150頁〔沖野眞已〕。
51 鐘ケ江洋祐「更生手続における更生担保権をめぐる諸問題」NBL956号84頁。

第3章
担保権の行使と消滅に関する利害調整と争訟

第1節　担保権の行使とその制約

I　破産法・民事再生法・会社更生法における担保権の処遇

1　優先弁済権の保護と制約の必要性

　担保権は、債務者の財産についての優先弁済権を内容とするものであり、その実行によって被担保債権を回収することを目的とする。担保権が機能を最も発揮すべきときは、債務者の弁済能力が危殆に瀕したときであり、債務者が倒産状態に至ったときがその典型的な場面である。このような場合にこそ、担保権の優先弁済権は保護されなければならない。他方で、事業の再生を目的とする再建型の倒産処理手続の場合、担保権が実行されれば事業の継続が不可能ないし極めて困難になることがあるほか、担保権の存在自体が事業譲渡の支障となることもある。また、清算型の倒産処理手続の場合においても、担保権者の優先弁済権の範囲やその実行の結果によっては、他の一般債権者への配当額に差を生じることにもなる。このため、倒産処理手続においては担保権の優先弁済権を保護しつつも、その行使に一定の制約を課す必

要がある。かかる観点から、破産、民事再生、会社更生のいずれの手続においても、優先弁済権に対して一定の保護を与えつつ、それぞれの手続の目的に沿うように担保権の行使に制約を加えている。

2 破産法における行使と制約

　破産法では、破産手続開始の時において破産財団に属する財産につき特別の先取特権、質権または抵当権を有する者は、これらの権利の目的である財産について破産手続によらないで行使できると定め（破2条9項、65条1項）、これを別除権とよんでいる（同法2条9項）。仮登記担保についても同様である（仮登記担保19条1項）。一般の先取特権のある破産債権は優先的破産債権として扱われる（破98条1項）。商事留置権は、特別の先取特権とみなされて（同法66条1項）、別除権として扱われるが、民事留置権は、その効力を失う（同条3項）。このほかの非典型担保が別除権として扱われるか否かは解釈に委ねられているが、[1]譲渡担保や所有権留保等の多くの非典型担保が別除権として扱われている。

　別除権者は、別除権の基礎となる担保権本来の実行方法により別除権を実行することができる。破産法は不足額責任主義をとっており（破108条1項）、最後配当に関する除斥期間内に不足額を証明しない限り配当から除斥される（同法198条3項、205条）ため、別除権者が不足額について破産債権者としての配当を受けようとする場合には実行について時間的な制約を受けるものの、不足額について配当を受けない場合には実行時期について制約はない。

　他方で、別除権の行使が適正に行われない場合には、他の破産債権者の配当額が減少する可能性がある。このため、管財人は別除権の行使を監視する必要があるし、場合によっては自ら換価を行う必要もある。そこで、破産法は、管財人に対して目的物に関する提示請求権および評価権を与え（破154条）、強制執行の方法による目的物の換価権も与えている（同法184条2項）。

1　大コンメ21頁〔小川秀樹〕。

また、管財人が担保権を消滅させたうえで目的物を任意売却し、売得金の一部の破産財団への組入れを認める担保権消滅許可の制度（同法186条〜191条）も設けている。また、財団の維持・増殖に資することを目的として、商事留置権消滅請求の制度も設けている（同法192条）。

3　民事再生法における行使と制約

　民事再生法では、再生手続開始の時において再生債務者の財産につき存する特別の先取特権、質権、抵当権または商事留置権を有する者は、その目的である財産について別除権を有するとし（民再53条1項）、別除権は再生手続によらないで行使することができると定めている（同条2項）。仮登記担保についても同様である（仮登記担保19条3項）。一般の先取特権のある債権は一般優先債権とされ（民再122条1項）、再生手続によらないで随時弁済するものと定めている（同条2項）。民事留置権は、別除権の基礎とならないが、破産手続のように効力を失う（破66条3項）とはされておらず、留置権能自体は残ると解されている（東京地判平成17・6・10判タ1212号127頁）。仮登記担保以外の非典型担保が別除権として扱われるか否かは解釈に委ねられており[2]、実務上は、譲渡担保、所有権留保、リース等が別除権として扱われている。

　別除権者は、別除権の基礎となる担保権本来の実行方法により別除権を行使することができる。民事再生法でも破産法と同様に不足額責任主義をとっているため（民再88条）、再生債権の不足額について再生計画に基づく弁済を受けようとする場合には実行について時間的な制約を受ける場合がある。

　本来、事業の再生を目的とするのであれば、会社更生法での扱いと同様に担保権も手続内に取り込み、優先弁済権を保護しつつも実行できないものとすることが望ましい。しかし、再生手続では、手続の構造を簡素化するため、別除権として扱うこととし、事業の再生に必要な財産が別除権の対象となっている場合には、再生債務者等が別除権者と交渉して合意を得る（いわゆる

2　条解民事再生法283頁〔山本浩美〕。

別除権協定を締結する）ことにより解決を図ることとした。このために、民事再生法では、交渉のための時間的猶予を得られるようにするために担保権実行の中止命令の制度（民再31条1項）を設け、さらに担保権の目的物である財産が再生債務者の事業の継続に不可欠である場合には、それを確保できるようにするために担保権消滅の許可の制度（同法148条〜153条）も設けている。[3]

4 会社更生法における行使と制約

会社更生法では、更生手続開始当時に更生会社の財産につき存する特別の先取特権、質権、抵当権および商事留置権の被担保債権であって、更生手続開始前の原因に基づいて生じたもののうち当該担保権の目的である財産の手続開始時の時価によって担保された範囲のものを、更生担保権とよび（会更2条10項）、更生担保権者は更生手続に参加できると定めている（同条13項、135条1項）。仮登記担保についても同様である（仮登記担保19条4項）。その他の非典型担保の被担保債権が更生担保権になるか否かについては、破産手続や民事再生手続と同様に解釈に委ねられている。[4]更生担保権については、更生手続開始後は更生計画の定めるところによらなければ、弁済やこれを消滅させる行為（免除を除く）をすることができない（会更47条1項）。また、更生計画では、被担保債権の権利変更や免責に加えて、担保権を消滅させることができるものとされている（同法204条1項、205条1項）。そこで、会社更生法では、更生手続開始の申立てがあった場合、裁判所は担保権に基づく強制執行の手続の中止を命ずることや（同法24条1項）、包括的な禁止を命じることもできる（同法25条1項）としており、更生手続開始後は更生担保権の基礎となる担保権に基づく強制執行の申立て自体を禁止している（同法50条1項）。破産手続や再生手続では別除権とされ、手続によらずに担保権を行使できるとされているのと対照的である。

---

3 以上について、深山卓也ほか『一問一答民事再生法』14頁参照。
4 深山卓也編著『一問一答新会社更生法』32頁。

このように更生手続では、担保権は手続内に取り込まれて権利行使に制約を受け、更生計画の認可によって消滅することも甘受しなければならないが、更生計画認可前に事業譲渡する場合（会更46条1項ただし書）には、譲渡対象資産に担保権が付されていることが譲渡の障害になることがある。そこで、担保権者の利益を保護しつつ、更生計画認可前の早期の段階で担保権を消滅させることができる制度として、担保権消滅許可の制度（同法104条～112条）を設けている。また、開始前会社の財産について商事留置権がある場合において、当該財産が事業の継続に欠くことのできないものであるときは、開始前会社（保全管理人が選任されている場合には保全管理人）が商事留置権の消滅を請求できる制度を設けている（同法29条）。

II 実行手続中止

1 強制執行等の中止

破産・民事再生・会社更生のいずれについても、手続の申立ての事実は、事実上、債務者の倒産状態を示すことが多い。これを知った債権者は、手続開始の効果（破42条、民再39条、会更50条）を免れるために、手続開始前に債権の回収を図ろうとするが、個別の権利行使を許した場合、債務者の財産が散逸するばかりか債権者間の平等も害されることとなる。そこで、各倒産手続では、手続開始前に債権者によって行われる個別的権利行使を抑制するための手段として、中止命令の制度を設けた（破24条、25条、民再26条、27条、会更24条、25条）。

2 担保権に基づく実行手続の中止

更生手続では、担保権は手続開始後に更生手続に取り込まれることから、更生手続開始の申立てがあった場合は、担保権に基づく強制執行の中止も命じることができる（会更24条1項2号）。

他方で、破産手続では、別除権は破産手続によらずに権利行使をすることができる（破65条1項）ものとされていることから、手続開始後に別除権として扱われる担保権に基づく強制執行は前述の中止命令の対象とはならない（同法24条1項1号）。

　再生手続においても、担保権の実行手続が再生手続開始決定前の一般的な強制執行中止命令の対象とならないのは、破産手続と同様である（民再26条1項2号）。しかし、再生手続においては、手続開始の申立てがあった場合において、再生債権者の一般の利益に適合し、かつ、競売申立人に不当な損害を及ぼすおそれがないものと認めるときには、相当の期間を定めて担保権の実行手続の中止を命ずることができるものとされている（民再31条1項）。[5]

　破産手続と再生手続とで扱いが異なっているのは、後者では、担保権の目的物が事業の継続に不可欠な場合には、別除権者との別除権協定の締結あるいは担保権消滅の許可の制度（民再148条～153条）を利用することによってこれを確保することが予定されていることから、これを実現するに必要な時間的な余裕を確保するためとされている。[6・7]

3　更生手続における実行手続の中止と転付命令

　開始前会社に対する中止命令（会更24条1項2号）や、中止命令と同様、強制執行等の手続を中止させる効果をもつ更生手続開始決定（同法50条1項）[8]は、民事執行法39条1項7号が規定する執行停止文書に該当すると解され

---

[5] 民事再生法31条の中止命令の発令は、再生手続開始決定の前後を問わずになしうる。手続開始前においては保全処分の機能を有する制度と位置づけることができる（条解民事再生法146～147頁〔髙田裕成〕）。

[6] 深山ほか・前掲（注3）14頁参照。

[7] 破産手続でも担保権消滅許可の制度（破186条～191条）が認められていることを考えると、立法論として、破産手続でも手続開始前の中止を検討すべきとの指摘がある（伊藤・破産法民事再生法146頁）。

[8] ただし、手続の中止とは、手続がその時点の状態で凍結され、その続行が許されないことをいい、それ以上の効力を有するものではない。したがって、差押えの効力等はそのまま維持される（条解会社更生法(上)588～589頁）。

〔第1部・第3章〕第1節　担保権の行使とその制約

るが、転付命令の発令後に執行停止文書の提出があっても、それにより転付命令に関する執行抗告期間の進行が停止されるものではなく、転付命令の確定を妨げることはできない。そして、転付命令の他の発効要件を満たしていれば、転付の効力が生じ、被転付債権に係る執行も終了する。

そのため、たとえば、買主が目的物を転売した場合の売掛金債権に対し、動産売買先取特権に基づく差押・転付命令が発令された後、その確定前に、更生手続が開始された場合、更生会社が第三債務者から債権を回収して、回収金を運転資金にあてるためには、執行停止文書としての更生手続開始決定の正本を執行裁判所に提出するのみでは足りず、裁判所の許可を得て、執行停止文書を提出したことを理由とする執行抗告を行い（民執159条4項、10

9　香川保一監修『注釈民事執行法(2)』576頁参照。

10　香川保一監修『注釈民事執行法(6)』662頁。

11　これに対し、転売代金に対する差押えが行われていない段階で、更生手続が開始された場合、差押えを行っていない動産売買の先取特権者を更生担保権者として処遇できるかという点については物上代位権の本質や「差押え」（民304条）の趣旨をめぐり、争いがある（伊藤・会社更生法202〜204頁、角紀代恵「先取特権の会社更生法上の取扱い」判タ866号260頁、山野目章夫「更生手続と動産売買の先取特権」判タ866号263頁、池口毅＝木村真也「更生手続下における動産売買先取特権の取扱いについて」（倒産実務交流会編・争点倒産実務の諸問題）133頁など）。

動産売買先取特権の物上代位権を行使するためには「差押え」が必要であるところ（最判昭和59・2・2民集38巻3号431頁参照）、破産法と異なり、会社更生法では、更生手続の開始により、強制執行等の禁止や中止の効果が生じ（会更50条1項）、更生手続開始後に差押えを行うことは許されないと解されること（東京高決平成9・11・13判タ974号239頁、東京高決平成10・6・19判タ1039号273頁参照）からすれば、実務的には消極に解される。

なお、「物上代位を基礎として更生担保権を主張しようとする者は、その前提として目的債権に対する差押えを行う必要がある。更生手続開始後は、担保権の実行は禁止されるが、これは、物上代位権の実行ではなく、更生担保権の基礎である物上代位権を保全するための差押えであるから、更生手続開始の効力に基づく強制執行等の禁止や中止（50Ⅰ）によって妨げられることはない」との見解がある（伊藤・会社更生法203頁）。

実務上は、更生計画において、先取特権ないし物上代位権が更生担保権として扱われた例は多くはなく、更生担保権として扱われた例（東食（平成9年更生手続申立て））においても、手続開始前に差押えがなされていた転売代金債権に限られるようである（池口＝木村・前掲133頁）。動産売買の先取特権の被担保債権が更生担保権となる場合を含め、更生担保権の届出の重要性を説くものとして、印藤弘二「更生担保権の届出の重要性」金法1759号6頁がある。

12　執行抗告は裁判の告知を受けた日から1週間の不変期間内に抗告状を原裁判所に提出してしなければならない（民執10条2項）。

条)、転付命令の確定(同法159条5項)を遮断する必要がある。実務上は、そのうえで、更生会社に対する差押命令および転付命令の取消しの申立てを行い(会更50条6項)、取消決定を得たうえで、同決定の正本を執行裁判所に提出し、債権の差押命令の取消しを求めることが考えられる[14](民執40条1項、39条1項6号)。

更生手続開始当初、更生会社は資金繰りに窮していることが多いが、上記の例のように、動産売買の先取特権に基づいて売掛金債権の転付命令を受けた更生会社が、第三債務者から債権を回収して、回収金を運転資金にあてるには、上述のような手続をとる必要がある。

III 手続内における担保権者(別除権者)との利害調整

1 任意売却と担保解除(担保の変換)

破産手続と再生手続では、担保権は別除権として扱われ、手続によらずに権利を行使できることから、担保目的物の処分は別除権者の権利行使に任せればよく、管財人や再生債務者等が当該担保目的物を任意に売却することなど必要ないようにも思える。

しかし、任意で売却した場合の価額が被担保債権の額を上回る場合には、管財人が担保目的物を積極的に売却することにより財団の増殖につながる可能性がある。無剰余の場合であっても、たとえば不動産の任意売却のように、

---

13 この場合、抗告裁判所は、他の理由により転付命令を取り消す場合を除き、執行抗告についての裁判を留保しなければならない(民執159条6項)。
14 抗告裁判所で留保された裁判について、「執行停止の原因が理由あるものとして、執行が取り消される場合には、差押えの効力の消滅により転付の効果も生ずるに由なきこととなるが、転付命令に対する執行抗告事件の処理を明らかにするため、転付命令の取消決定をする例が多いと想像される」との指摘がある(宇佐美隆男ほか『民事執行セミナー(ジュリスト増刊)』331頁、香川・前掲(注10)663頁)。

〔第1部・第3章〕第1節　担保権の行使とその制約

　管財人が売却した場合には売却代金の一部を財団に組み入れるという実務慣行を背景に、不動産を管財人が任意に売却することが広く行われている。したがって、破産手続において担保目的物を売却しようとする場合には、破産管財人は別除権者と担保解除（別除権の目的物の受戻し（破78条2項14号）の条件について協議を行うことが必要となる。

　また、再生手続においても剰余が見込まれる場合は同様であるうえに、仮に剰余が見込まれないとしても、事業譲渡の形式で事業の再生を図ろうとするケースにおいて当該担保目的物が事業の継続に不可欠な場合には、再生債務者自身等が当該担保目的物を任意に譲渡することが必要となる。そうした場合には通常は担保権の解除を要する[15]ことから、再生債務者等は別除権者と担保解除（別除権の目的物の受戻し（民再41条1項9号））の条件について協議を行うことが必要となる。

　これに対して、更生手続では、担保権の実行は禁止されるうえに、更生計画に特に定めなければ認可決定によって担保権は消滅する（会更204条1項）ことから、担保目的物の譲渡に際して担保権者と交渉する必要はないようにも思える。しかし、更生計画認可前に事業を譲渡する場合（同法46条1項ただし書）は、管財人は更生担保権者と担保解除の条件について協議する必要がある。ただし、この場合であっても、担保権が別除権とされる再生手続とは異なり、更生手続では担保権の被担保債権は更生担保権として扱われ、更生計画によらずに弁済することは禁止されていることから、管財人が担保目的物の価額相当額を預金とし、更生担保権者がこれに質権の設定を受ける方法により、担保の変換（同法72条2項9号）をすることが実務上行われている。

---

[15] 不動産の場合には抵当権付で譲渡することも考えられるが、担保権者が抵当権を実行してしまえば、当該不動産の利用を継続することができなくなるため、通常は譲渡に際して担保権の解除が必要となる。

2　継続使用と別除権協定

　更生手続では担保権の実行は禁止されることから、管財人は担保目的物を継続して使用することができる。リース料債権が更生担保権として扱われるファイナンス・リース契約の目的物についても、リース料を共益債権として支払うことなく継続して使用することができる。[16]

　これに対して、再生手続における担保権は別除権とされ、再生手続によらずに行使することができるから、担保目的物を継続使用する場合には、別除権者と協議をすることが不可欠である。この別除権者との協議の結果を合意書として取りまとめたものが、いわゆる別除権協定書とよばれているものである。別除権協定の内容として、最もシンプルなものとしては、担保目的物の価格相当額を担保権者に一時に提供（弁済）して当該担保目的物を受け戻す（民再41条1項9号）ことを内容とするものがありうる。しかし、再生債務者においては資金が不足していることが通常であることから、担保目的物の受戻しの条件として、再生債務者は価額相当額を分割弁済する一方で、担保権者は弁済が継続している限りは担保権を実行せず、弁済が滞った場合に初めて担保権を実行しうることを内容とするのが通常である。

第2節　担保権の消滅許可に関連する攻撃防御

I　各倒産手続における担保権の取扱いと担保権消滅許可制度との関係

　前述のとおり、担保権者の同意が得られれば、別除権の目的物を受け戻し、

16　西岡清一郎ほか編『会社更生の実務(上)』241頁。

または担保の変換により担保目的物を任意売却することができるものの、現実には、さまざまな事情から、任意売却へ向けた担保権者の同意が得られない場合が少なくない。

　この場合、特別の先取特権、質権、抵当権および商事留置権（以下、本節において「担保権」という）[17]が別除権とされ、手続によらない権利行使が認められる破産手続（破2条9号、65条1項、66条1項）や再生手続（民再53条1項・2項）では、担保権者による別除権の行使が想定される。ただ、一般に競売による落札価格は任意売却による売却価額に比べ、低額となる傾向があることから（いわゆる競売減価）、破産手続において別除権の行使をそのまま容認することは、担保目的物の適切な処分によって破産財団の増殖を図るという観点から適切でない場合がある。また、再生手続においても、担保目的物が再生債務者の事業の継続に不可欠なものである場合に別除権の行使を認めると、再生債務者の事業の再生自体が困難となる。そこで、破産法および民事再生法では、担保権を別除権として、手続外での権利行使を認める一方で、上述のような担保目的物の適切な処分価値の実現や事業の再生を図るべく、担保権消滅許可の制度を設け、担保権者と破産者、再生債務者および一般債権者の利害の調整を図っている。

　これに対し、担保権が手続内に取り込まれ、その実行が制約される更生手続（会更47条1項、50条1項）では、破産および民事再生の場合にみられる上述のような弊害は生じない。しかし、担保権は更生計画認可の決定までは存続するため（同法204条1項参照）、たとえば、更生計画の認可決定前に、遊休資産である担保目的物を売却して、担保余剰部分を事業運転資金として利用したい場合などにはやはり担保権を消滅させる必要性がある。そこで、このような観点から、会社更生法においても、更生会社の事業の更生のために必要であるという要件の下、担保権消滅許可の制度が設けられている。

　このように、制度趣旨は異なるものの、各倒産手続の目的を達成するため、

17　仮登記担保権も同様である（仮登記担保19条）。

破産法、民事再生法および会社更生法には、それぞれ担保権消許可制度という類似の制度がおかれている[18]。

以下では、各倒産手続における担保権消滅許可制度とこれに関連する攻撃防御の内容を概観する[19・20]。

II　破産法における担保権の消滅許可に関連する攻撃防御

1　担保権消滅許可の申立て

(1) 制度の概要

　破産手続開始の時において破産財団に属する財産について担保権が存する場合において、当該財産を任意に売却して当該担保権を消滅させることが破産債権者の一般の利益に適合するときは、破産管財人は、裁判所に対し、当該財産を任意に売却し、一定の額の金銭が裁判所に納付されることにより当該財産について存するすべての担保権を消滅させることについての許可の申立てをすることができる（破186条1項柱書）。

　従来、破産管財人が任意売却を行おうとしても、破産財団に組み入れられる金額をめぐって担保権者間の合意形成ができずに任意売却が困難となったり、配当を受ける見込みのない後順位担保権者から高額の「判子代」が要求されたりするというケースがみられたが、この制度により、破産管財人は、

---

[18] 各担保権消滅許可制度の目的を簡潔に指摘したものとして、民事再生法では事業の継続に不可欠な財産を引き続き事業の継続のために使うこと、会社更生法では担保権目的財産を早く売却すること、破産法では管財人が有利な任意売却を実現すること、とするものがある（伊藤眞ほか編『新破産法の基本構造と実務（ジュリスト増刊）』180頁〔松下淳一発言〕）。

[19] 譲渡担保や所有権留保などの非典型担保が担保権消滅許可制度の対象となりうるかについて議論があるが、解釈論としては可能な限りこれを肯定すべきであろう。

[20] 担保権消滅許可制度と否認との関係を指摘するものとして、田原睦夫「担保権消滅請求制度の機能と課題」（新堂幸司＝山本和彦編・民事手続法と商事法務）144〜145頁、破産管財の手引169頁〔下田敦史〕がある。

103

裁判所の許可を得て、当該財産について存するすべての担保権を消滅させつつ、任意売却によって取得できる売得金の一部を破産財団に組み入れて配当の原資とすることが可能となった。

(2) 要 件

(ア) 対象となる財産等

担保権消滅許可の申立ての対象となる財産は、「破産手続開始の時において破産財団に属する財産」である必要があるが、「破産手続開始の時において破産財団に属する財産」か否かは、実質的に判断され、必ずしも破産手続開始時に対抗要件を備えている必要はないとされる（福岡高決平成18・3・28判タ1222号310頁参照）。[21]

また、当該財産上に順位や種類を異にする複数の担保権が存する場合には、そのすべてを対象にして、担保権消滅許可の申立てをしなければならない（破186条1項柱書）。

(イ) 「破産債権者の一般の利益に適合すること」

担保権消滅許可の申立ては、担保目的物を任意に売却して当該担保権を消滅させることが破産債権者の一般の利益に適合する場合でなければならない。典型例としては、担保権の目的財産に担保余剰があり、破産管財人の任意売却によって、被担保債権全額の満足が得られるにもかかわらず、高率の遅延損害金取得への期待から担保権者が任意売却に同意しない場合、配当を受けられる見込みのない後順位担保権者が任意売却に同意しない場合、合理的な財団組入額が予定されている場合などがあげられる。他方、破産債権者の一般の利益に適合しない例としては、売却価額が低廉な場合や民事執行法における一括売却（民執61条）の要件を備えているのに個別売却をしようとする場合、一時貸しの駐車場で日々相当額の利用料収入があり、早期売却より当面収入を得たほうが破産財団にとって有利な場合などがあげられる。[22・23]

---

21 大コンメ768頁〔沖野眞已〕、条解破産法1183頁脚注10。
22 条解破産法1186頁、田原・前掲（注20）116頁参照。

II 破産法における担保権の消滅許可に関連する攻撃防御

(ウ) 「当該担保権を有する者の利益を不当に害する」ものでないこと[24]

担保権消滅許可の申立ては「当該担保権を有する者の利益を不当に害する」ものでないことが必要である。競売手続によるほうが担保権者により有利である場合にはこの要件に抵触する。「当該担保権を有する者の利益を不当に害する」こととなると認められる典型例としては、売却価額が低廉な場合[25]、組入額が明らかに過大である場合、共同担保権の対象となっている目的物の一部についてのみの担保権の消滅が認められることにより、残された担保目的物の担保価値が減少する場合（札幌高決平成16・9・28金法1757号42頁参照）などが考えられる。

2 担保権の消滅許可に関連する攻撃防御

(1) 担保権実行の申立て、買受けの申出[26]

破産管財人による担保権消滅許可の申立てに対し異議のある被申立担保権

---

[23] 異時廃止が見込まれる場合に担保権消滅許可の申立てが認められるかについては、破産法152条1項（破産財団不足の場合の弁済方法等）との関係で争いがあるところである（伊藤ほか・前掲（注18）191～192頁参照）。

[24] 担保目的物の任意売却により得られる売得金の一部を破産財団に組み入れようとする場合、破産管財人は、担保権消滅許可の申立てに先立ち、あらかじめ、組入金の額について、担保権者と協議をしなければならないとされている（破186条2項）。この事前協議義務が、担保権消滅許可の申立ての手続的要件であるのか、訓示的義務にとどまるのかについては見解が分かれる（訓示的義務と解する立場からは、事前協議義務に違反したことは、直ちに申立ての却下事由とはならず、許可決定に対する即時抗告の事由となるとされる）。

　もっとも、破産管財人が組入金の額について利害関係を有する担保権者との間で全く協議をしなかったような場合には、事前協議義務を手続的要件とする立場からは当然であるが、訓示的義務とする立場によっても、担保権者の利益を不当に害するものとして、申立ては却下されるとされる（伊藤ほか・前掲（注18）200～201頁〔小川秀樹発言〕）。

[25] 売却価額が低廉な場合には、「破産債権者の一般の利益に適合すること」、「当該担保権を有する者の利益を不当に害する」ものでないことのいずれの要件も満たさないものとされる（一問一答新破産法255頁）。

[26] 破産法では、民事再生法および会社更生法と異なり、担保権者の対抗手段としての価額決定の請求の手続は用意されていないが、これは、「目的財産の価額に争いがあるときは、担保権の実行としての競売手続により換価価値を現実化させることが可能であり、また、具体的な任意売却の成立を前提として担保権の消滅の許可の申立てがされている状況において、鑑定等により目的財産の観念的な換価価値を算出することは実際上困難であり、合理性にも疑問があるため」とさ

者は、すべての被申立担保権者に申立書などが送達された日から1か月以内に、担保権の実行の申立てをしたことを証する書面を裁判所に提出する（破187条1項）か、破産管財人に対し、当該被申立担保権者または他の者が担保権消滅許可の申立書に記載された売得金の額にその5％に相当する額を加えた以上の額で買い受ける旨の申出をすること（同法188条）ができる。

　担保権実行の申立てがあった場合、裁判所は、担保権消滅許可の申立てに対する不許可の決定（破189条1項柱書）を、買受けの申出があった場合には、許可の決定をする。後者の場合、裁判所は、買受けの申出に係る買受人を売却の相手方とする任意売却の許可をする（同項2号）。

　担保権実行の申立てがあった場合はもとより、買受けの申出を受けて、担保権消滅の許可決定がされると、破産管財人は破産財団への組入金を確保することができず（破190条1項2号）、納付される金員はすべて担保権者への弁済にあてられることとなる。このように、被申立担保権者は、担保権実行の申立てまたは買受けの申出を行うことにより、財団への組入れを阻止することができる。

　(2)　即時抗告

　裁判所による担保権消滅の許可決定に対し、被申立担保権者は即時抗告をすることができる。また、却下決定または不許可の決定に対し、破産管財人は即時抗告をすることができる（破189条4項）。

　抗告理由としては、手続違背、不許可決定や許可決定における要件（担保権者の利益を不当に害するか否かなど）についての判断の誤りなどがある。

れる（一問一答新破産法253～254頁）。
27　物上代位権の行使は、担保目的物自体に対する担保権の実行ではないため、担保権実行に含まれない。また、担保権実行の申立ては、管財人が行う任意売却に対する対抗手段（売却により実現する価額を通じて管財人の提案の適切性を問う手段）であることからすれば、文理上はともあれ、担保不動産を売却しない担保不動産収益執行は担保権実行に含まれないと解すべきである（伊藤ほか・前掲（注18）205～206頁。反対の見解を述べるものとして、条解破産法1202～1203頁参照）。

III 民事再生法における担保権の消滅許可に関連する攻撃防御

1 担保権消滅許可の申立て

(1) 制度の概要

再生手続開始の時において再生債務者の財産について担保権が存する場合、当該財産が再生債務者の事業の継続に欠くことのできないものであるときは、再生債務者等は、裁判所に対し、当該財産の価額に相当する金銭を裁判所に納付して当該財産について存するすべての担保権を消滅させることについての許可の申立てをすることができる（民再148条1項）。

前述のとおり、別除権は再生手続によらないで行使することができる（民再53条2項）が、当該財産が再生債務者の事業の継続に欠くことのできないものであるときにまで別除権の行使を認めると、再生債務者の事業の再生に支障を来すこととなる。そこで、民事再生法は担保権消滅許可の制度を設けている。

(2) 要件

(ア) 対象となる財産等

担保権消滅許可の申立ての対象となる財産は、「再生手続開始の時において再生債務者の財産」である必要があるが、「再生手続開始の時において再生債務者の財産」であるか否かは、実質的に判断され、必ずしも再生手続開始時に対抗要件を備えている必要はないとされる（前掲福岡高決平成18・3・28）。[29]

---

[28] 事前協議義務違反がある場合、売却価額が低廉な場合、組入額が明らかに過大である場合、担保権者は担保権実行の申立てや買受けの申出によって対抗すべきであり、一般に、抗告理由として認める必要性に乏しいが、その場合でも、「担保権を有する者の利益を不当に害する」場合にあたれば、抗告理由となりうる（伊藤ほか・前掲（注18）211頁）。

[29] 条解民事再生法797頁〔小林秀之〕。

また、当該財産上に順位や種類を異にする複数の担保権が存する場合には、そのすべてを対象にして、担保権消滅許可の申立てをしなければならない（民再148条1項）。

(イ) 「当該財産が再生債務者の事業の継続に欠くことのできないものである」こと（事業継続不可欠性要件）

製造業者が所有する工場など、再生債務者が継続して使用する財産が担保目的物となっている場合はもとより、担保目的物が事業譲渡の対象となる事業を構成している場合もこの要件を満たしうると解されるが、再生債務者が、事業資金を捻出するために遊休資産を売却する場合がこの要件を満たすかについては議論がある。

事業継続不可欠性要件が求められるのは、「本来は別除権として自由に行使することができる担保権者の権利に対する制約は、再生債務者の事業の継続を図るという再生手続の目的を達成するのに必要不可欠な範囲に限定するのが相当であるとの理由に基づく」ものであり、かかる観点から、上記の要件を満たす財産とは、「担保権が実行されて当該財産を利用することができない状態になった場合には再生債務者の事業の継続が不可能となるような代替性のない財産」をいうものとされている。文理上も「当該財産」が「事業の継続に欠くことのできない」とされていることからすれば、消極に解すべきである。

また、裁判例には、土地付戸建ての分譲を主たる事業とする再生債務者が所有する販売用土地について、再生債務者が営む土地付戸建て分譲事業という事業の仕組みに即して、事業継続不可欠性要件を満たすか否かを検討し、これを肯定したもの（東京高決平成21・7・7判タ1308号89頁。なお、同決定は、担保権が実行されて当該財産を利用することができない状態になったときではなく、「敷地部分に相当する土地は、その担保権が実行されてこれを活用できない状態になったときにはその事業の継続が不可能になる代替性のないものということ

30　花村良一『民事再生法要説』403頁。
31　深山ほか・前掲（注3）191頁。

ができる」と判示している)、事業の継続に不可欠な不動産を受け戻すための資金を捻出する目的で他の不動産を売却することについて、「当該財産を売却するなどの処分をすることが、事業の継続のため必要不可欠であり、かつ、その再生のため最も有効な最後の手段であると考えられるようなとき」は事業継続不可欠性要件を満たすと解すべきとしたもの(名古屋高決平成16・8・10判時1884号49頁)[32]がある。

(ウ) 申立ての時期

民事再生法における担保権消滅許可の申立ての時期については特段の制限はない。したがって、再生計画が認可された後でも申立ては可能である。[33]

2 担保権の消滅許可に関連する攻撃防御

(1) 審尋期日における意見聴取手続[34]

民事再生法上の規定はないが、東京地方裁判所破産再生部(民事第20部)の運用としては、担保権の消滅許可の申立てがされた場合、担保権者(民再148条3項)の意見を聴取するための審尋期日が指定されるのが通例である。[35]担保権者としては、この審尋期日において、事業継続不可欠性要件の充足性

---

[32] 同決定に対しては批判的な見解が多い(印藤弘二「判批」金法1745号4頁(後順位担保権者の要求が不当と考えるならば、合理的な交渉が可能であった第1順位の担保権者の理解を得て、民法上の抵当権消滅請求を利用する、第1順位の担保権者に担保権実行を要請するなどにより、目的を達することができたのではないかとの指摘がされている)、有住淑子「判批」金商1229号1頁、井上一成「判批」主判解〔平成17年〕(判タ1215号)250頁)が、同決定に係る事案は、「賃貸ビルの事業譲渡に伴う抵当権消滅請求と解することができるものである」との指摘もある(田原・前掲(注20)125頁注8参照)。

[33] 実務上は、再生計画認可までに別除権協定を締結できることが少ないところから、計画認可決定後に行使される事例が多い。また、別除権協定が成立した後でも、その後に当該財産が、事業譲渡の対象に含まれることになった場合には、担保権消滅請求権を行使することができる(田原・前掲(注20)125〜126頁注6)。

[34] 他方で、東京地方裁判所破産再生部(民事第20部)においては、破産手続で同様の手続はとっておらず、また、同裁判所商事部(民事第8部)では、更生手続において、被申立担保権者の意見を書面で聴取することはあるものの、審尋期日を設けることはしていない。

[35] 東京地方裁判所破産再生部(民事第20部)では申立てから1週間程度後の日が指定されるようである(重政伊利「担保権消滅請求」(門口正人ほか編・新裁判実務大系(21)会社更生法・民事再生法)454〜455頁)、破産民事再生の実務(下)172頁〔松井洋〕)。

など、下記の抗告理由に該当する事由を主張することが考えられる。

(2) 決定に対する即時抗告

担保権の消滅を許可する決定に不服のある担保権者は即時抗告をすることができる（民再148条4項）。抗告理由としては、許可決定の要件についての判断の誤り、主として事業継続不可欠性要件の充足性が問題となる。[36]

なお、再生債務者等が担保権消滅許可の申立書に記載した担保の目的である財産の価額の相当性について異議がある場合、担保権者は、下記の価額決定の請求によるべきであり、価額の相当性に関する異議は即時抗告における抗告理由としては認められない（前掲福岡高決平成18・3・28、前掲東京高決平成21・7・7参照）。

許可をしない旨の決定に対し、再生債務者等が即時抗告することはできない（民再148条4項、9条）。

(3) 価額決定の請求と価額決定に対する即時抗告

再生債務者等が担保権消滅許可の申立書に記載した担保の目的である財産の価額について異議のある担保権者は、申立書の送達を受けた日から1か月以内に価額決定の請求をすることができる（民再149条1項）。[37]

この場合、裁判所は、当該請求を却下する場合を除き、評価人を選任して、財産の評価を命じ（民再150条1項）、評価人の評価に基づき、財産の価額を[38]

---

36 共同担保の一部についてのみの申立てがあった場合に担保権消滅が許可されると、残された担保物の担保価額が大きく減少する場合には、担保権消滅の申立ては権利の濫用として許されないとした裁判例がある（前掲札幌高決平成16・9・28）。なお、この決定に対しては許可抗告が申し立てられたが、最決平成17・1・27判例集未登載により棄却されている。

37 法律上は、申立書の送達後1か月以内とされているが、これは、申立書が担保権消滅許可決定の裁判書とともに送達されるとされているためであり（民再148条3項）、許可決定前の、担保権者の審尋の際に申立書が送達された場合（東京地方裁判所破産再生部（民事第20部）では、担保権消滅許可の申立てがあると、直ちに申立書が担保権者に送付されるようである（破産民事再生の実務(下)172頁〔松井洋〕））には、価額決定の請求の期間は、許可決定の裁判書の送達を受けた日から起算されるものと解するのが相当であるとされ、現実にもそのように運用されているようである（重政・前掲（注36）455頁、破産民事再生の実務(下)172頁〔松井洋〕）。

38 この評価は処分価額による（民再規79条1項）が、処分価額の意義については、競売手続での売却価額とするものから早期売却価額とするものまで見解が分かれている（伊藤眞ほか編『民事再生法逐条研究——解釈と運用（ジュリスト増刊）』151〜159頁）。

決定する（同条2項）。かかる決定に対し、担保権者は即時抗告をすることができる（同条5項）。この担保権者には価額決定の請求をした担保権者のみならず、価額決定の請求をしなかった担保権者も含まれる。また、価額決定に対し不服のある再生債務者等も即時抗告をすることができる（同条同項）。

IV 会社更生法における担保権の消滅許可に関連する攻撃防御

1 担保権消滅許可の申立て

(1) 制度の概要

更生手続開始の時において更生会社の財産について担保権がある場合において、更生会社の事業の更生のために必要であると認めるときは、裁判所は、管財人の申立てにより、当該財産の価額に相当する金銭を裁判所に納付して当該財産を目的とするすべての担保権を消滅させることを許可する旨の決定をすることができる（会更104条1項）。

前述のとおり、更生手続において、担保権は手続内に取り込まれ、その実行が制約される（会更50条1項）ことから、たとえば、再生手続における担保権消滅許可のように、担保権の実行を禁止し、担保権を強制的に消滅させる必要性はない。しかし、担保目的物は、更生計画によって担保権が変更・消滅されるか、担保権者全員の同意を得ない限り、担保権の制約なしに処分することができないところ、現実の更生手続においては、①倉庫業者や運送業者等の商事留置権の対象となっている商品や原材料等を早期に使用・処分したい場合、②担保余力のある遊休不動産などを早く処分して、リストラ資金や運転資金にあて、また固定資産税等の保有コストを削減したい場合、③更生計画によらずに早期に事業譲渡を行う場合に、事業譲渡資産の中に含まれている担保目的物上の担保権を消滅させる必要がある場合などがある。そ[39]

111

のため、会社更生法は、上記のとおり、担保権消滅許可の制度を設けている。

なお、担保目的物の価額が担保権の被担保債権額を上回る場合、破産手続や民事再生手続では、被担保債権を弁済して別除権の目的物を受け戻せば足りることが多いため、担保権消滅許可制度を用いる必要性に乏しいが、更生手続では、更生手続中の更生担保権に対する弁済が禁じられているため（会更47条1項）、担保目的物を受け戻す余地はなく、担保権消滅許可制度を用いる必要がある場合がある。[40]

(2) 要件等

(ア) 対象となる財産

担保権消滅許可の申立ての対象となる財産は、「更生手続開始当時更生会社の財産」である必要があるが、「更生手続開始当時更生会社の財産」か否かは、実質的に判断され、必ずしも更生手続開始時に対抗要件を備えている必要はないとされる。[41]

また、当該財産上に順位や種類を異にする複数の担保権が存する場合には、そのすべてを対象にして、担保権消滅許可の申立てをしなければならない（会更104条1項）。

(イ) 「更生会社の事業の更生のために必要である」こと

民事再生法において、事業継続不可欠性要件が必要とされたのに対し、会社更生法では、事業の更生のための必要性が要件とされている（民事再生法では当該財産自体の事業継続のための不可欠性が求められるのに対し、会社更生法では、当該財産ではなく、事業の更生のための必要性が求められるにすぎない）。すなわち、会社更生法では、更生のために担保権の消滅が必要と認められれ

---

[39] 福永有利「担保権消滅の請求」（山本克己ほか編・新会社更生法の理論と実務（判タ1132号））163頁。

[40] 担保目的物の価額が担保権の被担保債権額を上回る場合にも担保権消滅許可制度を利用できることから、民事再生手続の場合と異なり（民再148条2項4号、会更104条3項参照）、申立書には被担保債権額の記載を要しない（山本和彦「担保権の消滅請求」（門口正人ほか編・新裁判実務大系㉑会社更生法・民事再生法）172〜173頁参照。

[41] 伊藤・会社更生法529頁注162参照。

ば、担保権消滅許可をすることができるとされ、民事再生法における事業継続不可欠性要件よりも緩やかな要件となっている。[42]

(ウ) 申立ての時期

再生手続の場合と異なり、更生手続における担保権消滅許可は更生計画を決議に付する旨の決定があった後はすることができない（会更104条2項）[43]ため、担保権消滅許可の申立てもこれを踏まえて行う必要がある。

2 担保権の消滅許可に関連する攻撃防御

(1) 決定に対する即時抗告

担保権の消滅を許可する決定に不服のある被申立担保権者は即時抗告をすることができる（会更104条5項）。抗告理由としては、許可決定の要件についての判断の誤り、主として「更生会社の事業の更生のために必要である」か否かの判断が問題となる。

なお、管財人が担保権消滅許可の申立書に記載した担保の目的である財産の価額の相当性について異議がある場合、被申立担保権者は、下記の価額決定請求によるべきであり、価額の相当性に関する異議は即時抗告における抗告理由としては認められない。

許可をしない旨の決定に対し、管財人が即時抗告することはできない（会更104条5項、9条）。ただし、いったん不許可決定があっても、その後、事業の更生のために必要となったときは、管財人が再度、許可の申立てをすることは妨げられない。[44]

---

42 「しかるべき担保変換が可能であり、担保権者もこれに応じる姿勢を示しているにもかかわらず、管財人が担保権消滅許可申立てを強行するときには、担保権消滅許可制度を用いるべき必要性に欠けるといえよう。また、更生計画認可の見込みが存在しないような場合にも、牽連破産に至った場合に想定される担保権者の不利益を受忍させるべき理由に欠けるという意味で、必要性が疑われる」との指摘がある（伊藤・会社更生法530頁注168）。

43 本節III 1 (2)(ウ)参照。

44 福永・前掲（注39）166頁。

〔第1部・第3章〕第2節　担保権の消滅許可に関連する攻撃防御

〈表1〉　各倒産手続における担保権消滅許可制度の概要

手続		担保権（被担保債権）の取扱い	目的	制度の利用が想定される典型的な場面	攻撃防御の手段	納付（※）等された金銭の取扱い
						※金銭の納付により、担保権は消滅し（破190Ⅳ、民再152Ⅱ、会更108Ⅲ）、裁判所書記官は、当該担保権に係る登記または登録について抹消の嘱託を行う（破190Ⅴ（※）、民再152Ⅲ、会更108Ⅳ）。 ※実務上の抹消方法について指摘したものとして、進士肇「破産法上の担保権消滅許可申立手続を利用した実例の報告」事業再生と債権管理121号102頁がある。
破産法	別除権		・担保目的物の処分価値の最大化	・組入金の金額について、担保権者間の合意形成ができない場合 ・配当を受ける見込みのない後順位担保権者から高額の「判子代」が要求される場合 など	（破産管財人および被申立担保権者） ・即時抗告（破189Ⅳ） （被申立担保権者） ・競売申立て（破187） ・買受けの申出（破188）	（競売申立ておよび買受けの申出がない場合） ①被申立担保権者が1人である場合または納付金で被申立担保権者の被担保債権の全額を弁済できる場合 ・弁済金の交付（破191Ⅱ）による被申立担保権者への優先弁済と組入金の財団への組入れ（破186Ⅰ①）。剰余金があれば、管財人に交付（破191Ⅱ）。 ②①以外の場合 ・配当（破191Ⅰ）による被申立担保権者への優先弁済と組入金の財団への組入れ（破186Ⅰ①） （買受けの申出があった場合） ①被申立担保権者が1人である場合または納付金で被申立担保権者の被担保債権の全額を弁済できる場合 ・弁済金の交付（破191Ⅱ）による担保権者への優先弁済。剰余金があれば、管財人に交付（破191Ⅱ）。 ②①以外の場合 ・配当（破191Ⅰ）による担保権者への優先弁済

114

IV　会社更生法における担保権の消滅許可に関連する攻撃防御

民事再生法	別除権	・事業の継続に欠くことのできない財産に対する担保権実行の阻止	・製造業者が所有する工場など、再生債務者が継続して使用する財産が担保目的物となっている場合 ・担保目的物が事業譲渡の対象となる事業を構成している場合など	（担保権者） ・許可決定に対する即時抗告（※）（民再148IV） ・価額決定の請求（民再149 I ） （再生債務者等および担保権者） ・価額決定の請求についての決定に対する即時抗告（民再150V） ※許可をしない旨の決定に対し、再生債務者等が即時抗告することはできない（民再148IV、9）。	①担保権者が1人である場合または納付金で担保権者の被担保債権の全額を弁済できる場合 ・弁済金の交付（剰余金があれば、再生債務者等に交付。民再153II） ②①以外の場合 ・担保権者に対する配当（民再153 I ）
会社更生法	更生担保権	・事業の更生のために必要がある場合における休眠状態にある担保権の消滅	・遊休資産上の担保権を消滅させて、その売却資金を更生会社の事業に用いる場合 ・当該財産を基礎とする事業部門を更生計画によらないで譲渡する（会更46 I ただし書）場合など	（被申立担保権者） ・許可決定に対する即時抗告（※）（会更104V） ・価額決定の請求（会更105 I ） （管財人および被申立担保権者） ・価額決定の請求についての決定に対する即時抗告（会更106V） ※許可をしない旨の決定に対し、管財人が即時抗告することはできない（会更104V、9）。	（更生計画認可の決定があったとき） ・納付金（会更108 I ）または差引納付金（会更112II）を管財人（会更72IV前段により更生会社の機関が権限を回復した場合は更生会社）に交付（会更109）。 （更生計画認可前に更生手続が終了した場合） ①担保権者が1人である場合または納付金もしくは差引納付金で被申立担保権者の被担保債権の全額を弁済できる場合 ・弁済金の交付（剰余金があれば、更生会社に交付。会更110II） ②①以外の場合 ・被申立担保権者に対する配当（会更110 I ） （更生計画認可前に、管財人の申立て（※1）により、管財人に交付する旨の決定がある場合） ①納付金の額から配当見込額を控除しても剰余がある場合 ・当該剰余金を管財人（会更72IV前段により更生会社の機関が

					権限を回復した場合は更生会社）に交付（会更111 I ①、111 VI）（※ 2 ） ②すべての被申立担保権者が納付金の全部または一部を管財人に交付することに同意している場合 ・当該同意のある金額を管財人（会更72IV前段により更生会社の機関が権限を回復した場合は更生会社）に交付（会更111 I ②、111VI）（※ 2 ） ※ 1 　当該申立てについての裁判に対し、管財人および被申立担保権者は即時抗告をすることができる（会更111IV）。 ※ 2 　会更108条 1 項による金銭の納付前に上記決定が確定した場合は差引納付で足りる（会更112 II）。
会社更生法					

(2)　価額決定請求と価額決定に対する即時抗告

　管財人が担保権消滅許可の申立書に記載した担保の目的である財産の価額について異議のある被申立担保権者は、申立書の送達を受けた日から 1 か月以内に価額決定の請求をすることができる（会更105条 1 項）。[45]

　この場合、裁判所は、当該請求を却下する場合を除き、評価人を選任して、財産の評価を命じ（会更106条 1 項）[46]、評価人の評価に基づき、当該決定の時における財産の価額を決定する（同条 2 項）[47]。かかる決定に対し、被申立担保権者は即時抗告をすることができる（同条 5 項）。この被申立担保権者に

45 　会更104条 4 項、前掲（注37）参照。
46 　この評価は処分価額による（会更規27条、民再規79条 1 項）。なお、前掲（注38）参照。
47 　この点、財産評定および更生担保権の目的物の価額の評価と評価時点が「時価」、「開始決定時」であること（会更83条 2 項、 2 条10項）とは異なる。これは、財産評定および更生担保権の目的物の価額の評価が更生計画による分配の基準にかかわるものであるのに対し、価額決定の制度は牽連破産の場合の担保権者の利益保護を図るためのものであるため（同法110条など）、担保権消滅の時期に近接した時期に評価することが合理的であるからである。

は価額決定の請求をした担保権者のみならず、価額決定の請求をしなかった担保権者も含まれる。また、価額決定に対し不服のある管財人も即時抗告をすることができる（同条同項）。

第3節　留置権をめぐる利害調整と争訟

I　破産法・民事再生法・会社更生法における留置権の処遇

　破産手続では、商事留置権は特別の先取特権とみなされて（破66条1項）、別除権として扱われる。特別の先取特権とみなされるのは、商事留置権者に優先弁済権および換価権を認める趣旨であるとされている。[48]これに対して、民事留置権は、別除権の基礎とはならず、かつその効力を失う（同条3項）とされているので、管財人から引渡しを求められれば、留置を継続することはできない。

　破産法では、商事留置権は特別の先取特権とみなされることから、これを根拠として手続開始後の留置権能を否定する見解があり、旧破産法下から争いがあった。[49]この問題は破産法の改正作業においても検討されたが、結論を得られず、新法でも「之ヲ特別ノ先取特権ト看做ス」という旧法（旧破93条1項前段）の規定をそのまま引き継いでいる。したがって、存続説と消滅説の争いは現在でも続いているといえるが、新法において、旧会社更生法の規定（旧会更161条の2）に倣って商事留置権消滅請求（破192条）の制度が導入されたことなどに鑑みれば、留置権能は存続するものと解するのが妥当であ

---

[48] 伊藤・破産法民事再生法433頁注35。
[49] 存続説の判例として最判平成10・7・14民集52巻5号1261頁、消滅説の裁判例として東京高決平成10・11・27判時1666号141頁。

117

る。[50]

再生手続でも、商事留置権が別除権として扱われる（民再53条1項）ことは破産手続と同様である。しかし、特別の先取特権とみなす規定が存在しないことから、優先弁済権は認められない。[51]民事留置権については特段の定めがないことから別除権としては扱われないが、破産手続のように「その効力を失う」（破66条3項）とはされていないため、留置権能自体は残ると解されている（東京地判平成17・6・10判夕1212号127頁）。

他方、更生手続では、商事留置権は更生担保権の基礎となり（会更2条10項）、更生担保権者は更生手続に参加できると定めている（同条13項、135条1項）。しかし、再生手続と同様に、特別の先取特権とみなす規定が存在しないことから、優先弁済権は認められない。民事留置権については特段の定めがないことから更生担保権の基礎とはならないが、破産手続のように「その効力を失う」（破66条3項）とはされていないため、留置権能自体は残るものと解される。

II　手形の商事留置権の取扱い

取立委任手形を占有する銀行が倒産手続開始後に満期の到来した手形を取り立てて、貸付債権に充当することができるか否かについては、種々の見解がある。

破産手続では、商事留置権が特別の先取特権とみなされる（破66条1項、旧破93条1項前段）ことなどを理由として留置機能を否定する見解があり、手形についても銀行が満期まで手形を留置し続けることを否定する裁判例がある（大阪高判平成6・9・16金法1399号28頁）。これに対して、前掲最判平成10・7・14は、旧破産法93条1項前段の「之ヲ特別ノ先取特権ト看做ス」という文言は、当然には商事留置権者の有していた留置機能を消滅させる意味

---

[50] 伊藤・破産法民事再生法433頁注35、大コンメ288頁〔上原敏夫〕。
[51] 伊藤・破産法民事再生法898頁注5。

118

であるとは解されず、他に破産宣告によって右留置機能を消滅させる旨の明文の規定は存在しないと述べたうえで、「破産法93条1項前段が商事留置権を特別の先取特権とみなして優先弁済権を付与した趣旨に照らせば、同項後段に定める他の特別先取特権者に対する関係はともかく、破産管財人に対する関係においては、商事留置権者が適法に有していた手形に対する留置機能を破産宣告によって消滅させ、これにより特別の先取特権の実行が困難となる事態に陥ることを法が予定しているものとは考えられない」と判示して手形の占有を適法に継続しうるとした。そのうえで、債務者が債務を履行しないときは銀行が占有している債務者の手形等を取立てまたは処分して債権の弁済に充当できる旨の銀行取引約定書4条4項による合意に基づく銀行の手形の取立ておよび弁済への充当について、銀行が手形交換によって本件手形を取り立てたこと、本件手形の取立てがなされた日にはすでに被担保債権の履行期が到来していたこと、被担保債権の額が本件手形金額を超えていたこと、本件手形について銀行に優先する他の特別の先取特権者が存在することをうかがわせる事情もないことを認定したうえで、管財人に対する不法行為となるものではないと結論した。

　これに対し、民事再生法や会社更生法には、商事留置権を特別の先取特権とみなす旨の規定はない。このため、手形の商事留置権の取扱いについては、前掲最判平成10・7・14以降も種々の見解の対立があった。ところが、債務者から取立てのために裏書譲渡を受けた約束手形を再生手続開始後に取り立てた銀行による弁済充当の有効性が争われた事案において、最判平成23・12・15民集65巻9号3511頁は、銀行による優先回収を否定した原判決を取り消し、「留置権者は、留置権による競売が行われた場合には、その換価金を留置することができるものと解される。この理は、……当該約束手形が取立てにより取立金に変じた場合であっても、取立金が銀行の計算上明らかになっているものである以上、異なるところはないというべきである」と述べたうえで、「上記取立金を法定の手続によらず債務の弁済に充当できる旨定める銀行取引約定は、別除権の行使に付随する合意として、民事再生法上も有

効であると解するのが相当である」と判示した。

　これに対して、会社更生手続に関する福岡高判平成12・6・30金法1593号71頁は、債務者から取立てのため裏書譲渡を受けた約束手形を更生手続中に取り立てた銀行による弁済充当の有効性が争われた事案において、「会社更生の場合は、商事留置権の留置的効力は更生管財人が留置権消滅の手続を取らない限り存続するので（会社更生法161条の2第1項）、控訴人が本件各手形の占有を継続することはできるが、商事留置権は更生手続を通じてのみ更生担保権者として権利行使ができるだけで、優先弁済権はない（破産の場合は、商事留置権が債務者の破産とともに特別の先取特権とみなされる（破産法93条1項）が、会社更生の場合はこのような規定は存しない。）」、「そうすると、会社更生開始決定がなされた後にあっては、そもそも商事留置権（銀行取引約定書4条4項）に基づく本訴請求は、会社更生手続の中で請求しうるものであって、その手続によらずに優先的に取り立てることができないというべきである」と判示している。[53]

III　破産法・会社更生法の商事留置権消滅請求の制度

　破産管財人は、商事留置権の対象物が破産法36条の規定により継続されている事業に必要なものであるとき、その他当該財産の回復が破産財団の価値の維持または増加に資するときは、留置権者に対して、財産の価額に相当する金銭を留置権者に弁済することによって、留置権の消滅を請求することが

---

[52]　この点について、伊藤眞教授は、金銭の所有権の帰属は占有の所在によって決せられるという判例法理（最判昭和39・1・24判時365号26頁）の例外として、「たとえ占有下にあったとしても、留置権の目的物の価値が金銭化されたものとして計算上で管理されているときには、その所有権は債務者に帰属し、占有者の権限は留置権であるとの考え方が確立された」と評している（伊藤眞「手形の商事留置権者による取立金の弁済充当──『別除権の行使に付随する合意の意義』」金法1942号22頁）。

[53]　伊藤眞教授は、取立権を否定したこの判決について、「上記最高裁平成23年判決を踏まえると、このような考え方は再検討の余地があろう」と指摘している（伊藤・会社更生法200頁注81）。

できる（破192条1項・2項）。同様の制度として前述した担保権消滅許可の制度があるが、商事留置権消滅請求の制度は目的財産を破産者の事業のために使用することを目的とするものであるのに対して、担保権消滅許可の制度は、破産管財人が担保目的財産を任意売却して、その売得金の一部を破産財団に組み入れることを目的とするものであり、両制度は目的を異にする。[55・56]

　更生手続では、手続開始前に限り、商事留置権の対象財産が開始前会社の事業の継続に欠くことのできないものであるときは、開始前会社（保全管理人）が留置権者に対して財産の価額に相当する金銭を弁済することによって、留置権の消滅を請求することができる（会更29条1項・2項）。破産手続では手続開始後に限って認められているのに対して、更生手続では手続開始前に限って認められている点が異なる。手続開始後は担保権消滅許可（同法104条1項）の手続によって対応することとなる。

　これに対して、同じ再建型手続であるにもかかわらず、再生手続では商事留置権消滅請求の制度は設けられておらず、手続開始後に担保権消滅許可の制度によって対応するほかない。その理由としては、再生手続の場合、申立てから開始決定までの期間が短く、手続開始前に商事留置権消滅請求の制度を設ける必要性に乏しいことがあげられている。

IV　民事留置権に対する対応

　破産手続で民事留置権は別除権として扱われず、かつ、「その効力を失う」（破66条3項）とされているので、破産管財人から引渡しを求められれば、留置を継続することはできない。

　これに対して、再生手続と更生手続の場合、民事留置権は別除権や更生担

54　本章第2節 II 1参照。
55　伊藤・破産法民事再生法669頁参照。
56　ただし、商事留置権消滅請求は、財団の価値の維持または増加に資するときにもなしうるから、この限りにおいては担保権消滅許可の制度と目的は同じである。

保権の基礎にはならないが、他方で効力を失う旨の定めはないので、留置権能自体は存続する（前掲東京地判平成17・6・10）。民事留置権の目的物が事業の継続に不可欠である場合などにも、再生債務者等や更生管財人は、民事留置権が別除権や更生担保権の基礎とならないため、受戻し（民再41条1項9号）や担保権消滅許可の制度（同法148条1項、会更104条1項）を用いることができず、取り戻す手段がない。他方で、民事留置権者も売却により回収する途が閉ざされている。したがって、民事留置権については、話合いにより、再生債務者等や更生管財人が一定の金員を支払、目的物を取り戻すほかないとされている。[57]

（佐長　功・原田崇史）

---

[57] 福永有利監修『詳解民事再生法〔第2版〕』306頁〔山本和彦〕参照。

第4章
否認をめぐる紛争

第1節 詐害行為と正当な事業活動の境界――「濫用的」会社分割と許容されるべき会社分割

I はじめに

　企業の再建の局面において濫用的会社分割が実行された場合、これに不満のある債権者や破産管財人は裁判という手段でこれに対抗してきた。争訟類型としては、詐害行為取消権あるいは否認権の行使を前提としたものが多い。これらの争訟においては、そもそも濫用的会社分割の事案に対して詐害行為取消権や否認権が適用され得るかという点が争われてきた。この論点については、これまで積み重ねられてきたさまざまな下級審裁判例、そして濫用的会社分割に関する初の最高裁判決である最判平成24・10・12民集66巻10号3311頁によってほぼ解決がなされた。濫用的な会社分割に直面した債権者は法による救済が与えられるべきという結論について異論を差し挟む余地は、ほぼ存在しないといえるであろう。

　ただ、事業再生の実務に携わっている者の立場からすると、次の問題が重

要である。すなわち、いかなる要素が会社分割を濫用的ならしめるのか、逆にいえば、いかなる取引が法的に許容される会社分割として認められるか、という点である。濫用的という用語を法的用語に置き換えれば、詐害行為取消権（否認権）の客観的要件事実としての「債権者を害する行為（詐害行為）」の存在ということになろう。しかし、実際に債務者のいかなる行為が債権者を害するものであり、どこまでの行為であれば正当な取引として許容されるのか、わが国の裁判例を眺めても、その境界は必ずしも明確ではない。債務者の行為といっても、その内容、行為時の債務者・相手方・債権者のおかれた状況、権利関係は個々の事例ごとに実にさまざまであり、一様に評価を加えるのは困難だからである。他方、事業再生を企図する債務者側代理人の立場では、資金繰りが逼迫している債務者の会社分割は待ったなしの状況であることが多い。とはいえ、「正当な取引かどうかは後日裁判所で決着すればよく、ともかく早く会社分割を実行してしまおう」と常に割り切ることは、誠実な専門家としてとるべき姿勢ではないであろう。「濫用的」と「正当」との境界線については、取引の事前に一定程度の予測可能性を与える基準があることが望ましい。

本稿では、昨今、事業再建の一手段としてしばしば用いられるものでありながら、その一方で、濫用的な利用が問題視されている会社分割を通じた事業再建スキームに焦点をあて、正当な事業活動との境界について、考察を試みるものである。

II 「濫用的」会社分割とは何か

1 典型例

実務上、経済的に窮境に至った企業の事業再生の手段の1つとして、いわ

---

1 この考え方は、濫用的会社分割を否定する理論構成に関しての立場によっては異論があり得るところであるが、この点については下記II 3(3)において扱う。

ゆる「第二会社方式」がとられることがある。第二会社方式とは、当該企業の事業部門のうち、将来の事業収支が成り立つ見込みがある部門（いわゆる「グッド部門」）と、そのような見込みが立たない部門（いわゆる「バッド部門」）とを分け、グッド部門の事業を他の会社に承継させることにより、グッド部門の事業の維持存続を図る方式である。グッド部門・バッド部門の分割の際、バッド部門に既存の金融債務のうち過剰部分を残しておくことが多い。そしてバッド部門のみとなった会社については、バッド部門に残された非存続事業の関連資産等を換価した後、破産や特別清算などの手続をとって清算することになる。

　第二会社方式が、事業再生の目的の下、相当な手段で行われる場合には、合理的な経営判断に基づく正当な行為と判断されるべきであろう。実際に、中小企業再生支援協議会が関与する事業再生案件において、スタンダードな手段として定着していることからしても、第二会社方式は事業の再生手法として市民権を得ていると評価できる。

　しかし、事業再生を目的とする第二会社方式の中でも「濫用的会社分割」と称され問題視されているものがある。濫用的会社分割とよばれる典型例は、債務超過にある企業（分割会社）が、グッド部門を承継対象事業とする会社分割を行うに際し、グッド部門の負債を資産価値の限度で承継会社に承継させ（通常はグッド部門の取引債務（買掛金債務）のみを承継させる）、計数上、わずかな純資産の価値を表象する承継会社の株式を分割対価として分割会社に交付するといった類のものである。その後、分割会社は当該株式を純資産かそれに近い金額で第三者（往々にして分割会社の経営者の関係者）に対して譲渡し、分割会社を清算・破産させる。分割会社の金融債務、公租公課債務等は承継会社に承継されない結果、当該債務に係る債権者（以下、「残存債権者」という）は分割会社の清算手続において僅少の清算配当を受けるにとどまる。他方、承継会社に承継された取引債権者等は承継会社の下で100％の弁済を受けることが想定される。それにもかかわらず、濫用的会社分割のケースでは、債務者会社は、残存債権者に対して、事前に説明・通知を行うこ

125

とはない。すなわち、債権者に（事実上）秘密裏に当該会社分割を実施するのである。

2　「良い」会社分割との対比

濫用的会社分割の問題が注目を浴びている一方で、事業再生の正当な手段の1つとして会社分割を用いた第二会社方式が行われていることは上述のとおりである。正当な第二会社方式は、通常、金融債権者に対し、事前に会社分割による再建計画、会社分割後の承継会社の事業収益計画等を説明したうえで、すべての金融債権者の合意の下、実行される。その際、グッド部門の事業価値を適正に評価し、その評価に基づく合理的な金額の金融債務を承継会社に承継させ、あるいはスポンサーに相当額の弁済原資を拠出させて残存債権者に対して割合的弁済を行うことになる。そのようなものが、いわば「良い」会社分割と評価されるものであろう。

濫用的会社分割と「良い」会社分割の典型例を比較した場合に浮き上がる前者の特徴のうち重要な点は、①残存債権者に対する秘匿性（合意取得のための合理的なプロセスの欠如）、②会社分割の実施についての、残存債権者の同意の不存在、③残存債権者に対して僅少な弁済（配当）しか行わないこと（あるいは全く弁済しないこと）、であろう。

もっとも、実際に事業再生の手段として会社分割が用いられる例はさまざまであり、上記典型例の比較のみで当然に濫用的会社分割とされるか否かの

2　会社法に基づき会社分割に先立って行われる債権者保護手続については、承継会社に承継させる債務について分割会社が重畳的債務引受けを行うことにより、あるいは、官報公告に加えて日刊新聞紙による公告または電子公告を行うことで「知れている債権者」に対する個別催告を省略するのが一般である。

3　なぜ「良い」のか。私的整理の目的は、有用な経営資源を有しつつも窮境に陥った企業が法的整理に至ることにより必然的に発生する事業価値の毀損を避け、もって金融債権者の弁済の極大化を実現させること、そして企業倒産に伴う社会的な損失、たとえば地域の雇用喪失や取引先の連鎖倒産を避けることにある。その正当な目的のため策定された再建計画が相当であるかの判断は、しばしば複雑かつ高度な判断であり、専門家による客観的な価値評価と十分に情報に接した金融機関の合理的承認が前提となるべきものである。ひとことで表せば、健全な私的整理の慣行に沿っているということである。

分水嶺が導かれるわけではない。そこで濫用的会社分割の何が「濫用」たらしめているのか、実際に裁判において争われた事例、そしてこれに対する専門家の解釈について整理を試みる。

3 濫用的会社分割への対処

(1) わが国の裁判上に現れた是正手段

　濫用的会社分割がなされた場合、残存債権者の立場からは、分割会社の責任財産を構成していた資産が分割会社から忽然と消失することを意味する。分割対価として分割会社に帰属する承継会社の株式は、わずかな純資産価値を反映した程度の価額で分割会社から第三者に売却され、当該対価のみが分割会社に帰属することになる。その対価は承継会社に移転する資産と負債の調整の結果、1円や無対価となる例もある。

　残存債権者にとっては、会社分割前に比して把握していた責任財産が一方的に減少し、会社分割時点で期待される弁済額は減少することとなる。そのうえ、承継会社において全額の弁済が想定されている承継債権者との関係では、弁済率の上で著しい不公平も発生する。

　残存債権者が、かかる著しい不公平な帰結の是正を求める手段として、これまで、民法上の詐害行為取消権や会社分割無効の訴え、法人格否認の法理、商号続用の法理といった手段による救済が図られ、これらによる救済を認める裁判例も出ている。他方、法的倒産手続の場面では、詐害行為取消権と目的を同じくする否認権の制度が用意されており、濫用的会社分割の是正手段として用いられてきた。[4・5]

　これらのうち、法人格否認の法理や商号続用の法理については、濫用的会

---

[4] なお、否認権行使の主体は、破産手続においては破産管財人、再生手続においては監督委員（いわゆる管理型においては管財人）、更生手続においては管財人である。
[5] 法的倒産手続が開始されたときにすでに詐害行為取消訴訟が提起されている場合、破産管財人は原告側を受継することができるが、受継後、否認訴訟に切り替えることになる。破産管財人の詐害行為取消権の行使の可否については、消極に解する見解が多い（新注釈民事再生法(上)211頁、伊藤・会社更生法317頁注157ほか）。

社分割に関連する一連の個別的な事実関係がこれらの法理の適用要件を具備する限りにおいて認められるものといえ、会社分割無効の訴えについては、会社法上における会社分割無効原因がある場合に限定されるものである。そこで、以下は会社分割そのものの詐害性に着目した救済手段としての詐害行為取消権および否認権（特に否認権）に限定して検討する。

(2) 裁判例

　会社分割に対する否認訴訟において、被告側より次の理由から否認権の成立を否定する主張がなされてきた。①組織再編行為である会社分割の無効の主張は会社分割無効の訴えの方法に限定されるべきこと、②物的分割にあっては、分割会社の責任財産の額は従前のままであること（分割会社の事業用資産は子会社株式に転化するが、分割会社のバランスシート上の純資産の金額は変わらないこと）、③会社分割の一部である財産の承継について、会社分割から独立した財産移転行為を観念することはできないこと等である。かつては、かかる主張を是認して、否認権行使を否定する裁判例もみられた（東京地判平成17・12・20金法1924号58頁）が、近時は、ⓐ否認権の効果は、否認対象となる行為による財産権の移転を当事者間において相対的に否定するにとどまり、会社の組織法的側面に影響するものではないこと、ⓑ否認の対象となるのはあくまで個別の財産移転行為であること、ⓒ会社分割により、残存債権者の共同担保が減少し、債権者が弁済を受けることが困難になったこと、等を理由として肯定する裁判例がみられるようになった（福岡地判平成21・11・27金法1902号14頁、福岡地判平成22・9・30判タ1341号200頁、東京高判平成24・6・20判タ1388号366頁（原審：東京地判平成24・1・26判タ1370号245頁））。

　さらに、濫用的会社分割に関する初の最高裁判決である前掲最判平成24・10・12は、会社分割に対する詐害行為取消権の可否につき、ⓐ承継分割は会社の組織に関する行為であるが、財産権を目的とする法律行為としての性質を有する以上、会社の組織に関する行為であることを理由として直ちに詐害行為の対象とならないと解することはできないこと、ⓑ承継分割について異議を述べることもできない分割会社の債権者については、詐害行為取消権に

よってその保護を図る必要性がある場合が存すること、ⓒ詐害行為取消権の効果は承継分割による株式会社の設立の効力には何ら影響を及ぼすものではないこと、等を理由として、詐害行為取消権を認めた。

上記最高裁判例の判示は、基本的には否認権の行使にあたっても妥当すると考えられる。したがって、会社分割に対する否認権の行使が理論的に一切認められないという解釈の余地はなくなったと考えられ、問題は、具体的にいかなる会社分割の事例が、いかなる論理により否認されるかという段階に移ったといえよう。

(3) 否認権の行使の根拠規定に係る解釈論

㋐ 各見解の概要

会社分割が否認権行使の対象となる可能性が認められるとしても、否認権行使の根拠規定については、以下のとおり、見解が分かれている。

① 会社分割により分割会社に帰属していた財産は絶対的に減少しており、詐害行為否認(破160条1項[6])の対象となると解するもの[7]

② 会社分割により、残存債権者は自己の債権につき満足な弁済を受けられなくなる一方で、承継債権者は自己の債権につき弁済を受けることとなり、偏頗行為否認(破162条1項)の対象となると解するもの[8]

③ 分割会社は、会社分割により移転する資産と負債に見合った純資産価値を有する株式の交付を受けるため、会社分割による財産の処分は相当対価の取得を伴うものであるが、「破産債権者を害する処分をするおそ

---

[6] 民事再生法、会社更生法における否認権の規定も破産法のそれと同文言であり、以下では便宜上、破産手続を念頭に記述することとする。

[7] 伊藤眞「会社分割と倒産法理の交錯——偏頗的詐害行為の否認可能性——責任財産の割合的減少をどのように捉えるか」NBL968号12頁、松下淳一「濫用的会社分割についての覚書」事業再生と債権管理138号146頁、パネルディスカッション「事業承継スキームの光と影——濫用的会社分割を考える」事業再生と債権管理132号49頁〔鹿子木康発言〕、田中亘「会社法改正の視点からみた濫用的会社分割」(土岐敦司=辺見紀男編・濫用的会社分割)24頁。

[8] 山本和彦「会社分割と倒産手続」事業再生と債権管理132号12頁、同「濫用的会社分割と詐害行為取消権・否認権」(土岐敦司=辺見紀男編・濫用的会社分割)1頁、井上聡「濫用的会社分割における問題の本質」金法1903号5頁。

れを現に生じさせるものである」場合には、否認（破161条1項）の対象となると解するもの[9]

　この点、①の見解は、分割会社に帰属していた100の資産が、会社分割という行為がなされた結果、純資産1円の株式となり、1円で売却されたという事案を念頭におくと、財産の絶対的な減少が生じたとみることは自然な帰結であり、理解しやすい。濫用的会社分割に対し詐害行為否認を認める裁判例（前掲福岡地判平成21・11・27、前掲東京高判平成24・6・20（原審：前掲東京地判平成24・1・26））、詐害行為否認とともに相当対価処分行為の否認を認める裁判例（前掲福岡地判平成22・9・30）も、その理由として、おおむね、一般財産の共同担保としての価値を実質的に毀損し、すなわち共同担保が減少し、債権者が債権の弁済を受けることが困難になったことをあげており、この見解と親和性がある[10・11]。しかし、この見解に対しては、分割会社は資産の移転とともに負債も移転しており、計数上の純資産の変動という観点からは、財産の絶対的な減少はなく、詐害行為否認は認められないという批判がある。

　②の見解は、会社分割によって、債権の満足という点で、会社分割前における分割会社の債権者間に著しい不平等が生じていることを正面からとらえるものであり、こちらも理解しやすい。しかし、この見解に対しては、会社分割における分割会社のどの行為をもって「担保の供与又は債務の消滅に関する行為」（破162条1項柱書）ととらえるのか、また、支払不能前（拡張規定を用いれば支払不能の30日前）に会社分割がなされる場合について、否認が認

9　難波孝一「会社分割の濫用を巡る諸問題『不患寡、患不均』の精神に立脚して」判タ1337号20頁。綾克己「濫用的会社分割の分水嶺」事業再生と債権管理137号153頁、同「倒産実務の視点から見た濫用的会社分割」（土岐敦司＝辺見紀男編・濫用的会社分割）125頁。

10　最判昭和40・7・8裁判集民79号703頁は「『破産債権者を害する』とは債権者の共同担保が減少して債権者が満足を得られなくなることをいうと解するのが相当である」旨述べる。この判例は、平成16年破産法改正前のものであるが、前掲福岡地判平成21・11・27においては引用されている。

11　パネルディスカッション・前掲（注7）49頁〔鹿子木康発言〕。承継会社が債務の引受けをすることによって承継会社の株式価値が引き下げられている、その行為全体に詐害性が認められる、相当対価を得てした財産の処分行為になっていない、と述べる。

められないという難点が指摘される。[12]なお、偏頗行為否認を認める裁判例は本稿脱稿時においては不見当である。

③の見解は、計数上の純資産の変動がない以上、相当の対価を取得していると考えるものであり、やはり理解しやすい。しかし、この見解に対しては、会社分割またはこれにより分割会社の資産が移転する代わりに承継会社の株式の交付を受ける行為について、隠匿等の処分をするおそれを現に生じさせるもの（破161条1項1号）といえるか、分割会社が交付を受けた承継会社の株式を保有し続けるときには否認できないのではないか、そもそも財産の絶対的な減少の有無を計数上の純資産の変動の有無で判断することが妥当なのかといった点が指摘される。

このように濫用的会社分割の否認の根拠規定についてはさまざまな論稿により議論が深められているところ、この問題の議論を複雑にする所以は、濫用的会社分割が、残存債権者にとって分割会社の責任財産を減少させるものでありながら、計数上の純資産という概念に着目すると財産の絶対的な減少がなく、他方、債権の満足という点で残存債権者と承継債権者間において著しい不平等を生じさせる不正義な結果を招来するという複合的な問題を内包する行為であるところにある。

(イ) 類似の取引行為との比較

ここで、濫用的会社分割が内包する問題について、これを類似の取引行為により実現する場合との対比の中で考えてみたい。

―――〈ケース1〉―――
B社は、債務超過に至ったA社から、A社の99の債務を免責的に債務引受けし、その債務引受けの対価としてA社に対し99の請求権を取得した。同日、A社から、清算価値100の資産を100の対価で譲り受けた。

---

12 かかる理論的な難点以外に、私的整理手続は、商取引債権者を巻き込まず金融債権者の間で金融支援を行うことを基本的な枠組みとしているため、偏頗性を強調すると、健全かつ合理的な私的整理手続の結果行われた行為も広く否認権の対象にとらえられてしまうという懸念を指摘できる。

───〈ケース２〉───
　債務超過に至ったＡ社はＢ社に対して、清算価値100の資産と99の債務を承継資産・負債とする事業譲渡を行い、Ｂ社はＡ社に対して、譲渡対価として現金１を支払った。

※ケース１・ケース２いずれもＡ社はすでに事実上事業を停止しており、早晩清算を予定している。また、Ｂ社は実質的にＡ社と同視し得る関係にあるものとする。

　ケース１・ケース２いずれも、資産と負債の移転および純資産ベースでの取引対価の交付という点では、濫用的会社分割ケースと実質的には同じ行為とみることができよう。ケース１において、Ｂ社が債務引受対価請求権（99）を自働債権、資産譲渡に係る代金債務を受働債権（100）として相殺した場合、Ｂ社による相殺は破産法71条１項２号により禁止され得るであろう。Ａ社が相殺なり代物弁済する場合は、偏頗行為否認の対象として否認され得る行為となる（破162条１項）。他方、ケース２においては、会社分割ケースと同様、詐害行為であるのか、偏頗行為であるのか、相当対価処分行為の否認であるのか、判然としない。しかし、ケース２において、偏頗行為否認の対象と考えるとすると、はたして取引行為のどの部分を「担保の供与又は債務の消滅に関する行為」と考えるのか、文理上は不透明といわざるを得ない。また、偏頗行為の受益者が、ケース２においてはＢ社に承継された債務の債権者であるとすると、債権者ごとの受益の有無・時期・主観的要件の有無等の差異や否認した後の処理をどのように考えるのかという困難な問題が生じよう。根本的に、受益者が弁済を受けることはＢ社の事業活動の結果であり（当該事業活動の結果いかんでは弁済を受けられる保証もない）、承継会社による弁済をもって偏頗行為否認の対象とみることは法解釈としては違和感を禁じ得ない。

　　(ウ)　**詐害行為否認──絶対的財産減少行為としてのとらえ方**
　問題を経済実質的にとらえた場合、ケース１において、Ａ社の99の債務

引受対価を99とすることがA社にとって正当なことなのであろうか。もちろん、B社にとっては、99の債務引受けを行う以上、当該債務引受けの経済的負担は99である。しかし、たとえば、当該取引前におけるA社の資産が150、負債が300であった場合、(清算・破産を予定している)A社にとっては、99の債務を免れることに見合う経済的な利益は99ではなく、99×150/300＝49.5でしかない。A社としては、清算・破産手続を通じて、99の債務について(最低限)49.5の弁済(配当)を行うことにより、それ以上の弁済(配当)の責任を負担することはないからである。これに対してA社が清算・破産ではなく、事業を継続することによりその債権者は49.5以上の弁済を受ける可能性があるのであるから、債務引受けの経済的利益をそのように断じることはおかしいという意見もあり得ようが、A社の経営者(および場合によってはその株主)は、すべての事業用資産を譲渡することによってA社での事業継続および再建を断念する意思決定を実際にしている場面なのであるから(かつ、B社はそのことを熟知している)、(経済的利益を常に清算価値(49.5)と考えるかは後述4に譲るものの)そのように考える合理性は十分存在する。

　A社にとっては49.5の経済的利益でしかない債務引受行為が、B社に対して100の価値の資産を譲渡するという取引と同時または一連の取引として行われることで問題が顕在化する。かかる取引において、同時または一連に行われる債務引受行為、資産譲渡行為および相殺は、それぞれ単独の行為として独自の意味をもたず、不可分一体として行われることでその目的が果たされる。その意味において、これら一連の行為は、1個の法律行為と同視できるものである。そのように考えるのであれば、結局のところA社はB社に対し、1個の法律行為(たとえば売買契約)によって、100の価値を有する資産を49.5の対価でB社に譲渡したと評価すべきなのである。かかる行為が民法上の、あるいは倒産法における否認制度上の詐害行為であることは明らかである。

　ケース1のこのような考え方は、ケース2においてもあてはまる。事業譲

渡契約は、一定の営業目的のために組織され、有機的一体として機能する財産・債務のほか、経営組織、ノウハウ、取引先との関係を譲渡する行為であるが、法律行為としての本質は、個別の資産・負債を承継させる法律行為の束である。事業譲渡契約という名称の下で行われた資産・負債の承継も、ケース1のごとき個別の資産譲渡および債務引受行為と区別する理由はない。そうすると、ケース1およびケース2のいずれにおいても、A社の行為はA社およびその債権者にとって経済合理性・相当対価性を欠く、財産の絶対的な減少を伴う行為、すなわち詐害行為を構成していると考えられる。[13・14]

そして「濫用的会社分割」の本質も、その行為の絶対的財産減少行為、すなわち行為の詐害性に見出すべきである。会社分割は、事業譲渡とほぼ同様の法的効果の実現をめざす組織再編行為であり、とりわけ資産・負債の承継を一体的行為で行うという点は事業譲渡と同じで、法的解釈をケース2の事業譲渡の場合と異にする理由はないからである。ただ、事業譲渡の場合、事業譲渡対価が現金で支払われるのに対し、会社分割の場合は分割対価として承継会社が発行する株式が分割会社に交付されることが一般的である。[15] 分割対価を株式ではなく、現金1、または額面1の社債もしくは約束手形とした

---

[13] これらのケースが典型的な詐害行為の類型と異なるのは、B社の側に利得がないとみえるところである。典型的な詐害行為のケース、たとえば100の価値の資産を第三者に49.5の対価で譲渡するケースでは、譲渡人の側に50.5の財産減少が認められる一方で、譲受人側は50.5の利得を得ることになる。この点、ケース1およびケース2においては、B社は100の資産を譲り受けると同時に99の負債を負うことになり、かつ対価としてA社に対し1を支払っているために、明確な経済的利得は得られていない。しかし、行為の詐害性は、直接の受益者が存在するかどうかということではなく、行為者およびその債権者の側からみて経済的損失をもたらすか、言い換えれば責任財産の減少があったかどうかという観点から考えれば足りる。

[14] 伊藤・前掲（注7）24頁は、「詐害性が、受益者でなく、行為者である破産者についてなされるべきことは、保証と無償否認との関係についての判例法理においても明らかにされていると思います」と大審院・最高裁判例を引用しつつ述べる。

[15] 事業譲渡と異なるもう1つの要素として、分割会社が承継会社の債務を重畳的債務引受けしている場合があるという点がある。裁判例の中には分割会社が重畳的債務引受けをしていることを重視し、資産は移転しているにもかかわらず債務は移転していないという理由で詐害性を認めているものもある（前掲福岡地判平成21・11・27など）。ただ、分割会社の内部負担がゼロで承継会社に相応の資力があればその理由はあたらなくなる（井上・前掲（注8）5頁参照）。

場合にはケース2と全く同じ結論となるはずであるが、株式はそれ自体で「確定的」な経済的価値を表象しているわけではなく、その価値は発行会社の業績に基づく企業価値に連動して時間の経過とともに増減する。株式価値を会社分割時（効力発生時）の純資産価値（上記の例でいえば1）に「固定」する考え方をとる場合には詐害性が認められるとしても[16]、はたしてそのような考え方でよいのか。「濫用的」な会社分割と許容すべき行為との限界を考えるにおいては、会社分割の対価として交付された株式の価値と詐害性との関係についての議論が必要である。

4　濫用的会社分割において「濫用」ならしめる要素

(1)　問題の所在

　濫用的会社分割の本質的要素が詐害行為性にあるとして、私的整理の案件において、「濫用的」な会社分割と、許容されるべき会社分割との境界はどこにあるのであろうか。裁判上問題となった濫用的会社分割の事例において詐害行為取消しあるいは否認権によって財産移転の効果が否定された結論に異論は少ないであろう。問題は、経営者が事業再生を目的に、債権者に対して経済合理的な弁済を行う手段として同様なスキームを実行した場合でも、ある一定の条件において「濫用的」と評価されるのであれば、それはどのような条件なのかということである。

　通常の私的整理の手続では、金融支援（債権放棄など）を求める金融機関に対し、財務状況や再建の方向性の説明を重ね、弁済条件や再建計画につき第三者の専門家アドバイザーによる検証を経て、最終的に再建計画に対する対象債権者の同意を取得する。ただし、私的整理の成立のためには金融支援を受ける対象債権者全員から同意を得る必要がある。仮に会社分割による第二会社方式を内容とする再生計画案が合理的な内容であるものの、一部の債

---

[16] なお、A社が会社分割直後にB社の株式を譲渡価額1で譲渡し、あるいはB社が低廉な価額で第三者に株式割当てを行いA社が保有する株式価値が大きく希釈化するような事例の場合には、株式価値を固定する考えをとるか否かにかかわらず、詐害性が認められることになろう。

権者の反対により不成立となり、それにもかかわらず債務者が会社分割を実行した場合には、「濫用的」会社分割としてその効果は否定されるべきなのであろうか。

(2) 詐害性の基準

(ア) 具体例の設定

以下においては、下記具体例を基に検討することとする。

> 債務者企業 A 社は会社分割を用いた第二会社方式による事業再生を企図し、デュー・ディリジェンスおよび事業再生計画案の策定を経て、金融支援を依頼する金融機関との間でバンクミーティングを重ねていた。大多数の金融機関から同意を取り付けることができたが、一部の金融機関の反対により私的整理は成立しなかった。しかし A 社は計画どおり会社分割を実行し、事業資産・負債を B 社に移転した。承継分割前における分割会社の時価評価をベースとした資産が150（簿価300の一律50％相当額、破産の場合の評価額はすべての資産の価値が一律、時価評価の40％になると見込まれるとして60）、負債が300、承継分割により承継会社に移転した資産と負債がそれぞれ120（時価評価）と100（金融債権以外の債権全額）で、分割会社は承継会社から承継会社株式の交付を受けた。

(イ) 詐害性の考え方

(A) 承継資産および負債の価値評価基準

上記具体例で、分割会社が破産手続に入った場合、破産管財人は、会社分割による資産の移転が詐害行為であるとして否認権を行使する可能性がある。この場合の行為の詐害性をどのように考えるべきか。上記3(3)(ウ)で述べた考え方によれば、「会社分割により移転した資産の価値」に対して「債務が承継会社に移転したことによる経済的利益」および「分割対価の価値」の合計を比較することによって判断されるべきということになる[17]。

それでは、「会社分割により移転した資産の価値」と「債務が承継会社に移転したことによる経済的利益」は、具体的には、簿価、時価評価額、ある

いは破産した場合の評価額、いずれで考えるべきであろうか（それぞれ、簿価の場合240と100、時価評価の場合120と50、破産評価の場合48と20になる）。まず、簿価の考え方はとり得ない。簿価は、会社の制度会計上の数値であり、資産・負債価値の一応の指針とはなるものの、専門家により資産・負債の時価評価が行われる以上、経済価値の実態を示すものとしては考慮すべきものではないからである。次に、時価評価か清算的評価かという点は難しい問題である。これについては、「当該会社がおかれた状況に鑑み、専門的な見地から、第二会社方式をとらなかった場合に他にとり得た誠実な（合理的な）選択肢」の場合の評価を基準に考えるべきではないだろうか。言い換えれば、もし第二会社方式による再生を図らないとすれば、法的倒産手続を介しない自主再建が可能なのか（その場合には時価評価になるであろう）、破産・清算手続をとらざるを得ないのか（その場合には清算的評価になるであろう）、あるいは上記自主再建の可能性は低いが民事再生など再建型法的整理手続は可能なのか（その場合には再生手続による影響を加味した修正時価評価になるであろう）のいずれであるかを専門的な見地で決定すべきと考える。この点、詐害性の判断における比較対象はあくまでも清算的評価（清算価値）であるべきとの見解も多いかと思われるが[18]、企業再建の手法は多種多様なものが考えられ、また事業継続を前提とした資産価値と清算価値との間には大きな隔たりがあることが多い。窮境に陥った（特に債務超過に陥った）企業の経営者は、責任財産の維持について平時よりも慎重な注意義務・配慮が求められており、その反面として債権者には経営者が一定の合理的行動をすることに対する期待があり、そのような期待は一定程度法的保護に値すると考える。比較対象を常に清算価値に設定することは、経営者に、私的整理の場面において破産

17　なお、平成26年6月20日に可決された会社法の一部を改正する法律において、詐害的な事業譲渡および会社分割における債権者保護規定が新設されている（会23条の2、759条4項〜7項、763条4項〜7項など）。これは、事業譲渡や会社分割に詐害性が認められる場合、非承継債権者に承継会社に対する債務履行請求を認めようとするものであるが、そこにおける詐害性の意義も以下の議論がそのまま妥当すると考える。

18　伊藤・前掲（注7）21頁はかかる見解をとっている。

の結果を超える計画をつくりさえすればよいとの行為規範を与えるに近く、債権者の利益への配慮にやや欠けていると思われる。さりとて、事後的な視点から判断された、経営者がとり得る債権者にとって「ベストな手段」との比較を行うというのも行き過ぎである。そのような意味で、その当時の経営者がおかれた環境を前提に、専門的な見地から「その時点」において他にとり得た誠実な（合理的な）選択肢を基準とするのが妥当と考える。

(B) 分割対価の価値評価

次に、分割対価の価値の考え方を検討する。上記具体例では、分割対価としてB社の株式がA社に対して交付されている。この株式の価値を時価評価の純資産基準で考えれば20（資産120および負債100の会社であるため）ということになる。仮に、A社が第二会社方式による再生を図らなければ破産せざるを得ない、あるいは民事再生手続においても破産配当率と同等の弁済率しか得られないケースとすれば、その場合の想定配当率（弁済率）は20％となる（資産が60の価値に対し負債は300であるため）。これに対し、純資産基準で考えた第二会社方式に基づく期待弁済率は約16％である（残存する資産の価値が12、株式の純資産価値が20で合計32、これに対しA社の負債が200であるため）。この計算によれば、A社に残存した金融債権者にとっては、具体例における第二会社方式は、破産や民事再生に比べて不利、すなわち詐害性が認められるということになる。

しかし、分割対価として交付された株式の価値を、詐害性の認定の局面において常に純資産基準で評価することは相当であろうか。むしろ、B社に健全な事業継続性が認められ、超過収益力が認められるケースでは、DCF法やマルチプル法など、再生実務において企業価値を算定する手法として一般に妥当と考えられている方式による評価を考慮すべきと考える。[19] この考え方

---

[19] 承継分割の対価として承継会社から分割会社に社債や約束手形が交付されるケースにおいても、株式の場合と同様、当該社債のDCF価値が争点となり、事業計画に照らして承継会社が将来的に獲得するキャッシュフローを算定したうえ、社債の償還原資の見込みを推測し、合理的な割引率に基づき社債の価値を評価していくことになろう。

によれば、B社の株式価値をDCF法等で算定すると28（移転した資産の価値48と債務が移転したことによる経済的利益20の差額）を超える場合には、詐害性が認められないという結論となる。

　(C)　分割対価と弁済計画との関連性

　もっとも、DCF法等による株式評価に基づきB社の株式価値が相当なものであったとしても、B社が株式を交付するだけで、A社に残存する金融債権者に対する弁済に何らの配慮も払っていない場合には、債権者への弁済が不確実である。この場合、単純に当該株式評価のみを詐害性の認定の要素にすることは不十分であろう。たとえば、破産手続の場合は、破産管財人が財産の換価作業を進める結果、（異時廃止に至らない限り）一定の期間経過後に確実に現金による配当が実施される。これに対して、A社がB社株式を保有している状態のままでは、A社に弁済資金が確保される保障がない。そこで、A社による会社分割の詐害性を検討するにあたっては、B社株式の評価額が十分であることに加え、その価値を資金化するコミットメント、たとえば短期間のうちにスポンサーにB社株式を譲渡すること、あるいは（適法に行える場合は）B社の将来収益を用いて自己株式を取得すること、剰余金配当を行うこと等の約束等が必要になるものと考える。[20]

　(D)　期待行為、想定弁済率および株式価値の相当性の判断者

　上記(A)および(B)のように考えた場合、はたして「第二会社方式をとらなかった場合にとり得た誠実な（合理的な）選択肢」、「想定弁済率」および「株式価値の相当性」は誰の判断を尊重すべきであろうか。この点、詐害行為取消権または否認権の成否が争われる場が裁判であることを考えると、最終的

---

[20]　このような金融債権者に対する弁済の約束が一切ないケースでは、B社株式のごとき非上場企業株式の流動性が極めて乏しいことに鑑み、承継会社株式の価値評価にあたり、株式の流動性の低さをディスカウント要因（いわゆる流動性ディスカウント）と考え、それを前提に詐害性を判断すべきことになろう（第一東京弁護士会総合法律研究所倒産法研究部会編著『会社分割と倒産法』281頁以下〔神作裕之発言〕参照）。また、A社がB社株式を金融債権者に秘して第三者に相当対価で売却し、その売却代金を弁済以外の使途に費消しているような場合には、相当対価を得てした財産処分行為の否認として破産法161条1項の要件該当性が問題となろう。

な判断権者が裁判所であることは間違いない。ただし、債務者が策定した事業再生計画に、第二会社方式による私的整理手続がとられない場合の想定事業計画および弁済計画が盛り込まれており、その内容を独立かつ中立的な専門家が検証しており、かつ債権者の大多数がこれに賛成していた場合には、原則として事業再生計画で想定されていた代替策およびこれに基づく弁済計画が合理的選択肢であったと強く推定すべきと考える。

　たとえば、準則化された私的整理手続である事業再生ADR手続や㈱地域経済活性化支援機構における手続においては、事業再生計画案の内容として、債務者が破産したと仮定した場合の清算配当率の試算が記載される。また、しばしば、再建型法的整理手続（たとえば民事再生）を利用したと仮定した場合の事業計画および弁済計画（および弁済率）も記載される[21]。そのような場合には、第二会社方式を実行しなかった場合にとり得た誠実な（合理的な）選択肢は民事再生手続であり、詐害性の判断において第二会社方式による結果と比較すべきは、民事再生手続における想定弁済額（想定弁済率）と考えるべきで、その数値が独立かつ中立的な専門家による検証を経て、債権者の大多数が事業再生計画案に賛成していた場合には、後行の詐害行為取消しまたは否認権争訟において特段の事情のない限り想定弁済額（想定弁済率）として採用されるべきと考える。なぜなら、窮境に陥った企業経営者がいかなる選択肢をとるべきか、すなわち私的整理手続において第二会社方式による再生をめざすか、民事再生手続をとるべきか、あるいは破産手続により廃業すべきかという点は、刻一刻と変わる事業の内部資源、外部環境、利害関係人の意向を総合考慮して判断がなされるべきものであり、これをリアルタイムで肌に触れている企業経営者が、そのアドバイザー、独立専門家、取引金融機関との真剣な検討を通じて行った判断が「その時点」の判断として最

21　実務上、私的整理において金融支援を要請された金融債権者は、債務者に対し、「なぜ民事再生手続をとらないのか」と、実際に提案された計画以外の可能性についての質問をすることが多い。それに対する回答の意味を込めて、事業再生計画案の中に民事再生手続を利用したと仮定した場合の事業計画および弁済計画が記載される。

II 「濫用的」会社分割とは何か

も合理的なものとなるであろうからである。裁判所が後日その判断を覆すにあたっては、その判断の前提となる極めて重要な事実に誤認があった、あるいはその判断過程に著しい不合理性がある場合に限定されるべきと考える。[22][23]

同様なことは、対価として発行された株式価値についてもあてはまる。事後の争訟において株式価値が争点になる場合、往々にしてDCF法やマルチプル法なりに基づき算定された価値の合理性が問題となる。[24] DCF法による株式評価は、承継会社が将来生み出すことが見込まれるキャッシュフローの現在価値の集積によるものであるが、その前提となる事業計画、割引率等は、高度に専門的な見地からしばしば厳しい時間的制約の中で判断されなければならない。裁判所が後日株式評価の相当性を判断するにあたっては、原則として、事業計画の策定にあたっての独立した専門家の関与の有無、その専門家の属性、計画に賛成した債権者の割合等を重要な間接事実に位置づけるべきである。すなわち、独立した中立的な専門家の関与の下で事業計画の策定が行われ、大半の債権者が当該計画に賛成している場合には、当該計画における将来収益計画が合理的なものであることを前提にDCF法による算定がなされるべきであろうし、逆に、そのような独立した中立的な専門家が関与

---

[22] そのような合理的プロセスを経て策定された再建計画が実行された場合は、客観的に詐害性が認められても、これを実行した経営者に詐害意思が認められないというケースもあり得ると考える。

[23] このような、当事者・利害関係人の判断を尊重して裁判所の事後的な判断対象を一定範囲のものとするという枠組みは、①不確実な状況で迅速な決断を迫られる取締役の経営判断について、当該状況下で事実認識・意思決定過程に不注意がなければ取締役の判断を尊重するという経営判断の原則や、②買収防衛策としての新株予約権の無償割当てにつき、特定の株主による経営支配権の取得に伴い、会社の企業価値が毀損され、会社の利益・株主の共同の利益が害されることになるか否かについては、株主の判断を尊重すべきとする判例法理（最決平成19・8・7民集61巻5号2215頁）、③いわゆるプレパッケージ（プレアレンジド）型の法的整理において、スポンサーの事前選定を適正（公平誠実義務違反・善管注意義務違反にあたらない）とする判断基準（いわゆるお台場アプローチ）等に通底するものであり、合理的と考える。

[24] 一般的には、マルチプル法においては比較する類似会社の選択や異常値の排除態様、DCF法においては、将来事業計画の内容・リスク見込み、永久成長率、加重平均資本コスト（WACC）等、共通するものとして、支配権プレミアムや非流動性ディスカウント等の考慮態様等が検証されることになろう。

141

していない場合や相当数の債権者の反対があった場合には債務者が策定した事業計画の合理性は慎重に判断されるべきことになろう。

　　(ウ)　債権者の意向の位置づけ

上記具体例では、一部の債権者の反対にもかかわらず会社分割が実行されている。また、濫用的会社分割として裁判上問題とされた事例の多くは、債務者が金融債権者に事前の説明をせず、あるいはその意向に反して会社分割が実行されている。窮境に陥った企業にとって金融債権者は重要なステークホルダーであるが、その意向は会社分割の詐害性の判断においていかなる位置づけを有するのか。結論として、詐害性の判断と債権者の意向に直接的な関係を見出すことは困難と考える。詐害性は債務者が行った取引行為が経済的に相当な対価関係を有しているかどうかで判断すべき問題だからである。[25] ただし、重要な利害関係を有し、かつ専門的な知見も有する金融債権者の複数が取引に反対していたという事情は、当該会社分割行為の詐害性および債務者の害意を推認させる重要な積極の間接事実として機能するであろう。[26] 反対に、上記(イ)(D)で述べたように、大多数の債権者が会社分割を内容とする事業計画に賛成していたという事実は、当該会社分割の詐害性、あるいは債務者の害意の存在についての重要な消極の間接事実として用いられるべきと考える。

---

[25]　たとえば窮境に陥った企業が債権者の意向に反して相当対価で不動産を売却した場合にも、原則として詐害行為否認の問題にはならない。例外として、相当対価を得てした財産処分行為の否認として破産法161条1項の問題になるのみである。これに対し、難波・前掲（注9）29頁および34頁は、倒産状況下では債権者の公平を図るのが最も重要であるという前提認識の下、分割会社に残存する債権者の同意なく偏頗な行為を行う点を濫用的会社分割であるか否かの区別基準としている。

[26]　伊藤・前掲（注7）26頁は、債権者に対する事前の情報開示等の問題は、相当対価性（詐害性）の議論として扱うべきではなく、相当対価であることを前提に、破産法161条における隠匿等の処分意思に影響を与える事情と位置づけている。綾・前掲（注9・倒産実務の視点から見た濫用的会社分割）125頁は、濫用的会社分割かどうかの判断基準は倒産処理手続の原則である「透明性」と「衡平性」を基礎づける要素を総合考慮して判断すべきとの立場から、残存債権者への通知、残存債権者への十分な情報開示や説明、残存債権者の大多数の同意を総合考慮すべき重要な要素と位置づけている。

㈷　自主再建型とスポンサー型の違い

　世上、濫用的会社分割として問題とされる事例には、分割会社の経営陣が分割後の承継会社に対し引き続き実質的にオーナーシップおよび支配権を持ち続けているものが多いと推測される。このような事実関係は、後の詐害行為取消しまたは否認権の争訟においてどのように機能するか。この点、オーナーシップおよび支配権が変わらない（実質的な自主再建）という事情のみで詐害性を基礎づけられることはないということは、すでに述べてきたことと同じである。ただし、このような状況においては、会社分割や弁済計画の前提となる資産や企業価値の評価を主観的・恣意的に行う誘因が働きやすいという意味で、この点が厳格に検証されるべきこととなる。会社分割を内容とする事業再生計画案が、事前に独立かつ中立的な専門家による検証を経て、債権者の大多数が事業再生計画案に賛成していたという事情がない限りは、裁判所は極めて厳格な立場から詐害性の有無の認定を行うこととなろう。[27]また、自主再建型の場合、具体例でいえばB社の株式価値が早期に一括して換価され、A社債権者に対する弁済にあてられることはないであろうから、上記㈠で述べたとおり、たとえば破産した場合との比較における経済優位性も慎重に判断がなされるべきこととなる。

　他方、スポンサー型、典型的には入札など合理的な手続を経て選定された第三者スポンサーがB社株式を買収し、その対価をA社の金融債権者に公平に配分するケースにおいては、上記のような問題が生じにくいと考える。

（鈴木　学／髙橋洋行）

---

[27] 仮に相当対価性が認められるとしても、さらに破産法161条2項を類推適用し、受益者たる承継会社側に隠匿等の処分意思に関する善意の立証責任を負わせるべきとの考え方があり得る。

〔第1部・第4章〕第2節　偏頗行為否認

第2節　偏頗行為否認

I　総　論

　否認権とは、倒産処理手続開始決定前にされた債務者の行為またはこれと同視される第三者の行為の効力を覆滅する形成権であり[1]、偏頗行為否認についていえば、倒産処理手続開始前に行われた偏頗行為を倒産処理手続開始後に倒産財団のために失効させ、債権者間の公平を図る制度である[2]。

　否認権の制度は、条文の構造・順序のみならず、実体的な要件・効果において基本的に倒産三法で共通しているので[3]、以下においては、破産手続を中心に説明することとする。

1　現行法における改正点

　偏頗行為とは、「債権者間の平等を害する行為[4]」であり、危機時期になされた既存債務についての担保の提供や債務の消滅に関する行為をいう（破162条1項、民再127条の3、会更86条の3）。

　現行法における否認制度を理解するうえでは、平成17年1月1日に施行された「破産法」および「破産法の施行に伴う関係法律の整備等に関する法

1　破産について、伊藤・破産法民事再生法499頁、条解破産法1010頁参照。
2　倒産法概説268頁〔沖野眞已〕。
3　ただし、民事再生手続においては、DIP型手続であることに伴い、再生債務者自身には否認権の行使を認めず、管財人または裁判所により否認権行使の権限が与えられた監督委員が否認権を行使することとされた（民再135条1項）。また、会社更生手続においては、担保権者も手続的拘束に服するため、更生担保権者となる債権者に対する弁済についても否認の問題となり得る。なお、否認権の行使の実際において、取引先の協力の取り付けが再建の成否を左右する再建型手続においては、清算型手続に比べ、否認権の行使が抑制的であるという指摘もある（以上について、倒産法概説268頁〔沖野眞已〕）。
4　一問一答新破産法219頁。

律」(以下、あわせて「平成16年法」という)の立法趣旨が重要であるので、偏頗行為否認に関する改正点を以下説明する。平成16年法においては、①否認の要件を廉価売却等の財産減少行為の否認と弁済等の偏頗行為の否認とに分けて規定することとし、②偏頗行為の故意否認を認めない旨を規定上明確化するとともに(破160条1項柱書カッコ書等参照)、③偏頗行為否認における危機時期を支払不能によって画することとされた。これは、ⓐ偏頗行為の否認は、財産減少分を取り戻すことを目的とする財産減少行為の否認と異なり法的倒産債権者間の平等を図ることを目的とするもので、両者は否認の目的が異なること、ⓑ旧法下の「支払停止」を基準として危機時期を観念する偏頗行為の否認では、それ以前に実質的な危機状態に陥っている場合について法的倒産債権者の平等を害する結果となる一方で、ⓒ偏頗行為の故意否認を認めるとすると、否認の要件に関し債務超過の状態にあることを前提とするとしても、それ以外には時期的な限定がなく、詐害意思の有無によって否認の成否が決せられることになって、取引の安全および否認権の成否に関する予測可能性を奪うことになること等を踏まえたものである。

また、平成16年法においては、融資と担保権設定が同時になされた場合等のいわゆる同時交換的行為が偏頗行為否認の対象から除外された。「新規に出捐して債権を取得する者については、従来の責任財産の平等配分を期待する既存債権者との平等を確保する必要がない」こと、実質的には、同時交換的行為を否認の対象とすると「破産者が救済融資を受ける途を閉ざす」ことになるからである。

---

5 一問一答新破産法217頁。
6 以上、一問一答新破産法219〜220頁、226〜227頁参照。
7 一問一答新破産法217頁。
8 以上、伊藤・破産法民事再生法526〜527頁。

〔第1部・第4章〕第2節　偏頗行為否認

2　偏頗行為否認の要件

(1)　一般的要件

否認権の成立要件は、詐害行為否認、無償行為否認、偏頗行為否認等、行為類型ごとに個別に明定されているが、これらの類型を通じた理論上の一般的な要件として、①行為の有害性と②不当性がある。また、③否認対象行為の主体が法的倒産債務者に限定されるかについても学説上争いがある[9]（なお、この点は、相殺、第三者による弁済、代物弁済予約完結権の行使、担保権に係る対抗要件具備行為、執行行為等個別類型ごとに言及する）[10]。

①有害性に関しては、弁済期の到来した債務の本旨に従った弁済（いわゆる本旨弁済）や第三者からの借入金を原資とする弁済、財団債権となる債権等優先的な債権に対する弁済、担保目的物による当該担保権者への代物弁済等が問題となる（後記Ⅲ1、3、4およびⅣ2で述べる）。

また、②不当性に関しては、たとえば、法的倒産債務者の生活の維持費用を捻出するための財産の売却や仕掛品を完成させ事業を継続するために下請人に通常の業務に属する債務を支払う等、行為の内容、目的、動機等に照らし、法的倒産債権者の利益を犠牲にしてもより保護すべき利益が認められる場合に、否認を否定するための概念とされるが[11]、不当性の欠缺の認定は慎重に行うべきであろう[12]。

---

[9]　条解破産法1012頁以下、倒産法概説273頁以下〔沖野眞已〕、伊藤・破産法民事再生法503頁以下。

[10]　旧破産法下の考え方としては、破産者の詐害意思を要件とする故意否認については破産者の行為が要求されるのに対し、危機否認については必ずしも破産者の行為を要しないとする見解が多数説であった（条解破産法1015頁、倒産法概説277頁以下〔沖野眞已〕、伊藤・破産法民事再生法507頁）。現行破産法の制定にあたり、この多数説に従い危機否認については破産者の行為を要しないことを明文化することが検討されたが、否認の対象となり得る第三者の行為にはさまざまな類型のものが含まれており要件を適切に定立することは困難であるとして立法化は断念された（中間試案補足説明149頁）。判例を追認しつつ、なおこの問題を解釈に委ねる趣旨である（倒産法概説277頁〔沖野眞已〕）。

[11]　倒産法概説274頁〔沖野眞已〕。

[12]　条解破産法1015頁、倒産法概説275頁〔沖野眞已〕、伊藤・破産法民事再生法507頁参照。

146

(2) 個別的要件

 偏頗行為を対象とする否認の個別的要件は、①支払不能（破2条11項、民再93条1項2号、会更49条1項2号）[13]または法的倒産手続開始の申立て後になされた②既存債務に対する担保の供与または弁済等の債務の消滅に関する行為であり、③受益者である債権者が支払不能もしくは支払停止または法的倒産手続開始の申立てがあったことについて悪意であること（破162条1項、民再127条の3第1項、会更86条の3第1項）である。法的倒産に至った債務者（以下、「法的倒産債務者」という）の詐害意思を要件とせず、倒産債務者の客観的な財産状態に着目する危機否認の類型である。[14]

 個別的要件のうち、①の支払不能の要件については、第2部第1章を参照されたい。②については、後記II以下で述べる。③の受益者である債権者の悪意（破162条1項、民再127条の3第1項、会更86条の3第1項）については、過失の有無は問わない。受益者の悪意については破産管財人が証明責任を負うが、ⓐ受益者が内部者である場合とⓑ当該行為が非義務行為である場合には、悪意が推定され、証明責任が転換される（破162条2項、民再127条の3第2項、会更86条の3第2項）。実務上、相手方の主観的要件を証明することは困難を伴うので、証明責任の転換ができる法的構成をとれないか検討することは有益である。

(3) 転得者に対する否認

 否認権は転得者に対しても行使することができる（破170条、民再134条、会更93条）。否認制度の実効性を確保するためであるが、受益者および中間転得者すべてについて否認の原因が要求されることに加え、転得者が転得の当時その前者に対する否認の原因（客観的要件のみならず主観的要件も）があることを知っていることを要することから、活用場面は限定的であることに留意する必要がある。要するに、活用場面は、主に①転得者がその前主（通常は受益者）の悪意を知っているような潜脱的な場合、②受益者と一体的な

---

13 一定の非義務行為については、支払不能になる前30日以内にされた行為を含む。
14 倒産法概説287頁〔沖野眞已〕、大コンメ648頁〔山本和彦〕等。

場合（典型例は内部者）、③転得者が無償取得している場合に限定される、例外的なものである。[15][16]

3　否認の効果

(1)　行使手続

　否認権は、訴え、否認の請求または抗弁によって管財人（破産・民事再生・会社更生の場合）が行使する（破173条1項、民再135条1項・2項、会更95条1項）。民事再生の場合、裁判所より否認権限を付与された監督委員も行使できるが、訴えおよび否認の請求に限定される（民再135条1項・2項、56条）。否認権を訴訟外で行使することができるか議論があるが、通説は文言解釈からこれを否定する。なお、否認権の行使に係る裁判上の諸問題については、第3部第4章を参照されたい。

(2)　特殊な保全処分

　否認権の行使については、法的倒産手続開始前の特殊な保全処分が用意されている（破171条、172条、民再134条の2、134条の3、会更39条の2、94条）。否認権の行使による財産の回復の実効性を期すために、否認権が発生する法的倒産手続開始の前に否認権のための保全処分制度を設けたものである。[17]もっとも、早期に法的倒産手続開始決定がなされて否認権を行使することが可能になる場合には活用場面は限られる。

(3)　期間制限

　否認権は、倒産手続開始の日から2年を経過したときは行使することができず、また、否認対象行為の日から20年を経過したときも行使できない（破176条、民再139条、252条2項、会更98条、254条2項）。相手方の不安定な地位の早期解消と法的倒産処理手続における処理の迅速性を図るものである。ま

15　なお、善意の転得者については、現存利益の償還のみ義務づけられている（破170条2項、167条2項、民再134条2項、132条2項、会更93条2項、91条2項）。
16　倒産法概説304頁〔沖野眞已〕。
17　たとえば、受益者が否認対象財産を処分するおそれがある場合の処分禁止の仮処分や、偏頗弁済を受けた受益者の責任財産の保全のための仮差押え等が考えられる。

た、法的倒産処理手続が終了したときも、否認権は消滅する。法的倒産処理手続の目的を実現するために認められた権利だからである。特に、民事再生で監督委員が選任されている場合においては注意が必要である。かかる場合、再生計画認可決定が確定した後3年を経過すれば、裁判所において再生手続終結の決定をしなければならないとされており（民再188条2項）、権限付与を受けた監督委員による否認権行使がなされている最中であっても、手続を終了せざるを得ないと解されるからである。

(4) 否認権行使の効果

否認権の行使により、否認の対象となった行為は遡及的に無効となり、倒産財団は原状に復する（破167条1項、民再132条1項、会更91条1項）。無効は倒産財団との関係で、かつ行使の相手方（受益者または転得者）との関係で相対的に生じる。倒産財団の回復に必要な範囲に否認の効果をとどめる趣旨である（もっとも、弁済が否認されたことにより債権が復活するが、保証や物上保証も復活（最判昭和48・11・22民集27巻10号1435頁参照）するなど、一定範囲の波及効果がある）。

偏頗行為否認で、弁済等の債務消滅行為が否認された場合、相手方の債権は、相手方がその受けた給付を返還し、またはその価額を償還したときに、原状に復する（破169条、民再133条、会更92条）。倒産財団への財産の回復を確実ならしめるため、相手方の返還・償還を先履行とする趣旨である[18]。また、復活する相手方の債権は、破産債権等倒産債権となる。

偏頗行為否認で、抵当権設定等の担保供与行為が否認された場合、当該担保供与行為は遡及的に無効となり、倒産財団は原状に復する（破167条1項、

---

[18] 相手方が一部を返還したときは、その割合に応じて債権が復活するとするのが判例である（大判昭和14・3・29民集18巻287頁）。なお、詐害行為否認に関する問題であるが、差額賠償請求（破168条4項）を受けた相手方は、差額賠償をしないままで否認対象目的物に関する権利を行使できるか。この点、差額賠償請求と否認対象目的物に関する権利行使とが同時履行関係に立つとの見解もあるが、差額賠償義務が先履行となると考えるべきである（本間健裕「否認権の行使とその効果」（門口正人判事退官記念・新しい時代の民事司法）155頁、植村京子「否認の効果としての差額償還請求権」（岡正晶ほか監修・倒産法の最新論点ソリューション）296頁参照。

民再132条1項、会更91条1項)。担保設定等の登記・登録の原因行為が否認された場合、否認の登記を行う（破260条、262条、民再13条、15条、会更262条、265条)。この否認の登記の性質については、二重の相対効という特殊性を踏まえ特別に設けられた特殊な終局登記であるとするのが通説・判例(最判昭和49・6・27民集28巻5号641頁) [20] であり、現行法もこの立場に立脚している。[21]

II 債務消滅に関する行為──概説

債務の消滅に関する行為に含まれるものとしては、①弁済(民474条)、②相殺(同法505条)、③更改(同法513条)、④代物弁済(同法482条)、⑤免除(同法519条)があげられるが、⑤免除は他の法的倒産債権者を害する行為とはいえず、否認の対象とならない。[22] ②相殺については争いがあり、通説および判例(最判昭和41・4・8民集20巻4号529頁、最判平成2・11・26民集44巻8号1085頁等) [23] は、法的倒産債務者の行為が介在しないこと、相殺については別に相殺禁止の規定があり、例外的な場合については相殺権の濫用法理によって規制できること等を理由として、相殺否認を否定するが、肯定説も有力である。[24] ③更改については、偏頗行為否認の対象とする見解と、更改による変 [25] [26]

---

19 先順位担保権が否認され、後順位担保権が否認されない場合について、順位上昇の原則に従い後順位担保権者の順位が上昇するという考え方と、先順位担保権は消滅せずに倒産財団がその主体に入れ替わる（後順位担保権者の順位は上昇しない）という考え方がある（条解破産法1077頁)。
20 倒産法概説309頁〔沖野眞已〕。
21 否認によって回復された財産が処分され、否認による原因行為または登記の無効が確定した場合、登記官の職権により否認の登記は抹消される（破260条2項等)。また、否認によって回復された財産が換価処分されないまま、法的倒産処理手続が終了して、否認の効果が消滅した場合（破産管財人が否認によって回復した財産を放棄した場合も同様である）、回復登記ではなく、書記官の抹消登記嘱託により否認の登記が抹消される（同条4項前段後段等)。
22 伊藤・破産法民事再生法524頁。
23 条解破産法1036頁、大コンメ648頁〔山本和彦〕。
24 大コンメ648頁〔山本和彦〕等。
25 伊藤・破産法民事再生法495頁。
26 条解破産法1037頁。

更後の債務が変更前のそれと比較して法的倒産債務者に不利であるときに、詐害行為否認の対象とすべきとする見解とが存在する[27]。①弁済、④代物弁済については後述する。

III 弁済

1 期限弁済と期限前弁済

期限弁済（本旨弁済）については有害性の要件に関し議論もあるが、現行法においては支払不能等危機時期に行われるものである限り、偏頗行為否認の対象となるというべきである。義務ではない時期に行われる期限前弁済も対象となることは当然であるが、「非義務行為」の特則の適用を受ける。すなわち、否認の要件が緩和され、支払不能になる前30日以内の行為も否認対象となる（破162条1項2号本文）。また、悪意の受益者について証明責任が転換される（同号ただし書）。

破産管財人等否認権を行使する側においては、受益者および転得者等相手方の主観的要件の立証が大きな障害であることから、「非義務行為」の特則により証明責任の転換を受けられることは大きなメリットである。

2 第三者による弁済

第三者による弁済について、判例は、地方公務員等共済組合法の規定に基づき給与支払機関が組合員である破産者の給与から地方公務員共済組合に対する破産者の借入金相当額を控除して同組合に払い込む行為は、組合に対する組合員の債務の弁済を代行するものにほかならず、旧破産法72条2号による否認の対象となるとする（最判平成2・7・19民集44巻5号837頁。同種の国家公務員の事案につき最判平成2・7・19民集44巻5号853頁）。危機否認について、

---

[27] 大コンメ648頁〔山本和彦〕。

〔第1部・第4章〕第2節　偏頗行為否認

執行行為は破産者の行為を否認の要件としないが、それ以外については破産者の行為またはこれと同視すべきものに限り否認することができるものとする判例の考え方を踏襲する判断と思われる[28・29]。

3　借入金による弁済

第三者から新たに借り入れた資金による既存の債務の弁済が否認の対象となるか議論がある。借入れと弁済を一体のものとみうるのであれば、利率等新旧債務の態様に変更がない限り、第三者が受益者に対価を支払って、その破産債権を譲り受けたのと変わりがないので、他の破産債権者に対する有害性が否定されると考えられるが[30]、どのような場合に一体とみうるかが問題である。

判例は、故意否認の事案であるが、破産者（証券会社）が投資者保護のために必要な場合に限り融資を受けることができ、その目的に限り融資金を使用するとの社団法人日本証券業協会等との約定の下に、借り入れた金員により顧客である投資者に対する債務を弁済した場合について、借入債務が弁済された債務より利息などその態様において重くなく、また、当該約定をしなければ借入れができなかったものであるうえ、当該約定に反して借入金が他に流用されるなどのおそれも全くなかった等の事情を踏まえ、破産債権者の共同担保を減損するものではなく破産債権者を害するものではないと解すべきとして、旧破産法72条1号による否認の対象とならないものと判示した（最判平成5・1・25民集47巻1号344頁）。有害性の要件により第三者の弁済が故意否認の対象とならないことを認めたものであるが、「借入金による弁済が原則的に故意否認の対象となり得ることを前提としながら、本件弁済が故

---

[28]　塩月秀平「判解」最判解民〔平成2年度〕253頁、河野信夫「判解」最判解民〔平成2年度〕264頁参照。

[29]　債権者による代物弁済予約完結権行使に関し、判例は、債務者が期限の利益の放棄を加功して債権者による予約完結権の行使を誘致した場合について、旧破産法72条2号による危機否認の対象とする（最判昭和45・11・15民集22巻12号2629頁）。

[30]　倒産法概説288頁〔沖野眞已〕、伊藤・破産法民事再生法525頁。

152

意否認の対象とならない例外的な場合に当たるという事例判断をしたもの」[31]と理解すべきであろう。

4 優先的な債権に対する弁済

財団債権となる債権に対する弁済について、否認が認められるか問題となるが、①破産手続が破産債権者のための手続であり、②否認権においても「破産債権者を害する行為」と規定されていること、③財団債権への平等弁済の規定（破152条1項）も財団不足が判明した以降の弁済に限定されていること等からすれば、財団債権者への弁済については、基本的に否認はできないと考えるべきである。[32]

これに対し、優先的破産債権への弁済については、当然に否認の対象とならないとはいえないであろう（もっとも、優先的破産債権に対しては100％配当がなされるような事案においては、結果として破産債権者を害する行為とはいえず、有害性の要件により否認を否定すべきと考える）。

5 濫用的会社分割の否認

濫用的会社分割に対しては、詐害行為取消訴訟、破産法に基づく否認権行使、分割会社の破産管財人による会社分割無効の訴え、法人格否認の法理、会社法22条1項（名称続用責任）の類推適用、不法行為に基づく損害賠償請求等、実務上さまざまな対応がなされており、残存債権者を保護する方向で多数の裁判例が出されている。[33] 典型的濫用事例について、詐害行為取消権な[34]

---

31 大竹たかし「判解」最判解民〔平成5年度〕133頁。
32 この点、倒産法概説274頁〔沖野眞已〕は、一般論としては財団債権者への弁済を否認することは想定しにくいとしつつ、労働債権のように性質上は破産債権と変わりがなく政策上財団債権とされているものがあることを考えると、破産債権者への弁済の原資とならないとの一事をもって否認の対象とはならないとは解しがたい旨述べる。財団債権となる債権への弁済であっても期限前弁済のように偏頗性が高いような場合について、悩ましい問題である。
33 これら裁判例については、滝澤孝臣「会社分割をめぐる裁判例と問題点」金法1924号62頁以下、難波孝一「会社分割の濫用を巡る諸問題」判タ1337号20頁、森本滋「会社分割制度と債権者保護――新設分割を利用した事業再生と関連して」金法1923号28頁を参照されたい。

153

〔第1部・第4章〕第2節　偏頗行為否認

いし否認権の行使により残存債権者を保護すべきとする見解が実務上有力[35]と思われるが、問題はその理論構成である。

　濫用的会社分割の本質（有害性）については、大別して、①絶対的財産減少行為（破160条参照）とする見解、②相当対価行為としつつ破産法161条1項各号の適用を検討する見解、③債権者平等原則を破る行為（同法162条参照）とする見解がある。[36][37] 私見としては絶対的財産減少行為とする見解が妥当であると考えるが、今後の実務の動向に留意する必要がある（なお、濫用的

34　分割会社が、吸収分割承継会社または新設分割設立会社（以下、「承継会社等」という）に債務の履行の請求をすることができる承継債権者と当該請求をすることができない残存債権者とを恣意的に選別したうえで、承継会社等に優良な事業や資産を承継させるなどの残存債権者を害する会社分割。

35　なお、会社法改正法（平成26年法律第90号）において、詐害的な会社分割および事業譲渡・営業譲渡における債権者の保護の制度（残存債権者の吸収分割承継会社または新設分割設立会社に対する履行請求権）が創設された（会759条、764条等）が、民法上の詐害行為取消請求権と併存する制度とされており（会社法制の見直しに関する中間試案の補足説明）、法的倒産処理手続の開始前に行われた濫用的会社分割に対する法的倒産処理手続における規律については、何ら変更がされていないと考える。

36　岡正晶「濫用的会社分割」ジュリ1437号66頁。①絶対的財産減少行為（破160条）とする見解として、内田博久「倒産状態に行われる会社分割の問題点」金法1902号59頁、伊藤眞「会社分割と倒産法理との交錯——偏頗的詐害行為の否認可能性」NBL968号24頁、パネルディスカッション「事業承継スキームの光と影」事業再生と債権管理132号49頁〔鹿子木康発言〕等。②相当対価行為としつつ破産法161条1項各号の適用を検討する見解として、難波・前掲（注33）33頁、座談会「会社分割をめぐる諸問題——判例を材料に派生論点を考える」金法1923号49頁〔井上聡発言〕、59頁〔村田渉発言〕等。裁判例として、福岡地判平成22・9・30判タ1341号200頁参照。③債権者平等原則を破る行為（破162条）とする見解として、山本和彦「濫用的会社分割と詐害行為取消権・否認権」（土岐敦司＝辺見紀男編・濫用的会社分割）、前掲座談会・47頁等〔山本和彦発言、山田誠一発言〕、49頁〔井上聡発言〕等。

37　三森仁「会社分割に関する規定の整備」（倒産実務研究会編・倒産法改正への30講）186頁以下。債権者平等原則を破る行為として破産法162条に基づき否認できるのは、「既存の債務についてされた担保の供与又は債務の消滅に関する行為」に限定される。このうち、①弁済は、分割会社とは別の法主体である承継会社等が行う行為であって、すでに会社分割の効力が発生している段階において承継会社等が承継債権者に対して弁済したとしても、これを分割会社の残存債権者との関係で偏頗行為と認めることは困難である（伊藤・前掲（注36）16頁）。また、②仮に担保提供行為類似と構成するとしても、否認権行使の相手方を承継債権者としなければならず、承継債権者の主観的要件の点で、実効性に欠ける（岡・前掲（注36）68頁）。また、否認した場合の効果としても、当事者に無用な負担を生じることを避けつつ、否認権行使の実質を確保する差額償還請求権（破168条4項）の行使が有益である（伊藤・前掲（注36）16頁）。

154

会社分割については、本章第1節参照)。

IV 代物弁済

1 財産減少行為との関係

　代物弁済は債務の消滅に関する行為であり、偏頗行為否認の対象となるが、他方で、消滅する債務に比して給付の価額が過大な場合には、財産減少行為（狭義の詐害行為）でもある。現行法は、否認の類型として財産減少行為と偏頗行為とを区別しているが、過大な代物弁済については、相当な対価の部分と過大な対価の部分とに区分し、過大な部分のみを狭義の詐害行為否認の対象とする旨の特別な規定を設けている（破160条2項）。

　否認対象となるのは、代物弁済として債権者の受けた給付のうち、それによって消滅した債務の額を超過する部分であるが、「債権者の受けた給付の価額」と「当該行為によって消滅した債務の額」との間にどの程度の開きがあれば「過大」と評価されて否認対象となるのかについては、狭義の詐害行為としての廉価売買における廉価性の評価と同様、規範的な評価の問題であるといえる。

　なお、支払不能後に代物弁済がなされ、偏頗行為否認の要件を充足する場合には、破産管財人としては、2つの否認類型を選択できることとなるが、公平の観点からも破産財団の増殖の観点からも、過大な給付部分に対する狭義の詐害行為否認ではなく、給付全部についての偏頗行為否認を選択すべきである。[38]

2 担保目的物による代物弁済

　破産者が目的物を担保権者に代物弁済した場合、被担保債権の弁済期が到

38　条解破産法1023頁、大コンメ631頁〔山本和彦〕。

来し、かつ被担保債権額と目的物の価額との均衡が保たれている限り、破産者の行為は破産債権者にとって有害とはいえない。目的物の価値は被担保債権の限度で担保権者によって物権的に把握されており、また、特定財産の上の担保権は破産手続によらないでその権利を実行し、満足を受けることが保障されているので（破2条4項、65条1項）、破産債権者の引当てとして期待できないからである。判例も、担保目的物による代物弁済について有害性を欠き、否認対象とならないとする（先取特権の目的物件をもってした代物弁済について最判昭和41・4・14民集20巻4号611頁、譲渡担保の目的物件をもってなされた代物弁済について最判昭和39・6・26民集18巻5号887頁等参照）。

V 担保提供

1 非義務行為の特則

義務ではない担保の供与のような非義務行為について、特則（破162条1項2号本文・ただし書）が適用されることは前記Ⅲ1で述べたとおりである。

---

39 被担保債権の弁済期が到来していることについては、破産手続にかかわらず担保権を実行しその満足を受ける地位が確保されている限りにおいて、必ずしも有害性を否定する要件と取り扱う必要はないように思われる。

40 条解破産法1012頁、伊藤・破産法民事再生法504頁。

41 これに対し、最判平成9・12・18民集51巻10号4210頁は、動産売買先取特権が転売に伴う目的物の引渡しにより追及効（民333条参照）を失った場合には、買主が転売契約を合意解除して目的物を第三取得者から取り戻し、売主に対する売買代金債務の代物弁済に供した行為は、支払停止後に義務なくして設定された担保権の目的物を被担保債権の代物弁済に供する行為に等しいとして、旧破産法72条4号の否認の対象となると判示する。また、最判昭和46・7・16民集25巻5号779頁は、未登記抵当権者に対する担保不動産の売却について、旧破産法72条1号の否認権行使の対象となるとする。

42 もっとも、最判昭和39・6・26は、被担保債権額と目的物の価額との均衡を欠いているとして、その差額について否認を認めている。

2　同時交換的行為

　新規融資がそのための担保提供と同時に行われる「同時交換的行為」は、偏頗行為否認の対象とならない（破162条1項柱書カッコ書）。新規に出捐して債権を取得する者については、従来の責任財産の平等分配を期待する既存債権者との間の平等を確保する必要がないし、このような行為を否認の対象とすると、経済的危機に瀕した債務者の再建の途を閉ざすおそれがあるからである。[43][44]

　要点は、担保提供と同時といえるかであるが、取引通念に照らし判断される。[45]この点に関し、融資の際に担保権を設定する旨の合意をしただけでは足りず、その際に当該担保権の設定を第三者に対抗できる状態になっていることが必要とされているので留意すべきである（もっとも、担保権設定契約と対抗要件の具備が時間的に接着しており、当該担保権の設定が既存債務についてされたとの評価を受けない場合には、同時交換的行為というべきであろう）。[46]

　また、ある担保提供が、新規融資と並んで既存の債務をも担保する場合、既存の債務についての部分は否認の対象となる（仙台高判昭和53・8・8金商566号36頁参照）。[47]

3　第三者による行為

　担保提供に関しても第三者の行為を否認できるか問題となる。たとえば、第三債務者が破産者のした債権譲渡担保について承諾をして対抗要件が具備された場合であるが、この点については後記Ⅵ2を参照されたい。

　第三者名義の定期預金債権への質権設定について、東京高判平成21・1・29金法1878号51頁は、諸事情を踏まえ定期預金債権の金銭の出捐者は破産者

43　伊藤・破産法民事再生法526頁。
44　一問一答新破産法230頁。
45　倒産法概説294頁〔沖野眞已〕。
46　一問一答新破産法230頁。
47　倒産法概説294頁〔沖野眞已〕。

157

であるとして、破産者において、本件質権設定により第三者が担保を提供した体裁を整えたものと認められるとした、東京地判平成20・6・30金法1856号39頁の判断を是認して、本件定期預金債権に対する質権設定行為を否認権行使の対象となると判示している。

4 集合債権譲渡担保の否認

この点については、後記Ⅵ3を参照されたい。

Ⅵ 対抗要件具備行為

1 対抗要件具備行為の否認の趣旨

権利変動の対抗要件具備行為は、権利変動の原因となる法律行為自体の否認とは別に、一定の要件の下に否認の対象とされる。すなわち、支払停止等があった後に、権利の設定、移転または変更を第三者に対抗するために必要な行為（仮登記または仮登録を含む）がなされた場合において、その対抗要件具備行為が権利変動の原因行為から15日を経過した後に支払停止等を知ってなされたときは、否認の対象とされる（破164条本文）。これは、破産者に属する財産について権利変動をもたらす法律行為がなされたにもかかわらず、対抗要件具備による公示がなされないと、破産者の一般債権者は、かかる法律行為がなされておらず、当該財産が破産者の責任財産を構成しているものと誤認して破産者との取引行為に及ぶこととなり、破産手続開始前の危機時期に至って初めて対抗要件が具備され、権利変動が破産債権者に対抗できるものとされると、破産者の財産状態に対する一般債権者の信頼を裏切り、予期に反した不公平な結果を招くことから、権利変動の原因行為について否認が成立するか否かにかかわらず、対抗要件具備行為自体の否認（以下、「対抗要件否認」という）を認めたものである。[48]

2 否認の対象となる対抗要件具備行為

　否認の対象となる対抗要件具備行為としては、不動産物権変動や動産ないし債権の譲渡に関する登記（民177条、借地借家10条、動産債権譲渡2条など）や商号登記（商9条、15条2項）や船舶登記（同法687条）、自動車抵当の登録（自抵5条）のほか、不動産ないし動産の物権変動における引渡し（借地借家11条、民178条）や債権譲渡についての確定日付ある通知（民467条2項）なども含まれる。なお、集合債権譲渡担保における通知に関しては、後記3のとおりである。

　破産者が保有する債権を譲渡ないし質入れした場合に当該債権に係る債務者がする承諾（民467条）が否認の対象となるかについては、破産者の行為ではないことから見解が分かれうるところであり、旧法下の判例（最判昭和40・3・9民集19巻2号352頁）は否認可能性を否定するが、対抗要件たる通知の否認と区別する合理性はなく、否認可能性を肯定する見解が有力である[49]。

　破産者から未登記不動産を譲渡された第三者がする保存登記が否認の対象となるかについては、破産者の行為の要否や破産者の関与の程度をめぐる解釈に関連して下級審裁判例が分かれているが、物権変動の対抗要件としての実質を備えていることに着目し、否認を肯定する見解が有力とみられる[50]。

　仮登記や仮登録は、順位保全効が認められる点において対抗要件具備行為に準ずることから、対抗要件否認の要件を満たす限り否認の対象となるが、否認の対象となる仮登記・仮登録に基づく本登記・本登録も、否認の対象となると解される[51]。他方、否認の対象とならない仮登記・仮登録に基づく本登記・本登録は、たとえ対抗要件否認の要件を満たしても否認の対象とはならない（破164条ただし書）。

48　条解破産法1051頁、大コンメ662頁〔三木浩一〕、伊藤・破産法民事再生法538頁。
49　大コンメ666頁〔三木浩一〕、伊藤・破産法民事再生法542頁。
50　大コンメ666頁〔三木浩一〕。
51　条解破産法1053頁、大コンメ668頁〔三木浩一〕。

仮登記仮処分命令に基づく仮登記については、判例は、仮登記仮処分命令を得てする仮登記はその効力において共同申請による仮登記と異ならないこと、仮登記仮処分命令は仮登記義務者の処分意思が明確に認められる文書等が存するときに発令されるのが通常であることを論拠として破産者の行為があった場合と同視し、これに準じて否認可能性を肯定した（最判平成8・10・17民集50巻9号2454頁）。[52]

3 集合債権譲渡担保における対抗要件具備行為

集合債権譲渡担保契約においては、契約時に第三者対抗要件たる通知を行うと譲渡人の信用不安を惹起させる懸念があることから、譲渡人につき危機時期が到来するまで通知を留保することが実務上要請される一方で、通知を留保すると、危機時期到来後になされる対抗要件具備行為たる通知は、多くの場合、債権譲渡日から15日以上経過した後に悪意でなされることとなり、対抗要件否認を免れないこととなる。そこで、否認を回避する方策として、実務上、支払停止等の危機時期到来時に予約完結権を行使することを前提とする譲渡担保設定予約や、支払停止等の事由の発生を停止条件とする停止条件付譲渡担保設定契約が締結されることがある。

しかし、譲渡担保権が設定されていながら公示がなされず、危機時期に至って突如として対抗要件を具備することを容認することは、一般債権者の予期に反した不公平な結果を招くことから、従前より、こうした集合債権譲渡担保を否認の対象とすべきであるとの指摘がなされてきた。否認権行使を認める法律構成については、①集合債権譲渡担保を特殊担保として構成し、当該担保権設定の原因行為は譲渡担保設定予約時ないし停止条件付譲渡担保設定契約時になされたものと解し、その効力が生じた時点から15日経過後にな

---

[52] この判例は、対抗要件否認の対象は破産者の行為またはこれと同視しうるものでなければならないとした前掲最判昭和40・3・9を前提として判断したものであるが、かかる前提に立たなくとも、仮登記仮処分命令に基づく仮登記の効力の実質に照らし、否認可能性を肯定しうるといえる。

された対抗要件具備行為を否認する見解（大阪地判平成10・3・18判時1653号135頁ほか）、②支払停止等を債権譲渡の効力発生の条件とする停止条件特約は否認制度の潜脱を図る脱法行為として無効であると解し、対抗要件具備行為を否認する見解（大阪地判平成14・9・5判タ1121号255頁ほか）、③故意否認または危機否認の制度を潜脱するものであるとして、旧破産法72条1号または2号の適用ないし類推適用を認める見解（東京地判平成10・7・31判時1655号143頁ほか）がみられた。

以上のような議論状況の下において、近時の判例は、支払停止等の事実を停止条件とする債権譲渡契約に係る債権譲渡は、支払停止等の危機時期が到来した後に行われた債権譲渡と同視すべきものであり、旧破産法72条2号に基づく否認権行使の対象となると解すべき旨を判示し、危機否認の成立を認めた（最判平成16・7・16民集58巻5号1744頁、最判平成16・9・14判時1891号200頁）。これらの判例の考え方に従えば、現行法下においては、集合債権譲渡担保の設定自体を偏頗行為として否認（破162条1項）の対象とすることとなり、対抗要件否認を問題とする必要はなくなるといえる。

4 対抗要件具備行為に対する対抗要件否認によらない否認の可否

対抗要件具備行為に対して破産法160条1項1号ないし2号所定の否認（詐害行為否認）や、同法162条1項1号ないし2号所定の否認（偏頗行為否認）の成立する余地があるか否かについては、旧法制定下より、対抗要件否認と一般の否認との関係に関する創設説と制限説の対立と関連して見解が分かれていたところであり、現行法下においても議論状況は同様である。

対抗要件否認について、創設説は、原因行為が有効になされた場合には、これに伴う対抗要件具備行為は破産者の当然の義務に属し、またその義務の

---

53 長井秀典「停止条件付集合債権譲渡の対抗要件否認」判タ960号37頁。
54 田頭章一「判批」リマークス19号148頁。
55 条解破産法1055頁、大コンメ669頁〔三木浩一〕、伊藤・破産法民事再生法543頁。

161

履行によって財産減少がもたらされるものでもないので、本来、対抗要件具備行為について否認（旧破72条）は成立しないが、原因行為から遅れてなされた対抗要件具備行為は破産者の責任財産に対する一般債権者の信頼を損なうことから、一般債権者の保護のために特別に創設された否認類型であると理解する。よって、現行法における解釈としても、対抗要件否認によらない否認の成立可能性を一切否定することとなる。

　これに対し、制限説は、対抗要件具備行為も第三者との関係では実質的に財産処分行為であるから、本来、否認（旧破72条）が成立しうるが、すでに生じた権利変動を完成させる行為にすぎないことから、原因行為について否認が成立しない限り、できるだけ対抗要件を具備させるために否認の要件を制限したものと理解するが、制限説はさらに二分される。第1の制限説は、故意否認と危機否認の双方を含む否認の要件を一般的に加重したものと理解し、第2の制限説は、危機否認の要件のみを加重したものと理解する。よって、現行法における解釈としても、第1の制限説によれば、対抗要件否認によらない否認の成立可能性を一切否定することとなるが、第2の制限説によれば、旧法下の故意否認に該当する破産法160条1項1号の詐害行為否認については、成立の余地を認めることとなる。

　旧法の立法者の意思に忠実であるのは創設説であるといわれているが、原因行為から相当期間が経過した後になされる対抗要件具備行為は、支払停止前であっても一般債権者の利益を害することから、支払停止前の支払不能の状態でなされた対抗要件具備行為の否認の成立可能性を認める第2の制限説が有力である。なお、近時の裁判例（東京地判平成23・8・15判タ1382号349頁）は、第2の制限説の見解に立つことを明らかにしたうえで、否認の対象となる対抗要件具備行為であるか否かはその原因行為との関係で考えざるを得ないとし、更生会社自身の所有不動産につきなされた根抵当権設定登記については、担保の供与（会更86条1項柱書）に該当するとして詐害行為否認は許

56　条解破産法1064頁、大コンメ664頁〔三木浩一〕、伊藤・破産法民事再生法549頁。

されないとし、更生会社の子会社の所有不動産につきなされた根抵当権設定仮登記については、物上保証行為であって財産処分行為にあたり詐害行為否認の対象となると判断した。

VII 執行行為

1 執行行為の否認の趣旨

　否認の対象となる詐害行為や偏頗行為が、執行力ある債務名義を有する債権者を受益者としてなされた場合や、執行機関による執行行為を通じてなされた場合でも、破産債権者に対する有害性の点においては差異がないことから、詐害行為否認や偏頗行為否認の要件を充足する限り、債務名義や執行行為が介在している場合であっても否認の成立は妨げられない（破165条）。なお、執行行為の否認とは、債務名義や執行行為の介在している詐害行為や偏頗行為についての否認の成立可能性を表しているにすぎず、新たな否認類型を設けたものではない。

　もっとも、担保権実行（民執181条以下）は、破産手続および再生手続においては別除権として扱われ、原則として手続上の制約を受けないことから、執行行為の否認（破165条、民再130条）の対象とはならない。これに対し、更生手続においては、担保権も更生担保権として扱われ、更生手続に服することから、執行行為の否認（会更89条）の対象となる。[57]

2 否認しようとする行為について執行力ある債務名義があるときに該当する場合

　「執行力ある債務名義があるとき」に該当する行為の否認は、以下の3つに分類することができる。

57　条解破産法1067頁、大コンメ671頁〔三木浩一〕、伊藤・破産法民事再生法557頁。

163

(1) 債務名義上の義務を発生させる行為

たとえば、破産者が不当に高価な商品を買い受け、売主が売買代金の支払を命ずる確定判決を得ているときに、その売買を否認する場合や、破産者が不当に廉価で不動産を売却し、買主が不動産の引渡しを命ずる確定判決を得ているときに、その売買を否認する場合が、これに該当する。これらの場合に、受益者は、否認権行使に対して自己の権利につき債務名義を取得していることをもって抗弁とすることはできない。

これらの場合に否認権が行使されると、債務名義上の義務が消滅することとなり、受益者が債務名義上の義務に係る権利を実現する前であれば、その権利行使が制限され、実現後であれば、破産管財人は履行された給付の返還を求めることができる。もっとも、否認権の行使によって債務名義の執行力が当然に消滅するわけではないので、破産管財人は、取戻権の行使としての強制執行を免れるためには、請求異議の訴え（民執35条）を提起する必要がある。

(2) 債務名義を成立させる行為の否認

たとえば、債権者の提起した訴えにおける破産者による請求の認諾（民訴266条）、破産者の提起した訴えにおける破産者による請求の放棄（同条）、訴訟上の自白（同法179条）、訴訟上の和解（同法267条、275条）、執行認諾の意思表示（同法22条5号）などが、これに該当する。

これらの場合に破産管財人が請求異議の訴え（民執35条）を提起し、詐害行為であるとして否認権を行使して認容されると、債務名義自体の効力が消滅する。ただし、この場合の否認権行使は、債務名義の内容たる実体法上の義務自体の存否に影響を及ぼすものではないので、実体法上の権利義務につき争いの余地は残ることとなる。

(3) 債務名義の内容を実現する行為の否認

たとえば、金銭の支払を命じる確定判決に従って破産者が任意に履行した弁済や、登記を命ずる判決に基づいて申請された登記などが、これに該当する。

これらの場合に否認権が行使されると、弁済や登記などの効力が消滅し、破産管財人は、弁済金の返還や登記の抹消などを求めることができる。なお、この場合の否認権行使は、債務名義の内容たる実体法上の義務の存否や債務名義自体の効力に影響を及ぼすものではない。

3 否認しようとする行為が執行行為に基づくものであるときに該当する場合

「執行行為に基づくものであるとき」に該当する行為の否認は、以下の2つに分類することができる。

(1) 執行機関による執行手続上の行為

たとえば、不動産競売における配当ないし弁済金交付（民執84条）、動産競売における弁済金交付ないし配当（同法139条、142条）などが、これに該当する。

これらの場合に否認権が行使されると、弁済金交付や配当などの効力が消滅する。

(2) 執行による法律効果をもたらす執行手続上の決定等

たとえば、差押債権者の申立てによる転付命令に基づく被転付債権の差押債権者への移転がこれに該当する。破産管財人は、転付命令の発令（民執159条）を否認することによって転付命令による債権移転の効果を消滅させ、被転付債権について第三債務者から差押債権者への弁済がなされる前であれば、第三債務者に対して被転付債権に対する弁済を求めることができる。第三債務者から差押債権者への弁済がなされた後であれば、破産管財人は、差押債権者に対して取り立てた弁済金の返還を求めることができる。

また、差押債権者の申立てによる不動産強制競売に基づく被差押不動産の競落人への移転がこれに該当し、破産管財人は、売却許可決定（民執69条）を否認することによって不動産強制競売による競落人への所有権移転の効果を消滅させることができる。ただし、買受人の権利保護の見地から、否認が認められるのは、無償行為とみなされる場合や債権者自身が買い受けた場合

に限られると解されている。[58]

（深山雅也／三森　仁）

58　条解破産法1070頁。

第5章
相殺禁止に関する紛争

第1節　相殺権行使の制限──相殺禁止規定

I　相殺禁止の趣旨

　相殺権（破67条1項、民再92条1項、会更48条1項）は、自働債権を被担保債権とし、受働債権を目的債権とする、公示のない法定根担保（根債権質）の実質を有する。また、相殺権の行使は、自働債権たる倒産債権（破産債権、再生債権、更生債権等）につき、受働債権との対当額の限り で完全な満足を与える。したがって、相殺権の行使も無条件に認められるわけではなく、「債権者間の公平・平等」（最判昭和61・4・8民集40巻3号541頁、最判平成26・6・5金商1444号16頁参照）の見地から、偏頗的な相殺はその行使を制限する必要がある。倒産法は、このような見地から、受働債権となる債務の負担時期による制限（破71条1項、民再93条1項、会更49条1項。第2節参照）と、自働債権となる債権の取得時期による制限（破72条1項、民再93条の2第1項、会更49条の2第1項。第3節参照）とを設けている。これらの規律は複雑であるが、相殺の担保的機能に照らし、いわば目的債権と目される受働債権の取得規制（受働債務の負担規制）と、いわば被担保債権と目される自働債権の取得規制とを、担保設定に係る偏頗行為否認と同様の趣旨から規律したものととらえることができる。

法は、自働債権と受働債権との対立時期に関して、①相殺権者が危機状態（支払不能・支払停止・倒産手続開始申立て）を知る前であれば相殺を容認し、②危機状態を知った後であれば相殺を原則として禁止するが（後述の2号～4号禁止）、その例外として、債権の対立が、ⓐ法定の原因、ⓑ危機状態を知る前に生じた原因、ⓒ申立て時より1年前の原因、ⓓ自働債権取得契約に基づく場合には相殺を許容し、③倒産手続開始後であれば相殺を絶対的に禁止する（後述の1号禁止）。

II 相殺禁止規定を排除する合意の効力

判例は、「相殺禁止の定めは債権者間の実質的平等を図ることを目的とする強行規定と解すべきであるから、その効力を排除するような当事者の合意は、たとえそれが破産管財人と破産債権者との間でされたとしても、特段の事情のない限り無効である」とする（最判昭和52・12・6民集31巻7号961頁［破産事案］）。再生手続・更生手続でも同様と解される。[1]

III 相殺権行使の効果

相殺権の行使により、両債務は、相殺適状時にさかのぼって対当額で消滅する（民506条）。相殺権の行使が相殺禁止規定に違反する場合、その行使が倒産手続開始後であれば当然に無効であり、倒産手続開始前であれば開始により当初にさかのぼって当然に無効となる（大判昭和9・5・25民集13巻851頁［和議開始後の相殺］）。したがって、破産管財人・再生債務者・管財人の立場においては、手続開始前に行われた相殺の適法性についても適切な調査を図ることが必要である。

---

[1] 金春「判批」倒産判例百選〔第5版〕139頁。

第2節 受働債権となる債務の負担時期による制限

I　1号禁止——手続開始後の債務負担

1　1号禁止

　破産債権者は、「破産手続開始後に破産財団に対して債務を負担したとき」は、相殺をすることができない（破71条1項1号）。再生手続・更生手続においても、同様に、倒産手続開始後に負担した債務を受働債権とする相殺を禁止する（民再93条1項1号、会更49条1項1号）。これらの相殺禁止規定（以下、「1号禁止」または単に「1号」ということがある）は、倒産手続開始時における双方の債務の対立を相殺権の要件とする原則規定（破67条1項、民再92条1項、会更48条1項）に対応するものである。

　1号禁止は、債権者の主観や債務負担の原因を問わず、例外なく相殺を禁止する点で、2号以下の禁止と異なる。1号の相殺は、実質的にみて、倒産手続開始後に、破産財団・再生債務者財産・更生会社財産に属する受働債権（本来はこれらに対して現実に履行されるべき債権）を目的として、特定の倒産債権を被担保債権とする担保権の設定を受けてこれを行使するものであり、手続開始後の実価の低落した自働債権につき、対当額の範囲で優先的に満額の弁済を受ける結果を生ずることから、債権者平等原則との著しい抵触を招く濫用的な相殺であり、合理的な相殺期待として保護すべきものとはいえないゆえに、絶対的に禁止される。

　倒産債権者である金融機関が、自行の倒産債務者名義の預金口座に倒産手続開始後に振込送金を受けたことにより成立した預金返還債務を受働債権として、倒産債権との相殺を行う場合が1号の典型例である。1号禁止をめぐ

〔第1部・第5章〕第2節　受働債権となる債務の負担時期による制限

っては、それが例外を許さない絶対的禁止であることから、債務負担時期が破産手続開始の前か後かが重要な問題となる。

2 公共工事の前払金に係る信託終了後の預金払戻債務の負担時期

　地方公共団体が、その発注する公共工事について、「公共工事の前払金保証事業に関する法律」5条の登録を受けた保証事業会社による前払金保証の下で請負人に前金払いをし、前払金が信託財産を構成する場合において（最判平成14・1・17民集56巻1号20頁参照）[2]、公共工事の請負契約が解除された後に請負人（受託者）につき破産手続が開始された場合[3]、前払金の預入れを受けた金融機関（破産債権者）は、前払金に係る預金債権を受働債権として相殺することができるか。前払金に係る預金は、もともと信託財産であり、信託財産は破産財団に帰属しないから（信託25条1項）、破産管財人は、当該預金が破産者の固有財産（破産財団）に帰属して初めて払戻請求が可能となり、かつ、破産債権者もこれに対する相殺が可能となる。したがって、預金相殺が認められるためには、前払金に係る預金が信託財産たる性質を失い、信託終了後の残余財産または剰余金として、破産者の固有財産（破産財団）に帰属したことを要するところ、それはいつの時点か（破産手続開始の前か後か）が問題となる。

　考え方は多岐に分かれ得るが、裁判例上は、出来高確認時点（出来高確認[4]

2　地方公共団体は、「公共工事の前払金保証事業に関する法律」5条の規定に基づき登録を受けた保証事業会社の保証に係る公共工事に要する経費について、当該経費の3割を超えない範囲内に限り、前金払いをすることができる（地方自治法232条の5第2項、同法施行令附則7条1項）。

3　前掲最判平成14・1・17は、要旨、地方公共団体甲から公共工事を請け負った者乙が保証事業会社丙の保証の下に前払金の支払を受けた場合において、甲と乙との請負契約には前払金を当該工事の必要経費以外に支出してはならないことが定められ、また、この前払の前提として甲と乙との合意内容となっていた乙丙間の前払金保証約款には、前払金が別口普通預金として保管されなければならないこと、預金の払戻しについても預託金融機関に適正な使途に関する資料を提出してその確認を受けなければならないこと等が規定されていたなど判示の事実関係の下においては、甲と乙との間で、甲を委託者、乙を受託者、前払金を信託財産とし、これを当該工事の必要経費の支払にあてることを目的とした信託契約が成立したと解するのが相当である旨を判示した。

により残余財産の額が確定した時点）が重視されているとみられる。すなわち、出来高確認時点が破産手続開始前であった事案では相殺が有効とされているのに対し（福岡高判平成21・4・10判時2075号43頁［地方公共団体および破産者が出来高確認時点で預金口座に剰余金を預け入れたまま破産者に帰属したとする処理を選択したと認定］）、出来高確認時点が破産手続開始後であった事案では1号禁止により相殺は認められていない（名古屋高金沢支判平成21・7・22判時2058号65頁［出来高確認時点で破産財団に帰属すべき残余財産の額が確定したと認定］）。このように、出来高確認が破産手続開始前であれば相殺可、破産手続開始後であれば相殺不可との判断がなされており、いずれの高裁判断も確定している。このため、「出来高確認の偶然的な前後によって大きな取扱いの差異が生じることの評価については異論もありえよう」とも指摘される。[5]金融機関の立場からは、自らの関与し得ない出来高確認時点の遅延により不利益な結果となりうるため、残余財産返還請求権の担保取得等による自衛が[6]必要となる。[7]

3　停止条件付債務を受働債権とする相殺の可否

(1) 概　観

倒産手続開始時において停止条件付であった債務について、その停止条件

4　能見善久＝道垣内弘人編『信託法セミナー1』312頁以下で詳細に議論されている。
5　山本和彦「民事訴訟法判例の動き」ジュリ1420号157頁。ただし、村田典子「判批」ジュリ1447号115頁は、両裁判例の違いを「単に出来高確認が破産手続開始決定の前後いずれであったかという点に求めるのは性急」とし、両裁判例の法律構成の差異を検証する。
6　佐藤勤「判批」金商1346号6頁参照。
7　仮に、請負契約解除時に信託関係が終了し、預金債権が破産者の固有財産に帰属したとの解釈が成立すれば（ただし、前掲名古屋高金沢支判平成21・7・22は請負契約解除時は出来高の額が明らかになっていないとして出来高確認前の固有財産帰属を否定する）、いずれの事案でも請負契約解除時が破産手続開始前であったことから相殺は肯定されよう。また、破産者の預金払戻請求権について、払戻禁止解除（預金者たる請負人が残余財産帰属者と決定されて請負人への払出禁止が解除されること）を停止条件とする債権とみて、破産手続開始後に停止条件が成就した場合にも相殺を認める見解もある（畠山新「判批」金法1906号51頁。後述の最判平成17・1・17民集59巻1号1頁参照）。

171

が倒産手続開始後に成就した場合、これを受働債権とする相殺が、1号禁止規定に抵触するか否かが重要な問題となっている。破産法にはかかる相殺を許容する規定（破67条2項後段）があるのに対し、民事再生法・会社更生法にはこれに相当する規定が存在しない。このため、破産手続では相殺を肯定し、再生手続では相殺を否定する見解がある。他方、開始された倒産手続が破産手続か再生手続かによって手続開始時における相殺の合理的期待の有無に変わりはないとし、また、停止条件の不成就による利益を放棄して相殺することは民法上許容されており、民事再生法が破産法67条2項後段に対応する規定を設けていないのは、かかる相殺を否定する趣旨ではないと主張して、いずれの手続においても相殺を肯定する見解もある。これに対しては、倒産法の視点から合理的と評価すべきかどうかが問題となるのであるから、「破産または民事再生という手続の種類に応じて合理的と認められる相殺期待の範囲が異なるのは当然」であるとの反論も存する。この問題に関する最高裁判例は、破産手続および会社整理手続については存在するが、再生手続・更生手続については、いまだ存在していない。

(2) 保険解約返戻金

破産債権者（損害保険会社）は、破産債権（破産者の保険金詐取による不法行為に基づく損害賠償請求権）を自働債権とし、破産手続開始後に破産管財人の解約により停止条件が成就した解約返戻金の返還債務を受働債権として、相殺することができるか。

判例は、旧破産法99条後段（現破産法67条2項後段）を根拠として、特段の事情のない限り、破産債権者は、「その債務が破産宣告の時において停止

---

8 条解民事再生法479頁〔山本克己〕、加藤哲夫『破産法〔第6版〕』228頁。
9 倒産法概説264頁〔沖野眞已〕（ただし、「『相殺の合理的期待』の認められないときは相殺は当然禁止される」ことを留保される）、松下淳一『民事再生法入門』113頁、新注釈民事再生法(上)525頁〔中西正〕、岡正晶「倒産手続開始時に停止条件未成就の債務を受働債権とする相殺――倒産実体法改正に向けての事例研究」（田原睦夫先生古稀・最高裁判事退官記念論文集・現代民事法の実務と理論〔下巻〕）138頁以下。
10 伊藤眞「再生手続廃止後の牽連破産における合理的相殺期待の範囲」（門口正人判事退官記念・新しい時代の民事司法）220頁。

条件付である場合には、停止条件不成就の利益を放棄したときだけでなく、破産宣告後に停止条件が成就したときにも」相殺が認められると判示して、相殺を肯定した（最判平成17・1・17民集59巻1号1頁）。

この判例は、破産手続開始時（破産宣告時）において停止条件付であった債務を受働債権とする相殺は、もっぱら破産法67条2項後段（旧破産法99条後段）の解釈の問題であり、相殺禁止規定である破産法71条1項1号（旧破産法104条1号）の適用範囲には含まれないとする解釈を前提とするものと理解されている。同判例登場以前は、相殺の担保的機能に対する期待が合理的でない場合には、なお旧破産法104条1号の適用対象となると解する学説や裁判例が有力であったが、判例はこれを採用していないと理解されている。
このような理解によれば、破産法67条2項後段は、破産法71条1項1号により本来は禁止されるべき破産手続開始後に負担した債務との相殺について、停止条件付債務の条件成就により負担した債務の場合に例外的に相殺を許容

11　調査官解説は、「特段の事情」について、相殺権の濫用の場合（たとえば、破産債権者が、危機時期において、それを知りながら、破産者との間で停止条件付債務を負担する原因となる契約を締結し、破産宣告後に停止条件が成就した場合）が想定されるとする。三木素子「判解」最判解民〔平成17年度〕17頁、22頁。なお「特段の事情のない限り」は、判文のうえでは、期限付債権との相殺を肯定する別の判示部分のみにかかっているが、停止条件付債権の判示部分にもかからしめる趣旨と理解されている。

12　三木・前掲（注11）16頁、パネルディスカッション「倒産と相殺」事業再生と債権管理136号36頁〔中本敏嗣発言、鹿子木康発言〕。

13　前掲最判平成17・1・17以前の下級審判例として、福岡地判平成8・5・17金法1464号35頁［一時払いの積立普通傷害保険契約に基づく解約返戻金債務］、東京地判平成15・5・26金商1181号52頁［信用金庫法18条1項に基づく持分払戻債務］は、いずれも破産債権者の負担した債務を停止条件付債務としたうえで、相殺には合理的な期待の存在を必要とする見解に立っている。また、同最判以後の下級審判例として、那覇地判平成22・3・17判集未登載は、合資会社の出資持分払戻債務を受働債権とする相殺につき、合理的期待の不存在をもって相殺が禁止されると判示したことが紹介されている（事業再生と債権管理136号30頁参照）。なお、パネルディスカッション・前掲（注12）34頁〔畑知成発言〕は、当初から債権債務の対立がある類型（債権債務対立型。譲渡担保の清算金事例、信用組合出資金事例など）と、当初は債権債務の対立がなく、第三者からの入金等を通じて破産手続開始後に債権債務の対立が生じる類型（代理受領型。投資信託の解約返戻金事例など）とを区別して分析し、破産法67条2項後段の適用との関係で後者に疑問が生じることを示す。

14　三木・前掲（注11）17頁。

したものであり、破産法71条1項1号の特別規定であることになる。[15]

　もっとも、停止条件の成就まで債権額が定まらない場合など、破産手続開始時における相殺の期待の程度が低い受働債権について、破産手続開始後に停止条件が成就したときは、破産法67条2項を適用せず、破産法71条1項1号により相殺は許されないと解する見解も、なお有力に主張されている。[16]

(3) 譲渡担保の換価処分清算による剰余金返還債務

　処分清算型の動産譲渡担保による貸付けをした債権者は、債務者について会社整理手続が開始された後、譲渡担保目的物を換価処分して貸付金に充当した場合、前記貸付けとは別口の手形債権を自働債権とし、前記充当後の剰余金返還債務を受働債権として、相殺することができるか。

　判例は、剰余金返還債務は貸金債務の不履行に基づく譲渡担保物件の換価処分清算による剰余金の発生を停止条件とする債務であり、債権者は会社整理手続開始後の条件成就により初めて剰余金返還債務を負担するに至ったことを理由として、相殺は許されないとした（最判昭和47・7・13民集26巻6号1151頁）。[17]

　停止条件付債務を受働債権とする相殺を許容する規定は、会社整理手続には存在していなかったが、破産手続については存在する（破67条2項後段）。このため、仮に会社整理事案ではなく破産事案であれば相殺が許容される余

15　パネルディスカッション・前掲（注12）36頁〔中本敏嗣発言、鹿子木康発言〕。
16　大コンメ294頁〔山本克己〕、伊藤・前掲（注10）213頁〔損害保険の解約返戻金のようにあらかじめその金額の上限が定まり、その発生について相当程度以上の蓋然性がある場合には合理的な相殺期待が存在するが、金額の上限が定まっておらず、発生の蓋然性も高いとはいえない停止条件付債務については、合理的な相殺期待が存在しないものと評価されて、なお相殺が禁止される可能性があるとする〕、東京地裁破産再生実務研究会編『破産・民事再生の実務〔第3版〕破産編』320頁。
17　前掲最判昭和47・7・13は、「整理開始後債務を負担したときとは、その負担の原因または原因発生時期のいかんには関係がなく、債務を現実に負担するにいたつた時期が整理開始後である場合を意味し、たとえ停止条件付債務を内容とする契約が整理開始前に締結された場合であつても該契約締結によつて債務を負担したものということはできず、条件が成就することによつてはじめて債務を負担するにいたるものというべきであつて、整理開始後に条件が成就したときは、そのときに債務を負担したものとして相殺は禁止されるものと解すべきである」と判示し、相殺は許されないとした。

174

地がある。しかし、受働債権である譲渡担保の剰余金返還債務の特殊性、すなわち剰余金を現実に債務者に返還する必要性が強いこと、受働債権額が破産手続開始時において確定していない（換価処分前に剰余金の額は不明である）ことなどから、仮に破産事案であったとしても相殺は許されないとの見解も有力である。破産管財人の立場においては、これらの特殊性が、前掲最判平成17・1・17の「特段の事情」にあたると主張することになると思われる。

(4) 投資信託の解約金返還債務

投資信託は、銀行における窓口販売解禁以降、銀行にとって重要な販売商品となっており、特に証券投資信託の解約金返還債務を受働債権とする相殺の可否が重要な問題としてクローズアップされている（ここでは手続開始後の解約事案に触れる。支払停止後、再生手続開始前の解約事案に関して前掲最判平成26・6・5参照）。

アセットマネジメント会社Aを委託者、信託銀行Bを受託者とする証券投資信託について、分割された信託受益権を金融機関Cが顧客に販売し、購入した顧客（受益者）Dが、AB間の投資信託契約の一部解約実行をCに請求すると、CはこれをAに通知し、AはBに一部解約を指図し、解約金が、金融機関Cに開設された購入者D名義の口座に振り込まれる。すなわち、顧客Dの金融機関Cに対する解約金支払請求権は、委託者Aから解約金が金融機関Cに交付されることを停止条件として成立するものである（最判平成18・12・14民集60巻10号3914頁参照）[18]。そこで、金融機関Cは、顧客Dに対する貸付債権と、顧客Dに対する解約金支払債務（預金債務）とを相殺することができるかが問題となる。

たとえば、破産者（顧客D）が、破産手続開始前に借入金融機関Cから証

---

[18] 前掲最判平成18・12・14は、証券投資信託につき、販売会社は、解約実行請求をした受益者に対し、委託者から一部解約金の交付を受けることを条件として一部解約金の支払義務を負うものと解しており（証券投資信託であるMMF（マネー・マネージメント・ファンド）の事案）、この判例によれば、受益者が有する一部解約金支払請求権は停止条件付債権であることになる。

券投資信託の受益権[19]を購入していた場合において、破産手続開始後にDの破産管財人Eがその投資信託の解約を申し入れて解約金の支払を求めたのに対し、当該金融機関Cは、貸付債権（破産債権）を自働債権、解約金返還債務を受働債権として相殺することができるか。

　下級審判例は、前掲最判平成17・1・17の枠組みで判断を行い、同最判の「特段の事情」を否定して、破産法67条2項後段により相殺を肯定している（大阪高判平成22・4・9金法1934号106頁［上告不受理］およびその原審である大阪地判平成21・10・22金商1382号54頁）。

　しかし、破産手続開始時に破産者が有していた受益権は破産財団に属する財産であり、すべての破産債権者のための責任財産である。解約金支払請求権は、この受益権の価値変形物にほかならず、しかも破産手続開始後は金融機関が委託者の解約実行請求権を代位行使することはできず[20]、破産管財人の解約実行請求によって初めて金融機関は解約金支払債務を負担（受働債権を取得）する。このため、金融機関の相殺期待が合理的なものであるかについて疑問が差し挟まれる余地もある点に注意を要する[21]。また、この場合の利害状況は、金融機関が受益者に代わって解約金の交付を受ける場合（代理受領）と類似するところ、破産手続開始によって委任関係は終了し、破産手続開始後の解約実行請求によって金融機関が交付を受けた解約金は委任関係に基づくものではないとも指摘されている[22]。

19　証券投資信託は、委託者指図型投資信託のうち主として有価証券に対する投資として運用することを目的とするものである（投資信託及び投資法人に関する法律2条4項参照）。

20　岡・前掲（注9）161頁参照。

21　前掲最判平成26・6・5参照。もっとも、前述のとおり、前掲最判平成17・1・17は、破産手続について、破産法67条2項後段の規定により、相殺期待の有無を問わず、停止条件付債権を受働債権とする相殺を許容する立場と理解されている。

22　パネルディスカッション・前掲（注12）34頁、37頁〔水元宏典発言〕。なお、木村真也「投資信託の販売金融機関による相殺の可否および商事留置権の成否」（岡正晶ほか監修・倒産法の最新論点ソリューション）99頁は、破産手続開始による委任関係の終了を根拠とする立論は、再生手続・更生手続にはあてはまらないことや、特約により回避し得ることから、この論理をとらず、端的に、代理受領合意に基づく取立て前に倒産手続開始決定があった場合には、代理受領合意を破産管財人等に対抗できないとの構成を主張する。

176

II 2号禁止——支払不能後の債務負担

1 2号禁止

　破産債権者は、「支払不能になった後に契約によって負担する債務を専ら破産債権をもってする相殺に供する目的で破産者の財産の処分を内容とする契約を破産者との間で締結し、又は破産者に対して債務を負担する者の債務を引き受けることを内容とする契約を締結することにより破産者に対して債務を負担した場合であって、当該契約の締結の当時、支払不能であったことを知っていたとき」は、相殺をすることができない（破71条1項2号。民再93条1項2号、会更49条1項2号も同様の規律がある。以下、これらを便宜的に「2号禁止」または単に「2号」ということがある）。

　2号は、①支払不能後の新たな債務負担と、②支払不能後の既存債務の引受けとを区別し、①のみに「専相殺供用目的」の限定を付している。以下、分けて検討する。

2 支払不能後の新たな債務負担

(1) 概　観

　支払不能に至れば、一般債権者は皆完全な満足を得られない状態に陥り、債権者間の平等が要請されることから、支払不能は、相殺禁止の基準時および偏頗行為否認の基準時とされている。支払不能後に負担した債務を受働債権とする相殺は、支払不能後に受働債権を目的とする担保権を取得してこれを行使するのと実質的に類似するものであり、偏頗行為否認と同様の債権者平等の趣旨から制約されるのである。他方、支払不能は、支払停止のような外部的表示を伴わず、外形上不明確であるから、支払不能後の負担債務を一律に相殺禁止の対象とすれば、対立する債務を相互に担保視した与信取引（ことに継続的取引）に萎縮効果を生ずるおそれがある。このため、支払不能

後の新たな債務負担（2号前段）については、支払不能後の既存債務の引受け（2号後段）とは異なり、いわゆる「専相殺供用目的」（もっぱら倒産債権をもってする相殺に供する目的）による財産処分契約の締結を要件として加重し、もって相殺禁止の範囲を悪質な場合に限定することにより、債権者平等の要請と前記取引保護の要請との調和を図っている[23]。

したがって、専相殺供用目的は、行為の前後の諸事情から偏頗行為否認を潜脱するものと認められるかどうかという観点から判断すべきものとされる[24]。また、「専ら」を厳格に解して相殺供用目的以外の目的が全くない場合に限定する必要はなく、「他の当該契約を締結する必要性に乏しく、この目的があるが故に当該契約を締結したと認められること[25]」で足りるとされる。さもないと2号禁止が空文化するおそれがあるからである。専相殺供用目的を認定するための重要な間接事実としては、①財産処分契約と相殺の意思表示との時間的接着性や、②倒産債権者が相殺権行使を確実にするための措置を講じていたかなどの事情があげられる[26]。たとえば、支払不能後に金融機関の融資先が預金をした場合に、①金融機関が相殺目的で預金を拘束してすぐに相殺の意思表示をしたという事実は、専相殺供用目的を肯定する方向に働くのに対して、②融資先からの払出要求に応じられるようにしてあり、しかし払い出されなかったので相殺をしたという事実は、専相殺供用目的を否定する方向に働くとされる[27]。

2号前段の例として、支払不能を知った後に、もっぱら破産債権と売買代

23　立法経緯につき、山本和彦「相殺権」ジュリ1273号83頁参照。
24　大コンメ308頁〔山本克己〕。
25　一問一答新破産法116頁。金融機関が日常業務として行う預金契約等は、仮に、契約当時、相殺による債権回収を念頭においている場合であっても、専相殺供用目的での契約締結には通常該当しない（同117頁）。
26　一問一答新破産法117頁。たとえば、「手数料収入を得て債権の取立てをした結果、債務を負担した」という場合、①取立金を破産者に返還する意思がなく、確実に相殺に供することが可能な状態にしていたという事実は、専相殺供用目的を肯定する方向に働くが、②取立金を破産者の口座に入金し、破産者がいつでも口座から引き出すことが可能であったという事実は、専相殺供用目的を否定する方向に働く。
27　東京地裁破産再生実務研究会・前掲（注16）322頁。

金債務を相殺する目的（実質的な代物弁済目的）で、破産債権者が破産者の所有物（たとえば不動産）を買い受ける場合があげられている。[28] 訴訟上は、次の2件がある（いずれも再生手続の事案）。

(2) 専相殺供用目的が肯定された裁判例

造船会社（再生債務者）Aが、任意整理を開始し、一時停止通知を経て、第3回債権者集会を開催した後、Y銀行（再生債権者）に開設されたA名義の普通預金口座に1億円を預け入れ（以下、「本件預入れ」という）、さらにY銀行に約束手形1億1000万円相当を目的財産とする譲渡担保（既存債権2億1000万円を被担保債権とするもの）を設定して同手形を引き渡した後に、再生手続開始申立てを行って開始決定を受け、管財人に選任されたXがY銀行に前記預金の払戻しを求めた事案であり、Y銀行が主張する相殺の可否が争われたものである。

裁判所は、①本件預入れ当時、Y銀行がAが支払不能であったことを知っていたことが認められることに加えて、②本件預入れが行われたのは約束手形の譲渡担保と合計するとY銀行の貸付金相当額となるようにY銀行から要求されたためであること、③本件預入れは、従来から利用されていた口座ではなく、本件預入れの前日に新たにY銀行に開設された口座に入金されたこと、④訴訟においても、Y銀行が、本件預入れが貸付金を事実上担保するためのものであることを前提とする主張をしていることを認定したうえ、これらの事実を総合すると、当該預金により貸付金を担保する目的を有していたこと、すなわち「専ら再生債権をもってする相殺に供する目的で本件預入れが行われたものと合理的に推認することができる」と判示し、民事再生法93条1項2号により相殺を禁止した（大阪地判平成22・3・15金商1355号48頁〔昭和ナミレイ事件〕）。

(3) 専相殺供用目的を否定した裁判例

再生債務者X（原告）が、民事再生手続開始の申立て当日に、再生債権者

---

28 一問一答新破産法116頁、大コンメ308頁〔山本克己〕。

であるY銀行（被告）の預金口座に15億円の振込入金を行ったところ、Y銀行によって、前記預金払戻請求権のうち893万円余が約定利息の弁済に充当され、14億9106万円余が貸付債権と相殺されたことから、Xが、Yによる弁済充当および相殺が民事再生法93条1項2号に違反し無効であると主張して、15億円の払戻しを請求した事案である。

裁判所は、再生債務者による振込みは、再生債務者によって一方的に行われた行為であり、再生債権者（金融機関）が再生債務者に働きかけを行うなどの何らかの関与をしたことをうかがわせる証拠は一切存在しないとし、「専ら再生債権をもってする相殺に供する目的」を有していたと認める余地はないと判示した。また、「Xは、本件振込みは、従前行われていた利息の弁済とは、金額において、極めて異質であるとか、貸付債権者であるYに対して15億円もの大金を振り込んだXの行為は明らかに経済合理性を欠くものである」などと主張したが、仮にそのような事情があるとしても、本件振込みはXにより一方的に行われたものであるから、Yは振込み後にそのような事情を知り得るにすぎず、Yが15億円の預金払戻し債務を負担するにあたり、専相殺供用目的を有していたものと認めることはできないと判示した（東京地判平成21・11・10判タ1320号275頁〔サンライズ・ファイナンス事件〕）。本判決については批判も強く[29]、控訴審で和解が成立している。

3 支払不能後の既存債務の引受け

倒産債権者がすでに発生している他人の債務を引き受ける場合である。この場合は、破産者（再生債務者・更生会社）に対して債務を負担する者が他人の破産債権（再生債権・更生債権等）を取得した場合と表裏の関係にあり、相殺禁止の要件も同一のものとされている[30]。また、支払不能後に他人の債務

---

[29] 2号前段禁止は、継続的与信取引に基づく合理的相殺期待を保護するものであるところ、本件はXの意図しない誤振込みであり、棚ぼた的利益を債権者に得させるものであり、2号禁止規定の適用または類推適用を肯定すべきであるとの見解が有力に主張されている。中西正「判批」金商1361号88頁、伊藤・破産法民事再生法478頁、籠池信宏「判批」倒産判例百選〔第5版〕137頁。
[30] 一問一答新破産法118頁参照。

の引受けによって債権・債務の対立関係が生じた場合を一律に相殺禁止の対象としても、取引に対する萎縮的効果等の弊害が生ずるおそれは少ないことから、専相殺供用目的は要求されていない。[31]

III　3号禁止——支払停止後の債務負担

1　3号禁止

破産債権者は、「支払の停止があった後に破産者に対して債務を負担した場合であって、その負担の当時、支払の停止があったことを知っていたとき」は、相殺をすることができない。「ただし、当該支払の停止があった時において支払不能でなかったときは、この限りでない」（破71条1項3号。民再93条1項3号、会更49条1項3号にも同様の規律がある。以下、これらを便宜的に「3号禁止」または単に「3号」ということがある）。

いずれも1号禁止および2号禁止と同様、債権者平等を図る趣旨であるが、支払停止があったとしても支払不能でなかった場合には債権者平等を強制する必要性が乏しいため、相殺は禁止されない（3号ただし書）。[32]

2　投資信託の解約金返還債務

MMFに係る受益証券を販売したY銀行が、その購入者Xの支払停止を知った後に、購入者Xに対する貸付金債権を自働債権、当該受益証券の解約金支払債務（Y銀行が購入者Xに代位して解約実行請求を行い、解約金がY銀行に入金されたことによりY銀行がXに対して負担する債務）を受働債権として相殺した場合において、購入者Xに再生手続が開始された場合、相殺は有効か。当該相殺は3号禁止に該当することから、その例外として、支払の停止があったことを再生債務者が知った時より「前に生じた原因」（民再

31　一問一答新破産法118頁参照。
32　伊藤・破産法民事再生法480頁、伊藤・会社更生法352頁。

93条2項2号）に基づく相殺であるとして、許容されるか否かが問題となる。

　この問題が争われた事案において、最高裁判所は、解約金支払債務の性質について、「Xの支払の停止の前に、XがY銀行から本件受益権を購入し、本件管理委託契約に基づきその管理をY銀行に委託したことにより、Y銀行が解約金の交付を受けることを条件としてXに対して負担した債務であると解される」と述べて停止条件付債務との理解を示したうえで（前掲最判平成18・12・14参照）、結論として相殺を否定した（前掲最判平成26・6・5）。[33]

　前掲最判平成26・6・5のポイントは、「前に生じた原因」は相殺の担保的機能に対する合理的な期待を保護するものであるところ、①解約金支払債務（受働債権）の基になった受益権はXの責任財産としてすべての再生債権者が期待していたものであること、②Xは受益権を解約以外の方法により振替が可能であり、Y銀行の解約金支払債務の負担は確実でなかったこと、③Y銀行は相殺のために解約実行請求を代位行使するほかなかったことをあげて、Y銀行には相殺の担保的機能に対する合理的な期待がなく、「前に生じた原因」にあたらないとする点にある。

　前掲最判平成26・6・5により、金融機関は、自ら口座管理をしている顧客の投資信託について、その支払停止を知った後に顧客の解約実行請求権を代位行使するなどして当該口座に解約金の交付を受けても、その後に顧客につき再生手続が開始されたときは、相殺禁止（3号禁止）に抵触することが明らかとなった。上記の方法での相殺による債権回収に限界があることが判例上明らかとなったことから、金融機関の実務においては、①受益権上の約定担保の設定、②合理的相殺期待を基礎づけるために、金融機関が、顧客とのローン契約等において債務不履行等が発生した場合には自らの管理している顧客の有価証券を換価し、顧客の債務の弁済に充当することができる旨の定めを設けること、③銀行取引約定書における占有有価証券の換価充当規定がペーパーレス証券にも適用されるよう改訂することなどが検討されること

---

[33] 第1審は相殺を否定し（名古屋地判平成22・10・29金商1388号58頁）、控訴審は相殺を肯定していた（名古屋高判平成24・1・31判タ1389号358頁）。これらにも多数の評釈・論考がある。

になる。また、前掲最判平成26・6・5の判断は、再生手続のみならず、破産法71条2項2号の解釈にも妥当すると考えられるところ、倒産実務においては、①解約実行請求の前に、金融機関との間で当該受益権の解約金を受働債権とする相殺は禁止されることを確認する合意をしておくこと、②受益権の口座管理機関を反対債権のない他の金融機関に振り替えたうえで解約実行請求をすることが、引き続き推奨されている。

IV　4号禁止——倒産手続開始申立て後の債務負担

1　4号禁止

破産債権者は、「破産手続開始の申立てがあった後に破産者に対して債務を負担した場合であって、その負担の当時、破産手続開始の申立てがあったことを知っていたとき」は、相殺をすることができない（破71条1項4号。民再93条1項4号、会更49条1項4号にも同様の規律があるが、申し立てられた手続の範囲が異なっている点に注意を要する。以下、これらを便宜的に「4号禁止」または単に「4号」ということがある）。

倒産手続開始申立てがあった以上、危機状態にあることが明らかになっていることから、債権者間の平等のために相殺が禁止されるものである。

2　手続相互の関係

更生手続または再生手続から破産手続に移行する場合について、明文の規

34　井上聡「合理的相殺期待と『前に生じた原因』」金商1444号1頁参照。さらにペーパーレス証券上に商事留置権が成立するか否かも問題となる（最判平成23・12・15民集65巻9号3511頁参照）。

35　民再93条1項4号は、再生債権者が「再生手続開始の申立て等」（＝再生手続開始、破産手続開始または特別清算開始の申立て）を知って負担した債務との相殺を禁止する。会更49条1項4号は、更生債権者等が「更生手続開始の申立て等」（＝更生手続開始、破産手続開始、再生手続開始または特別清算開始の申立て）を知って負担した債務との相殺を禁止する。

36　伊藤・会社更生法353頁。

定がないが、民事再生法252条1項・3項、会社更生法254条1項・3項に基づき、先行する倒産手続開始の申立てが、破産手続開始の申立てと同視されるものと解されている[37]。

V 相殺禁止の例外

危機状態を知った後における債務負担（2号～4号禁止）に該当する場合においても、以下のいずれかの事由に該当すれば、例外的に相殺が許容される。

1 相殺の例外的許容①──「法定の原因」

(1) 概 観

危機状態を知った後の債務負担が「法定の原因」に基づくときは、相殺が例外的に許容される（破71条2項1号、民再93条2項1号、会更49条2項1号）。「法定の原因」に該当する可能性がある事由としては、相続、合併、事務管理、不当利得などが一般にあげられている。「法定の原因」が相殺禁止の例外とされるのは、相殺適状の濫用的創出に該当しないためであるとの理解もあるが、合理的な相殺期待のみを保護すべきであるとする立場からは、「法定の原因」につき、立法論としては削除が主張され、解釈論としても制限的解釈が主張される[38]。以下、個別の事由ごとに検討する。

(2) 相続・相続放棄

破産債権者が、破産者の母に対して預金債務を負担していたところ、破産者の支払停止を知った後に、破産者の母が死亡して相続が開始され、破産者に対して預金債務（法定相続分）を負担するに至った場合、これを受働債権として相殺することができるか。相続の「法定の原因」該当性が問題となる。

---

[37] 大コンメ309頁〔山本克己〕、伊藤・会社更生法353頁。伊藤・前掲（注10）207頁以下参照。
[38] 条解会社更生法㈲903頁、中西正「破産法における相殺権」法学66巻1号45頁、縣俊介＝清水靖博「相殺の制限規定等」（東京弁護士会倒産法部編・倒産法改正展望）381頁以下。

相続の偶然性（相殺期待の欠如）からこれを否定する見解もあるが、裁判例はこれを肯定する（大阪高判平成15・3・28金法1692号51頁［控訴審］、大阪地判平成14・9・30金法1672号40頁［原審］）。

破産債権者は、破産者の支払停止を知った後に、破産者の母が死亡して相続が開始され、共同相続人の相続放棄により破産者に対して預金債務（破産者の法定相続分を超える分）を負担した場合、これを受働債権として相殺することができるか。原審は「相続の放棄をした者は、その相続に関しては、初から相続人とならなかつたものとみなす」（民939条）ことを踏まえつつも、相続放棄は破産者や破産債権者からの働きかけによりなされる可能性があり、類型的に濫用のおそれがないとはいえないことを理由に相殺を否定したが（前掲大阪地判平成14・9・30）、控訴審は前記民法939条を重視し、当該事案では破産者のみが単独相続人となったこと、相続放棄は相続人の意思に基づいてされるものであり、破産者や破産債権者がその意思表示を強制できるものではないことを理由として、相殺を肯定した（前掲大阪高判平成15・3・28）。

(3) 遺産分割協議

遺産分割協議について、共同相続人の意思に基づく移転行為であることを理由に「法定の原因」該当性を否定する見解がある[40]。

(4) 合併・会社分割

合併・会社分割について、相殺適状の意図的な創出を目的として作為的になされうることから「法定の原因」該当性を否定する見解がある[41]。

2 相殺の例外的許容②──「前に生じた原因」

(1) 概　観

危機状態を知った後の債務負担が、危機状態を「知った時より前に生じた

39　条解会社更生法㊥900頁。
40　条解破産法527頁。
41　大コンメ309頁〔山本克己〕、条解民事再生法497頁〔山本克己〕、新注釈民事再生法㊤532頁〔中西正〕。

原因」に基づくときは、相殺が例外的に許容される（破71条2項2号、民再93条2項2号、会更49条2項2号）。危機状態を知る前の原因に基づく相殺の担保的機能に対する正当な期待を保護する趣旨の規定である。判例においては、旧破産法104条2号但書の「前に生じた原因」につき、「相殺の担保的機能を期待して行われる取引の安全を保護する必要がある場合に相殺を禁止しないこととしている」（最判昭和63・10・18民集42巻8号575頁）と説示され、また、民事再生法93条2項2号の「前に生じた原因」がある場合には「相殺の担保的機能に対する再生債権者の期待は合理的なもの」（前掲最判平成26・6・5）と説示されている。危機状態を知った後に債務を負担した場合であっても、危機状態を知る前にその債務負担の原因がある以上、債権実価の下落を補塡する手段として行われたものでなく、債権対立の濫用的な作出にもあたらず、保護に値する合理的な相殺期待であると考えられる。

「前に生じた原因」について、昭和42年改正（現在の3号禁止・4号禁止にあたる旧会社更生法163条2号の新設）時の立案担当者は、直接的な債務負担行為に限られるとし、後述する当座勘定取引契約・代理受領契約・振込指定契約のいずれも「前に生じた原因」に該当しないとの見解に立っていた。[42] しかし、その後の学説は、契約の内容を具体的に検討して、債権者の相殺期待が合理的に保護される程度のものかどうかを基準とする方向に発展した。[43] 現在では、「債権者がこの原因に基づいてその債務を受働債権とした相殺を期待するのが通常であるといえる程度に具体的・直接的な原因でなければならない」、[44] あるいは、「具体的な相殺期待を生じさせる程度に直接的なものでなければならない」[45] とする見解が有力である。

---

[42] 宮脇幸彦＝時岡泰『改正会社更生法の解説』271頁。
[43] 伊藤眞「破産法104条2号に基づく相殺制限の意義」金法1220号11頁。
[44] 新堂幸司「銀行取引と会社更生」（加藤一郎ほか編・銀行取引法講座㈹）414頁。原因規定が相殺禁止を解くのは、「債権者が会社の危機状態を知る前に相殺の担保的機能を信頼していたといえる場合には、現実の債務負担がたまたま危機状態に入ってからであったとしても、なお危機状態以前にすでに債権・債務が対立していた場合と同様に保護に値するとみ、相殺を許す趣旨のものと解される」ことを根拠とする。
[45] 伊藤・破産法民事再生法482頁、伊藤・会社更生法354頁。

もっとも、以上のいずれの見解に立つ場合であっても、「前に生じた原因」は相殺期待の観点からの評価的・規範的要素を含む概念であることは否めず、同じ基準が用いられていても論者または裁判例によって結論が分かれる場合がある。最終的には、個別の事案における具体的な相殺期待に照らした検討が重要である。[46]

　「前に生じた原因」の該当性が問題となる例としては、以下のものがある（なお、投資信託の解約金返還債務につき「前に生じた原因」を否定したものとして前掲最判平成26・6・5参照。また、自働債権取得の事案については後述第3節参照）。

(2) 当座勘定取引契約

　破産債権者である金融機関が、危機状態を知る前に締結された当座勘定取引契約に基づいて、危機状態を知った後に破産者に対して預金債務を負担したとしても、当座勘定取引契約は「前に生じた原因」に該当せず、相殺は禁止される[47]（前掲最判昭和52・12・6参照）。[48] 当座預金口座開設の時点において、将来たまたま振込みによって生ずる預金返還債務を受働債権とする相殺を通常期待しているとはいえず、あるいは、かかる相殺期待は一般的な期待にす

46　藤田友敬「判批」法協107巻7号102頁は、「従来の議論においては、相殺の担保的機能への期待の強さが判断される場合のファクターとして、少なくとも、①当該受働債権の発生原因の特定性、②債務者・第三債務者に課せられている拘束の強さの二点が考慮されてきたようである」とし、②については、「例えば振込指定に関していうと、債務者が一方的に振込指定を撤回・変更しえないこと（弁済受領権限の不可撤回性）、第三債務者は他の方法による弁済をなさないこと（弁済受領権限の排他性）は担保的期待が存在するといえるためには最低限存在すべきものといえる」とする。なお、受働債権が停止条件付債権の場合、債権発生の確実性も問題となると考えられる（前掲最判平成26・6・5参照）。

47　かつては支払停止または破産申立てを知った後に負担した債務との相殺を禁止する規定（現在の3号・4号禁止にあたる規定）が存在しておらず、かつての判例は、それは債務負担行為に係る破産者の行為を否認すればよいからであって、支払停止前に当座勘定取引契約があり、銀行の貸付債権を自働債権とし、支払停止を知った後に第三者から当座預金口座に振り込まれた当座預金債務を受働債権とする相殺を許容していたが（最判昭和41・4・8民集20巻4号529頁。支払停止後の債権取得に係る相殺禁止規定の類推適用も否定。相殺の否認も否定）、この判例は強い批判を浴び、「まさにこのような相殺を禁じるための立法」（新堂・前掲（注44）414頁）として昭和42年改正により前記相殺禁止規定が新設されたという経緯がある。宮脇＝時岡・前掲（注42）260頁以下、条解会社更生法㈲898頁参照。

ぎないからである。

(3) 普通預金契約

破産債権者である信用金庫が、支払停止を知る前に締結された普通預金契約に基づいて、支払停止を知った後に破産者に対して預金債務を負担したとしても、普通預金契約は「前に生じた原因」に該当せず、相殺は禁止される（最判昭和60・2・26金法1094号38頁）。信用金庫が「振込により預金債務を負担するのは全く偶然の事実によるものといえるし」、また信用金庫は「一般的な相殺期待を有しているにすぎず、このような一般的相殺期待は保護に価せず、結局右普通預金契約をもって具体的かつ直接的な原因に該当するとは到底いうことができない」からである（第1審および原審の判示理由）。

(4) 弱い振込指定

破産者と第三債務者との二者間において、単に、破産者に対する債務の支払について金融機関口座への振込みの方法によるという弁済方法の指定がなされるにとどまる場合、そのような「弱い振込指定」の約定は、「前に生じた原因」に該当しない。[49]

破産者と金融機関（破産債権者）との二者間において、破産者名義の預金からの弁済充当が指定されている場合について、「前に生じた原因」の該当性を肯定する見解がある。[50]

---

[48] 前掲最判昭52・12・6は、判文上は、当座勘定取引契約の「原因」該当性それ自体は直接判断していないが、金融機関が支払停止を知った後に当座勘定取引契約を解約して当座預金残高を別段預金とした後、さらに振込みがなされ、別段預金債権を受働債権とする相殺がなされた場合において、支払停止後に負担した別段預金債務につき、相殺禁止規定に違反する相殺であるとし、かかる相殺を有効とする旨の破産管財人と金融機関の合意を強行規定違反として無効としたものである。

[49] 青山善充「倒産法における相殺とその制限(1)」金法910号9頁。

[50] 上原敏夫「いわゆる『強い振込指定』について」（青山善充先生古稀祝賀論文集・民事手続法学の新たな地平）666頁は、銀行が相殺を期待する基礎は、あくまで銀行と破産者との合意にあるとして、第三債務者の関与がなくても、「強い振込指定」に準じて、当該合意を「前に生じた原因」にあたるとする。具体例として、破産者が銀行から貸付けを受けるにあたって、返済財源として工事代金等の詳細を記載し、工事代金の振込みがあった場合には銀行が破産者名義の預金口座から引き落として弁済に充当する旨の念書が差し入れられているときは、相殺による回収が当初から予定されており、相殺への具体的な期待があり、「前に生じた原因」にあたるとする。

(5) 強い振込指定

金融機関が破産者の危機状態を知る前に、①金融機関・破産者・第三債務者の三者間において、②第三債務者が破産者への支払を指定された預金口座への振込み以外の方法で行わないこと、③金融機関の同意がなければ撤回できないことが合意されている場合、このような「強い振込指定」は、「前に生じた原因」に該当すると解されている。[51]

裁判例にも相殺を肯定した例がある（名古屋高判昭和58・3・31判時1077号79頁［控訴審］、名古屋地判昭和55・6・9判時997号144頁［原審］）。[52]

(6) 代理受領契約

金融機関に第三債務者からの代理受領権が付与されている場合（代理受領契約）において、強い振込指定の前記(5)①②③の要件を満たす場合も同様である。

代理受領につき、裁判例も、破産者の有する債権に対する弁済が破産債権者（金融機関）に支払われることとした場合で、当該契約が破産者によって解約できないことの暗黙の合意が成立していた場合、同旨である（横浜地判昭和35・12・22判タ122号18頁）。

(7) 取立委任契約に基づく手形の裏書交付

判例は、破産債権者が、支払の停止および破産の申立てのあることを知る前に、①「破産者との間で、債務の履行をしなかったときには破産債権者が占有する破産者の手形等を取り立て又は処分してその取得金を債務の弁済に

---

51 条解破産法528頁。
52 前掲名古屋高判昭和58・3・31は、銀行が国鉄共済組合名古屋支部の斡旋により数年後に退職を控えた組合員に住宅資金の貸付けをする際、銀行、組合、債務者との間で将来発生する債務者の退職手当金について銀行にある債務者の預金講座に振込指定を受けることを約し、将来その振込みにより発生する預金債務と右資金債権とを相殺することを前提として貸付けを実行し、振込依頼を受けた使用者の国鉄においても右の契約内容を了知しており、右振込指定は債務者および組合が銀行に対し拘束され、これを一方的に取り消し得ないものであったという事案において、その振込みの時期が債務者の破産申立て後であっても、右預金債務の負担は旧破産法104条2号但書の債務の負担が危機状態を知った時より「前ニ生ジタル原因」に基づく場合にあたり、相殺が許される旨を判示した。

充当することができる旨の条項を含む取引約定を締結したうえ」、②個々の手形につき「破産者から手形の取立を委任されて」、③「裏書交付を受け」、支払の停止または破産の申立てのあることを知った後破産宣告前に手形を取り立てた場合には、破産債権者が破産者に対して負担した取立金引渡債務は、「前ニ生ジタル原因」に基づき負担したものにあたるとする（前掲最判昭和63・10・18)。[53]「破産債権者が右手形の取立により破産者に対して負担する取立金引渡債務を受働債権として相殺に供することができるという破産債権者の期待」は、「相殺の担保的機能を期待して行われる取引の安全を保護する必要がある場合に相殺を禁止しないこととしている」という但書の趣旨に照らして保護に値するからである。前記①②③のすべてが「原因」該当性の要件となるか否かは明らかでなく、議論がある。[54] 本判例は、破産債権者が信用金庫の事案であり、信用金庫は商法上の商人にあたらない旨も判示している。したがって、信用金庫には商事留置権が成立しないことが前提とされている点に注意が必要である。[55]

---

[53] Y信用金庫が、Aの支払停止・破産申立ての前に、Aの取立委任に基づき裏書交付を受けた手形12通について、Aの支払停止・破産申立ての後、①Aの支払停止を知りながら、破産宣告前に2通（甲手形（破産宣告前に満期日が到来する手形））を、②破産宣告後に10通（乙手形（破産宣告後に満期日が到来する手形））を、それぞれ取り立てたところ、Aの破産管財人Xが、Yに対し、甲手形につき取立金の引渡しを、乙手形につき手形金相当額の不当利得返還を求めて提訴し、Yが、信用金庫取引約定に基づくAに対する手形買戻請求権を自働債権として対当額で相殺するとの抗弁を提出した事案である。判例は、乙手形に係る相殺については、旧破産法104条1号（現71条1項1号）により相殺を否定したが、甲手形に係る相殺については、104条2項但書（現71条2項2号）の「前に生じた原因」を認めて相殺を許容した。

[54] 瀬戸正義「判解」ジュリ928号85頁、鈴木健太「判批」新倒産判例百選137頁、森倫洋「判批」倒産判例百選〔第5版〕131頁参照。佐藤鉄男「判批」判評365号72頁（判時1309号234頁）は、「同じ取立委任契約に基づいていても裏書が支払停止等の後になされたのであれば、もはや相殺は許されない」とする。

[55] 現在の判例法理の下では、取立委任手形につき銀行の商事留置権が成立する事案においては、商事留置権者である銀行は、破産手続では特別先取特権としての別除権の行使により、再生手続では「別除権の行使に付随する合意」である銀行取引約定（前掲（注34）最判平成23・12・15。取立委任手形の取立金も、銀行の計算上明らかになっている以上、手形の商事留置権者が留置できる旨も判示）の効力により、それぞれ、相殺権の行使によらずに、手形取立金の弁済充当が認められることになる。

(8) 荷為替手形取立委任契約

銀行（破産債権者）と商人（取立依頼人・破産者）との間の荷為替手形取立委任契約に基づき、銀行が取立依頼人の支払停止前に取立てを行い、支払停止後に取立依頼人に対して取立金返還債務を負担した場合、荷為替手形取立委任契約は、特段の事情のない限り「前に生じたる原因」にあたるから、同債務を受働債権とする相殺は許容される（東京高判平成元・10・19金法1246号32頁）。

(9) 車両の所有権留保付割賦販売契約

売主（破産債権者）が買主（破産者）に対して車両3台を、それぞれ所有権留保付割賦販売契約により、買主の支払停止前に売却したが、うち車両1台につき買主が割賦金の支払を遅滞したことから、売買契約が解除され、売主が同契約に従って目的物を査定して残代金に充当した結果として生じた剰余金返還債務は、売主が買主の支払停止を知った時より前に生じた原因に基づくものであるとして、他の車両の残代金債権（損害賠償債権）との相殺を肯定する裁判例がある（大阪高判昭和63・10・28判タ687号254頁）。[56]

3 相殺の例外的許容③——申立て時より「1年以上前に生じた原因」

倒産債権者の債務負担が、倒産手続開始の申立て時より1年以上前に生じた原因に基づく場合も例外的に相殺が許容される。「相殺の担保的機能を期待して行われる取引の安全を保護すべきものとする」趣旨である（前掲最判昭和61・4・8）。債権者の不安定な地位を長期化させないことにより、取引の安全を図る趣旨である。

---

[56] 剰余金返還債務は停止条件付債権とみる余地があるが、判文上はこの点は問題とされていない。破産宣告前に停止条件が成就しており、旧破産法99条但書も問題とならない。

第3節 自働債権となる債権の取得時期による制限

I　1号禁止──倒産手続開始後の債権の取得

1　1号禁止

　破産者に対して債務を負担する者は、「破産手続開始後に他人の破産債権を取得したとき」は、相殺をすることができない（破72条1項1号。民再93条の2第1項1号、会更49条の2第1項1号も同様の規律である。以下、これらを便宜的に「1号禁止」または「1号」という）。

　1号禁止は、債権者の主観や債権取得の原因を問わず、例外なく相殺を禁止する点で、2号以下の禁止と異なる。倒産手続開始後に実価の下落した倒産債権を取得して相殺することは、相殺の合理的期待が認められず、倒産手続の基本原則である債権者の公平・平等な扱いを没却するために禁止される。

　債権の取得の時期は、画一的処理の要請などから、対抗要件具備を基準として決定される（東京地判昭和37・6・18判時303号33頁［特別清算］）。債務者対抗要件さえ具備していれば足り、第三者対抗要件まで具備している必要はない。[57]

　1号禁止規定は、その文言上、「他人の」倒産債権を取得する場合のみを対象としているが、上記の債権者平等の趣旨から、解釈上、新たに自己の下で倒産債権を発生させて取得する場合にも類推適用される場合がある。

　1号禁止の適用または類推適用が問題となった事案として、下記がある。

57　竹下守夫「判批」ジュリ320号112頁。

2　弁済による代位と相殺

倒産手続開始後に倒産債権を代位弁済した者は、自己の債権として求償権を取得し、かつ、求償権を確保するために、他人の倒産債権である原債権を取得する（民499条、500条）。

訴訟上、原債権・求償権と１号禁止の関係が問題とされる例がある。

(1)　原債権を自働債権とする相殺の可否

倒産手続開始後の代位弁済によって取得した原債権は、「他人の」倒産債権であるから、原債権を自働債権とする相殺は１号禁止に抵触し、許されない。

(2)　求償権を自働債権とする相殺の可否

倒産手続開始後の代位弁済によって取得した求償権は、「他人の」倒産債権ではないから、求償権を自働債権とする相殺は１号禁止の直接適用を受けず、類推適用の有無が問題となる。

㋐　純然たる第三者による弁済

純然たる第三者が代位弁済によって取得した求償権を自働債権として相殺することは、１号禁止規定の類推適用により認められない。[58]

下請事業者Ａに請負代金160万円を支払った元請事業者Ｙが、Ａの破産手続開始後に、実際に当該工事を完成させた孫請事業者Ｃに請負代金160万円を二重払し、Ａの破産管財人Ｘからの247万円の請負代金請求に対して、既払の160万円はＡの不当利得であるとして、不当利得返還請求権を自働債権とする相殺の抗弁を提出した事案において、Ｙの相殺の主張は、ＹがＡのための事務管理としてＣに支払った160万円の求償権を自働債権とする相殺の主張も含まれるものと解したうえで、これは「あたかも破産宣告後に他人の破産債権を取得し、これを自働債権として相殺をなす場合と異ならない」と判示して、相殺を無効とした裁判例がある（名古屋高判昭和57・12・22

58　大コンメ313頁〔山本克己〕。

判時1073号91頁)。

　(イ)　**主たる債務者の委託を受けた保証人による代位弁済**

　主たる債務者の倒産手続開始前にその委託を受けて保証契約を締結した保証人（委託保証人）が、倒産手続開始後に代位弁済に基づいて取得した求償権を自働債権として相殺することは、倒産手続開始時に有していた将来の請求権ないし停止条件付債権が倒産手続開始後に現実化したものであるとみて（破70条参照）、その効力を認める見解が一般的である[59]。判例も相殺を認める（最判平成24・5・28民集66巻7号3123頁)[60]。

　(ウ)　**主たる債務者の委託を受けていない保証人による代位弁済**

　主たる債務者の倒産手続開始前にその委託を受けないで保証契約を締結した保証人（無委託保証人）が、倒産手続開始後に代位弁済に基づいて取得した事後求償権を自働債権として相殺することは許されるか。無委託保証人の破産手続開始後の弁済に基づく事後求償権による相殺については、①事後求償権の破産債権性（破産債権性が否定されれば相殺は否定される)[61]、②破産法72条1項1号類推適用の可否が、それぞれ問題になる。

　このような相殺は、従前から債権保全手段として実務上広く用いられていた手法であり、このような債権保全手段があるからこそ法定担保なくして与信が維持できる事案も多く、下級審判例も相殺の効力を肯定していた[62]。しか

59　伊藤・破産法民事再生法486頁、大コンメ313頁〔山本克己〕、倒産法概説257頁〔沖野眞已〕。

60　前掲最判平成24・5・28は、「破産者に対して債務を負担する者が、破産手続開始前に債務者である破産者の委託を受けて保証契約を締結し、同手続開始後に弁済をして求償権を取得した場合には、この求償権を自働債権とする相殺は、破産債権についての債権者の公平・平等な扱いを基本原則とする破産手続の下においても、他の破産債権者が容認すべきものであり、同相殺に対する期待は、破産法67条によって保護される合理的なものである」と判示している。

61　無委託保証人の事後求償権を開始後債権とみて相殺を禁止する見解として、伊藤・破産法民事再生法488頁。

62　大阪地判平成20・10・31判タ1292号294頁およびその控訴審である大阪高判平成21・5・27金法1878号46頁は、前記①につき、事後求償権の破産債権性を肯定したが、前記②については、「破産債権の取得とは、（事後求償権のような）将来の請求権の場合には、現実化する前の将来の請求権を取得することをいう」と解したうえで、将来の求償権を取得したのは保証契約締結時であるとして、破産法72条1項1号の類推適用を否定していた。

194

し、他方で、他の債権者はもちろん、債務者すらもあずかり知らない相殺権（実質的な公示なき担保権）が、倒産手続開始後に突如として行使される結果となるため、債権者間の平等を害するおそれや、再建型倒産手続における債務者の資金繰り予測を困難とし、再建の足かせとなるおそれもあった。

この問題につき、判例（前掲最判平成24・5・28）は、①につき破産債権性を肯定し、②につき1号禁止の類推適用によって相殺の効力を否定した[63]。この判例は、再生手続・更生手続においても同様に妥当すると解される（前掲最判平成24・5・28須藤正彦裁判官補足意見）[64]。

(エ) 立替払約款に基づく元請事業者の孫請事業者に対する立替払い

純然たる第三者と無委託保証人の中間的な類型として、元請事業者が下請事業者の倒産手続開始後に孫請事業者に対して立替払約款に基づき立替払いした場合の問題がある。

立替払約款の存在により、立替払いは債務者の意思に基づくといい得るものの、保証履行のような義務的なものではなく、あくまで自発的な弁済であって他人の倒産債権の取得に近いことなどを理由として、1号禁止の類推適用等によって相殺は禁止されると解されている[65]。

---

[63] 前掲最判平成24・5・28は、次のとおり判示して、前記①・②の争点ともに肯定した。①「無委託保証人が主たる債務者の破産手続開始前に締結した保証契約に基づき同手続開始後に弁済をした場合において、保証人が主たる債務者である破産者に対して取得する求償権は、破産債権である」。②「無委託保証人が破産者の破産手続開始前に締結した保証契約に基づき同手続開始後に弁済をして求償権を取得した場合についてみると、この求償権を自働債権とする相殺を認めることは、破産者の意思や法定の原因とは無関係に破産手続において優先的に取り扱われる債権が作出されることを認めるに等しいものということができ、この場合における相殺に対する期待を、委託を受けて保証契約を締結した場合と同様に解することは困難というべきである。そして、無委託保証人が上記の求償権を自働債権としてする相殺は、破産手続開始後に、破産者の意思に基づくことなく破産手続上破産債権を行使する者が入れ替わった結果相殺適状が生ずる点において、破産者に対して債務を負担する者が、破産手続開始後に他人の債権を譲り受けて相殺適状を作出した上同債権を自働債権としてする相殺に類似し、破産債権についての債権者の公平・平等な扱いを基本原則とする破産手続上許容し難い点において、破産法72条1項1号が禁ずる相殺と異なるところはない」。

[64] 岡正晶「判批」金法1954号71頁。

3 通貨デリバティブ取引における三者間相殺合意条項に基づく相殺

　通貨デリバティブ取引に係る特殊な事案において、再生手続開始前に締結されたISDAマスター契約のスケジュール（追加的合意事項を定めた別紙）における三者間相殺合意に基づく相殺を肯定した裁判例がある（東京高判平成26・1・29金商1437号42頁）。

　すなわち、原告・控訴人（リーマンブラザーズ証券。以下、「LBJ」という）と被告・被控訴人（野村信託銀行。以下、「NTB」という）とは、通貨オプション取引および通貨スワップ取引に関する基本契約を締結し、各取引を行っていた。LBJは、NTBに対し、基本契約の約定により各取引が期限前（平成20年9月15日）に自動的に終了したと主張して、基本契約に基づき、各取引の時価額と、再構築コストおよび未決済プレミアムの合計額との差額にあたる清算金・確定約定遅延損害金・約定遅延損害金の支払を請求した。これに対し、NTBは、清算金額を争うとともに、清算金支払債務は、基本契約に基づき、NTBの関係会社（野村證券）がLBJに対して有する債権を自働債権とし、LBJの清算金支払請求権を受働債権とする相殺により消滅したと主張して、LBJの請求を争った。かかる事案で、東京高等裁判所は、相殺を認めた原審（東京地判平成25・5・30金商1421号16頁）の判断を是認した。

　本件の注目すべき特徴は、再生手続開始前に締結されたISDAマスター契約のスケジュール（追加的合意事項を定めた別紙）における三者間相殺合意に基づき、NTBが、その関係会社である野村證券が有する清算金請求権について、期限前終了事由の発生と関係会社（野村證券）の同意とを停止条件

65　岡・前掲（注64）72頁、加々美博久「各種の契約の整理(V)——請負、ジョイント・ベンチャー」（園尾隆司ほか編・新裁判実務大系㉘新版破産法）256頁、伊藤尚「下請事業者再生申立後の元請事業者による孫請代金の立替払いと、その求償権に基づく相殺について」（事業再生研究機構編・民事再生の実務と理論）155頁（なお、同137頁は、倒産手続開始決定後に取得した倒産債権を自働債権とする相殺は1号禁止に該当するため、立替払いの実行は倒産手続開始決定前になされる必要があるとする）。

としてLBJに対する相殺に供する権限を与えられていると主張し、裁判所が原審・控訴審ともにこれを容れて、二当事者間の債権の対立がない事案であるにもかかわらず、詳細な事実認定とその評価から相殺の合理的期待を肯定し、結論として、民事再生法93条の2第1項1号の相殺禁止にあたらず、同法92条により再生手続における相殺が許容されると判断した点にある。本件は上告されており、最高裁判所の判断が注目される。

4 双方未履行双務契約の解除によって生じる損害賠償請求権を自働債権とする相殺の可否

請負人である破産会社の破産管財人X（原告）が、注文者Y（被告）に対し、請負契約を破産法53条1項に基づき解除したうえ、既施工部分の出来高から既払額を控除した残金を請求したのに対し、Yが、請負契約の解除によって残工事が必要となり、当初の請負代金を超過した費用相当額の損害が生じたとして、損害賠償請求権を自働債権とする相殺を主張した場合、かかる相殺は許されるか。

この問題について、Yが主張する損害賠償請求権は、破産法53条1項に基づく破産管財人の解除によって生じる債権であり、54条1項によって破産債権者としての権利行使が認められるものであるから、破産手続開始後に新たに取得された破産債権であるとして、72条1項1号の類推適用により相殺を禁止する裁判例がある（東京地判平成24・3・23金法1969号122頁）。[66]

---

[66] 双方未履行双務契約が破産法53条1項に基づき解除された場合に生じる相手方の損害賠償請求権を自働債権とする相殺の可否については、相手方は管財人の解除権行使そのものによって予期せぬ不利益を受けているのであり、相殺を否定してそれ以上の不利益を受忍させるべき理由に乏しいとして相殺を許容する見解（伊藤・破産法民事再生法490頁）と、1号類推適用によって相殺を禁止する見解（前掲東京地判平成24・3・23）に分かれる。

II　2号〜4号禁止――支払不能・支払停止・倒産手続申立て後の債権の取得

　破産者に対して債務を負担する者は、「支払不能になった後に破産債権を取得した場合であって、その取得の当時、支払不能であったことを知っていたとき」(破72条1項2号)、「支払の停止があった後に破産債権を取得した場合であって、その取得の当時、支払の停止があったことを知っていたとき」(同項3号)、「破産手続開始の申立てがあった後に破産債権を取得した場合であって、その取得の当時、破産手続開始の申立てがあったことを知っていたとき」(同項4号)は、相殺をすることができない(民再93条の2第1項2号〜4号、会更49条の2第1項2号〜4号も同様の規律である)。
　すなわち、倒産債務者に対する債権者が、支払不能・支払停止・倒産手続開始申立てを知って倒産債権を取得した場合、その倒産債権を自働債権とする相殺は禁止される。

III　相殺禁止の例外

　危機状態における倒産債権の取得による相殺禁止については、4つの例外がある。

1　相殺の例外的許容①――「法定の原因」

　第1の例外は、倒産債権の取得が法定の原因に基づく場合である(破72条2項1号、民再93条の2第2項1号、会更49条の2第2項1号)。法定の原因には、相続、事務管理、不当利得、不法行為などが含まれるが、第2節で述べた受働債務負担規制の場合と同様に、制限的に解されている。たとえば、事務管理につき、「更生会社の債務者が更生会社の委託がないのに更生会社の債務を弁済して費用償還請求の更生債権を取得した場合には、相殺を認める

べきではない」との見解がある。また、裁判例には、「法定の原因に基づき債権を取得するとき」とは当事者の作為によることなくもっぱら法律の規定に基づいて債権を取得することをいい、当事者間の法律行為に基づき債権を取得した場合は含まないとして、「法定の原因」該当性を否定した例がある（大阪高判昭和60・3・15判時1165号117頁）。

2 相殺の例外的許容②──「前に生じた原因」

倒産債権の取得が危機状態を知る前に生じた原因に基づく場合である（破72条2項2号、民再93条の2第2項2号、会更49条の2第2項2号）。第2節で述べた受働債務負担規制の場合と同様の趣旨に基づくものである。「前に生じた原因」の該当性が問題とされた裁判例としては、以下のものがある。

(1) 手形割引契約

銀行が手形買戻特約を含む手形割引契約に基づき手形を割り引いた後、割引依頼人の支払停止を理由として買戻請求権を行使した場合に発生する手形金支払請求権は、買戻請求権の行使によって初めて発生する債権ではあるが、支払停止前の手形割引契約を原因として発生したものであるから、「前ニ生シタル原因」に基づき取得したものである（最判昭和40・11・2民集19巻8号1927頁）。

67　条解会社更生法㈩912頁。
68　前掲大阪高判昭和60・3・15は、破産会社Aの債務者Yが、Aの支払停止を知りながらAの債権者Bに対するAの債務を支払ったことから、Aの破産管財人XがYに対し預け金（消費寄託金）返還請求訴訟を提起し、Yが前記弁済によって取得したAに対する求償権を自働債権として相殺の抗弁を主張した事案である。Yが事務管理による求償権を取得したのはYの作為によるものであって、「Yが破産会社の債務を弁済しなければ、破産手続の開始によりBは破産債権者として弁済を受けられるにすぎないのに、Yがそれを弁済し、求償権とYに対する破産会社の消費寄託債権が相殺されてしまうと、Bの債権が全額弁済されたことになり、しかも破産会社のYに対する消費寄託債権は、本来は現実に破産会社に弁済されるはずだったのに相殺によって決済され、破産会社の財産はその分だけ不当に減少してしまうという不都合が生じ、破産債権者間の公平及び破産財団の保持をはかるために設けられた破産法104条の相殺禁止の趣旨にもとる」と判示する。

(2) 準消費貸借契約における旧債権

準消費貸借契約において新旧債権の同一性が認められる場合、新債権との関係で旧債権の存在は「前に生じた原因」に該当する（東京地判昭和42・3・16判時483号48頁）。

(3) 連帯債務関係

連帯債務者が他の連帯債務者の和議開始の申立てを知った後の弁済によって求償権を取得した場合、「和議開始の申立ての前に求償権の発生の基礎となる連帯債務関係が既に発生」していることから、求償権の取得は、「和議開始の申立てを知る前の原因に基づく」ものである（最判平成10・4・14民集52巻3号813頁（旧破産法104条を準用する廃止前の和議法5条の事案））。

(4) 下請人の再生申立て後の元請人による孫請代金の立替払い

下請会社の民事再生手続開始申立てから開始決定までの間に、元請会社が立替払約款に基づき孫請会社に立替払いを行い、相殺約款に基づき、求償債権を自働債権とする相殺をした場合、当該立替払約款および相殺約款は、社会的にみても相当の必要性がある合理的な契約内容であるから、求償債権の取得は「前に生じた原因」に基づくものに該当する（東京高判平成17・10・5判タ1226号342頁）。[71]

なお、元請業者の相殺期待に合理性があり、「前に生じた原因」に該当するとの裁判所の見解を基に和解が成立した事案として、東京地和解平成10・

---

[69] もっとも、現破産法の下では、手形割引契約や次項の準消費貸借契約は、破産者との「契約」に基づく債権取得（破72条2項4号）として相殺禁止の例外となるため、「前に生じた原因」該当性は問題とならないと指摘されている（大コンメ314頁〔山本克己〕）。

[70] 前掲最判昭和40・11・2は、銀行取引約定書に手形買戻請求権の規定がない時代の事案である。その後、（旧）銀行取引約定書ひな型6条1項に手形買戻請求権の規定が追加された。これによれば、割引依頼人につき支払停止があった場合、当然に（すなわち支払停止と同時に）手形買戻請求権が発生する。つまり、支払停止につき悪意になった後に同請求権を取得することがない体裁がとられており、破産法72条は問題とならないことになる。このような条項の効力をそのまま認めるべきかは問題たりうるとも指摘される。山本克己編著『破産法・民事再生法概論』284頁〔畑瑞穂〕。

[71] 前掲東京高判平成17・10・5は、立替払いの必要性ないし合理性が認められない場合には相殺権の濫用となる旨も判示する。

11・9判タ988号300頁がある。

(5) 保証契約

危機状態以前に締結された保証契約に基づいて危機状態以降（倒産手続開始前）に保証人が保証債務を履行して主債務者である倒産債務者に対して求償権を取得し、これを自働債権として相殺することは、委託保証人・無委託保証人いずれの場合であっても認められる。[72]

(6) 手形債権の原因関係

Yが破産者Aに対して債務（受働債権）を負担している場合において、AがBに対して約束手形を振り出し、YがBに対する売掛代金債権の支払のためにAの支払停止を知った後にBから当該手形の裏書譲渡を受けてAに対する手形債権（自働債権）を取得した場合、YのBに対する売掛代金債権は、元来は当該手形と直接関係のない権利であって、裏書譲渡についての前提となった法律関係にすぎないから、売掛代金債権の存在をもって、破産債権取得の「原因」と解することはできない（大阪高判昭和48・5・28判タ298号223頁）。YのBに対する原因関係上の債権（売掛代金債権）がAの支払停止前に発生していても、YのAに対する手形債権（自働債権）の取得の「原因」と解することはできず、Yの相殺の意思表示は効果を生じないとしたものである。

3　相殺の例外的許容③──申立て時より「1年以上前に生じた原因」

第3の例外は、倒産手続開始申立てより1年以上前に生じた原因に基づく

---

[72] 前掲（注62）大阪地判平成20・10・31、前掲最判平成24・5・28の須藤正彦裁判官補足意見（無委託保証人の破産手続開始前の弁済に基づく求償権による相殺においては、破産手続開始時に同種の債権の対立状態という前提が備わっているから、同人の相殺の期待は合理的とみられ、したがって、当然破産法67条が適用されて相殺の効力が認められるとする）、小林信明「主たる債務者の倒産後における、委託なき保証人の求償権と相殺」ジュリ1448号81頁（破産手続開始後に相殺適状になった場合と破産手続開始時にすでに相殺適状になっている場合とでは相殺に対する期待が異なるとする）。反対、岡・前掲（注64）72頁（相殺期待の不合理性は危機状態中の保証履行と破産手続開始後の保証履行とで同じとする）。

債権の取得の場合である（破72条2項3号、民再93条の2第2項3号、会更49条の2第2項3号）[73]。

4　相殺の例外的許容④――「契約」

第4の例外は、契約による自働債権の取得である（破72条2項4号、民再93条の2第2項4号、会更49条の2第2項4号）。たとえば、危機状態にある債務者に対して金融機関が救済融資を行い、その貸付債権と預金債務とを相殺する場合が考えられる。契約関係に基づき自働債権を取得する場合、自働債権（前例では貸付債権）はその発生当初から受働債務（前例では預金債務）を引当てとしていると考えられるため、相殺を認めても債権者平等に反しないことがその趣旨とされる。なお、契約締結の際に債権者が相殺を意図している必要があるか否かについては、学説上、必要説[74]と否定説[75]の対立がある。

（粟田口太郎／木村昌則／藤田将貴）

---

[73] 旧破産法104条4号との関係につき、大コンメ313頁、315頁〔山本克己〕参照。
[74] 倒産法概説259頁〔沖野眞已〕。
[75] 大コンメ316頁〔山本克己〕。

第6章
再生・更生計画をめぐる利害調整と争訟

第1節　はじめに

　再生・更生計画をめぐる利害対立と調整の局面として、最も総合的かつ究極的といえそうなのは、その計画案について決議をするところであろう。手続開始決定により個別的権利行使を禁止された倒産債権者（再生債権者、更生債権者・更生担保権者）が、その基礎となる実体権の内容を外形的には不利益に変更しようとする計画案を議案として、その決議に係る議決権者となり、その法定多数決により可決されることとなれば、裁判所の認可決定という裁判の効力を梃子とするにせよ、反対した倒産債権者（議決権者）をも含めて、その議決の結果に拘束される（有り体にいえば、債務者に必要十分な範囲内で債権のカットを強いられる）、という仕組みこそ、再建型法的整理の法的倒産手続たる所以、あるいは私的整理とは異なる所以である。

　もちろん、再生・更生をめぐり利害の対立する関係者が対峙する局面は、何も計画案の決議の時と場に限られるわけではない。手続開始の申立てから計画案の策定に至るまでの各段階における当事者対立構造については、諸々、すでに各章に散説されているとおりであるが、計画案の提出から先に限ってみても、これから本章で順を追って説くとおり、計画案の提出と付議、複数の計画案の競合、可決と否決、認可と不認可、即時抗告と自判や差戻し、計画の履行や遂行、その後の事情変更、手続廃止と牽連破産など、対話と対決

〔第1部・第6章〕第1節　はじめに

と裁決の局面は、多岐かつ多様に展開し得るものである。

　ここで、個別の局面における争点の個性は捨象することとして、再生・更生計画をめぐる利害関係の調整を求める者として、つまり、債務者として、管財人として、債権者や担保権者として、あるいは、株主として、どのような利害を問題視し、どのような契機や手続でもって問題提起をし、どのような問題が裁判手続の俎上に乗せられ、あるいは乗せられることなく、法的判断なり合意なり時間薬なりによって解決されていくのか、その要点を考えてみるに、つまるところ、倒産処理というものが、集団的な紛争解決の制度であるがゆえに、何らかの法令違反（一種の公憤）について争うのでない限り、不満（ある種の私憤）があっても異議申立ての手立てがなく、多勢に無勢、わがまま、我慢の世界に帰せしめられがちであることは否めない。そして、法的整理における法令違反の内実を探ってみるに、そもそも倒産法というものが、民法その他の民事実体法との関係で、なおかつ、民事訴訟法その他の民事手続法との関係で、それぞれ特別法として位置づけられるがゆえに、計画案の内容が法定の実体的な基準に抵触する局面と、そして、計画案の決議などの手続に関する規律に違背する局面と、複眼的な思考が求められるともいえる。

　以下、再生・更生手続の基本的な流れに沿いながら、計画案の提出から計画の履行まで、その各段階における主だった利害対立の類型をとらえ、それぞれの関係者における着眼点の違いに目配りしつつ、各種の問題点について検討していきたい。ただ、その前提として、まずは再生・更生計画（案）というものの大意について、復習しておきたいと思う。[1]

---

[1]　本章の企図は掲題のとおりであり、再生・更生計画（案）の全般を概説しようとするものではない。その概要や詳細については、適宜、伊藤・破産法民事再生法980頁以下、伊藤・会社更生法547頁以下、その他の体系書および注釈書を参照されたい。

第2節　再生・更生計画（案）とは何なのか

I　法的な仕組みとしての再生・更生計画（案）

1　定義的な説明

　再生計画とは、再生債権者の権利の全部または一部を変更する条項などを定めた計画をいう（民再2条3号）。民事再生法の定めるところにより再生計画を定めるのが再生手続であり（同条4号）、同法の目的は、経済的に窮境にある債務者について、その債権者の多数の同意を得、かつ、裁判所の認可を受けた再生計画を定めることなどにより、その債務者と債権者の間における民事上の権利関係を適切に調整し、もって債務者の事業または経済生活の再生を図ることにある（同法1条）。[2]

　また、更生計画とは、更生債権者・更生担保権者または株主の権利の全部または一部を変更する条項などを定めた計画である（会更2条2項）。株式会社について、会社更生法の定めるところにより、更生計画を定め、更生計画が定められた場合にこれを遂行する手続（手続開始の申立てについて開始決定をするかどうかに関する審理し裁判をする手続を含む）が更生手続であり（同条1項）、同法の目的は、窮境にある株式会社について、更生計画の策定およびその遂行に関する手続を定めることなどにより、債権者、株主その他の利害関係人の利害を適切に調整し、もって株式会社の事業の維持更生を図ることにある（同法1条）。民事再生と異なり手続の拘束下に入る関係者が多岐

　2　ちなみに、再生債務者は、再生手続の円滑な進行、再生手続の進行に関する重要な事項の周知に努めなければならず、その円滑な進行に努める再生債務者の活動は、できる限り尊重されなければならないものとされている（民再規1条）。

にわたることがみてとれる。

　なお、議決権者の法定多数決により決議される対象が「再生・更生計画案」であり、それが可決されると「再生・更生計画」として成立し、裁判所による認可（不認可）決定の対象となる（民再172条の3、174条1項、会更196条、199条1項）。

2　内容面の説明

　再生計画において必ず定めるべき条項には、再生債権者の権利の変更のほか、（将来弁済すべき）共益債権および一般優先債権の弁済（民再規83条）、知れている開始後債権の内容がある（民再154条1項）。その基本的な発想は、再生債権者らが、各自の再生債権の内容の変更（債務の免除や期限の猶予など）につき、私的自治の趣旨を踏まえて、法定多数決の仕組みの中で是非を決するというものである。ちなみに、再生債権に優先する債権についてまで定めるのは、それらを減縮できるという趣旨ではなく、ただ、権利変更後の再生債権に対する弁済の可能性に影響を及ぼす事項として、再生債務者の弁済原資から優先的に控除される部分を可能な範囲で明らかにすべしとの企図である。その意味では、弁済原資の獲得方法こそが再生計画の必須の前提となるわけだが（後記Ⅱ1参照）、その旨、必ずしも法に明示があるわけではない。

　更生計画においてもまた、更生債権者の権利の変更のほか、共益債権の弁済、債務の弁済資金の調達方法、更生計画において予想された額を超える収益金の使途、知れている開始後債権の内容、といった条項を定めるべきものとされており、基本的には再生計画の場合と同様の発想といえる（会更167条1項1号・3号・4号・5号）。ただ、担保権が別除権とされる民事再生と異なり（民再53条）、担保権により保全された請求権は更生担保権として手続に拘束され、その担保権の実行も制約され（会更47条1項、50条1項）、更生担保権の内容の変更に関する定めもまた、その担保権の消滅や存続とともに、更生計画の中に設けられることになる（同法204条1項参照）。[3]

3 株式会社に係る計画（案）の特性

　更生計画の内容は再生計画よりも複雑かつ多岐にわたる。株主が手続に拘束されることとの関係上（会更165条1項参照）、株主の権利の変更についてはもちろんのこと、更生会社の取締役、会計参与、監査役、執行役、会計監査人および清算人についても、必ず更生計画に定めるべきものとされている（同法167条1項1号・2号）。さらに、更生手続開始後は更生会社の組織に関する基本事項の変更が禁止されるところ（同法45条1項）、①株式の消却・併合もしくは分割・株式無償割当てまたは募集株式を引き受ける者の募集、②募集新株予約権を引き受ける者の募集、③資本金または準備金の額の減少、④剰余金の配当など、⑤解散など、⑥募集社債を引き受ける者の募集、⑦持分会社への組織変更または合併・会社分割・株式交換もしくは株式移転に掲げる行為、定款の変更、事業譲渡など、株式会社の設立、その他、更生のために必要な場合には、こうした事項に関する条項もまた更生計画に定めるべきこととされている（同法167条2項）。

　これらの事項については、本来、会社法の原則によれば、株主総会の決議などにより決せられるものであり、株主自治の範疇に属する建前である。それが更生計画の定めにより決せられるということは（会更210条参照）、その旨を定める更生計画案に係る決議において、その議決権者の法定多数の意思に委ねられるということである。株主もまた更生手続に取り込まれるので、その際、意思表明・反映の機会がありそうにも思えるが、現実の事案の実状からすれば、株主が議決権を行使できる場合は、むしろ例外的である。「手続開始決定の時においてその財産をもって債務を完済できない状態にある」場合には、法律上、株主は議決権を有しないとされているところ（同法166

3　手続開始決定による担保権実行の中止や禁止に対する続行や解除により進行することとなった担保権実行手続における配当（見込み）額と使途、そして、担保権消滅許可決定（または価額決定）により裁判所に納付された金銭の額と使途などもまた、更生計画に定められる（会更167条1項6号）。いずれも直ちに担保権者に交付されることなく、更生計画による規律を経るのは、それらが実質的には更生担保権に対する弁済に相当するものだからである。

〔第1部・第6章〕第2節　再生・更生計画（案）とは何なのか

条2項）、窮境を極めて法的整理に至る更生会社は、大方、簿価または実態において債務超過の状態にある（同法17条1項1号、83条1項・2項参照）。[4]

　また、株式会社である再生債務者については、株主に手続的な拘束は及ばないものの、その再生計画において、①再生債務者の株式の取得、②株式の併合、③資本金の額の減少、④再生債務者が発行することができる株式の総数についての定款の変更、そして、⑤募集株式（譲渡制限株式であるものに限る）を引き受ける者の募集、といった諸事項に関する条項を定めることができるものとされている（民再154条3項・4項）。しかしこれらの場合、あらかじめ裁判所の許可を得る必要があり（同法166条1項、166条の2第1項）、その許可の要件には、「再生債務者がその財産をもって債務を完済することができない」場合とあり、なおかつ、民事再生に至る再生債務者の大方が債務超過の窮状にあるのは、会社更生の場合と大差ない（同法21条1項、124条1項（民再規56条1項）参照）。[5]

---

[4] 事業譲渡については、手続開始後、計画案の付議決定までの間、更生会社の事業の更生のために必要であると認められる場合には、管財人は、裁判所の許可を得て、会社法上の手続によらず、実行できるものとされている（会更46条2項・10項）。原則、3分の1を超える議決権を有する株主が反対の意思を有するなどの場合には、裁判所は許可できないものとされているが、更生会社がその財産をもって債務を完済することができない状態にある場合には、この株主の意思表明などに関する規律は適用されない（同条4項・7項・8項）。なお、濱田芳貴「会社更生をもっぱら組織や事業の再構築のために用いるという空論（上）」NBL1021号30頁以下参照。

[5] 事業（営業）譲渡については、再生計画に定めるべきものとして規定されているわけではないが、再生債務者の事業の再生のために必要であると認められる場合には、手続開始後、再生債務者（管財人）は、裁判所の許可を得て、実行できるものとされている（民再42条）。株主が手続に拘束されない関係上、別途、会社法上の手続は必要となる建前であるが、事業の継続のために必要であり、かつ、再生債務者がその財産をもって債務を完済することができないときは、裁判所は、株主総会の決議による承認に代わる許可を与えることができるものとされている（同法43条1項・8項）。

II　事業再生の文脈における再生・更生計画（案）

1　事業収益力の改善などの側面

　再生・更生手続は事業の再生・維持更生を目的とし、その手段として、主に再生・更生計画における倒産債務の減免などが企図されているわけであるが、なぜそれで再生や更生という目的を実現できるのかといえば、それは将来的な収益獲得力や資金創出力に応じて償還の目途が立つ程度まで財務的な負担を圧縮するからである。

　しかるに、そうした収益力や資金力は、従前から再生債務者や更生会社が育んできた事業（人、物、金、それに情報や信用などの総体）を基盤としながらも、手続開始に至った経緯や経営破綻に至った要因について省察し、現在の経営や財務の実態を解明し、もって、経常黒字化や経営安定化に向けた将来的な施策として、過ぎたるを削ぎ、及ばざるを補うことにより、その価値を維持し、もって、充実させていくべきものである。当然、自助努力を旨として何をどこまでできるのか、いわゆる事業リストラとして、経営戦略の見直し、社内組織の統廃合、グループ企業の整理再編、あるいは個別事業の分社化や外部売却など、さまざまに検討されるべきことになる（調査報告などによる。民再125条、会更85条参照）。そしてもし仮に、人的または物的な事業経営の面において、あるいは事業の撤退や展開に必要な資金や信用の面において、自力再建の施策ばかりでは覚束ないような場合には、スポンサー支援を受け入れる方策が必要となる。おのずと、旧経営陣の退任（経営者責任の履行）や株主資本の入替え（株主責任の履行）などを伴うことにもなる。そして事案によっては、事業の全部譲渡による法人の清算といった措置にもなり得るわけである。

2　実態債務超過の解消などの側面

　かようにして立案された事業計画によって将来の経営が遂行されていくとした場合、倒産債務者の財務状況は、その収益改善などに伴って、どのように推移するのか、すべきであるのか。事業再生を果たしたといえるためには、無借金経営にまで至る必要はないにせよ、ひとまず資金繰りがつながれば足りるというものでもない。

　主体的な経営を基礎づけるべき資金の自力調達が可能な財務内容というものを考えてみれば、いつまでも債務超過の状態が続くことは不適切であるし、そうした状態のままではスポンサー支援を得られないかもしれないし、あるいは、事業継続に必要な許認可などを失う場合もあるかもしれない。それはまた、不適切な会計処理が紛れている可能性のある従前からの簿価基準ではなく、法的整理の開始を踏まえた実態価値を基準として測定されるべきでもある（財産評定や債権調査などによる。民再99条以下、124条、会更144条以下、84条ほか参照）。そのようにして再認識された財務状態を前提として、所定の事業計画により捻出される弁済原資をも勘案しながら、債務免除率や残債務の弁済条件など、所要の財務リストラの施策、金融支援の規模や内容が検討されるべきことになる。そして事案によっては、債務免除益に対する課税への対策として、事業譲渡などにより損失を顕在化させる手法も視野に入るわけである。

　実際上、中小企業や零細企業の法的整理にあたり、事業や財務の再構築について必ず厳密に検証するかといえば、費用対効果、人材や能力などに勘案し、略儀に済まされる場合もあるかと思われる。しかし、やはり事業面や財務面での土台が緩いまま、最長弁済期間や清算価値保障など（第3節Ⅰ参照）、法務面での条件に沿うばかりの計画を立案してみても、そもそも関係者の賛同を得られないか（同節Ⅱ参照）、そうでなくとも、後の履行が危ぶまれるような事態になりがちではないかと思われる（同節Ⅲ参照）。

Ⅲ 再生・更生計画（案）をめぐる関係者の実質的な利害

1 倒産債権者の利害

　再生・更生計画（案）の中核的な定めは、倒産債権に係る権利変更である。債務の減免や弁済の猶予といった手法で財産権の内容が毀損されることが問題となるようにみえる。少なくとも法的にはそのとおりである（上記Ⅰ参照）。[6]

　しかし、事業再生という文脈から実質的な利害に迫っていくと、債権放棄の総額の多寡、期限猶予の期間の長短、（あまり一般的ではないが）金利の約定や追加担保など、諸々の経済的な条件から成り立つ金融支援の内容が、①過剰な規模に達していないか（倒産債務者の静態的な事業価値（実態純資産）が過小評価された末に、倒産債権者が重い支援負担を強いられているのではないか）、あるいは、②過少な規模にとどまりはしないか（倒産債務者の動態的な企業価値（正常収益力）が過大評価されており、倒産債権者の支援不足で2次破綻を招きはしないか）、といった切り口による鍔迫り合いを生じ得ることがわかる。[7]

　もとより、ある支援内容が中庸か過剰か過少かは、再生債務者や更生会社の財務や事業の実状との関係で相対的に定まるものであり、しかも、倒産債務者において、法定の財産評定や債権調査、あるいは調査報告などを経て計

---

[6] 会社更生手続における法定多数決による更生債権の権利変更が財産権の侵害として憲法違反になるものではない旨など判示する判例として、最決昭和45・12・16民集24巻13号2099頁参照。

[7] この点、倒産債務者側からはまた別の見方（見え方）になる。つまり、利己的または功利的に考えれば、一方では、①'より多くの債務免除を受けたほうが、先々での弁済負担が楽なわけで、破産的清算を仮定した場合における予想配当率をいくらか上回る程度の弁済率を設定することへの誘因が、他方では、②'高めの弁済率が設定されているほうが、目先の賛同を得やすいかもしれず、弁済能力の限界を無視した少なめの債務免除にとどめようとする誘因が、それぞれ働く可能性がある（なおかつ、事業や財務の精査が不十分であると、期せずして、そのようになる可能性もある。本文Ⅱ2末尾参照）。

211

画案が立案されている建前であり（上記II参照）、そもそも計画案の作成主体が管財人という中立的な第三者であったり、債務者自身が作成した計画案につき中立的な第三者である監督委員が検証をしたり、そうした当事者や関係者が事前に問題点を把握し協議して利害対立の顕在化や先鋭化を回避するなど、実務的には、諸々の仕組みや取組みの中で、計画（案）の経済合理性や実行可能性については相応の手当てが施される（べき）ものである。ただ、たとえば、倒産債務者側においてスポンサー支援型の事業再生が企図されている事案との関係で、倒産債権者の目から見て「より良い（好い）スポンサー候補が存在する」というような場合には、単に計画案（債務者案）につき意見し、反対する姿勢を示すばかりでなく、その切り口の明白さゆえに、より積極的にスポンサー候補を差し替えた内容の対抗案（債権者案）の提示に及ぶ可能性もまた高まるかと思われる（追って第3節Iにて再論する）。

2　株主の利害

債務者が株式会社である場合、その事業再生に伴う損失処理（劣化した企業価値の再配分と再構築）にあたり、債権者に対して権利の毀損を求めるこ

8　実際上、法定の要件ないし条件に明確に抵触するような形で計画案が立案され提出されることは、そう多くはないように思われる。確かに、後に本文で述べるように（第3節II参照）、裁判例に現れた事案には、債権者の一般の利益に反するとか、平等原則に反するとか、さまざま存するわけであり、実務上、十分に留意されるべきことでもあるが、その認定事実など玩味すれば明らかなとおり、それらには相応に特異な経緯や事情が潜在していたようにも推察されるものである。なお、倒産債権者の立場から法的整理の手続に主体的に関与するための各種の術については、たとえば、松嶋英機ほか編『金融債権者から働きかける法的整理の実務（銀法749号）』など参照されたい。

9　やや異なる観点から、より実質的ないし潜在的な利害として、一般債権者と優先的債権者の関係というものがある。ここで優先的債権者として括っているのは、共益債権者、一般優先債権者、更生担保権者、別除権協定を締結した別除権付再生債権者など、一般の再生債権者や更生債権者に優先して、倒産債務者財産から弁済を受ける者、というほどの意味である。法的に定義された概念ではなく、曖昧な言い方になるが、将来、再生債務者や更生会社が事業活動から創出する弁済原資を「分け合う」関係に立つため、優先的債権者に対する配分の規模が大きくなればなるほど、一般債権者に対する弁済率が悪化したり弁済可能性が低下したりする可能性を秘めることになり、一般債権者からすれば、優先的債権者の債権額の大きさが、不利益な要因となり得るものである（本文I 2参照）。

Ⅲ　再生・更生計画（案）をめぐる関係者の実質的な利害

とになるとすれば（上記 1 参照）、残余財産の配分において債権者の地位に劣後する立場にある株主に対しては（会502条参照）、出資額を超える責任まで追及されることはないにせよ（同法104条）、要処理損失に対する一層の負担が求められるべきことになる。端的にいえば、その持分権の無償での拠出など（会更228条1項参照）、かねてより、いわゆる「100％減資」の必要性や許容性として語られてきたところである。このことは、迷惑をかけた会社債権者との関係において、株主としての責任を果たすという意味合いもあるが、同時に、スポンサー支援を出資の形で受け入れる場合に、その経営支配権の全面移行の必要から、いわゆる「第三者割当増資」の前提として企図されるものでもある。そして、この目的を果たすには、本来、発行済株式の全部について無償で自己株式として取得（そして消却までするかは別途検討）する必要がある。慣例的には、資本金の額の減少や株式の併合が行われることもあり、それ自体、別の意味をもつ場合はあるが（資本金の額に伴う諸規制を免れるとかスポンサーのための授権枠を広げるなど）、それだけでは何ら株主として責任を果たしたことにはならない。いわゆる「第三者割当増資」や既存債権の株式化（DES）により割合的地位が一定程度まで希釈化されることで、その責めの一端を果たしたと評し得る場合もあるが、むしろ、事業再生が果たされた末に、新たに生み出された企業の価値が新旧の債権者や新株主ではなく、その旧株主の側に流出する可能性をも秘めるものである（上場維持が事業再生に資するか否かなど、他の関係者にもかかる別途の利害をも視野に入れて調整する必要がある）。

10　いわゆる「100％減資」を定める更生計画の適法性や妥当性について説示する裁判例として、東京高決昭和37・10・25下民集13巻10号2132頁、福岡高決昭和52・9・12判時882号104頁、東京高決昭和54・8・24判時947号113頁がある（いずれも更生会社の債務超過が認定されている。なお、東京高決昭和40・2・11下民集16巻2号240頁は、債務超過の更生会社に係る一部無償消却について、また、福岡高決昭和56・12・21判時1046号127頁は、資産超過の更生会社に係る一部無償消却について、それぞれその妥当性などにつき論じる）。
11　なお、債務者が非営利法人であり、事業再生のための施策として、株式会社であれば可能であるような手法をそのまま適用し得ない場合も多く、注意を要する（濱田芳貴「非営利法人再生論」（松嶋英機弁護士古稀記念論文集・時代をリードする再生論）378頁以下参照）。

213

ところで、先にも述べたとおり、会社法の原則によれば、株主には株主総会の決議を通じて資本政策や組織の再構築に対して意向を反映させる機会がある建前であるが、法的整理の局面では、株式会社である再生債務者や更生会社が債務超過である場合には、裁判所の許可や議決権の定めを通じ、計画の定めにより、株主の意向は無視ないし排除される仕組みとされている（上記Ⅰ3参照）。ゆえに、（債権者の利害が背後に控える）債務者側と株主との間で、債務超過性などの要件をめぐる利害対立を生じ得ることになる（追って第3節Ⅱにて再論する）。[12]

第3節　手続の諸段階における関係者の利害調整と争訟

Ⅰ　計画案の提出と付議の段階

1　計画案の提出義務と提出権

再生・更生計画案をめぐる利害調整は、まず、自らの利害や意見を主体的に反映させた計画案を作成して提出するか、できるのか、という局面で問題となる。

法律上、再生・更生計画案の提出義務を負うのは、手続を主体的に遂行すべき再生債務者であり管財人であるが、再生・更生債権者にも提出権が認められている（民再163条1項・2項、会更184条1項・2項）[13]。再生・更生債権者などに対して計画案を提出する機会が付与されている趣旨は、抽象的には、計画の定めによる権利変更の可能性という利害の重大性、その利害調整にお

12　再生債務者が、その経営上、民事再生手続をとらなければならない緊急の債務超過の状態に至っていなかったとも考えられる、として、100％の資本減少を定めた再生計画案の提出を許可すべきでないと判示する裁判例として、東京高決平成16・6・17金商1195号17頁がある。

ける私的自治的な要素の尊重といった点にあるが、実践的には、債務者案・管財人案とは異なる対案があり得るならば、それが提示されることにより、再生や更生という目的がより的確に実現される契機となるべき点にあるといえる。実際、その対案が計画案という姿で提示される必然性はなく、債務者案・管財人案が作成される過程において、対案の内実が相応に反映されれば足りることもあるし、提出された債務者案・管財人案について相応に納得できる説明があれば、対案を提出するには及ばないこともあろう。対案が計画案の形で提出された後も、提出された計画案がそのまま決議に付される必然性はなく、その付議決定までの間において、提出された計画案の修正などによる調整が施されるかもしれず（民再167条、会更186条。なお、民再規89条参照）、付議決定がされた後もなお、債権者集会・関係人集会において決議が実施される場合には、再生債権者や更生債権者に不利な影響を与えない範囲で、計画案の変更がされることになるかもしれない（民再172条の4、会更197条）。場合によっては、その集会期日が続行される中で（民再172条の5、会更189条）、最後の利害調整が進められる可能性もある（後記Ⅱ1参照）。

2 債権者が提出する計画案に係る内容的な制約

ところで、現実の事案との関係で、債権者があえて債務者（自分ではなく他人）に係る計画案を作成提出しようとまでする背景として考えられるのは、先にも触れたとおり（前記第2節Ⅲ1）、表面的な弁済率の多寡というよりも

---

13 厳密には、再生手続においては、管財人が選任された場合には、管財人が作成提出義務を負い、再生債務者には作成提出権が付与されることになる。また、更生手続においては、株主にも作成提出権がある（会更165条1項・2項参照）。なお、再生債務者について外国倒産処理手続が行われている場合には、外国管財人にも作成提出権がある（民再209条3項）。この点は、更生会社についても同様である（会更244条3項）。

14 会社更生の場合には、更生担保権者と株主をも含む。

15 とはいえ、計画案の修正や計画案の変更には裁判所の許可が必要とされるところ、これらに対する即時抗告に関する定めはなく（民再9条、会更9条参照）、計画案の提出者として、その許可いかんを手続的に争う術まではなく、それらは計画案に関するその他の許可事項（本文3参照）と同様、計画認可・不認可の決定に係る即時抗告における審理対象の中に収斂されていくことになる（本文Ⅱ2参照）。

むしろ、いわゆる自力再建型かスポンサー型か、どういったスポンサー候補が適切か、その他、再生や更生をめぐる基本的な路線対立であり、計画案まで作成し提出しようという債権者には、意中のスポンサー候補（自分を含む）がみられることが多いかと思われる（もちろん、DIP型手続の遂行主体に対する不信感などが問題視される場合もあろう）。

一般論として、株式会社である再生債務者や更生会社がスポンサー支援を受け入れる方法としては、（いわゆる100％減資後に）いわゆる第三者割当増資をする方法、スポンサー（が用意する受け皿）に事業譲渡を実施する方法、会社分割により事業を切り出した子会社の株式を譲渡する方法、債務者法人とスポンサー法人が合併する方法、その他の方法が考えられる。そして、更生手続において、更生計画（案）の定めによるのであれば、そのいずれもが可能である（前記第2節Ⅰ3参照）。かつ、管財人に限らず更生債権者が計画案を提出する場合であっても、特に法的な制約はない。

しかし、再生手続においては、そもそも再生計画（案）に定めることが可能な組織や事業の再構築の方法に制約があるうえ（前記第2節Ⅰ3のほか、下記3も合わせて参照のこと）、いわゆる第三者割当増資に関する条項（募集株式を引き受ける者の募集を定める条項）を定めた再生計画案については再生債務者のみが提出できる旨、法文に明記されており（民再166条の2第1項）、実際上、再生債権者としては、事業譲渡の方法しか採用し得ない点は、留意すべきところである。[16]

3 付議決定の審理と判断

再生・更生計画案が提出されたとしても、①一般調査期間が終了していないとき（民再101条5項、102条、会更146条3項、147条）②財産評定書（民再

---

[16] もっとも、再生債権者は事業譲渡を内容とする再生計画案を提出することもできないとする見解もある（たとえば、民事再生実務合同研究会編『民事再生手続と監督委員』229頁〔髙木裕康〕）（卑見は反対）。その他、この問題に係る一連の論点については、濱田芳貴「再生債権者による再生計画案の提出について」慶應法学12号206頁以下ほか参照。

124条、会更84条)・調査報告書（民再125条、会更85条）などの提出がないとき、③あらかじめ計画不認可事由（民再174条2項、会更199条2項）のいずれかが認められるとき、④所定の期間内に決議に付するに足りる計画案の提出がないために手続廃止決定をするとき（民再191条2号、会更236条2号）には、裁判所は、これにつき決議に付する旨の決定をすることができない（民再169条1項、会更189条1項）。いずれも当然すぎる内容ではあるが、一応、その趣旨を反すうしてみるに、債権調査などによる負債内容の確定（①）、財産評定などによる資産負債の現状把握（②）、調査報告などによる破綻原因の自己分析（②）を経ずして、合理的かつ遂行可能な計画（④）を立案できるはずはなく、さらに、ⓐ再生・更生手続や再生・更生計画（案）が法令に違反していたり、ⓑ再生・更生計画（案）の遂行可能性に問題があったり、ⓒその内容に公正性や衡平性などの問題があるなど、総債権者の利益のため、あるいは少数債権者の利益保護のため、可決されても認可できない計画内容であるならば（③）、あえて決議に付する意味がないということである（計画認可・不認可の要件については、再論する（後記Ⅲ2）。[17]

　ここで、複数の計画案の実質的な一本化が図られることなく（上記2参照）、それ（ら）を付議すべきか否かの段階にまで立ち至った場合の手続の流れについて検討しておきたい。たとえば、再生・更生計画案の債務者案と債権者案が併存するとした場合、先に述べた付議決定の障害事由が、その双方に認められるならば、いずれもが付議に至らず（手続は廃止に向かう）、一方のみ認められるならば、他方のみが付議されて手続が進むことになる。しかし双方が付議の要件を満たす場合、双方を付議するほかない。この場合に投票方法について先回りして検討してみるに、論理的には、ⅰ各計画案を個別に決議の対象とする方法（双方に賛成、一方のみ賛成して他方に反対、または双方に反対という投票ができる）、ⅱ各計画案を一括して決議の対象とする方法（一方のみに賛成、他方のみに賛成、双方に反対という投票ができる）などが考

17　その他、再生・更生計画（案）における条項や規律の実例などについては、事業再生研究機構編『新版再生計画事例集』、同『更生計画の実務と理論』ほか参照。

えられる。それぞれ、いずれも可決される場合の難点（①）、賛成票が割れて可決案が出ない場合の難点（ⅱ）など想起されるところではあるが、期日の続行が可能である場合を視野に入れれば後者のほうが無難ではあるかと思われる。[18]

4　裁判所の許可を要する条項

なお念のため、再生・更生計画案の内容につき、一定の場合には裁判所の許可を得る必要があることにつき、確認をしておきたい。

まず、再生計画案との関係では、株式会社である再生債務者の資本政策などに関連して、①株式の取得などに関する条項や（民再161条）、②募集株式（譲渡制限株式）を引き受ける者の募集に関する条項（同法162条）を定める場合には、裁判所の許可を得なければならない（同法166条1項、166条の2第2項）。それぞれ再生債務者が債務超過であることなどの要件が法定されており（前記第2節Ⅰ3参照）、なおかつ、これらが定められた計画案が法定多数で可決され、その計画の認可決定が確定すると（同法176条）、その決議に参加できない株主との関係でも効力が及ぶこととなるため（同法183条、183条の2）、株主には即時抗告権が認められており（同法166条4項、166条の2第4項）[19]、実際、債務超過などの要件の充足性をめぐり争われた事案もある。[20]

また、更生計画案との関係では、事業の全部の廃止を内容とする場合には、裁判所の許可が必要とされている（会更185条1項）。更生会社による事業の継続、事業の譲渡、合併、会社分割、新会社の設立のいずれもが適わなかった場合である。もっとも、この決定に対する即時抗告に関する定めはない。

18　濱田・前掲（注16）219頁参照。
19　この点、事業（営業）譲渡に係る代替許可についても、ほぼ同様の考え方が妥当する（民再43条1項・6項。なお、166条3項、166条の2第4項）。
20　いわゆる100％減資を定める再生計画案提出の許可が取り消された事例として、東京高決平成16・6・17（平成16年(ラ)299号）金法1719号58頁、営業（事業）譲渡に関する代替許可が取り消された事例として、東京高決平成16・6・17（平成16年(ラ)298号）金商1195号10頁、各参照。

II 計画案の決議と計画の認可の段階

1 議決権(額)の確定方法

　議決権こそは、再生・更生債権者その他の関係人にとって、再生・更生手続に参加し再生・更生計画案への賛否の意向を表明するための重要な手立てである。利害関係者の意向は金額的利害の多寡に応じて再生・更生計画案の成否に反映される。つまり、ある議決権者の議決権額が過大に確定されると、他の議決権者の利益が相対的に害される関係にあり、観念的には、すべての議決権者は相互に緊張関係に立たされているといえる。

　再生債権者・更生債権者・更生担保権者の議決権の額は、基本的にはその再生債権・更生債権・更生担保権の額に応じて定まるものであるところ、それはまず一義的には、債権届出書に記載されて提出されることにより、手続参加希望者の側から所定の申出がされるべきものである（民再86条1項、94条1項、民再規31条1項柱書、会更135条1項、138条1項3号）。倒産債権の額（実体的な権利の内容）については、その後、所定の債権調査手続や債権査定手続などを通じて確定されていく仕組みであるが（民再100条、会更145条）、議決権の額（手続的な権利の内容）については、途中から別の手続の流れに乗ることになる。すなわち、倒産債権となる財産的請求権につき期限の定めなどがあり、あるいは非金銭債権である場合など、債権の確定との関係では特に調整を施すことはないが（必要に応じ、再生・更生計画の定めにより権利変更を施す建前）、議決権の確定にあたっては、現在化（中間利息控除）や金額化（評価）などが施される（民再87条1項、会更136条1項）。また、債権調査手続において異議が述べられるなどにより議決権の額が確定していない場合にも（民再104条1項、会更150条1項参照）、債権査定手続に進むことなく、裁判所が、議決権の有無や額を決定する（債権者集会・関係人集会が開催される場合には、その期日について重ねて異議が述べられた場合に限る）。これらの

決定に対する即時抗告に関する定めはないが、利害関係人の申立てまたは職権で、いつでも変更決定ができるものとされている（民再170条、171条、会更191条、192条）。[21]

　なお念のため、ここで議決権を行使することのできない者について付言しておくと、まず、自認された再生債権については、再生債権者表に記載されることにより失権こそ免れるが（民再99条1項）、債権届出による手続参加をしていない以上、議決権が認められることはない（同法101条3項、民再規38条2項参照）。次に、株主については、そもそも民事再生との関係では、株主権に重大な影響を及ぼす裁判所の許可との関係で即時抗告権が認められる場合を除けば（上記Ⅰ4参照）、基本的には株主は手続外の存在であるが、会社更生との関係では、株主もまた手続の拘束下に入り、手続参加をすべき存在とされ（会更165条）、しかし、更生会社が債務超過の状態にある場合には、議決権を有しないものとされている（同法166条2項。前記第2節Ⅰ3参照）。[22]

2　計画案の可決と否決

　議決権行使の方法は付議決定の際に定められる（民再169条2項、会更189条2項）。大要、集会期日を開催して出席者が投票する方式、一定の期間を定めて書面など（民再規90条2項、会更規52条2項）で投票する方式、それらを併用する方式があり、実践的には、あらかじめ集票作業を進められること、そして、仮に計画案が否決されても期日続行の可能性（後述）があることから、一応、併用方式が便宜といえる。

　再生計画案の決議においては、議決権者の頭数（債権者集会に出席し、または書面などによる投票をした者）の過半数による賛成と、議決権者（出席した者に限られない）の議決権総額の2分の1以上による賛成が、その可決の要

21　その他、社債管理者がある場合の社債権者による議決権行使につき、一定の制限が設けられている（民再169条の2および会更190条参照）。
22　その他、会社更生手続との関係では、計画により影響を受けない権利を有する者、いわゆるクラムダウン（本文2参照）にあたり権利保護される者は、それぞれ議決権を行使することができないものとされている（会更195条）。

220

件として法定されている（民再172条の3第1項）。計画案に対する同意の勧誘にもかかわらず、再生債権者との利害の調整に課題を残し、その採決で可決要件のいずれかを欠く結果となった場合、もし債権者集会の期日が開催されているならば、再生債権者の意向にも左右されはするが、その期日の続行により（同法172条の5）、計画案の提出者として再度の決議の機会を得られる可能性はある。[23]

　他方、更生計画案の場合には、より複雑な仕組みが採用されている。まず、更生計画案の決議は、更生債権の組、更生担保権の組など、その権利の種類別に組分けをして行うものとされている（会更196条1項・2項、168条1項）。そして、その区分に応じて、更生債権の組であれば、その議決権の総額の2分の1を超える同意、更生担保権の組であれば、その議決権の総額の3分の2以上の同意（期限の猶予を定める計画案の場合。権利の減免などを定める場合には、その4分の3以上の同意。事業の全部の廃止を内容とする場合には、その10分の9以上の同意）、といった区分けにより、異なる法定多数決の要件が設定されている（同法196条5項）。[24]そして、一部の組で否決された場合、関係人集会の期日が開催されているならば、関係人の意向次第で期日の続行による再度の決議の可能性がある点は、再生計画案に係る取扱い（上述）とおおむね異ならないが（同法198条1項）、さらに、いわゆるクラムダウンによる計画成立の可能性がある点には留意すべきである。これは、法定多数の同意を得られなかった種類の権利を有する者のために、その権利を保護する条項（権利保護条項）を定めたうえで、裁判所が計画認可の決定をすることができる制度であり、その基本的な発想は、不同意の組限りで一部清算がされるのと同等の経済的利益を保障しようとする点にある（同法200条1項）。[25]その保障される経済的な利益とは、たとえば更生担保権であれば、①その更生担保

23　事案によるが、続行期日における計画案の変更（民再172条の4）をも視野に入れた利害調整となるであろう（本文Ⅰ1参照）。
24　もし株主にも議決権がある場合には（本文1参照）、株式についてもまた組分けされ、かつ、その可決の要件は、議決権の総額の過半数の同意とされている。

221

権の全部をその担保権の被担保債権として存続させること、②その担保権の目的である財産を裁判所が定める公正な取引価額以上の価額で売却し、その売得金から売却の費用を控除した残金で弁済または供託すること、③担保目的物が事業の継続に必要なため売却できないときは、裁判所の定めるその権利の公正な取引価額を支払うこと、または、④①から③に準じて公正かつ衡平に保護することであるし、更生債権であれば、大要、清算価値の保障（後記3参照）である。そして、これに対する不服については、その認可決定に対する即時抗告という姿で顕現することになる。

3 認可・不認可をめぐる争訟

裁判所は、法定多数の同意で可決された計画案につき、後に述べる認可の要件を審理したうえで、認可または不認可の決定をする。この認可決定（の確定）により（民再176条、会更201条参照）、その計画の定めに従い、権利の減免その他の効力が生じ、これに手続の関係者が拘束される（民再177条、会更203条参照）。ゆえに、認可の要件の内実には、たとえ利害関係人の全員が同意したとしてもなお確保されるべき手続的な正義の要請や、たとえ法定多数決によっても奪われるべきでない少数者に係る利益保護の要請が、含意されていると解される。計画案の提出者には、そうした性格を帯びた認可の要件を意識した計画の立案が求められるものであり、現に提出され付議され可決までされた計画案が認可決定を受けられないという事態は、むしろ稀といってもよいであろう。しかし、関係者の利害対立が先鋭な場合には、その潜在的な紛争が、認可決定に対する即時抗告という形で係争と化し、認可の要件を争点として、争訟の階梯を進むことになる。具体的には、この即時抗告権が認められるのは、認可または不認可の決定に対して不服のある利害関係

---

25 一部の組において法定多数の同意を得られないことが明らかな場合、裁判所は、計画案の作成者の申立てにより、あらかじめ権利保護条項を含む計画案の作成を許可することができる。これに対する即時抗告の定めはないが、利害関係人からの意見聴取に関する規律が設けられている（会更200条2項・3項）。

人である（民再175条1項、会更202条1項）。不認可決定との関係では計画案の提出者が、また、認可決定との関係では議決権者が、それぞれ典型的に想起されるところであるが（ただし、民再175条3項、会更202条3項参照）、株式会社である再生債務者との関係で、建前上は手続の拘束外にある株主につき、即時抗告権が認められるべき場合はある（なお、会更202条2項2号参照）。仮に抗告審において原審の判断が覆る場合、とりわけ認可決定が破棄される場合、その後の取扱い次第では、再生債務者や更生会社における再生や更生の行く末に大きな影響を及ぼすことになる。この場合、不認可決定の自判がされると、後は基本的には牽連破産に至るほかなく（民再250条、252条、会更252条、254条。なお、民再175条4項、会更202条5項参照）、実際上の見地から原審に差戻しがされた事案もみられるところである。[27]

さて、話が前後してしまったが、民事再生法と会社更生法における計画認可・不認可の規律は、似て非なるものである。すなわち、再生計画にあっては、法定の不認可事由のいずれかに該当する場合を除き、その認可決定をするという構造であるのに対し（民再174条1項・2項）、[28] 更生計画にあっては、

---

[26] いわゆる100％減資を定める条項を含む再生計画との関係で、株主の即時抗告権を認めたうえで、再生手続または再生計画の法律違反を理由に、その認可決定の取消しをした事例として、東京高決平成16・6・17（平成16年(ラ)300号）金商1195号17頁がある。なお、その法律違反の内実は、この減資条項を定める再生計画案提出の許可および営業（事業）譲渡に関する代替許可が、いずれも（同じ株主申立てによる）即時抗告審で不許可とされた点にある。前掲（注20）の各裁判例参照。

[27] 前掲（注26）の裁判例においては、大要、営業（事業）譲渡の株主総会決議を得られれば、清算型の再生計画は可能であり、そのような計画であれば、いわゆる100％減資などは必要不可欠でないし、再生債務者が自主再建する方法により再生計画案に修正する余地もあるなどとして、原決定を取り消したうえで、原審に差し戻している（差戻し後の再生手続につき、いかなる法令上の根拠により、いかに具体的に遂行することが可能かつ適切であるかについては、判示文言にも示唆はあるが、議論はあり得よう）。なお、議決権額の誤集計（違算）により和議条件が否決された場合、なお手続を続行すべきものとして、その不認可決定を取り消したうえで差戻しをした事例として、名古屋高決昭和53・3・23判時905号75頁がある。

[28] ①再生手続または再生計画が法律の規定に違反し、かつ、その不備を補正することができないものであるとき（軽微な手続不備を除く）、②再生計画が遂行される見込みがないとき、③再生計画の決議が不正の方法によって成立するに至ったとき、④再生計画の決議が債権者一般の利益に反するとき。

〔第1部・第6章〕第3節　手続の諸段階における関係者の利害調整と争訟

法定の認可事由のいずれにも該当する場合に限り、その認可決定をするという構造とされている（会更199条1項・2項）。そうではあるが、計画案の提出者として留意すべき事項、あるいはその利害関係人として注視すべき事項という意味では、やはり大同小異なところはあるので、以下、一応その相違を意識しながらも混然と、大要、手続的な事項から実体的な事項に向かって論じていくこととしたい。

①　再生・更生計画の決議における公正・不正（民再174条2項3号、会更199条2項4号）　かねてより、計画案の提出者が議決権者（の一部）に特別利益の供与を図るなどが教室設例的に説かれるところである。

②　再生・更生手続の法令違反（民再174条2項1号本文、会更199条2項1号）　不適法な手続を経て成立した計画は仮に適法な内容であっても、やはり法的には許容しかねるということである。ごく基本的な規律のみ手続の冒頭から回想するだけでも、手続開始の申立て・保全命令や開始決定の適法性に始まり、認否書・財産評定書・調査報告書・計画案などの提出期限の遵守、各種の事項に係る裁判所の許可や監督委員の同意、計画案の付議や議決権額の決定、債権者集会や関係人集会の召集・期日の開催・続行期日の指定、その他、枚挙に暇がない。とはいえ、その不備を補正することができる場合、あるいは、その違反の程度が軽微な場

29　①更生手続または更生計画が法令および最高裁判所規則の規定に適合するものであること、②更生計画の内容が公正かつ衡平であること、③更生計画が遂行可能であること、④更生計画の決議が誠実かつ公平な方法でされたこと、⑤他の会社とともに組織再構築（合併など）を実施する場合に、その他社においても、これを行うことができること、⑥行政庁の許認可などの処分を要する事項がある場合に、その行政庁の意見と重要な点において反していないこと。

30　なお、計画認可（不認可）決定に係る裁判所の審理については、本書第3部第5章を参照されたい。

31　福岡地小倉支決昭和42・3・4下民集18巻3・4号216頁。より一般化すれば、信義則に反する行為による計画案の可決が問題となるものであろう。最決平成20・3・13民集62巻3号860頁は、計画案の可決の頭数要件が設けられている民事再生との関係で、その申立て前に再生債権（となるべき請求権）の一部移転により、あらかじめ再生債権者の頭数が増加されたことにより、その可決に至ったなどの事案である（債権の一部移転先が再生債務者の内部者であったこと、反対債権者にとっては破産的清算のほうが有利であったこと、その他、事案の経緯には特異な事情もあったようである）。

224

合にまで、常に認可決定の障害となるとすれば行き過ぎの感もある。もともと民事訴訟法理として責問権の喪失という仕組みがあり（民再18条、会更13条により準用される民訴90条参照）、再生計画との関係では不認可事由の例外について（民再174条2項1号ただし書）、更生計画との関係では裁量による認可について（会更199条3項）、それぞれ規定が設けられている。すべてに通底するのは、再生債務者の公平誠実義務（民再38条2項）や管財人の善管注意義務（会更80条）である。

③　再生・更生計画の遂行可能性・見込み（民再174条2項2号、会更199条2項3号）　　再生・更生計画については「履行」と「遂行」が区別され得るところ（後記Ⅲ1参照）、ここでは、計画による権利変更後の倒産債権に対する弁済の履行可能性にとどまらず、共益債権その他の手続外債権に対する弁済、諸々の弁済の前提となるべき原資の捻出、その捻出の基盤となるべき事業計画（事業再生計画ないし経営改善計画）、その内実である事業や組織の再構築および財務体質の改善、その事業用資産の確保（担保権実行の回避など）をも含めた、全般的な遂行可能性までもが問題となり得るところである（前記第2節Ⅱ参照）。

④　再生・更生計画の法令違反（民再174条2項1号、会更199条2項1号）
　　再生・更生計画の不備については、教室設例的には、その定めがなければ計画たり得ない絶対的必要的記載事項（民再154条1項、会更167条1

32　なお、計画案の決議に係る違法については、本文①に該当する場合との線引きが問題となるが、どこに線引きするかについては、議論のあり得るところであろう。
33　再生計画案の決議との関係で、議決票をもって議決権行使に係る代理権を証する書面（民再規51条参照）として取り扱うなどしたことにつき、再生裁判所の裁量判断の範囲内に属するとされた事例として、東京高決平成14・9・6判時1826号72頁がある（ゴルフ場の再生に係る相応に大規模な事案であった模様である）。また、更生計画案の決議との関係で、瑕疵ある同意を除いてもなお法定多数が充足される場合は、可決の要件との関係での違法は認められない旨を判示するものとして、東京高決昭和32・12・24下民集8巻12号2453頁がある。
34　事業・組織の再構築にあたり、手続外の第三者の関与を要したり、その意向に左右される場合もある（会更199条2項5号・6号参照）。なお、再生債権者が事業譲渡を内容とする計画案を提出した場合の再生債務者における遂行可能性については、濱田・前掲（注16）211頁以下において若干の検討をしている。

225

項）の欠落、といった形式上の問題がまず指摘され得るが、実務的には論外といえ、やはり問題となるのは実質的な内容である[35]。とはいえ、法定の最長弁済期間（民再155条3項、会更168条5項柱書）を超過する計画も稀といえ、実際上よく議論の俎上に乗るのは、ⓐ公正性や衡平性（会更199条2項2号参照）、そしてⓑ清算価値保障原則（民再174条2項4号参照）への抵触いかんである。

まず、前者ⓐについてである。再生・更生計画による権利変更の内容は、同種の権利者の間では平等でなければならないが、不利益を受ける者の同意がある場合、少額の再生債権などについて別段の定めをする場合、その他、これらの者の間に差を設けても衡平を害しない場合には、この限りでないとされる（民再155条1項、会更168条1項）。実務上よくみられるのは、手続の冒頭において、手続負担の軽減や事業継続の必要を旨に少額の倒産債権に対する許可弁済を実施した場合に（民再85条5項、会更47条5項）、その相当額までは免除を求めず、それを超える金額の部分につき、ある金額に達するまでの範囲に対する免除率を段階的に定め、債権の高額の部分ほど免除率が高まる漸増方式がよく用いられている[36]。しかしこれも差の程度の問題であり[37]、極端な場合、高額の倒産債権に対して適用される漸増的な弁済率による弁済額を積算した結果[38]、破

---

35 やや特殊な例として、国税の減免を内容とする更生計画につき、徴収権限者の同意を得ずに認可した違法につき説く名古屋高金沢支決昭和42・4・28訟月13巻7号833頁参照。

36 再生・更生手続における少額債権弁済制度と再生・更生計画における衡平性の関係に関する卑見については、西村あさひ法律事務所ほか編『私的整理計画策定の実務』667頁以下〔濱田芳貴〕を参照されたい。

37 以上に対し、ゴルフ場再生の事案との関係では、いわゆるプレー権と預託金返還請求権（と他の債権）の処遇における衡平性、あるいは、継続会員と退会会員（と他の債権者）の処遇をめぐる衡平性が問題視された事案が、これまで多くみられてきたところである。たとえば、東京地決平成11・3・10金商1063号22頁［和議認可］、その抗告審である東京地決平成11・5・17金商1069号7頁［抗告棄却］、東京高決平成13・9・3金商1131号24頁［（和議認可に対する）抗告棄却］、前掲（注33）東京高決平成14・9・6［（和議認可に対する）抗告棄却］、東京高決平成16・7・23金商1198号11頁［（抗告審において）再生計画認可決定取消・不認可］など。なお、「倒産手続における債権者平等原則」については、本書第2部第5章を参照されたい。

産的清算を想定した場合の配当見込み額を下回るような帰結となる場合には、その倒産債権者の同意がない限り、次に述べる清算価値保障の問題に突き当たることにもなる。

　次に、後者ⓑについてである。再生・更生計画の定めにより、再生債務者や更生会社の価値（企業価値ないし事業収益力）の中から倒産債権者らが享受すべきものとされる配分的価値が、その倒産債務者について破産的清算を想定した場合に試算される配当価値に達しない場合、その計画案に係る議決権行使の場面において、どの倒産債権者もこれに賛同すべき誘因を欠くであろうし、もし仮に法定多数の同意に達したとしても、その結果に反対債権者まで拘束される合理的根拠を欠く（財産権の不当な侵害に相当する）というべきである。この点、再生計画との関係では、「債権者の一般の利益に反する」という文言に読み込まれる形で、その不認可事由として理解されているが、そうした規定を欠く更生計画との関係でも（ひいては事業再生を目的とする私的整理との関係でも）、これは当然視されるべき観点と解される。[39]

---

[38] 倒産債権の量的な差とは別に、倒産債権者の質的な差の問題として、いわゆる内部債権の劣後化を図ることが衡平を害するか、反対に、その劣後化を図らないことが衡平を害するか、という問題もある。代表取締役を他の更生債権者より不利益に処遇しても衡平を害しないとされた事例として、前掲東京高決昭和40・2・11参照。

[39] 係属中の詐害行為取消訴訟を監督委員が受継していれば多額の弁済が可能となる可能性が高まるなどの事情を認定し、再生債権者一般の利益に反する旨を判示したものとして、東京高決平成15・7・25金商1173号9頁がある。また、小規模個人再生における偏頗行為否認該当事由と清算価値保障原則の関係を論じるものとして、東京高決平成22・10・22判タ1343号244頁［(手続廃止決定に対する) 即時抗告棄却］参照。なお、「債権者一般の利益」概念については、本書第2部第2章を参照されたい。

III 認可された計画の遂行・履行の段階

1 計画の効力とその発生根拠

　再生・更生計画案について認可決定がなされた場合、再生計画については認可が確定した時点から、更生計画については認可決定時点から、それぞれ計画の効力が生じることになる。再生・更生計画は、再生・更生手続の根本規範であり、その内容に従って更生・再生債権等などについての権利変更や、再生債務者・更生会社の組織変更の効力が生じることとなり、再生債務者・管財人等が再生・更生計画を遂行する義務を負うことになる。

　すなわち、届出再生・更生債権者等および更生会社の株主の権利は、再生・更生計画の定めに従って変更され（民再179条1項、会更205条1項）、再生・更生計画の定めまたは民事再生法・会社更生法の規定によって認められた権利を除き、再生債務者・更生会社は、すべての再生・更生債権についてその責任を免れるとともに、更生会社の株主の権利および更生会社の財産を目的とする担保権はすべて消滅することになる（民再178条本文、会更202条1項柱書）。

　また、再生・更生計画認可の決定が確定したとき、裁判所書記官は、再生・更生計画の条項を、再生・更生債権者表等に記載しなければならない（民再180条1項、会更206条1項）が、これらの表の記載は確定判決と同一の効力を有するから、履行期限を徒過すれば、強制執行をすることができる（民再180条2項、会更206条2項）。

　さらに、再生・更生手続が開始すると、再生の基礎となるべき再生債務者財産を保全するために、再生・更生債権に基づく強制執行等の手続は中止するが（民再39条1項、会更50条1項）、再生計画認可決定の確定（更生計画においては認可決定）とともに、中止された手続は失効する。変更された権利の実現は、再生・更生債権者表等を債務名義とする強制執行に委ねられる以上、

中止された手続を維持する必要がないからである。

　また、株式の取得、株式の併合、資本金額の減少および募集株式を引き受ける者の募集は、これを再生計画に定めた場合、株主総会の特別決議等の会社法上の手続を要することなく再生計画の定める内容によって実行することが可能であり（民再183条、183条の2）、発行可能株式総数についての定款の定めの変更は、認可決定確定時に効力を生じる（同法183条6項）。

　更生計画においても、株式会社の資本構成および組織再編に関する条項を定めたときは、会社法上の諸規制が適用除外とされ、更生計画に基づき円滑な実行が可能である。

　このように再生・更生計画の認可決定には、再生・更生債権者等の実体法上の権利義務を変更し、付随する手続を終了させる効力が認められるだけでなく、会社法上も特別な効力が認められている。再生・更生債権者をはじめとする利害関係人は、認可決定の効力が発生した以上、原則として認可決定確定前の事情を理由に再生・更生計画の内容を争うことはできず、再生・更生計画の定めに従って権利の実現を図ることになる。

　再生・更生計画の認可決定に係る強力な効果が認められる根拠の1つは、前述したとおり、計画案の提出と付議、計画案の決議と計画の認可というそれぞれの段階において、意見聴取の機会、議決権行使の機会および即時抗告の機会など、債権者、株主および労働組合等の各利害関係者の利害を調整する機会が与えられ、かかる利害調整の結果を経て再生・更生計画の認可に至っており、手続保障が確保されているという点にあるといえる。

2　計画の遂行段階における関係者の利害調整および争訟

　再生債務者・管財人等は、以上のように認可決定によって強力な効果が付与された再生・更生計画を遂行し、債権者の権利を実現する責務を負う（民再186条1項、会更209条1項）。この点、再生・更生計画の「遂行」とは、再生・更生計画に定められたすべての事項にかかわるものであり、債務の弁済など債権者の権利に対する「履行」など財産的事項のみならず、資本金額の

減少、募集株式を引き受ける者の募集等の組織的事項までも含むものと解される。[40]

　この点、再生・更生計画が、その内容どおりに遂行されれば特段問題はないが、認可決定後の事情変更により、計画で定められた弁済の不履行が生じたり、計画案そのものの遂行が危ぶまれる事態すら生じたりする場合には、再生・更生計画の効力による権利の縮減に加えて、再生・更生債権者にさらなる不利益が生じる場合がありうる。そのような場合、再生・更生債権者は、確定判決と同一の効力を有する再生・更生債権者表等の記載により、強制執行して自己の権利の確保を図ることも可能であるが、個別の権利実行には費用も時間もかかるため権利の保護手段として十分とはいえず、あるいは、かかる個別の権利実行によって、再生債務者・更生会社の再生可能性を安易に閉ざすことにもなりかねない。

　そこで、民事再生法・会社更生法は、このような事態が生じることを可及的に防止し、再生・更生債権者その他の利害関係人の権利を保護しつつ、利害の調整を図るため、以下のような規定を準備している。

(1) 監督委員・裁判所による監督

　再生・更生計画の履行が、履行主体たる再生債務者・管財人に一任され、その遂行を監督する者が（再生・更生債権者のほかに）いないという場合、中立・公正な観点からのチェック機能が十分に働かず、再生債務者・管財人による適正な計画の遂行を確保できないおそれがある。

　そこで、再生債務者による再生計画の遂行については、監督委員が選任されていれば、監督委員が認可決定の確定後最長で3年間の監督を行い（民再186条2項、188条2項）、更生計画については、原則として裁判所が管財人による更生計画の遂行を監督する（会更68条1項）[41]ものとされ、監督委員・裁判所等が再生債務者・管財人による計画の遂行状況をチェックすることによって、適正な遂行を担保している。[42]

40　条解民事再生法978頁〔須藤英章〕、伊藤・会社更生法656頁。

(2) 相当な担保の提供

　認可決定後に経済情勢や市場環境の急変や、大口取引先の倒産、従業員の長期ストライキなど再生債務者・更生会社の財務状況を悪化させる事情が生じた場合や、再生・更生計画に定められた弁済の不履行が生じた場合には、利害関係人が再生・更生計画の確実な遂行に懸念を抱くこととなり、そのままの状況を放置しては、後述する再生計画の取消しの申立てなどを安易に誘発するおそれもある。

　そこで、裁判所は、再生・更生計画の遂行を確実にするため必要があると認めるときは、再生債務者・管財人に対し、再生・更生計画の定めによって認められた権利を有する者などのために、相当な担保を立てるべきことを命じることができる（民再186条3項柱書、会更209条4項柱書）。ただ、かかる担保提供命令は職権で行われるため、再生・更生債権者をはじめとする利害関係人は、職権発動を促すことができるにとどまる。

　とはいえ、再生・更生計画認可後の再生債務者・更生会社において、計画の遂行を十分に担保できる資産を保有しているケースはあまり想定されず、担保提供命令が発令されることは稀であるかと思われる。[43]

(3) 再生・更生計画の変更

　市場・経済環境の変化や大口取引先などの倒産など外的な要因によって、再生・更生計画そのままでの遂行が不可能または困難になったときに備え、後述のとおり再生計画の取消し（民再189条1項）や再生・更生手続の廃止

41　更生計画認可決定後の事業経営権および財産管理処分権を付与された更生会社については、その取締役などの執行機関が更生計画遂行の義務を負い、管財人がその事業の経営並びに財産の管理および処分の監督をする（会更209条1項）。もっとも、更生計画の遂行権限を付与された取締役に対する裁判所の監督権限がなく、また個別行為に関する許可権限の留保制度が存在しないため、東京地方裁判所の実務においては更生会社に上記の権限を付与する例はほとんどないとされている（東京地裁会社更生実務研究会『会社更生の実務』330頁以下）。

42　再生計画の遂行懈怠があったり、遂行方法に不正な点が存在するような場合で、監督委員による履行監督だけでは不十分であると考えられる場合、利害関係人は、「財産の管理又は処分が失当であるとき、その他再生債務者の事業の再生のために特に必要があると認めるとき」に該当するとして、裁判所に対して管理命令の申立てを行うことができる（民再64条）。

43　条解民事再生法980頁〔須藤英章〕。

（同法194条、会更241条）という制度も用意されてはいるが、それで常に直ちに破産手続に移行（民再250条、会更252条2項）しなければならないとすれば、再生・更生債権者をはじめとする利害関係人の意思に反し、かえってその利益を害するおそれがある。

　そこで、このような場合に備え、再生債務者、監督委員、管財人または再生・更生債権者等の申立てによって、再生・更生計画の内容を変更し、それについて再生・更生債権者の意思を問い、裁判所の決定によって、その変更の効力を生じさせる制度が設けられている（民再187条1項、会更233条1項。変更計画の効力は将来に向かって生じる）。[44]

　再生・更生計画の変更内容としては、事業資金を確保するために再生・更生計画に定める弁済額を減少したり、弁済時期を繰延べしたり、再生・更生債権者に不利な内容に変更する場合が典型的であるが、そのような内容の場合には、再生・更生債権者の保護の観点から、再生・更生計画案の提出があった場合と同様の手続を経るものとされている（民再187条2項本文、会更233条4項）。他方、変更内容が再生・更生債権者に不利な影響を及ぼす内容でないならば、裁判所の変更決定のみによって変更計画の効力が生じるものとされている（民再187条1項、会更233条1項）。[45]

　この変更決定に対しては、利害関係人による即時抗告が認められている（民再187条3項、会更233条6項）。

(4) 再生計画の取消し

　再生債権者が再生計画の認可決定により拘束されるのは、前記のとおり、再生計画の認可決定までの過程において、適切な利害調整・手続保障の機会が与えられていることが前提となる。

---

[44] 新注釈民事再生法(下)178頁〔伊藤尚〕。

[45] 弁済時期の繰上げなどは一般に債権者に有利な変更であるが、計画で予定していた中間利息を控除するような場合は、一般に債権者に有利とはいえないとされる（新注釈民事再生法(下)178頁〔伊藤尚〕）。繰上げ一括弁済と弁済率の削減を組み合わせたものが不利な影響にあたるかどうかについても、更生債権者等の意見などを聴取して、裁判所が実質的判断をする以外にないと解される（伊藤・会社更生法688頁）。

しかし、再生計画が不正な方法によって成立したような場合は、かかる前提を欠いているといえ、再生計画の効力を維持しなければならない理由はない。また、再生計画認可後に再生計画の不履行があり、その不履行が相当期間内に是正されない場合には、債権者は強制執行による権利実行を図ることが考えられるが、それはあくまで再生計画によって縮減された権利の範囲内で認められるにすぎず、権利保護の手段として必ずしも十分とはいえない。

そこで、再生債権者は、再生計画が不正の方法によって成立したこと、再生債務者が再生計画の履行を怠ったことなどを理由に、再生計画の効力を失わせるべく再生計画の取消決定を裁判所に求めることができる(民再189条1項各号)。かかる取消しの効力が生じると、免責の効力（同法179条）は覆滅され、再生計画によって変更された再生債権は、原状に復することになり（同法189条5項2号本文）、再生債権者は、再生計画の認可による権利変更前の債権の範囲で回収を実行できる。

もっとも、再生手続が取り消されるような場合には、再生債務者において残余財産がほとんど残っていない場合が通例であり、債権者への公平な分配のため、直ちに破産手続（いわゆる牽連破産）に移行することがほとんどであろう（民再250条、会更252条2項）。そして、取消決定確定後に再生債務者が牽連破産となった場合には、再生債権者等による事前の回収行為が否認される可能性がある。これらの点からすると、再生債権者が再生計画の取消決定を求める実益のない場合も多いかと思われる。

再生計画の取消決定は、再生計画の認可によって生じた効果を遡及的に失わせ、再生債務者の再生の途を閉ざすという点で、利害関係者に与える影響は重大であるため、再生計画取消しの申立てに係る決定に対する即時抗告が

46　前記のとおり再生計画の遂行義務は広いが、計画取消しの対象となる「再生計画の不履行」は、再生債権の弁済義務の不履行に限られる（条解民事再生法980頁〔須藤英章〕）。
47　再生計画の取消しはすべての再生債権者に影響があることから、ある程度の比重を占める債権者からの申立てがあることが必要である。したがって、再生計画の不履行を理由とする再生計画の取消しの申立権者は、一定以上の未履行再生債権を有する債権者に限定されている（民再189条3項）。

233

認められている（民再189条5項）。

なお、更生手続においては、民事再生手続と異なり、更生計画の取消しを認める制度は規定されていないが、再生手続に比して、手続の法的安定性が重視されていることがその理由であると思われる。

(5) 再生・更生手続の廃止

再生・更生計画に定める弁済ができないなど、再生・更生計画が遂行される見込みがないことが明らかであるにもかかわらず、再生・更生手続を継続する場合、収益の悪化等により残余財産が散逸し、かえって再生・更生債権者をはじめとする利害関係人の利益を害するおそれがある。

そこで、再生・更生計画の認可決定が確定した後に計画が遂行される見込みがないことが明らかになったときは、再生債務者等、監督委員もしくは管財人の申立てによってまたは職権で、裁判所は、手続廃止の決定をしなければならないとされている（民再194条、会更241条1項）。再生・更生債権者は申立権者ではないが、裁判所の職権発動を促すことは可能である。

とはいえ、再生・更生計画が遂行される見込みがないことが明らかであっても、再生・更生計画の変更（上記(3)）により対応できる場合もあり、利害関係人として手続廃止までは望んでいない場合もありうる。そのため、裁判所は、手続廃止の決定をするには、当該決定をすべきことが明らかである場合を除いて、あらかじめ再生債務者、更生会社、監督委員、管財人等の利害関係人に意見を聴くものとされている（民再規98条、会更規57条）。

なお、再生・更生手続の廃止決定に対しては、利害関係人による即時抗告[48]が認められている（民再195条2項、会更238条2項）。

再生・更生手続廃止決定が確定すると、再生・更生手続は終了し、牽連破産への移行可能性が生じる（民再250条、会更252条2項本文）。しかし、再生手続が遡及的に失効するわけではないから、計画認可後の廃止の場合には（再生計画の取消決定の場合と異なり）、計画の遂行および法の定めによって生

---

[48] 再生債務者の株主は、再生手続廃止によって法律上の利益を害されるものではないから、即時抗告権を有する利害関係人には該当しない（新注釈民事再生法(下)219頁〔小原一人〕）。

じた効力に影響は生じないものとされている（民再179条1項、181条1項、会更241条3項）。

（濱田芳貴／金井　暁）

第7章
役員の損害賠償責任

第1節　役員の法人に対する責任

I　役員に対する責任追及の手続

1　概要

　法人が破綻に至る経過の中で、経営判断の誤り、粉飾決算、放漫経営等により役員が破綻原因を作出したり、破綻の前後で法人の財産を隠匿したり、不適当な取引を行うなどして役員が法人の責任財産を毀損させたりすることがある。

　このような場合、法人は、役員に対する損害賠償請求権を有し（会423条等）[1]、役員の個人資産によって法人の損害の回復を求めうる。

　このような損害賠償請求権に基づく損害回復は、通常の損害賠償請求訴訟

1　役員等に対する損害賠償請求権の根拠規定としては、株式会社の役員（取締役、会計参与、監査役）、執行役、会計監査人の善管注意義務（会330条、402条3項、民644条）や取締役の忠実義務（会355条）の懈怠（同法423条1項）、一般社団法人および一般財団法人の理事、監事等の善管注意義務（一般法人64条、民644条）や理事の忠実義務（一般法人83条）の懈怠（同法111条、198条）、持分会社の業務執行役員による忠実義務および善管注意義務（会593条1項・2項）の懈怠（同法596条）、株式会社、持分会社、一般社団法人および一般財団法人の清算人による忠実義務（同法482条4項、355条、651条2項、593条2項、一般法人213条4項、83条）・善管注意義務（会478条6項、330条、651条1項、一般法人209条5項、64条、民644条）の懈怠（会486条1項、652条、一般法人217条1項）などがあげられる。

236

による場合には訴訟に長時間を要することになりかねないことから、簡易迅速に役員の法人に対する損害賠償責任の有無を判断するための手続として、破産法、民事再生法、会社更生法のそれぞれに役員の賠償責任の査定の制度がおかれている。

また、役員に対する損害賠償請求権が認められたとしても、その間に役員による個人財産の隠匿等が行われると実際の回収が困難になることから、実効性確保のため、役員の財産に対する保全処分の手続がおかれている。

2　破綻時における役員の法人に対する責任

破綻時に役員が倒産債務者である法人に対し損害賠償責任を負う場面は、基本的には平時と同様である。倒産債務者が株式会社である場合には、多くは取締役の忠実義務違反（会355条）や善管注意義務（同法330条、民644条）違反による会社法423条に基づく損害賠償責任が問題になりうるが、破綻の場面においては、破綻の原因につながった経営判断の誤りやそれに付随する監視・監督義務違反、会社財産流出原因となった粉飾決算やそれに基づく違法配当、違法な役員報酬の付与や会社財産の私的流用等が典型的なものとして想定される。[2]

会社更生法では、役員等（設立時監査役、会計参与、監査役、会計監査人および清算人を除く）に対する会社法52条1項、213条1項または286条1項の規定による出資不足額の支払請求権についての査定申立てや保全処分が規定されている（会更99条1項2号、100条1項）が、民事再生法、破産法には同様の規定はない。査定の制度が、会社から役員に対する損害賠償請求権を対

---

[2] 神戸地姫路支決昭和41・4・11判タ191号128頁〔山陽特殊製鋼事件〕、東京地決昭和41・12・23判タ202号143頁〔サンウエーブ工業事件〕、徳島地決昭和47・3・7判タ276号234頁〔徳島精油事件〕、名古屋高金沢支判昭和48・4・11判タ295号268頁、大阪地判昭和49・4・26判時781号103頁、東京地決昭和52・7・1判タ349号183頁〔興人事件〕、札幌地決昭和54・5・8判タ397号145頁、東京地判昭和54・7・25金商581号31頁〔東洋パルプ事件〕、東京地判平成16・9・28判時1886号111頁および東京地判平成16・10・12判時1886号132頁〔そごう旧取締役損害賠償査定異議申立事件〕等参照。

象としていることからすれば、株式会社における資本充実の観点から定められているこれらの請求権は、明文の規定のない破産および再生手続においては、査定制度の対象外であると考えるべきであろう。また、役員が法人の債権者等の第三者に対して負う損害賠償責任（会429条等）も査定制度の対象外である（役員の会社債権者に対する責任については第2節参照）。

3　役員賠償責任査定手続の概要

(1)　手続の開始（破178条、民再143条、会更100条）

　役員賠償責任査定の手続は、倒産手続の開始決定後、裁判所に対する申立てまたは職権による決定に基づき開始される（査定申立ての方式については、破規1条、2条、民再規69条、会更規1条、2条参照）。

　申立権者は、原則としては債務者の財産の管理処分権を有する者であり、破産手続の場合は破産管財人、再生手続の場合は管財人が選任されていれば管財人、選任されていなければ再生債務者および再生債権者、更生手続の場合は更生管財人である。再生手続の場合、再生債務者は債権者に対する公平誠実義務（民再38条2項）を負うが、管財人がいない場合には、再生債務者自身による責任追及が事実上期待できない場面も想定されることから、例外的に再生債権者にも申立てが認められている。破産債権者や更生債権者には申立権は与えられていないが、裁判所の職権による開始を促すため、職権発動を促す上申等を行うことは可能である。

　申立ての相手方となる役員は、破産法および民事再生法では理事、取締役、執行役、監事、監査役、清算人またはこれらに準ずる者と規定され（破177条1項、民再142条1項）、会社更生法では株式会社の取締役、監査役、執行役、清算人のほか、さらに発起人、設立時取締役、設立時監査役、会計参与、会計監査人が列挙されている（会更99条1項1号）。会計参与は会社法上、株

3　深山卓也ほか『一問一答民事再生法』183頁。
4　「これらに準ずる者」としては、たとえば法人の代表者の職務代行者（民保56条）等が想定される。

式会社の役員（会329条1項）に含まれ、会計監査人も株式会社に対して役員と同様の善管注意義務を負い（同法330条）、任務懈怠があった場合にはそれぞれ会社に対する損害賠償責任を負う（同法423条1項）から、破産および再生手続においても設立時取締役および設立時監査役のほか、会計参与および会計監査人も「これらに準ずる者」として相手方になる。発起人は、会社に対し善管注意義務を負い、任務懈怠があった場合には会社に対する損害賠償責任を負う（同法53条1項）が、これは株式会社の発起人に特有の責任に基づくものであり、法人の役員一般に認められた請求権ではない等の理由から査定手続の対象外であるとする見解もある。しかし、発起人の任務懈怠による責任と役員の任務懈怠による責任を区別する理由はないから、破産および再生手続においても、「これらに準ずる者」として発起人を相手方とすることはできると解すべきであろう。

なお、問題行為の当時にこれらの地位にあった者が対象となり、すでに退任した者も含まれるが、法定の選任手続を経ていない事実上の役員は含まれないと解される。

査定申立て、査定手続の開始決定時に裁判上の請求があったとみなされ、時効が中断する（破178条4項、民再143条5項、会更100条4項）。

査定申立て時においては、申立ての原因となる事実、すなわち役員に対する損害賠償請求権の発生原因となる事実について疎明する必要がある（破

---

5 深山ほか・前掲（注3）183頁、条解民事再生法765頁、768頁〔中島弘雅〕、萩本修編『逐条解説新しい特別清算』176頁は、特別清算において消極。
6 新注釈民事再生法(上)815頁、822頁〔阿多博文〕、条解破産法1129頁。
7 東京地裁破産再生実務研究会編『破産・民事再生の実務〔第3版〕破産編』227頁、新注釈民事再生法(上)815頁〔阿多博文〕、条解民事再生法768頁〔中島弘雅〕。
8 真に実質的な代表者として行動しており、会社との間に委任関係があると解され、その責任に基づく損害賠償請求権の回収の実効性を確保する必要性が高い場合には「役員」と解するのが相当であるとする見解（条解破産法1129頁）もあるが、第三者に対する責任ではなく内部での責任追及が対象となる手続において選任手続を経ていない者を含めることには疑問があるとの指摘（新注釈民事再生法(上)815頁〔阿多博文〕）がある。簡易迅速な責任追及を可能にするという査定制度の趣旨からしても、「役員」該当性に実質的な判断を持ち込むのは相当ではなかろう。条解民事再生法768頁〔中島弘雅〕。

〔第1部・第7章〕第1節　役員の法人に対する責任

178条2項、民再143条3項、会更100条2項）。事案に応じて、問題となった行為に関連する取締役会の議事録や会議の際の配布資料、契約書、決算書、監査報告書、会計帳簿類、その他金員の流れがわかる資料、関係者の電子メールや手帳類、関係者の陳述書、会計士等の意見書などの提出を検討することになろう。

その後、審理が開始され、相手方となった役員に対しては、防御の機会を与えるべく審尋が行われる（破179条2項、民再144条2項、会更101条2項）。

(2)　査定の裁判

役員賠償責任査定の申立てを受け、または職権により開始の決定を行った倒産裁判所は、申立人による疎明や役員に対する審尋を踏まえ、役員の責任を査定する裁判または申立てを棄却する裁判をすることになる。当該裁判は理由を付した決定で行われ、責任査定決定の場合には決定書が当事者に送達される（破179条1項・3項、民再144条1項・3項、会更101条1項・3項）。責任査定決定には仮執行宣言を付すことはできないと解される。査定の手続において裁判上の和解をすることも可能である。

責任査定決定がなされた場合（申立て金額の一部のみ認められた場合を含む）、これに不服がある者は、決定の送達を受けた日から1か月の不変期間内に、裁判所に対し、異議の訴えを提起することができる（破180条、民再145条、会更102条）。これは、法人の役員に対する損害賠償請求権という実体法上の

9　役員の責任を査定する決定の主文は、たとえば、「破産会社〇〇の、被申立人〇〇に対する〇〇〔発生原因事実〕に基づく損害賠償請求権の額を、〇〇円及びこれに対する平成〇年〇月〇日から支払済みまで年5分の割合による遅延損害金と査定する」という形になる。査定申立て時において、申立人は査定を求める一定額を申立ての趣旨として記載するが、裁判所は当該金額にとらわれず、損害賠償額を査定する。

10　これに対し、査定の申立てを棄却する決定の場合には、相当と認める方法により告知すれば足りる（破13条、民再18条、会更13条、民訴119条）が、実務上は決定書を送達する場合が多いと考えられる。

11　条解破産法1141頁。条解民事再生法779頁〔中島弘雅〕は民事再生の査定決定について、付することができるとする。

12　東京地裁破産再生実務研究会編『破産・民事再生の実務〔第3版〕民事再生・個人再生編』247頁、条解破産法1142頁、条解民事再生法778頁〔中島弘雅〕。

240

権利・義務の存否を、非訟手続である査定手続で判断することになるため、査定決定に不服のある者に裁判を受ける権利を保障する趣旨である。

責任査定決定について、異議の訴えが提起されなかった場合、または異議の訴えが不適法却下された場合には、当該決定は確定給付判決と同一の効力を有し（破181条、民再147条、会更103条）、それに基づき役員の個人財産に対する強制執行が可能となる。

また、査定手続は、倒産手続が終了した時に終了するが、すでになされた責任査定決定の効力は失われない（破178条5項、民再143条6項、会更100条5項）。破産手続終了後における査定決定に対する異議の訴えは、清算法人が当事者になると解される[14]。

(3) 異議の訴え

異議の訴えについては、破産裁判所、再生裁判所および更生裁判所が管轄する（破180条2項、民再145条2項、会更102条2項）[15]。

異議の訴えの訴訟物は、査定を申し立てた者（管財人等）が原告となる場合には、査定決定による査定額と訴えにより変更を求める査定額との差額についての請求権、役員が原告となる場合には、取消しを求める査定額についての請求権になると考えられ、裁判所はその範囲内で判断をすべきことになる。そのため、原告による訴えの訴訟物の範囲を超える判決を被告が求めたい場合（役員が査定決定の取消しを求める場合において、管財人等が査定決定の変更により査定額を増額させたい場合、管財人等が査定決定の変更により査定額を増額させることを求める場合において、役員が、査定額の減額や査定決定の取消しを求めたい場合など）、反訴の提起が必要になると考えられる[16]。

異議の訴えについては、裁判所は、訴えを不適法として却下する場合を除き、査定決定を認可し、変更し、または取り消す必要がある。このうち査定

---

13 査定の申立てを棄却する決定（査定申立て時の損害賠償金額の全部を認めない決定）は、異議の訴えの対象とはならない点に注意が必要である。
14 条解破産法1139頁。
15 倒産事件を担当する裁判体ではなく、倒産事件が係属している地方裁判所を指す（破2条3項、会更2条4項参照）。

241

決定を認可し、または変更した判決は、主文中には給付文言が含まれないものの、強制執行に関しては、給付判決と同一の効力を有し、仮執行宣言を付すことも可能である（破180条4項～6項、民再146条3項～5項、会更102条4項～6項）。

異議の訴えの係属中に破産手続が終了した場合、破産管財人が当事者である異議の訴えは中断し、破産者が受継する（破44条4項・5項）のが原則である。この場合、清算法人たる破産者が当事者になると解される[17]。もっとも通常は、異議の訴え提起の段階から、破産管財人および裁判所との間で訴訟の見込みやスケジュール等について打合せを行い、訴訟の終了を待って破産手続を終了させることが一般的であろう。また、再生手続の終了時に、管財人または再生債権者が異議の訴えの当事者となっていた場合、異議の訴えは中断し、再生債務者が受継する（民再68条2項・3項、146条6項）。一方、再生債務者が異議の訴えの当事者となっていた場合には、再生手続が終了しても訴訟はそのまま係属する。更生手続の終了時には、更生管財人が当事者である異議の訴えは中断し、更生会社が受継する（会更52条4項・5項）。

4　財産の保全手続

役員賠償責任査定決定によって役員に対する損害賠償請求権が認められたとしても、その間に役員による個人財産の隠匿等が行われると実際の回収が困難になることから、役員の財産に対する保全処分の制度がおかれている（破177条、民再142条、会更99条）。

基本的には、倒産手続開始決定後において、査定申立権を有する者の申立

---

[16] 異議訴訟の判決の主文は、たとえば、「原告が、被告に対して負担すべき損害賠償債務の額を〇円と査定した〇〇地方裁判所平成〇年㋺第〇〇号の損害賠償査定決定を認可する」、「原告が、被告に対して負担すべき損害賠償債務の額を〇円と査定した〇〇地方裁判所平成〇年㋺第〇〇号の損害賠償査定決定を取り消す」、「原告が、被告に対して負担すべき損害賠償債務の額を〇円と査定した〇〇地方裁判所平成〇年㋺第〇〇号の損害賠償査定決定を次のとおり変更する。〔変更後の内容〕」などという形になる。

[17] 大コンメ735頁〔田頭章一〕は、受継すべき者が存在しないから当然終了すると解するが、疑問である。査定決定後に破産手続が終了した場合の異議訴訟について、条解破産法1139頁参照。

てまたは職権により、倒産裁判所が必要と認めるときに役員の財産に対する保全処分が行われる（破177条1項、民再142条1項・3項、会更99条1項。保全処分の申立ての方式については、破規1条、2条、民再規68条、会更規1条、2条参照）。

ただし例外的に、役員による財産隠しの兆候があるなど緊急の必要があると認められる場合には、倒産手続開始申立て後開始決定までの間、破産債務者、再生債務者または再生債権者、開始前会社（いずれも保全管理人が選任されている場合は保全管理人）の申立てまたは職権による保全処分が行われることもありうる（破177条2項、民再142条2項・3項、会更40条1項）。

当該保全処分は、法人の役員に対する損害賠償請求権という金銭債権を被保全権利とするものであり、役員の個人財産（不動産、預貯金、債権等）に対する仮差押えの形で行われることが一般的であると考えられるが、立担保は求められていない。

裁判所は、当該保全処分について、決定により変更や取消しをすることが可能である（破177条3項、民再142条4項、会更99条2項）。

保全処分や、当該保全処分を変更または取り消す決定に対しては、即時抗告をすることが可能であるが、即時抗告を行っても執行停止の効力は生じない（破177条4項・5項、民再142条5項・6項、会更99条3項・4項）。

II 倒産手続開始と訴訟による責任追及との関係

1 倒産手続開始後に責任追及訴訟を提起することの可否

(1) 倒産債務者自身による訴訟提起の可否

破産手続、再生手続（管財人が選任されている場合）、更生手続のいずれについても、倒産手続開始後は、財産の管理処分権や業務の遂行権、事業の経営権は管財人に属し（破78条1項、民再66条、会更72条1項）、役員に対する責任追及の訴えは破産財団または会社の財産関係に関する訴訟として管財人

が当事者適格を有することになるから(破80条、民再67条1項、会更74条1項)、債務者である法人には損害賠償請求権を行使する権限はなく、自ら訴訟により役員の責任追及を行うことはできない。

(2) 管財人等による訴訟提起の可否

査定申立権を有する破産管財人、再生債務者(管財人が選任されていない場合)または管財人、更生管財人が、倒産手続開始後に査定手続によらずに直ちに責任追及の訴訟を提起することは可能である。責任査定決定がなされても役員が異議を申し立てることが予想される場合には、むしろ査定手続を利用することなく直ちに訴えを提起すべきであろう。一方、査定申立てをした後に別途役員に対する責任追及の訴えを提起することは、同一の損害賠償請求権の存否につき裁判所の判断を求めるものであることから、重複起訴禁止(民訴142条)の趣旨からして許されないし、責任追及の訴えを提起した後に査定申立てを行うことも、同様に許されない。[18]

なお、査定申立てが全部棄却された場合、査定申立人が異議の訴えを提起することはできないが、棄却する裁判には既判力がないから、別途訴訟により役員の責任追及を行うことは何ら妨げられない。[19]

(3) 株主代表訴訟(会847条)の提起の可否

(ア) 破産手続または更生手続の場合

破産または更生手続開始後に、管財人による役員の責任追及が行われない場合に、株主代表訴訟の提起が許されるか否かについては明文の規定はないものの、できないとするのが通説的見解であり、その旨の裁判例も存在する[20](更生手続について、東京地判昭和41・12・23判タ202号201頁、東京高判昭和43・6・19判タ227号221頁、大阪高判平成元・10・26判タ711号253頁等。破産手続につ

---

18 条解破産法1138頁。
19 深山ほか・前掲(注3)187頁。もっとも、破産手続に関し、いったん査定の申立てが棄却された後、新たに損害賠償請求訴訟を提起するのは例外的な場合に限られるべきであり、裁判所の許可(破78条2項10号)についても慎重な運用が求められるとの指摘(伊藤・破産法民事再生法595頁注398)もある。
20 伊藤・破産法民事再生法593頁、大コンメ728頁〔田頭章一〕、伊藤・会社更生法461頁。

いて、東京地判平成7・11・30判タ914号249頁)。

　この点、各裁判例においても判示されているとおり、破産または更生手続開始後は、倒産債務者である会社の役員に対する損害賠償請求権を含むすべての会社財産または破産財団の管理処分権、事業の経営権は管財人に属し（破78条1項、会更72条1項）、会社の役員に対する責任追及の訴えは、会社の財産関係または破産財団に関する訴えとして管財人が当事者適格を有する（破80条、会更74条1項）ことになり、会社には当該損害賠償請求権を行使する権限はないから、株主等が会社に代位して役員の責任追及をするという株主代表訴訟の前提を欠くことになる。また、管財人は、裁判所の監督の下（破75条1項、会更68条1項）、善管注意義務をもって公平誠実に職務を遂行する責務を負い、それを怠った場合には利害関係人に対して損害賠償責任を負う（破85条、会更80条）から、役員に対する責任追及についても、訴訟提起や査定申立ての要否は管財人の判断に委ねられていると解するべきである。そして、このように解したとしても、株主代表訴訟は、役員との特殊な関係から会社が役員に対する責任追及を怠る弊害が生じる可能性を予測して設けられた制度であるところ、管財人の上記職責からすれば、役員に対する責任追及を怠るおそれはなく、倒産手続中は株主代表訴訟の必要性を認める実質的根拠は存在しない。

　したがって、破産および更生手続開始後に株主代表訴訟が提起されたとしても、当事者適格を欠くとして不適法却下されると解される。[21]

21　なお、信用協同組合に対して、金融機能の再生のための緊急措置に関する法律（金融再生法）に基づき、金融整理管理人による業務および財産の管理を命ずる処分があったとしても、信用協同組合の組合員は、組合員代表訴訟を提起することができるし、組合員代表訴訟が係属中に上記処分がされても、組合員は訴訟を追行する資格または権能を失うものではないとする判例も存在するが（最判平成15・6・12金商1181号24頁）、倒産手続における管財人の法的地位と異なり、金融整理管財人はあくまで被管理金融機関を代表して業務の執行や財産の管理処分を行うのであり（金融再生法11条1項）、被管理金融機関がその財産等に対する管理処分権を失い、金融整理管理人がこれを代わりに取得するものではないことを根拠としており、破産および更生手続については射程外といえる。

〔第1部・第7章〕第1節　役員の法人に対する責任

(イ)　再生手続の場合

再生手続開始後に株主代表訴訟の提起が許されるか否かについても明文の規定はなく、解釈および運用に委ねられているが、管財人が選任されているかどうかで分けて考える必要がある。

(A)　管財人が選任されていない場合

再生手続開始後も再生債務者が業務遂行権および財産の管理処分権を従前どおり行使し、債権者に対する公平誠実義務（民再38条1項・2項）は負うものの、役員との関係性は事実上変わらず、責任追及を怠るおそれがないとはいえないから、手続開始後に株主が新たに代表訴訟を提起することも妨げられないと解される。[22]

なお、この場合でも、再生手続開始後に株主が代表訴訟を提起し、その後管理命令（民再64条）が発令されると、再生債務者は業務遂行権および財産の管理処分権を失うから、後述（2(2)(イ)(B)）と同様の帰結になると解すべきであろう。

(B)　管財人が選任されている場合

管財人が選任された場合には、破産および更生手続と同様に株主による代表訴訟提起を否定する見解が有力である。[23]

一方、①管財人による経営陣に対する責任追及は、法人の再生という目的の下に広範な裁量権を伴って行われるものであり、株主による責任追及とは立場や視点の違いが存在する、②株主には会社とは別個独立の立場から代表訴訟を提起する固有の権限があり、管財人が会社の事業遂行権、財産の管理処分権を専有するようになった後も、再生手続上株主の権利がすべて停止する旨の規定がない以上は株主代表訴訟を提起する権限を失うものではない、③株主による代表訴訟を求めても再生手続の目的と積極的に矛盾するもので

22　深山ほか・前掲（注3）185頁、条解民事再生法773頁〔中島弘雅〕、新注釈民事再生法(上)824頁〔阿多博文〕、伊藤眞ほか編『注釈民事再生法(上)〔新版〕』451頁〔松下淳一〕。

23　伊藤ほか・前掲（注22）451頁〔松下淳一〕、石井教文「再建手続における役員の地位と責任」（髙木新二郎＝伊藤眞編集代表・講座倒産の法システム(3)）202頁。

246

はない、④民事再生法上、裁判所による管財人の選任・監督の規定や管財人の善管注意義務の規定があるからといって、役員に対する責任追及の懈怠の可能性がないとはいえない、⑤民事再生法上は株主の権利は手続による調整の対象となっておらず、管財人が善管注意義務を負う利害関係人(民再78条、60条2項)には株主は含まれていないと解する余地がある等として、管財人が選任された後も、管財人が責任追及を行わない場合には株主による代表訴訟を認める余地があるとする見解もある[24]。

しかし、再生手続の管理命令発令後における管財人と、破産管財人および更生管財人の法的地位には何ら差異はなく、管財人が業務遂行権および財産の管理処分権を有し(民再66条)、会社の役員の責任追及の訴えは、会社の財産関係に関する訴えとして管財人が当事者適格を有し(同法67条1項)、会社には当該損害賠償請求権を行使する権限はなくなると解するほかない。管財人は、裁判所の監督の下(同法78条、57条1項)、善管注意義務をもって公平誠実に職務を遂行する責務を負い、それを怠った場合には利害関係人に対して損害賠償責任を負う(同法78条、60条)し、たとえ利害関係人に株主を含まないと解される余地があるとしても、役員との特殊な関係性は基本的には存在せず、なれ合いにより責任追及を怠るおそれはないから、代表訴訟の必要性を認める実質的根拠は存在しないものと思われる。

したがって、管財人が選任されている場合には、再生手続開始後に株主代表訴訟が提起されたとしても、当事者適格を欠くとして不適法却下されると解される。

2 責任追及訴訟係属中に倒産手続が開始された場合の訴訟手続の帰趨

(1) 倒産債務者自身による訴訟が係属していた場合

債務者である法人による役員に対する責任追及訴訟が係属していた場合、

---

24 条解民事再生法772頁〔中島弘雅〕。深山ほか・前掲(注3)185頁はその可能性を示唆する。

破産および更生手続については、当該訴訟は中断する（破44条1項、会更52条1項）。その後、管財人において、当該訴訟を受継する（破44条2項、会更52条2項）のか、別途査定申立てまたは訴訟を提起するか、従前の訴訟の状況も踏まえて判断することになる。

この点、相手方からの受継の申立て（破44条2項、会更52条2項）が可能かどうかも問題となる。相手方の従前の訴訟における地位や利益保護の観点から受継申立てを認めるという説と、管財人の利益および選択を重視する観点から否定する説とがあるが、倒産債務者の他の財産関係等に関する訴訟と区別する必然性はないことから、相手方からの受継申立ては認めるべきである。[25]

管財人の選択により査定申立てや新たな訴訟の提起がなされた場合、相手方から受継申立てがない限り、これらが優先し、先行する訴訟は、重複起訴の禁止に抵触し不適法却下すべきであろう。[26]

再生手続について管財人が選任された場合は同様である（民再67条2項・3項）。管財人が選任されない場合は、再生債務者による訴訟は、再生手続開始決定の影響は受けず、中断しない。[27]

(2) 株主代表訴訟が係属していた場合

(ア) 破産手続または更生手続の場合

前記1(3)のとおり、破産または更生手続開始により、倒産債務者である会社の役員に対する損害賠償請求権を含むすべての会社財産または破産財団の管理処分権、事業の経営権は管財人に属し（破78条1項、会更72条1項）、会社の役員に対する責任追及の訴えは、会社の財産関係または破産財団に関する訴えとして管財人が当事者適格を有する（破80条、会更74条1項）ことになり、会社は当該損害賠償請求権を行使する権限を失い、株主等が会社に代位して役員の責任追及をするという株主代表訴訟の前提を欠くことになるか

25　条解破産法1138頁。
26　伊藤ほか・前掲（注22）451頁〔松下淳一〕。
27　新注釈民事再生法(上)824頁〔阿多博文〕、伊藤ほか・前掲（注22）451頁〔松下淳一〕、条解民事再生法773頁〔中島弘雅〕。

ら、訴訟の追行権を有しなくなるという点に大きな争いはないと考える。

この場合、株主代表訴訟は、債権者代位訴訟とその性質を同じくするものであるところ、債権者代位訴訟については、倒産手続開始により訴訟は中断し、管財人がこれを受継するとされているから（破45条、会更52条の2）、株主代表訴訟についても同様に倒産手続開始によって中断し、管財人が中断した訴訟を受継することができると解すべきである。[28]

なお、倒産債務者本人による訴訟が係属していた場合と同様、管財人は、代表訴訟を受継するほか、別途査定申立てまたは訴訟を提起することもできるが、管財人の選択により査定申立てや新たな訴訟の提起がなされた場合は、これらが優先する。このとき、先行する訴訟は、管財人の査定申立てまたは訴訟提起と実質的に重複起訴の禁止に抵触するものとして不適法却下になると思われる。[29]

(イ) 再生手続の場合

(A) 管財人が選任されていない場合

再生手続開始後も再生債務者が業務遂行権および財産の管理処分権を従前どおり行使するのであるから、株主が会社に代位してこれを行使することに何ら影響はなく、係属中の株主代表訴訟はそのまま継続する。[30]

代表訴訟係属中に、再生債務者または再生債権者による査定の申立てが行われた場合は、訴えの取下げがなければ査定の手続を開始できないとの考え方もありうるが、原則としては迅速な責任追及手続である査定手続を優先させるべきであり、先行する代表訴訟が重複起訴の禁止に触れ、却下されるこ

---

28 伊藤・破産法民事再生法409頁、条解破産法351頁、東京地決平成12・1・27金商1120号58頁、条解会社更生法(上)595頁、616頁、伊藤・会社更生法461頁。
29 先行する代表訴訟と管財人による査定申立てまたは訴訟は、いずれも倒産債務者の役員に対する損害賠償請求権を訴訟物として重複するので、両者も実質的に重複起訴と評価できるように思われるが、先行する代表訴訟からみれば、訴訟物たる債権が第三者に譲渡された場合と同様に、これを棄却すべきものと解することもできるように思われる（株主代表訴訟提起後に第三者が会社から役員に対する損害賠償請求権を譲り受け、別訴を提起した場合には、先行事件である株主代表訴訟を棄却すべきものとした和歌山地判平成12・2・15判時1736号124頁参照）。
30 新注釈民事再生法(上)824頁〔阿多博文〕、条解民事再生法773頁〔中島弘雅〕。

とになると解すべきであろう。ただし、代表訴訟の却下後に当該査定申立てが棄却された場合、再生債務者によって新たに責任追及の訴えを提起することは妨げられないが、その場合、①株主代表訴訟が提起されると重複起訴禁止の観点から会社による同一の訴訟物についての提訴が許されなくなることとの平仄を失すること、②会社に提訴の機会を与えるために提訴請求の制度（会847条1項）を設けている趣旨を損なうことになりかねないことから、先行する代表訴訟を却下するか否かについては、査定手続の趨勢をみてから判断するのが相当であるように思われる。また、再生債務者としても、係属中の代表訴訟の審理が相当程度進捗し、判決言渡しが間近に予定されているような場合などにおいては、その推移を見守ることが相当であろう。

(B) 管財人が選任されている場合

再生手続開始によっても株主は代表訴訟の追行権を失わず、管理命令が発令されたとしても再生債務者を当事者とする訴訟ではないから（民再67条2項参照）、代表訴訟は中断しないとの見解も存在するが、前述1(3)(イ)(B)のとおり、破産および更生手続と同様に、株主による代表訴訟の追行権は管理命令の発令によって失われることになるという見解が有力であり、またそのように解すべきである。

その場合、再生手続開始前に提起されていた株主代表訴訟は、債権者代位訴訟と同様（民再40条の2）、手続開始により中断し、管財人が中断した訴訟を受継することができると解される（再生手続開始後管理命令発令までに提起されていた株主代表訴訟も同様の帰結になる（前記1(3)イ(A)））。また、管財人は、破産または更生手続の場合と同様に、代表訴訟を受継しないで、別途査定申立てまたは訴訟を提起することもでき、この場合、代表訴訟は重複起訴の禁

31　伊藤ほか・前掲（注22）451頁〔松下淳一〕、新注釈民事再生法(上)824頁〔阿多博文〕、条解民事再生法773頁〔中島弘雅〕、伊藤・破産法民事再生法933頁。

32　伊藤ほか・前掲（注22）451頁〔松下淳一〕。ただし、直ちに却下することなく、中止しておき、異議の訴えが提起されたらこれと併合することも考えられるとする。

33　園尾隆司＝小林秀之編『条解民事再生法〔第2版〕』297頁〔小林久起〕。

34　伊藤ほか・前掲（注22）451頁〔松下淳一〕、石井・前掲（注23）202頁。

止に抵触することになると思われる。

(中井康之／富山聡子)

第2節　役員の会社債権者に対する責任

I　経営危機時における役員の責任

1　問題の所在

　会社の経営状況が悪化し資金繰りが厳しくなってくると、支払能力を超えた無理な借入れや仕入れ、不相当に低価格での財産処分などが行われがちである。かかる行為がなされた後に会社が倒産するに至った場合、会社の株主だけでなく、会社に対する債権者も債権の満足を得ることができなくなり、損害を被ることになる。会社法上、取締役は、会社に対して善管注意義務（会330条、民644条）および忠実義務（会355条）を負っており、取締役がこれらの義務を怠って会社に損害を与えた場合には任務懈怠責任を問われることになるが（同法423条1項）、会社が倒産に瀕するような経営危機に陥った場面において、取締役が、たとえば会社の存続を図るべく上記のような行為を行った末、会社が倒産するに至った場合、取締役の会社（株主）に対する責任のほか、会社債権者に対する責任はどのように考えるべきであろうか。[1]

---

[1]　いわゆる役員責任を定める会社法の規定（423条1項等）や倒産法（破177条1項、民再142条1項、会更99条1項）の規定では、取締役以外の役員等も含めて対象にしたうえ、「役員等」あるいは「役員」と総称されているが、本稿では、取締役をその代表として取り上げることとする。

2　役員の会社債権者に対する責任

(1)　会社法429条1項の法意

　この点、会社法429条1項は、取締役等がその職務を行うについて悪意または過失があったときは、当該取締役等は、これによって第三者に生じた損害を賠償する責任を負う旨規定しており、実務上も、会社が倒産した場面などで、会社債権者による債権回収の手段の1つとして利用されているところである。

　ところで、上記規定の前身である旧商法266条の3第1項前段の法意について、判例（最判昭和44・11・26民集23巻11号2150頁）は、会社が経済社会において重要な地位を占めていること、しかも会社の活動はその機関である取締役の職務執行に依存するものであることを考慮して、第三者保護の観点から、取締役が悪意または重過失によって会社に対する任務（善管注意義務および忠実義務）を懈怠し第三者に損害を与えたときは、当該任務懈怠に係る行為と第三者の損害との間に相当因果関係が認められる限り、それがいわゆる間接損害（取締役の行為によって会社が損害を被り、その結果第三者に損害が生じる場合）であるか、直接損害（取締役の行為によって、直接第三者が損害を被る場合）であるかを問わず、取締役に当該損害を賠償する責任を負わせたものであると説いている。[2]

(2)　直接損害と役員の責任

　このように、判例は、会社法429条1項は取締役の特別の法定責任を定めたものであるとして、取締役の悪意・重過失はあくまで会社に対する任務懈怠について必要であるとし、間接損害および直接損害の両者を対象に含めたうえ、後者については、一般の不法行為責任（民709条）との競合を認めるものである。[3]

---

[2]　会社法429条は、賠償責任者を旧商法時の「取締役」から「役員等」に拡大しているが、当該判例の説く法意はそのままあてはまると解される（洲崎博史「判批」会社法判例百選〔第2版〕146頁）。

しかし、倒産事案に関連していえば、まず、直接損害の事例、たとえば、会社の存続を図るために弁済見込みの乏しい借入れや仕入れ等が行われた後、結局、会社が倒産するに至ったというケースにおいて、会社には損害が生じていないにもかかわらず、何ゆえそれが取締役の会社に対する任務懈怠にあたるといえるのかという点についてはなお説明を要しよう[4]。

この点、取締役が第三者に対し違法な行為をすることが会社の社会的信用を傷つけるという点で会社に対する任務懈怠になるとする見解[5]や、甚だしく不合理な判断による取引の相手方を保護するという法的価値判断を基礎に、無意味な債務を増大させた点が任務懈怠と評価されうるとする見解[6]もある。しかし、いずれの見解も、取締役の会社債権者に対する直接の不法行為責任の成立が前提にあるように解され、そうだとすれば、会社法429条1項が取締役に第三者に対する特別の法定責任を認めた意義自体に疑問が生じ得よう[7]し、そこから、そもそも会社法429条1項の対象を間接損害に限定すべきではないかとの疑問も呈しうることになる。

そこで、会社が債務超過またはそれに近い状態にあり、第三者に損害を及ぼしかねない状況下においては、会社債権者の損害拡大を阻止するため、取締役には会社の状況を的確に把握し、再建可能性、倒産処理等を検討すべき義務が善管注意義務として課されており、その違反が会社に対する任務懈怠

---

3 当該判例には、本条は、取締役が業務執行に際して不法行為によって第三者に対し直接損害を与えた場合の規定であって、民法709条に対して特別規定の関係にあり、「悪意・重過失」も会社に対する任務懈怠についてではなく、当該不法行為についてのものであるとする意見など、3つの少数意見が付されている。なお、本条の法意については見解が分かれていることは周知のとおりであるが、本稿ではこれ以上の議論には踏み込まず、判例（多数意見）の立場を前提に検討を進めることとする。

4 この点を明示した裁判例は見当たらず、支払等ができないことを「容易に予見できる状況にありながら」取引したことが悪意・重過失にあたるなどと判示するのみである（最判昭和41・4・15民集20巻4号660頁、東京高判昭和55・6・30判時973号120頁等）。

5 上柳克郎「両損害包含説」（同・会社法・手形法論集）120頁。

6 森本滋「取締役の第三者に対する責任の機能とその適用範囲の拡大(上)」金法1212号13頁。

7 伊藤雄司「取締役等の第三者に対する責任の性質」（浜田道代＝岩原紳作編・会社法の争点）166頁。

になるとする見解[8]が有力に主張されており、実務的な感覚にもなじみやすいものといえる。すなわち、倒産の危機に瀕している会社の経営者は得てして「会社」の存続に固執しがちであり、会社のおかれた状況や中長期的な先行き、ステークホルダーの全体像および個別の利害関係がみえなくなっていることが多く、その結果、場当たり的な対応に奔走して、かえって債権者その他の利害関係者の利益を損ねてしまうという場合が少なくないからである。

しかし、実務的な感覚からこのようにいえたとしても、法律論として、会社が経営危機の状況に至った場合に、取締役に対し会社債権者の利益を可及的に保護すべき義務を課すための理論上の根拠を何に求めるか、また、ここでいう債権者の利益というのが個別の債権者の利益を指すのか、あるいは総債権者の利益を指すのかなどという点についてなお明確になっているとはいえず[9]、さらに、この見解によっても、取締役の債権者に対する責任と会社に対する責任とが必ずしも判然と区別されているとはいいがたいとの指摘も可能であり、今後の議論が期待されるところである。

(3) 間接損害と役員の責任

次に、判例の立場に立てば、取締役の放漫経営等によって会社が倒産し、その結果、会社債権者が債権の回収をできなくなったというような間接損害の事例について、取締役は会社に対して任務懈怠による責任を負うのと同時に、会社法429条1項の要件を満たす限り、会社債権者に対しても直接の損害賠償責任を負うことになる。この場合、上述した直接損害の場合とは逆に、取締役の会社に対する任務懈怠により、何ゆえ第三者たる会社債権者に対する関係でも損害賠償責任を負わされるのかという点が問題となる。

---

[8] 江頭憲治郎『株式会社法〔第5版〕』503頁、上柳克郎ほか編『新版注釈会社法(6)』314頁〔龍田節〕ほか。

[9] なお、会社が破産の申立てを行う場合には労働組合と事前協議を行いその同意を得なければならないとする合意に反してなされた破産申立ての効力を認めた東京高決昭和57・11・30判時1063号184頁等において、破産手続は「いわば総債権者の利益のためのものであって、一部特定の債権者その他の権利者との間の合意によってその申立てを制限されるとするのは相当ではない」と指摘されているとおり、倒産手続が債務者と債権者との個別の関係を超えた公益的性格を有していることは、ほぼ異論のないところであろうと解される。

この点について、会社の取締役に対する損害賠償請求権を被代位債権とする債権者代位権（民423条）に関連づけて説明する見解もあるが、会社法429条1項は株主代表訴訟のような代位構造ではなく、取締役の第三者に対する直接責任を定めており、これらの整合性をいかに説明するのかがなお課題として残るであろう。

そこで、取締役は、直接には会社および株主のために職務を遂行するものであるが、株主有限責任が認められ会社財産のみが会社債権者の担保となる会社制度の下においては、取締役は会社債権者のためにも誠実に職務を遂行しなければならず、会社に対して悪意・重過失による任務懈怠があるときは、会社財産から満足を得られない会社債権者に対しても責任を負わなければならないと説く見解が有力に主張されている[10]。かかる見解に立った場合、取締役が会社の存続を図ろうとして、つまり会社債権者の利益を最大化するために手を尽くしたものの、結果的に会社が倒産してしまったというようなケースでは、取締役に悪意・重過失が認められる場合はかなり限定されることになろう[11]。

II　倒産手続における問題

1　会社法429条1項と倒産手続との関係

(1)　問題の所在

以上のとおり、会社法429条1項に基づく取締役の会社債権者に対する責任の内容および根拠をいかに説明するかについては困難な点が多いが、現行法上、会社に倒産手続が開始した場合でも、会社債権者は、会社法429条1

10　森本・前掲（注6）11頁。なお、会社が債務超過に陥った時点で、取締役の信任義務の相手が株主から債権者に変更されると説く見解もある（黒田悦郎「取締役の債権者に対する責任」曹時52巻10号2923頁以下）。
11　伊藤・前掲（注7）167頁。

項の要件を満たす限り、同条項に基づいて取締役に対し個別に損害賠償請求を行うことが可能であり、実務上も、会社債権者による債権回収の1つの手段として利用されていることは上述のとおりである。

しかし、このことは、特に間接損害のケースを考えた場合、本来、会社が取締役に対して有すべき損害賠償請求権、すなわち、全債権者のための責任財産を構成すべき財産から、会社債権者が個別に倒産手続外で回収を図ることが許されることを意味し、債権者平等原則との関係等が問題となりうる。以下、場合を分けて検討する。

(2) 個別の不法行為が成立する場合

まず、弁済見込みのない借入れ等によって会社債権者が直接に損害を被ったようなケースでは、民法709条の一般不法行為が成立する場合が多いであろうから（上述のとおり、一般不法行為との競合を認めるのが判例の立場である）、このような場合は、会社債権者と取締役間の個別の権利関係として処理することが可能であり、会社に倒産手続が開始したからといって、会社債権者が取締役に対して個別に請求を行うことを制限する理由は見当たらないであろう。

(3) 会社法429条1項の責任しか成立しない場合

問題は、かかるケースではない場合、つまり、一般不法行為の成立を認めることは困難で、会社債権者は取締役に対し会社法429条1項に基づく責任しか請求できないようなケースである。

この点、会社法429条1項に基づく損害賠償請求権はあくまで取締役個人に対する権利であるから、当該取締役個人に対する債権者間での平等が実現されるべきであって、会社自体の倒産手続における平等原理を及ぼすべきではないとして、同条項に基づく会社債権者の請求を会社の倒産手続に組み入れるべきではないとする見解もある。[12]

しかし、上述したとおり、会社法429条1項の法意が、直接損害および間

---

12 石井教文「再建型手続における役員の地位と責任」（高木新二郎＝伊藤眞編集代表・講座倒産の法システム第3巻）205頁。

接損害を含めて取締役の特別の法定責任を認めた点にあると解したとしても、特に間接損害についていえば、本来的には、会社債権者は、会社財産の損害が回復されることによって間接的に自己の損害の回復を受けられるにすぎない立場にあり、債権者を含む多数の利害関係人の利害および権利関係を集団的に調整・処理していくうえで、債権者平等の原則が強く貫かれるべき倒産手続においてまで、なお優先的に損害の回復、すなわち債権回収を図れる途を残すべき合理的根拠を見出すことはもはや困難であるというべきであろう。

かかる問題意識から、間接損害と直接損害とを区別して間接損害の場合に限って個別の権利行使を認めないとする見解も有力に唱えられてきたが、[13] 実際にはその峻別は困難といわざるを得ず、結局、直接損害を含め、平時において個別の債権者を保護するために特別に認められた権利は、総債権者の利益を適切・公平に調整すべき倒産手続においては制限されることもやむを得ないと考えるべきではないだろうか。

また、実務的な観点からも、債権の発生時期など個別事情にもよるが、会社に対する倒産手続開始後も多数の債権者が会社法429条1項に基づいて個別に権利行使を行うことになれば、倒産手続の遂行に混乱を来すことは避けられず、ひいては全債権者を対象とする集団的債務整理を目的とする倒産手続の存在意義すら危うくなるおそれがある。

以上から、直接損害であると、間接損害であるとを問わず、会社が倒産手続に入って以降は、会社法429条1項に基づく会社債権者による個別の権利行使は認めないとするのが妥当であると解され、[14] この旨を明確にするべく何らかの立法手当てが期待されるところである。

---

[13] 谷口安平「倒産企業の経営者の責任」（鈴木忠一＝三ヶ月章監修・新実務民事訴訟講座⒀）253頁以下ほか。
[14] 佐藤鉄男『取締役倒産責任論』24頁、221頁、条解民事再生法774頁以下〔中島弘雅〕ほか。なお、江頭・前掲（注8）470頁参照。

2　係属中訴訟の帰趨

　最後に、会社に倒産手続が開始した際、会社債権者による会社法429条1項に基づく損害賠償請求訴訟が係属していた場合の当該訴訟の帰趨について検討しておく。

　この点、上記立法論はさておき、現行法上、会社に倒産手続が開始した場合に会社債権者による同条項に基づく請求を制限する根拠規定がなく、また、同条項に基づく請求権は会社債権者に生じた損害に係る固有の請求権であって、債権者代位的な構造ではないと解されることなどからすれば、係属中の訴訟は中断等することなく、そのまま続行すると解さざるを得ないであろう[15]。

　なお、仮に、上記のとおり、会社に倒産手続が開始した場合には、会社債権者による会社法429条1項に基づく個別の権利行使は認められないとした場合には、係属中の訴訟は中断ないし棄却されると解することになろう。

（中森　亘）

---

[15] 名津井吉裕「役員責任追及訴訟と法的倒産手続の開始」（神作裕之ほか編・会社裁判にかかる理論の到達点）499頁以下は、直接損害事例でも間接損害事例でも第三者には固有の損害が発生していることから、当該第三者は役員等に対する固有の損害賠償請求権を有しており、管理型、DIP型を問わず、会社に倒産手続が開始されても係属中の損害賠償請求訴訟は中断しないとし、管財人等による役員責任査定手続とも訴訟物が異なることから併存するとする。

第 2 部 倒産・再生訴訟の法理

〔第2部・序章〕第1節　はじめに――各種倒産手続の特質

序章
各種倒産手続の特質と優先劣後をめぐる争訟

第1節　はじめに――各種倒産手続の特質

　債務者の事業の経営が危機に陥り、または破綻することは、債権者にとっては、その債権の回収が危ぶまれる事態が発生したことを意味し、動産売買先取特権を有する者による自力救済、金融機関による預金拘束や相殺、担保権の実行、あるいは債権者による仮差押えや強制執行などが行われることになる。自力救済を別としても、これらはいずれも適法な手段であるが、その状態を放置すれば、再生可能性のある事業でも破綻に至り、社会経済的な損失を生じることになるし、破綻自体はやむを得ない場合であっても、秩序あ

1　自力救済については、髙橋一修「自力救済」（芦部信喜ほか編・岩波講座基本法学8巻〔紛争〕）63頁参照。債権者による自力救済が不法行為にあたるとした裁判例として、東京地判平成13・7・10金法1632号47頁がある。
2　ただし、預金拘束については、下級審裁判例（東京地判平成19・3・29金法1819号40頁、東京高判平成21・4・23金法1875号76頁、広島高岡山支判平成23・10・27金商1393号54頁。ただし、岡山地判平成21・7・31金商1393号62頁、岡山地判平成23・4・27金商1393号58頁は、一般論としては、不法行為になる余地を認める）および多数説（亀井洋一「期限の利益喪失前の預金拘束の適法性」銀法711号34頁、潮見佳男「普通預金の拘束と不法行為」金法1899号22頁、本多知成「預金の払戻拒絶措置の適否」金法1899号32頁、座談会「預金拘束の適法性と内部規程のあり方」銀法755号8頁、安東克正「債権管理回収局面における預金拘束再考」金法1969号19頁は適法性をとるが、筆者自身は、債務不履行または不法行為との関係で違法としている。伊藤眞「危機時期における預金拘束の適法性」金法1835号10頁。石倉尚「危機時期における預金拘束の法的根拠」銀法722号24頁、森下哲朗「銀行による預金の払戻しの拒絶」（岩原紳作ほか編・会社・金融・法(下)）527頁も違法説である。

260

る権利行使が行われない結果として、債権者の間に不平等を生じるなどの問題が懸念される[3]。破産、特別清算、民事再生および会社更生という法的倒産手続は、こうした問題を解決するために立法者が設けたものであるし、また、利害関係人の自主的解決の手段として、私的整理がある。特に、近年は、かつての私的整理の欠点を克服し、適正かつ迅速な事業価値の再構築を図るための制度化された私的整理が広く行われるようになっている[4]。

もっとも、近時は、制度化された私的整理において債権者間の合意が形成されるに至らず、会社更生などの法的倒産手続に移行する事例が散見され、プレDIPファイナンスの取扱いなど、従来から議論されてきた問題に加え、私的整理の期間中に行われた弁済や担保の供与を後の法的倒産手続において否認の対象となしうるかなど、新たな問題が浮上してきている。本書第2部は、法的倒産手続に適用される各種の基本原則や手続上の問題点について理論的検討を行うことを目的としているが、本章では、その前提として、私的整理、特に制度化された私的整理から法的倒産手続への移行に伴って生じる諸問題および法的倒産手続相互間の関係などを取り上げることとする。

第2節 私的整理と法的倒産手続の競合から協働へ

事業再生の手段としてみるとき、私的整理と法的倒産手続とは、互いに共通の目的をもつにもかかわらず、両者の関係には微妙なものがある。もちろん、私的整理が成功し、その参加者である金融債権者団と債務者との間の合

---

[3] 伊藤眞『破産——破滅か更生か』19頁に、「破産のない国はユートピアか」として記述した。
[4] 詳細については、伊藤眞「『私的整理の法理』再考——事業再生の透明性と信頼性の確保を目指して——」金法1982号30頁、小林信明ほか「事業再生ADRの最新の動向」事業再生と債権管理145号4頁参照。また、最近では、国境を越えた私的整理の構想が現実化しつつある。高木新二郎「グローバル私的整理ガイドライン」金法1971号50頁参照。その反面、かつて破産手続が破綻企業の清算手段として十分機能していなかった時代に行われた清算型私的整理は、その姿を消した。田原睦夫「整理屋の時代と弁護士の倒産実務」(松嶋英機弁護士古稀記念論文集・時代をリードする再生論) 271頁参照。

意が成立すれば、直ちに法的倒産手続との接点が生じることはないが、私的整理が頓挫して法的倒産手続に移行する場合はもちろん、私的整理中にそれに協力しない債権者から法的倒産手続の開始申立てがなされるなどの場面では、進行中の私的整理を優先させるか、それとも法的倒産手続を開始して、私的整理を覆すかの選択を迫られることとなる。この点について問題を投げかけたのが、大阪高決平成23・12・27金法1942号97頁である。

I 私的整理と法的倒産手続の共存

前掲大阪高決平成23・12・27は、事業再生ADR手続が仮受理され、再生計画の策定を進めていた会社について、保証債務に基づく事前求償権を有する債権者であり、株主兼元会社代表者である者が更生手続開始の申立てをなし、あわせて保全管理命令の発令を求めた事案において、保全管理命令を発令した原審の判断を支持し、抗告を棄却しているが、その理由として、以下の点を判示している。

まず、更生手続開始原因については、「抗告人は、金融機関に対する債務の弁済を停止し、事業再生ADRの申立てをしており、破産原因たる支払不能を推定させる支払停止の事実があり、かつ、弁済期にある債務を弁済すれば、事業継続に著しい支障を来すおそれがあるというべきであるから、会社更生法17条1項1号及び2号に該当する各事実が認められる。抗告人は、取引先金融機関は、事実上抗告人の期限の利益を付与した状態にあるとも主張するが、事業再生ADRの手続が進められることを前提として、暫定的に債権回収に及んでいない状況にあるにすぎず、これをもって、更生手続開始の原因となる事実が存在しないということはできない」とし、次に、更生手続開始の条件たる債権者の一般の利益への適合性（会更41条1項2号）については、「現時点において、多くの取引先金融機関の同意が得られるような再生計画が示されているような状況にはなく、事業再生ADRによって再建が可能かどうかは不明であるといわざるを得ないこと、抗告人は、すでに一度

私的整理をしたが奏功しておらず、法的倒産手続ではない事業再生ADR等では、取引先金融機関の理解を得ることが容易ではない可能性も否定できないこと、取引先金融機関において、法的手続を希望していないとまでは認めがたいこと等に照らせば、現時点において、事業再生ADRにより、早期かつ弁済率の高い再生計画案の策定と確実な再建ができ、債権者一般の利益に適合することになるとの評価をするには足りず、更生手続開始の阻害事由となるものとはいえない」とし、さらに、更生手続開始の条件たる手続開始申立ての目的の不当性（会更41条1項4号）については、「相手方は抗告人の連帯保証人であり（主債務の一部が相殺により消滅したが、なお、10億円以上存在する）、抗告人の債務の処理につき、重大な利害を有していること、更生手続によって、相手方が経営権を取得することは考えられないこと、相手方は、高額の予納金を原審裁判所に納付し、更生手続開始を申し立てていること、創業者一族として、愛着を有する抗告人の企業再建を願って会社更生を申し立てることが不自然とまではいえないこと等の本件の事情を総合すれば、抗告人のこれら主張を踏まえても、相手方の本件更生手続開始の申立てが不当な目的によるとまで認めるには足りない」とされている。

　このうち、開始申立ての不当性に関する判示は、本件に固有の要素があるので、ここでは検討の対象外とするが、更生手続開始原因および債権者一般の利益に関する判示部分については、以下のような疑問がある。まず、私的整理の申出、本件では事業再生ADRの申請が、破産手続開始原因たる支払停止にあたるか、または「弁済期にある債務を弁済することとすれば、その事業の継続に著しい支障を来すおそれがある場合」（会更17条1項1号・2号）に該当するかどうかは、従前から議論がなされているところであり、少なくとも私的整理の申出が資力回復の合理的見込みを生じさせうるものかどうかについて判断すべきであろう。

　次に、債権者の一般の利益への適合性については、私的整理が参加債権者全員の合意に基づくものである以上、早期かつ弁済率の高い事業再生計画が確実に成立し、それが法的倒産手続によって債権者に与えられる利益を上回

263

るという保障は存在しない。しかし、制度化された私的整理においては、債務者が提示する事業再生計画の一応の合理性を判断するために手続実施主体による審査、すなわち仮受理や正式受理の手順が踏まれるのであり、本決定のようにいうことは、私的整理の信頼性そのものを疑うことを意味すると解されてもやむを得ない。

II　私的整理と法的倒産手続の協働

　もっとも、私的整理には、参加債権者全員の合意を前提とするという限界があることを考えれば[6]、一部の者の同意を得られないときには、法的倒産手続、たとえば民事再生や会社更生による事業の再生を図らざるを得ない。その場合の問題点としては、私的整理の中で債務者によってなされた債務免除等要請行為や一時停止の通知などが、後の法的手続において支払停止とみなされ、私的整理の期間中になされた弁済などが偏頗行為否認の対象とならないか、また、一部の債権者が債務者から担保の供与を受けた場合に、いかなる根拠に基づいてそれを否認することができるかなどの問題があり、また私的整理の期間中になされたいわゆるプレDIPファイナンスの取扱いについても、民事再生法85条5項後段や会社更生法47条5項後段に基づく弁済が許されるかどうかなどが議論される[7]。基本的な考え方としては、私的整理が適

---

[5]　伊藤眞「債務免除等要請行為と支払停止概念」NBL 670号15頁、同「第3極としての事業再生ADR」金法1874号44頁、清水祐介「支払不能と支払停止をめぐる考察」(岡正晶ほか監修・倒産法の最新論点ソリューション) 183頁、笠井正俊「事業再生ADR手続の申請に向けた支払猶予の申入れ等の後にされた対抗要件具備行為に対する会社更生法に基づく対抗要件否認と詐害行為否認の可否」事業再生と債権管理138号15頁。また、下級審裁判例としては、東京地決平成23・8・15判タ1382号349頁〔会社更生〕、東京地決平成23・8・15判タ1382号357頁〔会社更生〕、東京地決平成23・11・24金法1940号148頁〔会社更生〕がある。

[6]　ただし、その限界そのものを再考しなければならないとする議論があるが(高木新二郎「APEC ABACによるアジア太平洋地域私的整理ガイドラインの承認とアジア銀行協会の私的整理ガイドライン(修正)の採択——100%同意を要する日本の事業再生ADRの改正が必要」事業再生と債権管理142号95頁)、ここでは、現在の一般的考え方を前提とする。

[7]　詳細については、伊藤・破産法民事再生法51頁参照。

正に遂行されたとみなされる限り、それに協力した債権者や資金提供者の利益を法的倒産手続においても保護することを通じて、私的整理と法的倒産手続との協働関係を構築すべきであろう。

第3節　法的倒産手続間の関係

　法的倒産手続相互間の競合の形態としては、破産と再生手続または更生手続、および再生手続と更生手続の競合があり、それぞれについて法の規律が設けられている。それらのうちで、手続の開始段階のものとしては、再生型たる再生手続や更生手続は、破産手続に優先するとの原則があり、そのことは、両者の申立てが競合した場合の破産手続に対する中止命令（民再26条1項1号、会更24条1項1号）に示される。また、再生手続や更生手続の開始決定による破産手続の当然中止の規定など（民再39条1項、会更50条1項）、あるいは、再生計画認可決定の確定や更生計画認可決定による破産手続の失効（民再184条本文、会更208条本文）も、このような考え方に基づくものである。

I　債権者一般の利益からみた民事再生と会社更生

　さらに、再生型たる再生手続と更生手続との間の優先劣後関係については、特別手続たる更生手続が、一般手続たる再生手続に優先することが規定されている（会更24条1項1号、50条1項、208条本文）。

　ただし、このような原則に対しては、債権者の一般の利益に適合することを理由として、劣位にある破産手続を再生手続や更生手続に優先させ（民再25条2号、会更41条1項2号）、また劣位にある再生手続を更生手続に優先させる（会更41条1項2号）余地が認められており、この点に関していくつかの下級審裁判例がある。[8]

　その1つである東京地決平成20・6・10判時2007号100頁は、「〔1〕本件においては、開始前会社のスポンサー選定手続に明らかな不当性があるとまで

はいえないこと、〔2〕子会社である丙田社を通じた経理操作や否認権行使の対象となる行為の存在などの問題点についても既に開始前会社によって対応策が講じられており、上記問題点等についての評価は本件再生手続における債権者の議決権行使に委ねるのが相当であること、〔3〕本件再生計画案は多数の債権者の賛成によって可決されその認可決定も確定しているところ、本件のようなゴルフ場の経営等を目的とする会社の再建手続において特に重視すべきものと考えられる会員債権者の多数の意向が、本件再生手続において再生計画に従った弁済を受けるというものであることが示されたことなどが認められる本件にあっては、開始前会社の再建については、本件再生手続によることが債権者の一般の利益に適合するものと認められ、当該判断を覆すに足りる的確な証拠は存在しない」と判示している。

　ここでは、客観的要素としては、スポンサー選定や否認権行使による再生債務者の財産価値の実現や増殖が図られていること、担保権行使を更生手続開始によって制約する必要が認められないこと、主観的要素としては、再生債権者の多数が再生計画を受け入れる意向を示していることが重視され、裁判所の判断資料としては、調査委員の報告内容が重視されているものと思われる。他の裁判例においても、ほぼ同様の判断枠組みが採用されていると理解できる。

　再生手続と更生手続の間には、手続の遂行主体、担保権の取扱い、あるいは会社組織の変更などの面で相当の差異があるが、再生手続による事業の再生が進行しているのであれば、敢えて強力な更生手続を発動するまでもなく、上記のような判断枠組みは適正なものと思われる。なお、これに関連して、今後の立法論として、再生手続と更生手続の2本の途を維持すべきかどうかという問題があるが、慎重な検討を要すると考えられる。[9]

---

[8]　大阪地決平成18・2・16判タ1223号302頁、大阪高決平成18・4・26判時1930号100頁、東京地決平成20・5・15判時2007号96頁、東京地決平成20・6・10判時2007号100頁。伊藤・会社更生法43頁参照。

II 先行手続と後行手続との一体性の確保

　手続間移行の典型は、再生型である再生手続または更生手続が頓挫して、清算型である破産手続に移行するものであるが、それを含めて、先行手続と後行手続とが一体のものとして扱われなければ、利害関係人の間に不公平が生じ、ひいては、法的倒産手続に対する信頼を損なうおそれがある。法は、この点を考慮して、共益債権の財団債権化、否認および相殺禁止の基準時の統一などに関する規律を設けている。[10] もっとも、どの程度に一体性を重視するかについては、問題の性質によって判断が分かれる余地があり、たとえば、金融機関が顧客から約束手形の取立委任を受けた後に顧客が再生手続開始申立てをなし、引き続いて再生手続開始決定がなされ、その後に、金融機関が当該手形を取り立てて、取立金を保管中に、再生手続が廃止されて、職権による破産手続開始決定がされたときに、金融機関が、顧客に対する貸付金債権を自働債権とし、手形取立金返還債務を受働債権とする相殺をすることができるかという問題が考えられる。

　再生手続開始申立てが破産手続開始申立てとみなされる点（民再252条1項柱書）に着目すれば、これを破産手続開始申立て後の債務負担として（破71条1項4号）、金融機関と顧客との間の手形の取立委任が前に生じた原因（同条2項2号）にあたるという理由から、相殺が許されることになる。

　しかし、このような解釈は、再生手続が継続する限りは、再生手続開始後

---

[9] 管財人の選任に適する事件や担保権の取扱いを区別すべき合理的理由などの視点から、再生手続と更生手続との区別を維持すべきことを説くものとして、園尾隆司「倒産法改正の見通しとその基本構想」金法1974号19頁がある。なお、アメリカの現行法である連邦破産法第11章は、わが国の会社更生法の源流であった、かつての第X章と、わが国の再生手続に近い構造をもつ第XI章とを統合したものであるが（村田典子「再建型倒産処理手続の機能（二・完）」民商129巻4・5号646頁）、規模の大小を問わず、法人の事業再生をすべて第11章に委ねたことについては、現在でも評価が分かれている。

[10] 具体的内容については、伊藤・破産法民事再生法1140頁以下、伊藤・会社更生法724頁以下参照。

267

の債務負担（民再93条1項1号）との理由から合理的なものとして認められなかった相殺期待が、再生手続が廃止されて、手続が破産手続に移行したことによって復活することを意味する。先行した再生手続と後行の破産手続との関係を継続した一体のものとして把握し、いったん相殺が許されない状態が発生した以上、それが復活することはないと考える余地もあろう。[11]

III 別除権協定の意義と対象債権の共益債権化の可能性

　再生手続においては、再生債務者財産に属する特定財産上の担保権が別除権とされ（民再53条1項）、再生手続によらない行使の機会が保障されている（同条2項）。しかし、当該財産の保持が再生債務者の事業継続にとって不可欠な場合には、何らかの手段によって別除権の行使を排除する必要が認められる。担保権消滅許可制度（同法148条以下）もその必要を満たすための手段たりうるが、再生債務者等としては、担保権の目的物たる当該財産の価額に相当する資金の手当てをしなければならず、一定の状況の下でのみ現実的な選択肢たりうる。もっとも、別除権者の側に立ったときも、その実行には相当の時間と費用とを要し、常に被担保債権の回収が確実に行われうるとは限らない。

　こうした再生債務者等の事情と別除権者の利益とを調和する手段として、広く行われている実務が別除権協定とよばれるものであり、両者の間の合意によって、担保権の全部または一部を解放して、それに対応する被担保債権額を共益債権（民再119条5号・7号）または再生債権として行使することを可能とする。共益債権とされるときには、再生手続によらない弁済が許され

11　最判昭和61・4・8民集40巻3号541頁は、旧和議法に基づく和議から破産手続に移行した事案における相殺禁止に関して、債務負担の原因が破産手続開始時より1年以上前に生じた原因として相殺が許されることとなる場合（旧破104条2項但書後半部分）でも、和議申立て後の債務負担という理由で相殺が禁止される以上、「和議手続と破産手続とを継続した一体のものとして把握」するという見地から、相殺を許さないものとしている。

III　別除権協定の意義と対象債権の共益債権化の可能性

るし（同法121条1項）、再生債権にとどまるときでも、別除権の目的である財産の受戻しが許されている以上（同法41条1項9号）、再生債権の弁済禁止の例外たる「この法律に特別の定めがある場合」（同法85条1項）にあたるとして、弁済が許されるというのである。

もっとも、再生手続が順調に遂行され、別除権協定の内容が実行されているときには、対象債権が共益債権とされても、再生債権とされても、本質的な差異はないが、再生債務者等がその実行を怠ったときには、共益債権であれば強制執行が許されるが（民再121条3項参照）、再生債権であればそれが許されない（同法39条1項）、あるいは再生手続が挫折して、破産手続に移行したときに、共益債権であれば財団債権とされるが（同法252条6項）、再生債権であれば破産債権にとどまる（破2条5項）など差異があり、協定対象債権の地位をいずれとするかは、重大な違いにつながりうる。

この点については、かねてから共益債権説と再生債権説とが対立しており、近時は、後者が有力ないし多数説となりつつある。しかし、事業の継続にとっての担保目的物の必要性や目的物の資産としての特質を再生債務者が考慮し、別除権者と交渉した結果としての別除権協定の内容にはさまざまなものがありうる。別除権者に対する再生手続によらない弁済は、その者が把握している担保価値の範囲内にとどまること、別除権実行の抑止は、再生債務者財産に基づく事業価値の維持を通じて、再生債権者一般の利益にも資することを考えれば、再生債権たる被担保債権の一部を確定し、それを共益債権として支払う旨の合意の効力を絶対的に排除すべきではない。

12　別除権協定の意義については、倉部真由美「別除権協定について」（事業再生研究機構編・民事再生の実務と理論）342頁参照。
13　東京地判平成24・2・27金法1957号150頁は、債権者代位権の行使との関係で、共益債権性を否定し、別除権の目的物の受戻しの対象となる再生債権とし、山本和彦「別除権協定の効果について」（田原睦夫先生古稀・最高裁判事退官記念論文集・現代民事法の実務と理論（下巻））639頁は、これを支持する。
14　中井康之「別除権協定に基づく債権の取扱い」ジュリ1459号90頁参照。なお、共益債権説を前提としたうえで、破産手続へ移行する場合には別除権協定が失効する旨の特約等による処理の可能性を指摘するものとして、破産管財の手引398頁〔島岡大雄〕がある。

これに対して、再生債権説からは、合意によって再生債権を共益債権化することは許されないことなどを理由として、対象債権を再生債権にとどまるとする。しかし、すべての別除権協定をこの類型にあてはめることは、かえって再生手続の柔軟な運用にとって桎梏となるおそれがある。もちろん、合理性のない共益債権化は、裁判所の許可や監督委員の同意（民再41条1項8号、54条2項）によって制肘される。

　また、これと並んで、別除権協定の中に含まれる不足額、すなわち被担保債権のうち別除権の行使によって満足を受けられない額に関する合意部分が、別除権協定の解除や再生手続から破産手続への移行によって失効し、別除権者は、協定に拘束されずに別除権の行使によって被担保債権の満足を受けられるか（復活説とよばれる）、それとも合意部分に実体法的確定効が生じ、別除権協定の他の部分が解除や破産手続への移行によって失効しても、影響を受けないとするか（固定説とよばれる）という問題が議論される。[15]不足額に関する合意は、再生計画による権利変更とは区別されるから、破産手続開始による原状回復（民再190条1項本文）の対象ではなく、また、不足額確定の合意（同法88条ただし書）として独自の意義を有するとし、手続の安定を重視するのが、固定説である。[16]

　法的倒産手続間の関係、特に再生手続から破産手続へ移行する可能性が存在することを考えると、再生債務者等と別除権者とが諸般の事情を考慮して、それぞれの法が許容する範囲で別除権協定の内容を柔軟に定める余地を認めるべきであり、近時の有力説のように共益債権化の可能性を一切排除することは、かえって再生手続における別除権協定の機能を制限し、再生債務者の事業の再生可能性を狭めるものといわざるを得ない。また、上記の復活説と固定説の対立についていえば、別除権協定が再生計画の遂行を想定したものであることを考えれば、再生手続が挫折し、それが破産手続に移行したときに、常に不足額が固定されるというのは、かえって別除権協定の機能を損な

15　破産管財の手引398頁〔島岡大雄〕。
16　高松高判平成24・1・20判タ1375号236頁、中井・前掲（注14）92頁参照。

うおそれがあるので、少なくとも復活説の可能性を排除すべきではない。[17]

第4節　おわりに

　倒産手続は、それが清算目的のものであれ、再生目的のものであれ、経済社会の健全性と活力とを維持するために不可欠の制度である。また、それであるがゆえに、常に適正かつ迅速な遂行が求められる宿命を負っているといえよう。旧破産法、旧和議法、旧会社更生法の実務、特に昭和50年代（1970年代）以前の実務に比較すれば、現在の倒産手続の運用は、隔世の感があるといってよい。その具体的内容は、第1章以下に詳述されるが、特に事業再生の視点からは、法的倒産手続そのものに対する疑問も投げかけられている。[18]こうした疑問に賛同するかどうかはともかく、今後の法的倒産手続は、それぞれの手続内部での問題の合理的解決を図ると同時に、私的整理との協働関係あるいは各種の手続の一体的運用が求められる時代に入っているといえよう。

（伊藤　眞）

17　前掲（注16）高松高判平成24・1・20の上告審判決である最判平成26・6・5金商1445号14頁は、別除権協定中に設けられた解除条件条項に関する合理的意思解釈として、再生計画認可決定確定後、再生計画の履行完了前に、再生手続の廃止決定を経ずに破産手続が開始されたときにも、協定の効力が失われる旨を判示して、原判決を破棄している。本文に述べた考え方と親和的であると思われる。

18　高木新二郎「時論──倒産法改正よりは世界水準の事業再生新立法」金融財政事情2013年7月29日号3頁では、「事業再生は、DIPファイナンスで商取引債権が払える早期の段階で迅速に、裁判所外（out of court）の私的整理（workout）で行うべきで、裁判所は公正衡平に行われた私的整理により同意が得られた計画を認可して法的拘束力を付与すればよく、それ以上に介入すべきではない」と断じられている。また、私的整理への多数決原理の導入も検討されている。山本和彦「私的整理と多数決」NBL1022号14頁、高木新二郎「アジア諸国（中国・韓国等を除く）の迅速事業再生手続」NBL1032号56頁参照。

第1章 「支払不能」・「支払停止」概念の意義と機能

第1節 はじめに──問題状況と本稿における視座

I 問題状況と検討対象

　本稿は、「支払不能」および「支払停止」の各概念に関して、平成16年改正による破産法（平成16年法律第75号）および破産法の施行に伴う関係法律の整備等に関する法律（平成16年法律第76号。両者を合わせて「現行法」という）の成立・施行後において、近時の裁判例で争われ、または学説で論じられている解釈上の問題についての検討を行うことを目的とする。ここでは、本稿における検討の対象となる解釈上の問題点を概観しておく。

　まず、支払不能については、上記改正によって、破産手続開始原因（破15条1項）としてのみならず、偏頗行為否認（同法162条1項1号イ）・相殺禁止（同法71条1項2号、72条1項2号）における原則的な基準時として採用されるに至った[1]。これに伴い、同概念を法文上も明確にするため、平成16年改正

---

[1] その経緯につき、一問一答新破産法227〜229頁および112頁以下、並びに松下淳一「新たな否認権と相殺制限の理論的根拠」（今中利昭先生古稀記念論文集・最新倒産法・会社法をめぐる実務上の諸問題）39頁を参照。

272

I 問題状況と検討対象

前の旧破産法（大正11年法律第71号。以下、「旧法」という）下における通説に従い、破産法に「債務者が、支払能力を欠くために、その債務のうち弁済期にあるものにつき、一般的かつ継続的に弁済することができない状態」（同法2条11項）との定義規定がおかれている（なお、民再93条1項2号、会更49条1項2号も同様の定義を定めている[2]）。これにより支払不能概念は明文により確定されたわけであるが、債務につき弁済期が到来していなくても、将来、弁済期が到来した場合に債務の不履行が高度の蓋然性をもって予測される場合には、その時点において支払不能を認めるべきとの見解が有力に主張されており[3]、その是非をめぐり学説が対立し、この点に言及する下級審裁判例も現れている。

次に、支払停止に関しては、現行法上、破産手続開始原因たる支払不能を推定する前提事実（破15条2項）としてだけでなく、偏頗行為否認・相殺禁止の基準時たる支払不能を推定する前提事実（同法162条3項、71条1項3号ただし書、72条1項3号ただし書）、さらに対抗要件否認等の要件における基準時（同法160条1項2号、164条）としても位置づけられている。支払停止の定義は明文で定められていないが、最高裁判所が示した「債務者が資力欠乏のため債務の支払をすることができないと考えてその旨を明示的又は黙示的に外部に表示する行為」（最判昭和60・2・14判時1149号159頁。以下、「昭和60年判決」という）という定義がその後の裁判例においても定着しており[4]、また、学説上も異論はみられない。しかし、この定義によって示された「外

---

[2] 一問一答新破産法30頁。「民法（債権関係）の改正に関する要綱仮案」第16-4(1)アにも、同じ定義が定められている。

[3] 中西正「否認権」（全国倒産処理弁護士ネットワーク編・論点解説新破産法(上)）181頁、山本和彦「支払不能の概念について——偏頗行為否認の要件を中心に」（新堂幸司＝山本和彦編・民事手続法と商事法務）151頁〔山本和彦・倒産法制の現代的課題所収〕、伊藤眞ほか編『新破産法の基本構造と実務（ジュリスト増刊）』22頁、404〜405頁〔山本和彦発言〕、中西正「破産手続開始原因——支払不能・支払停止」（山本克己ほか編・新破産法の理論と実務）77頁。

[4] その後、最高裁判所は、昭和60年判決を参照引用し、かつ、支払不能の定義規定（破2条11項）を踏まえて、「債務者が、支払能力を欠くために一般的かつ継続的に債務の支払をすることができないと考えて、その旨を明示的又は黙示的に外部に表示する行為」（後掲・最判平成24・10・19。下線部は引用者による）と説示するが、昭和60年判決の定義が踏襲されているといえる。

273

部」への表示という点に関しては、表示の相手方として特定債権者のみに対する表示（黙示の場合も含む）をもって支払停止を認定する下級審裁判例が散見され、この「外部性」の意義については検討の余地がある。また、支払不能と同様に、表示の対象とされる債務の弁済期到来の要否について問題となり得る。さらに、特に否認・相殺禁止との関係で、近時、最高裁判例（最判平成24・10・19金法1962号60頁。以下、「平成24年判決」という）で問題となった非事業者に関する債務整理通知行為の支払停止該当性や、事業者の私的整理段階において「債務負担を軽減するために特定の債権者や主要な債権者団に対して債務の一部免除や期限の猶予を要請すること」（以下、「債務免除等要請行為」という）[5]が、資力回復の合理的見込みの認識を伴う場合であっても、後の法的倒産手続における支払停止に該当するのかといった点につき、上記平成24年判決の補足意見で言及されているほか、学説上の論議の対象となっている。今日の実務との関係では、特に事業再生ADRの申請や一時停止の要請通知についての支払停止該当性の当否が重要であり、これに関する下級審裁判例も現れている。

　なお、以上の問題は、破産法に限らず、民事再生法および会社更生法における「支払不能」・「支払停止」概念についても当然妥当するものであるが、本稿ではさしあたり破産法を中心に検討を行う。

　ところで、これらの問題点を検討するに際しては、解釈論を主張する論者が支払不能・支払停止の概念につき、どのような機能を担わせようとしているのかという点に着目する必要があり、その機能面に対する評価が不可欠であると考えられる。すなわち、措定される概念の有する意義とその機能を合わせて論じなければならない。

　また、上記のとおり、支払不能・支払停止の概念が機能するのは、大きく①手続開始段階において開始原因として判断される局面と、②手続開始後、否認訴訟や相殺禁止該当性を争う訴訟において判断される局面に分かれてい

5　伊藤眞「債務免除等要請行為と支払停止概念」NBL670号15頁が示す定義である。

る。そうすると、これらの局面が手続の時系列において異なるばかりか、そこで両概念が果たす機能も異なる以上、その概念の判断のあり方も明らかに同一とはなり得ない。この点については、以下であらためて説明したい。

II　本稿における視座——判断のあり方の相違

　旧法においては、支払停止概念が、現行法と同様に破産原因（破産手続開始原因）たる支払不能を推定させる前提事実とされるとともに、否認権行使および相殺禁止の限度を画する基準として位置づけられていた。そこで、青山善充教授の論文「支払停止の意義および機能」[6]によって、「支払不能を推定させる支払停止と否認権行使・相殺禁止の限度を画する支払停止を全く同一に解してよいか否かは検討に値する問題である[7]」として、両者につき支払停止概念を区別する、いわゆる「二義性説」が提唱された。すなわち、（改正前の旧）「破産法の支払停止が営むべき二つの機能——破産原因の推定と否認・相殺禁止の基準——は、支払停止の概念に二つの相反する意味内容のもちこみを要請する」ため、両者の機能を同一の「支払停止」概念の下で包摂するのではなく、「破産原因を推定させる支払停止は、支払不能を表明する債務者の主観的行為で足りる」、つまり客観的に支払不能であることは要しないのに対して、「否認権・相殺禁止の基準としてのそれ（引用者注：支払停止）は、右の主観的行為のほか現実に破産宣告に結びつく支払不能の客観的状態にあることを要する」という解釈を導く見解であった[8]。この二義性説は、支払停止が否認・相殺禁止の基準とされていた旧法下においては、単なる「債務者の弱気や誤診に基づく支払不能表明行為」までもが「支払停止」概念に含まれてしまうことによって、いたずらに否認対象行為の範囲が拡張

6　青山善充「支払停止の意義および機能」（鈴木忠一＝三ヶ月章監修・新実務民事訴訟講座⑬倒産手続）55頁。
7　青山・前掲（注6）56頁。
8　青山・前掲（注6）67〜68頁。

することを防止しようとする実践的意義があったといえる。

　しかし、現行法では、偏頗行為否認（破162条）や相殺禁止（同法71条、72条）に関して支払不能が原則的な基準時として採用されており（同法162条1項1号、71条1項2号、72条1項2号）、支払停止は支払不能を推定する前提事実としての位置づけがなされるに至った（同法162条3項、71条1項3号ただし書、72条1項3号ただし書）ことは前述のとおりである。これにより、この二義性説の前提とする問題状況は大幅に解消され、上記の実践的意義もほぼ失われたといえよう。それゆえ、二義性説をとる必要性は、もはや現行法の下では乏しく[9]、支払停止の事実はあくまで一定時点における債務者の行為としてとらえ、その持続性は必要なく、支払停止後の債務免除や弁済猶予といった事情は、推定を覆す間接事実として解すべきだと説かれる[10]。

　私見も以上の理解を前提とし、現行法の下では「支払停止」概念自体は一義的に把握すべきだと解する。しかし、支払停止概念の具体的な判断に際しては、二義性説が示した「答え」ではなく、その「問い」自体はなお重要な視座を提供してくれていると考えられる。それは、二義性説が支払停止概念の二義的把握を正当化するに際して、①手続開始段階において開始原因たる支払不能の推定概念として支払停止を判断する局面と②手続開始後、否認訴訟や相殺禁止該当性を争う訴訟において支払停止を判断する局面とでは、判断資料や判断する裁判の時期・形式が異なるという視座を内在させていた点である[11][12]。これによると、実体的に同一の概念を前提としても、これについて判断する際の手続段階や審理・手続（判決手続か決定手続か、審理の目的・対象は何か、等）が異なれば、その判断のあり方もおのずと異なりうるはずである。この視座は、支払停止のみならず、支払不能についても妥当する[13]。し

---

[9] 伊藤ほか・前掲（注3）21頁〔小川秀樹発言〕、大コンメ68頁〔小川秀樹〕参照。
[10] 伊藤・破産法民事再生法111頁。
[11] 青山・前掲（注6）76頁は、支払停止の2つの機能について、「認定する裁判所や関係する当事者も異なれば裁判の時期・形式も異なる」と指摘する。
[12] 二義性説の視座の応用は、松下祐記「判批（昭和60年判決）」倒産判例百選〔第5版〕55頁（並びに同教授との議論）から着想を得たものである。

たがって、支払不能・支払停止の両概念の意義に関する解釈を論じるに際しては、①と②の各局面を区別し、また、論者がそのいずれの局面を念頭において議論しているのかを意識することは有益である。

ただし、①と②の局面において支払不能および支払停止に関する判断の相違が現れるとして、どの程度の相違が許容されるのか（どこまでの幅において、一義的な概念としての支払不能・支払停止の判断として認められるのか）という点は、留意する必要があろう。

第2節 「支払不能」概念の意義と機能

I 支払不能の意義に関する学説および裁判例——特に債務の弁済期到来・債務不履行の要否

1 問題状況

現行法において支払不能概念の位置づけおよびその機能は、大きく変化したことはすでに述べたとおりである。すなわち、従来の破産手続開始原因としてのみならず、偏頗行為否認および相殺禁止における原則的な基準時としての機能が新たに担わされ、これに伴い、概念の明確化のため、「債務者が、支払能力を欠くために、その債務のうち弁済期にあるものにつき、一般的かつ継続的に弁済することができない状態」（破2条11項）との定義規定がおかれた。この定義規定の文言に忠実に従うならば、支払不能の中核的指標となる客観的弁済能力の有無は「その債務のうち弁済期にあるもの」の弁済可能性によってのみ判断されることとなり、すでに債務者が多額の債務を負って

---

13 本稿における視座と同趣旨は、支払不能に関して、伊藤ほか・前掲（注3）408〜409頁〔松下淳一発言〕や山本・前掲（注3）171頁においてもすでに指摘されている。

おり、その将来の不履行が現時点で予測されるとしても、この場合、支払不能にはあたらないことになる。平成16年改正の立案担当者も、「支払不能は、弁済期の到来した債務の支払可能性を問題とする概念ですので、弁済期未到来の債務を将来弁済できないことが確実に予想されても、弁済期の到来している債務を現在支払っている限りは、支払不能ではありません」[14]と明言する。

これに対して、債務につき弁済期が到来していることは必ずしも必要ではなく、将来、弁済期が到来した場合に債務の不履行が高度の蓋然性をもって予測される場合には、その時点において支払不能を認めるべきとの見解(以下、「必要説」に対して、この見解を「不要説」という)が少数ながらも有力に主張されている。以下では、この論点に関する学説および裁判例について検討する。

2　学説および裁判例

(1)　不要説

不要説の嚆矢となったのは、旧法下における中西正教授による一連の論文[15]で示されたドイツ破産法に関する理論研究およびそれに依拠する同教授の見解である。その結論のみを示すと、債務者財産の拘束を課する破産手続を開始するにあたり「債権者の債務者の破産による損失を受けない利益」と「債務者が経済活動を続ける利益」とを正当に調整するには、「履行期に債務を弁済する可能性が一般的・継続的に消滅した時点」(圏点は引用者による。「債務者が経済活動等により支払資金を債務の履行期までに調達する可能性が、一

---

[14]　一問一答新破産法31頁。同228頁も参照。また、実務上の運用につき、中山孝雄「破産手続開始原因の審理」(園尾隆司ほか編・新裁判実務大系㉘新版破産法) 110〜111頁を参照。

[15]　中西正「危機否認の根拠と限界（一）（二・完）」民商93巻3号41頁、93巻4号54頁(以下、「危機否認」として引用する)、同「ドイツ破産法における財産分配の基準（一）（二・完）」法と政治43巻2号431頁、43巻3号631頁(以下、「財産分配の基準」として引用する)、同「破産法における相殺権」法学66巻1号1頁、同「否認権・相殺権」(福永有利ほか・倒産実体法(別冊NBL69号)) 119頁(以下、「否認権・相殺権」として引用する)。中西教授の比較法研究の成果が要約されたものとして、同「新破産法における実体法上の課題」事業再生と債権管理107号110頁がある。

Ⅰ 支払不能の意義に関する学説および裁判例――特に債務の弁済期到来・債務不履行の要否

般的・継続的に消滅した時点」とも言及されている)をもってその開始の時点とするのが妥当であるとされ、この考慮に基づいて決定された破産手続開始の時点こそが「支払不能」であるとされる。そして、旧法下における危機否認の制度趣旨は、この「支払不能発生時に手続を開始し、その時点で債務者が有していた財産を破産債権者に分配するという破産法の無担保債権者保護の制度」を貫徹すべく「破産財団を支払不能発生とともに破産手続が開始された状態に可及的に近づける」点に求められ、また、相殺禁止もこの偏頗行為の危機否認の特則として位置づけられるとする。この中西教授の研究および見解が、現行法の偏頗行為否認および相殺禁止における支払不能基準の採用に大きく影響したとされている。

このように、本来、支払不能概念が「事実」ではなく「事実に対する評価」であり、弁済可能性の有無に関する「予測」の問題であるならば、そこではもはや現実の債務不履行いかんは支払不能を判定する決定要素足り得ないし、また、現実に債務の弁済期が到来しているか否かも無関係である。

次に、山本和彦教授は、中西教授の見解を前提に、支払不能の定義規定(破2条11項)を「その債務のうち(現実または将来の時点で)弁済期にあるものにつき、(弁済期が到来した時点において)一般的かつ継続的に弁済することができない(と認められる現在の)状態」と解釈する見解を説く。

山本教授は、上記解釈の根拠として、旧法以来、仮に債務者が現に弁済期の到来した債務を弁済しており、いまだ債務不履行が生じていなくても、その弁済資金を調達するために、投売りや高利の借入れその他非常な「無理算段」をしているような場合には、支払不能にあたるとの見解(「無理算段説」)

---

16 中西・前掲(注15・財産分配の基準(二))667頁。
17 中西・前掲(注15・否認権・相殺権)124頁。
18 中西・前掲(注15・否認権・相殺権)124頁、129頁。
19 松下・前掲(注1)41頁、山本・前掲(注3)165頁。なお、現行法においても、中西教授の見解は維持されている(前掲(注3)で引用した中西教授の各論稿を参照)。
20 中西・前掲(注15・危機否認(一))54頁参照。
21 山本・前掲(注3)159頁の用いる用語である。

279

〔第2部・第1章〕第2節 「支払不能」概念の意義と機能

が学説上支持されており[22]、この見解が現行法の支払不能の定義規定の下で維持される点をとり上げる[23]。確かに、無理算段説の前提によると、弁済期の到来した債務について弁済している以上、現実の債務不履行は発生していない。それにもかかわらず、無理算段が支払不能に該当すると学説上理解されてきたのは、そもそも支払不能の認定に際して現実の債務不履行発生が不要であることを内包していた証左であるといえる。そして、無理算段が支払不能にあたると理解されてきた理由は、その「経済的に見れば無謀な行為の中に顕れた、現在の支払能力の一般的欠乏」の点にあり、それゆえ、支払不能の有無は、「現在の支払能力の一般的欠乏」、すなわち「将来の債務不履行の確実性」に関する「法的な評価」の問題である旨を指摘する[24]。

なお、この見解によると、弁済期が到来していなくても将来の債務不履行が確実であれば現在の支払能力は一般的に欠乏しているといえるし、逆に、弁済期が到来していてもその債務を履行することができているまたは期限の猶予を得られていれば、それは弁済期未到来に等しいと評価される。そのため、弁済期到来の要否の問題は債務不履行の要否の問題に解消されるという[25]。そのうえで、山本教授は、債務不履行不要説を主張する。

(2) 必要説

以上に対して、前述のとおり必要説が立案担当者の見解であり、通説である。まず、不要説に対して直接応答する松下淳一教授の見解をとり上げる。

松下教授は、債務者が無理算段をしているような場合には支払不能を認定することができるが、その際、現実の債務不履行は要求されていない旨を指摘し[26]、この点では不要説の立場と異ならない。

---

22 加藤正治『新訂増補破産法要論』262～263頁を嚆矢とし、兼子一編『新法律学演習講座破産法』149頁において確立したとされる（山本・前掲（注3）159頁参照）。
23 立案担当者も、現行法においてこの見解が妥当する旨を指摘している（一問一答新破産法31頁）。この無理算段説を説示する裁判例として、後掲東京地判平成22・7・8がある。
24 山本・前掲（注3）168頁。
25 伊藤ほか・前掲（注3）406頁〔山本和彦発言〕、山本・前掲（注3）155頁参照。
26 松下・前掲（注1）52～53頁、同「偏頗行為否認の諸問題」（田原睦夫先生古稀・最高裁判事退官記念・現代民事法の実務と理論（下巻））246頁。

280

しかし、松下教授は、これと弁済期到来の要否は別問題としてとらえる。そして、不要説の当否について、第1に、破産法2条11項の文言との整合性の点、第2に、不要説による場合、将来の債務不履行の一定程度の蓋然性が要求されるが、その程度が不明瞭であるため、開始原因事実および偏頗行為否認・相殺禁止の基準時として不安定であり（特に再生・更生手続開始原因事実である「支払不能のおそれ」については二重に蓋然性を含むことになる）、かつ後者については取引の安全を害しかねないという点、第3に、個別執行において債務名義に係る請求権の弁済期到来が執行開始要件とされていること（民執30条1項）との整合性の点を理由としてあげ、「債権者平等を早期の段階で強制しようという不要説の実践的意図は十分に理解できるものの、必要説のほうが優れている」と説く。

　他方、伊藤眞教授は、必要説の立場を維持しつつも、「支払不能に関する解釈上の概念として」、「支払不能と同視される状態」を措定し、「支払不能」概念の合理的範囲内における拡張を承認する。具体的には、弁済能力に関しては、「事業の継続を不可能または困難にするような条件での借入れや資産の処分によって資金を調達し、弁済能力の外観を維持しているとみられるとき」、要するに無理算段をしているときは、「いわば糊塗された弁済能力として、そのような借入れや資産の処分をせざるをえなくなった時点で弁済能力を喪失したものとみて、支払不能と同視」する。また、弁済期の到来についても、「財務に関する重要な情報を偽って、金融機関から期限の猶予をえたり、期限の喪失請求を回避したなどの場合には、そのような行為がなければ、本来の弁済期が到来し、または期限の利益を喪失して弁済期が到来したはずであり、いわば弁済期の未到来を作出したにすぎないものとして、本来の弁済期が到来した時点または金融機関が期限の利益喪失請求をしたであろう時

27　松下・前掲（注26）249〜250頁。
28　伊藤・破産法民事再生法108頁脚注74。
29　伊藤・破産法民事再生法108頁。条解破産法36〜37頁参照。
30　伊藤・破産法民事再生法108頁。

点をもって弁済期が到来したものとして、支払不能と同視される状態が発生したと考える」[31]。

このように、伊藤教授の見解は、必要説を維持しつつも、支払不能概念を合理的範囲内で拡張させて、支払不能概念を実質的・規範的なものととらえる余地を認めることで、不要説に接近しているとみることができよう。

(3) 裁判例

この弁済期到来の要否に関する論点に関して、下級審裁判例において必要説の立場を明示するものが存在する（東京地判平成19・3・29金法1819号40頁、東京地判平成22・7・8判時2094号69頁。ただし、いずれの事案においても、この論点が結論を左右するものではなかった）。必要説を支持する根拠として、後者の東京地判平成22・7・8は、破産法2条11項の文言との整合性の点、および相対的評価により支払不能概念が不明確になるおそれがある点をあげている[32]。

II 検　討

以上の論点について、どのように考えるべきであろうか。

まず、理論的な観点からは、不要説が正当であると考える。中西教授による1877年ドイツ破産法（Konkursordnung. RGBl. S. 351）制定段階の破産法理由書に関する研究において明らかにされているように、そこでは「債務者が経済活動等により支払資金を債務の履行期までに調達する可能性が、一般的・継続的に消滅した時点」をもって債務者財産拘束（その手段として偏頗

---

[31] 伊藤・破産法民事再生法108頁。なお、清水祐介「支払不能と支払停止をめぐる考察」（岡正晶ほか監修・倒産法の最新論点ソリューション）159頁は、「支払不能の解釈については、予測可能性を保ちつつ実質的、規範的に考え、現に債務不履行が生じていない場合であっても、支払不能と同視すべき場合、または現に債務不履行が発生するに準じた支払不能の状態を認めうる」（同189頁）とし、さらに「今後の実務展開により、将来の債務不履行の予測の高度の蓋然性について間接事実が集積され、債務不履行なき支払不能について準則化が図られることもありうる」（同189頁）として、不要説の可能性も示唆する。

[32] 東京地判平成22・7・8については、栗原伸輔「判批」ジュリ1448号111頁を参照。

II 検討

行為否認、相殺禁止、破産手続開始）が必要とされるとともに、正当化され、この時点をもって「支払不能」発生時として規定されていた[33]。ここで支払不能の概念は、破産財団を適切に形成し、債権者間の平等を実現する債務者財産拘束の必要性・相当性を基礎づける債務者の客観的弁済能力欠乏の状態を示すとともに、その始期を画する機能を果たす。そして、本来、支払不能概念が純粋に債務者の客観的弁済能力欠乏の状態を意味するのであれば、その判断の対象とされる債務の範囲や弁済期到来の有無に関して本来何らの制限はないはずである[34]。

しかし他方で、この本来の支払不能概念は、それを直接基礎づける事実が多様であるためにその確定が困難であるばかりか、「事実ではなく、事実に対する評価である」がゆえの判断の難しさがあるため、危機否認の成立が困難になり、また取引の安全が害されるという弊害が懸念されていたという点も、やはり1877年ドイツ破産法の理由書が示すところであった[35]。

ここでわが国に目を転じると、平成16年改正時に否認・相殺禁止の基準時として「支払不能」基準を採用する提案に対し上記と同様の懸念が示されていたことは、周知のとおりである。具体的には、この提案を行う中間試案に対して、「支払不能が一定の評価を伴う概念であって、支払の停止と比較して明確でないことを理由として、信用供与に対する萎縮的効果が生ずることを懸念する意見もある」と指摘されていた[36]。

そこで、立案担当者（法務省参事官室）が「弁済期未到来の債務を将来弁

---

33 中西・前掲（注15・財産分配（二））666～667頁。
34 これに対して、河崎祐子「破産手続開始原因概念の再検討——『支払不能』と『支払停止』の関係を中心に——」慶應法学28号81頁、特に100頁以下は、不要説の前提とする支払不能概念は、むしろ伝統的な支払不能概念を「『将来の』財産状態についての評価に変容」させたものであるととらえ、これを批判する。
35 中西・前掲（注15・危機否認（一））370頁。
36 法務省民事局参事官室「破産法等の見直しに関する中間試案補足説明」（商事法務編・破産法等の見直しに関する中間試案と解説）143頁。詳細につき、川田悦男「全銀協通達『新破産法において否認権および相殺禁止規定に導入された「支払不能」基準の検証事項について』の概要」金法1728号38頁参照。

済できないことが確実に予想されても、弁済期の到来している債務を現在支払っている限りは、支払不能ではない」旨を明言することで、予測可能性が確保されることとなり、「支払不能基準の導入に対する銀行側の……懸念を払拭していく上で、最初のターニングポイントになった」と指摘されている。[38] 要するに、立法過程においては、必要説を前提として、金融業界が改正法における支払不能基準の採用を受け容れたという経緯がある。[39]

このように、改正時の議論および立案担当者の説明から明らかなように、「その債務のうち弁済期にあるものにつき」という文言は、否認・相殺禁止における支払不能基準の導入にあたり、いわば政策的に支払不能概念を明確化させる機能を果たすべく付加されたものであり、上記の本来の（理論上の）支払不能概念とは別途の考慮に基づくものといえる。[40]

以上から、立法論としてはともかく、現行法の解釈論としては必要説を維持せざるを得ないと考える。ただし、支払不能の具体的な判断に際しては、冒頭で示した視座に基づき、①開始原因としての場合と②否認権・相殺禁止の基準時としての場合との間で、以下のような差が生じうることは認めてよいのではないかと思われる。[41]

まず、①開始原因としての支払不能（または、そのおそれ）の有無の判断に際しては、形式的に債務につき弁済期がすでに到来していることが必要とされ、申立てに際してその旨の主張・立証が必要であると解すべきである。開始申立ての段階においては、まさに当該時点において債務者が開始原因た

---

[37] 一問一答新破産法31頁参照。この点は、「新破産法において否認権および相殺禁止規定に導入された『支払不能』基準の検証事項について（全国銀行協会平16.12.6全業会第78号）」金法1728号50頁においても明記されている。

[38] 川田・前掲（注36）39頁。

[39] 座談会「新しい破産法と金融実務(下)」金法1714号49頁以下、特に51頁〔三上徹発言〕、52頁〔三上徹発言、川田悦男発言〕を参照。

[40] このあたりの立法の経緯は、民事再生法93条1項2号による相殺禁止につき、専相殺供用目的という加重要件を政策的に設けた点と類似している（杉本和士「判批（東京地判平成21・11・10）」新・判例解説Watch 10号177頁参照）。

[41] 条解破産法37頁脚注11も、支払不能の合理的拡張は、否認・相殺禁止の要件としての場合にのみ妥当し、開始原因の場合にあてはめることは実際上困難であろうと指摘する。

る支払不能（または、そのおそれのある）状態にあるか否かが問題とされている。仮にこの時点での実質的判断が要求されるとすれば、裁判所は過度に慎重にならざるを得ず、適時に法的倒産手続を開始させることが妨げられる危険がある。また、このような実質的判断は、そもそも決定手続における審理判断にはなじまないともいえる。さらに、松下教授の指摘のように、再生・更生手続開始の原因たる「支払不能のおそれ」の判断に際して、支払不能自体を実質的に判断することで蓋然性の要素が入り込む余地を認めてしまうと、開始原因が二重の蓋然性を含む概念となってしまう弊害もあろう。

　他方で、②否認・相殺禁止の基準時としての支払不能の判断に際しては、取引の安全と予測可能性を確保すべく、開始原因の場合と同様に、現実に債務につき弁済期が到来していることを要件とするのを前提としつつも、同要件を含めて支払不能概念につき実質的な判断を行う余地を認めてもよいと考えられる。これは、否認権の成否や相殺禁止該当性の有無の要件としての支払不能については、事後的に、過去の時点での客観的弁済能力の問題として判決手続において裁判所が慎重に判断することが可能だからである。[42]

---

[42] 山本・前掲（注3）171頁も、不要説を前提に、「否認等の基準時としては、それは（結果として債務者がデフォルトに陥った後の）過去の事象経過の評価の問題ということになり」、支払不能の要件事実を「評価する材料としては、その後の実際の事象経過が存在しているのであり、それは必然的に裁判所の判断にも反映されることになる」と指摘する（ただし、「理論的には、この点は、要件の差異の問題ではなく、事実認定の資料（間接事実・証拠等）の差異の問題に過ぎない」と説く）。また、山崎栄一郎「一裁判官の視点」（岡正晶ほか監修・倒産法の最新論点ソリューション）190頁も、裁判実務のあり方としては明確さの観点から必要説が適当としつつも、具体的事案において実質的に不都合が生じるというときには、債務不履行（弁済期到来）があったと「『同視する』とか『準じる』などとして、結論のおさまりをよくするのではないか」と指摘する。

第3節 「支払停止」概念の意義と機能

I 「支払停止」の意義に関する裁判例と問題状況

1 裁判例の横断的分析

　支払停止に関して、現行法施行後に現れた裁判例が、すでに一定数蓄積している。そこで、同改正法施行後において支払停止該当性が争点とされた裁判例について、いくつかの項目ごとに特徴を抽出したのが後記〈表2〉である。[43] 以下では、この〈表2〉を基に裁判例の分析を行いつつ、以下の論点の検討を行う。

2 問題状況

　支払停止の意義に関する近時の裁判例を題材に議論がなされているのは、第1に、支払停止概念の定義（昭和60年判決参照）にある「外部」への表示に関して、表示の相手方として特定債権者のみに対する表示をもって支払停止に該当するのかという点（外部性の問題）、第2に、支払不能に関する論点（前記第2節I参照）とパラレルに、債務につき弁済期が到来していない場合であっても、将来、弁済期が到来する予定の債務についてあらかじめ支払うことができない旨を表示する行為も支払停止に該当するのかという点、そし

---

[43] 同様に近時の裁判例をまとめて取り上げるものとして、増田勝久「偏頗行為否認に関する近時の問題点」（田原睦夫先生古稀・最高裁判事退官記念・現代民事法の実務と理論（下巻））270頁以下も参照。また、明治破産法以来の支払停止に関する判例の変遷および学説の状況については、山本研「『支払停止』概念の形成と具体化」法学教室390号23頁を参照。

て、第3に、近時の最高裁判例（平成24年判決）で問題となった非事業者債務者に関する債務整理通知のほか、事業者債務者の私的整理段階で「債務負担を軽減するために特定の債権者や主要な債権者団に対して債務の一部免除や期限の猶予を要請すること」（いわゆる「債務免除等要請行為」）[44]が、資力回復の合理的見込みの認識を伴う場合であっても、後の法的倒産手続において「支払停止」に該当するのか、特に「制度化された私的整理」である事業再生ADRを利用する場合はどうなるのかという点である。

　以上のうち、第3点が学説および裁判例において対立のあるところであり、後であらためて詳細に検討することとし、ここでは第1点および第2点について簡単に言及する。

　第1の外部性に関して、まず、最高裁判例として「債務者が債務整理の方法等について債務者から相談を受けた弁護士との間で破産申立の方針を決めただけでは、他に特段の事情のない限り、いまだ内部的に支払停止の方針を決めたにとどまり、債務の支払をすることができない旨を外部に表示する行為をしたとすることはできない」と判示した昭和60年判決がリーディングケースとなっている（その後、同様の判断をする下級審裁判例として、〈表2〉④事件参照）。

　他方、特定の債権者のみに対して行う表示について、これに関する最高裁判例はいまだ存在しないが、下級審裁判例においては、債務者が事業者（株式会社）である場合につき、各金融機関（金融債権者グループ）や仕入れ・下請業者といった取引債権者グループについてのみに対する表示につき支払停止を認めたもの（〈表2〉⑤事件・⑨事件）のほか、取引銀行1行（〈表2〉①事件・②事件。いずれも黙示の表示を認めた。他方、否定例として④事件がある）や取引債権者1社（〈表2〉⑪事件）のみに対する表示をもって支払停止を認めているものも散見される。松下淳一教授の説くように、「外部への表示は、一定人数以上の者が知りうる状態になるという公知性あるいは周知性が必要

---

[44] 伊藤・前掲（注5）15頁。

〔第 2 部・第 1 章〕第 3 節 「支払停止」概念の意義と機能

<表 2> 「支払停止」の意義に関する裁判例の横断的分析

番号	裁判例 / 分類項目	手続	争点	債務者の属性	表示の相手方およびその範囲	表示の態様
①	東京地判 平成19・3・29 （金法1819号40頁）	破産	相殺禁止	株式会社	主要取引銀行 1 行	黙示
②	大阪地判 平成21・4・16 （判時2062号92頁）	会社更生	対抗要件否認	株式会社	社債募集受託銀行である大手金融機関 1 行（コミット型タームローン契約のエージェント）	黙示
③	東京地判 平成21・11・10 （判タ1320号275頁）	民事再生	相殺禁止	株式会社		黙示

I 「支払停止」の意義に関する裁判例と問題状況

表示内容とその評価、その他特記事項 (再建計画案等の内容およびその評価の点も含む)
・債務者が「手形不渡りを出すことを認識しつつ……本件当座預金口座に決済資金を入金することなく、本件手形債務の決済資金について一切手当てをしようとしなかった行為」をもって支払停止と認める。 〈特記事項〉 ・手形不渡りの生じる日の午前 0 時の時点をもって支払停止時と認定。
・「入金がなければ倒産が必至であったという事業継続上極めて重要な本件社債元金等の入金について……拒み続け、かつ、週末の売上金という現に存在することが明らかであった現金の確保に努め」るという「事業継続上極めて不自然な行動」。 →本件社債元金等の支払を拒否するだけでなく、更生会社が一定の現金の確保を必要とする法的整理手続の準備に入ったことを示すものであり、本件社債元金等の不払によって期限の利益を喪失するすべての債務の支払を拒絶することを示したもの」として支払停止と認める。 〈特記事項〉 ・「支払停止には、弁済期の到来した債務に対する支払停止行為だけでなく、**弁済期が近日中に到来する予定の債務に対してあらかじめ支払うことができない旨表示する行為も含まれる**」。 ・「黙示的な支払停止行為の存否を判断するに当たっては、本条（※会更88条 1 項）の趣旨が取引の相手方の予見可能性を考慮していることも踏まえて、**黙示的表示行為に至る経緯、黙示的表示行為が債務者の信用に及ぼす影響、黙示的表示行為から窺える債務者の意図及び取引の相手方の属性等を総合的に考慮する必要がある**」。 ・支払停止行為の後、多少の額の支払を行ったとしても影響はない。
・親会社等の破綻によって「支払不能状態に陥ったことが外部に表示されていたこと」、または、「支払不能状態に陥ったにもかかわらず、なお支払が可能であるとの意思を表明しなかったこと」。→×米国関連会社がチャプターイレブンの適用の申請をし、親会社等が再生手続開始の申立てをしたこと自体は、別の法人である債務者が「自身の資力欠乏のため債務の支払をすることができない旨を外部に表示する行為に当たるものでない」。また、「債務者の親会社等が破綻した場合に、債務者が積極的に支払可能である旨を外部に表明しなかったとの不作為が、支払をすることができない旨を黙示に表示する行為に当たるというためには、少なくとも親会社等からの支援がなければ債務者が破綻必至となる状況にあったとか、親会社等の破綻が明らかになった時点において親会社のみならずその子会社である債務者も支払不能状態に陥ることが債務者と債権者の共通の認識となっていたことを要する」が、本件ではこれに該当しない。
(a)特定の取引銀行に対する「破産会社代表者の倒産を示唆する発言」。→×「個人的な弱音を吐いた域を超えるものではない」。 (b)「債務者が債務整理の方法等について債務者から相談を受けた弁護士との間で破産申立の方針を決めた」こと。→×「他に特段の事情のない限り、いまだ内部的に支払停止

289

④	高松高判 平成22・9・28 (金法1941号158頁)	破産	偏頗行為否認	株式会社	(a)・(c)：取引銀行1行 (b)：申立代理人弁護士 (d)：各債権者	(a)-(c)：個別対応 (d)：一斉通知
⑤	東京地判 平成22・11・12 (判時2109号70頁)	破産	偏頗行為否認	株式会社	各金融機関	書面による申入れ
⑥⑦⑧	⑥・⑦東京地決 平成23・8・15 (判タ1382号349頁 ①事件・②事件)	会社更生	対抗要件否認・詐害行為否認	株式会社	メイン・準メイン銀行2行	個別対応
	⑧東京地決 平成23・11・24 (金法1940号148頁)					
⑨	東京高判 平成23・10・27 (判タ1371号243頁)	民事再生	偏頗行為否認	株式会社	仕入れ・下請業者342社	一斉通知および説明会の開催（内容につき黙示）
⑩	大阪高決 平成23・12・27 (金法1942号97頁)	会社更生	保全管理命令発令に対する即時抗告	株式会社	事業再生実務家協会	事業再生ADR申請

の方針を決めたにとどまる」。
(c)申立代理人弁護士が特定の取引銀行に対して「破産申立ての受任通知をする意向であることを伝え」たこと。→×「個別に対応したにとどまる」。
(d)申立代理人弁護士による破産手続開始申立受任通知→支払停止として認める。

- 「弁済期にある債務の残元金……のうち大部分の支払をしておらず、かつ……各金融機関に対し、書面を持参して返済繰延の申入れをして……利息の返済の猶予を求め」、「この書面中には運転資金を削って返済に充てるのは耐え難い局面に入ったことを理由として挙げている」ことをもって支払停止と認める。
- なお、上記「返済繰延の申入れの後も……破産会社が通常の営業活動を継続していたこと、破産会社が各金融機関に対して元金及び利息の返済計画を定めた再生計画案を提示していた」という事情については、返済繰延の申入れが支払停止にあたることを妨げるものとは認められないと説示。

- 更生会社らが、「事業再生ADRにおいて事業再建を図ることとし、弁護士等の専門家に依頼して事業再生計画の策定を進めるとともに、事業再生ADRへの協力等を要請するため、メイン行……及び準メイン行……に相談の上、近く事業再生ADRの利用申請をすることを予定し、相手方（※メイン行）に対して、策定中の事業再生計画における再建スキームや今後の事業再生ADRのスケジュール等を説明」したこと。
→×「支払の免除又は猶予を求める行為であっても、合理性のある再建方針や再建計画が主要な債権者に示され、これが債権者に受け入れられる蓋然性があると認められる場合には、一般的かつ継続的に債務を弁済できない旨を外部に表示する行為とはいえない」として支払停止を認めず。

〈特記事項〉
- ⑥、⑦および⑧は、すべて同一の更生事件（平成23年(ミ)第4号会社更生事件）に関する同一の裁判体による同一内容の判断である。

- 通知の内容自体は1か月足らずの短期の支払猶予を求めているにすぎないが、上記通知の時点において、「債務の返済の目処は立っていない状態に至っており、そのような状況の下でされた本件通知は、弁済期が到来している債務について一般的かつ継続的に弁済することができない旨を少なくとも外部に黙示的に表示したものと認められる」として、支払停止を認める。
- なお、融資交渉を行っていたが、融資が行われる具体的なめどは立っておらず、上記通知にも資金調達の具体的な予定は記載されていなかった。

- 「金融機関に対する債務の弁済を停止し、事業再生ADRの申立てをし」たことをもって支払停止と認める。

〈特記事項〉
- 事業再生ADRの仮受理がなされ、再生計画を策定中であったが、「現時点において、多くの取引先金融機関の同意が得られるような再生計画が示されているような状況にはなく、事業再生ADRによって再建が可能かどうかは不明であるといわざるを得ないこと」、「すでに一度私的整理をしたが奏功しておらず、法的整理ではない事業再生ADR等では、取引先金融機関の理解を得ることが容易ではない可能性も否定できないこと、

〔第2部・第1章〕第3節 「支払停止」概念の意義と機能

⑪	釧路地決 平成25・2・13 (判例秘書登載)	破産	対抗要件否認	株式会社	取引債権者1社	個別対応
⑫	東京地判 平成18・9・13 (判例秘書登載)	破産	無償行為否認	給与所得者	債権者(一般)	債務整理の受任通知
⑬	東京地判 平成18・10・13 (判例秘書登載)	破産	偏頗行為否認	給与所得者	全債権者	債務整理の受任通知
⑭	神戸地伊丹支決 平成22・12・15 (判時2107号129頁)	破産	詐害行為否認	自然人	貸金業者である相手方を含む各債権者	債務整理の受任通知
⑮	最二小判 平成24・10・19 (判時2169号9頁)	破産	偏頗行為否認	給与取得者	債権者一般	債務整理の受任通知(内容面につき黙示)

取引先金融機関において、法的手続を希望していないとまでは認め難いこと等に照らせば、現時点において、事業再生 ADR により、早期かつ弁済率の高い再生計画案の策定と確実な再建ができ、債権者一般の利益に適合することになるとの評価をするには足りず、更生手続開始の阻害事由となるものとはいえない」。

・破産会社が、相手方である取引債権者に対し、**支払期日の来た債務の弁済をしなかった**ほか、相手方担当者の問合せに対し、**破産会社代表者が自ら倒産予定である旨を告げた**ことをもって支払停止と認める。

・破産者の破産申立代理人が破産者の債権者に対し、**その債務整理について受任通知書を発送した**ことをもって支払停止と認める。

・弁護士が破産者からその債務の整理を受任して、受任契約の翌日、すべての債権者らに対し本件受任通知を送付して、同弁護士が破産者から債務の整理について受任することになった旨を通知するとともに、以後破産者に関する連絡等は同弁護士宛てにすること、破産者の負債状況の早期把握のため債権調査票に破産者との取引の詳細を記載して返送すること等を依頼した。→×「本件受任通知の内容は……弁護士が債務整理について受任した旨の通知と破産者の負債状況の早期把握のための協力依頼などにとどまっていることなどからすると、本件受任通知は、民事再生の申立てを予定しながら、**破産者の負債状況等を把握して最終的な債務整理の方法を見極める目的で送付されたもの**であると認められ、このような具体的状況のもとでは、本件受任通知の送付をもって支払停止と評価することはできない」。

・受任通知から約1年半以上経過してから特定の債権者に対し、破産の予定である旨を記載したファクシミリを送信したものの、それ以外に、同弁護士が、破産者の債権者らに宛てた文書で、破産の申立てを予定している旨明記したものは存在せず、結局、受任通知から自己破産申立てまで、約2年5か月が経過している。

・破産者から債務整理の委任を受けた弁護士が**通知書を相手方および債権者**らに送付したことをもって支払停止と認める。

・本件通知書には、破産者は、生活苦等から、現在、サラ金業者等5社に約230万円の債務を抱えており、返済が困難であるから、やむなく**弁護士に対し、長期分割払いによる任意整理を依頼した旨の記載**がある。

・債務者は、弁護士法人法律事務所に対し債務整理を委任し、同法律事務所の弁護士らが債務者代理人として、債務者に対して金銭を貸し付けていた原告を含む**債権者一般**に対し、債務整理開始通知を送付した。→「本件通知には、**債務者……が、自らの債務の支払の猶予又は減免等についての事務である債務整理を、法律事務の専門家である弁護士らに委任した旨の記載**がされており」、また、債務者「の代理人である当該弁護士らが、債権者一般に宛てて債務者等への連絡及び取立て行為の中止を求めるなどAの債務につき統一的かつ公平な弁済を図ろうとしている旨をうかがわせる記載がされて」おり、債務者「が単なる給与所得者であり広く事業を営む者ではないという本件の事情を考慮すると、上記各記載のある本件通知には」、債務者が「**自己破産を予定している旨が明示されていなくても、**……支払能力を欠くために一般的かつ継続的に債務の支払を

である[45]」とすると、個別具体的な事案次第ではあるものの、表示の相手方が金融債権者や取引債権者といった特定のグループである場合には外部性の要件を満たすと考えられるのに対して、取引銀行1行や取引債権者1社だけに対する表示の場合には、たとえその相手方がメインバンクや大口の取引債権者であったとしても、外部性の点では疑問が残る[46]。

第2点として、表示対象とされる債務の弁済期到来の要否については、対象債務として、弁済期の到来した債務に限らず、近日中に弁済期の到来する予定の債務をも含める旨を説示する下級審裁判例（〈表2〉②事件）もみられる。しかし、支払停止が「支払不能の表示」であるとして、支払不能につき弁済期到来を必要とする必要説の立場を維持する限りは（前記第2節Ⅱ）、支払停止においても表示対象とされる債務は、弁済期が到来したものに限定さ

45　松下・前掲（注26）253頁。
46　増田・前掲（注43）287頁は、「支払継続の有無が事業の遂行にとって重大な影響を与える相手方であれば足りる」とし、特定グループの場合のほか、1人の債権者だけの場合もこの要件を満たせば外部性を不問とする。しかし、松下教授の見解のように、外部性の要件は、「支払停止の時期を、複数の異なる否認訴訟（あるいは相殺禁止が問題となっている訴訟）との間で可及的に統一するために必要とされている」（松下・前掲（注26）252頁）と解釈すれば、事業遂行への影響といった点は外部性と無関係であると思われる。ただし、債権額の多寡は無関係とはいえず、たとえば、1人の債権者であっても、その債権額が債務者の総債務額の大半を占めるような場合には、当該債権者のみに対する表示であっても外部性の要件を満たすと評価できる場合もあろう。

することができないことが、**少なくとも黙示的に外部に表示**されているとみるのが相当である」。

・なお、「本件通知には、債権者一般に宛てて、『当職らは、この度、後記債務者から依頼を受け、同人の債務整理の任に当たることになりました。』、『今後、債務者や家族、保証人への連絡や取立行為は中止願います。』などと記載され」ていたが、債務者の「債務に関する具体的な内容や債務整理の方針は記載されておらず、本件弁護士らが……自己破産の申立てにつき受任した旨も記載されていなかった」(なお、原審判決(東京高判平成22・11・18金商1406号30頁)は、この点を理由に支払停止を認めなかった)。

<特記事項>
・「一定規模以上の企業、特に、多額の債務を負い経営難に陥ったが、有用な経営資源があるなどの理由により、再建計画が策定され窮境の解消が図られるような債務整理の場合」に関する須藤正彦裁判官の補足意見がある。

れるべきであろう。

II 債務整理開始通知・債務免除等要請行為の「支払停止」該当性

1 学説および裁判例

(1) 非事業者に関する債務整理開始通知

従来、債務者による「債権者に対する債務免除・期限猶予その他の財産整理の運動」は、支払停止の典型例の1つとして説明されてきた。[47]そして、近時、最高裁判所は、給与所得者(非事業者)である債務者についてその代理人である弁護士が債務の支払の猶予または減免等の債務整理を受任した旨の通知(以下、「債務整理開始通知」という)[48]を債権者一般に対して送付した行為が、破産法162条1項1号イおよび3項にいう「支払の停止」にあたる旨

---

47 斎藤秀夫ほか編『注解破産法(下巻)〔第3版〕』120頁〔谷合克行〕。
48 なお、債務整理開始通知において債務に関する具体的な内容や自己破産の予定その他の債務整理の方針の記載はされないことが通例であるとされ(近藤隆司「判批」重判解〔平成25年度〕(ジュリ1466号)147頁)、本件の場合も同様であった。

を判示した（平成24年判決・〈表２〉⑮事件）。非事業者である債務者に関する事案について、従来の下級審裁判例の中には、債権者一般に対する債務整理開始通知の送付をもって支払停止として認めなかったものもあるが（〈表２〉⑬事件。債務者の負債状況等を把握して最終的な債務整理の方法を見極める目的で送付されたにすぎないことを理由とするが、受任通知から実際に自己破産の申立てまで約２年５か月が経過していたという事案の特殊性もあった）、一般的には支払停止と認める傾向にあり（〈表２〉⑫事件、⑭事件）、上記最高裁判決もこれに沿った判断であるといえる。学説上もこの判断につき異論はみられない。

(2) 事業者に関する債務免除等要請行為

むしろ平成24年判決の登場以降、さかんに議論がなされているのは、事業者の私的整理の局面において、「債務負担を軽減するために特定の債権者や主要な債権者団に対して債務の一部免除や期限の猶予を要請すること」（債務免除等要請行為）[49] が、資力回復の合理的見込みの認識を伴う場合であっても、後の法的倒産手続における支払停止に該当するのかといった点である。

非事業者の場合の債務整理開始通知と事業者の場合の債務免除等要請行為につき、支払停止の判断が区別されうる点は、平成24年判決の法廷意見がわざわざ「（債務者が）単なる給与所得者であり広く事業を営む者ではないという本件の事情を考慮すると」と説示しているほか、須藤正彦裁判官の補足意見（以下、「須藤補足意見」という）において明記されている。須藤補足意見は、「一定規模以上の企業、特に、多額の債務を負い経営難に陥ったが、有用な経営資源があるなどの理由により、再建計画が策定され窮境の解消が図られるような債務整理の場合において、金融機関等に『一時停止』の通知等がされたりするときは、『支払の停止』の肯定には慎重さが要求され」、それは、「合理的で実現可能性が高く、金融機関等との間で合意に達する蓋然性が高い再建計画が策定、提示されて、これに基づく弁済が予定され、した

---

[49] 伊藤・前掲（注５）15頁。

がって、一般的かつ継続的に債務の支払をすることができないとはいえないことも少なくないからである」とし、他方、「再建計画が、合理性あるいは実現可能性が到底認められないような場合には、むしろ、倒産必至であることを表示したものといえ」るとする。要するに、須藤補足意見は、事業者、特に「一定規模以上の企業」の私的整理段階における債務免除等要請行為に関しては、そこで合わせて示される再建計画（案）の合理性または実現可能性の有無を考慮すべき旨を説くものといえよう。

　ところで、この須藤補足意見と同趣旨の見解は、すでに旧法下における伊藤眞教授の論文「債務免除等要請行為と支払停止概念」[50]で示されていたところであった。以下では、同論文で示された伊藤教授の見解を示す。

　同論文は、まず、支払停止概念が、「債務者の客観的弁済資力の有無ではなく、自己の弁済資力に関する債務者の主観的認識と、その認識を外界に表示する行為である」ことから、「債務者が債権者に対して免除や猶予を求め、それが債権者によって受け入れられると信じていたかどうかが問題となる」とする。そして、「債務者が債権者に対して一部免除等の要請をなし、仮にその要請が受け入れられるのであれば、残部について弁済をなしうる旨を表明した場合には、これをもって支払停止とみることはできない」と説く。その意図は、債務免除等要請行為が一律に支払停止に該当するとなると、その後になされた「救済融資に対する弁済行為が否認され、また救済融資に基づく貸付金債権を自働債権として債権者が行なう相殺が禁止される可能性が生じ」、「債務免除等や救済融資の要請について債権者が消極的態度をとることを余儀なくさせる原因となり、ひいては、収益力回復の見込みがある企業についても再建の途を閉ざす結果となる」ことから、これを防ぐためであるとされる。

　ただし、伊藤教授は、直ちに「事業破綻に直面した債務者がする債務免除等要請行為を一律に支払停止にあたらないとすることは、かえって債務者が

50　伊藤・前掲（注5）15頁。以下の説明および引用は、同論文15〜17頁による。伊藤・破産法民事再生法110〜111頁脚注77・78も参照。

破綻を隠蔽する機会を与え、ひいては、危機否認や相殺禁止の可能性を債務者が潜脱することによって、一般債権者に対して不測の不利益を与えるおそれがある」と指摘し、安易に私的整理段階における債務免除等要請行為を支払停止概念から除外することの弊害について言及する。そこで、支払能力を回復させるための債権者に対する債務免除等要請行為は、「債権者による受入可能性等からみて相当とみなされるものでなければなら」ないとし、この「相当性を備えない免除等の申出行為は、債務者の弁済資力の欠乏を自認する支払停止行為とみなすべき」であるとする。この「相当性」を基礎づける事情としては、第1に、「申出の相手方たる債権者の範囲」につき、「少額債権者等を除く主要な債権者を相手方とするものでなければならない」とし、かつ、第2に、「免除等の申出が債権者によって受け容れられる合理的蓋然性が存在しなければならない」とする。そしてさらに、この「合理的蓋然性」にかかわる事情として、「申出前後の債務者と債権者の交渉過程、および申出の基礎として債権者が自己の資産および負債に関する情報を開示しているか、また、将来の収益力回復の見込みに関しても、その基礎を債権者に対して明らかにしているかなど」の点をあげている。

　このように、伊藤教授の見解は、事業者の私的整理段階における債務免除等要請行為が支払停止から除外される場合を認めた点で画期的であるが、同時に、「資力回復の見込み」の有無について厳格な要件を付していた点にも留意する必要がある。[51]

　以上に対して、松下淳一教授は、支払停止は「債務者の行為という本来は外形的に判断可能な事柄」であり、「一部免除や猶予の申出（再建計画案）の合理性や債権者による受入れの蓋然性という実質的な、あるいは規範的な判断を持ち込むのは適切ではない」と反論する。[52] その理由として、「いかに再

51　伊藤説に与する見解として、杉山悦子「判批（福岡高決平成9・4・22）」ジュリ1188号86頁、清水・前掲（注31）183頁がある。
52　松下・前掲（注26）255頁。同「最新——倒産事件の重要判例の解説」事業再生と債権管理145号54頁も参照。岡正晶「対抗要件否認」ジュリ1458号67頁が松下教授の見解に賛同を示す。

298

建計画案が合理的であり、債権者が受け入れる合理的な蓋然性があったとしても、再建計画の成立に向けて債務者と債権者とが交渉している間に、一部債権者が秘密裏に弁済を受け、あるいは担保の提供を受けたとしたら、結局交渉が決裂して法的倒産手続が開始された場合には、それらの弁済や担保提供は偏頗行為として否認できなければ不当である」と説く。そのうえで、「『支払停止』の後に債権者と債務者の交渉が実って再建計画が成立すれば、その時点で支払不能を脱することになるから、その後二次破綻して法的倒産手続が開始されたとしても、一部免除や猶予の申出と二次破綻後の法的倒産手続との間には因果関係がないという理由で、『支払停止』後の弁済や担保提供はその『支払停止』を基礎として否認できない」とする。

また、増田勝久弁護士も、「再建計画案の提示の有無やその合理性は、支払停止の有無とは無関係である」とし、「示された再建計画の実現性合理性の検証は提示段階ではなされておらず、後日の判断にかからしめざるをえないのであり、このようなものを基準とすることはそれ自体不安定で、支払停止の判断の基礎として不適切であ」ると説く。

下級審裁判例においても、支払停止について、返済計画を定めた再建計画案の提示が返済繰延べの申入れの支払停止該当性に影響しない旨を説示するものがあるほか（〈表2〉⑤事件）、支払不能に関してではあるが、「弁済計画案が合理性を有するか否かと支払不能とは無関係である」と説示するものがある（大阪地判平成22・3・15金商1355号48頁）。

(3) 事業再生ADRにおける一時停止の要請通知

さらに、近時、伊藤眞教授は、上記見解に基づき、いわゆる「制度化された私的整理」である事業再生ADRにおける事業再生実務家協会による支援に際して行われる一時停止の要請行為の法的効果およびその支払停止該当性

---

53 松下・前掲（注26）256頁。
54 松下・前掲（注26）256頁。
55 増田・前掲（注43）288～289頁。また、河崎・前掲（注34）101頁以下は、支払停止概念につき「合理性」や「蓋然性」についての評価を裁判官の個別的な裁量判断に委ねることによる予測可能性の低下を指摘する。

299

について見解を示している。[56]結論として、まず、事業再生ADRにおいて正式申請および受理後に協会と債務者との連名でなされる一時停止要請通知は、「事業再生の見込みがあり、それが債権者全体の利益保全に資するものとの協会の判断を表明したという性質を持っている」以上、支払停止には該当しないとする。また、通知に先立つ準備行為として行われる債務者とメインバンクとの協議、第1回および第2回バンクミーティングにおける債務者からの一時停止要請行為については、前者はそもそも外部性を欠くために支払停止に該当せず（前記Ⅰ2参照）、また、後者のバンクミーティングについては、主要債権者である各取引金融機関が参加していることから外部性の要件は満たすものの、そこで主要債権者が債務者による一時停止の要請を受容する意向を明らかにし、それによって資力回復の合理的な見込みを伴うものと評価されれば、支払停止該当性の評価を妨げる評価障害事実として位置づけられるとする。[57][58]

　事業再生ADRに関する下級審裁判例として、メインバンクおよび準メインバンクに対して事業再生ADRの利用申請予定を説明し、さらにメインバンクに対しては策定中の事業再生計画における再建スキームや今後の事業再生ADRのスケジュール等を説明したという事案につき、支払停止該当性を否定したものがある（〈表4〉⑥事件・⑦事件・⑧事件。いずれも同一の会社更生事件に関する、東京地方裁判所民事第8部の同一裁判体による判断である）。他方で、更生事件における保全管理命令発令に対して、すでに事業再生ADR

[56] 伊藤眞「第3極としての事業再生ADR——事業価値の再構築と利害関係人の権利保全の調和を求めて」金法1874号146～147頁（事業再生実務家協会=事業再生ADR委員会編『事業再生ADRの実践』所収。以下、「第3極」として引用する）、同「『私的整理の法理』再考——事業再生の透明性と信頼性の確保を目指して——」金法1982号38～40頁（以下、「再考」として引用する）、伊藤・破産法民事再生法49～57頁、110～111頁脚注78。
[57] 伊藤・前掲（注56・第3極）146～147頁。田頭章一「事業再生ADRと法的整理の関係について——最近の裁判例を手掛かりとして——」法の支配170号45頁も同旨。
[58] 伊藤・前掲（注56・再考）39頁。なお、田頭・前掲（注57）51頁は、支払猶予等の申出が申請仮受理前になされた場合で、仮受理前に法的整理に移行したときには支払停止が事実上推定されるが、申出が仮受理前になされたが仮受理後に法的整理に移行した場合および申出自体が仮受理後になされた場合には、推定は働かないとの立論を説く。

の申請を行い仮受理がなされ、再生計画を策定中であった債務者がその取消しを求めて即時抗告した事案において（なお、更生手続開始の申立ては、債務者の株主であり、元代表取締役であった者による）、事業再生ADRの申請をもって支払停止と認めた下級審裁判例も存在する（〈表2〉⑩事件）。

2 検 討

以上のように、非事業者に関する債務整理開始通知の支払停止該当性については、これを肯定する平成24年判決の登場により決着がついたといえるが、事業者に関する債務免除等要請行為の支払停止該当性については、学説および下級審裁判例において対立がみられる。ここでも、冒頭で示した視座に基づき、支払停止概念の有する①開始段階における開始原因たる支払不能の推定機能と②否認・相殺禁止の基準時たる支払不能の推定機能とに分けて検討を行う。

(1) 開始段階

まず、①開始段階においては、私的整理に際して主要債権者に対して行われる債務免除等要請行為につき、これを支払停止として判断することは謙抑的であるべきだと考える[59]。確かに私的整理が進行していることをもって債権者の申立権が奪われる結果となってはならないものの、事業再生ADRの一時停止の要請通知の場合が典型例であるが、申立ての時点ですでに主要な債権者が受け入れうるだけの合理的な再建計画案が策定・提示されているといった事情があれば、支払不能推定機能を有する支払停止の該当性評価が妨げられると考えられる。この点で、前記1(3)の伊藤教授の見解に与するが、開始段階においては、決定手続における判断であることをも考慮し、資力回復

---

[59] 笠井正俊「判批（東京地決平成23・11・24）」事業再生と債権管理138号15頁は、事業再生ADRにおける支払猶予の申入れや申請、それに伴う一時停止の要請通知を直ちに支払停止行為にあたると考えると、破産手続開始原因である支払不能を推定させてしまい、「債務者が事業再生ADRを利用する機会を著しく狭める」こととなるため、「事業再生ADR制度の活用に向けた政策的な考慮から」、伊藤説に従い、支払能力の回復の見込みがあるという合理的認識がある場合には、支払停止該当性を認めるべきではない旨を説く。

301

の合理的見込みの判断はあまり厳格になされる必要はないと考えるべきであろう。

なお、この考え方は、事業者が締結している各種約定やコベナンツ等において「支払停止」を期限喪失事由とする場合にも妥当する（要するに、支払停止概念が「トリガー」として機能する場面について上記の考え方が妥当すると考える）。[60]

(2) 否認・相殺禁止との関係

他方、②否認・相殺禁止との関係においては、債務免除等要請行為の支払停止該当性の判断は、慎重かつ厳格に行うべきである。たとえ私的整理の段階において主要な債権者が受け入れることのできるような一見合理的な再建計画案が策定・提示されていたとしても、後に再建計画案につき合意が成立せずに私的整理が頓挫し、法的倒産手続が開始されたという場合、あらためて事後的・客観的に評価すれば、私的整理段階における再建計画案の見通しが甘かったと判断せざるを得ないことも少なくなかろう。このような場合にまで一切否認が認められず、また相殺禁止に該当しないことを許容することは、松下教授の指摘するとおり、やはり不当であると考えるべきである。もちろん、支払停止は債務者の主観的行為であり、あくまでその行為時の主観的認識・態様に基づいて判断されるべきであるが、事後的に行為当時の事実関係を間接事実および証拠に基づいて認定したうえで、再建計画案の合理性または実現可能性に対する主観的認識が厳密に判定されなければならないと考える。

第4節　おわりに

以上のとおり、支払不能および支払停止の各概念について、近時の裁判例および学説で争いのある論点を中心に検討してきた。現行法では、支払不能

60　清水・前掲（注31）184頁、井上聡「私的整理と支払停止」金法1962号5頁参照。

概念については明文で定義規定が設けられ、また、支払停止概念についても旧法下における二義性説が前提としていた問題状況が現行法では解消されたことにより、いずれも法的倒産手続において一義的な概念としてとらえることが可能になった。しかし、これらの概念が、①手続開始段階で機能する局面と②手続開始後に否認・相殺禁止の基準時との関係で機能する局面とでは、概念自体の差異としてではなく、その評価・判断のあり方として差異が生じる可能性は無視できない。そこで、本稿では、各論点の検討にあたり、この点を視座として導入し、この視座から支払不能および支払停止の両概念に関する各論点についての検討を試みた。その結果、①と②の各局面における判断のあり方には差異を認めざるを得ず、それゆえ、各局面における概念の外延に齟齬が生じる可能性は否定できないが（特に支払不能について）、これは、一義的な概念を前提としても、なお許容される範囲の齟齬ではないかと考えられる。

(杉本和士)

〔第2部・第2章〕はじめに

第2章
「債権者一般の利益」概念の意義と機能

はじめに

　「債権者一般の利益」とは、民事再生法を典型として、会社更生法、会社法上の特別清算において用いられる用語であり、これは、一般に、清算価値保障原則として理解されている。山本和彦教授のすぐれた論考においても、これらの概念が種々の局面で問題になることが指摘されている。そうしたすべての項目について詳細に論じることは、筆者の力量を超えるため、本稿においては、一定の視点に基づき、若干の比較法的要素を取り入れつつ、これらの概念の理論的基礎を考察したい。具体的には、多数決原理を採用する再建型倒産手続で、債権者に保障される価値は何かということについて、清算価値保障原則とクラムダウンの関係、また絶対優先原則との関係を中心に検討する。

　清算価値保障原則が大きな意味をもつのは、事業は収益性があるけれども、一時的に資金繰りに行き詰まった会社ないし事業の救済を考える場合であろう。こうした企業またはその事業を清算してしまうことは、社会経済的にみても、適切でないと思われる。

　各国の再建型倒産処理手続は、こうした事案に対し、完成度の違いはあっ

1　山本和彦「清算価値保障原則について」（同・倒産法制の現代的課題）57頁〔初出：青山善充先生古稀記念・民事手続法学の新たな地平908頁所収〕。

304

ても、事業を存続させるためのスキームを提供していると思われる。その中核と考えられるのは、権利変更であり、それを多数決で（本人の同意なく）実現することである。この場合、少数派となった反対債権者の利益や、反対多数となった組の処遇が問題となる。これらは、権利者本人の同意なく財産権を裁判所、つまり国家によって収奪するシステムであるとも評価できる。[2]

　本稿では、こうした収用理論の視角をも踏まえ、再建型倒産処理手続のあり方、それを踏まえた清算価値保障原則の意義を考えてみたい。以下では、まず、アメリカ法における最善の利益テスト[3] (best interests test) の位置づけを示しつつ、イギリス法を参照し、それらの成果を踏まえて、日本法への若干の示唆を考察する。

2　伊藤眞「会社更生手続における更生担保権者の地位と組分け基準」判タ670号4頁。近時、Tabb教授より、再建型倒産処理手続における担保権者と他の利害関係人のリバランスを実現するため、当該手続について憲法上の収用条項の観点から分析を加える可能性をご教示いただいた (Interview with Charels J. Tabb, Mildred Van Voorhis Jones Chair in Law, University of Illinois College of Law (October 13, 2014) at Foley & Lardner LLP in Chicago.)。またこの点に関する史的展開を踏まえた研究が、近々、公表される予定である（Tabb, *The Bankruptcy Clause, the Fifth Amendment, and the Limited Rights of Secured Creditors in Bankruptcy*, in Tabb, Constitutional Rights of Secured Creditors in Bankruptcy）。

3　本稿でアメリカ法という言葉を用いる場合、アメリカ合衆国連邦倒産法を意味している。この法の概要について、高木新二郎『アメリカ連邦倒産法』、福岡真之介『アメリカ連邦倒産法概説』、堀内秀晃ほか『アメリカ事業再生の実務――連邦倒産法Chapter11とワークアウトを中心に』等が有益である。また、阿部信一郎ほか『わかりやすいアメリカ連邦倒産法』が近時刊行された。興味深い論点を取り上げたコラムを多数掲載しつつ、基本的かつ重要な事項を具体的に説き起こす最新の良書である。

〔第2部・第2章〕第1節　アメリカ法にみる再建型倒産処理手続の成り立ち（constitution）

第1節　アメリカ法にみる再建型倒産処理手続の成り立ち（constitution）

I　アメリカ法第11章手続の基礎

　アメリカ法第11章手続は、窮境にある企業の再建のために用いられる世界的にも有名な制度である。この手続の基礎にある考えは、救済可能な事業の再建に成功できれば、その会社ないし事業を清算するよりも、債務者企業の利害関係人すべて（たとえば、債権者、株主、従業員、地域共同体等）がより多くの価値を手にすることができるということである。この手続は、継続企業価値のうち、債務者の清算価値を超える部分を取り込むことを目的とする。しかし、このような、いわば、仮説から手続の構想が出発していることには、注意が必要であろう。清算するよりも、再建を試みることが、より多くの価値を利害関係人に提供できるか否か、解釈論を中心としてきた法律学内在的に証明することは、困難であるように思われるからである。この場合、価値評価の方法が重要になるけれども、それは隣接諸科学との応接を求められることになる。

　第11章手続の究極の目的は、債務者の債務を整理するための計画を認可することである。多くの場合、債権者や株主の組において、多数決により、合意されるが、稀に、クラムダウンが行われることがある。第11章手続は、事

4　Charles J. Tabb, *THE LAW OF BANKRUPTCY* at 92（3rd, 2013）．
5　*Id*．
6　*Id*．私見では、事業譲渡ないし営業譲渡は、包括的清算（comprehensive liquidation）となる。すぐれた再建型手続は、こうした清算機能をも内包するが、「清算」を選択する誘惑をどのように評価するかは難問である（藤本利一「計画外事業譲渡は『濫用』か？」銀法771号34頁参照）。

306

業譲渡の手段として活用されることも多いといわれるが、あくまでも、その基本は、債務整理計画を策定することにあると考えられる。司法が事業再生を担う場合、その中核は、債務整理、換言すれば、(権利者の同意のない) 権利変更にあると思われる。

II 私的整理に対する優越

　清算するよりも、会社ないし事業を再建したほうが、利害関係人により大きな価値をもたらすことができる、という考えから出発するとしても、その具体化の手段は、第11章手続のような法的整理手続に限定されるわけではない。同じ価値を、たとえば、私的整理（work out）によって、提供することもできるからである。[8][9]

　しかし、私的整理によれば、1人または少数債権者の反対によって、その成立が妨げられるおそれがある。[10]債務者企業の資金調達が多様化し、種々の異なった利害関心をもつ債権者が多数登場する近時の市場においては、全員一致は極めて困難な作業となっている。こうした、いわば、少数債権者による「横暴」を阻止するため、アメリカ法は、裁判所による保護を利用する。[11]第11章手続は、そのためのスキームを具体化した手続である。この手続では、裁判所が、債務者企業の債務について、和解的処理を定めた再建計画を認可する前に、その計画は、組分けされた利害関係人（債権者や株主等）の多数によって同意されていなければならない。換言すれば、少数の反対債権者が存在しても、計画が否決されない、ということである。第11章手続では、反

7　*Id.* クラムダウンについては、後掲第4節参照。
8　いわゆる、out-of-court の私的整理（work out）である。この点については、藤本利一「倒産法の世界のこれから」法学セミナー717号26頁、27〜28頁参照。
9　Tabb, *supra* note 4 at 92.
10　Jennifer Payne 教授は、こうした「横暴」を、Hold-up right の行使と表現される（Interview with Jennifer Payne, Professor of Corporate Finance Law, University of Oxford, Fellow and Tutor, Merton College (July 9, 2014))。
11　Tabb, *supra* note 4 at 92.

対する組に対して、クラムダウンが適用され、計画が認可されれば、反対した者を含むすべての利害関係人が計画条項に拘束される。反対する少数債権者を「ねじ伏せる」ことが、私的整理に対する法的整理手続である第11章手続の優越点であり、まさに検討を加えるべき点である。

第2節　アメリカ法における「最善の利益」(Best Interests Test) 概念

I　目的

　第11章手続は、すべての利害関係人のために債務者の資産の価値を最大化することを企図している。しかし、この重要な目的は、債務者に対し金銭上の利益を有する法主体の犠牲なしに、かつまたその同意なしには、達成され得ない、ということが、第11章手続の基本原則である。

　全体としての集団の「より大きな善（greater good）」を促進することで、利害関係人を清算するよりも悪く処遇してしまうことは正しくない。こうして、債権者や持分権者が、第11章手続の計画において、第7章手続で清算するよりも、より小さな価値しか得ることができず、かつ、当該計画に反対の議決をするのなら、当該計画は裁判所によって認可されない（アメリカ合衆国連邦倒産法（以下、同法につき法令名を省略する）1129条(a)(7)）。

　こうして、すべての債権者と持分権者は、第11章手続の計画条項に対し、

12　この点は、イギリス法との重要な相違点である。イギリス法は、組内部の少数債権者にクラムダウンを適用するが、反対する組自身には、クラムダウンを適用できない。
13　Tabb, *supra* note 4 at 1122.
14　*Id*.
15　*Id*.
16　*Id*.

限定した議決権限しか有しない。このすべての利害関係人に保障される基本ルールは、「最善の利益（best interests）」テストとよばれる[17]。計画は、すべての債権者と株主にとって、「最善の利益」に適うものでなければならず、このことは、それら利害関係人が、少なくとも、債務者が第7章手続で清算された場合に得られたであろうよりも、第11章手続の計画の下で、より多くのものを得なければならない、ということを意味する[18]。

II 最善の利益テスト（Best Interests Test）により保護される者

　最善の利益テストは、ある組で計画に反対する構成員の保護の下限を提供することを意図している[19]。同時に、たとえある組が計画に賛成するとしても、当該組の個々の構成員すべてに、最善の利益テストの遵守を強く主張する権利が与えられている[20]。こうして、最善の利益テストにより、ある組の権利ではなく、個々の債権者等の権利が保護されるのである。

　最善の利益テストは、当該組が「権利変更（Impairment）」を受けない場合には、適用されない[21]。一般に、計画によって、その組の債権や株式等に変更がなされなければ、または、債務不履行が治癒され、当初の契約条件が復活する場合、その組は、権利変更がない、とされる[22]。ある組の債権の元本を全額弁済するという提案がされた場合、権利変更がないとして、最善の利益テストが適用されないのではないか、という問題があった[23]。この点について、

17　*Id*. この基準は、旧法第 XI 章手続336条(2)に由来する。
18　*Id*.
19　*Id*.
20　*Id*.
21　*Id*. at 1123.「権利変更（Impairment）」という用語は、連邦倒産法に規定される用語であるが（1124条）、本来は、「減損」という意味である。この点については、福岡・前掲（注3）286頁注642参照。
22　*Id*.
23　*Id*.

〔第2部・第2章〕第2節　アメリカ法における「最善の利益」（Best Interests Test）概念

　1994年（平成6年）に、重要な変更が1124条になされた。判例上、第11章手続の計画を認可するために、solventな状態にある債務者は、手続開始後の利息を支払う必要がないとされるが、一方、第7章手続では、財団がsolventであれば、そのような利息は支払われることになる（726条(a)(5)）。1994年（平成6年）改正前により、旧1124条(3)が廃止され、その結果、ある組の債権の元本を全額弁済するという提案がされたとしても、最善の利益テストの適用を避けることができなくなった。

Ⅲ　最善の利益テスト（Best Interests Test）で守られる価値

　最善の利益テストを適用する際、裁判所は、第7章手続の下での仮想の清算価値を分析し、第11章手続の計画に基づく各組に対する弁済と比較する必要がある。ある組で、清算価値が、第11章手続の計画で定められた弁済条件を上回る場合、最善の利益テストは満たされず、裁判所は当該計画を認可することは許されない。ただし、当該組の個々の構成員全員が当該計画に同意した場合は異なる。

　清算価値を分析する際、裁判所は第7章手続の関連する諸規定を適用しなければならない。計画の立案者は、各組の請求権を包括的に評価するのと同様に、第7章手続における配当のために利用される財団に帰属する財産とその価値について、具体的な証拠を提出しなければならない。多数の事例で、公正かつ詳細な分析が必要となるが、裁判所は、仮想の清算を行うことそ

24　In re New Valley Corp., 168 B.R. 73 (Bankr. D.N.J. 1994).
25　H.R. Rep. No. 103-835, 103rd Cong., at 47-48 (1994).
26　Tabb, *supra* note 4 at 1123. See, e.g., In re W.R. Grace & Co., 475 B.R. 34, (D. Del. 2012). この判例によれば、倒産裁判所は、計画の効力が生じる日に第7章手続の清算がなされたものと仮定して、清算価値を決めるとされる。
27　*Id*.
28　*Id*. H.R. Rep. No. 95-595, 95th Cong. 1st Sess., at 412 (1977).
29　*Id*. at 1123-1124.

れ自体については、精密科学（exact science）であるとは認識しておらず、合理的な仮定と最善の推測に基づかざるを得ないところがある、と理解している。[30]

第3節　組分けの重要性

I　総　説

第11章手続における計画認可手続における中核は、債権者や持分権者の組分けである。[31]権利変更を伴う計画の場合、それに対する賛否は、組ごとに行われ、かつ、少なくとも1つの組の賛成が認可の要件となるため、各債権者等をどの組に分類するかは、計画の認可を左右する極めて重要な問題となる。

債権者と持分権者は、分けられた組ごとに扱われる。各請求権を分類する主たる目的は、債権者の弁済を受ける権利に違いを認めることであり、それに基づいて、異なる処遇を正当化することである。計画案の提案者は、組分けを指定しなければならない（1123条(a)(1)）。[32]同じ組の債権者や持分権者については、平等な取扱いが保障される。[33]ただし、劣後的な取扱いについて、同意する場合は、この限りではない（同(4)）。さらに、裁判所は、組分けが不適切であれば、当該計画を認可しない。[34]

30　See In re Chicago Invs., LLC, 470 B.R. 32（Bankr. D. Mass. 2012）; In re Crowthers McCall Pattern, Inc., 120 B.R. 279（Bankr. S.D.N.Y, 1990）.

31　わが国の重要な先行業績として、伊藤・前掲（注2）4頁以下、山本研「更生計画における更生担保権および更生債権の組分け」（事業再生研究機構編・更生計画の実務と理論）531頁以下がある。アメリカ法には、多数の文献が存在する（Cf. Tabb, *supra* note 4 at 1092 footnote 377.）。

32　*Id*. at 1093. この唯一の例外が、共益債権者の処遇である。基本的に組分けは必要とされず、計画の下で、全額弁済がなされる（*Id*. at footnote 378）。

33　*Id*.

34　*Id*. See In re Multiut Corp., 449 B.R. 323, 333（Bankr. N.D. 111. 2011）（「The improper classification of claims results in denial of confirmation under §1129(a)(1)」）。

311

各組ごとに、計画に対する賛否を行い（1126条）、権利変更の対象となりうる（1124条）[35]。計画が認可されるには、すべての組が賛成するか、権利変更の対象とならなかったか、または、反対する組について、クラムダウンがなされることが必要である（1129条(a)(8)・(b)）。

組内の反対者は、多数意見に拘束される（1126条(c)・(d)）[36]。計画案に同意し、または権利変更の対象とならなかった組はすべて、その計画において、「絶対優先原則（absolute priority rule）」の適用を免れる（1129条(a)(8)・(b)）。それによって、債務者企業の価値評価に過剰なコストをかけることが回避されるといわれる[37]。計画によって権利変更が行われる組がある場合、少なくとも、権利変更の対象となった組の1つが、計画案に賛成することが必要とされる（同条(10)）[38]。

II　組分けの規律

では、組分けを規律するルールは何か。連邦倒産法は、「実質上同一の（substantially similar）」債権と持分権が同一の組に分類されうる（1122条(a)）と規定するが、どの権利が同じ組に分類されなければならないのか、という点については沈黙している。類似性は、債権や持分権の性質によって、決定される[39][40]。換言すれば、重要なのは、債務者に対する債権や持分権の性質とその効果である。類似性を判断するには、ある組の構成員が、当該組の議決に拘束されることが、公正であるかどうかを論じればよい。また、類似性要件は、債権者や持分権者への弁済の対象となる債務者の資産に対して存在す[41]

35　*Id.*

36　*Id.*

37　*Id.* 後述第5節参照。

38　*Id.*

39　*Id.*

40　*Id.* S. Rep. No. 95-989, 95th Cong., 2d Sess., at 118 (1978); H.R. Rep. No. 95-595, 95th Cong., 1st Sess., at 406 (1977). See also In re Johnston, 21 F. 3d 323, 327 (9th Cir. 1994).

41　*Id.* at 1094.

312

II 組分けの規律

る、弁済に関する相対的なプライオリティによって判断される[42]。こうして、担保権者と一般債権者は、法的に、類似性がないこととなる。なぜなら、担保権者は債務者の特定の財産に優先弁済権をもち、一方、一般債権者は、担保目的財産を除いた一般財産から満足を得るからである[43]。同様に、一般債権者は、株主やパートナーシップの持分権者とも異なる。債権者が全額の満足を得て初めて、持分権者は弁済を受けることができる[44]。

担保権者について、①担保目的財産が異なる場合、②担保目的物が仮に同一であっても、プライオリティが異なる場合、類似性は認められない[45]。たとえば、ある不動産について設定された担保権と、動産に設定された担保権は別の組に分けられ、同一不動産上に設定される担保権であっても、その優先順位が異なる場合、別の組に分けられる。1つの組に1人の担保権者ということも少なくないといわれる。

一般債権者についても、複数の分類が存在する[46]。一般債権者の中には、507条によって優先権を付与される者がいる。それゆえ、彼らを他の一般債権者と同じ組に分類することはできない。プライオリティが他者とは違うからである[47]。たとえば、4番目の優先順位をもつ債権者（507条(a)(4)）は、7番目の優先権をもつ債権者（同(7)）と同じ組には分類できない[48]。約定劣後債権（510条(a)）も、組分けを異にする必要がある[49]。

しかし、通常、一般債権者のほとんどは「実質的に類似する」ものであり、

---

[42] *Id*. See, e.g.. In re Save Our Springs (S.O.S.) Alliance, Inc., 632 F. Sd 168, 174（5th Cir. 2011）; In re W.R. Grace & Co., 475 B.R. 34, 109-10（D. Del. 2012）; In re Frascella Enters., Inc., 360 B.R. 435, 442（Bankr. E.D. Pa. 2007）（類似性要件は、債権の内在的な性質によって判断されるのではなく、むしろ、債務者のもつ資産との関係で判断される、という）.

[43] *Id*.

[44] *Id*.

[45] *Id*. See, e.g., In re AO.V. Indus. Inc., 792 F. 2d 1140（D.C. Cir. 1986）; In re Commercial W. Fin. Corp., 761 F. 2d 1329（9th Cir. 1985）.

[46] *Id*.

[47] *Id*.

[48] *Id*. 507条(a)(2)・(3)と(8)も同様である。

[49] *Id*.

313

〔第2部・第2章〕第4節　クラムダウンの仕組み

　その結果、同一の組に分類される。債権が、取引債権であれ、被担保債権で担保目的物によって担保されない部分の債権であれ、否認権の行使によって生じる債権であれ、契約の拒絶によって生じる債権であれ、変わりはない。しかし、このことは、すべての一般債権者が同じ組に分類されなければならないということを意味しない。債務者が単一の資産（不動産）しか有しない事例で、いわゆる恣意的な組分けを行う「ゲリマンダリング」が許されるかどうかが、アメリカ法上、最も激しく論じられた争点になったように、どのような組分けを行うかは、権利変更を受ける組にとって、極めて重要な問題である。持分権者にも同じような優先権に基づく分類がある。たとえば、優先株の持分権者は、通常株式の持分権者とは異なる組に分類される。

第4節　クラムダウンの仕組み

I　総説

　計画の立案者は、権利変更された組がこれに反対したとしても、1129条(b)に基づき、計画の認可を求めることができる。反対する組があっても、計画を認可することをクラムダウンという。これは、計画が、反対する組に、「無理矢理押しつけられている（crammed down）」ことに由来する。

　クラムダウンのルール（1129条(b)）は、1978年（昭和53年）に、チャンドラー法第X章手続と第XI章手続を統一する現行法が制定されるにあたり、重要な役割を果たした。第X章手続で採用されていた基準（financial stan-

---

50　*Id*.
51　*Id*.
52　*Id*. at 1096.
53　*Id*. at 1095.
54　*Id*. at 1137.
55　*Id*.

314

dard）は、「絶対優先原則」であった。この原則は、平時における債権者と持分権者それぞれの組の権利の優先的地位を頑なに守るものである（チャンドラー法221条(2)）。これに対して、第XI章手続および第XII章手続では、絶対優先原則の適用はなく、最善の利益テスト（the best interest test）の適用のみが求められた（チャンドラー法第XI章手続366条(2)、第XII章手続472条(2)）。これらのルールが意味するのは、第X章手続において、清算価値を超える継続企業価値部分はすべて、平時の優先的地位に基づき、債権者に分配される一方、第XI章手続において、債権者には清算価値が保障されるにとどまるということである。

1978年（昭和53年）法において、連邦議会は、さまざまな組の債権者と持分権者とに、清算価値と継続企業価値の差をどのように分配するかについて、利害関係人の交渉によるスキームの採用を決断した。計画に同意した組や、権利変更を受けない組には、絶対優先原則は適用されなくなった（1129条(b)(8)・(b)(1)）。

しかし、権利変更された組が計画案に反対した場合、計画の立案者がクラムダウンの手続を望めば、絶対優先原則が適用されることになる（1129条(b)(1)）。クラムダウンは、計画の立案者による申立てが必要である。裁判所は、計画が制定法の要件に合致しているか否かを判断しなければならないが、当該要件に合致するように当該計画を修正することはできない。もっとも、絶対優先原則の適用を受けるのは、反対した組から下位の組だけである。この

---

56 *Id*. この原則によれば、優先的地位にある組が完全な満足を得ない限り、それよりも劣後する組は、一切、弁済を受けることができない。
57 *Id*.
58 *Id*.
59 *Id*.
60 *Id*.
61 *Id*.
62 *Id*.
63 *Id*. at 1137-1138. H.R. Rep. No. 95-595, 95th Cong. 1st Sess., at 414（1977）.
64 *Id*. at 1138.

315

ことは、すべての組に絶対優先原則を適用していた第Ⅹ章手続の実務を大きく変えるものであった。

　チャンドラー法第Ⅹ章手続（221条(2)）の文言を継続して利用しつつ、現行法は、権利変更を受けた組が計画に反対したとしても、当該計画が「不公平な差別をしておらず、公正かつ衡平」である限り、当該計画は認可されると規定する（1129条(b)(1)）[65]。この要件は、権利変更を受け、かつ計画に賛成しなかった各組の債権や持分権についてのみ適用される[66]。

　担保権者について、「公正かつ衡平」基準の意味はこうである。担保権者は自己の担保権を保持し、担保目的物の現在価値を受け取らなければならないということ（1129条(b)(2)(A)）[67]。計画に反対する一般債権者の組について、「公正かつ衡平」とは、一般債権者の組が完全な満足を得ない限り、それに劣後する組は、計画の下で、いかなる財産も受け取ることや保持することができない、ということ（同(B)）[68]。これと同様の絶対優先原則は、株主にも適用される（同(C)）[69]。個人債務者には例外が認められる。個人債務者は、申立て後に取得した財産と収入を財団に組み入れる1115条によって、財団に含まれる財産を保持することができる（同(B)(ii)）[70]。

Ⅱ　担保権者に保障される価値

1　前　提

　第11章手続では、債務者企業による担保目的物の保持ないし利用の必要性と、担保権者による担保目的物に対する権利の保持と債権回収の意欲との間

---

[65]　*Id.*
[66]　*Id.*
[67]　*Id.*
[68]　*Id.*
[69]　*Id.*
[70]　*Id.* at 1138-1139.

に、緊張関係が継続して存在している。ここではクラムダウンされる担保権者の組に対して、どのような保障が図られているかを確認する。

　ただし、アメリカ法における担保権者の組分けの現実について確認しておくことが大切であろう。すでに述べたように、担保権者について、①担保目的財産が異なる場合、②担保目的物が仮に同一であっても、プライオリティが異なる場合、別の組に分類され、一組一担保権者であることが少なくないことに注意が必要である。

　前提として、担保権者には、担保目的物を基準とした、「完全な補償」が与えられなければならない。このような「完全な補償」が付与されれば、債務者は、計画の認可後、担保権者が当該計画に反対したとしても、その担保目的物を保持することができる。

　担保権者の組について、計画の認可のために必要な方法が３つある。ⓐ計画に同意すること（1129条(a)(8)(A)、1126条(c)）、ⓑ権利変更が行われないこと（1129条(a)(8)(B)、1124条）、ⓒ1129条(b)(2)(A)の基準によりクラムダウンされること、である。

　ⓑについては、被担保債務について不履行がなければ、計画による変更を行わないことを提案すればよく、また、不履行があれば、それを治癒して、当初の契約条件のまま、期限の利益を回復すればよい。一方、1994年（平成６年）の改正によって、計画の効力が生じる日に、認容された債権を全額現金で弁済すれば、権利変更はない、とされた（1124条(3)）。これを担保権者の組についてみると、担保権者は、担保目的物の価値を現金で全額弁済され

71　*Id.* at 1144.
72　*Id.* 判例の考えである（See In re Arnold & Baker Farms, 85 F. 3d 1415, 1422（9 th Cir. 1996), cert. denied, 619 U.S. 1064（1997); In re Murel Holding Corp., 75 F. 2d 941,942（2d Cir. 1935).）。
73　*Id.*
74　*Id.*
75　*Id.* at 1144-1145.
76　*Id.* at 1145.
77　*Id.*

317

れば、権利変更を受けなかったことになる。ただし、その組が、債権全額を被担保債権とし、オーバーローン部分の債権を一般債権としない選択をした場合（1111条(b)）は別である。[78] この場合、債務者は、担保目的物の価値を全額現金で弁済し、担保権を消滅させることはできない。[79] 興味深い制度である。1994年（平成 6 年）改正後、債務者は、担保権者がこうした現金による清算に同意しない場合、クラムダウンによるしかないこととなった。

　担保権者の組をクラムダウンするには、「完全な補償」が必要である。ここで、その本質を記せば、①担保権者が担保権を保持し続け、②計画の効力発生日を基準として、認容された被担保債権について、全額の弁済を受けること、になる。[80] 連邦倒産法は、これに代替する 3 つの方法を定めている。ⅰ担保権者は、認容された被担保債権の範囲で、担保権を保持し、かつ、被担保債権全額および担保目的物の現在価値について、現金による分割弁済を受けること（1129条(b)(2)(A)(i)）、ⅱ担保権者は、担保権を消滅させ担保目的物を売却して得た売却代金のうえに、担保権を設定し、かつその売却において、クレジットビッドの権利を取得すること（同(ii)）、ⅲ担保権者は、その担保権に「等価値として確信されるもの（indubitable equivalent）」を与えられること（同(ii)）である。[81]

2　クラムダウンの第 1 手法（1129条(b)(2)(A)(i)）

　上記 1 ⅰの方法が最も一般的とされるが、この条文の解釈には注意が必要である。[82] まず、担保権者は、「認容された被担保債権の範囲で」担保権を保持する（1129条(b)(2)(B)(i)(I)）。オーバーローンの場合、この部分は、担保目的物の価値によってカバーされる範囲となる（506条(a)）。[83] 次に、分割弁済され

78　*Id.*
79　*Id.*
80　*Id.*
81　*Id.* at 1145-1146.
82　*Id.* at 1146.
83　*Id.*

る場合には、「元本額（principal amount）」テストと「現在価値」テストを満たさなければならない（1129条(b)(2)(B)(i)(Ⅱ)）。前者によれば、担保権者に対し計画により弁済される全額は、「認容された被担保債権額」となり、後者によれば、計画が効力を生じる日を基準とした、担保目的物の価値を意味する[84]。これら 2 つの基準が必要とされるのは、オーバーローン状態の担保権者が、1111条(b)(2)に基づく選択をすることで、被担保債権額が担保目的物の価値を上回る場合が生じるからである[85]。

1111条(b)(2)に基づく選択をした場合の帰結を例示（[事例 1]）[86]する。A は B に対し100ドルの債権を有し、それが不動産甲により担保されているとする。この甲の価値が70ドルである場合、残り30ドルは、通常、一般債権となるが、担保権者 A は、上記選択をして、30ドル部分を認容された被担保債権に組み込むことができるのである。その代償として、A は、30ドル部分について、一般債権として計画による弁済を受けることはできなくなる。

注意しなければならないのは、A が上記選択をすれば、一般債権（30ドル）に対する計画による弁済は受けられず、また被担保債権（100ドル）全額の弁済を受けられるとは限らないということである[87]。ではなぜ担保権者は上記選択をするのか。それは、A は、裁判所の決定した担保目的物の価値以上のものを、認可後、取得する可能性を保持したいからである[88]。これには、倒産裁判所の評価が低すぎた場合、もう 1 つは、認可後、担保目的物の価値が上昇する場合の 2 つが考えられる[89]。こうした選択は、B が債務不履行に陥ったり、B が担保目的物を利用して新規融資を獲得しようとしたり、さらには、担保目的物を売却しようとする場合に、大きな意味をもつ[90]。

これらのことから、価値評価の重要性がうかがえる。ただ、連邦倒産法に

84　*Id.*
85　*Id.*
86　*Id.*
87　*Id.* at 1147.
88　*Id.*
89　*Id.*

319

〔第 2 部・第 2 章〕第 4 節　クラムダウンの仕組み

は、価値評価に関する厳密なルールは存在しない。裁判所には、「評価の目的や担保目的物の処分ないし利用の目的」(506条(a)(1)) に応じて、事件ごとに判断する裁量権が付与されているのみである。[91]債務者が担保目的物を維持したい場合、裁判所は、その目的物をより低い清算価値ではなく、継続企業価値で評価することを好むといわれる。[92]

　裁判所は、担保目的物の価値評価を終えても、その後、現在価値の分析を行わなければならない。[93]債務者は、担保権者に対し、計画の効力発生日を基準とした担保目的物の価値について、分割弁済をすることが認められているが (1129条(b)(2)(A)(i)(II))、この場合、貨幣の時間的価値を考える必要がある。[94]それゆえ、反対する担保権者に対してクラムダウンをする際に、債務者は、元本に対して、適切な割合の利息を弁済しなければならない。[95]

　しかし、「クラムダウン・レイト」とよばれる利息の割合を決めることについて、激しい論争が存在する。[96]リーディング・ケースとしてあげられるのが、第13章手続の事件である、Till v. SCS Credit Corp である。[97]この事件で検討された基準はいずれも多数意見を獲得できず、そのため、なお、3つの方法が残され、決着がついていない。連邦最高裁判所の判事のうち、4名が、①フォーミュラー・アプローチ (またはプライム・プラス・アプローチ) を支持した。[99]これは、プライムレートから出発し、これにリスク・プレミアムを

90　*Id*. ［事例 1］において、認可の 1 年後、B が担保目的物を85ドルで売却しようとしているとする。A が、1111条(b)(2)の選択をしなかった場合、B は、売却代金から被担保債権部分70ドルを弁済し、15ドルを自分のものにできる。一方、A が選択をしていた場合、被担保債権額は100ドルとなり、売却代金85ドル全額が A に支払われなければならない (*Id*.)。

91　*Id*. at 1148.

92　*Id*. 後掲 (注200) 参照。

93　*Id*.

94　*Id*.

95　*Id*.

96　*Id*. at 1149.

97　541 U.S. 465 (2004).

98　Tabb, *supra* note 4 at 1149.

99　541 U.S. at 478-479. John Paul Stevens 判事の意見である。

320

上乗せする方法である。また、それに反対する4名の判事が、②「仮想契約」アプローチを支持した。これは、出発点として、債務者と担保権者との間の契約レートを出発点とし、債務者によるクラムダウンに伴う現実のリスクを考慮して、当該利率を調整する方法である。Clarence Thomas 判事は、①を異論を含みつつ支持したが、それは、債務者が当該アプローチを主張したからであって、②の方法に肯定的であった。最後の方法が、②の変形ともいえる、③「強制融資契約」アプローチである。これは、担保権を仮に実行して回収した金銭をあらためて融資した場合に得られる利率を債権者に認める方法であり、認可時に全額の弁済を受けた場合と同じ状況を債権者に認める考えである。

3　クラムダウンの第2手法（1129条(b)(2)(A)(ii)）

　債務者が担保目的物を売却する場合に対応したクラムダウンの方法がある（1129条(b)(2)(A)(ii)）。この場合、担保権者は、2つの方法で保護される。1つは、担保目的物の売却に際し、担保権は消滅させるが、その売却代金の上に、担保権が移転するという方法である。今一つは、売却価額の公正さを疑う担保権者は、当該売買に際し、クレジットビッドを行い、自己の債権と入札価額を相殺することができる、というものである（363条(k)、1129条(b)(2)(A)(ii)）。このクレジットビッドの権限は、担保権者に、あまりに低い評価額への対応策（1111条(b)の選択権）と同様の保護を与える。

100　541 U.S. at 492. Antonin Scalia 判事の反対意見である。
101　Tabb, *supra* note 4 at 1149.
102　*Id*.
103　*Id*.
104　*Id*.
105　*Id*.
106　*Id*. at 1150.
107　*Id*.
108　*Id*.

321

4 クラムダウンの第3手法（1129条(b)(2)(A)(iii)）

3つ目は、クラムダウンする組に対して「等価値として確信されるもの (indubitable equivalent)」を提供する方法である（1129条(b)(2)(A)(iii)）。これは、Murel Holding 事件[109]において、Learned Hand 判事が用いた表現であった。「優先権をもつ担保権者は、『等価値として確信されるもの (indubitable equivalent)』以外の代替物を受け取ることを強制されない」としている[110]。具体的には、連邦倒産法の立法資料によれば、たとえば、債権者に担保目的物を引き渡すこと[111]、または、同等の担保を提供することは、この要件を満たす[112]とされている。従前、この要件は、債権者への担保目的物の引渡しをめぐって論じられてきた[113]。しかし、被担保債権額よりも少ない額を現金で弁済すること、または、担保権と交換に株式を発行することは、この要件に合致しないとされている[114]。

5 沿革を踏まえた若干の検討

1111条(b)(2)の選択が、担保権者の保護にとって、重要であることには関心が向けられるべきである。債務者が、市場が一時的に悪化している時期を狙って、第11章手続を申し立て、倒産裁判所によるより低い価値に基づくクラムダウンを利用しようとするリスクから、担保権者は保護されるべきだからである[115]。

現行法のクラムダウン制度と、1111条(b)を制定する基礎となった判例（In re Pine Gate Assocs., Ltd.,[116]）[117]がある。これは、チャンドラー法第XII章手続

109　75 F. 2d 941, 942 (2d Cir. 1935).
110　*Id*. at 1150.
111　124 Cong. Rec. S17, 421 (daily ed. Oct. 6, 1978) (remarks of Sen. DeConcini); 124 Cong. Rec. H11, 104 (daily ed. Sep. 28, 1978) (remarks of Rep. Edwards).
112　H.R. Rep. No. 95-595, 95th Cong. 6475 (1977).
113　Tabb, *supra* note 4 at 1150.
114　*Id*. at 1150-1151.
115　*Id*. at 1147-1148.

において、債務者による担保目的物の受戻しが問題となった事例である。裁判所の評価額の弁済で受戻しをしようとした債務者に対し、担保権者が被担保債権全額の弁済を求めて争った。著名な倒産裁判官である William Norton 判事は、債務者は被担保債権全額を弁済する必要はなく、裁判所の評価した額（上記額のおよそ70％）を弁済することで憲法上の要請は満たされるとし、担保権者の反対にもかかわらず、計画を認可した[118]。また、Norton 判事は、憲法上、どのタイミングで手続を申し立てるかは、債務者の自由であり、担保権者には裁判所の評価額より高い価格をつける権限はないと判示した[119]。

この判決の登場により、金融債権者は激しく動揺した。債務者が市場価格を見計らい、自己に有利なタイミングで倒産手続を申し立て、担保目的物の価値評価額を現金で弁済できれば、担保権は消滅するからである。もし、その後、担保目的物の価値が上昇すればどうなるのか、また、倒産裁判所は、債務者にとって有利に、相対的に低い価額で評価するとの評判もあった。

しかし、金融債権者にとって好都合なことに、折しも、現行連邦倒産法の全面的見直し作業が進められていた[120]。当初、清算型手続であれ、再建型手続であれ、担保目的物が売却されるとき、担保権者を保護する規定、たとえば、クレジットビッドを行う権利などは、草案に含まれていなかった。しかし、Pine Gate 判決後、状況は一変した。直後に出された上院の草案には、クレジットビッドに関する権利が規定されていたのである[121]。もっとも、この規定は、担保目的物の譲渡に関するものであり、計画の認可に関するものではなかった[122]。その数か月後、連邦議会議事録に、「Pine Gate 判決によって生じ

---

[116] 10 C.B.C. 581 (Bankr. N.D. Ga. 1976).
[117] Charles J. Tabb, *Credit Bidding, Security, and The Obsolescence of Chapter 11*, 2013 U. ILL. L. REV. 103, 117.
[118] *Id*. at 117-118.
[119] *Id*. at 118.
[120] *Id*.
[121] *Id*. at 119.
[122] *Id*. S. 2266, 95th Cong. § 363(e) (1977).

た、金融機関に不動産融資を躊躇させる問題は、再建型手続に特定のガイドラインを付加することで解決されるであろう」と記載され、最終的に、両院で、現行法の保護スキームが成立した。[123]

しかし、担保目的物の価値を弁済し、それを保持するクラムダウンの手法をとれば、Pine Gate 判決の悪夢がよみがえるようにも思われる。[124] これに対応する方法が、担保権者による1111条(b)(2)の選択であった。この選択により、オーバーローンの状態でも、被担保債権額は、債権額全額となり、債務者は現金による清算が困難となる。こうして担保権者は保護されることになった。

もっとも、この選択は、1129条(b)(2)(A)(ii)によれば、363条に基づく譲渡や計画に基づく譲渡の場合には、できないという問題がある。[125] ［事例１］において、仮に、担保目的物が70ドルで売却されれば、担保権者はそれを受け取るしかない。しかし、現行法である1978年（昭和53年）法の立法者意思は、そうではなかったといわれる。[126] Tabb 教授によれば、連邦議会は、担保目的物の売却時にも、担保権者にクレジットビッドの権利を認めるべきであると考えていた、と分析される。[127] 起草者の１人であり、主要なメンバーであったKlee 教授も、1111条(b)の選択が363条に基づく譲渡で除外されるのは、担保権者には、別途、下院修正案363条(k)によるクレジットビッドが認められるからである、としている。[128] また、選択ができなくなるのは、その組の債権者がリコース債権者となるからである、とも述べている。[129]

こうした点について、近時、重要な判決 RadLAX Gateway Hotel, LLC v. Amalgamated Bank がなされた。[130] これは、債務者が、担保目的物を売却

---

123 Pub. L. No. 95-598, 92 Stat. 2549 (1978).
124 Tabb, *supra* note 117 at 120.
125 *Id*. at 122.
126 *Id*.
127 *Id*.
128 Kenneth N. Klee, *Legislative History of the New Bankruptcy Law*, 28 DEPAUL L. Rev. 941, 942-957 (1979).
129 124 CONG. REC. 32, 407 (1978).
130 132 S. Ct. 2065 (2012).

324

II　担保権者に保障される価値

する計画に際し、担保権者である銀行に対しクラムダウンを求めた事案である。この売却手続において、銀行のクレジットビッドの可否が論じられた。担保目的物の売却手続におけるクレジットビッドの権利を否定した、第3および第5巡回区連邦控訴裁判所とは異なり、連邦最高裁判所は、これらとは異なる、第7巡回区連邦控訴裁判所の判断を支持し、担保目的物の売却手続において、クレジットビッドの権利を銀行に認めなかった計画の認可を否決した[131]。判決理由はシンプルで、1129条(b)(2)(A)(ii)が同条(iii)の特則であり、同条(ii)の適用が問題になるということであった[132]。

　Tabb教授の分析によれば、連邦最高裁判所が、現行法の目的、沿革、政策意図を検討していない点に若干の留保を示されるが[133]、上述のように、立法者、起草者意思からすれば、担保目的物の保持とその売却に差異を見出すのは難しく、連邦最高裁判所の結論が支持されてよいという[134]。しかし、それゆえに、1970年代と大きく乖離した金融市場にある現在、担保権者と債務者との間のリバランスが必要であり、第11章手続の改正が求められると強調された[135]。

　こうした沿革を踏まえ、本稿の視点から、若干のコメントを述べる。クラ

131　Id. at 2072-2073.
132　Id. at 2071.
133　Tabb, *supra* note 4 at 1153.
134　Tabb, *supra* note 117 at 124, 145-150.
135　今日では、担保権者が債務者の資産のほぼすべてを掌握するという事態が生じている (Interview with Charels J. Tabb, Mildred Van Voorhis Jones Chair in Law, University of Illinois College of Law (October 13, 2014) at Foley & Lardner LLP in Chicago)。すなわち、担保権者によるいわば「丸取り」が起きているといえる。こうした背景について、村田典子「当事者主導型倒産処理手続の機能の変容㈠㈡・完——アメリカ合衆国連邦倒産法第11章手続における債権者の手続支配——」民商138巻6号59～84頁、同139巻1号37～68頁参照。またその後のアメリカ法における重要文献として、Kenneth M. Ayotte & Edward R. Morrison, *Creditor Control and Conflict in Chapter 11*, 1 J. LEGAL ANALYSIS 511, 511-12 (2009). がある。これは、今世紀に生じた、担保権者の権限ないし影響力の爆発的な増大を論じたものである。ここで重視するべきは、債務者のもつ価値を担保権者が独り占めしていると疑われている点、すなわち「実体（権）」の問題であろう。1978年法（現行法）は、こうした価値を利害関係人の交渉により、公平に分割するということがそもそもの目的であった（第1節参照）。

325

ムダウンに際し、担保権者にどのような価値が保障されるかについて、アメリカ法の展開はとても重要であると思われる。担保権を消滅させるために、担保権者に対し、担保目的物の価値を保障しさえすればよい、ということが第一原則であり、このことが憲法上の問題を惹起したのであった。もっとも、この原則の正当性を肯定するとしても、なお問題となるのが、当該目的物の価値評価である。伝統的に、倒産裁判所の評価を金融機関は信用してこなかった。できる限り、市場による評価に近づけたいと考えていたといわれる。その結果、アメリカ法の対応は、担保目的物の現在価値を保障しつつ、これに加えて、元本全額を被担保債権とする選択権を担保権者に認め、分割弁済の際に利息の基準を検討し、クレジットビッドの権利を担保目的物の譲渡の場合にも広く認めることとなった。こうした論議は、日本法においても参照されてよい。何よりも重要なことは、担保目的物に限定されるということであり、この点において、債務者の一般財産を前提にする清算価値保障原則との差異が明確になる。このことが議論の出発点となる。そのうえで、当該目的物をどのように評価するかが問われるべきである。またこの価値評価については、担保権者側の理解が重要であることも看取できた。この点への配慮を怠り、早期処分価値に限定すれば、担保権者による法的整理手続への不信ないし忌避を生ぜしめるのではないか。しかし、一方で、一般に、金融機関は政策に訴える力が強く、アメリカ法のような担保権者の保護政策をとった場合、担保権者の「丸取り」を許すことにもなる。難問である。

　これらの点についての議論が日本法でなお必要と感じられるのは、会社更生手続の利用事件数、また権利保護条項の利用件数がそれほど多くなかったことによるのではないか。他方で、担保権を別除権とした民事再生手続は中小企業の再生に大いに活用されたが、同時期に中小企業再生の切り札として期待されたイギリスの Company Voluntary Act が機能不全に終わったと評価されていることと対照的である。この手続は、担保権をコントロールできなかった。[136] 再建型手続の成否は、担保権の制約に大きく依存するはずであり、その方法に関する歴史的な到達点が、上記アメリカ法（クラムダウン）の規

律であろう。とすれば、別除権型の再生手続も、失敗のリスクをはらんでいたはずであり、その成功の影には何が存在したのかという点は今後も突き詰めて検討されるべきであろう（この点については、第6節参照）。

III 一般債権者や持分権者に保障される価値

1 絶対優先原則

一般債権者や持分権者の組が計画に反対し、計画の立案者が1129条(b)に基づいて計画の認可を求めた場合、その計画は、絶対優先原則に従う限りにおいて、認可される。一般に、絶対優先原則は、優先権をもつ者が完全な満足を得ない限り、その者に劣後する地位にある者は、何も得られない、ということを意味する。[137] 計画に反対する組からみて、計画が不公正な差別をせず、かつ公正・衡平である場合に、認可される（1129条(b)(1)）。[138]

一般債権者にとって、「公正かつ衡平」とは、計画に反対する組が完全な弁済を受ける場合（1129条(b)(2)(B)(i)）、または、計画に反対する組に劣後する組が、その計画において、その所有する債権等を理由に、何も与えられない場合（同(ii)）である。[139] 持分権者も同様に考えられる。

これら条文の効果は、計画を、実体法に基づくプライオリティ秩序に従わせることである。[140] 会社債権者が完全な弁済を受けるまで、その会社の株主には何も配当されない、ということが基本となる。倒産手続の開始によっても、このことは原則として変更されないが、ただ、債権者は自己の優先的権利を放棄することができる。[141]

---

136 藤本・前掲（注8）参照。
137 H.R. Rep. No. 95-595, 95th Cong. 251 (1977).
138 Tabb, *supra* note 4 at 1154.
139 *Id*.
140 *Id*.
141 *Id*.

2　不公正な差別

　アメリカ法においては、「修正された」または「相対的な」絶対優先原則が適用されるといわれる。[142] たとえば、一般債権者について、取引債権者A、優先的債権者B、劣後的債権者Cの3つの組があるとする（[事例2]）。Bは契約に基づいてCに対してのみ優先する。Aは、BCと同じプライオリティをもつ。このとき、Aが反対した場合、Aが完全な弁済を受けるまで、Cは何も得られない、ということはない。なぜなら、AとCは平等な地位にあるからである。

　同じ地位にある一般債権者を別々の組に分け、異なった取扱いをする場合、この不公正な差別の要件が問題となる。[143] これは、組分けの問題とも関連するが、1122条(a)は類似する権利を同じ組にすることができるというだけで、類似する権利を同じ1つの組にまとめることを要求していない。[144] 法律上、禁じられる差別の形態については規定がなく、それゆえ、同じ地位にある組について異なる取扱いをする場合、それが「公正」であれば許されると思われる。[145] これには、4つのテストを採用する裁判例が多くある。それは、①当該差別に合理的な理由があるか、②債務者は差別がなければ計画を認可することができたか、③差別は誠実に提案されたものか、④差別されている組の取扱い、である。

　裁判例の傾向として、その差別が、弁済の時期に関するものや、何をもって弁済するか、の違いにすぎない場合、差別を肯定する傾向にあるといわれる。[146] 問題は、同一の地位にある組同士で、弁済割合が異なる場合である。たとえば、事業の継続に必要な供給業者や労働者の組のように、その組の協力が再建のために必要な場合には、より多くの弁済が認められるかもしれ

142　*Id*. at 1155.
143　*Id*. at 1160.
144　*Id*. at footnote 667.
145　*Id*. at 1160.
146　*Id*. at 1161.

ない。劣後的債務についても問題になる。上記［事例２］において明らかなように、やっかいなのは、その債務が、一部の債権者にのみ劣後することが一般に多いということである。この場合、取引債権の弁済率を一般債権すべてへの弁済率と比較して、その割合が計画の中で守られているかを判断するとされる[148]。

3 ギフト問題

絶対優先原則の相対性を考えるうえで、ギフト問題は重要である。たとえば、第１順位から第４順位までの４つの組があるとする。このとき、第３順位の組が計画に反対したとすると、第１順位の組は、第２順位の組に自己の価値をギフトすることができるが、第４順位の組へのギフトは、第３順位の組が全額弁済されるまで、絶対優先原則の下、許されないこととなる[149]。

問題とされたのは、担保権者の組から一般債権者の組になされたギフトである。たとえば、担保権者の組が、租税債権者の組を除外しつつ、一般債権者に一定金額をギフトしたことが争われた（In re SPM Manufacturing Corp. 判決）[150]。これは第７章手続の事件であったが、第１巡回区連邦控訴裁判所は、このギフトを認めた。なぜなら、この事例で租税債権に対して弁済される価値は全くなく（out of the money）、担保権者の組は、倒産手続における配当について、望むことは何でもできると考えられたからである。その後[151]、第11章手続の事件でもギフトが用いられるようになったが、第２巡回区連邦控訴裁判所は、この法理を否定した（In re DBSD North American Inc. 判決）[152・153]。

このギフト問題の基礎にも、価値評価をめぐる問題が存在しているといわ

---

147 Id.
148 Id.
149 Id. at 1155.
150 984 F. 2d 1305（1st Cir. 1993）.
151 Tabb, *supra* note 4 at 1156.
152 634 F. 3d 79（2nd Cir. 2011）.
153 Amy Timm, *The Gift That Gives Too Much: Invalidating A Gifting Exception To The Absolute Priority Rule*, 2013 U. ILL. L. REV. 1649.

れる。担保権者の組から株主の組にギフトが行われる場合、一般債権者がそれを争うと、債務者企業の価値を評価することが不可避となるからである。

4　沿革を踏まえた若干の検討

　チャンドラー法の時代、第X章手続において絶対優先原則のスキームに対する不満が増大し、債務者は、第X章手続よりもむしろ、最善の利益テストを採用する第XI章手続を利用した。このテストの意義は、債権者に清算価値を保障しつつ、それを超える継続企業価値のボーナスを株主に分配することにあった。本来、絶対優先原則は、会社内部者の陰謀から大衆投資家を保護するために必要とされたが、投資のあり方の変化は、こうした必要性を減殺した。第X章手続が制定された1938年（昭和13年）頃、公債は、通常、上位社債であり、絶対優先原則の下でも優先的な地位にあった。しかし、1978年（昭和53年）頃には、大衆投資家は、劣後債や株式を購入しており、それらは最も劣後的な地位におかれるものであった。絶対優先原則を利用する必要性は、こうした変化とともに、小さくなっていったのである。

　しかし、絶対優先原則への批判の多くは、より根本的なものであった。この原則を適用するには、債務者企業の継続企業価値が、まず最初に決められなければならない。次に、利害関係人は、その優先的地位に従い組分けされ、再建される債務者企業へ参加する権利が、優先順位の高い順番に、分配されていく。こうして、裁判所が決めた債務者企業の継続企業価値を下回る地位にあるすべての利害関係人は、完全に排除されることになる。

154　Tabb, *supra* note 4 at 1156. Ralph Brubaker, *Taking Chapter 11's Distribution Rules Seriously: 'Inter-Class Gifting Is Dead! Long Live Inter-Class Gifting!'* in Bankruptcy Law Letter, 31 No. 4 Bankruptcy Law Letter 1（2011）.

155　*Id*. at 1142.

156　*Id*.

157　*Id*.

158　*Id*.

159　*Id*.

160　*Id*.

Ⅲ　一般債権者や持分権者に保障される価値

　こうした流れの中で、債務者の継続企業価値を確定するための司法手続は、時間を浪費し、費用がかさむものと評された。[162]手続の遅延は、窮境にある企業にとって、致命的であったし、さらに悪いことに、有効で信頼できる評価の根拠は、見かけ倒しであり、幻であるともいわれた。[163]しばしば引用されるフレーズによれば、評価は、「曖昧な見積りに基づく推測にすぎない」、とされる。[164]これが批判の根本である。企業の評価は、しばしば、「capitalized earnings」基準でなされ、その評価のためには、２つの変数が確立されなければならなかった。①債務者企業の将来の予想収益と②割引率である。[165]予想収益（E）に割引率（R）を乗じることで、会社更生価値（V）が判明する（E×R＝V）。[166]もっとも、変数は正確に算定されるものではなく、それぞれは仮定に基づいて算出される。[167]収益や割引率を少し変えるだけで、企業の価値は変化するため、[168]その結果、価値評価をめぐる争いが顕在化したのである。[169]

　絶対優先原則を墨守すれば、実体法秩序に対する倒産手続の忠誠を示すことができるが、価値評価のための時間と費用がかさみ、価値評価自体についての争いも生じる。アメリカ法がこの原則を相対化したことには十分な意味があったのであり、再生法の成功は、こうした争いをうまく回避できたことによるのではないか。この原則に代わり適用される、債権者の「最善の利益」テストは、債権者に清算価値のみを保障しつつ、それを超える「ボーナ

161　Id.
162　Id.
163　Id.
164　Id.
165　Id.
166　Id.
167　Id. at 1143.
168　Id.
169　Id. たとえば、債務者企業 A は、担保付債務が500万ドル、無担保債務が300万ドル、合計800万ドルの債務を負担しているとする。A の収益が130万ドル、割引率が6とする。A の価値は、このとき、780万ドルとなる（130万×6）。株主 B は、絶対優先原則の下、排除されてしまう。しかし、もし A の将来収益が135万ドルであれば、B は株式を保持することができる（135万ドル×6＝810万ドル）。あるいは、乗数を6.2としてもよい（130万ドル×6.2＝806万ドル）。こうして数値の確定をめぐる争いが深刻になる。

331

ス」を株主（劣後的地位にある者）に分配することを目的としていた。今後日本法を考えるうえでも斟酌すべき事柄であろう。

第5節　イギリス法における保障されるべき価値の議論——Out-of-the money の問題

アメリカ法の議論に対して光を当て、その濃淡を明確にするため、再建型手続における反対債権者の取扱いに関するイギリス法の興味深い議論について、Jennifer Payne 教授の論考を手がかりに概観する。[170][171]

I　Schemes of Arrangement の活用

スキームズ・オブ・アレンジメント（Schemes of Arrangement。以下、「SA」と省略する）は、100年以上にわたって存在し、Company Voluntary Act（以下、「CVA」と省略する）やアドミニストレーション（Administration）よりも、相当に長い歴史をもつ。比較的最近になるまで、債務整理の手段としては評価されず、かつ、イギリスにおける企業救済に関する1980年代と90年代の議論においても、有用な再生ツールとしては、考えられていなかった。[172]しかし、過去10年の間に、SA は、とりわけ、国際的な金融危機の訪れととも[173]

170　ここでイギリス法とは、イングランドとウェールズに適用される法律を意味する。イギリスの倒産法制については、藤本・前掲（注8）を参照。

171　Jennifer Payne, Debt Restructuring in English Law: Lessons from the United States and the Need for Reform, 130 LQR 282 (2014).

172　Panye *supra* note 171, at 290.

173　*Id*.

に、次第に、債務整理の手段として利用されるようになった。[174]

　SAの概要と長所短所は以下のとおりである。[175]第1に、債務者企業とその構成員または債権者との間で、和議ないし債務調整が裁判所に申し立てられる。第2に、当該計画案への適切な多数の同意を得るため、企業の持分権者または債権者の集会が開催される。それらは組分けされ、当該計画案を検討し、賛否の投票をする。そうした組分けは、「その権利が、共通の利益を目的としてともに協議することが不可能なほど異なっているのではない」人々の間でなされる。裁判所は、すべての組が当該計画案に賛成しない限り、当該計画案を認可することができない。その議決要件は、「債権額で75％以上の同意」である。このように、多数者が少数者を拘束することができる点は私的整理と対照的である。また、計画の中で、担保権を修正し、それを消滅させることもでき、その点において、CVAに対しても優っている。同時に、債務者企業が支払不能前でも利用できる。つまり、pre-insolvencyでも機能する点は重要である。しかし、組分けが複雑になり、債権者集会の実施が困難になったり、モラトリアム（権利行使禁止の効果）が認められていないという欠点もある。

II　Out-of-the moneyによる処理──My Travel Group Plc事件

　2004年、My Travel Group Plc事件において、その企業グループは、巨額の債務を抱えていた。当該債務者企業と債権者らの間で、私的整理が試みられたが、失敗に終わった。社債権者が、自己に対して提案された株式の分配に反対したからである。この時、社債権者は、「アウト・オブ・ザ・マネー（Out of the money）」であったといわれる。[176]すなわち、それは、会社の資

---

[174] Id.
[175] Id. at 290-292.
[176] Id. at 295.

333

〔第2部・第2章〕第5節　イギリス法における保障されるべき価値の議論

産によれば、優先権者にすら完全な弁済ができず、劣後的地位にある社債権者は、会社の清算において、何も弁済を受けることができない、という意味である。しかし、社債権者は、その反対権（Hold-up Rights）の行使をちらつかせ、より自己に都合のよい取引を得るべく交渉しようとしたのであった。[177]

　こうして社債権者の組に対するクラムダウンが必要になったが、SA では反対する組自体に対しクラムダウンを行うことができなかった。[178] そこで、SA とアドミニストレーションを併合して利用することが提案された。[179] 優先的権利は、SA によって権利変更され、債務者の事業と資産はすべて、優先権者が所有する新会社に譲渡された。[180] その結果、劣後的地位にある債権者は、権利変更を受けることはなかったが、旧会社に残されたため、実質上、何も得ることができなかった。こうして特定の債権者を計画から除外することで、上述の「複雑さ」は回避され、クラムダウンの不完全さが解消される。

　こうした「組分け」は控訴院で争われたが、債務整理の形式は維持され、社債権者の同意は不要であるとされた。[181] SA において、このような場合、社債権者が、当該計画に不公正さを主張する適切な場は、裁判所による認可手続であったが、この事件では Ad が組み合わせられたため、つまり事業譲渡されてしまったので、認可手続は行われなかった。[182]

III　価値評価をめぐる問題——Re Bluebrook Ltd 事件

　My Travel Group Plc 事件において、Bluebrook Ltd らの事業は、プリパック型手続を用いて、新会社に譲渡された。[183] このとき、優先的地位をもつ

177　*Id*.
178　*Id*.
179　*Id*.
180　*Id*.
181　*Id*. at 296.
182　*Id*.

334

融資債権者は、多数の計画を利用し、効率的に、その保有する債権を新会社の株式に転換したが、劣後的地位にある融資債権者は、旧会社にとどめおかれた。[184] こうして、旧会社グループは、巨額の債務から解放され、その事業を継続することとなった。

裁判所の認可手続において、自分たちが何ら資産を有しない旧会社グループに取り残されたことは、計画の不公正を意味するとして、劣後的地位にある融資債権者から異議が提出された。[185]

裁判所は、劣後的地位にある債権者は、何ら弁済を受けうる余地はなく、彼らのためには、何の価値も残されていないことから、計画による弁済から完全に排除され、議決権を与えられなかったとしても、計画を認可することは妨げられないと判示し、結果として、事実上、劣後的地位にある債権者の組自体のクラムダウンを認めた事案となった。[186]

この時、債務者企業らの価値評価基準が問題として争われた。基準いかんで、劣後的地位にある債権者らが、Out-of-the money に該当するか否かが左右されるからである。しかし、裁判所は明確な基準を示さなかったと評価されている。[187]

IV 若干の検討

My Travel Group Plc 事件において重要なのは、社債権者がこの計画の対象当事者ではなく、当該計画案についての議決権を与えられなかったということである。こうした処理の基礎にある考えは次のようなものであろう。一般に、再生される会社の価値は、（実体）法的プライオリティに従い、分配されるべきであるから、劣後的地位にある債権者には、会社の価値が不足

---

183 *Id.*
184 *Id.*
185 *Id.*
186 *Id.* at 297.
187 *Id.*

335

する場合、再生される会社のいかなる利益も分配されるべきではない、と。実質的にみても、こうしたOut-of-the moneyの債権者に議決権を付与すると、当該債権者は、議決権行使に際し、同意しないという脅迫を用いて、実体法のプライオリティを超える弁済を受ける力をもってしまう。My Travel Group Plc事件の手法は、いわば、絶対優先原則を保持して、実体法秩序をあくまでも尊重しつつ、手続の簡易化を図るという利点がある。アメリカ法が、絶対優先原則を相対化したことと対照的である。手続を重視するアメリカ法と実体法を尊重する傾向が強いイギリス法の対比がみられてとても興味深い。

　しかし、絶対優先原則を維持するということは、価値評価の呪縛に縛られることとなる。Re Bluebrook Ltd事件でも、劣後的地位にある債権者は自己がOut-of-the moneyか否かを上級審まで争った。今後、イギリスの裁判所は、組分けの困難さの回避、反対組のクラムダウンの実現や債権者集会実施負担の軽減という手続上のメリットを凌駕する、価値評価の問題に直面するかもしれない。

第6節　日本法への投影

I　再建型倒産処理手続の憲法的価値

　事業は堅調であるけれども、一時的に資金繰りに行き詰まった会社にできることは、清算を選ばないのであれば、債務の弁済期限を猶予してもらうか、債務の一部ないし全部を放棄してもらうことであろう。これらは、いずれも、債権者の同意なくしては実現できない事柄である。私的整理のように債権者全員から同意が調達できればよいが、企業の資金調達方法が多様化し、融資債権者の顔ぶれが複雑になった今日、そうした同意の調達は困難な作業となる。そうするうちに、債務者の資金繰りはさらに悪化しかねない。アメリカ

法は、こうした状況で、裁判所の保護を利用する。裁判所の下で、債権者の回収行動を止めつつ、多数決による権利変更を行うのである。すなわち、権利者の同意なく、その内容が変更されることになる。

　伊藤眞教授によれば、「利害関係人にとって、ある組に分類されるということは、その組における多数決によって、計画案にしたがった権利変更を受ける」ということを意味し、「ある実体法上の権利がその権利主体の意思にかかわらず、内容を変更されるということは、憲法29条との関係でいえば例外的にのみ許されること」とされる。また、この問題意識は、山本和彦教授の論考にもみてとれる。「債権の実質的価値は確実に保障される必要があり、再生計画において清算価値保障原則違反があるとすれば、それは憲法違反（財産権侵害）のおそれがある」とされる。[189]

　これらは、再建型倒産処理手続の理論を考えるうえで、起点となる貴重な指摘であると考える。倒産手続の核として行われていることが、権利変更であるならば、それは、権利者本人の同意なく財産権を裁判所、つまり国家によって収奪するシステムであるとも評価できる。[190]倒産手続が国家による収用システムの1つであるとするならば、その正当性は、国家によって付与される「正当な補償」の内容にかかっている。権利の変更を受ける者に対して、

188　伊藤・前掲（注2）8頁。
189　山本・前掲（注1）916頁。
190　こうした視点は、Richard A. Epstein 教授の収用理論（takings）が手がかりになるようにも思われる（Richard Epstein, *TAKINGS*（1999）、松浦好治編翻訳『公用収用の理論——公法私法二分論の克服と統合』の翻訳がある）。Epstein 教授は、国家による財産権の収奪の正当性を考察するその理論枠組み構築のため、Thomas Hobbes の国家論を起源として説き起こし、John Rock の民主政の議論を経由し、自説を展開する。すなわち、再建型倒産処理手続を構想することは、その国家権力行使の正当性を問うことにもなり、法実証主義の下、近代国家の成立やあり方とも連関する課題となる。一方、アメリカ法における絶対的真理として、担保権者は、倒産手続において、担保目的物の「完全な価値」を取得することが憲法上の権利として認められている、と主張されてきたが、近時、収用条項を用いて、連邦議会がそうした担保権者の権利を変更し、制限する議論の可能性が示唆されている（Interview with Charels J. Tabb, Mildred Van Voorhis Jones Chair in Law, University of Illinois College of Law (October 13, 2014) at Foley & Lardner LLP in Chicago.）。日本法においても、今後注目すべき議論である。

どのような代償が与えられるべきか。このように憲法の枠組みを踏まえて議論を進めるべきであり、同時に、清算価値保障原則とクラムダウンにおける反対債権者（特に担保権者）の処遇が、まさに重要な問題となる。そこでは、収用理論がこうした問題解決のためにどこまで機能するものか、見極める必要があり、担保権者に保障されるべき価値と、再生法の担保権消滅請求制度にみられるように、その保護の手段として手続にとり入れられる方法を併行して吟味していくべきである。

II 清算価値保障原則の意義

　清算価値保障原則について、日本法では、従来、債権者全体の利益を保護するものか、個々の債権者を保護するものか、という対立があったとされる。[191]現在では、広く、いわゆる個別弁済基準説が支持されているようであり、[192]筆者もこの見解に立ちたい。

　アメリカ法の最善の利益概念についての簡単な紹介から、少し付言したい。最善の利益テストは、ある組で計画に反対する構成員の保護の下限を提供するとともに、計画に賛成した構成員にも適用されるものである。重要なのは、最善の利益テストにより、ある組の権利ではなく、個々の債権者や持分権者の権利が保護され、かつその保護は清算価値の保障で足りるという点である。

　このことについては、従来、清算価値保障原則が少数債権者の保護のみを図るものか、賛成債権者をも含むものかという対立があった。[193]これは、100％の債権者が計画に賛成した場合にも、清算価値保障原則違反を理由に不認可できるか、という問題として現れる。谷口安平名誉教授によれば、旧和議法について、債権者の誤解の可能性から、その認可要件の発動を肯定さ

191　山本・前掲（注1）64頁。
192　山本・前掲（注1）65頁、伊藤・前掲（注2）23頁、中西正「更生計画の条項」判タ1132号219頁等。
193　山本・前掲（注1）63〜64頁。

れる。山本和彦教授は、この見解に対して、パターナリスティックにすぎるとしつつ、債権者の決議（同意）を骨格とする再建型手続の存在の根幹を危うくする、と批判される。

　傾聴に値する議論であるが、「債権者の誤解」について敷衍したい。決議にあたり、債務者による債権者への勧誘をどう考えるか、という問題がある。仮に脅迫や詐欺など、違法な形で行われたのであれば、たとえば民事再生法174条1項3号で対応できるであろう。しかし、そこまでではなくとも、清算価値保障の意義を理解して議決したかどうかは、少額多数債権者が登場する場合、なお検討の余地があるのではないか。アメリカではかつて大衆投資家がそうであったが、債務者企業の再生に無関心な層にも清算価値保障を及ぼすべきであると考える。

III　保障されるべき清算価値の内容

　清算価値の基準時については、近時、認可の是非を判断する時点またはそれに近接する時点を基準に考えるとする見解が増加しているとされる。アメリカ法においても、計画の効力が発生する日とされており、大きな違いはないと思われる。最善の利益テストを適用する際、裁判所は、第7章手続の下での仮想の清算価値を分析し、第11章手続の計画に基づく各組に対する弁済とを比較している。最善の利益テストが計画の認可にかかわる要件であるため、比較の基準となるのは、第11章手続の計画の内容である。そのうえで、第7章手続における各債権者の予想配当を検討することになる。あくまでも

194　谷口安平『倒産処理法〔第2版〕』352頁。
195　近時、イギリス法で注目されるSchemes of arrangementでは、法定多数で議決された権利変更の計画を、認可手続において、事後的に、裁判所が、少数債権者保護のため、不正な形の議決を否定する仕組みになっている。アメリカ法における少額多数債権者の処遇問題については、藤本・前掲（注6）36頁注8参照。
196　山本・前掲（注1）71〜72頁、濱田芳貴「再生計画と清算価値保障原則」金商1258号4頁、中井康之「財産評定をめぐる二、三の問題」事業再生と債権管理105号96頁以下、条解民事再生法481頁〔松下淳一〕。

検証するべきは、計画のいわば適格性であるから、計画の効力が生じる時点で、清算価値が保障されていれば足りると解する。現実に進行している手続において、実際の価値を引き出すためにも、債権の調査が進み、財産の管理処分の帰趨が明らかとなり、つまり、貸借対照表（B/S）の両側に具体性のある数字が並び、計画案における権利変更と弁済率が定まった時点以降で考えるほうが自然であろう。また、破産清算はあくまでもフィクションであり、アメリカの裁判実務同様、過剰な厳密さを求めるべきではない。

財産評定が手続開始時に、清算価値で行われる民事再生手続についていえば、これも、本来は、計画の効力が生じる時点で検討するべきものであるが、議決権を行使する組が１つしかなく、申立てから認可までが短期間に進行する簡易な手続であることから、便宜上、開始時の１回の評価で済ませているにすぎないと思われる[197]。時間の推移により、事情の変更があった場合には、あらためて評価をし直す必要性は否定できない。

問題は、開始決定時の価値を保障するといわれた会社更生手続であろう。再建型手続として、最善の利益テストが必要なことはいうまでもなく、そのテストは、あくまでも計画認可の適格性要件の１つである。計画の効力が生じる時点、つまり実際の弁済がなされる時点で、清算価値（「収用」に対する代償としての下限の価値）が保障されていなければ、憲法上の疑義が生じかねない。

IV 権利保護条項の位置づけ

アメリカ法を透かして日本法を考えた場合、興味深いのは、担保権者への対応であろう。そもそも、アメリカ法では、担保権者について、①担保目的財産が異なる場合、②担保目的物が仮に同一であっても、プライオリティが異なる場合、別の組に分類され、一組一担保権者であることが少なくないと

---

[197] 条解民事再生法481頁〔松下淳一〕、濱田・前掲（注196）３頁参照。

IV　権利保護条項の位置づけ

いわれる。こうした取扱いの前提をおさえることは肝要である。

　計画に反対する担保権者には何が保障されるのか。画期的な判決として、In re Pine Gate 事件があった。William Norton 判事は、債務者は被担保債権全額を弁済する必要はなく、裁判所の評価した額を弁済することで憲法上の要請は満たされるとし、担保権者の反対にもかかわらず、計画を認可した。また、憲法上、どのタイミングで手続を申し立てるかは、債務者の自由であり、担保権者には裁判所の評価額より高い価格をつける権限はないと判示した。

　この判決の登場により、金融債権者が心配したのは、手続開始後、担保目的物の価値が上昇する可能性と、倒産裁判所の評価への不信であった。現行法立案作業で、金融債権者は、その地位を挽回したのであるが、そこで重視されたのは、クレジットビッドを利用した担保目的物の価額評価への介入であった。特にオーバーローンの場合に、一般債権部分を放棄することで、債務者の受戻しを防止する1111条(b)は、比較法的にみて興味深いものである。もっとも、こうした対応が、現在では、第11章手続の改正へ向けた導火線になっているのも皮肉ではある。

　日本法では、更生担保権には清算価値で足りる（担保権はそれを実行した際の回収額に相当する価値を保障すれば足りる）とする山本和彦教授の有力な見解とともに、それと並び立つ、松下淳一教授の正鵠を射た提言が重要であろう[198]。松下教授によれば、権利保護条項の役割は、清算価値の保障を前提にしながら、特定の組が不同意の場合にも更生計画による継続企業価値余剰の分配をどこまで受けられるのかという観点からの検討が必要とされる[199]。

　アメリカ法においても、担保権者に対し、どこまでの保障を与えるべきかは、金融市場のあり方などがかかわってくることにもなり、難問である。現行法立案段階である1970年代半ば頃の金融の姿と現在ではかなり異なる。Tabb 教授は連邦最高裁判所の判決により第11章手続が陳腐化したという。

198　山本・前掲（注1）69頁。
199　松下淳一「一部の組の不同意と権利保護条項」判タ1132号239頁。

担保権を消滅させるために、担保権者に対し、本来、担保目的物の価値を保障すれば足りるということは、理論上、正しい。アメリカ法の対応は、担保目的物の現在価値を保障しつつ、これに加えて、元本全額を被担保債権とする選択権を担保権者に認め（いわば附従性の回復）、分割弁済の際に利息の基準を検討し、クレジット・ビッドの権利を担保目的物の譲渡の場合にも広く認める。こうした努力は、日本法からみても興味深い。理論上確認するべきは、清算価値保障とクラムダウン（特に担保権者）の連関である。前者が債務者の清算解体を前提とした全債権者に対する下限保障の問題であるのに対し、後者は担保目的物の価値を担保権者に保障する問題である。これについて、換価時期の選択、評価主体、目的物の売却か保持かによる評価基準の異同（保持する場合、より高い再調達価格となる可能性）[200]等について、憲法的価値を踏まえた論議が今後の日本でも必要になると思われる。

　アメリカにおける再建型手続の歴史は、（反対する）担保権者をどのように「ねじ伏せる」のか、ということを中心として発展したようにも思われる。その第１原則は、倒産手続における担保権者の保持できる価値を担保目的物のそれに限定することであった。もっとも、同時に、倒産裁判所による当該目的物の評価に対し、金融機関は不信感を募らせていた。その結果が、現行法の規律として結実したのである。翻って考えた場合に、興味深い問題が顕在化しつつある。別除権協定である。[201]同じように担保権者を手続の外側にお

---

[200] 山本和彦「担保権消滅請求制度について」（同・倒産法制の現代的課題）118〜119頁〔初出：今中利昭先生古稀記念論文集・最新倒産法・会社法をめぐる実務上の諸問題453頁所収〕が重要である。担保目的物の任意売却と自己利用の差異につき民法理論を踏まえいち早く検証した貴重な論考である。田中亘「担保権消滅請求制度の経済分析(1)(2・完)」NBL799号31頁、801号40頁、同「担保権消滅請求制度の経済分析」私法68号142頁が経済分析の視点から有益である。

[201] この問題について、山本和彦「別除権協定の効果について──協定に基づく債権の共益債権性の問題を中心に」（同・倒産法制の現代的課題）〔初出：田原睦夫先生古稀・最高裁判事退官記念論集・現代民事法の実務と理論（下巻）617頁所収〕、三上徹「別除権協定の諸問題──民事再生法の影の主役──」（商事法務編・再生・再編事例集４）37頁、倉部真由美「再生手続における別除権の処遇」NBL1005号42頁、同「別除権協定について」（事業再生研究機構編・民事再生の実務と理論）342頁、中井康之「別除権協定に基づく債権の取り扱い」ジュリ1450号90頁、岡信浩「牽連破産における別除権協定の帰趨」慶應法学28号57頁等多数の文献がある。ま

くイギリス法の失敗に対し、日本の再生法は十二分に機能したといえるのではないか。問題は、この手続において、担保権がどのように処遇されていたかということであろう。おそらく担保目的物の価値を評価し、被担保債権部分と一般債権部分に分け、前者について、分割弁済をしていたと思われる。担保権消滅請求制度がそれほど利用されていない現状からしても、アメリカで激しく対立して論じられた、担保目的物の価値評価をめぐる争いはあまり耳にしない。合意ベースで議論が進められたからであるかもしれない。しかし、このいわば「組分け」は、他の一般債権者にも影響を及ぼす。二当事者間の合意で決せられるものではない。別除権構成を採用した場合、誰がどのように、この「組分け」の適切さを保障してきたのか。そもそも、前提として、担保目的物の価値をどのような基準で、かつどのような方法によって定めるのか、真摯な議論が必要であろう。再生法の枠組みでは、再生債務者の公平誠実義務のあり方、監督委員の役割、裁判所の関与の仕方などが想起されるけれども、担保権の取扱いをめぐるアメリカ法の議論の沿革や今後の改正の動向は、担保権者の納得や他の一般債権者の利益保護など、日本の議論にとっても有益であると思われ、引き続き注視するべきである。[202][203]

V　絶対優先原則の意義

絶対優先原則の意義は、実体法上のプライオリティないし秩序を倒産手続

　た、近時、関西倒産実務交流会において、上田裕康弁護士、北野知広弁護士（大江橋法律事務所）による、別除権協定に違反した場合の効果を論じた最高裁判決に関する報告に接した。

202　アメリカ法における担保権の処遇については、倉部真由美教授の重厚な研究がある。倉部真由美「イギリスにおける倒産文化のアメリカ化——担保権の処遇の観点から——」（福永有利先生古稀記念・企業紛争と民事手続法理論）629頁、同「アメリカ連邦倒産法における担保権実行の制限——自動的停止をめぐる議論の変遷——(1)(2・完)」民商123巻3号352頁、同5号732頁等。

203　アメリカ法の改正の契機を俯瞰する有益な文献として、Legislative Update, *ABI Commission Produces New Video on the Need for Chapter 11 Reform Study,* ABI J. 8 SEPTEMBER (2014). がある。また、価値評価については、Legislative Update, *Valuation Issues a Key Topic at Chapter 11 Commission Hearing in Las Vegas,* ABI J. 10 APRIL (2013). 参照。

に反映させることにあると思われる。債権者と株主の関係がよく用いられる例示であるが、アメリカ法の沿革を参照すれば、こうした実体法秩序に拘束されることが、事業再生の目的との関係では、やや疑わしいものとして評価されることになる。現行アメリカ法においては、この原則は、「絶対」的なものではなく、相対化された。その理由は、債務者企業の（継続企業）価値評価を行わなければならないことにある。この評価には時間とコストがかかるうえ、常に争いの対象にもなる。このことを担い手の問題として考えた場合、実体法秩序を尊重する絶対優先原則を制限することで、手続のイニシアティブを会計専門家ではなく法律家の下にとどめたとも評価しうるのではないか。皮肉であろう。

　こうした実体法秩序の維持と手続の簡素化の問題への対応策として、イギリス法の試みは興味深いものであった。Out-of-the money になるか否かをどのような基準で判断するかは結論が出ていないようであるが、清算価値基準を用いることもありうる。いわば絶対優先原則を維持しつつ、清算価値原則を適用するという方法といえようか。こうすれば、継続企業価値を実際上数値化する面倒からも解放される。しかし、Out-of-the money とされる債権者の組の利益をどのように保護するかはなお問題であろう。認可段階での異議が考えられるが、事業譲渡がされればそれも困難となる。

　民事再生手続においても、実証研究において、継続企業価値が常に計算されるものでないことが明らかとされている。[204] アメリカ法の旧法では、絶対優先原則を適用しない手続の場合、Best Interests Test が用いられていた。このテストが、清算価値を超える部分の価値を株主等に分配することの正当化に用いられていた点を看過するべきでない。継続企業価値を算定し、その割付けを実体法に基づいて厳密に行うことが理想ではあるが、再建型手続の歴史ないし経験は、その修正を許容し、その正当化のために、理論上、清算価値保障原則が位置づけられるのである。

---

[204] 山本和彦＝山本研編『民事再生の実証的研究』94頁以下〔藤本利一＝森まどか〕、同「再生手続における財産評定・情報提供」NBL998号56頁以下参照。

結びに代えて

　アレクシス・ド・トクヴィルは、アメリカにおいて自由が失われるのは、多数者の専制的権力を原因とし、それは少数者を絶望に追い込み、無政府状態を生み出すとして、多数者の専制を痛烈に批判した。本稿は、アメリカの倒産手続における少数者・反対者の権利保護の仕組みを、連邦倒産法の最善の利益概念やクラムダウンの制度などに求め、そこから日本法を眺めてみた。多数決制度をとる法的整理手続において、反対する債権者に何をどのように保障するかは、重要な問題であり、清算価値保障原則はその下限を担うだけでなく、担保権者の処遇、特にクラムダウンや、実体法秩序の倒産手続への反映である絶対優先原則にも連関する重要な概念であることが理解できた。清算価値保障原則は、いわば、手続の成り立ちを支える必須の骨格ともいえ、それを踏まえた議論が今後も継続されるべきである。直近では、金融市場や融資のあり方の変化を踏まえた、担保権の処遇をめぐる議論が重要であろう。

　こうした問題は、「国境を越えて論じられる問題（cross-border）」であり、諸外国の動向には絶えず注意が必要である。今後、倒産手続の「標準化」の議論は避けて通れない。「標準化」へ向けて日本法の貢献がもしあるとするならば、従前の日本の理論や実務の蓄積が諸外国に還元されることを意味し、同時にそれは国民の利益にも適うことになろう。その意味で、これまでの日本法の理論や実務について、「翻訳可能性」が問われることになるかもしれない。清算価値保障原則のような「柱」を通して、日本法の成り立ちを考究しつつ、説明していくことが求められているように思う。

（藤本利一）

（本稿は科研費【24402007】、【25285028】の成果の一部である）

第3章
債権確定の手続構造と諸問題

第1節 債権確定手続の全体構造と各手続の概観

I 債権確定手続の全体構造

　倒産手続において、債権者が配当受領請求権や、債権者集会での議決権などを行使するためには、債権の内容や額が確定されたものでなければならない。これらの確定は、債権者からの債権の届出に基づき、調査手続を経て行われる。調査の対象となるのは、債権者が届け出た債権に限られ、届出に対して特に異議等がなされなかった債権については、届出のとおり確定するが、異議等が述べられた債権については、査定手続や査定決定に対する異議手続によって、その存否や額を決定することが予定されている。なお、旧破産法と旧会社更生法においては、異議があった債権についても倒産手続内で解決する手続は用意されておらず、倒産手続外で別途訴訟を提起するなどして確定する必要があったが、いずれも現行法の下においては、債権調査・確定の手続が整備されるに至っている。
　ただし、倒産手続の目的に応じて、債権調査と確定手続には違いがみられる。というのも、清算型の破産手続においては、破産財団を清算して破産債

権者への配当を可能にするためには、債権を確定しておくことが必要不可欠であるが、再建型の民事再生、会社更生手続においては、さしあたり多数決に必要な議決権の内容を決するために必要な限りで債権の内容と額を決定しておけば足り、権利の実体的な存否や内容を最終的に確定しておく必要はなく、多数決によって将来に向かって権利の内容を確定しておけば倒産手続の目的を達成することができるからである。廃止された和議手続においては、届出債権の調査確定の手続はなく、実体的な権利確定はすることなく、議決権の行使に必要な限りで確定しておけば足りた。現行の再建型手続においては実体的な債権確定の手続が用意されてはいるが、これは、手続上必要不可欠であるからというよりは、債権の存否や内容をめぐる事後的な紛争を回避することが債務者の再建に資するからである。

以下では、破産、民事再生、会社更生における債権調査、確定手続の概略を順に整理するとともに、債権の性質に争いがある場合の扱いについて論ずる。

II　破産手続の債権調査・確定手続

1　債権の届出

破産手続においては、配当財源となる破産財団の範囲を確定し、それを清算して破産債権者らに配当することを可能にするために、債権の届出や調査が行われる。そのため、配当に供すべき財団が存在しない場合には、これらの手続は省略される。

裁判所は、破産手続開始決定と同時に、破産債権の届出期間を定めなければならない（破31条1項1号）。債権者は、この期間内に債権を届け出なければ配当を受けることができない。ただし、財団が不足して配当が見込まれな

1　谷口安平『倒産処理法』292頁。
2　条解破産法823頁、条解民事再生法549頁〔笹浪恒弘＝福田舞〕。

347

い場合、すなわち異時廃止の可能性が高い場合には、届出期間を定めないこともできる（同条2項）。

　手続に参加する破産債権者は、この届出期間内に債権の額と原因、優先劣後等定められた事項を裁判所に届け出なければならない（破111条1項）。期間経過後に届けられた場合には、原則として届出は却下される。ただし、破産債権者の責めに帰すことができない事由によって、一般調査期間や調査期日の経過または終了までに届出ができなかった場合には、当該事由が消滅した後1か月の不変期間内に届出をすることが認められる（同法112条1項）。再生や更生手続では議決権の早期確定のために債権届出期間を基準に不変期間が定められているのに対して（民再95条1項・2項・5項、会更139条1項・2項・5項）、破産手続の場合には、債権者にとって実質的に最後の権利行使になることや、配当の手続の遅延のみ防止すれば足りることから、緩やかな規定ぶりになっている。この場合や債権者の負担により、特別調査期間や期日において債権調査が行われる（破119条、120条、122条）。

　届出、調査の対象となるのは破産債権である。担保権は別除権として扱われ（破65条）、権利変更の対象とはならないために、債権届出の対象にも、債権調査の対象にもなっていない。ただし、被担保債権が担保権によって担保されない範囲（不足額の範囲）では、届出、調査の対象となるため（同法108条1項）、別除権の目的財産、予定不足額を届け出なければならない（同法111条2項）。また、他の手続とは異なり、破産管財人らによる自認制度は用意されていない。

　債権届出後に、債権譲渡や弁済代位があった場合には、届出名義を変更することも可能である（破113条）。

　届出債権の取下げは、破産債権額の減額などについては、債権確定までは自由にすることができる。増額する場合には、新たな届出と同様の扱いを受

3　たとえば、破産債権者に開始決定が通知されなかった場合、天変地異による被災、破産債権者の入院や長期海外出張、債権届出の誤配など（瀬戸英雄「破産債権の処理(I)」〔園尾隆司ほか編・新裁判実務大系(28)新版破産法〕415～416頁。

348

け、期間の制限を受ける。また、取下げの時期については、債権確定前はともかく、確定後については、確定判決と同一の効力が生ずることからこれを否定する見解もあるが、将来の破産手続上の配当金請求権等の権利放棄として構成すれば、これを否定する理由もない。[4]

2 債権調査

　裁判所書記官は、届出がなされた破産債権について、破産債権者表を作成しなければならず（破115条1項）、これに基づいて破産管財人が作成する認否書と破産債権者や破産者の書面による異議に基づいて、調査期間あるいは調査期日に債権調査が行われる（同法116条1項1号）。実務では、一般に期日調査方式が採用されているようである。[5]調査確定の対象となるのは、破産債権の額（同法117条1項1号）、優先的破産債権であること（同2号）、劣後的破産債権であること（同3号）である。

　債権調査期間を定める方法による場合、破産管財人は、届出のあった債権の額や優劣について認否書を作成し、調査期間前の裁判所の定めた期限までにこれを提出しなければならない（破117条1項・3項）。認否書に認否の記載がない場合には、その債権を認めたものとみなされる（同条4項・5項）。これに対して、債権調査期日が定められた場合には、破産管財人は当該期日に出頭し、届出がなされた破産債権について、書面または口頭で認否を行わなければならない（同法121条1項）。

　また、債権届出をした破産債権者や破産者は、調査期間内や調査期日において、調査対象事項について異議を述べることができる（破118条1項・2項、119条1項・2項）。旧法では、濫用的な異議が提出されることが多かったため、破産者や破産債権者からの異議については、理由を付すことが必要とされる（破規39条1項、43条1項）。これに対して、管財人からの認否について

---

[4] 伊藤・破産法民事再生法606頁、瀬戸・前掲（注3）418頁。
[5] 大コンメ484頁〔林圭介〕、片山憲一「破産債権の処理（II）」（園尾隆司ほか編・新裁判実務大系㉘新版破産法）437頁。

は、管財人が裁判所の監督に服し（破75条）、善管注意義務を負うことから（破85条）、理由を付すことは要求されていないが、実務上は認否書に簡単な異議理由を記載するのが通例のようである。管財人が提出する戦略的異議については後述する（第3節Ⅱ）。

3 査定手続

　債権調査手続において、管財人らが認め、届出債権者らから異議が出されなかった債権は、届出の内容どおりに確定する（破124条1項）。その結果、破産債権者表の記載は、破産債権者全員との関係で確定判決と同一の効力を有する（同条2項・3項）。

　これに対して、破産管財人や届出債権者が異議を述べた債権については、当該債権の債権者は、異議者全員を相手として、債権調査期間の末日または調査期日から1か月の不変期間以内に破産債権査定の申立てをすることができる（破125条1項・2項）。適法な査定申立てがなされなければ、破産債権者は手続で当該債権の存在等を主張して参加することができない。旧破産法には債権確定訴訟の提訴期間の制限規定がなく、配当手続が遅延するという問題があったので、現行法では査定申立て期間に制限がおかれるに至っている。

　破産者は債権届出に対して異議を述べることはできるが、これによって倒産手続内での債権確定が妨げられることはない。そのため、破産者から異議を述べられた債権者は査定の申立てをする必要がない。にもかかわらず、破産者が異議を提出するのは、破産手続終了後に、破産債権者が破産者の自由財産に執行しようとした場合にこれを妨げることができるからである。もっとも、実際には、法人破産の場合には法人格が消滅し、個人破産の場合には免責を受けることにより、手続終了後に破産債権に基づく強制執行をすることはできなくなるため、破産者の異議が意味を有するのは、破産者が免責を受けられなかった場合、同時破産廃止など免責の可能性がない場合のみであ

6　伊藤・破産法民事再生法611頁注47、瀬戸・前掲（注3）422頁。
7　一問一答新破産法169頁。

る。

　査定の申立てがあった場合には、これを不適法として却下する場合を除き、裁判所は、異議者等を審尋したうえで、決定で異議等ある債権の存否および額を査定する裁判をしなければならない（破125条3項・4項）。債権が存在しないと判断した場合でも、申立てを棄却するのではなく、当該破産債権が存在しない旨の査定決定を行う必要がある。査定決定が確定した時は、破産債権者全員に対して、確定判決と同一の効力を有する（同法131条2項）。

　なお、配当が行われて破産手続が終了した際に、現に係属する査定決定手続はなお係属し、取消しや廃止など、それ以外の事由で終了した場合には、査定手続は終了する（破133条1項。）

4　査定異議の訴え

　査定決定に対して不服がある者は、破産裁判所に破産債権査定異議の訴えを提起することができる（破126条1項）。この訴えは、査定決定の送達から1か月の不変期間内に提起しなければならず、これがないと査定決定のとおりに債権内容が確定する。この際、届出と異なる請求をすることは認められない。訴訟手続で争わせることにしたのは、債権確定の内容が実体的な権利内容にかかわるものであるからである。[8]

　異議等のある破産債権を有する破産債権者が破産債権査定異議の訴えを提起するときは、異議者等の全員を共同被告とし、当該異議者が訴えを提起するときは、当該破産債権者を被告とする（破126条1項）。前者の場合にのみ固有必要的共同訴訟となる。

　裁判所は訴えを不適法却下する場合を除き、査定申立てについての決定を認可するか変更しなければならない（破126条7項）。

　破産手続終了の際に現に係属する査定異議の訴えに係る訴訟手続などは、破産手続開始決定の取消しや破産手続廃止決定の確定の場合は終了するが、

8　一問一答新破産法168頁、深山卓也ほか『一問一答民事再生法』140頁。

それ以外の場合には、終結決定後も引き続き係属する（破133条4項）。

III 民事再生手続の債権調査・確定手続

1 債権調査・確定手続の構造

　通常再生手続と個人再生手続では、債権確定の構造は異なるが、以下では通常再生手続を基礎にその構造を整理する。民事再生手続は再建型手続であるので、破産手続の場合とは異なり、配当が見込まれない場合の例外規定はない（民再94条1項）が、届出、調査を経て確定する点は破産手続と同じである。

　担保権は別除権として扱われる点（民再53条）は同じであり、債権調査の対象とはならない。また、一般優先債権も、再生計画での権利変更の対象とはならないため（民再122条1項・2項）、届出、調査の対象にはならない。これらの対象となるのは一般の再生債権である。

　一般の再生債権については、債権調査期間を定める方法によってのみ調査が行われ、調査期日方式は採用されていない（民再84条1項）。再生計画が認可されたときには、確定した債権は再生計画に従って権利変更がされる。自認債権も調査の対象となり、届出債権と自認債権以外の再生債権は、計画認可により失権する。ただし、債務者が知りながら自認債権として掲げなかった債権は失権することなく、計画弁済期間が終了した後に、計画弁済された債権と同一の条件で弁済を受けることができる（同法181条1項3号・2項）。

2 債権届出と調査

　再生手続に参加しようとする再生債権者は、債権届出期間内に、各債権について、その内容および原因、約定劣後再生債権であるときはその旨、議決権の額等を裁判所に届け出なければならない（民再94条1項）。別除権者は、加えて、別除権の目的である財産および別除権の行使によって弁済を受ける

ことができないと見込まれる債権の額を届け出なければならないが（同条2項）、予定不足額は調査、確定の対象とならない。これは、破産のような最後配当を予定していないからである。そのため、被担保債権額や不足額は、担保権が実際に実行されるか、あるいは、担保権者と別除権協定ができるまで、未確定のまま続行する。

　再生債権者がその責めに帰することができない事由によって債権届出期間内に届出をすることができなかった場合には、その事由が消滅した後1か月以内に限り、その届出の追完をすることができる（民再95条1項）。破産手続よりも追完期間の起算点が厳しくなっているのは、早期に議決権行使の基礎となる債権の確定が必要となるからである。

　再生債務者等は、債権届出期間内に届出があった再生債権について、その内容および議決権についての認否を記載した認否書を作成する（民再101条）。届出がない再生債権について再生債務者が知っている場合には、自認する旨を認否書に記載しなければならない。（自認債権。同条3項）。裁判所書記官は、届出があった再生債権と再生債務者等が認否書に記載した再生債権について、再生債権者表を作成しなければならない（同法99条）。

　届出をした再生債権者は、一般調査期間内に、裁判所に対し、認否書に記載された再生債権の内容等について、書面で異議を述べることができる（民再102条）。届出期間経過後に届出がされ、追完がされた再生債権については、特別調査期間が定められ、一般調査期間におけるのと同様の調査が行われる（同法103条）。

　調査、確定手続は破産手続と同様である。すなわち、再生債務者が認め、かつ、調査期間内に届出再生債権者から異議がない場合には、債権は届出された内容どおりに確定し（民再104条1項）、確定判決と同一の効力を有する（同条3項）。確定の対象となるのは、再生債権の内容と議決権の額（自認債権にあってはその内容）である。異議の有無はそれぞれについて個別に判断されるので、一方についてのみ異議等があった場合には、他方については確定する。

353

3　査定と査定異議の訴え

　届出債権につき、再生債務者等が認めなかった場合や、届出債権者が異議を述べた場合は、当該債権の債権者は異議者全員を相手として、債権調査末日から1か月の不変期間内に裁判所に債権査定の申立てをしなければならない（民再105条）。なお、議決権については、手続上の権利にすぎず、最終的に訴訟で確定を図ることは制度的に過重であると考えられることから、その額は確定の対象としていない（同法170条、171条参照）。[9]

　査定の申立てに対しては、裁判所は査定の裁判をしなければならない。裁判に不服がある場合には、その送達を受けた日から1か月の不変期間内に、異議の訴えを提起することができる（民再106条1項・2項）。異議の訴えを提起する相手方、裁判所が判決を出さなければならないのは破産と同じである（同条4項・7項）。

　再生手続が終了した際、現に係属する査定の手続は、再生計画認可の決定の確定前に再生手続が終了したときは終了し、再生計画認可の決定の確定後に再生手続が終了したときは引き続き係属する（民再112条の2第1項）。

Ⅳ　会社更生手続の債権調査・確定手続

1　債権調査・確定手続の構造

　会社更生手続においては、破産、再生手続とは異なり、一般債権のみならず、担保権、優先債権も、計画による権利変更の対象となる。そのため、これらの債権についても届出、調査、確定手続の対象となる。なお、債権調査は調査期間を定める方法によって行われ、届出がない場合に管財人が自認する制度は用意されていない。

---

[9]　深山ほか・前掲（注8）140頁。

2 債権届出と調査

　手続に参加しようとする更生債権者、更生担保権者は、債権の届出をしなければならない（会更138条）。更生債権者は、更生債権の内容および原因、優先権の有無、約定劣後更生債権である旨、議決権の額等を（同条1項）、更生担保権者は担保権の内容と原因のほか、担保目的の財産とその価額、議決権の額を届け出なければならない（同条2項）。

　更生債権等の届出は、裁判所が開始決定と同時に定める届出期間内に行わなければならないが、期間経過後の届出でも、遅延が責めに帰すことができない事由によるものである場合には、当該事由の消滅後1か月以内に追完することができる（会更139条1項）。

　裁判所書記官は、届出があった更生債権等について、更生債権者表および更生担保権者表を作成しなければならない（会更144条）。債権調査は調査期間を定める方法によってのみ行われる（同法145条）。調査は、管財人による認否、更生債権者や更生担保権者、もしくは株主による異議の申出に基づいて行われる（同法145条〜148条）。

　調査手続は再生手続のそれと同じである。管財人は届出債権について認否書を作成して提出することが求められ（会更146条1項〜3項）、他の届出債権者等および株主は、一般調査期間内に書面で異議を述べることができる（同法147条）。管財人が認め、債権調査において異議がなかった更生債権等は、届出の内容どおりに確定し、確定判決と同一の効力を有する（会更150条）。

　更生債権に対する異議は、更生会社も提出することができる（会更147条2項）が、更生会社の異議は更生債権等の確定を妨げるものではない（同法150条1項参照）。ただし、更生計画不認可決定が確定した場合や、更生計画認可前に更生手続が廃止された場合に、更生会社に対して、更生債権者表または更生担保権者表の記載が確定判決と同一の効力を有することを妨げる（同法235条1項・2項、238条6項）。

3 査定決定と債権確定訴訟

　管財人が認めず、または更生債権者等もしくは株主が異議を述べた更生債権等については、届出更生債権者等は、更生手続開始決定時に訴訟が係属していた場合や有名義債権である場合を除き、認めなかった管財人または異議を述べた者全員を相手方として、査定の申立てをしなければならない（会更151条2項）。この期間内に査定の申立てがない場合には、更生債権等の届出はなかったものとみなされる（同条6項）。

　査定の申立てに対しては、裁判所は決定で判断をしなければならない（会更151条3項）。査定結果に不服があるものは、その送達を受けた日から1か月の不変期間内に、査定異議の訴えを提起することができる（同条2項）。

　なお、更生担保権者については、担保目的物の価額についての簡易な決定手続が用意されている（会更153条～155条）。本来非訟事件的な性質を有する争いであるので簡易かつ迅速な裁判手続である決定手続で解決できるようにしたものである。[10]これによると、更生担保権の内容について管財人が認めず、または更生債権者等や株主から異議が述べられた場合で、担保目的物の価額についても異議を述べた者があるときは、査定申立てをした更生担保権者は、査定申立てから2週間以内に、担保権の目的である財産についての価額決定の申立てをすることができる。これを怠ると異議等のない価額に決定する。価額決定の申立て後、裁判所は評価人を選任して財産評価を命じ（同法154条1項）、これに基づいて財産の価額を定める（同条2項）。

　また議決権についても、手続上の権利にすぎず、訴訟手続による厳密な確定を図る必要はないとして、これを確定する別の手続が用意されている（会更191条、192条）。[11]

　更生計画を認可する計画が確定した場合には、更生債権も更生担保権もすべて権利変更がされ、届出がなかった債権や、債権調査で認められなかった

10　深山卓也編著『一問一答新会社更生法』178頁。
11　深山・前掲（注10）174頁。

債権も、認可決定の確定によって失権、免責する（会更204条）。なお、期間内に届出がされなかった過払金返還請求権について、更生会社である貸金業者が免責を主張することができるか争われたケースがあるが、失権の主張は信義則に反せず、権利の濫用にもあたらないと判断されている（最判平成21・12・4判タ1323号92頁）。

更生手続が終了した際、現に係属する更生債権等査定申立ての手続および価額決定の申立ての手続は、更生計画認可の決定前に更生手続が終了したときは終了し、更生計画認可の決定後に更生手続が終了したときは引き続き係属することになる（会更163条1項）。

V 債権の性質に争いがある場合

上記のとおり、倒産債権者が権利を行使するためには、定められた期間内に債権の届出が必要となるが、届出の必要性が必ずしも明らかでない場合の扱いが問題となる。たとえば、共益債権や優先債権としての扱いを受ける労働債権に該当するか否かが解釈に委ねられるようなケースで、債権者が、自己の主張する債権が財団債権や共益債権であると考えており、届出をしなかったところ、実は破産債権や再生債権であった場合には、手続上権利行使をすることが認められなくなる。

このような失権を防ぐために、破産債権や再生債権として予備的に債権届出をすることが認められる。これは、主位的には財団債権、共益債権である旨を主張しつつ、それが認められない場合に備えて予備的に破産債権、再生債権として届出をすることである。主位的請求が認容された場合に届出の効力を失わせる趣旨の解除条件付きの届出と構成できよう。[12]

逆に、共益債権について、予備的届出である旨の付記をすることなく再生債権として届出がされ、この届出を前提として作成された再生計画案を決議

12　酒井良介＝上甲悌二「債権確定訴訟」（島岡大雄ほか編・倒産と訴訟）128頁。

に付する旨の決定がされた場合には、当該債権を共益債権であることを主張して再生手続によらずに行使することは許されないとした最高裁判例がある（最判平成25・11・21金商1431号32頁）。

　予備的な届出に対して異議が出された場合には、債権者は、査定申立て、異議訴訟等を行う必要があるが、他方で、共益債権や財団債権としての主張を維持したい場合には、その履行を求める訴訟を提起するか、裁判外で交渉を継続する必要がある。そうすると、同じ債権について、一方では共益債権性を主張して再生債務者等との間で訴訟が係属し、他方では予備的に倒産債権を主張して債権査定手続等が係属することになる。そのため、主位的請求の当否について決着がつくまで査定申立ての判断を留保するとか、通常どおり審理判断するが、査定決定に対して異議訴訟が提起された場合に主位的訴訟と併合することが考えられるが、実務では前者の方法が用いられているようである。[13]

第2節　訴訟手続の中断と受継

I　破産手続

1　訴訟の中断

　破産債権に関する訴訟の係属中に、破産手続が開始された時、破産者の財団の管理処分権は管財人に移るため（破78条）、破産者を当事者とする破産財団に関する訴訟手続は中断する（同法44条）。中断する訴訟は、破産財団に属する財産に関する訴訟、破産債権に関する訴訟のほか、財団債権に関する訴訟も含まれる。これに対して財団と関係のない訴訟、すなわち自由財産

13　酒井＝上甲・前掲（注12）129頁、中島弘雅『体系倒産法I破産・特別清算』204頁。

に関する訴訟、身分関係に関する訴訟、会社の組織法上の訴訟などは中断しない。

　管財人は、中断した訴訟を直ちに受継することができる。ただし、破産債権に関する訴訟手続については、中断はするものの、管財人が直ちに受継することはできない（破44条2項）。受継することができるのは、後述のように、当該破産債権について届出、調査がされ、その際に異議が述べられた場合に限られる（同法127条）。届出がない破産債権に関する訴訟を受継することは違法である。[14]

　中断した訴訟に係る債権について、破産手続において破産債権の存在を主張したい場合には、債権届出が必要となる。ところで、中断した訴訟で破産債権を主張していたが、債権届出がされなかった場合の扱いが問題となる。訴訟が終了したものとして扱う見解もあるが、破産手続の終結や廃止によって直ちに破産債権が消滅したり、免責の効果が生じたりするわけではないので、従前の訴訟は破産手続の終了まで中断し、破産管財人が受継しない以上、破産手続終了により、破産者が当然に訴訟手続を受継することで足りようか。[15]

2　訴訟の受継

　債権が異議なく確定すれば、中断中の訴訟はその目的を達し当然に終了することになり、受継されることはない。ただし、届出債権について異議の申出があった場合、破産債権者は、調査期間の末日または調査期日から1か月の不変期間内に、中断した訴訟につき受継の申立てをしなければならず（破125条2項、127条）この期間内に受継の申立てがない場合は、手続において

---

[14] 建物収去土地明渡請求訴訟係属中に被告が破産宣告を受けた場合に、明渡しまでの賃料相当額のうち、破産宣告までに発生した部分は破産債権であり、届出調査を経ずにした管財人の受継を違法とした最判昭和59・5・17判時1119号72頁や、仮執行宣言の失効に伴う原状回復の裁判を求める申立（民訴260条2項）の相手方が破産手続開始決定を受けた場合、同申立てに係る請求権は破産債権であるので、届出がないのに破産管財人に対して訴訟手続の続行命令を出すことが違法であるとしつつ、瑕疵の治癒を認めた最判平成25・7・18判時2301号48頁。

[15] 条解破産法852頁、森宏司「破産・民事再生に伴う訴訟中断と受継」判タ1110号34頁。もっとも、免責を受けていれば、請求棄却判決が出されることになる。

破産債権の存在を主張することができない。すでに破産債権の存否等をめぐって訴訟が係属していた場合に、新たに査定申立てをさせて査定異議の訴えを提起させるのは訴訟経済に反するというのがその理由である。[16]もっとも、受継するか否かは、破産手続の中で債権の確定を求めようとする破産債権者の自由な選択に委ねられる。

ただし、有名義債権について異議がある場合には、異議者等は、破産者がすることのできる訴訟手続によってのみ異議を主張することができ（破129条1項）、すでに訴訟が係属している場合には、異議者等が中断した訴訟手続について受継の申立てをしなければならない。

受継される訴訟は、通常は、破産債権者から破産者に対する給付訴訟であるが、破産者から提起する債務不存在確認訴訟や、有名義債権者に対する請求異議訴訟なども含まれる。受継する訴訟の訴訟物となる債権は届出債権と同一であるべきであるが、上記のような場合には、受継後に請求の趣旨を変更する必要がある。

訴訟が受継された場合、破産管財人や他の届出破産債権者は、原則として手続開始前に破産者がした訴訟上の行為に原則として拘束される。ただし、管財人は自己固有の攻撃防御方法を提出すること、たとえば、対抗要件の欠缺の主張や否認権の行使などは妨げられない。[17]

破産者のみが異議を述べた場合には、破産法127条所定の異議等ある債権には該当しないため（破125条）、受継の対象とはならない。破産者は異議を唱えていれば開始後直ちに執行を受けることはないからである。そのため、破産手続が終了した場合には、破産者が中断している当該訴訟を当然に受継する（同法44条6項）が、実益があるのは個人破産で免責を受けていない場合に限られる。

16　一問一答新破産法168頁。
17　伊藤・破産法民事再生法626頁、条解破産法357頁、848頁。

II 民事再生手続

1 訴訟の中断

　民事再生手続の場合、再生債務者は財産の管理処分権を失わないものの、再生債権者は再生債権について、個別権利行使を禁止されるので（民再85条）、再生債務者の財産関係の訴訟手続のうち再生債権に関するものは中断することとした（同法40条1項）。これに対して一般優先債権（同法122条）や担保権に関する訴訟は中断しない。ただし、管理命令が発令されている場合（同法67条）は、管財人が受継するまで再生債務者の財産に関する訴訟はすべて中断することとなる（同条2項）。

　再生債権としての権利行使をするには届出が必要となる。届出がない再生債権は、再生計画の認可決定により原則としてすべて免責がされ（民再178条）、中断した訴訟も終了する。ただし、例外的に失権しないものがあり（同法181条）、これについては、従前の訴訟の受継を認めるのが相当である（同法40条2項）。ところで、訴訟が中断して届出がない場合の扱いについては見解が分かれ、手続終了まで待って受継すると解する見解、終了まで待つと監督委員が選任されている場合には、認可決定後3年は手続は終了せず、その後になって訴訟が再開するのも問題であるとして、届出がないまま付議決定がされて再生手続上の権利確定手続を経ることができなくなった時点で再生債務者に受継させるのが相当であるという指摘もみられる（大阪高判平成16・11・30金法1743号44頁）。しかし、再生計画案の付議決定までに届出をしない以上、権利行使の意思表示もないとして、訴訟を終了させることが適当であろう。下記の受継の申立てをしない場合も同じ問題がある。

18　条解民事再生法212頁〔河野正憲〕。
19　住友隆之「倒産債権訴訟の中断と倒産債権の届出・調査・確定との関係」（島岡大雄ほか編・倒産と訴訟）146頁。

2　訴訟の受継

　再生債務者等から異議等が出され、再生債権者がその内容の確定を求めようとする場合には、異議者等の全員を当該訴訟の相手方として、訴訟手続の受継の申立てをしなければならない（民再107条）。このように、再生債権についての争いを、訴訟手続を利用して解決できるものとした。ただし、管理命令が発令されている場合、再生債権に関しない訴訟については、管財人は直ちに受継することができ、相手方にも受継申立権がある（同法67条3項）。

　異議が提出された場合の受継の手続は以下のとおりである。まず、無名義債権の場合には、債権調査で異議が出た場合には、その確定を求めるために、異議者全員を相手として受継の申立てをしなければならない（民再107条）。この措置を講ずるか否かは、再生債権者の自由に委ねられ、異議者等による受継申立権は認められず、受訴裁判所による続行命令も認められない。

　有名義債権の場合には、異議者の側で、当該債権を有する再生債権者を相手に受継の申立てをしなければならない（民再109条2項）。受継手続をとらなかった者は、他の届出債権者が異議者である場合には異議は述べられなかったとされ、異議者等が再生債務者等であるときは再生債権を認めたものとされる（同条4項）。

　他の届出債権者が異議を述べた場合のように、再生債務者が当事者でない場合には、再生計画の認可決定確定前に再生手続が終了したときは、再度中断して再生債務者が受継する。認可決定後に終了した場合には、再生計画内に未確定債権について的確な措置があるはずであり、訴訟は中断しない（民再112条の2第5項）。他方で、再生債務者等が当事者である場合には、手続終了後も訴訟は係属する。

　異議が提出されたにもかかわらず、届出債権者が受継の申立てをしない場合には、認可決定の確定によって失権する（民再178条）。届出がない場合と同様であり、計画案の付議決定時に再生債務者が受継すべきという見解もあるが、債権届出がない場合と同様で、計画認可決定で失権すると解されよう。[20][21]

III　会社更生手続

1　訴訟の中断

　会社更生手続においても、更生会社の財産管理処分権は更生管財人に移るため（会更72条、74条）、更生会社の財産関係の訴訟は中断する（同法52条1項）。更生管財人は、そのうち更生債権等に関しないものを受け継ぐことができ、相手方にも受継の申立権がある。ただし更生債権等については直ちには受継することはできない（同条2項）。

　中断した訴訟に係る債権者は、手続で権利行使をするためには、債権届出をしなければならない。債権届出がなされない場合、更生計画認可決定の確定により、更生計画で定められた権利を除くすべての更生債権について免責される（会更204条）。民事再生とは異なり、届出のない更生債権について失権を免れる規定も用意されていない。そのため、届出がされなかった場合、更生計画案の付議時に中断した訴訟は実益を失って終了する。ただし、計画案が否決された場合には、更生手続は廃止され（同法236条3号）、更生債権は失権しないことから、中断中の訴訟を残す意義はあるので、更生債権に関する訴訟手続を終了させるべきではないという見解もある。[22]この説によると、届出のない更生債権について更生手続における簡易な権利確定手続がとられないことが確定した付議決定時に、管財人が引き継ぐことになる。

2　訴訟の受継

　届出債権が異議なく確定した場合には、更生債権者表や更生担保権者表の

20　住友・前掲（注19）167頁。実務上は取り下げられることが多いようだが、再生債務者が認可決定確定を待って免責の抗弁を出して棄却決定を得ることに利益を見出し、取下げに同意しない場合もありうるとする。
21　伊藤・破産法民事再生法952頁注31。
22　住友・前掲（注19）173〜174頁。

記載は確定判決と同一の効力を有し（会更150条3項）、中断訴訟は異議等がなくなった時点で終了する。届出債権に対して異議が出された場合には、受継手続がとられることになる。まず、無名義債権に対して異議が出された場合に、手続内で債権の確定を求めたい更生債権者は受継の申立てをしなければならない（同法156条1項）。

異議が出されたにもかかわらず受継の申立てが1か月以内にない場合には、届出がなかったものとみなされる（会更151条6項）。その結果、更生計画認可決定によって失権する（同法204条1項）。これに対して、更生計画案付議決定時に管財人が受継するとする見解もある。この見解は、通常は訴訟遂行の意欲を失っており、取下げすることが多いと指摘するが[23]、失権するものとして訴訟を終了させるのが適当であろう[24]。

有名義債権に対して異議が出された場合には、異議者自身が、1か月以内に当該更生債権等を有する者に対して、受継の申立てをしなければならない（会更158条2項）。申立てをしなければ異議がなかった、あるいは管財人が認めたものとされる（同条4項）。

更生手続終了後に係属している訴訟については、管財人が当事者となっている場合には訴訟手続は再度中断し、更生会社がこれを受継しなければならず、相手方にも受継の申立権が認められる（会更52条4項・5項）。これに対して、管財人が訴訟の当事者でない場合、すなわち債権者間の訴訟は、更生手続終了が計画認可決定前の場合には、訴訟手続は再度中断して更生会社が受継することになる（同法163条5項・6項、52条5項）。認可決定後の終了の場合には、計画中に未確定債権に対しての的確な措置が定められていればそれに従う（同法172条）が、計画の定めで認められた権利を行使するには、その権利の確定が必要であるので、訴訟手続は中断することなく、従前の当事者間で引き続き係属する（同法163条5項）。

23　住友・前掲（注19）176頁。
24　伊藤・会社更生法496頁。

IV 債権者代位訴訟の扱い

　倒産手続の開始に伴い、債権者代位や詐害行為取消訴訟も中断する（破45条1項、民再40条の2、会更52条の2）。旧法では詐害訴訟についてのみ規定が用意されており、債権者代位訴訟の中断、受継については規定がなかった。しかし、債権者代位訴訟についても、手続開始後に個々の債権者に訴訟を追行させることは適当ではないとして、また、債権者代位訴訟における訴訟資料を破産財団に属する財産についての給付訴訟等で利用できれば、訴訟経済に資するとして、債権者代位も同じ扱いとした。また、財団訴訟に基づく強制執行等が禁止されたことに伴い、財団債権に基づく債権者代位訴訟も中断の対象とした。破産法改正前はすべての手続で中断とする見解が有力であったが、平成16年改正では、これらの訴訟が強制執行の準備のための制度であることに鑑み、破産手続においてのみ中断の対象とした。[25]

　中断した訴訟は、管財人が受継することができ、また相手方にも受継申立権がある（破45条2項、会更52条の2第2項）。民事再生の場合、管理命令が発令されれば（民再64条1項）、管財人が受継し、相手方も受継申立てができる（同法40条の2第2項）。

　ただし、中断した訴訟の状態が管財人に不利な場合に、受継を拒絶できるかが問題となる。旧法では、拒絶することができるという見解も有力であったが、現在では、相手方の受継申立権が定められた以上、拒絶できないと解すべきであろう。[26]

　なお、転用型の場合にも同様に中断するのかが問題となる。基本的には転用型事例においても被代位権利は破産財団に属し、管財人の管理処分権に委ねられること、訴訟によって破産債権の実現が図られる場合には、当該債権者が当然に訴訟追行を継続することは個別権利行使を許容することになり適

25　一問一答新破産法74頁、条解破産法345〜346頁。
26　伊藤・破産法民事再生法407頁。

切ではないので、転用型事例であっても同様の扱いを受ける。転用型事例であっても中断しない事例がありうるとの指摘があったものの、解釈に委ねられることになったが、たとえば、対抗要件を備えた賃借人の使用収益請求権を保全するために賃貸人の妨害排除請求権を代位行使する場合は、代位の対象である権利の行使が、財団の増殖等総債権者の利益に資するわけではなく、訴訟追行を認めても破産債権の個別権利行使の禁止原則違反とまではいえず、許容されよう。また、抵当権者による所有者の妨害排除請求権の代位行使も別除権の行使として許容されよう。[27]

受継後の請求の趣旨の変更、訴訟状態の拘束は一般の受継の場合と同じである。また、手続終了時に中断した訴訟のうち、まだ終了していないものは復活する点も同じである（破43条4項〜6項、民再40条の2第4項〜7項、会更52条の2第4項〜6項）。

第3節　債権調査・確定手続における争い方

I　破産債権者による主張の制限

1　異議権の喪失

破産管財人らが認否を認める旨の陳述へ変更することや、破産債権者らがいったん提出した異議を撤回することは可能である（破規38条、39条3項、44条1項、民再規41条1項・2項、会更規44条2項、46条3項）。このような場合、その時点で債権確定を妨げる効果が消滅する。そして、いったん認否変更や異議撤回がなされた後は、管財人や債権者は、再度異議等を述べること

27　一問一答新破産法75頁。

はできない。また、異議を述べることができるのは届出債権者に限られるので、債権届出を取り下げた場合や、債権確定手続において異議者の債権の不存在が確定した場合にも、異議権は喪失する[28]。

ただし、異議の撤回等の変更が許される時的限界が問題となる。異議の撤回自体は査定の申立期間内、債権調査での確定前であれば可能であるが、査定の申立て期間経過後でも許されるかという問題である。民事再生の場合、査定申立期間の経過により再生債権の内容が確定することになるとして（民再105条2項）撤回を否定する見解もあるが、他方で、権利の不存在が確定されるわけではないとして経過後も認める見解もある[29]。同様に、破産手続においても撤回を否定する見解と、最後配当の除斥期間まで撤回ができるという見解の対立がある[30]。期間経過による債権の確定の有無、債権者表の記載の既判力の有無、他の破産債権者の信頼の保護、短期間に認否をしなければならない管財人の負担等を総合考慮する必要があるが、少なくとも再建型手続においては、撤回を否定するのが妥当であると思われる。

2　主張制限

破産債権査定決定、査定異議の訴え、債権確定訴訟として受継される訴訟における審判の対象は、異議が出された債権の存在や額、優先権の有無である。債権届出に対して異議を述べた異議者側も、これらの手続等では、債権者表などに記載された異議事項に限られ、それ以外の新たな事項に対して、異議を述べることはできない（破128条、民再108条、会更158条）。これを主張制限という。債権者は異議に理由を付さなければならず（破規39条1項、43条1項、民再規39条1項、会更規46条1項）、査定異議の訴えなどでこれと異なる主張をすることは信義則違反とされるおそれがある（破13条、民再18条、

28　条解破産法825～826頁。
29　否定説として伊藤・破産法民事再生法944頁、肯定説として伊藤眞＝田原睦夫監修『新注釈民事再生法(上)』492頁〔久松裕子〕等。
30　見解の対立につき、条解破産法793頁。なお、裁判所の許可を要する見解として園尾隆司＝谷口安史「債権の調査・確定」（園尾隆司＝多比羅誠編・倒産法の判例・実務・改正提言）172頁。

会更13条、民訴2条)[31]。これに対して、管財人にはこのような制限は課されない。

たとえば、届出した数額以上の数額を主張することはできず、届出債権額を超過する部分の査定申立て等は不適法却下される。これに対して、届出債権額を減額するなど、他の倒産債権者の利益を害しない変更については、許される。

また、売買代金債権を請負代金債権に変更する場合も、発生原因事実から同一の債権と評価できるのであれば許されるが、別個の債権と解される場合には査定申立て等は不適法なものとして却下される[32]。

II 戦略的異議

破産債権者等が異議を述べる場合には、上述のようにその理由を述べなければならないが、破産管財人が破産債権者の届出事項について認めない旨の意思を表明するとき、認否の理由を述べる義務はない。異議なく債権を認容すると破産債権者表への記載によって届出破産債権は確定し、確定判決と同一の効力が生ずるが、異議を述べておけばこれを妨げ、その後の事情で撤回することはできる。また、管財人はその後の債権確定査定手続等では異議事由に拘束されない。すなわち、管財人は裁量的に債権認否をすることができるが、異議を述べられた届出債権者は、管財人を相手として債権確定のための手続を踏まなければならず、手続的負担は大きい。

そのため、たとえば、債権者に否認対象行為がある場合、破産者と特別な関係にある場合、あるいは、証拠書類を提出しないなど非協力的な態度をとる場合に、管財人がとりあえず制裁の意図も込めて異議を述べておき、事後的に撤回することがある。これを戦略的異議という。もちろん単なるいやがらせ目的の濫用的な異議は認められないが、このような異議も債権者の実質

---

31 伊藤・破産法民事再生法626頁、伊藤・会社更生法487頁。
32 酒井＝上甲・前掲（注12）127頁。

的衡平を図るために許されよう[33]。

第4節　債権確定の効果

I　確定の対象

　債権調査等の結果、債権者表に異議等が出されなかった場合に確定する事項は以下のものである。たとえば破産法124条で確定するのは、破産債権の額（破117条1項1号）、優先的破産債権であること（同2号）、劣後的破産債権であること（同4号）である。民事再生では再生債権の内容と議決権の額（民再104条）、会社更生では更生債権の内容、一般の優先権がある債権または約定劣後更生債権であることおよび議決権の額が、更生担保権の内容、担保権の目的である財産の価額および議決権の額（会更146条）が確定する。

　民事再生や会社更生では、債権の内容が確定するものとされ、そこには、権利の存在、帰属、給付内容、期限、金銭債権・種類債権の場合には給付すべき金銭その他の代替物の数額が含まれると解される[34]。

　これに対して、破産の場合には破産債権の額としか定めがないが、その前提として、破産債権の存在、すなわち、発生原因の存在、債権が認否時点までに消滅変更していないこと、債権の帰属、破産債権としての適格性、否認原因の不存在も確定すると解されている[35]。

　なお、破産、民事再生では、別除権の不足額は、届出事項であるとともに、認否対象事項、異議対象事項であるが、ここでの確定の対象外である（破

33　伊藤・破産法民事再生法616頁、瀬戸・前掲（注3）427頁、園尾＝谷口・前掲（注30）171頁。
34　条解民事再生法552頁〔笹浪恒弘＝福田舞〕。
35　谷口・前掲（注1）297頁、山木戸克己『破産法』245頁、伊藤・破産法民事再生法616頁、条解破産法827頁、中野貞一郎＝道下徹編『基本法コンメンタール破産法〔第2版〕』274頁〔栗田隆〕。大コンメ515頁〔橋本都月〕。ただし、中野＝道下・前掲274頁では、債権の帰属については確定しないとする。

369

124条、民再103条)。これは、不足額の決定が、議決権行使を定めるために必要となるだけで、議決権の確定手続は別途用意されているからである(破140条、141条、民再170条、171条)。担保権者が予定不足額について配当や計画弁済に与るには実行した後の証明が必要となる(破198条3項、民再182条)。

II 確定判決と同一の効力

1 確定判決と同一の効力が発生する場合と範囲

債権調査において破産管財人が認め、届出をした他の破産債権者からも異議が述べられなかった場合には、破産債権の内容と存在は確定し(破124条1項)、破産債権者表の記載は、破産債権者全員との関係で確定判決と同一の効力を有する(同条2項・3項)。

破産債権者表への記載は公証行為にすぎないが、記載というこの形式的要件に加え、破産管財人の認める陳述、届出債権者の異議がなかったという事実行為(実質的要件)が加わることにより、確定判決と同一の効力が生ずる。民事再生、会社更生も同様である(民再180条2項、会更150条3項)。

この場合、確定判決と同一の効力は、破産債権者表等に記載がなされた段階で、すべての破産債権者等との関係で生ずる。債権者が、調査期日に出席したか否かは関係がない。確定後に届け出た債権者や、届出をしなかった債権者に対しても効力は及ぶ。破産管財人らに対する効力は規定がないものの、当然に拘束力はあるものと解される。[36]

その結果、たとえば、優先権を主張しないまま届け出て確定した場合、後日になって優先権を主張することはできない。また、配当の基礎となった破産債権らが不存在であると主張して他の債権者が不当利得返還請求をすることはできない。管財人も、異議を述べなかったために確定した破産債権等に

---

[36] 条解破産法830頁、中野=道下・前掲(注35) 276頁〔栗田隆〕。

370

ついて後日否認権を行使することはできない。なお、この効果は債権者表への記載の段階で生ずるため、ある破産債権が異議なく確定した後に届け出られた債権者の異議権を保障するために、調査期日を開くことはしない。[37]

さらに、査定決定が確定した場合（破131条2項、民再111条2項、会更161条2項）、査定異議の訴えの結果が債権者表に記載され、倒産債権者等の全員に対して効力がある（破130条、131条1項、民再110条、111条1項、会更152条7項）。ただし、議決権の額については、これらの手続では争われないために、効力の対象からははずれる。

2　効力の内容

確定判決と同一の効力に既判力が含まれるのかは、見解の対立がみられる。多くの見解は、手続内で債権者らが後日矛盾する主張をすることを遮断する効果はあるが、既判力までは生じないとする。[38] 破産管財人らは事実関係を十分に調査・把握しているとはいえず、また、破産債権者も他人の債権まで調査することは稀であるので、債権の内容につき錯誤が生じやすい点に配慮したものである。この見解によると、たとえば、確定した債権の帰属を争う第三者が手続外で権利の帰属を争い、自己への帰属の確認判決を得て破産手続で届出名義を変更して権利を行使することも許される。

別の見解は、倒産手続への信頼を保護するために、既判力が生ずると説明する。すなわち、管財人が届出を認め、破産債権者が異議を述べなかったこと、書記官が破産債権者表として公証したことを前提としつつ、さらに集団的権利確定手続の特質を考慮して、法が既判力を付与したと理解する。[39] この見解を徹底すると、倒産手続外でも拘束力が及ぶことになる。調査手続が多数の債権者の権利を簡易迅速に処理して後日の紛争の蒸し返しを防止する点

37　条解破産法829頁。
38　谷口・前掲（注1）298頁、霜島甲一『倒産法体系』459頁、中野＝道下・前掲（注35）276頁〔栗田隆〕。
39　中田淳一『破産法・和議法』215頁、伊藤・破産法民事再生法616頁注57、条解民事再生法554頁〔笹浪恒弘＝福田舞〕、条解破産法831頁等。

371

にあることを重視すると、既判力が生ずるという見解が適当であろう。債権者表記載の場合と、債権確定訴訟の場合とでは考慮要素は異なり、前者については既判力を否定し、後者については肯定するという処理もありうるが、あえて別異にとらえる必要まではないであろう。[40]

(杉山悦子)

---

40 条解民事再生法577頁〔金柄学〕。

第4章 倒産手続における担保権の処遇

第1節 はじめに——倒産手続と担保権

　債務者の財産に対する物権である担保権は、各倒産手続においてその処遇を異にする。

　まず破産手続においては、手続開始当時の破産財団所属財産上に抵当権等を有する者は「別除権」を有するとされ、手続の拘束を受けることなく担保権を実行することができる（破2条9項、65条1項）。破産手続は債務者の財産等の適正かつ公平な清算を目的としているところ（同法1条）、破産債権者による個別的権利行使を禁止する（同法100条、42条）一方で、担保権者による個別的権利実行を許容しているのである。無担保の一般債権（引当財産についての換価時期の選択権はない）に対する優先的地位を、目的物の換価時期の選択権を尊重することにより実現する趣旨と解される。

　再生手続においても、手続開始当時の再生債務者財産上に抵当権等を有する者は「別除権」を有するとされ、手続によらない権利行使が許容される（民再53条1項・2項）。債務者の事業等の再生を目的とする（同法1条）再生

1　手続開始前に対抗要件を具備しておかなければ、破産債権者または破産管財人に対してその権利を主張できない。伊藤・破産法民事再生法431頁、倒産法概説111頁〔沖野眞已〕。最判平成22・6・4民集64巻4号1107頁参照。

373

手続において、担保権者の換価時期の選択権を尊重することは、目的物が事業継続の不可欠な要素となっている場合を想起すれば、大いなるディレンマをはらむ。しかし法は、担保権者を手続に取り込んだ場合に生ずるコスト、すなわち目的物の評価や計画案決議の際の組分けの煩を回避すべく、別除権構成を採用したのである。[2,3]

これに対し更生手続においては、手続開始当時の更生会社財産上に抵当権等を有する者の権利実行は一律に禁止される（会更50条1項）一方で、被担保債権は目的物の時価の範囲で「更生担保権」として取り扱われ（同法2条10項）、届出・調査・確定の手続を踏んで、更生計画による権利変更を受け弁済される（同法47条1項、168条1項1号、199条2項2号）。担保権者の優先的地位は、換価時期の選択権の尊重ではなく、更生計画における相対的優先という形で実現されるにすぎない。

担保権の倒産法的規律は、倒産リスクをヘッジするために設定された権利を倒産手続目的実現の見地から制約するものであるため、立法政策的にも解釈論的にも問題の多いところである。もっとも本稿は、かかる規律のうちごく一部しか取り上げることができず、文献も網羅的ではなく、また近時の立法論への言及も最小限にとどまる。[4]

以下では、第2節で担保権実行中止命令の手続構造と問題点、第3節で担

---

2 伊藤・破産法民事再生法896頁、松下淳一『民事再生法入門』90頁。
3 かかるコストの節約だけが目的であれば、立法政策としては、アメリカ法を参考に、手続開始により担保権実行を一律に禁止しつつ、事業の再生に不要な財産につき個別的に禁止を解除するという構成をとり得たであろう。かかる個別的な権利行使禁止解除の途がない再生債権と比較すれば、担保権の実体法的優先性はなお保たれている。それが自動停止だけにとどまらず再生計画における担保権の権利変更まで志向するのであれば、立法論としての再生手続と更生手続の一本化の契機にもつながり得るが、これについては園尾隆司「再生手続における担保権の処遇」（松嶋英機弁護士古稀記念論文集・時代をリードする再生論）138頁が慎重な態度を示している。
4 倒産手続における担保権の処遇に関する論点を網羅的に検討した近時の文献として、「倒産と担保・保証」実務研究会編『倒産と担保・保証』がある。本稿のテーマに関する文献はほかにも、佐藤鉄男＝松村正哲編『担保権消滅請求の理論と実務』、田原睦夫『実務から見た担保法の諸問題』を初めとして、枚挙に暇がない。また本稿で触れられなかった論点も、動産売買先取特権、商事留置権、担保価値維持義務など数多い。他日の検討を期したい。

374

保権消滅許可制度の手続構造と問題点を取り扱い、第4節で近時論点となっている別除権協定の問題点について述べることにする。

第2節　担保権実行中止命令の手続構造と問題点

　担保権実行中止命令の制度は、担保権を別除権として取り扱う倒産手続において設けられる。わが国実定倒産法では、民事再生法31条に規定がある（なお、特別清算に関する会社法516条、891条参照）。

　再生手続においては、担保権は別除権として、再生手続によらずに行使できる（民再53条1項・2項）。しかし、目的物が事業の再生に必要な場合に、担保権の実行を許し目的物の債務者財産から離脱させることは、手続目的（同法1条）の観点から好ましくない。そこで法は、別除権者としての担保権者の法的地位に配慮しつつ、裁判所の命令により実行を中止させる制度を設け、手続目的の実現を期したのである。この制度の効用として、債務者が別除権者と交渉する時間が確保され、被担保債権の減免猶予および担保権不実行を内容とする別除権協定の締結が可能となる（担保権消滅許可制度がかか

5　担保権の倒産法的規律が立法政策の問題であるとすれば、同じく別除権構成をとる破産手続においても、実行中止命令制度の導入が課題となろう。破産手続の目的の実現の上では、担保権者の利益を尊重しつつ、換価時期の選択権を一定程度制約することが考えられるからである。伊藤・破産法民事再生法145頁注185、清水靖博「担保権実行の中止命令」（東京弁護士会倒産法部編・倒産法改正展望）234頁、園尾・前掲（注3）146頁。

6　深山卓也ほか『一問一答民事再生法』62頁、倒産法概説404頁〔笠井正俊〕・138頁〔沖野眞已〕。山本克己「集合債権譲渡担保と再生法上の実行中止命令：解釈論的検討」事業再生と債権管理140号16頁は、以下のように説く。実行中止命令の目的として、3点考えられる。①再生債務者が担保物を使用し続けることによるゴーイング・コンサーンの維持。事業に必要不可欠な不動産に抵当権が設定されている場合を念頭に、民事再生法立案段階で議論されていた。②別除権協定締結の促進。担保権者側に満足を遅らせる形で、一定程度再生債務者側の交渉上のポジションを高める。①をとれば②を含意しているが、②をとれば必ずしも①が含意されているわけではなく、②は中止命令の射程を広げ、集合債権譲渡担保の中止命令なども視野に入ることになる。③手元流動性の確保。金銭債権譲渡担保について問題となる。担保権者による換価・満足の阻止と、再生債務者による換価金の利用。しかし③を肯定すると、実行中止命令には、担保権設定行為の否

375

る協定締結のインセンティブとなる）。

I　要　件

　中止命令は、再生手続開始の申立てがなされた後に（開始決定後であってもよい。民再31条1項本文）、再生債権を被担保債権とする、再生債務者の財産上に設定された担保権について（同ただし書）、行われる。

　その主たる要件は2つある。第1に、再生債権者一般の利益に適合することである（民再31条1項本文）。いかなる場合にこの要件を満たすかであるが、中止により維持された事業価値の配分額が、①債務者財産の解体清算価値を上回る場合と理解する見解と、②中止制度を用いない場合の配分額を上回る場合と理解する見解がある。当該財産が事業に不可欠なものであれば、実行を中止できなければ事業の解体清算につながるであろうから、現実には①②の間に径庭はないと思われる。ただ、事業に不可欠とはいえない財産であっても中止命令を発することが再生手続の目的に適う場合があるから（たとえば別除権協定締結の上で任意売却して不足額を減らしめる）、②が妥当に思われる。具体的には、ⓐ事業の再生のためには担保権の目的物が不可欠または必要であり、その目的物が換価されると債務者の事業または経済生活の再建が

　　認あるいは担保権設定行為の対抗要件否認をしたのと同等ないし類似の効果が生じることになり得、否認原因がないのにかかる不利益を担保権者に及ぼすことになる、と。杉本和士「非典型担保に対する担保権実行手続中止命令に関する諸問題」（「倒産と担保・保証」実務研究会・倒産と担保・保証）178頁も、③の目的での中止命令は許されないと明言する。
[7]　再生債務者の代表者名義の財産が再生債務者の債務のため物上保証に供されている場合で、たとえ再生債務者財産と密接不可分なものであっても、当該財産は中止命令の対象とならない。福岡高決平成18・2・13判時1940号128頁。民事再生法53条3項所定財産に対する中止命令の可能性がないではないが、特段の事情がない限り、再生債権者の一般の利益に適合するとの要件を満たさないであろう。倒産法概説405頁〔笠井正俊〕。
[8]　伊藤・破産法民事再生法783頁。
[9]　松下・前掲（注2）98頁。
[10]　条解民事再生法149頁〔高田裕成〕、倒産法概説405頁〔笠井正俊〕も同旨と思われる。前者は、中止命令発令により一般債権者への弁済額の増加が見込まれることが、「再生債権者の一般の利益に適合すること」の要件の充足を導くと説く。

不可能ないし著しく困難となる場合（たとえば債務者の工場の土地建物や機械器具などの生産設備、店舗、倉庫に対する担保権実行の場合や、代替物調達資金窮乏の場合）、ⓑその目的物の換価自体はやむを得ないとしても、換価の時期または方法によって高額に処分することができる見込みがある場合が、この要件にあたるとされる。[11]

　第2に、競売申立人に不当な損害を及ぼすおそれがないことである（民再31条1項本文）。「損害」とは、一般論としては、中止命令がなければ担保権者が確保できた利益が奪われてしまうことであり、①手続開始前の発令については、平時実体法上与えられる利益が、中止命令がなければ担保権者が確保できた利益となるし、②手続開始後の中止命令の発令については、再生実体法上与えられる利益が、担保権者が有する利益となる。[12]より具体的には、担保権者に生ずる、ⓐ回収時期の遅れによるキャッシュフローへの支障、およびⓑ目的物の減価による回収額の減少が考えられる。ⓐは民事再生法85条2項と同様の考慮であるが、別除権者の地位に鑑みてより緩やかに解されることになる。ⓑは、中止命令発令時の目的物の価値を基準とし、目的物の種類・性質・状況等を勘案し、中止期間経過後の減価の程度を予測して判断することになるが、一般論としては、優先弁済権が実質的に侵害されるような大幅な減価が見込まれなければ「不当」な損害とはいえないであろう。たとえば、通常の損害とりわけ履行の遅れによる再投資の機会の損失は、中止を妨げる理由とはならず、担保減価分について代替担保を提供するなどの事情を総合的に勘案して判断する。[13]しかし、担保の種類によっては、「損害」の判断が困難な問題をはらむ（たとえば集合債権譲渡担保）。

11　新注釈民事再生法(上)157頁〔三森仁〕。
12　山本（克）・前掲（注6）16頁、18頁。
13　詳細は、新注釈民事再生法(上)158頁〔三森仁〕、条解民事再生法150頁〔高田裕成〕。

II 手続および効力

　中止命令は、利害関係人の申立てによりまたは職権で、相当の期間を定めて発令される（民再31条1項本文）。発令された中止命令は、担保権実行に関する一時停止文書（民執183条1項6号、192条、193条2項）に該当する。

　中止命令を発する場合には、裁判所は競売申立人の意見を聴かなければならない（民再31条2項）。同じく「不当な損害」要件のある強制執行等中止命令（同法26条1項柱書・ただし書）および包括的禁止命令（同法29条1項前段）と異なり、ここでの中止命令については、別除権という法的地位に鑑みた手続保障が与えられている。

　裁判所は、中止命令を変更し、または取り消すことができる（民再31条3項）。利害関係人による変更または取消しの申立ては、裁判所の職権発動を促す意義にとどまる。

　中止命令および変更決定に対しては、競売申立人に限り、即時抗告をすることができる（民再31条4項）。抗告の理由としては、「不当な損害」のおそれがあることが主たるものである。事業の存続可能性がないことなど「再生債権者の一般の利益に適合」しないことについても、競売申立人の不服申立理由となる。

14　立法論として、園尾隆司「倒産法改正の見通しとその基本構想――歴史からみた倒産法改正構想策定の留意点」金法1974号19頁、29頁は以下のように説く。担保権実行中止命令は、動産・債権担保の実行の中止にも対応できるものでなければならず、これらについて発令前の必要的審尋の規定の適用を排除するとともに、中止を超えて取消しを要するか等の付随的事項を検討すれば足りる、と。

15　立法論として、特に非典型担保の場合に、中止命令発令時の意見聴取を省略することの代償として、担保権者に中止命令の変更・取消しの申立権を認めることが考えられる。園尾・前掲（注3）142頁参照。

16　松下・前掲（注2）100頁。

III 非典型担保

　民事再生法の立法の当初、中止命令の対象は「担保権の実行としての競売の手続」とされ、中止命令の要件も「競売申立人に不当な損害を及ぼすおそれがないものと認めるとき」と規定されていたので、競売手続以外の担保権実行手続については念頭におかれていたとはいいがたい。現行法では、中止命令の対象は「担保権の実行手続」とされているものの、要件のほうは文言が修正されていないため、なお競売手続以外の担保権実行手続につき解釈論上の問題がある。[17][18]

　譲渡担保、所有権留保、ファイナンス・リース等の非典型担保は、まずそれらが再生手続上別除権として取り扱われるかの問題があるが、これを肯定することを前提にする。これらの権利の目的物が、再生債務者の事業継続に資するために、権利実行による債務者財産からの離脱を防止すべきだとすれば、中止命令の規定を類推適用する要請がある。しかし、これらの権利の実行はその方法において多様であり、またその完了時期において確定的ではないために問題となる。

　譲渡担保においては、設定者の債務不履行後に担保権者が目的物を自己に帰属させたうえでその価額と被担保債権の清算を行うか（帰属清算型）、担保

---

[17] パネルディスカッション「再生手続における担保権の取扱い」事業再生と債権管理140号24頁、36頁〔山本克己発言〕によれば、民事再生法立案段階では、不動産抵当を典型例とし、民事執行手続における執行停止制度を念頭に、規定をおいたのであり、非典型担保でも、不動産の譲渡担保や動産の所有権留保など古典的なものは念頭においていたが、サイレント型の集合債権譲渡担保は全く念頭においていなかった、という。

[18] ただし、典型担保の実行であれば、たとえば抵当権に基づく物上代位としての債権差押え（民372条、304条、民執193条）や担保不動産収益執行（民執180条2号）は、中止命令の対象と考えられている。新注釈民事再生法(上)150頁〔三森仁〕。抵当不動産から生ずる賃料債権についての物上代位に関し、大阪高決平成16・12・10金法1220号35頁、動産売買先取特権に基づく物上代位につき京都地決平成13・5・28判タ1067号274頁。もっとも、債権質権者による債権取立て（民366条）については、それが事実行為であるために中止命令を観念できないとの見解もある。松下・前掲（注2）101頁注18。

379

権者が目的物を処分し清算を行って債権の回収を図る（処分清算型）。また所有権留保においては、留保買主の債務不履行後に売主が（売買契約を解除しまたは解除せずに）買主から目的物の引渡しを受けたうえで、目的物を評価し清算を行う。さらにファイナンス・リースにおいては──担保の目的を物自体とするか利用権とするか議論はあるものの──ユーザーの債務不履行後にリース業者がユーザーからリース物件の引渡しを受けたうえで、清算を行う。

　これらの権利の実行態様を最大公約数的に示せば、以下のようになろう。すなわち、担保権者は債務不履行後に意思表示により債務者（設定者）に留保された権利を消滅させ、目的物に関する完全な所有権を取得ないし回復し、目的物の価額で被担保債権と清算を行い、清算金があれば債務者に支払い、清算金がなければその旨の通知を行う、ということになる。

　かかるプロセスにおいてどこを実行完了時期と目すかは、2通りの考え方があり得る。すなわち、①債務者に留保された権利が消滅した時点、②清算金支払または清算通知の時点である。たとえば、帰属清算型譲渡担保では②、処分清算型譲渡担保では処分契約時（①に相当しよう）が実行完了時期と説かれる[19]。ただし、処分清算型譲渡担保を除いた、清算型譲渡担保、所有権留保、およびファイナンス・リースでは、清算完了時すなわち②を実行完了時期ととらえる見解が近時有力である[20]。そこで、かかる時期に至るまで中止命令を発令できることになり、清算の前提として行われる目的物の現実の取戻しも中止の対象となる[21]。

　近時、中止命令の適否および効果が議論されているのが、集合物譲渡担保である。集合動産譲渡担保あるいは集合債権譲渡担保は、再生債務者の事業[22]

19　竹下守夫『担保権と民事執行・倒産手続』234頁参照。
20　伊藤・破産法民事再生法448頁、452頁、785頁注66。ただしファイナンス・リースについては、利用権説をとり、利用権が消滅した時点で権利実行が完了する（本文の①に相当しよう）との下級審裁判例および有力説がある。大阪地決平成13・7・19判時1762号148頁、東京地判平成15・12・22金法1705号50頁、東京高決平成19・3・14判タ1246号337頁、山本和彦「倒産手続におけるリース契約の処遇」（同・倒産法制の現代的課題）85頁〔初出：金法1680号8頁以下〕。
21　新注釈民事再生法(上)154頁〔三森仁〕。
22　集合債権譲渡担保においては、債権譲渡の対抗要件具備行為は債権回収行為に限りなく近い担

状況に目的物の価値が左右されるため、担保権者に生ずる「損害」の有無に関して困難な判断を強いられる。すなわち、集合物譲渡担保については、目的物の範囲あるいは価値枠が、手続開始ないし実行着手によって固定されるか否かが問題となり、その理解によって担保権者に確保される利益が異なり、「損害」の理解も変わることになる[23]。そして、実行の完了時期のとらえ方によって、中止命令が可能な終期も変わってくることになる[24]。

第3節　担保権消滅許可制度の手続構造と問題点

I　破産手続

1　趣旨

破産法上の担保権消滅許可制度は、破産手続開始時における破産財団所属財産上の担保権を消滅させるために、破産管財人が当該財産を任意売却し、売得金の額から破産財団組入額を控除した金額または売得金の額に相当する

　保権者としての権利行使そのものであって、中止命令の対象とされている。東京地判平成16・2・27金法1722号92頁。判旨は民事再生法31条の類推適用を認め、債権譲渡通知の効力を否定した。集合債権譲渡担保に対する中止命令については、杉本・前掲（注6）171頁以下とそこに引用の諸文献参照。裁判例としては、大阪高決平成21・6・3金商1321号30頁等がある。

[23] 杉本・前掲（注6）187頁は、実体法上承認された権利帰属状態を、法的倒産手続開始という一事によって事後的に変更・遮断することは、明文の根拠がなければ難しいとする。また伊藤・破産法民事再生法786頁は、再生債務者の事業が継続し、目的物が補充されることに高度の蓋然性が認められるとき、またその蓋然性が認められないときには、目的物についての再生債務者の処分を認めないことを条件として中止命令を発するなどの措置が必要だとする。

[24] 集合債権譲渡担保の実行の完了時期を第三債務者への実行通知時とすると、それ以後の中止命令の可能性はないとも考えられる。伊藤・破産法民事再生法786頁。しかし、債権質との対比で考えれば、目的債権の取立てをもって実行と考え、中止命令によって債権取立てを差し止めることができるとも考えられる。座談会「倒産法制の展望」金法2000号242頁、247頁〔山本克己発言、杉山悦子発言〕、山本（克）・前掲（注6）20頁。

381

金銭の裁判所への納付に基づき当該担保権を消滅させることについて裁判所の許可を申し立てるものであり（破186条）、裁判所がその許可決定をし（同法189条）、所定の金銭が納付されれば担保権が消滅する効果が生じ（同法190条4項）、納付された金銭は担保権者に配当等される（同法191条）、というものである。[25]当該財産について破産管財人が管理処分権を有し（同法78条1項）、換価の権能も有することを前提に（同条2項、184条2項参照）、任意売却を行い担保権を消滅させつつ売得金から財団への一部組入れをもたらす制度である。

2 要 件

まず積極要件として、「破産債権者の一般の利益に適合するとき」でなければならない（破186条1項柱書・本文）。この制度による任意売却および担保権消滅が破産財団の拡充に資することを意味する。[26]具体的には、任意売却によって担保権実行や強制執行による売却では得られない剰余金が破産財団に組み入れられること、破産債権として行使される担保権者の不足額が減少すること、あるいは相当額の組入金によって破産財団の増殖が図れることなどである。[27]その他、当該財産を迅速に売却することで固定資産税等の当該財産の所有に伴う負担を免れる場合も含まれ得る。[28]

破産財団が不足して破産債権者への配当が覚束ない場合に財団債権者の利益などを考慮して担保権消滅許可の申立てをすることが「破産債権者一般の利益に適合する」といえるかが問題となる。破産手続が目的を達しないで異時廃止（破217条前段）される場合まで担保権者の権能を制限する理由に乏しいなどの理由から消極に解する説と、[29]手続開始前の労働債権のように政策的に財団債権とされているものの要保護性が高いことから積極に解する説とが[30]

25　一問一答新破産法250頁。
26　倒産法概説116頁〔沖野眞已〕。
27　伊藤・破産法民事再生法659頁。
28　条解破産法1186頁、倒産法概説116頁〔沖野眞已〕。
29　伊藤眞ほか編『新破産法の基本構造と実務（ジュリスト増刊）』190頁以下〔伊藤眞発言、山本和彦発言〕。

ある。確かに、政策的に財団債権とされているものの中には破産債権に近い性質のものがあるが、明らかに財団不足であるのに財団債権への弁済を予定してこの制度を用いて割合弁済を行うことは、破産法152条1項の想定する結果ではないと思われる。現行法の解釈としては消極に解さざるを得ないが、立法論としては考慮に値しよう。

　次に消極要件として、「担保権を有する者の利益を不当に害することとなると認められるとき」でないことを要する（破186条1項柱書・ただし書）。担保権者が優先弁済権によって把握する価値そのものが消滅許可によって損なわれることと説明される[31]。組入金の額が明らかに過大な場合や、担保権者との間で組入れについて事前の協議が全くなく担保権者に対して不意打ち的に申立てが行われる場合などである。事前協議（同条2項）は訓示的義務だから[32]、その懈怠は直ちに消滅許可申立てを違法としないが、義務違反が信義に反する場合には担保権者の利益を不当に害するとして、許可申立てが却下されることがあり得る[33]。

3　制度の対象たる担保権

　消滅の対象となる担保権は、特別の先取特権、質権、抵当権または商事留置権である（破186条1項本文）。制度が当初想定していたのは、不動産抵当権であった。そこで、譲渡担保、所有権留保、ファイナンス・リースなどの非典型担保について規定の類推適用があるかは、具体的手続や実効性、さらには現実の利用可能性にもかかわり、議論がある。具体的に問題とされるのは、第1に破産管財人の処分権の有無、第2に担保権の実行の手段の保障、第3に登記または登録抹消の嘱託（同法190条5項）の可否、第4に配当（同法191条）の方法である[34]。

30　倒産法概説116頁〔沖野眞已〕、笠井正俊「担保権を巡る訴訟」（島岡大雄ほか編・倒産と訴訟）555頁。
31　伊藤・破産法民事再生法659頁。
32　条解破産法1187頁、倒産法概説116頁、118頁〔沖野眞已〕。
33　伊藤・破産法民事再生法660頁注168。

第1の問題は、これらの担保においては少なくとも法形式上、所有権が担保権者に移転していることで、設定者の破産管財人は目的物を処分する権限がないのではないかという疑問である。しかし、設定者に留保された——担保権者の権利の負担付きの——権利を設定者が処分することは可能と解されており、そうであれば制度を用いることで——担保権者の権利の負担のない——完全な所有権を設定者に取得させることができると考えるべきである。またファイナンス・リースについて利用権説をとるとしても、制度の活用によって——リース業者の権利の負担のない——完全な利用権を取得する（リース料債務の支払にかかわらない利用が保障される）、と解されよう。[35]

　第2の問題は、非典型担保の実行手続として競売申立権が考えられず、また私的実行によって一片の意思表示・通知によって担保権消滅許可申立てを簡単に覆せることから、担保権者の対抗手段としての実行申立て（破187条）や買受けの申出（同法188条）が制度の想定どおりに機能しないのではないかという疑問である。これについては、担保権者による私的実行も破産法187条の実行申立てに相当し、しかも担保権者による評価額ないし処分価格が売得金の額（組入れがある場合には売得金額から組入金額を控除した額）を上回っていれば奏功する（5％以上の割増金額である必要はない）、と理解すべきである。[36]

　第3の問題は、特に不動産の譲渡担保が所有権移転登記によってされている場合に問題となる。しかし、譲渡担保を原因とする所有権移転登記も「消滅した担保権に係る登記」（破190条5項）として抹消登記の対象となるとの見解が有力である。[37]

　第4の問題は、非典型担保の配当における処遇の問題であるが、これも実体法上の優先関係（破191条3項、民執85条2項参照）に則った配当をするとし、実体法の解釈に委ねるべきである。[38]

34　大コンメ770頁〔沖野眞已〕。
35　大コンメ770頁〔沖野眞已〕。
36　大コンメ771頁〔沖野眞已〕。
37　笠井・前掲（注30）552頁、大コンメ772頁〔沖野眞已〕。
38　笠井・前掲（注30）553頁、大コンメ772頁〔沖野眞已〕。

II 再生手続

1 趣　旨

　前述のように破産法上の担保権消滅制度は、破産財団に属する財産の換価の円滑化および破産財団の拡充のために設けられている。そのため、担保目的物の売却を前提にしていること、破産管財人が担保目的物の売却の相手方を見つけ、その際の売却代金額から一定額を破産財団に組み入れることを主眼としていること、担保権者に実行の申立て等対抗措置を認めていること、といった特徴がある。

　これに対し、民事再生法上の制度は、担保目的財産が再生債務者の事業の継続に欠くことのできないものであるときに、その財産の価額に相当する金銭を裁判所に納付することにより、当該目的物の上に存する担保権をすべて消滅させることで、当該目的物を再生債務者が事業で使用収益できることを目的とするものである。再生債務者の事業の継続に不可欠な財産を確保することが制度目的であり、目的物の換価を前提としていないため、目的財産の価額に争いがある場合のために価額決定の請求の手続が設けられている。

　もっとも、破産法上の制度と民事再生法上の制度とは、担保権の別除権としての処遇を前提にしつつ、担保権の不可分性に例外を設け、換価時期の選択権を制約する点で、共通の性質を有する。

2 要　件

　要件は、事業継続にとっての不可欠性[39]、すなわち担保目的物が再生債務者

---

[39] このほか、オーバーローンであること、すなわち目的財産の価額よりも被担保債権の総額のほうが大きいことを要件とする見解もあるが（松下・前掲（注2）103頁）、オーバーローンを要件とまでいえるかは疑問とする指摘もある。福永有利監修『詳解民事再生法〔第2版〕』414頁〔山本和彦〕。

385

の事業の継続に欠かせないことである（民再148条1項）。別除権者たる担保権者の換価時期の選択権を否定し、かつ担保権の不可分性を凌駕して目的物の価額相当額において強制的に担保権を消滅させるためには、再生債務者側に消滅を正当化する理由が必要であるとの考え方に基づいている。問題となるのが、営業譲渡の前提として、あるいは遊休資産や棚卸資産の処分の前提として担保権を消滅することの可否である。

まず営業譲渡の場合であるが、目的物が事業継続に不可欠であって、担保権実行によりそれを阻害するおそれがある場合、目的物が継続企業価値の不可欠な要素であって担保権を消滅させることがかかる価値を再生債務者財産ひいては再生債権者にもたらすものであれば、事業継続不可欠性要件を満たすといえよう。すなわち、再生債務者が現在行っている「事業」の継続に不可欠ということであり、事業主体が変わる場合でも事業継続不可欠性が認められ得る。[41][42]

次に遊休資産であるが、財産処分の対価を事業継続資金として投入する目的で担保権を消滅させることができるか。肯定する見解もあるが[43]、否定説が多数である[44]。規定の文言や立法趣旨を踏まえた現行法の解釈としては、否定説が優るであろう。

これに対し、遊休資産でなく販売用財産の場合、再生債務者の業態、目

---

40 福岡高決平成18・3・28判タ1222号310頁は、動産所有者である再生債務者と担保権者との関係においては対抗問題ではなく、担保権者は所有者である再生債務者の登記欠缺を主張する利益はないから、再生債務者が担保権消滅の許可を申し立ててこれを受けるためにはその所有権について必ずしも対抗要件としての登記具備を要しない、と判示する。これに対しては批判が多い。倒産法概説437頁〔笠井正俊〕、新注釈民事再生法(上)849頁〔木内道祥〕。

41 結論同旨、伊藤・破産法民事再生法971頁、池上哲朗「再生手続における担保権の実行手続の中止命令、担保権消滅許可請求、価額決定請求」（島岡大雄ほか編・倒産と訴訟）386頁。

42 小林信明「判批（東京高決平21・7・7）」金商1361号85頁。

43 条解民事再生法797頁〔小林秀之〕。裁判例としては、名古屋高決平成16・8・10判時1884号49頁。ただし平成16年名古屋高決の事案は、賃貸ビルを区分し一部を譲渡する際に当該部分に設定された抵当権の消滅が問題となったもので、賃貸ビル事業の一部譲渡に伴う担保権消滅許可請求とも構成し得たのであり、事業継続不可欠性要件を満たしているとの評価もあり得た。新注釈民事再生法(上)852頁注19〔木内道祥〕参照。

44 伊藤・破産法民事再生法971頁、池上・前掲（注41）387頁、小林・前掲（注42）85頁。

物の性質、担保権設定の態様、取引当事者の認識等を踏まえ、財産処分から担保権消滅に至る過程を総合的に評価して、事業継続不可欠性要件が満たされることがあり得る。[45]

さらに棚卸資産、すなわち商事留置権や集合動産譲渡担保の目的となっている原材料や商品である。この点、目的物が通常の流通からはずれて競売市場等に流れることは再生債務者の事業の価値・信頼を大きく損なうので、担保権消滅の対象となるとする見解[46]と、かかる資産では事業継続不可欠性要件を満たさないとする見解とがある。[47]担保権の目的物である以上、実行によって競売市場に流れること自体はやむを得ず、むしろ担保権消滅後の目的物の任意売却による利益を再生債務者が担保権者の犠牲の下に獲得することを許容するかである。別除権構成をとる以上は、そのような事態を是とすべきではなく、現行法の下では担保権消滅の対象にならないと考える。[48]

立法論としては、①事業継続不可欠性要件を緩和すべきとの議論、[49]さらに

---

[45] 東京高決平成21・7・7判タ1308号89頁。判旨は以下のように説く。事業継続不可欠性要件を満たす財産とは、担保権が実行されて当該財産を活用できない状態になったときには再生債務者の事業の継続が不可能となるような代替性のない財産である。本件においては、事業の仕組みとして、一連の事務の流れが構成されており、担保権者もこれを了解している場合に、担保権の消滅なくしては戸建て住宅を通常の不動産市場で売却して利益を得るという事業の仕組みが機能しなくなり、事業そのものが継続できなくなる蓋然性が高いので、前記代替性なき財産にあたる。そして、事業の継続が、個別取引の繰り返しにより市場の信用を得ることによって可能であるから、複数の個別取引のうちの一部のものに係るものであっても事業継続不可欠性要件を満たす、と。本件については、例外的事案であり、販売用財産に担保権消滅を認めるのであれば、破産法上の担保権消滅許可制度との対比で、市場における価格形成のルートが保障されるべきであるとの指摘もある。新注釈民事再生法(上)852頁〔木内道祥〕、池上・前掲（注41）389頁。

[46] 福永・前掲（注39）412頁〔山本和彦〕。

[47] 新注釈民事再生法(上)852頁〔木内道祥〕。池上・前掲（注41）389頁は、商品や原材料には通常代替性があるから、通常の流通過程を維持するとの理由のみでは消滅許可の対象とならないが、再生債務者の事業の仕組みそのものが機能せず事業継続ができなくなる蓋然性が認められる場合には、消滅許可の対象となるとする。

[48] 結論同旨、パネルディスカッション・前掲（注17）59頁〔山本克己発言〕、座談会・前掲（注24）263頁〔山本克己発言〕。

[49] 三枝知央「担保権消滅請求制度」（東京弁護士会倒産法部編・倒産法改正展望）468頁。要件緩和に慎重な立場として、村田典子「再生手続における事業継続不可欠性要件」（「倒産と担保・保証」実務研究会・倒産と担保・保証）245頁以下。

387

は②破産・再生に共通して、事業継続型の担保権消滅請求と、売却処分型の担保権消滅請求の制度をおくべきとの議論がある。[50]

3 非典型担保

譲渡担保や所有権留保などの非典型担保が制度の対象となり得るかが問題となるが、類推適用を認める立場が多数である。ファイナンス・リースについても目的物が債務者の事業の継続に不可欠であれば担保権消滅請求の対象となしうるとする下級審裁判例がある。[51][52・53]

4 金銭の納付

担保権消滅請求に係る納付金は1か月以内に納めることから（民再規81条）、一括払いを前提としている。そこで分割納付が認められないかが提案される。

---

50 園尾・前掲（注3）144頁、座談会・前掲（注24）261頁以下。

51 ただ、特に動産を目的とするリース契約のときにリース物件（またはその利用権）が急速に減価して残リース料と著しくバランスがとれない場合があるので、実務的にはリース物件の価額を評価するときにはその処分価額（民再79条1項参照）すなわち転売価額ではなく再調達価額等を考慮したうえで（同条2項・4項参照）価額の決定をすべきとの主張もある。山本和彦ほか編『Q&A 民事再生法〔第2版〕』274頁〔田頭章一〕。

52 前掲（注20）大阪地決平成13・7・19は、最判平成7・4・14民集49巻4号1063頁を前提として未払リース料債権の全額が再生債権となるとしたうえで、リース会社はリース物件についてユーザーが取得した利用権についてその再生債権を被担保債権とする担保権を有するものと解し、それが民事再生法148条1項の想定する担保権であることを示唆している。そして、解除権留保特約に基づき発生した解除権に基づき再生手続開始前にリース契約を解除した場合、ユーザーの利用権は消滅し、リース業者に完全な所有権が帰属するので、再生債務者の財産でない以上、民事再生法148条1項の申立てをなし得ないと結論づける。以上の平成13年大阪地決は、リース業者の権利実行完了時期を契約解除の意思表示時とするので、再生手続開始前の解除の場合、担保権消滅許可の申立てをすることができないとするのである。これに対しては、実行完了時期につき、仮登記担保契約に関する法律2条1項を類推適用し、通知後一定期間（2か月）の経過時とする見解もある。安木健ほか編著『一問一答民事再生の実務〔新版〕』304頁〔木内道祥〕。

53 山本（和）・前掲（注20）93頁。これに対し、利用権担保説を前提とした場合、担保権消滅させた場合の所有権と利用権の帰属をどのように解するのか等、理論的問題が多いとして、担保権消滅請求制度の対象とすることに疑問を呈する論者もある。田原睦夫「ファイナンス・リース契約の民事再生手続上の取扱い」金法1641号4頁、徳田和幸「判批（大阪地決平成13・7・19）」判評523号26頁（判時1788号188頁）。

もっとも、担保権の消滅時期、分割期間、利息支払の可否、不履行となった場合に被担保債権額が決定前の額に復活するか、納付金の配当の可否（納付されるたびに配当するとすれば裁判所の負担も大きい）、など詰めるべき問題が多い。そもそも担保権者を別除権者として扱っていることとの整合性がとれるか問題である（更生担保権と同等の取扱いになってしまう）。そこで現実的には、一括納付金のための DIP ファイナンスを促進するため、納付金を払い込むスポンサーを設定者とする銀行に対する新たな抵当権を設定させる（民執82条2項2号のような規定を設ける）のが現実的とされる。[54]

III 更生手続

前述のように民事再生法上の制度は、担保目的財産が再生債務者の事業の継続に欠くことのできないものであるときに、その財産の価額に相当する金銭を裁判所に納付することにより、当該目的物の上に存する担保権をすべて消滅させることで、当該目的物を再生債務者が事業で使用収益できることを目的とするものであり、担保権者の権利が別除権であることを前提としている。

これに対し会社更生法上の制度は、担保権者の権利が更生担保権として手続中の行使を禁止されていることを前提に、その財産の価額に相当する金銭を裁判所に納付することにより、当該目的物の上に存する担保権をすべて消滅させることで、更生会社の事業の更生に資することを目的とするものである。再生手続におけるような「事業継続不可欠性」の要件よりも緩和されている。[55] また、別除権か更生担保権かの差異に応じて、納付された金銭の取扱いも異なる（民再153条、会更110条、109条、167条1項6号ロ）。[56]

---

[54] パネルディスカッション・前掲（注17）53〜57頁〔各発言〕。また同61頁〔山本和彦発言〕は以下の旨説く。今の消滅請求は、競売をした場合と同じ保護を担保権者に与えるという前提でできているので、延払いにすればその前提は崩れる（利息をつけるだけでは十分ではない）、と。園尾・前掲（注14）29〜30頁は、分割弁済まで認めるのではなく、1か月以内に支払う原則（民再規81条1項）について、特別な事情がある場合に、裁判所の裁量で一定期間の延期を認めるのが妥当である、と説く。座談会・前掲（注24）264頁以下も参照。

389

第4節　別除権協定

I　内　容

　実務上は、再生債務者等は別除権者との合意で被担保債権を支払うことが多い。その内容としては、別除権を評価した額を再生債務者が一定の期間に分割して支払うことで担保目的物を受け戻すことができることとし、その期間内は別除権者が別除権を行使しない代わりに、再生債務者が約定の分割払いを（たとえば3回分）怠ったときには別除権を行使するといったものが骨子となる。担保の受戻しとなるので、裁判所の許可（ないし監督委員の同意）を要する行為とされうるものである（民再41条1項9号、54条2項）。[57]

II　別除権協定に基づく債権の性質

　別除権協定に基づき別除権者が再生債務者に対して取得した債権が再生債権か、それとも共益債権かが争われた例がある。東京地判平成24・2・27金法1957号150頁では、Xが別除権協定に基づき取得した担保の価値部分に相当する被担保債権を被保全債権として、再生債務者Aに債務を負う第三債務者Yに対し債権者代位権を行使したという事案である。
　判旨は、大要以下のように説く。①本件別除権合意は、担保権評価額を再

---

[55]　使用・収益に限られず、処分も含まれる。たとえば事業譲渡や遊休資産の売却。また当該財産の固定資産税等の管理コストの負担の圧縮や当該財産の担保余剰価値部分の運転資金としての利用なども含む。

[56]　深山卓也編著『一問一答新会社更生法』120頁、伊藤・会社更生法526頁、倒産法概説151～152頁〔沖野眞已〕、494頁〔中西正〕参照。

[57]　倒産法概説436頁〔笠井正俊〕、146頁〔沖野眞已〕、倉部真由美「別除権協定について」（事業再生研究機構編・民事再生の実務と理論）342頁。

生手続外で弁済することにより同担保権を消滅させる合意であり、「受戻し」（民再41条1項9号）に関する合意である、②民事再生法41条1項9号の受戻しは、当然の前提として、裁判所の許可があれば再生手続外で被担保権の弁済を行うことができることを予定しているから、同法85条1項に定める法の特別規定と解するのが相当である、③本件別除権合意に基づく本件債権は、民事再生法119条1項5号所定の共益債権にあたると解する余地もあり得るが、それは当事者の通常の意思とはみられないうえに、再生手続中に再生会社の財産に対する強制執行を行うことを可能とすることになって過剰な保護となるし、強制執行を認めた際に牽連破産移行時に不当利得返還請求ができないことになれば不当な事態となる、④本件債権は共益債権には該当せず再生債権にすぎないので、本件債権者代位訴訟は再生債権を被保全債権とする訴訟であって、不適法却下となる。[58]

これに対しては、別除権者に対する再生手続によらない弁済はその者が把握する担保価値の範囲内にとどまること、別除権実行の抑止は再生債権者一般の利益にも資することに鑑み、共益債権として支払う旨の合意の効力を絶対的に排除すべきでないとの見解も有力である。[59]

III 別除権協定が解除された場合の被担保債権額の減縮の効果[60]

別除権協定が債務不履行等に基づき解除された場合に、被担保債権額の減

---

[58] この判旨を支持するものとして、山本和彦「別除権協定の効果について」（同・倒産法制の現代的課題）121頁〔初出：田原睦夫先生古稀・最高裁判事退官記念論文集・現代民事法の実務と理論（下巻））617頁〕。ただし同書141頁で、後掲（注59）中井康之論文を受けて、改説されている。

[59] 伊藤・破産法民事再生法899頁注8、中井康之「別除権協定に基づく債権の取扱い」ジュリ1459号90頁以下。

[60] 別除権協定の解除条件についての解釈を示したものとして、最平平成26・6・5金商1445号14頁がある。判旨は、本件解除条件条項に係る合意は、契約当事者の意思を合理的に解釈すれば、本件債務者が再生計画の履行完了前に再生手続廃止の決定を経ずに破産手続開始の決定を受けた時から別除権協定は失効する旨の内容を含むと解するのが相当である、とした。

縮の効果が維持されるかが問題となる。協定に拘束されずに別除権の行使によって被担保債権の満足を受けられるとする立場（復活説）と、合意部分には実体法的確定効が生じ別除権協定の他の部分が失効しても影響を受けないとする立場（固定説）とがある。[61]

この点、近時、別除権協定の種類を分け、①不足額の確定を目的とする別除権協定においては、被担保債権額は協定により固定される（協定に基づく債権は共益債権となる）、②被担保債権が復活する旨の合意をする別除権協定においては、不足額確定の効果は生じず、協定の解除等により被担保債権の復活が認められる（協定に基づく債権は再生債権にとどまる）、との見解が有力に主張されている。[62]

この点、不足額に関する合意は、再生計画による権利変更と異なるので、破産手続開始による原状回復（民再190条1項本文）の対象とはならないし、不足額に関する合意（同法88条ただし書）は確定的であることが手続の安定に資することに鑑みると、固定説に説得力がある。[63] 固定説をとると、別除権協定の解除等があった場合、たとえ協定後に目的物の価格が上昇していても、担保権者が担保権実行によりその利益を享受できるわけではないのに対し、価格が下落していた場合に担保権を実行したときの回収額減額のリスクは担保権者が負うことになる。そのリスクを担保権者が負うべきではなく再生債

---

61 前掲（注60）最判平成26・6・5は、復活説に親和的との評価がある。伊藤・破産法民事再生法900頁。

62 中井・前掲（注59）90頁、94頁、山本（和）・前掲（注58）141頁、籠池信宏「判批（東京地判平成24・2・27）」新・判例解説Watch15号194頁。なお、②のタイプの協定が解除された場合の、既往の協定弁済金の原状回復のあり方について論じたものとして、高井章光「牽連破産に関する諸問題」（事業再生研究機構編・民事再生の実務と理論）260頁がある。

63 福永・前掲（注39）312頁〔山本和彦〕、中井・前掲（注59）93頁参照。これに対し、髙木裕康「判批（最判平成26・6・5）」事業再生と債権管理146号114頁は、復活説をとり、担保権者の最終的な回収総額が担保目的財産の処分代金とこれから算定される別除権不足額に対応する計画弁済の合計を上回っていなければ、不公平とはいえないし不足額責任主義の趣旨にも反しない、との解釈を示す。傾聴に値するが、①民事再生法88条本文との並びでただし書が規定されていることからすれば別除権行使時と同一の効果が結びつくこと、②「確定」（民再182条本文）の文言は当事者の合意次第で不足額が変動することを想定しているとはいいがたいことからすると、現行法の解釈としては復活説は根拠が弱いように思われる。

392

III 別除権協定が解除された場合の被担保債権額の減縮の効果

権者が引き受けるべきだと考えるのであれば、不足額に関する合意を和解（同法119条5号参照）として共益債権化を認めることになるのであろう。[64]

筆者は、利益衡量としては理解できるし、再生手続の柔軟な運用（ないし別除権協定の締結を困難にしないこと）の必要性も否定できないものの、民事再生法41条1項9号、85条1項・2項・5項が、再生債権の随時弁済を厳格に規律していること、および共益債権に基づく強制執行の中止が限定的であること（民再121条3項参照）に鑑みると、①の場合であっても、現行法の解釈としてはやや力業であるとの印象をもつ。「本来は再生債権に過ぎないものを、（裁判所の許可があるとしても）共益債権に格上げすることは、実体法上の優先順位に関する規律を直接オーバーライドするもので、原則として許されない」[65]という問題点は、なお克服されていないのではなかろうか。また民事再生法119条5号は、「資金の借入れ」という文言が典型的に示すように、再生債務者財産に手続開始後に何らかの利得が生じた場合、あるいは公平の観点から再生債権者共同の負担とするのが妥当である場合（再生債務者の不法行為に基づく損害賠償請求権等）を念頭においている。別除権協定に基づく債権は、そのいずれにも該当しないように思われる。目的物価格下落のリスクは、担保権者が交渉によりヘッジするのが本来であろう。[66]

（松下祐記）

---

64 中井・前掲（注59）95頁。
65 山本（和）・前掲（注58）132頁
66 この点、条解会社更生法(下)308頁が、旧会社更生法208条2号（現127条2号。民再119条2号に対応）に関し、「もとより事業の経営のため必要だとの名目で旧債務（更生債権及び更生担保権）の弁済をすることは許されないが（112条）、……」と言及し、旧債務の弁済に慎重な態度を示していることも留意されてよい。

第5章
倒産手続における債権者平等原則

第1節　はじめに

　債権者平等原則は、しばしば倒産手続において徹底されているといわれる[1]。しかし、かつて鈴木禄弥教授が、「『債権者平等の原則』なるものは、実質的には、いわば残りカス同士の平等にすぎない」[2]と言及された有名な言葉があるように、倒産手続においても、債権者平等原則は、別段すべての債権の平等を実現しているわけではなく、あくまで優先的地位を与えられていない債権同士における平等を意味しているにすぎない。それゆえ鈴木教授は、債権者平等原則自体について、その適用範囲や内容いかんの検討に執着する必要はなく、必要なのは、むしろ、いかなる条件があれば債権者平等原則の例外が認められるのかを確定していくことであると指摘されている[3]。
　では、「債権者平等原則の例外」とはいかなる場合を意味するのか。鈴木教授がいわれるように、債権者平等原則が、「優先的地位を与えられていない債権同士における平等」を意味するのであるならば、その例外としてまず考えられるのは、「優先的地位を与えられている債権を倒産手続において優先的に取り扱う場合」である。倒産手続においては、実体法上付与されてい

1　高橋宏志「債権者の平等と衡平」ジュリ1111号156頁。
2　鈴木禄弥「『債権者平等の原則』論序説」曹時30巻8号12頁。
3　鈴木・前掲（注2）19頁。

第1節　はじめに

る優先権が倒産法においても尊重されており、倒産手続上も優先弁済が認められている。別除権（破65条、民再53条）や更生担保権（会更2条10項）、優先的破産債権（破98条）、一般優先債権（民再122条）等が例としてあげられる。実体法秩序に基づいて優先的地位を与えられている債権を優先的に取扱うのであるから、債権者平等原則の例外を構成するものだといえる。

　さらに、債権者平等原則の例外となる場合として、「優先的地位を与えられていない債権同士において優劣が設けられる場合」が考えられる。優先的地位を与えられていない債権同士における平等の内容が、具体的には、債権額の割合に応じて平等に取り扱われる按分弁済（形式的平等）であるならば、その例外とは、優先的地位を与えられていない特定の債権について、他の債権よりも優先的あるいは劣後的な弁済が認められる場合ということになる。そして、このような取扱いを許容する根拠として、倒産手続においては「衡平」あるいは「実質的平等」という要素が用いられる[4]。特に再建型倒産手続においては、債務者の事業継続、手続円滑化等の観点から、破産手続よりも、より衡平ないし実質的平等に基づいた対応が必要とされており、倒産法上もそれを許容している（会更168条1項ただし書、民再155条1項ただし書）。もっとも、衡平・実質的平等の内容は、経済や時代の流れとともに変化するものであり、あまりに広くそれらを考慮しすぎると、債権者平等の原則で遵守されるべき形式的平等そのものが成立しなくなるおそれがあり、「平等に我慢するがゆえに納得するという倒産法の基本理念が崩れる可能性」[5]を生じさせてしまう。したがって、衡平と平等をいかに調和させ、それぞれの倒産手続において債権者平等原則の例外を認めていくのかが重要な視点となろう。そして、債権者平等原則の例外が許容される場面を検討することは、倒産手続における債権の優先順位（プライオリティルール）を構築していくことにつながっていくのである。[6]

4　中田裕康「債権者平等の原則の意義──債権者の平等と債権の平等性──」曹時54巻5号4頁。
5　高橋・前掲（注1）158頁。
6　杉本純子「倒産手続におけるプライオリティの変遷と展望」日本法学77巻3号135頁。

395

本稿では、更生手続・再生手続・破産手続それぞれにおける債権者平等原則の例外場面について、条文上ないし運用において認められている例外場面を整理し、検討することを試みる。その前提として、まずは倒産手続における債権者平等原則の内容について、あらためて確認することとしたい。

第2節 倒産手続における債権者平等の内容

I 形式的平等の内容

冒頭にも述べたとおり、債権者平等原則が最も徹底されているのが倒産手続である。倒産手続開始前の原因に基づいて生じた債権で、かつ優先的地位を与えられていない債権は、倒産手続においては倒産債権となり、倒産債権は各手続の中で平等に弁済ないし配当を受ける（会更168条1項、民再155条1項、破194条2項）。倒産手続における債権者平等原則とは、まず、債権額に応じて平等に弁済を受ける按分弁済（比例的平等弁済）を意味している。債権額に応じた形式的平等という原理は、日本の倒産処理制度の基盤となった旧商法第三編（破産編）（1890年公布、1893年施行）においても、財団債権に相当するものと優先権ある債権を支払った後に「残レル財団ハ他ノ債権者ニ平等ノ割合ヲ以テ之ヲ配当ス」と規定されていた（同法1045条1項）。さかのぼれば、ローマ法においても、債務者の総財産の包括的競売手続において、債権者には債権額に応じた分配がなされていたとされており、形式的平等は「時代と場所とを超越した基本原理」であるといわれる。

---

7 中田・前掲（注4）5頁。
8 長谷川喬『改正破産法講義』215頁参照。このほか、優先権ある債権者が担保不足分の債権については「他ノ債権者ト平等ナル割合ヲ以テ」主張できるとする999条にも同様の考え方がみられる（中田・前掲（注4）6頁脚注4参照）。
9 霜島甲一『倒産法体系』176頁。

ところで、債権者平等原則は、民法を学ぶ際にも必ず登場するものであり、通常、債権の性質を説明する箇所または担保物権の意義を説明する箇所で言及され、「債権の平等性」、「債権平等の原則」、「債権者平等の原則」等の表現を用いられることが多いとされる。しかし、その意味は一様ではなく、中田裕康教授の分類によれば、次の3つの意味に整理される。すなわち、①債権は、物権とは異なり、同一内容のものであっても、同時に2つ以上存在することを妨げない（非排他性）、②債権は、その発生の前後によって優劣はなく、平等である（非優先性）、③債務者の財産が複数の債権者の総債権を満足させるに足りない場合には、各債権者はその債権額の割合に応じて弁済される（比例弁済原則）である。その他、債権者平等の例外から原則をみるものとして、担保物権は一般の債権に優先するという面（担保物権の優先性）から説明することもある。

　倒産手続における形式的平等が、優先的地位を与えられていない債権は債権額に応じた比例弁済を受けることだとするならば、これは民法における債権者平等原則の非優先性と比例弁済原則が倒産手続において現れていると説明できよう。

II　実質的平等の内容

　倒産手続における債権者平等原則は、まず形式的平等を前提としている。特に、清算型である破産手続においてはこれが徹底されているといわれる。しかし、破産手続においてもすべての債権を機械的に債権額に応じて比例弁済しているわけではない。実体法上優先的地位を与えられていない債権であ

10　中田・前掲（注4）10頁。
11　中田・前掲（注4）10頁。
12　担保物権がない限り債権は発生の前後にかかわらず平等であるという点においては非優先性と比例弁済原則との関係で説明されるものであり、担保物権が設定されている債務者の資産については、あらかじめ比例弁済原則の対象から除外されるという点においては比例弁済原則の前提として機能するものであると説明される（中田・前掲（注4）17頁脚注1）。

りながら、手続費用等の共益性を有する債権は財団債権（破148条1項、151条）として優先弁済され、労働債権は一般先取特権が与えられているものの、その他の一般先取特権を有する債権（優先的破産債権）よりもさらに優先して財団債権として扱われる部分がある（同法149条）。租税債権についても同様である（同法148条1項3号）。逆に、同じように実体法上の優先的地位を与えられていない債権でありながら、一般の破産債権よりも劣後的に扱われる債権（劣後的破産債権。同法99条）も設けられている。厳格に形式的平等が適用されるとされる破産法においても、実際には債権の優先順位（プライオリティルール）が定められているのである。

再建型である更生手続ないし再生手続においては、債務者の事業継続の必要性、手続円滑化の必要性等の観点から、破産手続よりもさらに形式的平等が修正される。再建型倒産手続においては、手続開始決定後の事業価値の毀損を回避しなければ事業の再生が実現できず、形式的平等を徹底していては、その機会を逸してしまうおそれがあるからである[13]。それゆえ、早期に弁済しなければ債務者の事業継続に著しい支障を来すおそれのある少額債権（商取引債権など）を計画認可決定の前に手続によらずに優先弁済したり（会更47条5項後段、民再85条5項後段）、手続申立て後に借り入れた資金（DIPファイナンス）を共益債権として優先弁済することが認められている（会更128条1項、民再120条1項）。さらに、手続の合理化を目的に、早期に弁済することによって手続を円滑に進行することができる少額債権は手続によらずに優先弁済することができ（会更47条5項前段、民再85条5項前段）、更生計画ないし再生計画においても少額債権を優先的に扱うことが認められている（会更168条1項ただし書、民再155条1項ただし書）。さらには、条文上は規定されていないものの、債務者の取締役等の内部者債権を一般の倒産債権よりも劣後的に取り扱う場合もある[14]。

---

13 杉本純子「事業再生とプライオリティ修正の試み」同志社法学60巻4号151頁。
14 畑宏樹「倒産債権の劣後的処遇の局面における債権者間の実質的平等」上智法学42巻2号301頁、倉部真由美「倒産手続における債権の劣後化について」同志社法学58巻6号1頁等。

このように、共益性や手続の円滑化、事業再生の実現といった要請を受け、倒産手続における形式的平等は修正され、優先的地位を与えられていない債権であっても優先的あるいは劣後的に取り扱われる場合がある。このとき、債権者平等原則の例外として倒産債権に優劣を認める根拠として考慮される要素が、実質的平等（衡平）である。ただ、この実質的平等をあまりに広く考慮してしまうと、形式的平等の前提が崩れてしまうおそれがある。再建型であれ清算型であれ、債務者の財産がすべての債権を満足させるに足りない場合を前提とした倒産手続である以上、債権者平等原則の例外を広く認め、優先的取扱いが認められる倒産債権が多くなればなるほど、その他の一般の倒産債権への配当・弁済は減少していく。そうなれば、債権者がみな形式的平等に我慢して納得するという倒産法の理念が崩壊してしまう可能性があるのである。それゆえ、実質的平等の実現は、形式的平等と実質的平等の要請をいかに調和させるのかという問題につながっていくといえよう。[15]

では、債権者平等原則の例外を認める実質的平等の内容として、具体的にはどのような要素まで考慮することが許容されるのであろうか。倒産法上の規定を踏まえてまず考えられるのは、先に述べたように、債権自体の実体法上の性質である。破産手続においても、一般の先取特権を有する債権もしくはその他一般の優先権を有する債権は優先的破産債権（破98条）として配当の順位において優先的に取り扱われ、再生手続では一般優先債権として手続によらずに優先弁済を受けることが認められている（民再122条）。租税債権や労働債権が優先的に取り扱われるのも、債権自体の性質として実体法上優先権が付与されているからである（国税徴収法8条、民308条）。もっとも、後述するように租税債権や労働債権は平成16年破産法改正に伴い、優先的取扱いの範囲が改正されており、その際に考慮されている要素は実体法上の優先権を前提としたうえでの政策的判断であることから、実質的平等の内容として政策的判断も考慮され得ることがわかる。また、共益債権（会更127条、民

---

[15] 中西正「債権の優先順位」ジュリ1273号73頁。

再119条）や財団債権（破148条１項）にみられるように、共益性という要素も考慮されている。さらに、再建型倒産手続においては、先に述べた少額債権の弁済規定（会更47条５項、民再85条５項）のように、事業継続の必要性や手続の円滑化等も実質的平等を実現する要素となることがわかる。再建型倒産手続においては特に、実質的平等の内容として債権自体の実体法上の性質にはとどまらない要素を考慮せざるを得ないため、債権の優劣を決定する要素としてどこまでを考慮することは許容されるのか、その基準が難しいところである。[16]

　この点、「債権者平等原則」には実質的平等の意味をも包含しているとの理解の下、実質的平等として考慮する要素を債権者間の個別的事情にまで拡大して債権の優劣を決し、実質的平等の実現を積極的に図るべきとする井上治典教授の見解がある。[17]この見解は、形式的平等においては結果の完全な平等は実現し得ず、「債権者・債務者間の、あるいは債権者相互間のかかわり方のフェアーネス（履行過程および問題が生じた場合の利害調整の場面での）、つまり、プロセスの衡平、公正」[18]を積極的に考慮するべきであると主張する。倒産法が予定するプライオリティルールをそのまま妥当させたり、順位を崩さないことを衡平だとするのは固定的な基準にとらわれすぎており、それぞれの債権の固有の事情と特性を取り込んだ関係者間の関係形成の手続としてのプロセス面を軽視しているとする。[19]確かに、債務者と個々の債権者間にはさまざまな事情があり、それらをすべて考慮したうえで利害関係人がみな納得できるような債権の優劣が形成できれば、それ以上はない。しかし、倒産手続が開始されている以上はすべての利害関係人が100％満足を得られることはないのであり、だとすれば、誰かの犠牲の下にある債権者が優先されるという事態は避けられず、個別的事情を広く考慮すれば、「平等」という我

16　同様の問題意識を債権の劣後的取扱いから詳細に検討するものとして、畑・前掲（注14）309頁。
17　井上治典「債権者平等について」法政研究59巻３・４号59頁。
18　井上・前掲（注17）59頁。
19　井上・前掲（注17）59頁。

400

慢で支えられる倒産法の理念は崩れ、結果としてさらなる不平等を招くことになろう。さらに、債権者にとっての予測可能性を欠く、手続が長期化するおそれがあるといった批判もあるところである。[20]

第3節 倒産手続における債権者平等原則の例外場面

　実質的平等の実現は、形式的平等の修正であり、すなわち倒産手続における債権者平等原則の例外となる。これまでみてきたように、実質的平等を実現するべく考慮される要素は、どこまで許容されるのかは非常に難しい問題である。そこで、以下では、倒産法上規定されている、あるいは運用として許容されている債権者平等原則の例外場面を整理してみたいと思う。あらためて倒産手続において認められている債権者平等原則の例外場面を俯瞰することにより、現在許容されている実質的平等の考慮要素を抽出しようとするものである。

I　別除権・更生担保権

　民法において債権者平等原則が担保物権の優先性から説明されることがあるように、「優先的地位を与えられている債権について優先的取扱いがなされる場合」としての債権者平等原則の例外としてまず述べられるべきは、担保物権を有する債権の取扱いである。倒産手続では、破産手続・再生手続においては、別除権（民再53条、破2条9項、65条）として手続によらないで権利を行使し、優先的に弁済を受けることが認められる。更生手続においては、更生担保権（会更2条10項）となり手続に参加しなければならないが、更生計画の内容において公正かつ衡平な差を設けなければならないとされ、更生

20　伊藤・破産法民事再生法21頁脚注31、畑・前掲（注14）312頁。

担保権は最も優先的な取扱いを受ける（会更168条3項・1項1号）。もっとも、すべての担保物権が別除権や更生担保権となるわけではなく、原則的には実体法上優先弁済権が付与されている特別の先取特権、質権、抵当権を有する債権がその対象となる。商事留置権を有する債権については、更生手続・再生手続では別除権ないし更生担保権の対象となるが、破産手続においては特別の先取特権とみなされた結果、別除権としての取扱いが認められる（破66条）。

　担保物権は究極的には倒産の場面において優先弁済を確保するために設定されるものであり、その趣旨を受けて実体法上の優先弁済権が倒産手続においても尊重されている。「優先的地位を与えられている債権について優先的取扱いが認められる」根拠である。しかし、特に再建型倒産手続においては、実体法上の優先権により、債権者平等原則の例外として、担保物権に対して優先的取扱いを認めながら、その優先的取扱いの程度を、債務者事業の継続という実質的平等を図る一要素によって制限される場合がある。すなわち、更生手続においては、担保物権を有する債権が更生担保権として手続に拘束されることによる制限であり（会更135条1項）、再生手続においては、担保権実行中止命令（民再31条）や担保権消滅許可制度（同法148条）による別除権者の権利行使に対する制限である。本来認められている担保物権の権利行使を債務者の事業継続という要素によって制限され、かつ、別除権協定が締結された場合には、担保目的物の価値全部を担保権者が取得できない場合もある。[22]つまり、債務者の事業継続という実質的平等を考慮する要素は、実体法上の優先権という要素をも修正し得るものだということができよう。

---

[21] 破産手続においても担保権消滅許可制度（破186条）が設けられているが、その目的は再生手続とは異なり、破産管財人による任意売却の促進であることから、再生手続における別除権者に対する制限とは趣旨を異にすると思われる。

[22] 髙橋・前掲（注1）では、「これが実社会での衡平感覚であるようである」と述べる。

402

II 共益債権・財団債権

　共益債権・財団債権を構成する債権の内容は、会社更生法127条、民事再生法119条ないし破産法148条1項に列挙されている。たとえば、一般の倒産債権者等の共同の利益のためにする裁判上の費用の請求権（会更127条1項1号、民再119条1項1号、破148条1項1号）や債務者の事業の経営、業務並びに財産・破産財団の管理・換価および配当に関する費用請求権（会更127条1項2号、民再119条1項2号、破148条1項2号）、更生計画や再生計画の遂行に関する費用の請求権（会更127条1項3号、民再119条1項3号）、破産財団に関し破産管財人がした行為によって生じた請求権（破148条1項4号）等があげられる。これらに共通する性質は、「一般の倒産債権者の共同の利益のために支出される費用」であるという点である。[23] 倒産手続は、最終的には管財人や再生債務者が倒産債権者への弁済・配当を行うために進められる手続であることから、その過程で生ずる手続費用等は倒産債権者全員で負担してしかるべきと解するのが共益債権・財団債権の本来の趣旨である。すなわち、共益債権・財団債権は債務者の弁済原資・破産財団から随時弁済を受けるため、共益債権等が多ければ多いほど弁済原資や破産財団は減少し、最終的な弁済原資も減少することになるが、個別的に権利行使が許されない一般の倒産債権者（会更47条1項、民再85条1項、破100条1項）に代わって管財人や再生債務者が手続を進行する過程で生じた債権であるならば、それらはひいては倒産債権者の利益のために必要な債権なのであるから、一般の倒産債権に優先して弁済をすることによって、倒産債権者全体で負担をしようということである。したがって、共益債権・財団債権の成否を決する際には、この共益性が重要となり、共益性ゆえに他の一般倒産債権に優先した取扱いが認められる。実質的平等を考慮する内容として、非常に重要な要素であるといえよう。

23　伊藤・破産法民事再生法298頁。中西正「財団債権の根拠」法と政治40巻4号289頁。

403

共益性を考慮した債権者平等原則の例外としては、そのほかに更生手続・再生手続において、債務者が手続開始申立て後開始決定前に、資金の借入れ、原材料の購入その他債務者の事業継続に欠くことができない行為をした場合の、その行為によって生じた相手方の請求権を共益債権とする優先的取扱いがある（会更128条、民再120条）。本来、手続申立て後開始決定前に生じた債権は一般の倒産債権になるはずであり、「優先的地位を与えられていない債権」として平等に取り扱われるべきものである。それを債務者の事業継続という要素を考慮することにより、それらの債権に共益性が付加され、本来の地位よりも優先的に扱われる共益債権とされている。

III 租税債権・労働債権

租税債権は実体法上の優先権が付与されていることから（国税徴収法8条）、更生手続・再生手続・破産手続すべてにおいて優先的取扱いがなされている。[24]それゆえ、租税債権についてはすでに実質的平等が考慮されているわけであるが、特に旧破産法においては、手続開始決定前の原因に基づいて生じた租税等の請求権はすべて財団債権として優先的に取り扱われていた。[25]しかし平成16年破産法改正において、その財団債権の範囲が、破産手続開始当時まだ納期限の到来していないもの、あるいは納期限から1年を経過していないもの[26]に限定され、その他の租税等の請求権は優先的破産債権とされた（破148条1項3号）。破産手続における租税債権の優先的取扱いについては従来から批判が多かったところであるが、[27]この改正によって、破産手続においては

---

[24] 各手続における租税債権の優先的取扱いについては、杉本・前掲（注6）137頁以下参照。
[25] 97条5項に掲げる請求権を除く（破148条1項3号第1カッコ書）。
[26] その期間中に包括的禁止命令が発せられたことにより国税滞納処分をすることができない期間がある場合には、当該期間を除く（破148条1項3号第2カッコ書）。
　さらに、更生手続から破産手続への移行に際して租税等の請求権について更生手続上の包括的禁止命令や更生手続開始の効力として滞納処分をなし得ない期間を、財団債権となる1年間の算定から除外（会更254条5項、破148条1項3号）される（一問一答新破産法427頁）。
[27] 中西・前掲（注15）150頁。

404

租税債権の優先順位は一部低く修正されることとなった。

　一方、労働債権についても民法上の一般先取特権が付与されているため（民308条）、更生手続・再生手続・破産手続すべてにおいて優先的取扱いがなされており、この時点において租税債権と同様に実質的平等が考慮されていることになる。しかし、破産手続においては租税債権とは逆に、労働債権は旧破産法においてすべて優先的破産債権とされていたところ（旧破39条、民308条）、労働者の生活保障の観点から、平成16年破産法改正において、①破産手続開始前3月間の破産者の使用人の給料の請求権、および、②破産手続の終了前に退職した破産者の使用人の退職手当ての請求権[29]のうち、退職前3月間の給料の総額に相当する額[30]を財団債権として優先的に随時弁済されることとなった（破149条）。また、同改正において、労働債権のうち財団債権部分を随時弁済されるだけでは、生活の維持を図るのに困難を生ずるおそれがある場合には、裁判所の許可を得て優先的破産債権となるものにつきその全部または一部の弁済をすることができる制度も用意された（破101条）。破産手続における労働債権は、平成16年破産法改正において従来よりも優先順位を高く修正したことになる。

　破産法改正に伴う租税債権・労働債権の取扱いの変化は、政策的判断や労働者保護の観点により、実体法上の優先権に基づく債権の優劣の程度がさらに修正されたことを示している。このことにより、実質的平等の実現をどのように図るかによって、債権の優先順位は変動し得るということがいえよう。

Ⅳ　優先的破産債権・一般優先債権等

　倒産手続においては、倒産債権について優先順位が設けられており、その

28　各手続における労働債権の優先的取扱いについては、杉本・前掲（注6）141頁以下参照。
29　当該請求権の全額が破産債権であるとした場合に劣後的破産債権となるべき部分を除く（破149条2項第1カッコ書）。
30　その総額が破産手続開始前3月間の給料の総額より少ない場合にあっては、破産手続開始前3月間の給料の総額（破149条2項第2カッコ書）。

順位は更生手続・再生手続・破産手続においておおよそ共通している。優先的倒産債権を除けば、その他の倒産債権は「優先的地位が与えられていない債権」である。にもかかわらず、そこには優劣がつけられていることから、これもまた債権者平等原則の例外場面だとみることができる。以下では、破産手続を中心にその優劣について述べる。

　破産債権において最も優先順位が高いのは、優先的破産債権（破98条1項）であり、一般の破産債権に優先して配当を受けられる破産債権である。優先的破産債権となるのは、破産財団に属する財産につき一般の先取特権その他一般の優先権がある破産債権であり、優先的破産債権間における優先順位は、実体法の定めるところによる（同条2項）。実体法上の優先権という要素により、一般の倒産債権との関係において優劣が設けられるとともに、優先的破産債権という同一の債権に分類されながら、その間での優劣もそれぞれの債権の有する実体法上の優先権によって決せられるという点が興味深い。なお、再生手続においては、優先的破産債権に該当するものは一般優先債権として扱われ（民再122条1項）、共益債権と同様に手続によらずに弁済を受けることができる（同条2項）。随時弁済を受けられることは、組分けによる決議の必要性（会更196条1項参照）が生じることによる手続の煩雑化を回避するための一般優先債権特有の取扱いである。[31]

　一方、一般の破産債権よりも劣後的取扱いをされるのが劣後的破産債権である（破99条1項）。劣後的破産債権としては、破産手続開始後の利息や損害金、破産手続開始後の原因に基づいて生じた租税債権、破産手続参加の費用、罰金や過料等がある（同1号）。さらに、債務者が破産した場合に他の債権に劣後して弁済を受けることが債権者・債務者間で手続開始前にあらかじめ合意されている約定劣後破産債権があり、劣後的破産債権よりも劣後して取り扱われる（同条2項）。

　ところで、約定劣後破産債権は、金融実務上の要請から、当事者間の劣後

31　伊藤・破産法民事再生法854頁。

406

的取扱いに関する合意の効力を倒産手続に反映した債権である。したがって、劣後的取扱いに関する当事者間の合意は、実質的平等の要素として考慮されていることになる。そうだとすれば、ここで問題となるのは、優先的取扱いに関する当事者間の合意は実質的平等の要素となり得るのか、である。ただ、優先的取扱いを受けることの合意が実質的平等の要素となり得てしまうと、優先的地位を与えられていない一般の債権者が、債務者との合意のみで本来自分が受けられるべき弁済や配当よりも多くを受けることを許容することになってしまい、結局それは債務者債権者間の個別的な事情を要素とすることを認めることにつながるように思われる。[32]

V　少額債権

　債権者平等原則の例外場面として、「優先的地位を与えられていない債権同士において優劣が認められる場合」にあたるのが少額債権の優先弁済であり、特に再建型倒産手続において商取引債権や手続円滑化のための少額債権が優先的に取り扱われている。本来、商取引債権等の少額債権は一般の更生債権・再生債権であり、手続開始後は原則として弁済が禁止される（会更47条1項、民再85条1項）。しかし、更生手続・再生手続において、債務者の事業価値の維持あるいは手続の円滑化を図るため、少額の商取引債権等を保護して優先的に取り扱うことが認められている。一方、破産手続では通常、破産手続開始決定によってそれまでの商取引はすべて終了することから、商取引債権等は一般の破産債権として破産手続に参加して配当を得るしかないため（破2条5項、100条1項）、破産手続における商取引債権に優劣はつけられず、一般の破産債権と平等に扱われている。したがって、以下では更生手続・再生手続における少額債権の優先的取扱いについて言及する。

---

[32] いわば偏頗的行為（破162条）に類似するものとして、債権者間の平等を害するように思われる。

1　中小企業者に対する少額債権の弁済

　比較的大規模な企業が更生手続や再生手続に入ると、その企業を主要な取引先としている中小企業が弁済を受けられずに倒産に陥ってしまうことがある。このような中小企業の連鎖倒産を防止するために、裁判所の許可を得て中小企業の債務者に対する債権を計画認可前に優先的に弁済することが認められている（会更47条2項、民再85条2項）。弁済を許可するために、裁判所は、債務者と当該中小企業との取引の状況、債務者の資産状況、利害関係人の利害その他一切の事情を考慮しなければならない（会更47条3項、民再85条3項）。中小企業者を社会的弱者として、その保護のために優先的に取り扱うことを認めたものである。[33]もっとも、弁済許可にあたっては、中小企業の事情だけでなく、債務者の事業再生の実現を視野に入れた慎重な判断が求められるため、実務上裁判所によって許可される件数は少ない。[34]しかし、債権者平等原則の例外として、弱者救済の要素が実質的平等の内容として考慮されていることがわかる。

2　手続の円滑な進行を図るためにする少額債権の弁済

　少額債権を早期に弁済することにより更生手続・再生手続を円滑に進行することができるとき、裁判所の許可を得てそれらを計画認可前に優先的に弁済することが認められる（会更47条5項前段、民再85条5項前段）。少額債権の優先弁済により債権者の絶対数を減少させ、手続上のコストを削減することを目的としている。多くの少額債権者を手続に取り込んでいると、債権調査や債権者集会の開催等に多額の費用を要してしまうからである。[35]手続円滑化という要素が実質的平等の内容として考慮されている。

---

[33]　高橋・前掲（注1）157頁。
[34]　上野正彦「更生計画によらない弁済の制度」金法1675号47頁、山本和彦ほか『Q&A民事再生法〔第2版〕』193頁〔中井康之〕。再生手続についてこれを実証するものとして、杉本純子「少額債権・共益債権・債権の劣後化等」（山本和彦＝山本研編・民事再生法の実証的研究）190頁。
[35]　山本ほか・前掲（注34）192頁〔中井康之〕。

3 早期に弁済しなければ事業の継続に著しい支障を来す少額債権の弁済

　更生手続・再生手続開始後は、いかに債務者の事業価値を毀損することなく事業を継続していけるかが最重要課題となる。そのためには、それまでの取引関係を維持することが必要不可欠であり、取引関係を維持するためには、事業の継続にとって必要不可欠となる債権を保護する必要が生じる。そのために認められているのが、早期に弁済しなければ事業の継続に著しい支障を来す少額債権の優先弁済である（会更47条5項後段、民再85条5項後段）。この規定は、平成14年会社更生法改正の際に新設された条文であり、これにより事業の継続に必要不可欠な倒産債権を優先的に弁済する従来の運用に明文の根拠が与えられた。[36] ただし、いかなる場合を「事業の継続に著しい支障を来す」と解するのか、いかなる範囲の債権を「少額」というのかについては解釈によるところが大きい。[37] 同規定による商取引債権の保護は、昨今、特に大型の更生手続において活用されている。再生手続よりも債務者の規模が大きい場合が多い更生手続では、手続開始決定後も比較的資産に余力があり、「事業の継続に著しい支障を来す」商取引債権を選別せずとも、すべての商取引債権を弁済することも可能な場合があるからである。本来、同規定によって優先的に弁済される商取引債権は一般の倒産債権となるべき債権であり、「優先的地位を与えられていない債権」である。そのため、会社更生法47条

---

[36] この改正前までは、早期に弁済することにより手続を円滑に進行することができる少額債権（会更47条5項前段、民再85条5項前段）を類推して商取引債権の弁済を認める運用がなされてきた（条解民事再生法432頁〔杉本和士〕）。

[37] 具体的には、債権者平等を原則とする倒産手続の公正さを確保する見地から、要件の解釈は厳格になされるべきとの見解（園尾隆司＝小林秀之編『条解民事再生法〔第2版〕』363頁〔山本弘＝山田明美〕）と、要件については比較的緩やかに解し、「少額債権を弁済しなければ、事業継続に著しい支障を生じるけれども、これを弁済することによりかかる支障を除去でき、債務者の継続企業価値が維持できるか、もしくは、毀損の程度を縮小することができ、その維持できた事業価値が少額債権の弁済による負担額より大きく、弁済を受けなかった債権者も結果として恩恵を受けうるという経済合理性」（山本ほか・前掲（注34）191頁〔中井康之〕）が認められるならば、この規定による弁済を許可すべきという見解がある。

〔第2部・第5章〕第3節　倒産手続における債権者平等原則の例外場面

　5項後段は、優先弁済できる債権を特に債務者の事業継続にとって必要不可欠な「少額」債権に限定している。しかし、実際には、大型更生手続においては、事業の規模から取引先数が膨大で事業継続に必要不可欠な商取引債権者を選択することが非常に困難であること、資産にまだ余力がある場合が多いことから、手続開始前にすでに発生していた更生債権となるべき商取引債権をすべて弁済してしまうことがある。その事例として、近年では、日本航空の更生事件等があげられる[38]。

　会社更生法47条5項、民事再生法85条5項は、債権者平等原則の例外として、債務者の事業継続という要素が考慮されて新設された条文である。再建型倒産手続において債務者の事業継続は事業再生を図る前提として最も重要な要素であるが、その要素をいかなる程度まで考慮することを許容すべきかが難しいところである。

　特に、商取引債権を上記規定によって優先的に取り扱う場合、まず問題となるのが、優先弁済の対象とする商取引債権と一般の倒産債権として扱う商取引債権との間における平等をいかに図るのか、である。商取引債権は、本来「優先的地位を与えられていない債権」であり、かつ債務者との取引関係という債権の発生原因も同じくする債権同士でありながら、その間で優劣がつけられてしまう。優先されない（本来甘受すべき取扱いではあるが）商取引債権者に対していかに「平等」という我慢を強いるのか、さらなる検討が必要である[39]。一方、先に述べたように、大型の更生事件においてはすべての商取引債権を100％弁済する場合がある。債務者に資金的余力があるのであれば、債務者の事業継続をよりスムーズに遂行するためにも、手続開始決定前に生じた商取引債権をすべて優先的に弁済し、従前の取引関係を維持できることが債務者にとっては望ましい。加えて、商取引債権が100％弁済される

38　腰塚和男ほか「事業再生ADRから会社更生への手続移行に際しての問題点と課題(1)〜(3)」NBL953号11頁、同954号52頁、同955号68頁。

39　解決の一方法として、筆者は、優先されない商取引債権者に対する手続保障の機会を設けるという案を検討している（杉本・前掲（注13）201頁、同「商取引債権保護に関する改正提言試論」（東京弁護士会倒産法部編・倒産法改正展望）172頁参照）。

のであれば、商取引債権者間における平等の確保は問題とならなくなる。ところがそうすると、今度は「優先的地位を与えられていない債権」として債権者平等原則に従う債権がごく限られた債権のみ（大半は金融債権）になってしまう場合が生じてしまう。そうなると、なぜ商取引債権は全額優先弁済が受けられ、自分たちの債権だけが債権者平等原則に従わなければならないのか、まさしく債権者平等原則と例外が逆転することとなり、「平等」という我慢による倒産法の理念が崩壊しかねない事態に陥ってしまうのである。

4　更生計画・再生計画における少額債権

少額債権は、更生計画・再生計画においても優先的に扱う場合がある。計画における権利の変更は、原則的には同一の種類の権利を有する者の間では平等でなければならない（会更168条1項、民再155条1項）。ただし、少額の更生債権・再生債権について、その他の債権との間で衡平を害しない場合については、別段の定めをすることが認められている（会更168条1項ただし書、民再155条1項ただし書）。別段の定めとは、他の債権よりも弁済率や弁済期間などについて有利な定めを設けることを意味する。これを受け、多くの更生計画・再生計画では、少額の更生債権・再生債権について全額一括で弁済をしたり、債権額に応じて段階的に弁済率に傾斜をかける定めを設けたりして、少額債権を相対的に優先的に扱っている。少額債権を一括弁済したりすることにより、結果的には手続コストの軽減を図ることができる点において、このような優先的取扱いは、手続円滑化を内容として実現される実質的平等であると考えられる。

40　商取引債権の全額保護について金融債権者の立場から論じたものとして、堀内秀晃「再建型法的整理における商取引債権の全額保護──金融債権者の立場から──」（倒産法改正研究会編・続々・提言倒産法改正）147頁。
41　伊藤・破産法民事再生法983頁。
42　山本ほか・前掲（注34）194頁〔中井康之〕、再生手続についての実証として杉本・前掲（注34）193頁。
43　髙橋・前掲（注1）156頁。

411

VI　内部者債権等の劣後化

　債務者の親会社が子会社に対して有している倒産債権や債務者の代表取締役が会社に対して有している倒産債権等について、更生計画・再生計画において他の倒産債権の弁済率よりも低い弁済率を定めるなど、劣後的な取扱いがなされる場合がある。[44] 先に述べた「これらの者の間に差を設けても衡平を害しない場合」に該当するとして、更生計画・再生計画において劣後的取扱いをすることが可能である（会更168条1項ただし書、民再155条1項ただし書）。更生手続においては、下級審裁判例においてこの条項を根拠に内部債権の劣後的取扱いを認めたものがある。[45] 一方、これに類似する条文が定められていない破産手続においては、明文の根拠を欠くことを理由に劣後的な取扱いを退けた裁判例も見受けられる（東京地判平成3・12・16金商903号39頁）。学説においても旧経営者等の責任を曖昧な形で問うことになりかねないとの批判があるところであり、債権の劣後的取扱いについては、事案ごとの慎重な考慮や取扱いが必要であると指摘されている。[46] もっとも、実務では、特に裁判上争われることなく、特定の倒産債権の劣後的取扱いがなされる場合も多く、また、旧経営者や支配株主等のいわゆる内部者の場合には、その債権の届出がなされる場合も少なく、届け出られた場合でも、管財人等の勧告で取り下げられることも多いとされる。[47] このような劣後的取扱いは、親会社や内部者

44　再生事件における債権の劣後化についての実証として、杉本・前掲（注34）196頁。
45　支配株主・旧経営者の債権を劣後したものとして東京高決昭和40・2・11下民集16巻2号240頁、親会社の債権を劣後したものとして福岡高決昭和56・12・21判時1046号127頁。ただし、名古屋高金沢支決昭和59・9・1判タ537号237頁では、単に経営上の責任があるというだけでは、更生会社の旧経営者が有する更生債権を差別する理由とはならないとして、更生計画は公正衡平に反すると判示する。
46　倒産法概説80頁〔沖野眞已〕。
47　倉部・前掲（注14）21頁、最高裁判所事務総局編『破産事件執務資料』91頁。もっとも、このような実務上の取扱いについて、高橋・前掲（注1）158頁では、「恣意に流れる危険もあり、法律論としては緻密に詰めておかなければならない」と指摘する。

等の債務者を倒産に至らしめた道義的責任を実質的平等の実現に際して考慮していることの表れである。[48]

第4節　新たな例外場面と考慮要素の抽出——結びに代えて——

　これまで、倒産手続における債権者平等原則の例外として、「優先的地位を与えられた債権を優先的に取り扱う場合」と「優先的地位を与えられていない債権を優先的に取り扱う場合」とに区別し、倒産手続において認められているそれらの場面について整理し、そこで考慮されている実質的平等の要素を抽出してきた。その結果、①実体法上の優先権、②共益性、③政策的判断、④当事者の合意（劣後的取扱いについて）、⑤弱者救済、⑥手続円滑化、⑦債務者の事業継続、⑧道義的責任という要素を確認することができた。これらは実質的平等を図る要素であり、実際にどの程度までそれらを考慮するのかによって、債権者平等の内容は変化する。すなわち、これらの要素を広く考慮すれば、「優先的地位を与えられていない債権者」である一般の倒産債権者の犠牲は大きくなっていく。そうなれば、「平等」という我慢で支えられている倒産法の理念が崩れてしまうことになりかねない。一方で、上にあげた要素は実質的平等を正当化する要素として重要なものであり、一部の要素については、限定的に狭く考慮しすぎると、形式的平等を徹底するあまり、特に再建型倒産手続においては債務者の事業再生を阻害するおそれがある。したがって、形式的平等と実質的平等の調和をいかに図るか、「平等」という我慢はどこまで耐え得るのか、が重要な課題となってくる。そして、これに対する回答は時代の流れに従って常に変動しうると考える。すなわち、この課題は時代のニーズに適したプライオリティルールの変遷につながっていくのである。[49]現在、倒産実務家を中心に倒産法改正の議論が活発化してい

48　債権の劣後化について、予測可能な基準による実質的平等の確保を図るとの問題意識から詳細に論じられたものとして、畑・前掲（注14）301頁。

る。プライオリティルールに関する改正提言も主張されているところであり[50]、今後のさらなる議論にも期待したい。

　また、今回検討することが適わなかったが、本稿において抽出した実質的平等の考慮要素に基づいて、今後新たな債権者平等原則の例外となり得る場面も考えられ、たとえば、⑤弱者救済の要素を考慮するものとして、不法行為に基づく損害賠償債権の優先的取扱いが考えられる。不法行為に基づく損害賠償債権については、すでに従前より議論されており[51]、平成16年破産法改正において、「破産者が悪意で加えた不法行為に基づく損害賠償請求権」と「破産者が故意又は過失により加えた人の生命又は身体を害する不法行為に基づく損害賠償請求権」は非免責破産債権となったが（破253条1項2号・3号）、破産手続において優先的取扱いが受けられるわけではない。再建型倒産手続においては、特別の規定が存在しない。債権者の自発的意思に基づいて発生したわけではないこの債権について、倒産手続は何らかの優先的取扱いを設ける必要はないのか、別稿にて検討を試みる予定である。そのほかにも、同じく弱者救済の要素に基づく子供の養育費・扶養料債権の優先的取扱いや[52]、債権の劣後化の延長として、⑧道義的責任の要素から、親会社・子会社の双方に倒産手続が開始された場合の実体的併合も債権者平等原則の例外場面として考える余地があろう[53]。今後も、実質的平等の実現を図る考慮要素と債権者平等原則の例外場面について、さらなる研究を続けていきたい。

（杉本純子）

49　杉本・前掲（注6）135頁。
50　中島弘雅ほか「シンポジウム・倒産法制の再構築に向けて」金法1971号9頁〔中島弘雅発言〕。
51　伊藤眞「不法行為債権にもとづく損害賠償債権と破産・会社更生」判時1194号174頁、高橋・前掲（注1）157頁。
52　子供の養育費・扶養料債権も破産手続においては非免責債権である（破253条4号）。
53　実体的併合について論じるものとして、伊藤眞「結合企業の倒産処理」（同・債務者更生手続の研究）、松下淳一「結合企業の倒産法的規律」法協107巻12号93頁等。

第3部

倒産・再生訴訟の裁判

序章
倒産手続と各種の争訟

第1節 倒産事件の裁判手続としての特色

I 倒産手続の法源

　倒産手続とは、債務の全額を弁済する資力のない債務者について裁判所が行う公正公平な財産分配手続である。倒産手続を目的として裁判所に係属する事件を倒産事件という。倒産手続について定める主な法律としては、破産法、民事再生法、会社更生法、会社法第2編第9章第2節「特別清算」があり、これら4つの法律は倒産基本4法といわれている。従来は、旧破産法、和議法、旧会社更生法、旧商法第2編第4章第7節「会社整理」、同第9節第2款「特別清算」が倒産基本5法といわれていたが、平成10年代に倒産手続が一新され、和議と会社整理が民事再生手続に統合されたことによって、上記4法に統合されたものである。

　倒産手続は、清算型手続と再建型手続に区分され、破産手続および特別清算は前者に属し、民事再生手続および会社更生手続は後者に属する。

　倒産手続のうち、破産・民事再生・会社更生手続は、訴訟手続でも非訟手続でもない特別の手続であり、破産法・民事再生法・会社更生法に特別の定めがない場合には民事訴訟法が準用される（本節II 3(2)参照）。これに対し、

特別清算手続は非訟手続であり、会社法に定めがない場合には非訟事件手続法が適用される。本章においては、この類型の区分に従い、特に断らない限り、倒産手続として破産・民事再生・会社更生手続を解説し、非訟手続である特別清算手続については、本節Ⅳにおいて解説することとする。

Ⅱ 倒産手続における裁判

1 決　定

(1) 決定による手続の進行

裁判には、判決、決定および命令があるが、倒産手続における裁判は口頭弁論を経ないですることができる（破8条、民再8条、会更8条）と規定されており、この規定により、破産・民事再生・会社更生手続における裁判は決定で行われる。倒産手続に関する裁判は、迅速に行う必要があること、当事者の実体的権利関係を確定することを目的とするものではないこと、多数の者が関係するため必ずしも対審構造になじまないことから、このように規定されているものである。

倒産手続に関する裁判を決定で行う旨の規定の歴史は古く、この趣旨を最初に規定したのは、明治23年に制定された旧商法の第3編「破産」中の978条2項である。この規定は大正11年に旧破産法および和議法に引き継がれ（旧破110条1項、和議11条）、昭和27年には旧会社更生法にも同様の規定がされ（旧会更9条1項）、それらが現行法に引き継がれている。

(2) 倒産手続における決定の内容

倒産手続における決定は、具体的には、破産手続であれば、破産手続開始決定、破産手続開始申立棄却決定、破産手続廃止決定、開始決定前の保全処分、開始決定と同時処分としての管財人選任・債権調査期日等の決定、管財人解任決定、調査委員選任決定、費用の予納を命ずる決定などである。民事再生手続や会社更生手続においては、上記と類似の決定が行われるほか、再

建型手続に特有の決定として、再生計画認可決定、同不認可決定、同取消決定などの決定がされる。

(3) 倒産手続における決定の根拠法条

倒産手続における決定の根拠法条は、破産法8条、民事再生法8条、会社更生法8条である（前記(1)参照）が、このほかにも、倒産手続上の決定には根拠法条を異にするものがある。1つの類型は、上記法条ではなく、民事訴訟法を準用する旨の規定（破13条、民再18条、会更13条）に基づく決定である。倒産手続において忌避申立てがあった場合の決定（民訴25条1項の準用）、倒産手続において職権証拠調べをする場合における文書提出命令・文書送付嘱託決定（民訴226条、223条1項の準用）などがその例である。もう1つの類型は、法廷等の秩序維持に関する法律に基づく決定であり、債権者集会（会社更生手続にあっては関係人集会）を裁判所が指揮するに際し、債権者集会の秩序維持のため法廷等の秩序維持に関する法律3条1項、4条1項に基づいて行う制裁を科する決定である。

(4) 倒産手続における決定の告知の方法

一般の決定は、相当と認める方法により告知される（民訴119条）が、倒産手続は多数の関係者が関与する手続であるため、倒産手続における決定は、相当と認める方法により告知がされるもののほか、公告をして関係者に広く決定を周知させるもの、公告に加えて特定の者に個別に送達または通知をして当該者の利益の保護を図るものなどがある。公告がされたときは、一切の関係人に対して当該裁判の告知があったものとみなされ（破10条4項、民再10条4項、会更10条4項）、これによって集団的手続の迅速な進行が図られることとなる。

(5) 倒産手続における決定と不服申立て

倒産手続においては、特に規定がある場合以外は不服申立てを許さないこととして手続の迅速進行を図る一方、重要な裁判については、利害関係を有する者は即時抗告をすることができる旨を規定して当該利害関係人の権利保護を図るものとしている（第6章参照）。

2 命　令

　倒産手続における裁判には、決定のほか、命令により行われるものもある。申立書に印紙の貼付がない場合の裁判長による補正命令、これに応じた印紙の納付がない場合の裁判長による申立書却下命令などである（破13条、民再18条、会更13条による民訴137条1項・2項の準用）。また、裁判長は債権者集会において訴訟指揮上の命令を発令することができる（民訴148条1項・2項の準用）。

3 判　決

　倒産手続に関し、判決がされることがある。倒産手続に付随する民事訴訟手続においては、権利関係の終局的解決を図るため必要があるものにつき、民事訴訟により権利関係の終局的解決を図るものとされている。債権確定手続において争いが終局しない場合の査定決定異議訴訟（破126条、民再106条、会更152条。第3章参照）、否認権行使に関し争いが落着しない場合の否認決定異議訴訟（破175条、民再137条、会更97条。第4章参照）、役員の損害賠償請求に関し争いが落着しない場合の役員責任査定決定異議訴訟（破180条、民再145条、会更102条）がそれである。この場合には、判決の確定により権利関係が終局的に解決され、この判断を前提として倒産手続が進められることとなる（後記Ⅲ3参照）。

　また、倒産手続上の財団に関して、債務者または管財人を一方当事者として一般の民事訴訟が提起され、当該訴訟について判決がされることがある。破産財団についての明渡し・引渡訴訟や破産財団のためのあるいは破産財団を相手方とする損害賠償訴訟などである。この訴訟は民事訴訟法に基づいて行われ、倒産法中には、民事訴訟手続と倒産手続との関係を明瞭にするための規定がされるにとどまる（後記Ⅲ4参照）。

III　倒産手続と民事訴訟手続の関係

1　倒産手続は民事訴訟手続か

　倒産手続は民事訴訟手続であるか、非訟手続であるかについては、戦前には激しい争いがあり、戦前および戦後まもない時期には民事訴訟説が通説であった。この問題の発端は、明治23年にさかのぼる。

　明治23年に創設された商法第3編「破産」の規定によれば、「前項ノ決定（筆者注：破産宣告）ハ口頭弁論ヲ要セスシテ之ヲナスコトヲ得」（旧商978条2項）と規定されており、また、破産手続について民事訴訟法を準用する旨の規定は存在しなかった。しかし、この法律はフランス商法に倣って制定されたものであり、フランス商法においては、破産宣告は判決により行うものとされていたことから、破産手続は判決手続であるという考えが生じたものである。大正11年に制定された破産法においては、当該手続について民事訴訟法を準用する旨の規定が設けられ（破108条）、この規定によって破産手続を民事訴訟手続であると解する説が生じたと説明されることがあるが、その説明は正確ではない。民事訴訟法を準用する旨の規定が創設される前にも、破産手続は民事訴訟手続であるとする考えが支配的であり、破産手続の審理は口頭弁論を開いたうえで行われており、破産宣告に熟したときに、口頭弁論を取り消して、決定で破産宣告をしていたのである。

　現在では、破産手続をはじめ、倒産手続は、民事訴訟手続とは異なる特別な手続であるとする考えに争いはないが、それは、近時、債務者申立ての破産事件が一般的となり、債権者と債務者を対等当事者とみて、訴訟手続に従って審理することが行われなくなったことによるものである。明治23年に商法第3編破産が施行されてから1980年（昭和55年）頃までは、破産申立ては

1　斎藤秀夫ほか『注解破産法（下巻）〔第3版〕』17頁、山木戸克己『破産法』24頁。
2　園尾隆司『民事訴訟・執行・破産の近現代史』249頁。

1人の債権者によってなされ、債務者がその相手方当事者となり、二当事者対立構造の審理手続により破産の審理が行われてきたことから、破産手続を民事訴訟手続であるとして理解することが自然であったのである。

破産手続が民事訴訟手続であるかどうかをめぐる激しい論争は過去のものとなったようにみえるが、実は、現在の手続の運用にも影響を与えている。この論争の影響で、訴訟の考え方が倒産手続の運用の中に紛れ込んでいることが少なくないのである。訴訟手続か非訟手続かの対立が過去のものであると軽んじることが許されない事態が今も起こっていることに注意する必要がある。

2 倒産手続に民事訴訟法が準用される範囲

倒産手続は、民事訴訟手続とは異なった特別な手続であるが、特に規定がない場合には、その手続には民事訴訟法が準用される（破13条、民再18条、会更13条）。ただし、どの限度で民事訴訟法が準用されるかについて、問題となることが少なくない。

移送決定に対しては即時抗告に関する民事訴訟法の規定が準用されないとするのが定説であるが、管轄違いである場合に、一切民事訴訟法の準用がなく、争うことが許されないのか、開始決定に対する即時抗告の中で、管轄違いである旨の主張をして、開始決定を取り消したうえ移送の決定をするよう求めることができるかという解釈問題が残されている。また、忌避に係る手続は倒産手続に準用されると解するのが定説であるが、多数の債権者が関与する会員数が数万人のゴルフ場の民事再生事件の債権者集会において、裁判官の親族が債権者として債権届をしているとして忌避の申立てがあった場合

---

3 破産事件の債権者集会を実施した場合に、入口で債権者全員に署名を求め、これを添付して期日調書を作成する運用を、調書の記載を省略できるとの破産規則4条の規定ができた現在でも遵守する運用が全国の中小規模の裁判所に存在する。これは、債権者を原告、債務者を被告と見立てて、期日調書を作成する運用の名残であり、そのために、債権者集会の準備が書記官・事務官にとって労力ないし負担の大きいものとなっている。

4 条解民事再生法30頁〔園尾隆司〕

に、その申立てについての決定が確定するまで債権者集会を停止して（民訴26条）、忌避に関する裁判の帰趨を待つのかという問題が生じる。[5]

倒産手続と民事訴訟手続は、手続構造が大きく異なっており、倒産手続に民事訴訟法がどの範囲で準用されるかについては、慎重に検討して決すべき場合が少なくない。[6]

3 倒産手続に付随する民事訴訟

倒産手続に関連する民事訴訟の1つの類型は、倒産手続の付随手続としての民事訴訟である。債権確定手続、否認手続、役員等に対する損害賠償手続は、倒産手続に付随して生じる手続であるが、これらの争いが落着しない場合には、債権確定訴訟、否認訴訟または損害賠償訴訟において終局的解決が図られることとなっている。これらの訴訟は、倒産手続に付随して生じる手続であるが、純粋な訴訟手続であり、民事訴訟により終局的な権利関係の確定が図られる。これらの訴訟の管轄裁判所は、倒産裁判所の専属管轄となる旨が規定されている（第2節Ⅱ1参照）。

4 倒産手続上の財団に関する民事訴訟

倒産手続に関連する訴訟としては、倒産手続の付随手続としての民事訴訟のほか、倒産手続上の財団に関する民事訴訟がある。この訴訟は、倒産手続上の財団に関し、債務者と第三者との間で争われるものであるが、債務者に管財人が選任された場合には、管財人と第三者との間で争われる（破80条、民再67条1項、会更74条1項）。倒産手続の係属中に権利関係確定のために行われる訴訟手続、すなわち、所有権を主張する者と債務者（管財人）の間の所有権確認訴訟、物の引渡請求訴訟などがそれである。これらの手続は、純然たる民事訴訟手続であり、民事訴訟法の規定が当然に適用されるものである。ただし、これらの手続と倒産手続との関係を明瞭にするため、倒産手続

---

5 条解民事再生法78頁〔園尾隆司〕
6 条解民事再生法77頁〔園尾隆司〕

中にこれらの手続との関係が規定されている（破80条、44条、民再67条、会更52条）。

IV　倒産手続と非訟手続との関係

　倒産手続である破産・民事再生・会社更生手続は、民事訴訟手続とは異なる特別の手続であり、非訟手続に類似しているが、非訟手続ではないものと解されている。破産法・民事再生法・会社更生法に特別な規定がない場合には民事訴訟法が準用され、非訟事件手続法の規定の適用はないからである。これに対して、倒産手続の1つである特別清算手続は、会社法中に規定が設けられ、会社法中に規定がない場合には、非訟事件手続法の規定が適用になるものであって、純然たる非訟手続である。非訟手続であるため、破産・民事再生・会社更生手続とは異なり、特別清算の裁判については、会社法中に口頭弁論を経ないですることができるとの規定は設けられておらず、非訟事件手続法54条により、特別清算に関する裁判は決定により行われる旨が規定されている。また、破産・民事再生・会社更生事件の管轄は専属管轄と定められているが、特別清算事件の管轄について専属管轄である旨の定めがない。ただし、特別清算事件の管轄を専属管轄とする旨の規定がないからといって、管轄に関する解釈が特別清算と破産・民事再生・会社更生とで異なるわけではない。同様に、破産・民事再生・会社更生事件においては、補正命令や申立書却下命令は、民事訴訟法を準用して行われるが、特別清算事件については、民事訴訟法を準用することなく、会社法の中に民事訴訟法と同趣旨の規定が設けられている。

　以上のように、破産・民事再生・会社更生手続は、民事訴訟手続でも非訟手続でもない特別の手続であり、特別清算手続は非訟手続であるとの考えを前提に、法律の条文が成立しているが、内容的にみると、両者に本質的相違点はなく、前者は非訟的な特別の手続であり、後者は非訟手続であるというにすぎない。

423

第2節　倒産裁判所と受訴裁判所

I　倒産裁判所

　倒産裁判所は、倒産手続を遂行する裁判所をいう。倒産裁判所による手続は、職権により進行し、事実の調査および認定も職権により行われるのが原則である。倒産手続は、原則として当事者の申立てにより開始される（第3節 I 参照）が、その場合にも、倒産手続は職権により進行する（第3節 II 参照）。当事者の利益のために設けられた倒産手続中の諸手続については、原則として当事者の申立てにより開始されるが、その場合にも、手続の進行および事実の認定は職権により行われることになる。倒産裁判所は、法文においては、単に「裁判所」と表示される。法文上「破産裁判所」、「再生裁判所」、「更生裁判所」と表示されるのは、倒産手続に付随する訴訟事件の受訴裁判所としての裁判所である（本節 II 1 参照）。

　倒産裁判所の管轄は、専属管轄である。ただし、特別清算事件を管轄する裁判所については、専属管轄である旨の規定がない（第1節 IV 参照）。

II　受訴裁判所

1　倒産手続に付随する訴訟事件の受訴裁判所

　倒産手続の中には、倒産手続が進行する過程で、倒産手続に付随して、訴訟手続により進められる裁判手続がある。債権確定手続、否認手続、役員に対する損害賠償手続は、倒産手続に付随する手続であり、これらの争いが倒産手続を遂行する裁判所の手続において決着しない場合には、訴訟において終局的解決が図られることとなっている。債権確定訴訟、否認訴訟および役

員等に対する損害賠償訴訟である。これらの訴訟は、倒産手続に付随して生じる手続であるが、純粋な訴訟手続であり、民事訴訟により終局的な権利関係の確定が図られる。これらの訴えを管轄する裁判所は、倒産手続を遂行する裁判所とは無関係に、民事訴訟のルールに則って進行させることになるが、倒産手続と密接な関係があり、迅速に処理される必要があるため、倒産手続を遂行する裁判所の所属する官署としての裁判所（以下、「倒産事件が係属する裁判所」という）が管轄することとされている。これらの裁判所は、訴えの提起を受ける裁判所、すなわち、受訴裁判所である。

　旧破産法においては、否認訴訟については、倒産事件が係属する裁判所が管轄すべきものとする規定がなく、民事訴訟法上の管轄規定に基づき訴えが提起されていた。しかし、平成16年の現行破産法の制定により、これを破産裁判所の管轄とする旨の規定が設けられ、破産裁判所が所管するものとされた。民事再生法上の否認決定異議訴訟も、再生裁判所が管轄するものとされている。役員に対する損害賠償訴訟については、旧破産法、和議法、旧会社更生法においては、これを倒産事件が係属する裁判所の専属管轄とする旨の規定はなく、訴えは民事訴訟法の管轄規定に基づいて提起されていた。しかし、民事再生法以降の倒産法においては、これらの訴訟について、倒産事件が係属する裁判所の管轄とする旨の規定が設けられ、倒産事件が係属する裁判所に訴えを提起すべきこととなった。これらの裁判所の管轄は、専属管轄である（破6条、民再6条、会更6条、会857条、858条3項、862条、867条）。

　ここにいう裁判所は、倒産事件を処理する裁判所ではなく、官署としての裁判所の趣旨であるが、法文上は、「破産裁判所」、「再生裁判所」、「更生裁判所」と表示される。ここに規定する訴訟を担当する裁判所（裁判体）は、倒産手続を遂行する裁判所（裁判体）ではなく、当該裁判所の事務分配によって決せられる裁判所（裁判体）である。すなわち、東京地方裁判所であれば、破産手続を遂行するのは民事第20部であるが、破産事件の債権確定訴訟、否認訴訟、役員責任査定決定異議訴訟は、複数の民事通常部に順次配点される。会社更生事件についての債権の査定決定異議訴訟は、会社更生事件を担

当する民事第8部が担当するが、具体的に裁判を行う裁判体は、部の事務分配によって定まり、会社更生手続を遂行する裁判体が裁判を行うわけではない。

倒産手続の解説書では、倒産手続を遂行する裁判所の趣旨で、「破産裁判所」、「再生裁判所」、「更生裁判所」と表示するのが一般的であるが、法文上は、その場合は、単に「裁判所」とのみ表示されており、法文上「破産裁判所」、「再生裁判所」、「更生裁判所」と表示された場合は、倒産手続を遂行する裁判所ではなく、倒産事件が係属する裁判所を意味するものであり、解説書の表現と法文上の用語に違いがあるので、注意を要する。

2 倒産手続上の財団に関する民事訴訟の受訴裁判所

倒産手続と関連する訴訟事件の中には、倒産手続から独立した訴訟事件もある。破産者に建物を賃貸していた所有者が破産者を被告として提起する建物明渡訴訟などの破産手続上の財団に関する民事訴訟である。これらの訴訟の管轄は、倒産手続とは関係なく、民事訴訟法によって決まることとなる。したがって、これら訴訟事件の受訴裁判所は、倒産手続を遂行する裁判所とは場所的にも異なった裁判所であることが少なくない。これらの訴訟と倒産手続の関係については、それぞれの手続法において規定が設けられている。この裁判所も受訴裁判所ではあるが、倒産手続から独立した訴訟事件を担当する裁判所であるから、倒産法には規定がなく、したがって、法文上「破産裁判所」、「再生裁判所」、「更生裁判所」と表示されることはない。

第3節　倒産手続と職権主義

I　手続開始における職権主義

倒産手続は職権により進行し、これが職権主義の1つの側面であるが、職

権主義にはもう1つの側面がある。それは、手続の開始が職権によるという意味での職権主義である。手続の開始について職権で行うことを認めるかどうかについては、変遷がある。

　明治23年に制定され、明治24年1月から施行されたわが国最初の破産法である家資分散法においては、手続は申立てまたは職権により開始する旨が規定された（同法1条）。明治23年に制定され明治26年7月に施行された旧商法第3編「破産」においても、破産手続は申立てまたは職権により開始する旨が規定された（旧商978条）。しかし、大正11年に制定された破産法および和議法においては、破産手続および和議手続は申立てにより開始する旨が規定され（旧破126条1項、和議12条1項）、職権により破産を宣告することができる場合は、牽連破産（旧破335条、和議9条、旧商402条、455条）または民法で規定する法人（公益法人）に破産事由がある場合（民旧70条）に限られることとなった。その後、平成18年に公益法人について一般社団法人および公益社団法人に関する特別法が制定され、その中で、職権による破産手続開始の規定が削除され、今では、職権で破産手続を開始するのは、裁判所において他の倒産手続が進行し、その中で当該手続の進行が困難となり、破産手続開始決定がされる場合（牽連破産の場合）に限られることとなっている。

　以上のとおり法律の定めが変遷し、現在では、倒産手続は申立てにより開始されるものであり、職権で倒産手続が開始されるのは、牽連破産の場合、すなわち、民事再生手続もしくは会社更生手続を棄却し、廃止し、計画を不認可とし、もしくは計画を取り消す決定が確定した場合（民再250条1項、会更252条1項）または特別清算手続開始後に破産手続に移行させるべき事由が生じた場合（会574条）において、破産の要件があり、破産手続を開始する場合に限られており、それ以外の場合には、申立てを受けて手続を開始することになる（破15条、民再21条、会更17条、会510条）。

II　手続進行および事実調査における職権主義

　倒産手続は職権により進行し、裁判所は、職権で事実の調査をすることができる。手続の開始が職権で行われるかどうかについては、本節Ⅰにみたとおり、法律の定めに変遷があるが、倒産手続が職権により進行し、職権調査の権限を有するという点は、倒産手続に内在する普遍的法理であり、法律の定めは一貫しており、世界の倒産手続において共通している。

　職権進行主義については、手続の随所において、裁判所が職権で手続を進行させることを前提とする規定が設けられている。職権調査については、裁判所が職権で必要な調査をすることができる旨が破産法8条2項、民事再生法8条2項、会社更生法8条2項に規定されている。非訟手続である特別清算については、会社法520条に会社に関し職権調査ができる旨の規定が設けられているほか、非訟事件手続法49条にも一般的な職権調査の規定が設けられている。

　職権調査の方法としては、裁判所による書面審理および関係者の審尋、証人尋問、文書提出命令などがあり（民事訴訟法を準用する証拠調べ）、また、書記官に命じて事実の調査を行わせることもできる（破規17条）。

（園尾隆司）

第1章
手続開始決定をめぐる裁判上の諸問題

第1節　申立ての方式上の不備をめぐる審理

　各種倒産手続の申立書の記載事項、申立書の添付書類等、管轄、手数料などの申立ての方式については、〈表1〉のとおり、各手続について定める法律ないし規則がそれぞれ規定するところである。

　また、個人破産および個人再生の各手続においては、多数の事件を迅速に処理するため、多くの裁判所では、申立書の定型書式および添付書類リストを作成し、当事者に対し、この定型書式および添付書類リストに基づいた申立てを促している。

　申立ての方式に関する審査は、第一次的には裁判所書記官が行うのが実務の運用である。破産法21条はこの裁判所書記官の審査権限を明確に規定するが、他の手続においても、裁判長の申立書等の審査（民再18条、会更13条、民訴137条）を補佐するという形で、実際上は裁判所書記官が審査し、その結果に基づいて裁判長が決裁を行っているのが実情である。民事再生規則15条、会社更生規則14条、会社非訟事件等手続規則5条等が裁判所書記官が手続開始の原因となる事実の調査を行うこととしているのはその現れであるとみることもできる。

　申立ての方式上の不備で実務上多いものとしては、破産手続および個人再

〔第3部・第1章〕第1節　申立ての方式上の不備をめぐる審理

〈表3〉　各種倒産手続の申立ての方式

	破産	民事再生	会社更生	特別清算
申立書の記載事項	破20条、破規13条	民再規12条、13条（個人再生手続につき、民再221条2項、239条2項・3項、民再規112条1項・2項、113条2項・3項、114条1項、136条1項・2項）	会更規2条1項・2項	会非訟規2条
申立書の添付書類	破規14条	民再規14条（個人再生手続につき、民再221条3項・4項、244条、民再規112条3項、113条3項、114条、115条1項・2項、102条、136条3項、140条）	会更規2条3項	会非訟規3条
管轄	破4条ないし6条	民再4条ないし6条	会更4条ないし6条	会879条
手数料	民訴費3条1項別表第1の12（債権者申立ての場合）別表第1の16（自己破産の場合）	民訴費3条1項別表第1の12の2	民訴費3条1項別表第1の12	民訴費3条1項別表第1の12

生手続における債権者一覧表の記載漏れ、債務者の資産や収入・支出に関する資料の添付漏れ、通常の民事再生手続における資金繰り表の不提出・記載漏れなどがある。

　申立ての方式上の不備がある場合は、破産手続においては裁判所書記官が補正処分をし（破21条1項、破規16条）、その他の手続においては裁判長が補正命令を発する（民再18条、会更13条、民訴137条）。補正処分ないし補正命令がされたにもかかわらず、補正を命じられた期間内に申立人が不備を補正しないときは、裁判長は、申立書を却下する命令を発する（破21条6項、民再

18条、会更13条、民訴137条）。もっとも、実務上は、裁判所書記官が当事者に対して事実上補正を求め、当事者がこれに応じて補正しているのが通例であり、上記の補正処分や補正命令がされる例はほとんどないといってよい。

第2節 申立適格（申立要件）や申立権の濫用をめぐる審理

I 破産手続における申立適格（申立要件）をめぐる審理

　実務上、民事再生、会社更生、特別清算の各手続において申立適格（申立要件）が問題となる事案は少ない。申立適格が問題となることが多いのは、破産手続においてである。

　破産手続における申立適格は、一般の破産事件の場合は債権者または債務者に（破18条1項）、法人破産の場合は理事、取締役、業務執行社員、清算人に（同法19条1項・2項）、それぞれ認められる（なお、相続財産破産の場合（同法224条1項）、信託財産破産の場合（同法244条の4第1項）、金融機関等の破産の場合（更生特例490条1項））。実務において申立適格の存否が最も問題とされるのは、債権者についてである（なお、債権を目的とする質権の設定者が当該債権に基づきその債務者に対して破産手続開始の申立てをすることは、質権者の同意があるなど特段の事情がない限りできない。最決平成11・4・16民集53巻4号740頁）。

　債権者が破産手続開始の申立てをするときは、その有する債権（申立債権）の存在を疎明しなければならない（破18条2項）。一般的な疎明資料としては、確定判決、和解調書、調停調書、公正証書、約束手形、金銭消費貸借契約書、売掛金台帳の写し、売買契約書などがあげられる。なお、申立債権の認定について、疎明をもって足りるか、証明を要するかについては争いが

あるが、法文どおり疎明をもって足りるとするのが実務である。したがって、たとえ当事者間に現に申立債権の存否についての本案訴訟が係属していたとしても、破産裁判所としてはこの訴訟の結果を待つ必要はないし待つべきでもない。

　もっとも、申立債権が債務者に対する債権の大部分を占め、その不履行を主たる根拠として破産手続開始原因としての支払不能（破15条1項）を認定するような場合は、申立債権の存否が直ちに破産手続開始原因の存否に影響する。そして、破産法18条2項は破産手続開始原因となる事実の疎明を要求するが、これは申立ての適法要件であって、裁判所が破産手続開始決定をするためには、破産手続開始原因が証明されることが必要である[1]。したがって、上記のような場合で、債務者が申立債権の存在のみならず破産手続開始原因の存在まで争っているときは、裁判所としては、申立債権の存否につき、事実上その証明の有無まで判断する慎重な手続をとらざるを得ない。そのため、かつての実務においては、当事者に対して申立債権の存否についての本案訴訟の提起を求めたり、当該訴訟がすでに存在する場合にその判決があるまで破産手続の審理を停止するなどという進行がとられていたこともあった。しかし、このような審理方法は、倒産手続に要求される迅速性の観点からは大いに問題がある。そのため、現在は、このような場合であっても、裁判所は、書証や当事者に対する審問等によって、苦慮しながらも申立債権の存否を認定しているのが通常である。

II　申立権の濫用をめぐる審理

　手続開始の申立てが、適正かつ公平な清算（破1条）、事業または経済生活の再生（民再1条）、事業の維持更生（会更1条）等、手続本来の目的ではなく、濫用的な目的でなされたものである場合は、その申立ては、不当な目

1　伊藤・破産法民事再生法135〜136頁。

的に基づくものあるいは不誠実なものとして、棄却される（破30条1項2号、民再25条4号、会更41条1項4号、会514条4号）。以下、清算型手続の代表格である破産手続、再建型手続の代表格である民事再生手続について、申立権の濫用をめぐる審理の実際を詳述する。

1 破産手続における申立権の濫用をめぐる審理

　破産手続の開始は、現に事業を継続している企業にとっては、その経済的な存続の途を閉ざすものであるから、手続開始決定がされることによる影響は、他の倒産手続と比べても格段に大きく、そのせいか、濫用的な申立てがされる例も実際に多い。裁判所は、申立書等の書面審査や債務者審問を通じて、ときには債権者から寄せられる意見などを資料として、当該申立てが濫用的なものでないかどうかを審理する。実務において申立権の濫用と認定される例としては、以下のようなものがある。

① 債権者が、自己の債権回収のため、申立ての取下げを条件として有利に債務者と交渉することを目的とする申立て

　濫用的申立ての典型例といえるものである。旧法下のものであるが、申立債権者が、示談交渉中であること等を理由に、数度にわたって審理の延期要請を繰り返したことから、申立権の濫用と認めて破産申立てを却下した裁判例がある（東京地決昭和38・9・4下民集14巻9号1728頁、東京地決昭和39・4・3判時371号45頁）。

② 債権者が、人的な関係等を背景に、もっぱら嫌がらせの目的で行う申立て

　旧法下のものであるが、遺産をめぐる紛争で優位に立つこと等を目的としてなしたものであると認定して破産申立てを却下した裁判例がある（大阪地決平成4・6・8判時1435号137頁）。

③ 個人の自己破産事件で、直近に免責が不許可になった場合において、債務者が、清算の必要がないにもかかわらず、もっぱら免責を得る目的で再度の申立てを行う場合

東京地方裁判所においては、このようなケースで、申立権の濫用と認めて破産手続開始申立てが棄却（旧法下においては却下）された例が複数件存在する。

なお、債務者会社が、新設分割（会762条以下）を行い、事業と取引債権者のみを新設分割設立会社に移転させ、金融債権と事業に無関係な資産のみを新設分割会社に残すという、いわゆる濫用的会社分割（本書第1部第4章Ⅰ参照）を行ったうえで、新設分割会社について破産手続開始の申立てを行うケースがある。このような場合、一方で、申立権の濫用と認めて新設分割会社の破産手続開始申立てを棄却すべきであるとの考え方もあり得るが、他方、申立て段階で濫用的会社分割か否かを判断するのは困難なことが多いうえ、濫用的会社分割であったとしても、むしろ破産手続を開始したうえで、破産管財人が分割無効の訴えや会社分割の否認の訴えを提起するなどして資産を新設分割会社に回復させ、新設分割会社の配当原資を確保するほうが債権者保護に資するとの考え方もあり得る。実務上は、上記のようなケースで破産手続開始申立てが棄却される例はむしろ少なく、手続開始要件が認められる限り手続開始決定をしている例が多い。

2　民事再生手続における申立権の濫用の審理

民事再生手続において申立権の濫用が疑われる事案については、裁判所は、あらかじめ調査委員（民再62条1項）を選任して棄却事由（同法25条2号〜4号）の存否についての調査を命じ、その調査結果に基づいて濫用の有無を判断することが多い。また、調査委員が選任されない場合であっても、監督委員（同法54条1項）が債権者から意見を聴取するなどする中で詳しい事実関係が明らかになることも多い。実務において申立権の濫用と認定される例としては、以下のようなものがある。

①　債権者が、自己の債権回収のため、申立ての取下げを条件として有利に債務者と交渉することを目的とする申立て

②　債権者が、人的な関係を背景に、もっぱら嫌がらせの目的で行う申立て

③　債権者が、株価操作を目的として行う申立て
④　債務者が、実際には再生手続開始を望まず、再生手続開始申立てに伴う保全命令や他の手続の中止命令を得て、一時的に債権者からの取立てを回避し、時間稼ぎを図る目的で行う申立て

　ゴルフ場の経営等を目的とする株式会社が、営業権の回復を目的として再生手続開始の申立てを繰り返し、通算で4度目となる申立てをした場合において、真に再生債権者の権利変更による調整が必要ではないのに、もっぱら担保権消滅許可制度を利用して物上保証をした第1順位の根抵当権の抹消をすることを目的としたものと評価でき、本来の目的から逸脱した濫用的な目的で行われたもので、民事再生法25条4号に該当するとした裁判例がある（東京高判平成24・3・9判時2151号9頁）。また、再生手続開始の申立てが、債務者が、その負担していた連帯保証債務の負担を免れるため、民事再生手続における否認権行使を利用しようとしたもので、連帯保証債務の取消しのみを目的とした申立てであると認定したうえで、このような申立ては、本来の目的から逸脱した濫用的な目的でされたもので、民事再生法25条4号に該当するとした裁判例もある（東京高決平成24・6・21金商1410号57頁）。

　なお、再生手続開始申立ての意図を隠して、申立ての直前に多額の金融を得たり、原材料を大量に仕入れて代金の支払をしない間に申立てがなされたような場合、民事再生法25条4号に該当するか否かについては見解が分かれる。取締役会において再生手続開始申立ての決議をしていたにもかかわらず、その後取引先から商品の仕入れを行い、さらに合計5000万円の融通手形の交付を受けたなどの事情を基に、不誠実な申立てと認めた裁判例もある（高松高決平成17・10・25金商1249号37頁）が、民事上または刑事上の責任を問い得ることは別として、もっぱら第三者をだまして利得を得る目的で申立てがなされたと認められるような場合でない限り、本棄却事由には該当しないとする考え方が有力である。[2]

2　新注釈民事再生法(上)122頁など。

第3節　手続開始要件をめぐる審理

I　破産手続の開始要件の審理

1　破産手続開始原因

　破産手続の開始要件は、破産手続開始原因の存在と破産障害事由（破30条1項、民再26条1項1号、39条1項、会更24条1項1号、50条1項、会512条1項1号、515条1項）の不存在である。後者については他項での説明に譲る（第2節II1、第4節I参照）こととして、ここでは破産手続開始原因の審理について説明する。

　破産手続開始原因は、自然人については支払不能（破15条1項）、法人（存立中の合名会社および合資会社を除く）および信託財産の場合は、支払不能または債務超過（同法16条1項、244条の3）、相続財産の場合は債務超過（同法223条）である。

　自己破産事件の場合は、債務者自身が破産による清算を選択していることから、破産手続開始原因の存在が事実上推定されるうえ、債務者によって、支払不能や債務超過を基礎づける事情が具体的に主張され、それを裏付ける資料が提出されるのが通常である。そのため、ほとんどの事案においては破産手続開始原因の認定は容易であり、裁判所は、通常、申立人提出の疎明資料の検討と債務者審問の結果に基づき、速やかに破産手続開始決定をしている（東京地方裁判所では、同時廃止事件については債務者審問の当日、管財事件については遅くとも翌週水曜日までに破産手続開始決定を行う運用である）。なお、破産手続の審理においては、口頭弁論を開くかどうかは裁判所の裁量に委ねられている（破8条1項）ところ、実務上、口頭弁論を開く例はほとんどなく、もっぱら審尋（破13条、民訴87条2項。「審問」とよばれる）によって関係

者の言い分を聴取している。

　また、債権者申立事件の場合も、実務上、破産手続開始原因の存否に争いがあることは少なく、債務者審問により破産手続開始原因の存在を容易に認めることができる例が多い。しかし、債務者が破産手続開始原因を争う場合は、債権者側からは債務者の資産状況を示す十分な客観的資料が提出されにくいうえ、債務者側からも、自らは破産手続の開始を望んでいないことが通常であるため、これらの資料は提出されにくい。また、準自己破産事件の場合は、社内に内紛を抱えていて経理状況も不完全で粉飾が存在することも多いため、債務者の資産状況を示す十分な客観的資料が提出されにくいといった問題がある。そのため、これらの事件の場合は、裁判所にとって、破産手続開始原因の認定が容易でない場合も多い。以下、裁判所が破産手続開始原因を審理するうえでの問題点について詳述する。

2　支払不能

　支払不能とは、債務者が、支払能力を欠くために、その債務のうち弁済期にあるものにつき、一般的かつ継続的に弁済することができない状態をいう（破 2 条11項）。支払能力は、財産、信用および労務の三者によって成立し（東京高決昭和33・7・5 金法182号 3 頁）、これらを総合してその有無が判断される。したがって、財産が不足していても、信用や労務に基づく支払能力が認められることもある。また、支払不能は、弁済期にある債務の不履行を問題とするものであるから、弁済期未到来の債務を将来弁済することができないことが確実に予想されたとしても、弁済期の到来した債務を現在支払っている限り、支払不能ということはできない（東京地判平成19・3・29金法1819号40頁）。さらに、支払不能は、一般的かつ継続的なものでなければならない。したがって、特定の債権者に弁済できる資金があっても他の債権者全員に対する弁済資金が欠乏しているときは支払不能と認められるし、一時的に手元不如意であっても早晩資金を得ることが確実であるときは支払不能とは認められない（支払不能概念の詳細については第 2 部第 1 章参照）。

これらのことから、裁判所としては、一方で、債務者が弁済期が経過した債務をどの程度抱えているかを認定し、他方で、債務者がその債務の弁済原資となり得る財産、信用および労務をどれだけ有しているかを認定して、債務者が支払不能か否かを判断することとなる。その認定の際には、債権者が提出した執行不能調書謄本、私的整理の過程で債務者が作成した資料および信用調査機関作成の調査報告書等、債務者に提出させた財務諸表や決算書類、財産目録、債権者一覧表等を資料とすることが多い。

3 支払停止

債務者が支払を停止したときは、支払不能にあるものと推定される（破15条2項）。特に債権者申立事件においては、債権者が債務者の支払不能を立証するのは必ずしも容易でないため、この支払停止を立証できるか否かが審理のうえで重要となる。

支払停止とは、債務者が、支払不能である旨を明示的または黙示的に外部に表示する行為をいう（最判昭和60・2・14判時1149号159頁）。自然人で多い例は、債務者の代理人である弁護士が債権者一般に対して債務整理開始通知を送付する行為（最判平成24・10・19金法1962号60頁）であるが、債務者が弁護士との間で債務整理のために破産手続開始の申立ての方針を決めただけでは支払停止とはいえない（前掲最判昭和60・2・14）。法人で多い例は、営業の廃止や手形が6か月以内に2回手形交換所で不渡りとなって銀行取引停止処分を受けた場合である。第1回の手形不渡りの発生が支払停止にあたるか否かは議論のあるところであるが、不渡り前後の事情等を考慮して1回目の不渡りをもって支払停止と認められることもある（最判平成6・2・10裁判集民171号445頁）。

4 債務超過

債務超過とは、債務額の総計が資産額の総計を超過している状態をいう。債務超過の判断の際には、弁済期が到来しているかどうかにかかわりなく

すべての債務を考慮に入れる。債務名義により債務の額が確定している必要はなく、不法行為に基づく損害賠償債務の成否やその額が争われている場合は、裁判所は、債務超過の判断に必要な限りで当該債務の存否や額を判断する（オウム真理教事件に関する東京地決平成 8・3・28判時1558号 3 頁参照）。

　債務者の資産を評価する場合、清算価値を基準とすべきか、継続企業価値を基準とすべきかについては議論のあるところである。この点については、債務者の事業が継続している場合には、債務の弁済は事業収益からなされるものであるから継続企業価値を基準とすべきであるが、すでに事業が停止し、清算手続に移行している場合には、弁済は資産の売却によって行われるものであるから、清算価値を基準とすべきであるとする見解が有力である[3]。

　債務超過を最も端的に示す資料は清算貸借対照表であるが、これはその性質上、債務者の経営実態に詳しい者しか作成することができないものであり、債権者がこれを作成するのは困難である。そこで、実務上、債権者申立事件においては、債務者が破産手続開始申立て前の時点において取引債権者に対して提示した資料や、直近の会計年度の決算書の貸借対照表等の計算書類から債務超過を立証するという手法がとられることが多い。債務者が、債権者に対し、再建計画を提示して協力を要請する過程で、具体的な数値を示して自らの資産状態を明らかにした資料において、債務超過と認められるときは、その後の経営状況に大きな変化がない限り、債務超過を推認できる。また、直近の会計年度の貸借対照表において負債の部の総額が資産の部の総額を上回っているようなときは、債務超過が事実上推定されるので、このような場合は債務超過を争う債務者の側において、その推定を覆す立証活動が必要となる。もっとも、実務上、債権者申立事件において、債務超過のみを原因として破産手続開始決定をする例は多くない。

---

[3] 伊藤・破産法民事再生法115頁。

II　民事再生手続の開始要件の審理

1　再生手続開始原因と申立棄却事由

　民事再生手続の開始要件は、再生手続開始原因（民再21条）の存在と申立棄却事由（民再25条）の不存在である。もっとも、実務上、再生手続開始原因の存否や申立棄却事由のうち民事再生法25条1号の「再生手続の費用の予納がないとき」が問題となることは通常ないといってよい。最も問題となるのは、同条3号の「再生計画案の作成若しくは可決の見込み又は再生計画の認可の見込みのないことが明らかであるとき」である（なお、同条2号の事由については第4節、同条4号の事由については第2節II 2での説明に、それぞれ譲ることとする）。

2　「再生計画案の作成若しくは可決の見込み又は再生計画の認可の見込みのないことが明らかであるとき」の意義

　再生計画案の作成の見込みがないことの明らかなときの具体例としては、事業がすでに中断しているか実体の乏しいものになっていて、事業の再開や継続のめどが立たない場合、事業は一応継続しているものの当面の運転資金が確保できない場合、公租公課や労働債権といった一般優先債権の金額が大きく、事業譲渡等を行ってもこれらの債権に対する弁済原資すら確保できず、再生債権者に対する弁済計画が立てられない場合などがあげられる（再生計画案の作成の見込みがないことを理由に棄却した事例として東京高決平成12・5・17金商1094号42頁）。

　再生計画案の可決の見込みがないことが明らかであるときの具体例としては、総議決権額の2分の1以上を占める再生債権者が再生手続の開始に反対の意向を表明していて、かつ、翻意の見込みがない場合、多数の債権者が再生債務者に対して不信感を抱いており、再生計画の内容いかんにかかわらず、

可決の見込みがない場合などがあげられる（再生計画案の可決の見込みがないことを理由に棄却した事例として東京高決平成13・3・8判タ1089号295頁）。

再生計画案の認可の見込みがないことが明らかであるときの具体例としては、再生手続開始の申立てが法律に違反し、その不備を補正できない場合や再生計画の遂行可能性がない場合などの不認可事由（民再174条2項）が認められる場合があげられる。

3 審理方法

裁判所は、通常、再生手続開始の申立てがされると即時に監督委員（民再54条1項）を選任する。監督委員は再生手続開始原因および申立棄却事由の存否について裁判所と協働して調査を行うが、調査の中心となるのは監督委員である。監督委員は、現時点でのスポンサーの有無、資金繰りの見通し、一般優先債権の状況、予想される再生計画案のスキームなど、手続の成否の見通しを立てるための重要な情報を、債務者に対して追加資料の提出を求めたり、債務者等から事情を聴取したりして収集する。また、債権者からの情報収集とその意向の聴取も重要であり、その方法としては、申立て後数日内に債務者が開催する債権者説明会に監督委員も出席して債権者の意向を把握するのが簡便であり効果的である。このほか、監督委員が主要な債権者に電話をし、あるいは書面を送付するなどして意向を聴取することもある。このような審理をできるだけ速やかに行った後、開始が可能な事案については、裁判所は早期に開始決定をする（東京地方裁判所では、通常は申立てから1週間で開始決定をする運用である）。

もっとも、債権者申立事件の場合、債務者を審尋すれば再生手続開始原因の存否の調査は一応可能であるが、債権者は債務者の事業や財務状況について十分な知識と資料を有していないことが少なくないため、申立棄却事由の有無について認定することは容易ではない。それにもかかわらず申立て直後に監督委員を選任すると、監督命令の発令の事実が商業登記記録や官報に登載されて債務者の信用を害するおそれがある。そこで、実務上、債権者申立

事件の場合は、まずは調査委員（民再62条1項）を選任して申立棄却事由の存否について調査を命じることが多い。また、再生手続開始の申立てが取り下げられたり、再生計画案が否決されて廃止されたりした後に、再度、再生手続開始の申立てがされた場合なども、申立棄却事由の存否については慎重に検討する必要があるため、調査委員を選任することがある。調査委員は、債務者代表者や従業員からの事情聴取、主要な債権者や別除権者、取引先からの意向聴取を行うほか、調査委員に選任された後速やかに公認会計士を補助者として選任し、債務者の会計や経理の状況を調査させて結果を報告させる。調査委員はこれらを踏まえて申立棄却事由の存否について調査結果をまとめ、所定の期間内（おおむね3～4週間程度）に裁判所に調査報告書を提出し、裁判所はこの調査結果を踏まえて手続開始または申立て棄却の決定をする。

III 会社更生手続の開始要件の審理

会社更生手続の開始要件は、更生手続開始原因（会更17条1項）の存在と手続開始障害事由（同法41条1項）の不存在である。裁判所は、申立て資料を検討するほか、保全管理命令（同法30条1項）発令の際に会社更生法39条1号に規定する事項（更生手続開始の原因となる事実および会社更生法41条1項2号から4号までに掲げる手続開始障害事由の有無、会社の業務および財産の状況その他更生手続開始の申立てについて判断するのに必要な事項並びに更生手続を開始することの当否）についても調査報告を求めており、これが開始決定をするにあたっての重要な資料となっている。また、保全管理命令の発令がない事案では、会社更生法39条の調査命令を発することが多く、その場合には調査委員の調査報告書が重要な判断資料となる。その他必要に応じて、会社代表者、債権者およびスポンサー候補等の関係人の審尋を行い、企業の収益力、資金繰りの見通し、担保権の額および対象物と事業との関係、大口債権者の態度、スポンサーの見通し、従業員の協力姿勢等の事情を総合的に勘

案し、合理的な再建策が大まかに描かれていれば、早い事件では申立てから1週間程度、多くの事件は1か月前後に更生手続開始の決定がされる。[4]

IV 特別清算手続の開始要件の審理

特別清算手続の開始要件は、特別清算手続開始原因（会510条1項）の存在と手続開始障害事由（会514条）の不存在である。審理方法としては通常は書面審理が中心である。清算人が特別清算を申し立てた場合は、短期処理が可能であること、債権者が比較的少数であること、債権者の多数による手続への協力が見込まれること、債権の存否・額について争いがないことおよび会社財産が確保され、散逸していないことなどの事情が満たされていれば、開始決定がされるのが通常である。東京地方裁判所では、申立書の添付書類として、総債権額の3分の2以上の債権者から特別清算開始申立てについての同意書を求めており、これが提出されている場合には、特段の事情がない限り、上記の事情が満たされているとして扱われる。これに対し、清算人以外の者が特別清算を申し立てた場合は、清算人の意見を聴取するなどの慎重な対応をとることとなる。[5]

第4節　各種手続が競合する場合の審理

I 各種手続相互間の優先関係

実務上、破産手続開始申立事件の審理中に民事再生手続の開始申立てがされたり、民事再生手続開始申立事件の審理中に会社更生手続の開始申立てが

4　西岡清一郎ほか編『会社更生の実務(上)』136頁。
5　山口和男編『〔新会社法対応〕特別清算の理論と裁判実務』66頁。

されたりする例がある。このように各種倒産手続が競合する場面においては、原則として、①会社更生、②民事再生、③特別清算、④破産の順に優先するものとされているが、これは次の理由による。まず、事業等の再建が可能であれば、事業等を清算するよりも、債務者、債権者およびその他の利害関係人にとって有利であるといえる。そこで、再建型の倒産処理手続である会社更生および民事再生の各手続は、清算型の倒産処理手続である破産および特別清算の各手続に優先するものとされている。次に、再建型の倒産処理手続の中でも、会社更生手続は、担保権も制約し（会更47条1項）、租税等の請求権も制約し（同項、169条）、株主の権利の変更も行うことができる（同法167条1項1号）など民事再生手続よりも強力な手続であるため、優先的な地位が与えられている。そして、清算型の倒産処理手続の中でも、特別清算手続は、手続開始後も新たに管財人等は選任されず取締役などの従前の清算人（会478条）が特別の義務（同法523条）を課されたうえで職務を遂行し、債権者に対する弁済も配当ではなく協定という形で行われる（同法567条、569条）など、破産手続よりも簡易・迅速な手続であるため、優先的な地位が与えられている。

具体的には、債務者について複数の倒産処理手続が競合した場合、裁判所は、優先する手続の開始の申立てにつき決定があるまでの間、劣後する手続の中止を命ずることができる（会更24条1項1号、民再26条1項1号、会512条1項1号）。また、優先する手続の開始決定があったときは、劣後する手続は新たに申し立てることはできず、進行中のものは当然に中止またはその効力を失う（会更50条1項、民再39条1項、会515条1項）。なお、会社更生手続との関係で民事再生手続および破産手続が、民事再生手続との関係で破産手続が、特別清算手続との関係で破産手続が特別清算開始決定の確定までの間、いずれも中止にとどまることとされたのは、優先する手続の開始決定の取消しや手続廃止の決定等があった場合に劣後する手続を続行する必要があるためである。さらに、更生計画認可決定が確定したときは、中止した民事再生手続や破産手続はその効力を失い（会更208条）、再生計画認可決定が確定し

たときおよび特別清算開始決定が確定したときは、中止した破産手続はその効力を失う（民再184条本文、会515条2項）。

実務上、多くみられるのは、破産手続と民事再生手続との競合および民事再生手続と会社更生手続との競合である。そこで、以下、この2つの場合における裁判所の審理について詳述する。

II　破産手続と民事再生手続が競合する場合の審理

債務者についてすでに債権者から破産手続開始の申立てがされている場合に、債務者が対抗的に再生手続開始の申立てをするケースは比較的多い。

前記Iのとおり、破産手続と民事再生手続とが競合する場合は、民事再生手続が優先するのが原則であるが、「裁判所に破産手続が係属し、その手続によることが債権者の一般の利益に適合するとき」は、再生手続開始の申立ては棄却される（民再25条2号）。

債権者の一般の利益に適合するか否かを判断する際は、弁済率、弁済期および弁済期間等を総合的に検討し、特定の債権者ではなく債権者全体の利益になるか否かを検討する。もっとも、その場合、債務者の事業の継続の見込み、スポンサー獲得の見込み、当面の資金繰りの可能性、共益債権や一般優先債権の多寡といった諸事情について慎重な調査が必要になる場合もある。そこで、このようなケースの場合は、再生手続開始申立て後直ちに監督委員を選任するのではなく、調査委員（民再62条1項）を選任してこれらの事項を調査させることが少なくない。

III　会社更生手続と民事再生手続が競合する場合の審理

債務者が再生手続開始の申立てをしているときに、これに対抗して、外資系企業やファンドあるいは会員などの債権者が更生手続開始の申立てを行う

〔第3部・第1章〕第5節　各種保全処分をめぐる実務運用

というケースが、主としてゴルフ場経営会社の再建をめぐって実務上ままみられる。更生手続開始申立ての理由の多くは、現経営陣に対する不信、あるいは現経営者側の選んだスポンサーよりも別のスポンサーのほうがふさわしいという点にある。

　前記のとおり、会社更生手続と民事再生手続とが競合する場合は、会社更生手続が優先するのが原則であるが、「裁判所に再生手続が係属し、その手続によることが債権者の一般の利益に適合するとき」は、更生手続開始の申立ては棄却される（会更41条1項2号）。いずれの手続が債権者の一般の利益に適合するかは裁判所には不明であることが多いため、裁判所は、調査委員（会更39条）を選任して更生手続開始の当否等に関する調査を命じ、その調査結果に基づいて判断するのが通常である。そして、その判断の際には、①現経営陣に任せられない不正等があり、これが民事再生手続では放置され、是正されていないか否か、②多数債権者の動向はどうかという事情が考慮されている。[6]

第5節　各種保全処分をめぐる実務運用

I　破産手続

　債務者申立ての自己破産事件で、資産散逸のおそれや一部の債権者による権利行使の可能性が高い事案については、裁判所は、通常、その緊急性や必要性に応じ、破産手続開始決定自体を速やかに行うようにしており、東京地方裁判所では破産手続開始申立日の当日中に開始決定を発令する事例も少な

---

[6]　難波孝一ほか「会社更生事件の最近の実情と今後の新たな展開」金法1853号24頁。なお、大阪高決平成18・4・26判時1930号100頁、東京地決平成20・5・15判時2007号96頁、東京地決平成20・6・10判時2007号100頁を参照。

446

くない。そのため、自己破産事件で保全処分（破28条1項。関連する処分として同法24条1項（他の手続の中止命令等））、25条1項（包括的禁止命令）、91条1項（保全管理命令）が発令されるのはごく例外的な場合にすぎない。東京地方裁判所において近時の自己破産事件で保全処分が発令されたケースとしては、法令上破産手続の開始が営業免許の取消事由となっている場合（卸売市場内における仲卸業者など）に、破産手続開始による事業免許の取消しを一時的に回避するため、保全管理命令を発令し、保全管理人によって事業権の譲渡を済ませ、破産財団を確保したうえで破産手続開始決定をしたというものがある程度である。

　他方、債権者申立事件においては、破産手続開始の申立てを受けた債務者が、手続開始決定がされることに抵抗しつつ、自己の財産の名義を一時的に第三者に移転させる等の行為を始めるケースも少なくなく、このようなケースにおいては保全処分の活用の余地がある。もっとも、有体動産や債権についての仮差押えや不動産処分禁止の仮処分などは、破産手続開始原因の疎明が不要な点で民事保全法上の保全処分によるほうが容易であるし、債務者審問等により破産手続開始原因ありとの心証が形成でき次第速やかに開始決定をする運用下では、開始決定前に保全処分を行うべきケースも少なくなる。そのため、現在の東京地方裁判所においては、債権者申立事件であっても、開始決定前の保全処分が発令される例は少ない。

II　民事再生手続

　東京地方裁判所では、ほぼすべての法人の再生事件で、再生手続開始の申立てと同時に保全処分（民再30条1項）の申立てがなされており、原則として、予納金の納付を受けたうえで、再生手続開始申立て直後の裁判所、再生債務者、監督委員を交えた進行協議期日（以下、「第1回打合せ期日」という）の際に、監督命令と同時に保全処分を発令する運用を行っている。また、再生債務者が申立日当日の保全処分の発令を希望する場合は、前日までに保全

〔第3部・第1章〕第5節　各種保全処分をめぐる実務運用

処分申立書のドラフトと過去1年分の実績および今後6か月分を記載した資金繰り表、日繰り表をファクシミリで送付させ、これらを精査したうえで発令の可否を判断する扱いである。

　保全処分の内容としては、原則として、弁済禁止および担保提供禁止のみを発令することとしている。これは、東京地方裁判所では、原則として、第1回打合せ期日の際に監督命令を発令し、その際、同時処分として監督委員による要同意事項を指定しているところ、この要同意事項には再生債務者による借入れ、財産の処分が含まれており、監督命令発令後は、再生債務者所有の不動産その他の財産は、監督委員の同意なくして処分できなくなる（なお、この要同意事項は商業登記に表示される）ため、要同意事項の対象と重複する行為について保全処分を発令する必要性が乏しいことによる。

　東京地方裁判所における標準的な保全処分の主文例は【書式1】のとおりである。[7]

【書式1】　標準的な保全処分の主文例（東京地方裁判所）

主　　　文

　再生債務者は、下記の行為をしてはならない。

記

　平成○○年○○月○○日までの原因に基づいて生じた債務（次のものを除く。）の弁済及び担保の提供
　　租税その他の国税徴収法の例により徴収される債務
　　再生債務者とその従業員との雇用関係により生じた債務
　　再生債務者の事業所の賃料、水道光熱費、通信に係る債務
　　再生債務者の事業所の備品のリース料
　　10万円以下の債務

---

[7]　各裁判所の標準的な保全処分の内容をまとめたものとして、全国倒産処理弁護士ネットワーク編『通常再生の実務Q&A120問』334頁。

ところで、弁済禁止の対象外債権として、一定額以下の少額債権（【書式1】の例では10万円以下の債務）を定めるには、まず、申立て時にその少額債権を支払える資力がある必要がある。したがって、多数の少額債権者に10万円以下の債務を支払うと手元資金が尽きてしまうようなケースでは、このような定めを設けることは適当でない。また、このような定めを設けて少額債権の弁済をした場合には、債権者間の平等を確保する観点から、再生計画においても、少なくとも同額までは全額弁済を行う旨を定める必要がある。

　このように、少額債権を弁済禁止の対象外債権として定めるためには、再生債務者が、申立て時のみならず再生計画の履行時においても、少額債権を支払っても資金繰りに支障を来すことなく再生手続を進行できるか検討する必要がある。そのため、東京地方裁判所では、過去１年分の実績および今後６か月分の予想を記載した資金繰り表、日繰り表を提出させ、少額債権を支払える資力があるかどうかを精査している。

III　会社更生手続

　会社更生手続における保全処分としては、保全管理命令（会更30条１項）が発令されるのが原則である。保全管理命令は会社更生法上の保全措置の中でも最も強力なものであるが、会社更生手続が旧経営者を排除して企業の維持更生を図ることを原則とする手続であること、倒産の原因を生じさせた経営者が更生手続開始の申立て後も事業経営を続けた場合の弊害は看過しがたいこと、濫用的申立てを排除する機能もあることから、実際の申立事件の大部分において発令されている[8]。また、いわゆるDIP型の運用（第１部第１章III参照）の場合は、監督命令（会更35条１項）が利用される。そして、保全管理命令あるいは監督命令を発する場合には、命令の中で、債務の弁済や財産の処分行為などを裁判所の許可ないし監督委員の同意を要する事項と指定

---

[8]　西岡ほか・前掲（注4）87頁。

することにより弁済禁止や処分禁止の目的が達成されるので、会社更生法28条1項の保全処分はほとんど利用されていない[9]。

　以上は会社申立事件の場合であるが、債権者申立事件の場合は、おおむね以下のように運用されている。①現経営陣の再建計画に一定程度の債権者や従業員からの支持が得られているが、大口債権者がこれに反対して会社更生を申し立てた場合は、現経営陣による経営を維持したうえで一応の保全措置を講ずる、会社の経営・財務状況を把握する、関係者間の利害の調整を図るとともに和解的解決の方向性を模索するという観点から、監督委員および調査委員（同一人）を選任する。②現経営陣が長期間にわたり具体的再建計画を立てることなく推移し、あるいは偏頗弁済や会社財産の私的流用を行っている場合などに、大口債権者が会社更生を申し立てた場合は、保全管理命令を発令する。③小口債権者からの申立てで現経営陣に直ちに問題があるとは断じ得ない場合は、調査委員を選任して手続開始の当否等に関する調査を命じる。④小口債権者からの申立てで現経営陣に問題がある場合は、債権者の申立てに他の大多数の債権者も同調していることが確認できれば、②と同様に考え、他の債権者が必ずしも同調していない場合は、状況に応じて監督委員および調査委員の選任あるいは調査委員の選任により対応する[10]。

Ⅳ　特別清算手続

　最近の東京地方裁判所の実務では、特別清算手続において保全処分の申立てがされる例はほとんどみられないようである[11]。

（古谷慎吾）

9　西岡ほか・前掲（注4）83頁。
10　西岡ほか・前掲（注4）85頁。
11　山口・前掲（注5）87頁。

第2章 担保権実行中止および担保権消滅請求についての裁判上の諸問題

はじめに

　再生手続が開始されても、開始決定当時に再生債務者の財産に対して担保権を有する者は、別除権者として再生手続外で権利行使をすることができる（民再53条1項・2項）。

　しかし、再生債務者の事業継続に必要な資産について担保権の実行により換価されてしまうと、事業または経済生活の再生が困難となることから、民事再生法は、担保権の実行手続の中止命令（民再31条）および担保権消滅請求（同法148条以下）の各制度を設けている。

第1節　担保権の実行手続の中止命令

I　意　義

　担保権の実行手続の中止命令（民再31条）は、再生手続開始の申立てがあった後の段階（開始決定の前後を問わない）において、利害関係人の申立てま

たは裁判所の職権により、担保権の実行手続の中止を命ずるものである。

中止命令の発令が想定される場面としては、①再生債務者と別除権者との間で別除権協定の締結に向けた交渉を行う機会を確保する必要があるとき、②再生債務者から担保権消滅請求（後記第2節）がされ、その審理期間中に担保権の実行手続を中止する必要があるときがあげられる。

II 中止命令の発令要件

1 再生債務者所有の財産であること

中止命令の対象となるためには、担保権の目的物が、開始決定時点において再生債務者所有の財産であることが必要である（民再31条1項本文）。たとえば、法人である再生債務者の再生事件において、当該法人の事業に用いている不動産が代表者所有で、その不動産に担保権が設定されている場合には、その担保権を実行されても中止命令の申立てをすることはできない（代表者についてもあわせて民事再生を申し立てた場合には、当該代表者の再生事件において中止命令を申し立てることはあり得るが、この場合には、代表者について民事再生法31条1項の要件を満たすことが疎明される必要がある）。

再生債務者以外の者（代表者や関連会社等）が登記名義を有する不動産について、実質的には再生債務者の所有に属すると主張する例も見受けられる。しかし、担保権者との間で所有関係に争いがあるときには、非訟手続である民事再生手続において所有権の実体判断を行うことは難しく、現実的には、登記名義により所有関係を判断せざるを得ないことになり、中止命令を発令することは困難といわざるを得ない。

この点、福岡高決平成18・3・28判タ1222号310頁は、共同担保（根抵当権）の対象となっている複数の不動産の一部が再生債務者の元代表者の所有名義とされている事案において、当該不動産が再生債務者の借入金により取得され、その借入金を被担保債権として共同担保が設定されていること、再

生債務者において当該不動産を事業用財産として一体的に使用し、会計上もその資産として計上し、固定資産税も負担していたこと等の事実関係の下で、登記名義にかかわらず、実質的に再生債務者の財産であるとして、担保権消滅許可請求を認めた原決定を維持した。他方で、同一の事案に関して、福岡高決平成18・2・13判時1940号128頁は、目的物が再生債務者の財産かどうかについては、あくまで登記上の名義によって形式的に判断すべきであるとして、担保権の実行手続の中止命令を認めた原決定を取り消している。

2 再生債権者の一般の利益に適合すること

中止命令の発令には、「再生債権者の一般の利益に適合」することが必要である（民再31条1項本文）。

すなわち、担保権の実行手続を中止させることにより、一般の再生債権者に対する弁済額の増加が見込まれることが要件として求められるのであり、事業の再生のために競売の目的物が不可欠または必要であり、その目的物が換価されると再生債務者の事業や経済生活の再生が不可能ないし著しく困難になる場合や、その目的物の換価はやむを得ないとしても換価の時期または方法によって高額に処分できる見込みがある場合等でなければならない。

3 競売申立人に不当な損害を及ぼすおそれがないこと

担保権の実行手続の中止により「競売申立人に不当な損害を及ぼすおそれがない」ことが必要である（民再31条1項本文）。この要件に該当するかは、事業の再生にとっての競売の目的物の必要性、再生手続の経緯・進捗度、中止期間の長さ、目的物の担保余力、担保権者が他に担保をとっているか、他の担保権者の動向、中止期間中の目的物の滅失・減価の有無・程度、競売申立人に対する再生債務者の債務弁済の方針と見込み等を総合的に勘案する必要がある。[1]

---

[1] 上柳克郎ほか編『新版注釈会社法(12)』165頁〔青山善充〕参照。

担保権の実行手続の中止により、配当金の受領の遅延等の一時的な損害が生じることは明らかであり、それをもって直ちに「不当な損害」ということはできない。ここでいう「不当な損害」とは、たとえば、再生債務者において担保権の抹消のための資金を調達するめどが全くなく、中止により担保権の実行手続が合理的な期間を超えて徒に長期化することが見込まれる場合や、担保余力の乏しい物件について価額の低下が見込まれる場合等があげられる。

III 中止命令の対象

1 民事再生法53条1項に定める別除権

中止命令の対象となる担保権は、民事再生法53条1項に定める別除権(特別の先取特権、質権、抵当権または商法もしくは会社法の規定による留置権)である。民事留置権は、別除権ではなく(民再53条1項)、これに基づく競売手続の中止手続は民事再生法26条1項2号によることになる。また、共益債権や一般優先債権は、手続外で随時弁済されるべきものであるから、これらの債権を被担保債権とする担保権の実行手続は、中止命令の対象とならない(同法31条1項ただし書)。

2 物上代位に基づく債権差押手続、担保不動産の収益執行手続

抵当権等の物上代位に基づく債権差押手続(民執193条1項後段)や担保不動産の収益執行手続(同法180条2号)についても、中止命令の対象となることについては、おおむね異論がない。

(1) 中止命令の発令要件との関係

もっとも、中止命令の発令要件との関係では、慎重な検討が必要となる。すなわち、中止命令は、債権差押手続や収益執行手続を取り消すものではなく、中止命令が発令されても再生債務者が対象債権・収益の回収を図ること

はできないから、直ちに再生債務者の資金繰りに資するものではない。また、不動産の担保権実行手続の中止命令のように、再生債務者が担保目的物を引き続き使用し得る権能が維持されるという効果を生じさせるものでもない。

物上代位に基づく債権差押手続について中止命令の発令が想定される場面としては、たとえば、別除権者との間で担保の差替えを前提とする別除権協定の締結が検討される場合が考えられるが、この場合においては、中止命令の発令要件に関して、①中止を求める債権が金額などからして再生債務者の事業の再生にとってどの程度重要なものであるか否か、②別除権者との間の交渉により、担保の差替え等により当該差押債権の差押えを一部解除して事業資金として利用可能となる余地があるかなど、別除権協定が成立する見込みがあるか否か、③再生に向けた合理性のある再生計画案の作成可能性の程度等といった事情を総合的に考慮する必要があるとの指摘がされている。[2]

(2) 裁判例

この点に関する裁判例として、①京都地決平成13・5・28判タ1067号274頁（動産先取特権に基づく売掛金債権の物上代位の事案）、②大阪高決平成16・12・10金商1220号35頁（抵当権に基づく賃料の物上代位の事案）がある。これら裁判例は、いずれも物上代位に基づく債権差押手続について中止命令の対象となることを認めたが、結論として中止命令の発令を認めなかった。上記①の決定では、具体的な理由づけは示されていないが、対象となる売掛金債権が再生債務者の企業規模からみて必要不可欠の財産とはいえないこと、当該売掛先との取引に係る事業を廃止するとの情報があること、第三債務者の財務状況の悪化により売掛金債権の回収ができない懸念がある一方、再生債務者から被担保債権の弁済に関する提示が全くないこと等の担保権者の主張が考慮されたものとみられ、物上代位の対象となった売掛金債権に係る取引が再生債務者にとってそれほど重要でなかった事案であることがうかがわれる。また、上記②の決定では、当該賃料に係る賃貸不動産について別除権協

---

[2] 中山孝雄「抵当権の実行手続の中止命令」（園尾隆司ほか編・最新実務解説一問一答民事再生法）186頁参照。

定の締結の見通しがあるとの疎明がない等の理由が示されている（なお、この事案では、同決定の数か月前に担保権消滅許可請求の認容決定が確定しているが、価額に相当する金銭の納付がされていないことが決定理由中で指摘されており、別除権の受戻しに関しても再生債務者の資金繰りのめどが立っていないことがうかがわれる）。

3 非典型担保

(1) 中止命令の対象となるか

　いわゆる非典型担保（譲渡担保、所有権留保、ファイナンス・リース契約等）については、民事再生法31条の類推適用により中止命令を発令することができるかに関して、議論が分かれるところである。学説等においては、非典型担保についても、これを事業再生等のために役立てる必要があり得ることは典型担保の場合と同様であること、その権利の本質は担保権にほかならないこと等から、これを肯定する見解が有力である[3]。これに対し、非典型担保の実行については、担保権としての権利実行の方法がいわゆる私的実行であり、観念的にその中止を命じても履行を確保しがたく、また、中止命令の発令には担保権者の意見を聴取する必要がある（民再31条2項）が、これは担保権者に実行の機会を与えるに等しく、中止命令の実効性に欠けるとの指摘や、さらには担保権の存在や目的物の帰属等の前提事実の存否が一見して明らかでなければ、中止命令を発することはできないとの指摘もされており[4]、実務の方向性はいまだ定まったとはいいがたい。

　また、集合動産・債権譲渡担保についていえば、民事再生法31条の類推適用を認めるとしても、担保権者に「不当な損害を及ぼすおそれがない」との発令要件の判断において、典型担保とは別途の考慮が必要である。すなわち、

---

[3] 伊藤・破産法民事再生法785頁、条解民事再生法148頁〔髙田裕成〕、新注釈民事再生法(上)151頁〔三森仁〕、東京弁護士会倒産法部編『民事再生申立ての実務』248頁〔粟田口太郎〕等参照。

[4] 西謙二「民事再生手続における留置権及び非典型担保の扱いについて」民事訴訟雑誌54号68頁以下参照。

456

一般的に、集合動産・債権譲渡担保は、設定者（再生債務者）の事業遂行に伴い対象動産・債権が入れ替わることが予定されており、特に、民事再生手続の申立て直後の段階では、信用力の低下に伴い取引が縮小して、担保目的物の価値が下落するおそれも否定できない。そこで、不当な損害を及ぼすおそれのある判断に際して、再生債務者の事業が継続し、担保目的物が補充されることに高度の蓋然性が認められるか、その蓋然性が認められないときには、目的物についての再生債務者の処分を認めないことを条件として中止命令を発するなどの措置をとることが必要になるとの指摘もある。[5]

(2) 裁判例

この問題に関する裁判例として、①大阪高決平成21・6・3金商1321号30頁は、医療法人である再生債務者が、保険者に対する診療報酬請求権を対象とする集合債権譲渡担保に対し担保権実行手続中止命令の申立てをした事案において、債権を対象とする譲渡担保権についても民事再生法31条が類推適用されるとしたうえで、集合債権譲渡担保権に対する担保権実行中止命令を発する場合においては、当該中止命令により再生債務者が債権を取り立ててれば、その範囲で当該債権は消滅するが、新たに発生して譲渡担保権の対象に組み込まれる債権も存在するので、このような全体の状況を勘案して、当該担保権者に不当な損害が生じるか否かを判断すべきであると述べ、当該事案においては、譲渡担保権の対象となっている診療報酬債権は再生債務者が営業を継続する限り発生することが見込まれ、その総額は、担保権実行中止命令の対象となっている被担保債権額を大きく上回ることから、担保権者に不当な損害が生じるということはできないとして、担保権者からの即時抗告を棄却した。

また、②福岡高那覇支決平成21・9・7判タ1321号278頁は、賃料債権を対象とする集合債権譲渡担保に対し担保権実行手続中止命令の申立てがされた事案について、民事再生法31条が類推適用されるとしたうえで、その実行手

---

[5] 伊藤・破産法民事再生法786頁。

続を中止すれば、再生債務者が資金繰りに窮して破産に移行するのを回避させる見込みがあり、かつ、一時的に譲渡担保権の実行手続が中止されたとしても、譲渡担保権者が将来にわたって継続的に賃料を収受することができると見込まれるから、担保権者に不当な損害が生じるということはできないとして、担保権者からの即時抗告を棄却した。

他方で、③東京高判平成18・8・30金商1277号21頁（上告審：最決平成19・9・27金商1277号19頁（上告棄却・上告不受理））は、再生裁判所の発令した中止命令が無効であると判断した事例であるところ、同判決は、集合債権譲渡担保について民事再生法31条の類推適用を肯定したが、百貨店業等を営む再生債務者が、再生手続開始決定の直後に全店舗を閉鎖して営業を廃止したこと等の事実関係の下で、中止命令の発令当時、担保権者との間に別除権協定が成立する可能性や、担保目的物を再生のために有効利用することにより事業の継続を図ることのできる見込みが存在しなかったから、再生債権者の一般の利益に適合するとは認められず、担保権者に不当な損害を及ぼすおそれがないとも認められないと判断している。

(3) 東京地方裁判所の運用

近時、東京地方裁判所破産再生部（民事第20部）では、再生債務者が金融機関、貸金業者および半導体製造機器メーカーの3つの事例において、集合債権譲渡担保について担保権の実行手続の中止命令を発令した例がある。いずれの事案も、第三債務者に債権譲渡通知が行われることによる事業の混乱発生の防止等を目的としており、回収金を直ちに再生債務者の運転資金として利用することを予定しているものではない。発令に先立って、回収金の管理方法について再生債務者に確認する一方、審尋の呼出しをすると直ちに第三債務者への債権譲渡通知が行われるおそれがあったため、発令前に担保権者の審尋は行われなかった。その代替措置として、中止期間を1か月と定めるとともに、担保権者の意見聴取の結果から発令要件を満たさないことが判明した場合には直ちに中止命令を取り消す（民再31条3項）との方針の下に、発令からおおむね1週間後に審尋期日を指定し、担保権者の意見を聴取する

機会を設けた。審尋の結果、いずれの事案についても中止命令を取り消すべき事情は認められず、担保権者から中止命令に対する即時抗告の申立てもされなかった。その後、金融機関の事例では、譲渡担保権に係る停止条件の成就の有無等が争われたことから、担保権者と再生債務者との間で、担保権者が譲渡担保に供された債権の回収業務を行うが、その回収金は、再生債務者に対する質権を設定した担保権者名義の預金口座で管理し、その帰属自体は訴訟で決着をつけるとの暫定的合意がされた。また、貸金業者の事例では、中止期間内に担保権を実行しない旨の暫定的合意が成立し、後に別除権協定が締結された。さらに、半導体製造機器メーカーの事例でも、中止期間経過後に別除権協定が締結されている。

Ⅳ 中止命令の審理手続

中止命令は、利害関係人の申立てまたは職権により発令する（民再31条1項）。もっとも、職権により発令された事例は特に見当たらず、実務上は、もっぱら再生債務者の申立てにより発令されている。

中止命令を発令する場合には、あらかじめ競売申立人の意見を聴かなければならない（民再31条2項）。東京地方裁判所破産再生部（民事第20部）では、申立て後おおむね1〜2週間後に審尋期日を指定して、競売申立人の意見を聴取している。この審尋期日には、監督委員にも出席を求めており、監督委員の意見も聴取する運用である。

なお、担保権の実行手続の中止命令の正本は、民事執行法183条1項6号に定める執行停止文書に該当するところ、不動産の担保権実行手続では、売却決定期日終了後は、売却許可決定の取消しもしくは失効または売却不許可決定が確定したときでない限り、執行手続は停止しないとされている（民執

---

6 このような二段構えの運用について伊藤眞「集合債権譲渡担保と民事再生手続上の中止命令」（谷口安平先生古稀祝賀・現代民事司法の諸相）456頁参照。同様の立法を提言するものとして清水靖博「担保権実行の中止命令」（東京弁護士会倒産法部編・倒産法改正展望）225頁参照。

72条2項参照)。また、買受けの申出のあった後は、中止命令により担保権の実行手続を停止すること自体は可能であるが、その後、担保権実行の申立ての取下げを内容とする別除権協定を締結しても、最高価買受申出人および次順位買受申出人の同意を得なければ取下げができない(同法188条、76条1項本文)。そうすると、遅くとも担保権の実行手続において買受けの申出がされるまでに、執行裁判所に中止命令の正本が提出される必要があり、中止命令の審理にあたっては、再生債務者を通じて担保権の実行手続の進捗状況を確認しながら、審理スケジュールを検討する必要がある。

V 中止命令の発令

1 発　令

中止命令は、相当の期間を定めて特定の担保権の実行としての競売手続を中止するとの決定をもってされる。主文例は、次のとおりである。
(担保不動産競売手続に対する中止命令)

> 別紙物件目録記載の不動産に対する○○地方裁判所平成○○年(ケ)第○○○号担保不動産競売手続を平成○○年○○月○○日まで中止する。

(集合債権譲渡担保に対する中止命令)

> 相手方は、平成○○年○○月○○日までの間、別紙譲渡債権目録記載の債権について、申立人(再生債務者)を担保権設定者とし、相手方を担保権者とする停止条件付債権譲渡契約に基づき、第三債務者に対して申立人名義の債権譲渡通知をし、申立人の代理人として債権譲渡通知をし、若しくは動産及び債権の譲渡の対抗要件に関する民法の特例等に関する法律4条2項所定の通知をし、又は第三債務者の承諾を取得する等の権利行使をしてはならない。

中止命令の対象となった担保権の実行手続は、それ以上進行しない。中止命令が発令された時点で、いわば「凍結する」のみであり、再生手続開始の申立てが棄却または却下されると、中止命令は当然失効し、担保権の実行手続が再び進行することになる。また、担保権の実行手続の中止命令は、強制執行手続の中止命令（民再26条1項2号）と異なり、中止した手続の取消しを求めることはできない（同条3項参照）。

なお、執行裁判所は、中止命令がされたことを当然には知り得ないので、再生債務者において、執行裁判所に対し中止命令の正本を添付して、担保権の実行手続の停止を上申する必要がある（民執183条1項6号参照）。

2 中止期間

中止命令においては、抵当権の実行手続の中止期間を定める必要がある。東京地方裁判所破産再生部（民事第20部）では、中止期間を3か月間と定めることが多いが、別除権協定の交渉に要する期間や従前の交渉経緯等を踏まえ、これより短い中止期間を定めることもある。また、中止期間を1～2か月程度と定めたうえで、その間の交渉経過を勘案して、中止期間の伸長の要否を検討した事例もある。

3 発令後の手続

中止命令を発令した場合、裁判所は、その裁判書を再生債務者等および申立人（再生債務者以外の者が申立人である場合）および差押債権者に送達する（民再31条6項）。また、裁判所は、中止命令を変更し、または取り消すことができる（同条3項）。

中止命令に不服がある場合には、競売申立人に限り、即時抗告をすることができる（民再31条4項）。中止命令の申立てを却下または棄却する決定に対しては、即時抗告をすることはできない。

VI　中止期間の伸長決定

　中止命令は、一定の期間を定めて発令されるから、その期間が経過すれば当然に効力を失う。そこで、中止期間の伸長が必要な場合は、その必要性を疎明して、期間到来前に、中止期間の伸長の申立てをする必要がある。東京地方裁判所破産再生部（民事第20部）でも、再生債務者の申立てにより中止期間の伸長決定をした事例もある（なお、この事例では、伸長決定に際し競売申立人に対し電話聴取等の方法により意見を聞いている）。

第2節　担保権消滅請求

I　意　義

　担保権消滅許可は、再生手続開始の時において再生債務者の財産について担保権が設定されている場合で、当該財産が再生債務者の事業の継続に欠くことのできないものであるときに、再生債務者等の申立てにより、当該財産の価額に相当する金銭を裁判所に納付して、当該財産につき存するすべての担保権を消滅させることを許可するものである（民再148条以下）。

　担保権者は、別除権者として再生手続外で権利行使をすることができる（民再53条1項・2項）ところ、再生債務者が担保権の実行を回避するには、担保権者との間で別除権協定を締結し、被担保債権の全額を弁済して担保の目的物である財産の受戻しをすることが考えられる。しかし、被担保債権の額が担保権の目的物の価額を上回っている場合や、担保権の実行による競売手続では配当を受けられない後順位の担保権者がいる場合には、目的物の価額を超えて被担保債権の全額を弁済しなければならず、担保権を有しない再生債権者との間の公平を害することになり、担保権の目的物の受戻しの方法

によることはできない。また、再生債務者等と担保権者との間で、担保権の目的物の評価に争いがある場合も同様である。このような場合においては、担保権消滅許可を受けることにより、事業の継続に欠くことのできない財産の確保を図ることが検討されることになる。[7]

もっとも、実務上、担保権の消滅許可の申立てがされる事例は、それほど多くない。これは、担保権者が金融機関等の大口債権者であることが多く、担保権消滅許可制度の利用により再生計画案への賛成が得られず、再生計画案が否決されるリスクがあるためであり、むしろ、再生債務者としては、再生手続開始申立てから早期の段階で、担保権者との間で別除権協定の締結に向けた交渉を開始するのが通例であり、実際に締結に至る例も多いからであると思われる。[8]

II 担保権消滅許可の要件

1 再生債務者所有の財産であること

対象となる財産は、再生手続開始時において担保権が設定された再生債務者所有の財産（不動産、動産、債権その他の財産権等の種類は問わない）でなければならない。第三者所有の財産、たとえば、法人である再生債務者について、代表者が法人の債務を担保するために自己の所有する財産上に担保権を設定している場合には、それが再生債務者の事業に利用されているとしても、担保権消滅許可の対象にはならない（所有権の帰属と登記名義が異なる場合の問題を含めて中止命令と同様である。第 2 節 II 1 参照）。

---

[7] 深山卓也ほか『一問一答民事再生法』190頁参照。
[8] 担保権消滅許可制度は、担保権者との折衝の「武器」という機能があり、それを実際に行使せずに合意に達することが期待されていたと指摘するものとして、新注釈民事再生法(上)848頁〔木内道祥〕参照。

2 事業継続に不可欠な財産であること

(1) 意 義

　担保権消滅許可の申立てが認められるためには、「当該財産が再生債務者の事業の継続に欠くことができないものである」ことが必要である（民再148条1項）。

　この要件が求められた立法趣旨は、担保権消滅許可制度が、再生債務者等が担保権の目的である財産の価額に相当する金銭を裁判所に納付することにより、当該財産の上に存するすべての担保権を消滅させるという強力な効果を有することから、その対象となる財産を再生債務者の事業の継続を図るという再生手続の目的を達成するうえで必要最小限度の範囲に限定する必要があるからとされており、「事業の継続に欠くことができない」とは、担保権が実行されて当該財産を利用することができない状態になった場合には再生債務者の事業の継続が不可能となるような代替性のない財産を意味するとされている[9]。典型例としては、製造業者における拠点となる製造工場や機械設備等や、小売業者における店舗など、再生債務者が事業のために継続して使用する財産に担保権が設定されている場合があげられる。

　この点に関する裁判例として、①東京高決平成18・11・28判例集未登載は、パチンコ・スロット等の遊技場の経営や不動産の賃貸・管理業を営む再生債務者の所有する7階建ての建物のうち、地下1階および地上1階において自ら遊技場を営業し、その余のフロアの一部を主として消費者金融業者に賃貸しているという事案において、現に当該遊技場を営業し、将来もこれを継続することを予定して再生計画案を作成していること、賃料収入も相当の額に上ること、当該遊技場の売上げが再生債務者の売上げのほとんどを占めていること、遊技場の経営には公安委員会の許可が必要であり、直ちに別の場所で事業を営むことが困難であること等から、上記建物について事業継続に不

---

[9] 深山ほか・前掲（注7）191頁。東京高決平成21・7・7判タ1308号89頁も同旨。

可欠であると認めた。また、②東京高決平成22・10・7判例集未登載は、鉄道駅周辺ビルを中心にサブリース事業および自社所有物件のテナント賃貸事業を営む再生債務者が、自らが所有する物件についてテナントに賃貸して収益をあげているという事案において、当該物件に係る賃料収入が再生債務者の売上総利益の約5.22％であるとしても、再生債務者が収益弁済型の再生計画を履行中であり、当該物件の賃料収益を再生計画の弁済にあてることを予定していること、再生債務者において新たに別の商業ビルを買い受けるなどして本件不動産に係る賃料収入の喪失を補うことができる見通しがあるとは認められないことから、担保権が実行されると再生債権の弁済原資を確保することに支障を来し、再生計画の履行が困難となって、結局事業そのものが継続できなくなる蓋然性が高いとして、事業の継続に不可欠であると認めた。

(2) 事業譲渡の場合

　事業継続不可欠要件に該当する典型例は、上記(1)のとおり再生債務者が継続して使用する財産であるが、「再生債務者の事業の継続に欠くことのできない」という規定の趣旨は、再生債務者が事業を継続する場合のみならず、当該財産が事業譲渡の対象となっている場合も含まれると解されている。

(3) 売却対象財産である場合

　財産を売却することにより事業資金を捻出することが必要な場合にも、「当該財産が再生債務者の事業の継続に欠くことができない」といえるかという問題がある。売却対象が遊休資産である場合と、販売用資産（原材料、商品等）である場合を中心に議論がされている。

　まず、遊休資産に関しては、「担保権を消滅させて遊休資産を処分し、その代金を事業を継続する資金として活用する場合などは、目的物自体が事業継続にとって不可欠といえない」[10]等として否定的に解する見解が有力である。

　この問題に関する裁判例として、名古屋高決平成16・8・10判時1884号49頁は、ビル等の賃貸業を営んでいた再生債務者が、賃貸ビルの事務所・店舗

10　伊藤・破産法民事再生法971頁。

部分と駐車場部分とを分割して2つの区分所有としたうえで、事業として継続する駐車場賃貸業のため駐車場部分の受戻しや、再生債権の弁済のために事務所部分を売却するために担保権消滅請求をした事案において、「当該財産を売却するなどの処分をすることが、事業の継続のため必要不可欠であり、かつ、その再生のため最も有効な最後の手段であると考えられるようなとき」との限定を付したうえで、売却物件であっても事業継続に不可欠であると認めた。もっとも、この事案については、賃貸ビルの事業譲渡に伴う担保権消滅請求と解することができるとの指摘もされている[11]。

次に、販売用資産に関しては、「確かに最終的には売却することが想定されているが、売却されるとしても、商品が円滑に通常の市場で流通することは再生債務者の事業の再生にとって極めて重要な意義を有するところ、そのような商品の相当部分が流通から外れて競売市場等に流れることは、再生債務者の事業の価値・信頼を大きく損ない、一般にその事業の再生を害する」として肯定的に解する見解があるが[12]、他方で、「担保権者は、当該財産が事業継続にとって不可欠であり、売却できないがゆえに、裁判所が評価人の評価に基づいて定める価額によって担保権を消滅させられる」のであり、販売用資産であれば、破産法上の担保権消滅制度に類似した市場に出すことによる価額決定が保障されるべきである等として否定的に解する見解もある[13]。

この問題に関して、①東京高決平成21・7・7判タ1308号89頁は、金融機関から融資を受けて土地を取得し、同土地に抵当権を設定した後、土地を3～4筆に分筆してそれぞれに住宅を建設して売り出し、買い手がつけば売却代金から融資の返済を行い、抵当権を抹消させて顧客に土地建物の所有権移転登記をするという事業の仕組みにより土地付戸建住宅の分譲業を営んでいた再生債務者が、販売用の土地に設定されていた抵当権の抹消請求をした事

---

[11] 田原睦夫「担保権消滅請求制度の機能と課題」(新堂幸司＝山本和彦編・民事手続法と商事法務) 125頁。
[12] 福永有利監修『詳解民事再生法〔第2版〕』412頁〔山本和彦〕。
[13] 新注釈民事再生法(上)852頁〔木内道祥〕。

案において、販売用財産ではあるが、敷地に設定された担保権の消滅なくしては戸建住宅を通常の不動産市場で売却して利益を得るという事業の仕組みそのものが機能しなくなり、結局事業そのものが継続できなくなる蓋然性が高くなるとして、事業継続に不可欠な財産であると認めた。また、②東京高決平成21・10・20判例集未登載は、上記①と同一の事案で、別の担保権者が、担保権消滅許可に係る土地は再生債務者の多数ある販売用の商品の1つであるにすぎないと主張したのに対し、一部の土地であったとしても、それが一般の不動産市場における流通からはずれて競売市場に流れることは、再生債務者の事業の価値やこれに対する信頼を損なうものであるうえ、個々の土地自体はその価格等からして事業の継続に不可欠であるとはいえない場合があるとしても、担保権の実行により全体として事業の継続が不可能となるおそれが高いことからすると、抵当権実行のおそれのある土地が販売用商品となるべき土地全体に占める割合が相当程度に達する場合には、事業継続に不可欠な財産であると認めた。

3　再生計画案の可決の見込み

　再生計画案が可決される見込みがない場合にも、担保権消滅許可の申立てをすることができるかという問題がある。

　これに関して、東京高決平成20・9・17判例集未登載は、民事再生法148条は再生計画の成立および認可の見込みがある場合に、担保権者が有する担保権実行の時期や方法に関する選択の自由、利益を犠牲にして、再生手続の障害となる担保権の消滅を図ろうとするものであるところ、仮に担保権消滅までの手続を経たにもかかわらず、再生債務者の提出した再生計画案が債権者集会において否決された場合、消滅した担保権が復活することはないから、民事再生手続が廃止に至る可能性が高い場合に、担保権者の有する前記のような自由や利益を犠牲にして担保権の消滅を図ることは、同条の予定していないところであると述べ、再生債務者の負担する債務の大部分を占める1人の債権者（担保権者）が再生計画案に反対の意思を表明しており、その姿勢

を貫く可能性が高いと認められる事案における担保権消滅許可請求を却下した。

III 担保権消滅許可の対象

1 民事再生法53条1項に定める別除権

担保権消滅許可の対象となる担保権は、民事再生法53条1項に定める別除権（特別の先取特権、質権、抵当権または商法もしくは会社法の規定による留置権）であり、仮登記担保権も含まれる（仮登記担保19条3項）。民事留置権は、別除権ではないので含まれない。

2 非典型担保

非典型担保（譲渡担保、所有権留保、ファイナンス・リース等）についても、担保権消滅許可の対象となるかが問題となる。譲渡担保および所有権留保については、倒産手続上、担保権として取り扱うことが一般的である。ファイナンス・リースについても、担保権と解する見解が有力である（いわゆるフルペイアウト方式によるファイナンス・リースについて、民事再生手続上、別除権として取り扱われるものとした裁判例として、大阪地決平成13・7・19判時1762号148頁、東京地判平成15・12・22金法1705号50頁、東京地判平成16・6・10判タ1185号315頁がある）。

そこで、これらの非典型担保について担保権消滅許可の対象となるかが問題となるが、一律にこれを否定することはない[14]、民事再生法が明文の規定をおいていないのは実体法に規定がないからであり、非典型担保についても各担保権ごとにその実質に即して典型担保に関する規律が類推適用されるべきか否かを個別的に検討する必要がある等として、非典型担保に民事再生法[15]

---

14 伊藤・破産法民事再生法970頁。
15 福永・前掲（注12）308頁〔山本和彦〕。

III 担保権消滅許可の対象

148条以下の規定を類推適用することを認める見解も有力である。

他方で、譲渡担保においては、担保目的物の評価は第一次的には譲渡担保権者が行うものであり、このような担保権者の評価の権利ないし利益を損なうとの問題があること、そもそも譲渡担保が所有権の移転、譲渡の法形式をとることから、純然たる所有権の譲渡ないし移転の場合との区別が困難であり、また、譲渡担保権者による私的実行の有無等を判別することが困難であること等から、担保権消滅請求制度を用いることができるのは、譲渡担保権者において譲渡担保権の実行をせず、または担保権消滅請求の対象とすることを認めている場合に限られるとの指摘もされている。[16]また、民事再生法153条3項は、配当について民事執行法の規定を準用しており、配当の順位および額は、民法、商法その他の法律の定めるところによることとされている（民執85条5項）ことからすれば、担保権消滅制度が典型担保を前提としていることは明らかであること、複数の非典型担保が設定されていたり、典型担保と非典型担保が競合する場合には、担保権の存在や配当順位をどのようにするか明確でないこと、目的財産に登記がある場合に、譲渡担保か単なる譲渡か登記上明らかでないと抹消登記の嘱託をすることができるか一義的に決めることができないこと等の問題点も指摘されており、非典型担保を担保権消滅許可の対象とできるのは、目的財産の対象となる被担保債権のみが設定されている場合や、複数の担保権者がいたとしても、裁判所の納付された金銭によって、すべての担保権者の被担保債権の全額や費用を弁済できる場合に限られるとの指摘もあり、[17]実務上、非典型担保について担保権消滅請求制度を活用できる事例は、相当限定されるように思われる。

東京地方裁判所破産再生部（民事第20部）では、非典型担保を担保権消滅許可の対象とした事例は、平成24年5月末の時点で2例ある。1つは、金融機関が再生債務者の動産（工作機械）に譲渡担保権を設定したところ、譲渡担保権の成立およびその内容について当事者間に争いがなく、競合する担保

---

16 西・前掲（注4）73頁以下。
17 髙山崇彦「担保権消滅請求」（園尾隆司ほか編・最新実務解説一問一答民事再生法）525頁。

469

権も存在せず、かつ、譲渡担保権者も譲渡担保権の実行を事実上控えているという事案において、当該動産譲渡担保権を対象に担保権消滅許可決定をしたものである。もう1つは、帽子の卸業者が再生債務者の店舗内に存在する商品に譲渡担保権を設定していたところ、譲渡担保権の成立およびその内容について当事者間に争いがなく、競合する担保権も存在せず、かつ、譲渡担保権者も譲渡担保権の実行を事実上控えているという事案において、当該動産譲渡担保権を対象に担保権消滅許可決定をしたものである（当該事案では、譲渡担保について、登記原因を譲渡担保とする動産譲渡登記がされていたところ、担保権消滅許可決定が確定し、価額に相当する金銭が納付され、裁判所書記官が登記の抹消を嘱託したのに対し、担保権消滅許可決定を登記原因とする動産譲渡登記の抹消登記がされた）。

Ⅳ 担保権消滅許可の審理手続

1 申立て

担保権消滅許可は、再生債務者（管財人が選任されている場合は管財人）の申立てにより発令する（民再148条1項）。

申立てにあたっては、申立書に担保権の目的である財産の価額を記載し、その根拠を記載した書面を提出する必要がある（民再148条2項2号、民再規71条1項）。この価額は、個別の財産ごとに定めて申立てをするのが原則であるが、一体的な利用がされている場合は合計額の評価で申し立てることも可能である。ただし、個々の財産ごとに担保権の設定方法や担保権者が異なる場合や、一部の財産について価額を争われることが見込まれる場合には、配当手続のために財産ごとに価額の割付けをして申し立てる必要がある。

また、価額の根拠を記載した書面とは、たとえば、不動産鑑定士による鑑定書、動産についての買取業者の買取評価書等が該当する。競売手続の評価書の評価から再生債務者が自らの判断において実勢での原価を記載した主張

書面が提出される例もあるが、ここでいう根拠書面にはあたらない。

東京地方裁判所破産再生部（民事第20部）では、再生債務者が担保権消滅請求の申立てを検討する場合には、まずは監督委員と協議することを求めている。その結果、申立てが相当となった場合には、担保権消滅許可の申立書を正式提出する前にドラフトの送付を受け、再生債務者、監督委員および裁判所の三者打合せを実施することとしている。

なお、民事再生法では、担保権消滅許可の申立期間についての定めは存在しないが、民事再生事件終了後は、担保権消滅許可の申立ては請求権の消滅により却下される。担保権消滅請求が価額決定の請求中であった場合も同様である。ただし、価額決定の裁判が確定し、裁判所が金銭の納付期限を定めた後に終結決定があった場合には、確定した手続の執行が残るのみであるから、期限内に納付することにより担保権は消滅すると解されている。[18]

2 担保権者の意見聴取

条文上は、担保権者からの意見聴取は規定されていないが、事業継続の不可欠性について担保権者の意見を聴くことや、価額決定請求を行う意向の有無を確認することがその後の手続を円滑かつ迅速に進めるうえで有用であることから、再生債務者等から担保権消滅許可の申立てがあると、直ちに申立書を担保権者および監督委員に送付（再生債務者等から申立書複本を直送）したうえ、速やかに意見聴取期日（再生債務者等、担保権者および監督委員が出席する期日）を指定する運用を行っている。この意見聴取では、担保権者から担保権消滅請求を争うかどうか、争う場合には事業継続の不可欠性または財産の価額のいずれを争うのか聴取している（意見聴取期日では、担保権者としては事業継続の不可欠性を争わず、財産の価額のみを争うとする例も多い）。

---

[18] 伊藤眞ほか編『注釈民事再生法(下)〔新版〕』109頁〔園尾隆司〕。

V　担保権消滅許可決定の発令

1　発　令

担保権消滅許可決定は、価額に相当する金銭を納付して担保権を消滅させることを許可するとの決定をもってされる。主文例は、次のとおりである。(抵当権の消滅許可決定の主文例)

> 申立人が、裁判所に対し、〇億〇〇〇〇万円を納付して、別紙物件目録記載の財産に設定されている別紙担保権・被担保債権目録記載の各担保権を消滅させることを許可する。

2　発令後の手続

担保権消滅許可決定を発令したときは、裁判所は、その許可決定書を担保権者全員に対し送達する（民再148条3項）。

担保権者は、担保権消滅許可決定に対して即時抗告をすることができる（民再148条4項）。即時抗告期間は、許可決定書の送達を受けた日から1週間である（同条3項、18条、民訴332条）。なお、再生債務者の定めた価額の相当性については、許可決定に対する即時抗告ではなく、価額決定の請求（後記Ⅵ）により争うことになる。

Ⅵ　価額決定請求

1　請求手続

担保権者は、再生債務者の定めた価額について異議があるときは、裁判所

に対し価額の決定を請求することができる。

　請求権者は、担保権消滅許可の対象となったすべての担保権者である。請求期間は、申立書の送達を受けた日から1か月以内（民再149条1項、148条3項）であるが、東京地方裁判所破産再生部（民事第20部）では、担保権消滅許可の申立てがあると直ちに申立書を担保権者に送付する運用であるので、価格決定請求については担保権消滅許可決定書の送達を受けた日から1か月以内に行うことになる。

2　評　価

　価額決定の請求があった場合、裁判所は、当該請求を却下する場合を除き、評価人を選任し、財産の評価を命じなければならない（民再150条1項）。東京地方裁判所破産再生部（民事第20部）では、経験豊富な不動産鑑定士を評価人として選任する運用を行っている。

　評価命令に先立ち、価額決定請求をした担保権者は、裁判所の定める手続費用（主に評価人の鑑定費用であり、評価人候補者から提出された費用の見積書に基づき定められる）を予納しなければならず（民再149条4項）、その予納の確認のため、価額決定請求から評価命令の発令までには2週間程度を要している。

　評価は、財産を処分するものとして算定しなければならない（民再規79条1項）。評価方法については、社団法人日本不動産鑑定協会（当時）「民事再生法に係る不動産の鑑定評価上の留意事項について」、「同（各論）」[19]を指針とした評価がされている。東京地方裁判所破産再生部（民事第20部）では、評価命令の発令後1か月半ないし2か月程度で評価書の提出を受けるのが通例であり、再生債務者等は、価額決定の請求から決定まで少なくとも2か月程度を要することを考慮したうえで手続の進行を検討する必要がある。なお、再生債務者および担保権者は、評価人の評価事務について必要な協力をしな

19　それぞれ判タ1043号82頁、96頁に掲載されている。

ければならない（民再規78条1項）。

　評価書が提出されると、その写しを再生債務者等および担保権者に交付し、事案に応じて評価書について意見を述べる機会を設けることもある。

3　価額決定

　裁判所は、評価人の評価に基づき、財産の価額を決定する（民再150条2項）。この決定は、価額決定の請求をしなかった担保権者に対しても効力を有する（同条4項）。価額決定は、再生債務者等および担保権者に送達される（同条6項）。再生債務者等および担保権者は、価額決定の送達を受けた日から1週間以内に即時抗告をすることができる（同条5項）。

　なお、価額決定の請求に係る手続費用は、再生債務者の申出額および価額決定により定められた価額に応じて、その負担者が定められる（民再151条1項）。

Ⅶ　価額に相当する金銭の納付および担保権の登記の抹消

　再生債務者等は、①請求期間内に価額決定の請求がなかったとき、または価額決定請求のすべてが取り下げられ、もしくは却下されたときは申出額に相当する金銭を、②価額決定が確定したときは価額に相当する金銭を、裁判所の定める期限までに納付しなければならない。期限までに納付されないときには、担保権消滅許可決定は取り消され、すべての費用が再生債務者の負担となる（民再151条4項、152条4項）。

　納付期限は、上記①については請求期間を経過した日（請求期間経過後に価額決定請求のすべての取下げ、または却下がされたときは当該取下げ、または却下の日）から1か月以内、上記②については価額決定の確定日から1か月以内で定められる（民再規81条1項）。

　価額に相当する金銭が納付されたときに、担保権者の有する担保権は消滅

し（民再152条2項）、裁判所書記官の嘱託により担保権に係る登記または登録が抹消される（同条3項）。

なお、東京地方裁判所破産再生部（民事第20部）では、再生債務者がスポンサーから担保権消滅のために納付すべき価額相当の金銭を借り入れるとともに、スポンサーが当該金銭を金融機関から借り入れるために消滅対象の担保権が設定された不動産につき新たに金融機関を第1順位とする抵当権を設定するという事案において、民事執行法82条2項を類推して、再生債務者、スポンサーおよび金融機関による共同の申出に基づき、再生債務者とスポンサーとの間の売買契約書、スポンサーと金融機関との間の抵当権設定契約書等の資料（民執規58条の2第2項2号参照）の提出を受けたうえで、申出人らが指定する司法書士に担保権抹消に係る登記嘱託情報を交付した例がある。

VIII 配当手続

裁判所は、価額に相当する金銭の納付があった場合には、配当表に基づき担保権者に対する配当を実施する（民再153条1項。この手続には、同条3項により不動産競売手続の配当に関する規定が準用されている）。ただし、担保権者が1名のみの場合、または納付された金銭ですべての担保権者の債権総額および再生債務者等が負担すべき費用の全額を弁済することができるときは、弁済金交付手続による（民再153条3項）。

（片山　健）

第3章
更生担保権の確定に係る裁判上の諸問題

第1節　更生担保権の調査確定の手続

I　概　説

　更生担保権は、更生手続開始当時、更生会社の財産につき存する特別の先取特権、質権、抵当権または商事留置権の被担保債権であって、更生手続開始前の原因によって生じたものまたは会社更生法2条8項各号に掲げるもの（共益債権であるものを除く）のうち、当該担保権の目的である財産の価額が更生手続開始の時における時価であるとした場合における当該担保権によって担保された範囲のものをいう。ただし、被担保債権のうち利息または不履行による損害賠償もしくは違約金の請求権の部分は、更生手続開始後1年を経過する時（その時までに更生計画認可の決定があるときは、当該決定の時）までに生ずるものに限り、更生担保権となる（会更2条10項）。ここでいう担保権は、上記の典型担保のほか、譲渡担保、仮登記担保、所有権留保等の非典型担保を含むものと解されており、いわゆるフルペイアウトのリース契約も同様である（譲渡担保について最判昭和41・4・28民集20巻4号900頁、フルペイアウトのリース契約につき最判平成7・4・14民集49巻4号1063頁各参照）。また、上記のとおり、更生担保権の範囲は、開始決定当時において、被担保債権の

うち目的物の価額によって把握される限度のものをいい、これを上回る部分は更生債権となる。このように、更生担保権は担保物権そのものではなく、特定の会社財産によって担保された債権である。

　会社更生法では、担保権者の自由な権利行使を認めると、更生会社の重要な工場・機械等の設備が失われかねないため、担保権者も更生手続に服するものとされている。これは、別除権として個別的な権利執行が許される破産法、民事再生法とは大きく異なる点であって、会社更生法が法的倒産手続の中で最も強力な企業再建手続といわれる所以でもあり、株式会社の再建における手続選択においても重要な意味を有する。そして、更生担保権は、更生債権と同様に権利行使のために債権の届出が必要であり（会更138条2項）、原則として更生計画によらなければ弁済を受けることができない（同法47条1項）。他方、更生担保権は更生計画において最優先順位を与えられ（同法168条3項・1項1号）、更生計画案の決議においても可決の要件が加重されている（同法196条5項2号）。

　以上のとおり、更生担保権が更生債権と同様に更生手続に服する関係上、更生計画の定めに従って権利の変更を受け、弁済を受ける前提として、更生

1　このほか、会社更生法は、①その対象が株式会社（金融機関、保険会社は「金融機関等の更生手続の特例等に関する法律」によって会社更生法の利用が可能である）に限られる（会更1条）こと、②裁判所が選任し監督する管財人によって手続が進められる（同法72条）こと、③租税債権等優先債権も更生手続内に取り込まれる（同法47条等）こと、④更生計画において、減増資のほか合併・会社分割等の組織変更も株主総会の決議なくして実行することができる（同法167条2項、45条1項）こと、その反面、⑤計画案の可決要件として、債権者の頭数要件は不要であり、議決権要件は、更生債権では議決権総額の過半数であるが、更生担保権では注3のとおり加重されている（同法196条5項）こと、⑥少なくとも更生計画の遂行が確実と認められるまで裁判所の監督が継続すること（同法239条）などの点で民事再生法との間に相違がある。
2　会社更生法は、自認債権の制度を有する民事再生法と異なり、届出のない更生担保権は、債権調査・確定の対象とならず、更生計画認可決定により失権し、担保権は消滅する（会更204条）ことも大きな違いである。
3　更生担保権の期限の猶予の定めをする更生計画案は議決権を行使することができる更生担保権者の議決権の総額の3分の2以上、更生担保権の減免の定めその他期限の猶予以外の方法により更生担保権者の権利に影響を及ぼす定めをする更生計画案は4分の3以上、更生会社の事業の全部の廃止を内容とする更生計画案は10分の9以上にそれぞれあたる議決権を有する者の同意が必要である。

担保権を有する者およびその範囲を定める必要がある。これが更生担保権の調査および確定である。

II　更生担保権の届出

1　概　説

　更生手続開始決定がされると、裁判所によって、更生債権等の届出期間が定められる（会更42条1項）。更生担保権者は、届出期間内に、その内容および原因、担保権の目的である財産およびその価額、議決権の額、その他最高裁判所規則で定める事項を裁判所に届け出なければならない（同法138条2項）[4]。債権届出期間は、特別の事情がある場合を除き、開始決定から2週間以上4か月以下（知れている更生債権者等で日本国内に住所、居所、営業所または事務所がないものがある場合には、4週間以上4か月以下）の範囲内で定められる（会更規19条1項1号）。東京地方裁判所では、標準的なスケジュールとして、債権届出期間の終期につき、通常の事件について開始決定から2か月後、いわゆるDIP（debtor in possession）型（以下、「DIP型」という）会社更生については開始決定から6週間後として運用されているが、債権届出期間の長短は更生債権者等の利害に大きな影響を及ぼすことから、事案の内容に応じてある程度柔軟に設定されているのが実情である[5]。

　債権届出期間が経過した後の債権届出は原則として許されず、届出がなく、債権調査・認否の対象とならなかった更生担保権は、更生計画認可決定によ

---

[4]　具体的には、①更生担保権者および代理人の氏名または名称および住所、②更生手続において書面を送付する方法によってする通知または期日の呼出しを受ける場所、③会社更生法136条2項1号から3号に掲げる更生担保権（開始後利息等）であるときは、その旨、④執行力のある債務名義または終局判決のある更生担保権であるときは、その旨、⑤更生担保権に関し更生手続開始当時訴訟が係属するときは、その訴訟が係属する裁判所、当事者の氏名または名称および事件の表示である（会更規36条2項）。

[5]　最新実務会社更生8頁、20頁。

って、原則として失権する（会更204条）が、更生担保権者の責めに帰することができない事由によって更生担保権者が届出をすることができなかった場合には、その事由が消滅した後1か月以内に限り、その届出をすることができる（同法139条1項）。上記の事由としては、天変地異という客観的な不能事由に限られず、通常期待される注意を尽くしても避けられないと認められる事由を含むものと解されている。具体的には、大震災、火災等の不慮の天災・事故のほか、本人の病気や海外出張等、失権させるのが酷であると認められる場合も届出が認められるなど、実務では、更生手続の円滑な進行や失権による不利益等を勘案しながら具体的な事案に応じて判断されている。[6]

2　更生債権となる被担保債権との関係

更生担保権は、前記Ⅰのとおり、当該担保権の目的である財産の価額が更生手続開始の時における時価であるとした場合における当該担保権によって担保された範囲のものをいうから、これを超えた部分については、本来、更生債権として別に届出をすることが必要となる。もっとも、東京・大阪の各地方裁判所では、裁判所が作成した更生担保権届出書の書式の備考欄には、担保権の目的である財産の価額を超える部分については更生債権としての届出をする旨の定型文言があらかじめ記載されている。したがって、更生担保権者は、上記届出書を利用した場合には、更生担保権と更生債権の届出を別々の書面で行う必要はなく、被担保債権額と担保目的物の価額を記載すれば、担保権によって担保されていない被担保債権額について当然に更生債権として届出をしたこととされ、また、更生担保権として認められなかった被担保債権の部分については、予備的に更生債権の届出意思があったものとして扱われることとなる。[7]

---

[6] 最新実務会社更生182頁。
[7] 更生担保権届出書の書式は、会社更生規則3条の2に基づき、管財人が、事務取扱者として、知れたる更生担保権者に対し、開始決定通知とともに送付している。

3　更生手続開始後の利息損害金の扱い

　前記 I のとおり、被担保債権のうち利息または損害金については、社債の場合を除き、更生手続開始後1年を経過する時（その時までに更生計画認可の決定があるときは、当該決定の時）までに生ずるものに限り、更生担保権となる（会更2条10項ただし書）。この点、更生手続開始決定の前日までの利息等については計算が可能であるが、更生手続開始決定の日以降の利息等については、債権届出の時点では、更生計画認可決定の時期がいつになるか不明であるから、更生手続開始の日以降の利率を記載し、額未定として届出をすれば足りる。

III　更生担保権の調査

1　概　説

　更生債権等の調査をするための期間は、更生債権等の届出期間と同様、更生手続開始決定と同時に、裁判所によって定められる（会更42条1項）。裁判所による更生債権等の調査は、管財人が作成した認否書並びに更生債権者等、株主および更生会社の書面による異議に基づいて行われる（同法145条）。

2　認　否

　まず、管財人が、一般調査期間前の裁判所の定める期限までに、届出がされた更生債権等について、更生会社の有する資料等に基づいて認否をした認否書を作成し（会更146条1項）、これを裁判所に提出しなければならない（同条3項）。東京地方裁判所では、標準的なスケジュールとして、認否書の提出期限を、通常の事件については開始決定から5か月後、DIP 型更生手続では開始決定から8週間後として運用されている[8]。

　提出された認否書は、更生債権者等および株主などの利害関係人に対し閲

覧謄写に供される（会更11条1項・2項）とともに、一般調査期間内には更生会社の主たる営業所等において閲覧等をすることができる状態におく措置がとられる（会更規45条）が、東京地方裁判所の実務では、認否をした対象の届出債権者に対しては、原則として、管財人が、認否結果通知書を作成し、認否結果を通知する取扱いが行われている[9][10]。

なお、管財人が認否書において認める旨の認否をしていた更生債権等について、後に認めない旨の認否に変更することは、届出更生債権者等の査定申立ての機会を奪うことになるから、原則として許されないと解されている。

3 調査期間における調査

調査期間は、原則として債権届出期間内に届出があった更生債権等を調査するための期間である一般調査期間と、債権届出期間経過後に届出等がされた更生債権等で会社更生法139条の要件を満たすもののうち、一般調査期間に調査が行われなかった更生債権等を調査するための特別調査期間に分けられる。特別調査の実施は、事案に応じて個別に決することとなる。

届出をした更生債権者等、株主および更生会社は、一般調査期間内に、届出がされた更生債権等の内容等につき書面で異議を述べることができる（会更147条1項・2項）。異議を述べるには、異議の内容のほか異議の理由を記載しなければならない（会更規46条1項）。更生会社からの異議についても同様である（同条項）。裁判所書記官は、更生債権者等または株主から異議があった場合には、その旨を、当該異議に係る更生債権等を有する更生債権者等に通知する（同条2項）。

特別調査期間における調査の方法等は、一般調査期間におけるのと同様である。

---

8 最新実務会社更生183頁。
9 ゴルフ場や消費者金融業者の会社更生事件のように、届出債権者が非常に多数の場合には、否認した届出債権者に対してのみ、管財人が、認否結果通知書を作成し、認否結果を通知している。
10 最新実務会社更生184頁。

IV 更生担保権の確定手続

1 概　説

　届出がされた更生担保権のうち、管財人が認め、かつ、届出をした更生債権者等および株主から異議がなかったものについては、届出の内容どおりに確定する（会更150条1項）。裁判所書記官は、更生債権等の調査の結果を更生債権者表および更生担保権者表に記載しなければならず（同条2項）、確定した事項についての更生債権者表等の記載は、更生債権者等および株主の全員に対して確定判決と同一の効力を有する（同条3項）。

　これに対して、届出がされた更生担保権のうち、管財人が認めず、または届出をした更生債権者等もしくは株主から異議が述べられたもの（以下、「異議等」といい、これら異議等を述べた者を「異議者等」という）については、そのうち、執行力のある債務名義または終局判決がないもの（無名義債権）は、異議等が述べられた更生担保権者が査定申立てまたは訴訟手続の受継をし、執行力のある債務名義または終局判決のあるもの（有名義債権）は、異議者等が訴訟の提起または訴訟手続の受継をし、これらの手続を通じて確定していくことになる。

　なお、更生会社から異議が述べられた場合であっても、異議等のない更生担保権としての確定は妨げられない（会更150条1項）が、更生計画不認可決定が確定した場合や更生計画認可前に更生手続廃止決定が確定した場合には、更生会社であった株式会社に対して確定判決と同一の効力を有することにはならず、当該株式会社に対して更生担保権者表の記載により強制執行をすることはできない（同法235条2項、238条6項）。

　旧法下では、異議等が述べられた更生担保権の確定手続としては、更生担保権確定訴訟が予定されていたが、手続的負担が重く、更生手続の円滑な進行を阻害するとの指摘がされていたことを踏まえ、現行法では、原則として、

簡易な査定の手続を経たうえで、査定の裁判に不服のある者が異議の訴えを提起することとされている（会更151条、152条、158条）。

2 無名義債権の確定手続

異議等のある更生担保権のうち、執行力のある債務名義または終局判決がないもの（無名義債権）については、更生手続開始決定当時、訴訟手続が係属していなければ、異議等を述べられた更生担保権者が、異議者等の全員を相手方として、調査期間の末日から1か月の不変期間内に更生担保権査定申立てをしなければならない（会更151条2項）。これに対し、更生手続開始決定当時、訴訟手続が係属している場合には、異議等を述べられた更生担保権者が、異議者等の全員を当該訴訟の相手方として、上記の不変期間内に、訴訟手続の受継の申立てをしなければならない（同法156条）。上記の不変期間内に更生担保権査定申立てまたは受継申立てがされなければ、当該異議等のある更生担保権についての届出はなかったものとみなされ（同法151条6項）、更生計画認可決定がされれば、同決定によって失権する（同法204条1項）。

3 有名義債権の確定手続

異議等のある更生担保権のうち、執行力のある債務名義または終局判決のあるもの（有名義債権）については、その優越的地位を尊重することが望ましいから、異議者等の側に債権確定のための手続をとる責任を負わせることとし、異議者等は、これら債務名義や終局判決に対して更生会社がすることができる訴訟手続（請求異議・上訴・再審等）によってのみ異議を主張することができる（会更158条1項）。また、更生手続開始当時、訴訟が係属する場合には、異議者等は、当該更生担保権を有する更生担保権者を相手方とする訴訟手続を受継しなければならない（同条2項）。異議の主張および受継申立ての期間は、更生担保権査定申立ての不変期間と同様である（同条3項、151条2項）。異議の主張または受継申立てが1か月の不変期間内にされなかった場合には、異議者等が更生債権者等または株主であるときは異議はなか

ったものとみなされ、異議者等が管財人であるときは管財人においてその更生担保権を認めたものとみなされる（同法158条4項）。

4 更生担保権における確定手続の実情

更生担保権の場合は、約定担保権または法定担保権を問わず、通常は担保権の存在を前提として担保権実行がされることが多いであろうから、担保権の存否をめぐって訴訟が係属中であることは少ないものと思われる。したがって、通常、更生担保権の確定は、無名義債権として査定手続によって審理されることが多いであろう。また、更生担保権は、目的物の価額が争点となることが多いところ、この場合には、更生担保権者は、更生担保権査定申立てのみならず、価額決定の申立てをする必要がある。

以下、まず更生担保権の価額決定の申立ての審理について、その後に更生担保権の査定申立ての審理について、それぞれ説明する。

第2節 更生担保権の額を定める手続における審理

I 価額決定の申立て

1 申立て

更生担保権者は、その有する更生担保権の内容の確定のために更生担保権査定申立てをした場合に、異議者等のうち担保目的物の価額について認めず、または異議を述べた者があるときは、当該更生担保権者は、当該異議者等の全員を相手方として、更生担保権の目的である財産について価額決定を求める申立てをすることができる（会更153条1項）。価額決定の申立ては、当該更生担保権査定申立てをした日から2週間以内にしなければならない（同条

項)。ただし、裁判所は、やむを得ない事由がある場合に限り、当該更生担保権者の申立てにより、上記の期間を伸長することができる（同条2項）。

2 管轄、手数料の有無

価額決定申立事件は、当該更生事件を取り扱う裁判体が扱うこととされている（会更153条1項、2条5項）。東京地方裁判所では、更生担保権査定申立事件と同じく、その審理は受命により主任裁判官によって行われることが多い。なお、価額決定の申立て、更生担保権査定の申立てのいずれについても、申立手数料は不要である（民訴費3条1項参照）。

3 参考資料の提出

価額決定の申立てをする更生担保権者が、価額決定の目的財産について評価をした場合において当該評価を記載した文書を保有するときは、裁判所に対し、その文書を提出するものとされている（会更規48条、民再規75条4項）。これは、価額決定手続における適正かつ迅速な評価の実現のためには、充実した資料が存在することが有用であるからである。

4 申立ての利益

担保目的物の価額を確定しても、更生担保権の内容に何ら影響を及ぼさない場合には、申立ての利益はない。たとえば、先順位担保権者がいない場合において、被担保債権が8000万円で、担保目的物の価額が2億円か3億円かで争いがある場合には、申立ての利益はないことになる。

ここで、更生担保権の確定額いかんにかかわらず、現実の売却価額に基づいて弁済額が定まるいわゆる処分価額連動方式による更生計画の認可決定が確定した場合に、価額決定の申立ての利益があるかは争いがあるが、処分価額連動方式を採用した場合であっても、処分予定の担保目的物に関する更生担保権の調査が、実際に処分が実現されることを条件とする条件付きのものであると考えることはできず、価額決定において担保目的物の価額の決定を

求める申立ての利益がないとまで解することは困難であろう。

II 費用の予納

1 予納者、予納の時期

　価額決定の申立てをする更生担保権者は、その手続の費用として裁判所の定める金額を予納しなければならない（会更153条3項）。費用の予納がないときは、裁判所は、価額決定の申立てを却下しなければならない（同条4項）。もっとも、この費用は主に担保目的物の評価を行う評価人の費用にあてることが予定されているから、東京・大阪の両地方裁判所では、申立てと同時に予納を求めておらず、審理の過程で評価人による評価を行うこととなった段階において予納を求める取扱いがされている。[11]

2 予納の方法等

　現実の予納においても、たとえば、価額決定の申立ての対象となった担保目的物が、多くの担保権者が設定した機械設備を含む大規模な工場財団である場合には、評価費用を正確に見積もるために評価人候補者による工場等の現実の検分等が必要となることも想定されるところであり、このような場合には、さしあたって、これら見積りのための検分等に一定の費用がかかることを考慮し、見積りのための費用を価額決定の申立てをした担保権者の数等に応じて按分して予納を求め、その後に正式な見積りに基づいた評価費用の予納を求めることも考えられる。さらに、同一の工場財団について、多数の担保権者によるシンジケートローンが設定されている場合において、同担保権者らから価額決定の申立てがされたときは、評価人の費用について申立てをした担保権者の数等に応じて按分して予納を求めることも考えられよう。

11　最新実務会社更生190頁。

III 審理

1 評価人の必要的選任等

　価額決定の申立てがあった場合には、裁判所は、これを不適法として却下する場合を除き、評価人を選任し、担保目的物の財産の評価を命じなければならない（会更154条1項）。評価人が選任された場合には、管財人、価額決定の申立てをした更生担保権者および担保目的財産の価額に対する異議者は、評価人の事務が円滑に処理されるようにするために、必要な協力をしなければならない（会更規48条、民再規78条1項）。具体的には、現地への案内、不動産・工場等への立ち入り、調査の実施への協力のほか、管財人や異議者が事前に行った評価に関する資料などの参考資料の提出等が考えられる。

2 評価基準等

　評価人が担保目的物を評価する基準は、当該目的物の更生手続開始時における時価である（会更2条10項）。「時価」の概念は、会社更生法において政策的に採用された法的評価概念であって、再建型の手続として事業の継続を前提とするものであるから、一般的には不動産鑑定に用いられる「正常価格」や「処分価格」とは異なるものととらえるべきであり、これを一義的に求めることはできないとされている[12]。

　したがって、価額決定手続における更生担保権の目的物の価額の評価にあたっては、上記の「時価」概念に十分に留意し、現実の利用状況を所与の条件としつつ、対象となる資産の種類、性質、その保有目的に応じて、会計上是認されている評価指針を適切に適用するとともに、更生担保権の範囲を画する基準としても正当といえるものを選択して評価すべきことになると思わ

12　田原睦夫「財産評定」（伊藤眞ほか編・新しい会社更生法）242〜246頁。

〔第3部・第3章〕第2節　更生担保権の額を定める手続における審理

れる。[13]

　この点、評価人は、担保目的物が不動産である場合には、その評価をするに際し、当該不動産の所在する場所の環境、その種類、規模、構造等に応じて、取引事例比較法、収益還元法、原価法その他の評価の方法を適切に用いなければならない（会更規48条、民再規79条2項）とされているが、担保目的物が不動産でない場合も、これと同様の扱いをしなければならないと規定されており（会更規48条、民再規79条4項）、評価人としては、これらの規定を踏まえつつ、更生手続開始決定時の「時価」として、最も公正妥当な評価方法を選択していくことになろう。

3　審理における留意点等

　現実の審理にあたっては、裁判所と評価人は、担保権者および管財人の担保目的物の価額についての意見を踏まえつつ、担保目的物の評価は会社更生法上の「時価」評価であることを前提として認識を共通にし、これを実施する必要があろう。もっとも、東京・大阪の各地方裁判所では、管財人の認否に対し、更生担保権者から更生担保権査定申立ておよび価額決定の申立てがされる事件は相当数あり、特にリース物件や工場財団、不動産の評価をめぐって管財人と更生担保権者との間で強く争われることが少なくないものの、更生手続全体の中における更生担保権者の位置づけ等に照らし、更生手続を円滑かつ迅速に進行させ、更生計画案を早期に作成させようとする見地等から、多くの事案では、管財人と更生担保権者との間の和解によって解決されており、相当額の費用の予納が求められる評価人選任の段階まで行くことは少ないのが実情である。

13　事業再生研究機構財産評定委員会編『新しい会社更生手続の「時価」マニュアル』84頁、85頁、94頁。

488

Ⅳ 決 定

1 価額決定

　価額決定の申立てがあった場合には、裁判所は、これを不適法として却下する場合を除き、評価人の評価に基づき、担保目的物の価額を定めなければならない（会更154条2項）。評価人の評価には法的な拘束力はないため、裁判所は、最終的に評価人の評価を前提としつつ、合理的な目的物の価額を決定することになるが、上記Ⅲ3のとおり、裁判所と評価人との間で担保目的物の価額の評価につき、一定の共通認識が形成されることが前提とされているところであり、評価人の評価に合理性が認められる場合、裁判所は、当該評価を十分参考にして決定することが多いであろう。[14]

2 費用負担者

　決定においては、評価人の評価費用を含む最終的な費用の負担者が決められることになるところ、これについては法律によって一定の規律がされている（会更154条5項各号）。すなわち、①決定価額が更生担保権者の届出価額と等しいか、これを上回る場合には、異議者等が負担し、②決定価額が、更生担保権の調査において異議者等から述べられた価額のうち最も低い価額と等しいか、これを下回る場合には、更生担保権者が負担することになる。③それ以外の場合、すなわち、決定価額が、更生担保権者の届出価額と更生担保権の調査において異議者等から述べられた価額のうち最も低い価額の間となった場合には、裁判所がその裁量により負担者およびその額を定めることとなる。東京・大阪の両地方裁判所の実務では、現実に価額決定まで至る事例は少ないのが実情であるが、たとえば、決定価額と、更生担保権者の届出

14　最新実務会社更生191頁。

価額および異議者等から述べられた価額との乖離割合によって負担者および負担額を定めることが考えられよう。

V　決定後の手続等

1　不服申立て

価額決定の申立てについての決定に対しては、当該価額決定事件の当事者は、即時抗告をすることができる（会更154条3項）。価額決定は非訟事件の性質を有するものであり、裁判所の価額決定に対しては、異議の訴えを提起することはできない。この即時抗告に係る手続に要した費用は、当該即時抗告をした者の負担となる（同条6項）。

2　確定した場合の扱い

価額決定が確定した場合には、更生担保権査定申立てまたは更生担保権査定異議の訴えが係属する裁判所は、当該決定で定められた価額に拘束されることになり（会更155条2項1号）、当事者は、価額決定で定められた価額を査定の手続または異議の訴えで争うことはできない。

3　価額決定手続中の更生手続終了

更生手続終了時に係属する価額決定の申立ての手続は、更生計画認可の決定前に更生手続が終了したときは終了し、更生計画認可の決定後に更生手続が終了したときは引き続き係属する（会更163条1項）。後者の場合、価額決定の申立ての手続は、更生手続終了により中断し、更生会社であった株式会社が受継しなければならない（同条2項、52条4項・5項）。

第3節　更生担保権の存否をめぐる審理

I　更生担保権査定手続と価額決定手続との関係

1　価額決定等の拘束力

　第2節V2のとおり、更生担保権の目的である財産について、確定した価額決定がある場合、当該決定により定められた価額は、当該更生担保権を有する更生担保権者がした更生担保権査定申立てまたは当該申立てについての決定に係る更生担保権査定異議の訴えが係属する裁判所を拘束する（会更155条2項1号）。これに対し、確定した価額決定がない場合には、異議等のない価額または異議者等が更生担保権の調査において述べた財産の価額のうち最も低い金額が更生担保権査定手続等が係属する裁判所を拘束する（同2号）。

　したがって、更生担保権の目的である財産の価額に争いがある事案において、更生担保権者が、更生担保権査定申立てに加えて価額決定の申立てをしなければ、担保目的物の価額は、異議者等が主張した価額に固定されることになることに留意する必要がある。

2　被担保債権の存否または額に争いがある場合

　他方、更生担保権査定申立てまたは更生担保権査定異議の訴えが係属する裁判所は、価額決定等に拘束されるものの、当該担保権の被担保債権の存否については自由に判断することができる。たとえば、担保目的物の価額に5億円か2億円かという争いがある場合において、担保目的物の価額を3億円とする価額決定が確定しても、更生担保権査定申立てが係属する裁判所が、

被担保債権をゼロ円であると認定することは妨げられず、この場合には、更生担保権査定決定では当該更生担保権はゼロ円と査定されることになる。

II 申立て・審理

1 申立て

更生担保権査定申立てについては、第1節IVで述べたとおりである。

また、更生担保権査定申立てにおいて、申立手数料が不要である（民訴費3条1項参照）ことも、第2節I2のとおりである。

2 管轄、審理の時期

更生担保権査定申立事件は、当該更生事件を取り扱う裁判体が扱うこととされている（会更151条1項、2条5項）。東京地方裁判所では、査定申立事件の審理は受命により主任裁判官によって行われることが多い。

更生担保権査定申立てが係属する裁判所は、価額決定手続の帰趨に拘束されるため、更生担保権者がした更生担保権査定申立てについての決定は、更生担保権者が価額決定の申立てをすることができる期間を経過した後でなければすることができず、価額決定の申立てがあったときは、当該価額決定の申立てが取り下げられ、もしくは却下され、または価額決定が確定した後でなければすることができない（会更155条1項）。

もっとも、これは価額決定に先立って更生担保権査定決定を行うことを禁止しているだけであって、両事件の審理を並行して行うことまでを禁止しているものではない。東京・大阪の両地方裁判所では、両事件が係属する場合、並行して審理が進められている。

3 必要的審尋、主張制限

裁判所は、更生担保権査定申立てを不適法として却下する場合を除き、決

定をする場合には、異議者等を審尋しなければならない（会更151条4項）。審尋は、口頭でも書面でもよく、東京・大阪の両地方裁判所では、更生債権査定申立てを含め、書面審尋を主としつつ、適宜、必要に応じて、口頭での審尋も活用されている。

　更生担保権査定申立てにおいては、更生担保権者は、その担保権の内容および原因、担保権の目的である財産およびその価額（会更138条2項1号・2号）について、更生担保権者表に記載されている事項のみを主張することができる（同法157条）。この主張制限の趣旨は、更生担保権者表に記載されていない事項の主張を新たに許すと、他の関係者が異議を述べる機会を奪うことになるからであるが、訴訟物としては別個であっても、給付の内容が等しく、社会的経済的に同一の利益を目的とする権利であるといえる場合には上記の主張制限に反しないとする見解が有力である[15]。これらは、更生債権査定申立てと同一である。

III　担保権の性質に応じた検討

1　約定担保物権

　更生担保権の存否をめぐる審理においては、抵当権や質権等の約定担保権では登記や物の所在によって担保権の存否が明らかになることが多いため、担保権の存否をめぐる審理が正面に出てくることは少なく、主として被担保債権の有無や担保目的物の価額が争点となることが多い。

2　法定担保物権

　これに対して、商事留置権、動産売買先取特権など法定担保物権のうち、動産売買先取特権では、担保権の存在そのものが争われることが多い。

15　旧法下における裁判例および学説として、大阪高判昭和56・6・25判時1031号165頁、大阪高判昭和56・12・25判時1048号150頁、条解会社更生法(中)771頁。

商事留置権については、担保目的物が更生会社の商品等の在庫であることも多く、実務上、物流業者が代金を支払わない限り当該在庫を留置する旨主張することがある。このような場合、管財人としては担保権消滅請求が可能である（会更104条1項）が、その審理に要する期間等に照らし、事業価値を毀損することなく商品等の流通を可能とし、あわせて物流業者に今後の取引に応じてもらうために、裁判所の許可を得て、当該物流業者との和解や商取引債権の全額弁済（同法47条5項後段）を行うことがある。

動産売買先取特権の場合には、そもそも更生手続では事業が継続しており、動産売買先取特権の対象である商品等が第三者へ転売されることも多いため、その存否をめぐる争いが実務上生じることも珍しくない。動産売買先取特権は、動産を売買に供した売主に当該目的物についての優先弁済権を保障する趣旨から認められたものであるが、担保権として外部から認識しがたい場合も少なくなく、債務者は差押えを受けるまで当該目的物の処分を制限されることがないから、更生担保権としての保護を受けるためには、更生手続開始当時、売主が差押えをしていることを要すると考える余地もある。

しかし、会社更生法は、動産売買先取特権を含む特別の先取特権の被担保債権も更生担保権に含まれると規定し（会更2条10項）、動産売買先取特権を他の担保権と区別しておらず、また、担保権の目的物を差し押さえることは、担保権を実行する競売手続を開始するための手続であって（民執190条1項3号・2項）、担保権の存否や対抗力の有無とは直接関係がないから、差押えがされていないことを理由に動産売買先取特権を否定することは困難であろう。[16]もっとも、動産売買先取特権者は、更生手続がなければ、差押手続をとらなければならないから、更生担保権の届出事項として要求される「担保権の目的である財産」（会更138条2項2号）については、差押えが可能な程度に、目的物の種類、形式、所在場所等を明らかにして記載しなければならないと

---

[16] 動産売買先取特権の更生担保権の成否において、差押えを不要とする見解を前提としたものとして、伊藤・会社更生法202頁、池田毅＝木村真也「更生手続下における動産売買先取特権の取扱いについて」（倒産実務交流会編・倒産実務の諸問題）133頁以下。

いうべきである。

IV 目的物を共通にする複数の更生担保権がある場合の取扱い

1 旧法下での問題・議論

　目的物を共通にする複数の更生担保権がある場合においては、更生担保権の調査および確定の手続は、それぞれの更生担保権ごとに実施されるため、担保権の目的である財産の価額についてそれぞれの手続において別個の結論となる場合がある。そのため、たとえば、先順位の更生担保権の額が管財人の認否した担保目的物の価額と同額で確定したにもかかわらず、後に後順位の更生担保権についてとられた更生担保権確定手続において、担保目的物の価額が先順位の担保権の手続による価額よりも高額であるとされた場合の取扱いが問題となっていた。

　旧法下での学説では、主に、後順位担保権についての更生担保権確定手続で認められた担保目的物の価額から、①先順位の担保権の被担保債権の額を控除した額を後順位担保権の担保額とする考え方（按分説）と、②先順位の担保権の確定した更生担保権の額を控除した額を後順位更生担保権の担保額とする考え方（優先説）があった[17]。たとえば、被担保債権が5億円である先順位の更生担保権につき、担保目的物の価額が3億円であることが確定した結果、先順位の更生担保権額が3億円とされた場合に、後順位の更生担保権（被担保債権は3億円）の確定手続において担保目的物の価額が5億円であると判断された場合、①の按分説では、後順位の担保権者の担保額は担保目的物の価額5億円から先順位の被担保債権5億円を控除したゼロ円となり、その結果、差額である2億円は更生会社に留保されることになり、②の優先説

---

[17] 旧法下の学説の状況について、山本和彦「更生債権及び更生担保権の調査・確定」金法1673号20頁。

では、後順位の更生担保権の確定手続で判断された担保目的物の価額5億円から先順位の更生担保権額3億円を控除した2億円が後順位担保権者の更生担保権として確定し、後順位担保権者に割り当てられることになる。

2　現行法での取扱い

現行法では、その立法過程において上記について意見が分かれたものの、更生担保権の一般的な取扱いは、更生担保権の範囲は更生手続開始の時に固定され、後順位の担保権に係る被担保債権が更生担保権として取り扱われるべき範囲は、更生手続開始当時当該担保権により実質的に担保されていたとみられる範囲内に限られるとの考え方を前提とする按分説が採用されることとなった。[18]

すなわち、会社更生法159条は、目的物を共通にする複数の更生担保権がある場合において、確定した1つの更生担保権についての更生担保権の内容、担保権の目的である財産の価額や、更生担保権が裁判により確定した場合における更生担保権の内容、担保権の目的である財産の価額および当該裁判の理由に記載された事項は、他の更生担保権についての更生担保権査定申立てまたは更生担保権の確定に関する訴訟が係属する裁判所を拘束しないことを規定し、あわせて、更生担保権の定義につき、更生手続開始当時更生会社の財産につき存する担保権の被担保債権のうち、当該担保権によって担保された範囲のものであることを明らかにする（会更2条10項）ことによって、按分説をとることを明らかにしたものである。

実務上、工場財団に対するシンジケートローンの設定により多数の抵当権が付され、一部の担保権者から更生担保権査定申立ておよび価額決定の申立てがされることがあるが、上記によれば、価額決定手続において、担保目的物の価額が管財人の認否額よりも高く確定したときであっても、当該担保権者が後順位担保権者である場合には、当該決定価額からまず先順位担保権者

18　現行法の立法過程について、山本・前掲（注17）20頁、21頁。

の被担保債権の額が控除されることになり、その残額が後順位担保権者の更生担保権額となるにとどまることに留意する必要がある。

V　決定・不服申立て等

1　決　定

　裁判所は、更生担保権査定申立てがあった場合には、これを不適法として却下する場合を除き、決定で、異議等のある更生担保権の存否および内容を査定する裁判（更生担保権査定決定）をしなければならない（会更151条3項）。裁判所は、更生担保権の存否について、存在しない旨の認定に至った場合には、査定申立てを棄却するのではなく、当該更生担保権がゼロ円である旨の査定決定をする。更生担保権査定申立てについて決定があった場合には、その裁判書を当事者に送達しなければならず、公告をもって代えることはできない（同条5項）。

2　合意による解決（和解）

　審尋期日において、更生担保権者と異議者等が合理性をもった一定の合意に至った場合、これを更生手続に反映させるため、従前、東京地方裁判所では、査定事件が非訟手続の性質を有することに照らし、当事者間で合意された更生債権等の内容を調書に記載したうえで、その内容に沿うように、更生債権者等が届出事項を一部変更（取下げ）したうえ、管財人が認否を変更し（あるいは、異議を述べた更生債権者等または株主が異議を一部撤回し）、更生債権等を確定させるという取扱いが一般的であった。この場合、更生担保権査定手続は、更生担保権者が別途その申立てを取り下げることにより終了する。

　他方、平成23年法律第51号による改正後の非訟事件手続法により、非訟事件においても確定した終局決定と同一の効力を有する裁判上の和解が可能となったことから、平成25年1月1日以降に係属した査定事件においては、こ

のような和解による査定事件の終了も可能となると思われる。

3 不服申立て

更生担保権査定申立てについての決定に不服がある者は、その送達を受けた日から1か月の不変期間内に、異議の訴えを提起することができる（会更152条1項）。

4 確定した決定の効力等

更生担保権査定申立てについての決定に対する更生担保権査定異議の訴えが、上記3の期間内に提起されなかったとき、取り下げられたとき、または却下されたときは、当該決定は、更生債権者等および株主の全員に対して、確定判決と同一の効力を有する（会更161条2項）。更生担保権査定決定が確定したときは、裁判所書記官は、管財人、更生債権者等または株主の申立てにより、当該決定の内容を更生担保権者表に記載しなければならない（同法160条）。

5 訴訟費用の償還

更生会社の財産が、更生担保権査定申立てについての決定によって利益を受けたときは、異議を主張した更生債権者等または株主は、その利益の限度において、更生会社財産から訴訟費用の償還を受けることができる（会更162条）。これは共益債権となる（同法127条4号）。

6 更生担保権査定手続中の更生手続終了

更生手続終了時に係属する更生担保権査定申立ての手続は、更生計画認可の決定前に更生手続が終了したときは終了し、更生計画認可の決定後に更生手続が終了したときは引き続き係属する（会更163条1項）。後者の場合、更生担保権査定手続は、更生手続終了により中断し、更生会社であった株式会社が受継しなければならない（同条2項、52条4項・5項）。これは価額決定

498

手続と同様の定めである。

以上の上記1から6の規定等は、更生債権査定申立てと同一である。

VI 査定異議の訴え

1 訴えの提起

更生担保権査定申立てについての決定に不服がある者は、当該決定の送達を受けた日から1か月の不変期間内に、更生担保権査定異議の訴えを提起することができる（会更152条1項）。管轄裁判所は、更生裁判所であるが、これは更生事件が係属している地方裁判所をいう（同法2条4項）。東京・大阪の両地方裁判所では、事務分配上、当該更生事件を担当する裁判体とは異なる部の裁判体が担当している。更生担保権査定異議の訴えを提起する者が異議等のある更生担保権を有する更生担保権者であるときは異議者等の全員を被告とし、提起する者が異議者等であるときは当該更生担保権者を被告としなければならない（同法152条4項）。

2 訴額の算定

更生担保権査定異議の訴えについての訴訟の目的の価額は、更生計画によって受ける利益の予定額を標準として、受訴裁判所が定める（会更規47条、民再規46条）。更生計画案がすでに提出されている場合には、更生計画案に記載された更生担保権に対する弁済率を基に訴額を算定することになると思われる。

3 訴訟手続

訴訟手続については、通常の民事訴訟と同様であるが、以下の特則がある。すなわち、①同一の更生担保権に関して、更生担保権査定異議の訴えが数個同時に係属するときは、弁論および裁判を併合して行わなければならず、

必要的共同訴訟に関する民事訴訟法40条1項から3項までの規定が準用される（会更152条6項）。また、②更生担保権査定異議の訴えの口頭弁論は、異議の訴えを提起することができる期間を経過した後でなければ開始することができない（同条5項）。さらに、③更生担保権について更生担保権査定異議の訴えが提起された場合、担保目的物の財産の価額については確定した価額決定等に拘束されること（同法155条2項各号）、④更生債権者等は更生担保権者表に記載されている事項のみを主張することができること（同法157条）は、更生担保権査定申立ての手続と同様である。

4 判決、和解等

更生担保権査定異議の訴えについての判決は、訴えを不適法として却下する場合を除き、更生担保権査定申立てについての決定を認可し、または変更する（会更152条7項）。当該判決は、更生債権者等および株主の全員について、その効力を有する（同法161条1項）。

また、裁判上の和解が可能である点は、一般の民事訴訟と異なるところはないが、異議者等が複数いるときは、必要的共同訴訟としての制約を受けることになる。

判決が確定または裁判上の和解が成立した場合において、裁判所書記官が、当該訴訟の結果を更生担保権者表に記載しなければならないこと（会更160条）、異議者に訴訟費用の償還がされ得ること（同法162条）は、更生担保権査定決定が確定した場合と同様である。

5 更生担保権査定異議の訴え係属中の更生手続終了

更生手続が終了した際、現に係属する管財人を当事者とする更生会社の財産関係の訴訟手続は中断し（会更52条4項）、更生会社であった株式会社がこれを受け継がなければならないものとされている（同条5項）から、更生担保権査定異議の訴えが係属中に更生手続が終了した場合は、更生計画認可決定の前後を問わず、同訴訟は中断し、株式会社が受継することになると解さ

れる。

VII 更生担保権査定手続によらずに確定される更生担保権

1 訴訟手続の受継（無名義債権）

　異議等のある更生担保権のうち、執行力ある債務名義または終局判決がないもの（無名義債権）について、更生手続開始当時訴訟が係属している場合において、更生担保権者がその内容の確定を求めようとするときは、前記第1節IV2のとおり、更生担保権査定手続によるのではなく、異議者等の全員を当該訴訟の被告として、訴訟手続の受継の申立てをしなければならない（会更156条1項）。更生手続開始決定当時、すでに訴訟が係属しているのであれば、これを利用することが費用や時間の関係から有益であると考えられるためである。受継の申立ては、異議等のある更生担保権に係る調査期間の末日から1か月の不変期間内にしなければならず（同条2項、151条2項）、期間内に受継の申立てがないときは、当該異議等のある更生担保権についての届出はなかったものとみなされる（同法151条6項）。

　受継後の訴訟は、更生債権等の確定に関する訴訟であり（会更160条）、異議のある事項について既判力によって確定する確認訴訟であると解されているから、受継前の訴訟が給付訴訟である場合には、請求の趣旨を「金〇〇〇円の更生担保権を有することを確定する。」とする必要がある。受継がされた訴訟における主張制限、更生担保権者表への記載、判決の効力、訴訟費用の償還については、更生担保権査定手続において解説したのと同様である（同法157条、160条、161条1項、162条。前記V参照）。

2 訴訟手続の受継（有名義債権）

　異議等のある更生担保権のうち、執行力のある債務名義または終局判決の

あるもの（有名義債権）については、異議者等は、これら債務名義や終局判決に対して更生会社がすることができる訴訟手続によってのみ異議を主張することができる（会更158条1項）ところ、更生手続開始当時、訴訟が係属する場合には、異議者等が、当該更生担保権を有する更生担保権者を相手方とする訴訟手続を受継しなければならない（同条2項）。受継の申立ては、無名義債権の場合と同様であり（同条3項、151条2項）、1か月の不変期間内に受継の申立てがないときは、異議者等が更生債権者等または株主であるときは異議はなかったものとみなされ、異議者等が管財人であるときは管財人においてその更生担保権を認めたものとみなされる（同法158条4項）。受継がされた訴訟における主張制限、更生担保権者表への記載、判決の効力、訴訟費用の償還については、更生担保権査定手続において解説したのと同様である（同法157条、160条、161条1項、162条。前記V参照）。

3 受継訴訟の係属中の更生手続終了

更生担保権査定異議の訴えと同様、異議等のある更生担保権に関する管財人を当事者とする訴訟で更生手続内で受継された訴訟については、訴訟手続は更生手続の終了により中断し（会更52条4項）、更生会社であった株式会社がこれを受け継がなければならないこととなる（同条5項）。

（垣内　正／日置朋弘）

第4章 否認権行使についての裁判上の諸問題

第1節 支払不能、支払停止

I 意　義

　支払不能とは、債務者が支払能力を欠くために、その債務のうち弁済期にあるものにつき、一般的かつ継続的に弁済することができない状態をいい（破2条11項）、支払停止とは、債務者が支払能力を欠くために一般的かつ継続的に債務の支払をすることができないと考えてその旨を明示的または黙示的に外部に表示する行為をいう（最判昭和60・2・14判時1149号159頁、最判平成24・10・19金法1962号60頁）。一般的とは、弁済することができない債務が債務者の債務の全部または大部分を占めていることを意味し、継続的とは、一時的に支払が不可能であっても直ちに回復する場合には支払不能にはならないこと（一時的な手許不如意は除かれる）ことを意味する。

　偏頗行為否認（破162条1項、民再127条の3第1項、会更86条の3第1項）等において、破産管財人、監督委員、管財人が債務者の支払不能を立証することは必ずしも容易ではなく、立証が比較的容易な支払停止を主張・立証する

1　伊藤・破産法民事再生法109頁。

ことが少なくない。

II　支払停止該当性

　手形の不渡りや債権者に対する支払停止・返済猶予の通知、夜逃げなどが支払停止の典型例であるが、弁護士等の受任通知や、事業再生における支払の一時停止要請通知（事業再生に係る認証紛争解決事業者の認定等に関する省令7条）が支払停止にあたるか否かは争いがある。

　前掲最判平成24・10・19は、債務整理を受任した弁護士の債務整理開始通知について支払停止にあたるとの事例判断をしたが、須藤正彦裁判官は、「一定規模以上の企業、特に、多額の債務を負い経営難に陥ったが、有用な経営資源があるなどの理由により、再建計画が策定され窮境の解消が図られるような債務整理の場合において、金融機関等に『一時停止』の通知等がされたりするときは、『支払の停止』の肯定には慎重さが要求されよう。このようなときは、合理的で実現可能性が高く、金融機関等との間で合意に達する蓋然性が高い再建計画が策定、提示されて、これに基づく弁済が予定され、したがって、一般的かつ継続的に債務の支払をすることができないとはいえないことも少なくないからである」との補足意見を述べている。この補足意見のような考え方はすでに学説で唱えられており[2]、裁判例も存し（東京地決平成23・8・15判タ1382号357頁）、企業再建にあたる実務家を中心に支持を広げている[3]。

　これに対し、債務者の行為という本来は外形的に判断可能な事柄について、一部免除や猶予の申出（再建計画案）の合理性や債権者による受入れの蓋然性という実質的あるいは規範的な判断を持ち込むことは適切ではなく、支払停止後に再建計画が成立すればその時点で支払不能を脱することになるから、

2　伊藤眞「債務免除等要請行為と支払停止概念」NBL670号15頁。
3　増田勝久「偏頗行為否認に関する近時の諸問題」（田原睦夫先生古稀・最高裁判事退官記念・現代民事法の実務と理論（下巻））288頁。

その後二次破綻をして法的倒産手続が開始されたとしても、上記申出と二次破綻後の法的倒産手続との間に因果関係はないとの理由で支払停止後の弁済や担保提供は否認することはできないとの説明ができるとして、一時停止要請通知は支払停止にあたるとする有力な見解があり、相応の説得力があると思われる[4]。

III 支払不能、支払停止の要件事実的性質

　支払不能、支払停止は規範的要件であると解され[5]、支払不能、支払停止による効果を主張する者がこれを根拠づける評価根拠事実について主張・立証責任を負う[6]。

　前記IIの一時停止要請通知について、須藤補足意見のような考え方に立てば、合理的で実現可能性が高い再建計画等の策定、提示等の事情は、支払停止の効果を争う者が評価障害事実として主張・立証責任を負うものと解され、支払停止該当性の判断において上記事情を持ち込まない考え方に立てば、支払停止を肯定したうえ、上記事情を否認対象行為の有害性の消滅事由（評価根拠事実）として主張・立証することになると解される。

第2節　否認の訴えの要件事実

　法的倒産手続である破産手続、再生手続および更生手続における否認権の成立要件、効果等の規律は、基本的に同じである。
　そこで、本稿では、破産手続における否認の要件事実について述べること

---

[4] 松下淳一「偏頗行為否認の諸問題」（田原睦夫先生古稀・最高裁判事退官記念・現代民事法の実務と理論（下巻））255頁。増田・前掲（注3）288頁も再建計画案の提示の有無やその合理性は支払停止の有無と無関係であるとする。
[5] 永石一郎編『倒産実務処理ハンドブック』665頁。
[6] 北秀昭「倒産関係事件と要件事実」（伊藤滋夫ほか編・民事要件事実講座2〔総論II〕）153頁、福田修久「相殺を巡る訴訟」（島岡大雄ほか編・倒産と訴訟）62頁。

とする。

I 訴えの性質、訴訟物

　否認の訴えの性質について、否認の宣言は不要であり、否認に基づいて生じる相手方の義務のみを主文に掲げれば足りるとする給付・確認訴訟説が判例・通説である。訴訟物は、否認の効果として生じる権利関係であり、否認の要件の存在および否認権の行使がされたことは、訴訟物を基礎づける攻撃防御方法として判決理由中で判断される。[7]

II 詐害行為否認の要件事実

1 一般的な詐害行為否認（破160条1項1号）

(1) 要件

　①破産債権者を害する行為（詐害行為）、②破産者の詐害意思、③受益者が詐害行為であることを知っていたことである。

(2) 請求原因

(ア) 詐害行為

　破産原因である支払不能（破15条1項）や法人の場合の債務超過（同法16条1項）の状態が生じ、またはその発生が確実に予測される時期が到来すれば、債務者が合理的理由なく責任財産を減少させることは詐害行為と評価される。[8]

　破産管財人は、規範的要件である詐害行為を根拠づける評価根拠事実について主張・立証責任を負い、受益者は、詐害行為の不存在を根拠づける評価障害事実について主張・立証責任を負う。[9]

7　伊藤・破産法民事再生法568頁、永石・前掲（注5）658頁。
8　伊藤・破産法民事再生法516頁。

〔図1〕 ブロックダイヤグラム（一般的な詐害行為否認）

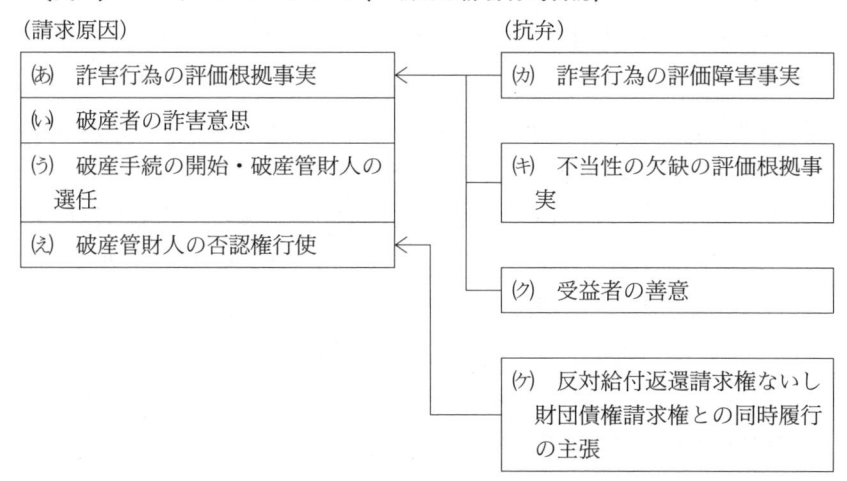

（請求原因）
- (あ) 詐害行為の評価根拠事実
- (い) 破産者の詐害意思
- (う) 破産手続の開始・破産管財人の選任
- (え) 破産管財人の否認権行使

（抗弁）
- (カ) 詐害行為の評価障害事実
- (キ) 不当性の欠缺の評価根拠事実
- (ク) 受益者の善意
- (ケ) 反対給付返還請求権ないし財団債権請求権との同時履行の主張

　(イ)　破産者の詐害意思

　破産者が破産債権者を害することを知っていたことを意味し、債権者に対する加害の認識があれば足りる（最判昭和35・4・26民集14巻6号1046頁）。かかる認識は事実的要件であり、これを根拠づける具体的事実まで主張・立証する必要はない。

　(3)　抗　弁

　行為自体は詐害行為とみられても、生活費や事業の運転資金を捻出するための財産売却や担保の設定など当該行為がされた動機や目的を考慮して、破産債権者の利益を不当に侵害するものではないと認められる場合には、不当性を欠くとして否認の成立が阻却される（最判昭和42・11・9民集21巻9号2323頁、最判昭和43・2・2民集22巻2号85頁、最判昭和44・12・19民集23巻12号2518頁）。したがって、受益者は、不当性の欠缺を根拠づける評価根拠事実を主張・立証することができる。

9　北・前掲（注6）140頁、影浦直人「否認訴訟」（島岡大雄ほか編・倒産と訴訟）20頁。
10　永石・前掲（注5）661頁。
11　伊藤・破産法民事再生法507頁、北・前掲（注6）142頁。

また、前記(1)③の要件は、受益者が破産債権者を害することを知らなかったこと（受益者の善意）について主張・立証責任を負う（最判昭和37・12・6民集16巻12号2313頁）。過失の有無は問わない（最判昭和47・6・15民集26巻5号1036頁）。この要件は事実的要件であり、受益者の認識について主張・立証をすれば足り、これを根拠づける具体的事実まで主張・立証する必要はない。[12]

　詐害行為否認が認められると、相手方は、破産者の受けた反対給付が破産財団に現存する場合には当該反対給付の返還請求権を、破産財団に現存しない場合は財団債権として反対給付の価額償還請求権を行使することができる（破168条1項1号・2号）。現存するか否かの判断は、事実審口頭弁論終結時を基準とする[13]。この反対給付の返還請求権ないし財団債権請求権は、否認対象行為に係る目的物の返還請求権と同時履行の関係に立つ[14]（東京地判昭和32・12・9下民集8巻12号2290頁）。したがって、受益者は、反対給付返還請求権ないし財団債権請求権との同時履行の抗弁（権利抗弁）を主張・立証することができる。

2　危機時期における詐害行為否認（破160条1項2号）

(1)　要　件

　①詐害行為、②詐害行為が支払停止または破産開始の申立て（以下、「支払停止等」という）の後にされたこと、③受益者が支払停止等の事実および詐害行為であることを知っていたことである。

(2)　請求原因

(ア)　詐害行為

前記1(2)(ア)と同じ。

(イ)　詐害行為が支払停止等の後にされたこと

詐害行為が支払停止等の後にされたことを要する。

12　永石・前掲（注5）661頁。
13　伊藤・破産法民事再生法583頁。
14　伊藤・破産法民事再生法586頁。

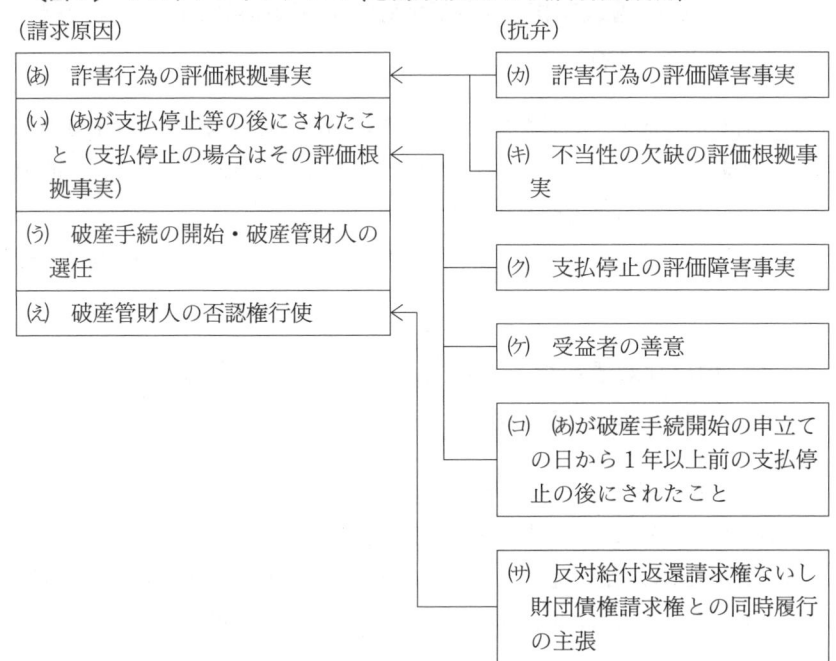

〔図2〕 ブロックダイヤグラム（危機時期における詐害行為否認）

（請求原因）
- (あ) 詐害行為の評価根拠事実
- (い) (あ)が支払停止等の後にされたこと（支払停止の場合はその評価根拠事実）
- (う) 破産手続の開始・破産管財人の選任
- (え) 破産管財人の否認権行使

（抗弁）
- (カ) 詐害行為の評価障害事実
- (キ) 不当性の欠缺の評価根拠事実
- (ク) 支払停止の評価障害事実
- (ケ) 受益者の善意
- (コ) (あ)が破産手続開始の申立ての日から1年以上前の支払停止の後にされたこと
- (サ) 反対給付返還請求権ないし財団債権請求権との同時履行の主張

(3) 抗 弁

　受益者は、行為当時支払停止等の事実および破産債権者を害する事実を知らなかったこと（受益者の善意）について主張・立証責任を負う。

　また、破産手続開始の申立ての日から1年以上前にした詐害行為は、支払停止後の行為であることまたは支払停止の事実を知っていたことを理由に否認できない（破166条）ので、これを抗弁として主張・立証することができる。[15]

　不当性の欠缺、同時履行の抗弁を主張し得ることは、前記1(3)と同様である。

15　永石・前掲（注5）662頁。

3 対価が過大な債務消滅行為に関する詐害行為否認（破160条2項）

　破産者が債務額よりも過大な給付をした債務消滅行為は、過大な部分の限度で、当該債務消滅行為がされた時期（支払停止等の後か）に応じて、前記1または2の詐害行為否認が認められる。

　過大部分の有無を判断するための目的物の評価は、当該行為時を基準とする。[16]対価の過大性は、これを根拠づける評価根拠事実が請求原因となる。[17]

4 相当な対価を得てした財産の処分行為に関する詐害行為否認（破161条1項）

(1) 要　件

　①財産種類の変更を伴う財産処分行為がされたこと、②財産処分行為につき破産者が相当の対価を取得していること、③財産種類の変更による隠匿等の処分のおそれがあること、④破産者に隠匿等の処分意思があったこと、⑤破産者の隠匿等の処分意思について相手方が知っていたことである。

(2) 請求原因

(ア) 財産種類の変更を伴う財産処分行為がされたこと

　この要件は規範的要件と解され、例示としてあげられている不動産の金銭への換価（財産種類変更）は、財産減少行為としての有害性を根拠づける評価根拠事実であり、行為当時債務者が無資力であった具体的事実も有害性を根拠づける評価根拠事実となり、いずれも破産管財人が主張・立証責任を負う。これに対し、財産処分行為が全債権者の同意により売却されるなどの公正な方法でされている等の事情は、行為時の有害性の成立を妨げる評価障害事実になると解される。[18]

16　伊藤・破産法民事再生法517頁。
17　影浦・前掲（注9）21頁。
18　北・前掲（注6）145頁。

II 詐害行為否認の要件事実

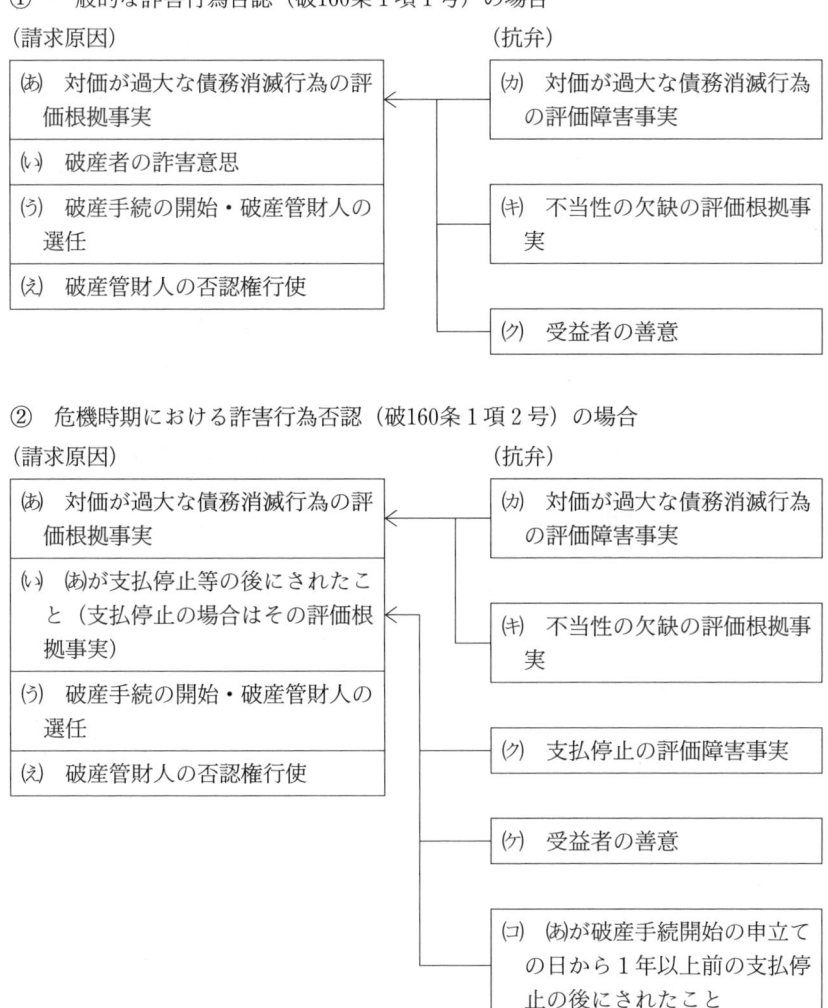

〔図3〕 ブロックダイヤグラム（対価が過大な債務消滅行為に関する詐害行為否認）

① 一般的な詐害行為否認（破160条1項1号）の場合

（請求原因）　　　　　　　　　　　　　（抗弁）

- (あ) 対価が過大な債務消滅行為の評価根拠事実
- (い) 破産者の詐害意思
- (う) 破産手続の開始・破産管財人の選任
- (え) 破産管財人の否認権行使

- (カ) 対価が過大な債務消滅行為の評価障害事実
- (キ) 不当性の欠缺の評価根拠事実
- (ク) 受益者の善意

② 危機時期における詐害行為否認（破160条1項2号）の場合

（請求原因）　　　　　　　　　　　　　（抗弁）

- (あ) 対価が過大な債務消滅行為の評価根拠事実
- (い) (あ)が支払停止等の後にされたこと（支払停止の場合はその評価根拠事実）
- (う) 破産手続の開始・破産管財人の選任
- (え) 破産管財人の否認権行使

- (カ) 対価が過大な債務消滅行為の評価障害事実
- (キ) 不当性の欠缺の評価根拠事実
- (ク) 支払停止の評価障害事実
- (ケ) 受益者の善意
- (コ) (あ)が破産手続開始の申立ての日から1年以上前の支払停止の後にされたこと

511

〔図4〕 ブロックダイヤグラム（相当な対価を得てした財産の処分行為に関する詐害行為否認）

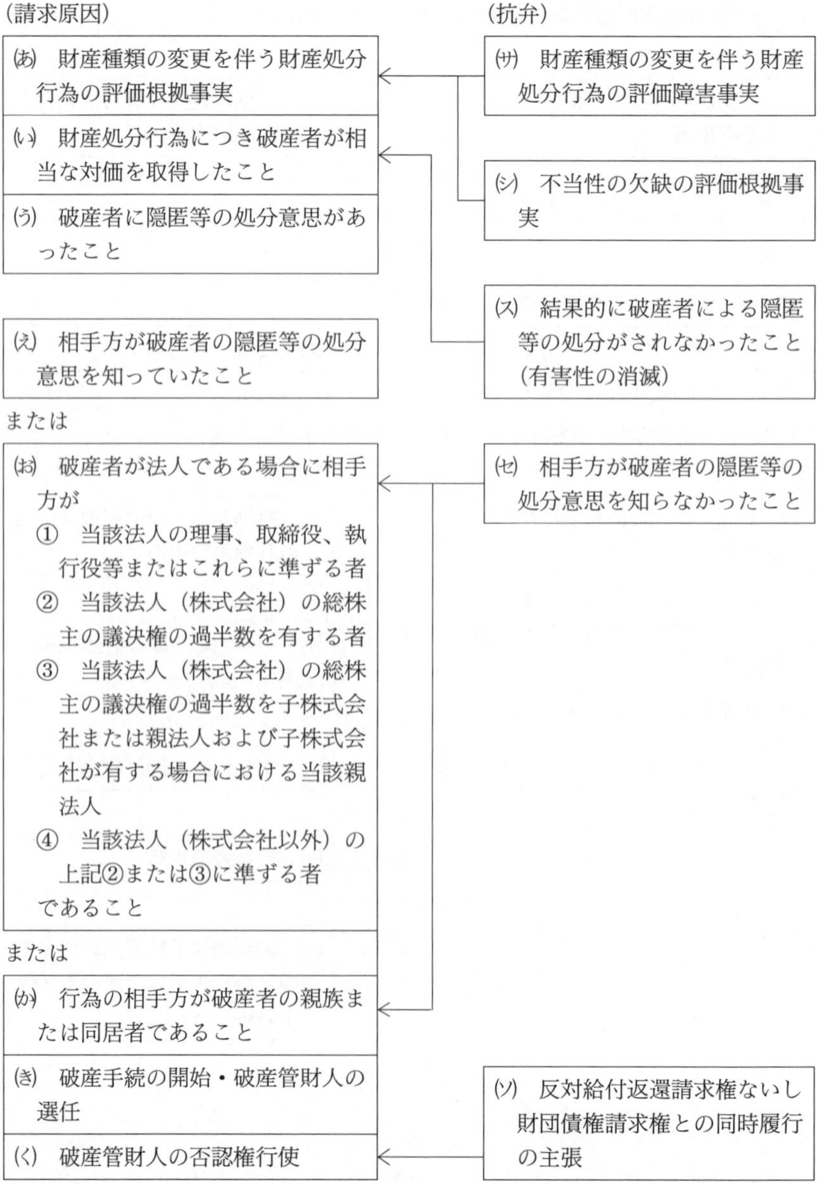

（請求原因）

(あ) 財産種類の変更を伴う財産処分行為の評価根拠事実

(い) 財産処分行為につき破産者が相当な対価を取得したこと

(う) 破産者に隠匿等の処分意思があったこと

(え) 相手方が破産者の隠匿等の処分意思を知っていたこと

または

(お) 破産者が法人である場合に相手方が
　① 当該法人の理事、取締役、執行役等またはこれらに準ずる者
　② 当該法人（株式会社）の総株主の議決権の過半数を有する者
　③ 当該法人（株式会社）の総株主の議決権の過半数を子株式会社または親法人および子株式会社が有する場合における当該親法人
　④ 当該法人（株式会社以外）の上記②または③に準ずる者
であること

または

(か) 行為の相手方が破産者の親族または同居者であること

(き) 破産手続の開始・破産管財人の選任

(く) 破産管財人の否認権行使

（抗弁）

(サ) 財産種類の変更を伴う財産処分行為の評価障害事実

(シ) 不当性の欠缺の評価根拠事実

(ス) 結果的に破産者による隠匿等の処分がされなかったこと（有害性の消滅）

(セ) 相手方が破産者の隠匿等の処分意思を知らなかったこと

(ソ) 反対給付返還請求権ないし財団債権請求権との同時履行の主張

財産処分行為のほかに破産管財人が前記③の要件の主張・立証責任を負うか否かは考え方が分かれるが、隠匿等の処分のおそれは、財産種類変更行為から客観的に判断すれば足りることから、破産管財人は前記(1)③の要件まで主張・立証責任を負うものではないと解される[19]。

(イ) 財産処分行為につき破産者が相当の対価を取得していること

財産処分行為につき破産者が相当の対価を取得していることを要する。

(ウ) 破産者に隠匿等の処分意思があったこと

破産者の隠匿等の処分意思とは、財産を処分した対価等を隠匿するなどして債権者の権利実現を妨げる意図であると解され[20]、破産管財人が主張・立証責任を負う。この要件は事実的要件であり、これを根拠づける具体的事実まで主張・立証責任を負うものではないが、実際には破産者の処分意思を立証するために間接事実を積み重ねていく必要がある場合がほとんどであると思われる[21]。

(エ) 相手方が破産者の隠匿等の処分意思を知っていたこと

相手方が次の①ないし③のいずれか（内部者）である場合には、相手方の悪意が推定されるので、請求原因となり得る（破161条2項）。

① 破産者が法人である場合の当該法人の理事、取締役、執行役、監事、監査役、清算人またはこれらに準ずる者（1号）

② 破産者が法人である場合の③当該法人（株式会社）の総株主の議決権の過半数を有する者、ⓑ当該法人（株式会社）の総株主の議決権の過半数を子株式会社または親法人および子株式会社が有する場合における当該親法人、ⓒ当該法人（株式会社以外）の上記ⓐまたはⓑに準じる者（2号）

③ 破産者の親族または同居者（3号）

---

[19] 伊藤眞ほか編『新破産法の理論と実務（ジュリスト増刊）』397頁、影浦・前掲（注9）22頁。
[20] 伊藤・破産法民事再生法522頁。
[21] 永石・前掲（注5）670頁。

513

(3) 抗　弁

　結果的に破産者が財産処分行為で取得した対価等を隠匿等しなかった場合には、その旨を有害性の消滅事由（抗弁）として主張・立証することができる。[22]

　破産管財人が前記(2)(エ)の内部者性を主張・立証した場合には、相手方は、破産者の隠匿等の処分意思を知らなかったことを抗弁として主張・立証することができる。[23]

　反対給付に係る返還請求権等との同時履行の抗弁を主張し得ることは、前記1(3)と同様である。

5　無償行為否認（破160条3項）

(1) 要　件

　①無償行為またはこれと同視すべき有償行為、②無償行為等が支払停止等の後またはその6か月前までにされたことである。

(2) 請求原因

(ア) 無償行為またはこれと同視すべき有償行為

　無償行為とは、破産者が経済的な対価を得ないで財産を減少させ、または債務を負担する行為をいう。名目的な金額で売買がされている場合も、それが経済的な対価として意味を有しない場合には、無償行為と同視すべき有償行為にあたる（浦和地判昭和30・2・26下民集6巻2号358頁）。

　破産者が他人の債務を保証した場合、判例（最判昭62・7・3民集41巻5号1068頁）、多数説は無償行為性を認めるが、破産者が相当の保証料を得ていた場合や直接間接に業務運営上の利益を得ていた場合には無償行為性を否定した裁判例がある（東京高判昭和37・6・7東高民時報13巻6号82頁、東京高判平成12・12・26金商1114号14頁）。

　無償行為性は規範的要件であり、これを根拠づける評価根拠事実を破産管

22　北・前掲（注6）148頁、影浦・前掲（注9）23頁。
23　北・前掲（注6）149頁。

〔図5〕 ブロックダイヤグラム（無償行為否認）

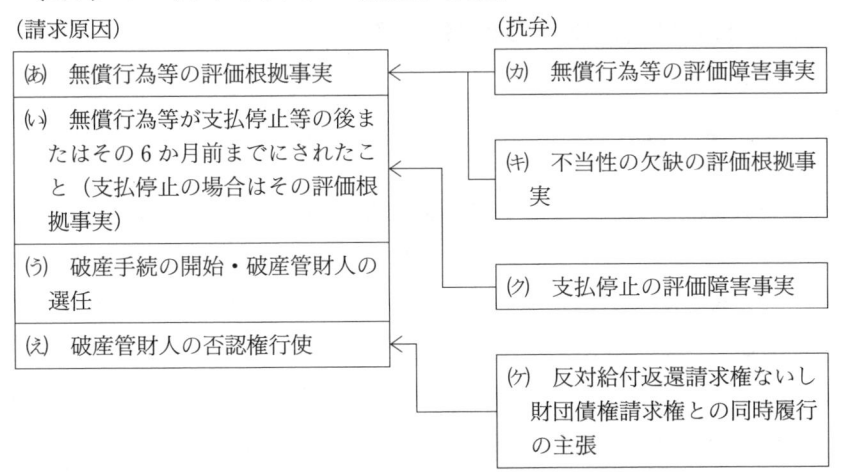

(請求原因)
- (あ) 無償行為等の評価根拠事実
- (い) 無償行為等が支払停止等の後またはその6か月前までにされたこと（支払停止の場合はその評価根拠事実）
- (う) 破産手続の開始・破産管財人の選任
- (え) 破産管財人の否認権行使

(抗弁)
- (カ) 無償行為等の評価障害事実
- (キ) 不当性の欠缺の評価根拠事実
- (ク) 支払停止の評価障害事実
- (ケ) 反対給付返還請求権ないし財団債権請求権との同時履行の主張

財人が主張・立証しなければならない。

　(イ) **無償行為等が支払停止等の後またはその6か月前までにされたこと**
　無償行為等が支払停止等の後またはその6か月前までにされたことを要する。

　(3) 抗　弁

　無償行為であっても、会社の唯一の不動産を会社従業員の延滞給料支払資金の借入れのため譲渡担保を設定した行為について否認の成立を否定した裁判例があり（大阪高判昭和40・4・6下民集16巻4号35頁）、結婚祝いや香典等の社会的儀礼として相当な範囲内であれば、否認は成立しない。

　不当性の欠缺、反対給付に係る返還請求権等との同時履行を抗弁として主張し得ることは、前記1(3)と同様である。

III 偏頗行為否認の要件事実

1 意　義

　既存の債務についてされた担保の供与または債務の消滅に関する行為（偏頗行為）は、偏頗行為否認の対象となる（破162条1項柱書）一方、詐害行為否認の対象とはならない（対価が過大な債務消滅行為である場合に過大な部分の限度で詐害行為否認の対象となるにすぎない）。

　旧破産法下では、本旨弁済についても故意否認の対象となると解されていた（最判昭和42・5・2民集21巻4号859頁）が、故意否認と危機否認の区別が流動的となり、取引の安全を害し、経済的状態が悪化した者との取引行為を萎縮する効果が生じているとして、現行破産法において偏頗行為否認の対象を明確化したものである。[24]

2　同時交換的取引の除外

　偏頗行為否認の対象は、「既存の債務についてされた担保の供与又は債務の消滅に関する行為」であり、融資と同時に担保権が設定される同時交換的取引は偏頗行為否認の対象から除外され（破162条1項柱書）、危機に瀕している債務者が融資を受ける途を閉ざすことがないよう配慮している。

　「既存の債務についてされた」担保といえるかについて、社会通念上、新規借入れと担保設定が一体取引とみなされる場合には、新規借入れと担保設定との間に若干の時間差が生じても同時交換的取引にあたる。[25] もっとも、金融実務では、救済のための新規融資の際に既存の債務をも担保する根担保（根抵当権）が設定されることが多いとの指摘がある。[26] この場合に根抵当権

24　影浦・前掲（注9）25頁。
25　伊藤・破産法民事再生法527頁。
26　北・前掲（注6）155頁。

516

設定が偏頗行為否認の対象となるか否かについて、新規融資に対する担保設定が既存の債務に対する担保設定と区別できればその部分に限って偏頗行為否認の対象外となり、一体となって区別できない場合には同時交換的取引とは認められないと解されているが、具体的な取扱いについては困難な問題を含んでいる[27]。

3 一般的な偏頗行為否認（破162条1項1号）

(1) 要　件

①既存の債務についてされた担保の供与または債務の消滅に関する行為（偏頗行為）、②偏頗行為が支払不能または破産手続開始の申立て後にされたこと、③債権者が支払不能または上記申立て後の区分に応じて、支払不能または上記申立ての事実を知っていたことである。

(2) 請求原因

(ア) 偏頗行為

担保の供与とは、典型担保、非典型担保を問わず担保権を設定する行為をいい、担保権設定契約の存在がその要素となり、債務の消滅に関する行為とは、債務の消滅という法的効果を招来する行為（弁済、代物弁済、更改、免除等）に限られる（東京地判平成23・4・12判タ1352号245頁）。

また、前記2の同時交換的取引は、担保の供与等が同時交換的取引の一部を構成するものではないことが偏頗行為否認の積極的要件と解されるから、破産管財人は、当該担保供与等が同時交換的取引の一部を構成しないことについて主張・立証責任を負い、債権者による同時交換的取引の主張は、理由づけ否認となる[28]。

偏頗行為性は規範的要件と解され、これを根拠づける評価根拠事実を破産管財人が主張・立証しなければならない。

---

[27] 伊藤・破産法民事再生法527頁、山本克己ほか「新破産法の基本構造と実務〔第18回〕否認権(3)」ジュリ1318号165頁。
[28] 北・前掲（注6）154頁。

〔第3部・第4章〕第2節　否認の訴えの要件事実

〔図6〕　ブロックダイヤグラム（一般的な偏頗行為否認）

(請求原因)　　　　　　　　　　　(抗弁)

(あ) 偏頗行為の評価根拠事実　　　←　(サ) 偏頗行為の評価障害事実

(い) 偏頗行為が支払不能（支払停止）または破産手続開始の申立て後にされたこと（支払不能または支払停止の評価根拠事実）

(シ) 不当性の欠缺の評価根拠事実

(ス) (あ)の偏頗行為が手形金の弁済であり、当該弁済を受けなければ手形法上の遡求権を失うこと

(う) 債権者が支払不能（支払停止）または破産手続開始の申立てを知っていたこと

または

(え) 債権者が破産者の内部者（破161条2項1号）であること　　←

(セ) (あ)の偏頗行為が租税等または罰金等の請求権の徴収権限を有する者に対してされたこと

または

(お) (あ)が破産者の義務に属しないこと（時期または方法が義務に属しない場合を含む）　　←

(か) 破産手続の開始・破産管財人の選任

(ソ) 支払不能（支払停止）の評価障害事実

(き) 破産管財人の否認権行使

(タ) (い)の支払不能が支払停止による推定を用いた場合のこれを覆す事情（支払不能ではないこと）の評価根拠事実

(チ) (あ)が破産手続開始の申立ての日から1年以上前の支払停止の後にされたこと

(ツ) 支払不能（支払停止）または破産手続開始の申立て後であることを知らなかったこと

518

(イ)　偏頗行為が支払不能または破産手続開始の申立て後にされたこと

支払不能については、支払停止による推定規定（破162条3項）がある。

　(ウ)　債権者の悪意

破産管財人が主張・立証責任を負うが、債権者が内部者（破161条2項各号）または偏頗行為が非義務行為（破産者の義務に属しない行為、その時期が破産者の義務に属しない行為、その方法が破産者の義務に属しない行為）の場合には、債権者の悪意が推定され（同法162条2項）、破産管財人は、上記推定規定に該当する事実を主張・立証することができる。[29]

(3) 抗　弁

破産管財人が前記(2)(イ)の支払不能推定規定を利用して支払停止の評価根拠事実を主張・立証した場合には、債権者は、支払停止の評価障害事実を抗弁として主張・立証することができるほか、支払停止による支払不能の推認を覆す事情、すなわち、支払不能ではないことの評価根拠事実を抗弁として主張・立証することができる。[30]

破産管財人が前記(2)(ウ)の推定規定に該当する事実を主張・立証した場合には、債権者において支払不能または破産手続開始の申立てを知らなかったことを抗弁として主張・立証することができる。

また、偏頗行為が手形所持人に対する手形金の弁済の場合には、破産法163条1項により偏頗行為否認の成立が制限されることから、債権者は、当該弁済を受けなければ前者に対する遡求権を失うことを抗弁として主張・立証することができる。[31]

さらに、偏頗行為が租税等の請求権または罰金等の請求権の徴収権限を有する者に対してされた場合には、偏頗行為否認は成立しない（破163条3項）から、債権者は、同項に該当する事実を抗弁として主張・立証することがで

29　影浦・前掲（注9）27頁。
30　永石・前掲（注5）664頁。
31　破産法163条1項の「手形上の債務者の一人又は数人に対する手形上の権利」とは、手形法上の遡求権（同法43条、77条1項4号）を指すとするのが判例（最判昭和37・11・20民集16巻11号2293頁）、通説（伊藤・破産法民事再生法535頁）である。

きる。

　支払の停止を要件とする否認の制限に関する破産法166条の適用があることは、前記Ⅱ2(3)と同様であり、不当性の欠缺の抗弁を主張し得ることは、前記Ⅱ1(3)と同様である。

4　非義務行為の偏頗行為否認（破162条1項2号）

(1)　要　件

①偏頗行為、②偏頗行為が破産者の義務に属せずまたはその時期が破産者の義務に属しないこと、③偏頗行為が支払不能になる前30日以内にされたこと、④債権者が行為当時他の破産債権者を害することを知っていたことである。

(2)　請求原因

(ア)　偏頗行為

前記3(2)(ア)と同じ。

(イ)　偏頗行為が破産者の義務に属せずまたはその時期が破産者の義務に属しないこと

債務消滅行為それ自体は常に破産者の義務に属する行為であるから、破産者の義務に属しない行為は、もっぱら担保供与行為が問題になる。代物弁済は、その方法が義務に属しない債務消滅行為であり、破産者の義務に属しない行為にはあたらない[32]。

(ウ)　偏頗行為が支払不能になる前30日以内にされたこと

偏頗行為から30日後までのいずれかの時点で支払不能であったことを証明すれば足りる[33]。

(3)　抗　弁

行為当時他の破産債権者を害することを知らなかったこと（債権者の善意）を債権者が抗弁として主張・立証しなければならない。

32　伊藤・破産法民事再生法531頁。
33　大コンメ655頁〔山本和彦〕。

III 偏頗行為否認の要件事実

不当性の欠缺の抗弁を主張し得ることは、前記 II 1(3)と同様である。
　また、支払停止による支払不能推定規定を利用した場合の推定を覆す事情（支払不能ではないこと）の主張・立証については、前記3(3)と同様であり、手形金の支払、租税等の請求権の場合の否認の制限については、同3(3)と同様である。

〔図7〕　ブロックダイヤグラム（非義務行為の偏頗行為否認）

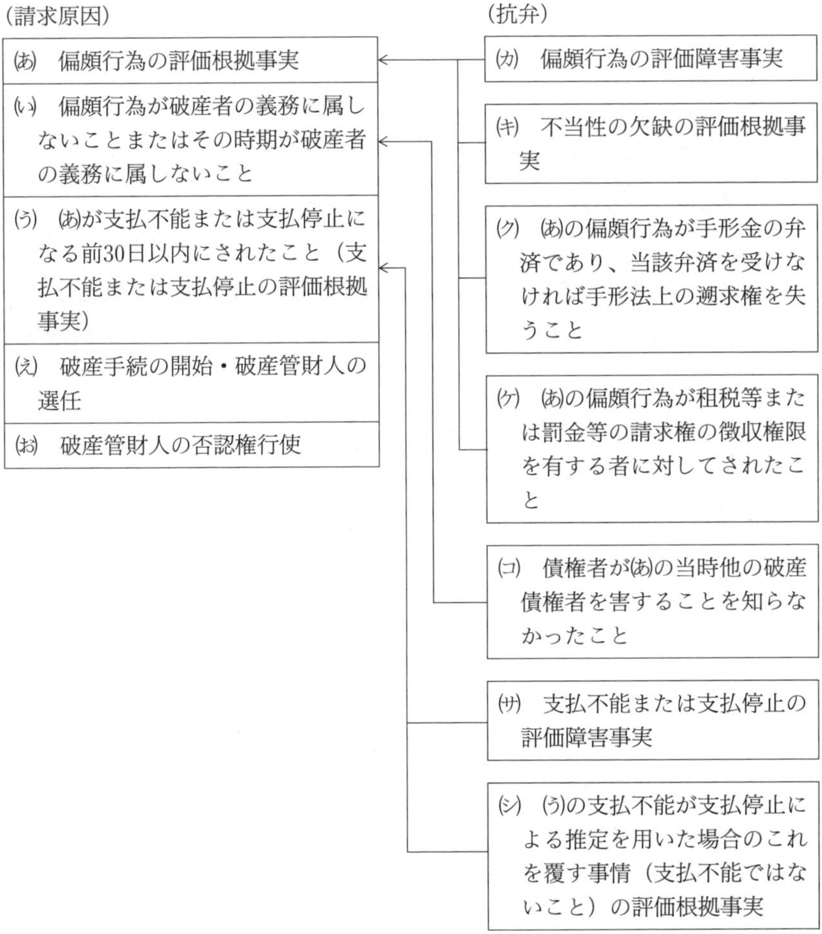

（請求原因）

- (あ) 偏頗行為の評価根拠事実
- (い) 偏頗行為が破産者の義務に属しないことまたはその時期が破産者の義務に属しないこと
- (う) (あ)が支払不能または支払停止になる前30日以内にされたこと（支払不能または支払停止の評価根拠事実）
- (え) 破産手続の開始・破産管財人の選任
- (お) 破産管財人の否認権行使

（抗弁）

- (カ) 偏頗行為の評価障害事実
- (キ) 不当性の欠缺の評価根拠事実
- (ク) (あ)の偏頗行為が手形金の弁済であり、当該弁済を受けなければ手形法上の遡求権を失うこと
- (ケ) (あ)の偏頗行為が租税等または罰金等の請求権の徴収権限を有する者に対してされたこと
- (コ) 債権者が(あ)の当時他の破産債権者を害することを知らなかったこと
- (サ) 支払不能または支払停止の評価障害事実
- (シ) (う)の支払不能が支払停止による推定を用いた場合のこれを覆す事情（支払不能ではないこと）の評価根拠事実

521

IV 対抗要件否認の要件事実

1 要件

①支払停止または破産手続開始の申立て後の対抗要件の具備、②対抗要件具備行為が原因行為のあった日から15日を経過した後にされたこと、③受益者が支払停止等を知っていたことである（破164条）。

2 請求原因

(1) 支払停止等の後の対抗要件の具備

権利変動についての対抗要件具備行為（登記、登録、引渡し、通知または承諾など）である。

(2) 対抗要件具備行為が原因行為の日から15日経過後にされたこと

15日の起算日は、権利変動の効果発生日と解するのが判例（最判昭和48・4・6民集27巻3号483頁）・通説である。

(3) 受益者が支払停止等を知っていたこと

主観要件について、判例（大判昭和6・9・16民集10巻818頁、最判昭和39・3・24裁判集民72号589頁）・通説は、否認対象行為の相手方たる受益者とするが、対抗要件の充足行為をする者を主体とする見解もある。[34]

3 抗弁

支払停止等の前に仮登記または仮登録がされているときは、これに基づいてされた本登記等は否認できない（破164条1項ただし書）。したがって、当該本登記等が支払停止等の前にされた仮登記または仮登録に基づくものであることを抗弁として主張・立証することができる。[35]

34　伊藤・破産法民事再生法545頁、大コンメ670頁〔三木浩一〕。
35　永石・前掲（注5）671頁。

〔図8〕 ブロックダイヤグラム（対抗要件否認）

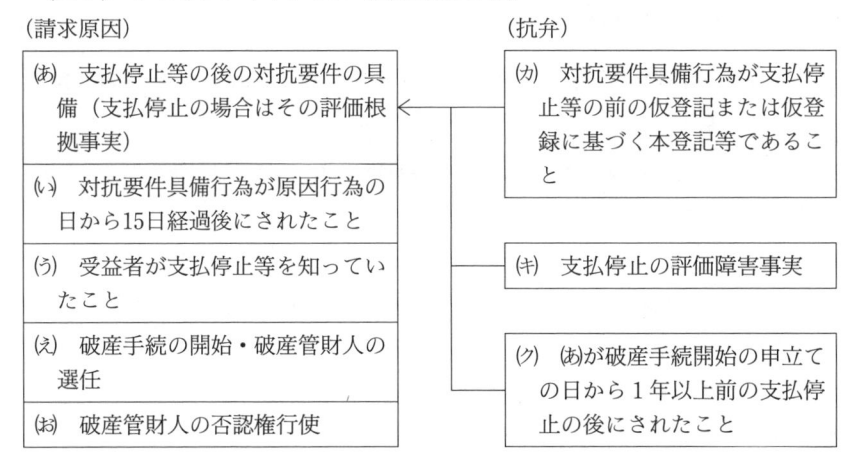

(請求原因)
- (あ) 支払停止等の後の対抗要件の具備（支払停止の場合はその評価根拠事実）
- (い) 対抗要件具備行為が原因行為の日から15日経過後にされたこと
- (う) 受益者が支払停止等を知っていたこと
- (え) 破産手続の開始・破産管財人の選任
- (お) 破産管財人の否認権行使

(抗弁)
- (か) 対抗要件具備行為が支払停止等の前の仮登記または仮登録に基づく本登記等であること
- (き) 支払停止の評価障害事実
- (く) (あ)が破産手続開始の申立ての日から1年以上前の支払停止の後にされたこと

　支払の停止を要件とする否認の制限に関する破産法166条の適用があることは、前記Ⅱ2(3)と同様である。

Ⅴ　執行行為否認の要件事実

1　意　義

　執行行為否認を規定した破産法165条は、新たな否認類型を設けたものではなく、債務名義や執行行為が介在する場合であっても、詐害行為否認および偏頗行為否認が可能であることを明らかにした規定であると解されている。

2 否認対象行為

(1) 否認対象行為につき執行力ある債務名義がある場合（破165条前段）

(ア) 債務名義の内容となっている義務の履行行為（強制執行によらないもの）を否認する場合

詐害行為否認、偏頗行為否認に関する要件事実があてはまる。

(イ) 債務名義の内容である義務を生じさせる行為を否認する場合

債務名義の内容である義務（金銭支払義務、移転登記手続義務）の発生原因である売買契約などを否認するものであり、詐害行為否認、偏頗行為否認に関する要件事実があてはまる。

(ウ) 債務名義を成立させる行為を否認する場合

訴訟上の自白（民訴179条）、請求の認諾・放棄（同法266条）、和解（同法267条）、執行受諾の意思表示（民執22条5号）などの債務名義成立行為を否認するものであり、詐害行為否認の対象となる。

(2) 否認対象行為が執行行為に基づく場合（破165条後段）

詐害行為または偏頗行為として、執行行為による債権者の満足や執行行為に基づく法律効果（転付命令による債権の移転、競売による所有権の移転など）を否認することができる。もっとも、競売における買受人の権利の安定を保護する必要があるため、買受人が競売の申立人である債権者自身または実質的にこれと同視しうる者の場合に限られる[36]。

---

36 大コンメ674頁〔三木浩一〕。

VI 転得者否認の要件事実

1 要件

①転得者が転得の当時、それぞれの前者に対して否認の原因が存在すること、②ⓐ転得者が転得の当時、①を知っていたこと、またはⓑ転得者が破産者の内部者（破161条2項）であること、またはⓒ転得者が無償行為もしくはこれと同視すべき有償行為によって転得したことである（同法170条）。

2 請求原因

(1) 転得の当時、それぞれの前者に対して否認の原因が存在すること

受益者等につき詐害行為否認や偏頗行為否認が認められることである。

(2) 転得者が下記㋐ないし㋒のいずれかの場合であること

㋐ 転得者が転得当時、それぞれの前者に対して否認の原因が存在する事実を知っていたこと

受益者の悪意については、転得者が受益者の善意について主張・立証責任を負うとする見解もあるが、破産管財人が受益者の悪意について主張・立証責任を負うとするのが多数説である。[37][38]

破産管財人は、上記要件の主張・立証に代えて、次の㋑または㋒に該当する事実を主張・立証することができる。

㋑ 転得者が破産者の内部者であること

転得者には破産者の内部者性が求められる。

---

[37] 伊藤・破産法民事再生法564頁。
[38] 東京地判平成19・3・15判タ1269号314頁は、転得者において受益者の善意について主張・立証責任を負うとの立場を前提としているとみることもできないではない。

〔図9〕 ブロックダイヤグラム（転得者否認）

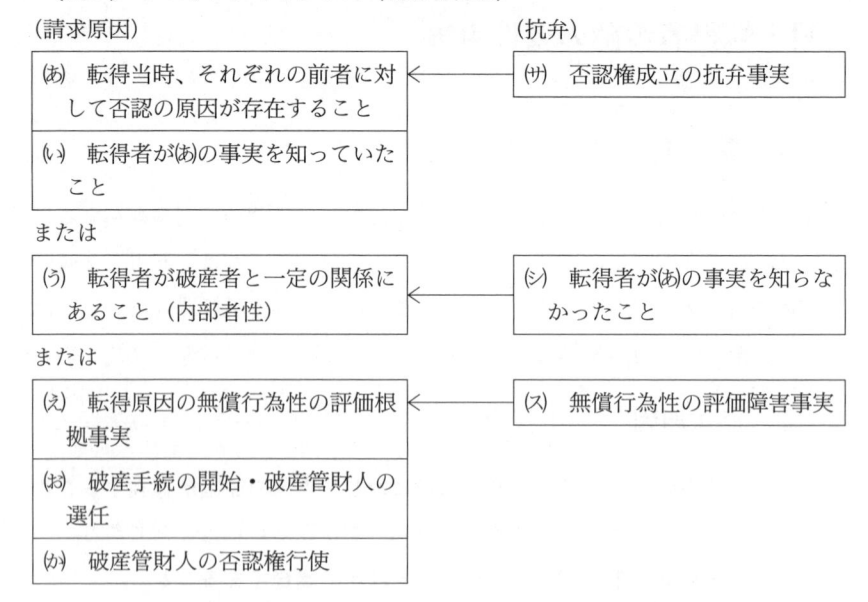

（請求原因）　　　　　　　　　　　　　（抗弁）

| (あ) 転得当時、それぞれの前者に対して否認の原因が存在すること | ← | (サ) 否認権成立の抗弁事実 |

| (い) 転得者が(あ)の事実を知っていたこと |

または

| (う) 転得者が破産者と一定の関係にあること（内部者性） | ← | (シ) 転得者が(あ)の事実を知らなかったこと |

または

| (え) 転得原因の無償行為性の評価根拠事実 | ← | (ス) 無償行為性の評価障害事実 |

| (お) 破産手続の開始・破産管財人の選任 |

| (か) 破産管財人の否認権行使 |

　　(ウ)　転得者が無償行為またはこれと同視すべき有償行為によって転得したこと

　転得者には転得原因の無償行為性が求められる。この無償行為性は、前記Ⅱ5(2)(ア)と同じく規範的要件であり、これを基礎づける評価根拠事実を破産管財人が主張・立証しなければならない。

3　抗　弁

　受益者等の詐害行為否認、無償行為否認、偏頗行為否認等における抗弁がそのままあてはまる。

　また、破産管財人が前記2(2)(イ)の内部者性を主張・立証した場合には、転得者において前者に対して否認の原因があることを知らなかったことを抗弁として主張・立証することができる（破170条1項2号ただし書）。

　破産管財人が前記2(2)(ウ)の転得原因の無償行為性を主張・立証した場合に

は、無償行為性の評価障害事実を抗弁として主張・立証することができる。

VII　価額償還請求の要件事実

1　要　件

①否認の成立要件のほかに、②目的物の返還が不可能または困難であること、③償還の対象となる価額である。

2　請求原因

(1)　否認の成立要件の存在

詐害行為否認、無償行為否認、偏頗行為否認、転得者の否認などの破産法上の否認権の成立要件を充足していることが必要である。

(2)　目的物の返還が不可能または困難であること

目的物の返還が不可能または困難な場合に加え、目的物の返還だけでは破産財団が原状に回復しない場合も含まれる[39]。

目的物の返還が不可能または困難であることを根拠づける評価根拠事実が主張・立証の対象となる。

(3)　償還の対象となる価額の存在

価額の算定時期については争いがあるが、否認権行使時とするのが判例（最判昭和42・6・22裁判民集87号1111頁、最判昭和61・4・3裁判集民147号489頁）、多数説である[40]。したがって、否認権行使時における目的物の価額を主張・立証する必要がある。

3　抗　弁

詐害行為否認、無償行為否認、偏頗行為否認等における抗弁がそのままあ

---

[39] 伊藤・破産法民事再生法580頁。
[40] 伊藤・破産法民事再生法581頁。

527

〔図10〕 ブロックダイヤグラム（価額償還請求）

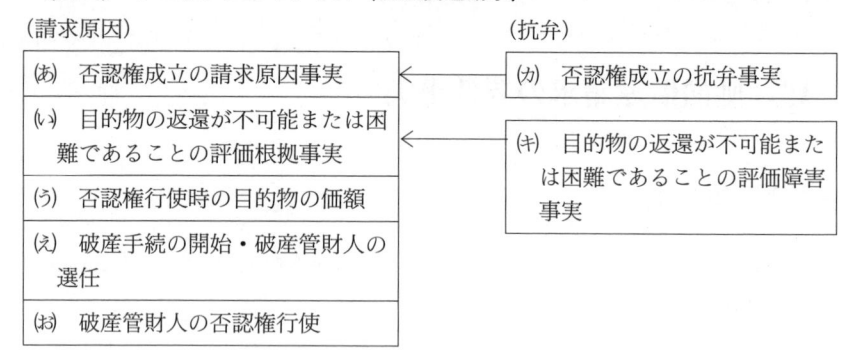

（請求原因）

(あ)	否認権成立の請求原因事実
(い)	目的物の返還が不可能または困難であることの評価根拠事実
(う)	否認権行使時の目的物の価額
(え)	破産手続の開始・破産管財人の選任
(お)	破産管財人の否認権行使

（抗弁）

| (か) | 否認権成立の抗弁事実 |
| (き) | 目的物の返還が不可能または困難であることの評価障害事実 |

てはまる。

また、受益者において目的物の返還が不可能または困難であることの評価障害事実を抗弁として主張・立証することができる。

Ⅷ 差額償還請求の要件事実

1 意義・要件

詐害行為否認（破160条1項）、無償行為否認（同条3項）、相当対価による財産処分行為の否認（同法161条1項）の場合において、逸失した目的物の価額よりも破産管財人が財団債権として返還義務を負うことになる破産者の受領した対価の額（同法168条1項～3項）が少ないときは、その差額を相手方から破産財団に償還させたほうが管財事務の円滑化に資する。そこで、破産管財人は、上記の否認類型において、目的物の返還を求めるか、目的物の返還に代えて目的物の価額と返還すべき財団債権の額との差額賠償を求めるかのいずれかを選択することができる（同条4項）。

〔図11〕 ブロックダイヤグラム（差額償還請求）

（請求原因）	（抗弁）
(あ) 詐害行為否認、無償行為否認または相当対価による財産処分行為の否認の請求原因事実 ←	(カ) 否認権成立の抗弁事実
(い) 否認権行使時の目的物の価額と相手方の有する財団債権の額との差額	
(う) 破産手続の開始・破産管財人の選任	
(え) 破産管財人の否認権行使	

2 請求原因

(1) 詐害行為否認、無償行為否認、相当対価による財産処分行為の否認の成立要件の存在

差額償還請求が認められるのは、上記の否認類型に限られる。

(2) 差額の存在

償還すべき差額の算定時期については争いがあるが、前記Ⅶ2(3)と同様、否認権行使時説が多数説である。[41] したがって、否認権行使時の目的物の価額と相手方の有する財団債権の額（破168条1項～3項）をそれぞれ算出し、その差額を請求することになる。

3 抗弁

詐害行為否認、無償行為否認、相当対価による財産処分行為の否認における抗弁がそのままあてはまる。

---

41 伊藤・破産法民事再生法537頁、大コンメ691頁〔三木浩一〕。

第3節　否認の請求

　否認の請求をするには、否認原因事実の疎明を要する（破174条1項）が、否認の請求に対する裁判にあたり、否認原因事実については疎明（事実の存否について確信の程度には至らないものの一定の確からしいとの推測を得た状態）で足りるのか、証明（合理的な疑いを差し挟まない程度に真実らしいとの確信を得た状態）まで必要かの問題がある。

　否認の請求と同じく疎明を要する役員責任査定の申立て（破178条1項・2項）に関して、役員責任査定の裁判における心証の程度について、通常の民事訴訟と同様に証明を要するとする見解があるが[42]、簡易迅速な決定手続であることなどから、その証明度は低いとする見解もある[43]。

　実務的には悩ましい問題であるが、紙幅の都合上、問題の提起にとどめる。

第4節　否認の請求を認容する決定に対する異議の訴え

I　否認の訴えとの関係

　否認請求を認容する決定に不服がある相手方は、送達を受けた日から1か月の不変期間内に異議の訴えを提起することができる（破175条1項）。否認請求を棄却する決定に不服がある破産管財人は、異議の訴えではなく、否認の訴え（同法173条1項）を提起することになる。

---

[42] 条解破産法1141頁、田原睦夫「DIP型会社更生事件の管財人の欠格事由」（福永有利先生古稀記念・企業紛争と民事手続法理論）711頁。
[43] 岡伸浩「役員責任追及訴訟」（島岡大雄ほか編・倒産と訴訟）234頁。

否認請求の一部認容・一部棄却決定に対し、破産管財人が一部棄却部分につき異議の訴えを提起することができるか否かにつき、多数説は肯定するが[44]、条文の文言上の問題等を理由に否定する見解もある[45]。
　否認請求の一部認容・一部棄却決定に不服のある場合、異議の訴えと否認の訴えが別々の破産裁判所に係属する可能性がある。この場合、異議の訴えと否認の訴えとの弁論併合を強制する規定がないため、同一の否認対象行為について判断の矛盾が生ずるおそれがある（この点は、一部棄却決定部分につき異議の訴えを肯定する多数説の論拠の1つになっている）。したがって、できる限り併合審理をするのが相当であろう。

II　異議の訴えの訴訟物、要件事実

　否認請求を認容する決定に対する異議の訴えは、否認の請求を認容する決定の取消しまたは変更を求める形成の訴えであり、訴訟物は、否認の請求を認容する決定の取消しまたは変更を求める地位である[46]。
　そして、相手方が異議者（原告）の場合には、請求原因としては訴訟物の特定をすれば足り、否認原因事実の存在は、破産管財人が抗弁として主張・立証責任を負う。破産管財人が異議者（原告）の場合には、否認の訴えの場合と同様、破産管財人が否認原因事実を請求原因として主張・立証しなければならない[47]。

III　争点整理

　異議の訴えも、通常の民事訴訟と同様、争点整理および争いのある事実に

44　大コンメ717頁〔田頭章一〕、条解破産法1121頁など。
45　伊藤・破産法民事再生法572頁。
46　条解破産法1122頁。
47　条解破産法1122頁。

ついての集中証拠調べが予定されるが、先行する否認の請求手続で当事者双方から要件事実に即した主張書面および疎明資料が提出され（破174条1項・2項）、理由を付した裁判書が作成される（同条3項・4項）から、上記主張書面や疎明資料、裁判書を異議の訴えで利用できれば、紛争の全体像や争点の早期把握、争いのない事実と争いのある事実の確定に資する。当事者が率先して訴状ないし答弁書の提出の際に上記資料を書証として提出するのが望まれる（民訴規53条1項・2項、55条2項、80条）が、受訴裁判所においても、当事者に対し、上記資料を書証として提出するよう促したり、必要に応じて否認請求手続の記録の取寄せを促すことを検討するのが相当であろう。[48]

(島岡大雄)

---

[48] 島岡大雄「役員責任追及訴訟」（島岡大雄ほか編・倒産と訴訟）269頁。

第5章
計画認可決定をめぐる裁判上の諸問題

はじめに

再生債務者等から提出された再生計画案が、再生計画として成立し、権利変更の効力を生ずるためには、①裁判所が当該再生計画案を決議に付する旨の決定（民再169条1項。以下、「付議決定」という）をすること、②当該再生計画案が再生債権者の決議により可決されること、③裁判所が再生計画認可の決定（同法174条1項）をし、当該決定が確定することが必要である（同法179条1項）。

本章では、上記の過程のうち、裁判所の判断事項である付議決定および再生計画認可決定における裁判所の審理、裁判上の諸問題について検討する。

第1節　付議決定の審理

I　付議決定の要件

再生債務者等から再生計画案の提出があったときは、裁判所は、次のいずれかに該当する場合を除き、付議決定をする（民再169条1項柱書）。

1 一般調査期間が終了していないとき（民再169条1項1号）

　再生債権を調査するための期間である一般調査期間が終了するまでは、決議に加えるべき再生債権者の範囲を確定することができないことから、裁判所は付議決定をすることができないとされたものである。もっとも、再生債務者等は、一般調査期間終了後、債権調査の結果を踏まえて弁済率を定めたうえ、再生計画案を作成し、裁判所に提出するのが通例であるから、実務上、この要件によって付議決定が妨げられることはない。

2 財産状況報告集会における再生債務者等による報告または民事再生法125条1項の報告書の提出がないとき（民再169条1項2号）

　再生債権者に対して、再生債務者の財産状況に関する適切な情報が開示されたうえで、再生計画案についての決議がされる必要があることから、民事再生法125条1項の報告書の提出等がされる前に付議決定をすることができないとされたものである。もっとも、東京地方裁判所破産再生部（民事第20部）では、再生債務者に対し、再生手続開始前に債権者説明会を開催して再生債権者へ情報提供することを求め、裁判所が主催する財産状況報告集会は開催せず、再生手続開始の申立てから2か月後に民事再生法125条1項の報告書の提出を求めており、これを前提に、原則として申立てから3か月後に再生計画案が提出されるのが一般的であることから、実務上、この要件によって付議決定が妨げられることもない。

3 裁判所が再生計画案について民事再生法174条2項各号（3号を除く）に掲げる要件のいずれかを満たさないものと認めるとき（民再169条1項3号）

　提出された再生計画案について、民事再生法174条2項各号に規定する再

生計画の不認可事由があると認める場合には、その再生計画案を決議に付することができない。これは、決議に付されて再生債権者の多数決により可決されたとしても、不認可決定をせざるを得ないことがあらかじめ判明している再生計画案については、そもそも決議に付するのは無駄であり、相当ではないとの理由によるものである。なお、同項3号は、決議が不正の方法によって成立した場合を不認可事由とするものであって、再生計画案を決議に付すか否かを判断する場面では機能する余地がないため、除外されている。提出された再生計画案の付議決定の審理において重要な役割を果たすのが、この要件である（詳細については、後記第2節Ⅱ参照）。

この結果、裁判所は、再生債務者等が提出した再生計画案の付議決定の審理の段階において、あらかじめ再生計画の不認可事由の該当性を審査することとなり、付議決定をした場合には、民事再生法174条2項3号を除いて不認可事由が存在しないと判断していることになる。実務上も、裁判所によって付議決定がされたうえ、再生債権者の多数決により可決された再生計画について、不認可決定がされる事例は極めて少ない。

4　民事再生法191条2号の規定により再生手続を廃止するとき（民再169条1項4号）

裁判所の定めた期間またはその伸長した期間内に提出されたすべての再生計画案が決議に付すに足りないものであるときは、再生手続を廃止することになるから（民再191条2号）、付議決定はできない。

Ⅱ　東京地方裁判所における付議決定の審理方法

東京地方裁判所破産再生部（民事第20部）では、再生債務者から再生計画案が提出されると、裁判所の付議決定の判断のための資料とするとともに、再生債権者が再生計画案に対する賛否を判断する際の資料とするため、監督委員に対し、当該再生計画案を決議に付することの相当性等についての意見

書の提出を求め、これを踏まえて、上記Ⅰの障害事由の有無を審査し、付議決定の当否を判断している。

　監督委員は、負債額が小規模な事件を除いて、選任された後速やかに公認会計士を補助者として選任する扱いであり、監督委員は、補助者である公認会計士の調査報告書を踏まえて意見書を作成している。監督委員の意見書の項目は、在京三弁護士会との協議に基づき、①倒産に至った原因およびその改善のポイント、②開始決定時の財産、③帳簿の正確性、④申立て前の違反行為の有無（否認行為、相殺禁止、その他）、⑤役員の損害賠償責任の有無、⑥保全処分違反等の申立て後の違反行為の有無、⑦再生計画案の検討（法律違反の有無）としており、⑦については、さらにⓐ平等原則違反その他の法律違反、ⓑ破産配当との対比・債権者の一般の利益に反するか否か、ⓒ別除権者との協議の見込みおよびその内容、ⓓ履行の可能性、ⓔ株主の責任・自己株式の取得の各項目について検討を求めている。

　再生債務者提出の再生計画案は、提出前の裁判所および監督委員との打合せを踏まえて作成されており、仮にその過程で不認可事由に該当する問題点が判明した場合は、対応するための修正がなされ、その是正が困難なときは、再生計画案の正式な提出に至らずに廃止決定がなされるのが通例である。したがって、再生債務者提出の再生計画案については、提出後に監督委員の指摘により再生債務者が微調整として再生計画案を修正する場合はあるとしても、通常は、監督委員から付議不相当との意見書が提出されることはない。

Ⅲ　付議決定がされない場合

　再生債務者から再生計画案が提出された場合であっても、審理の結果、民事再生法169条1項3号に該当するとして付議決定をしないときに、当該再生計画案の排除決定をする必要があるのか否かが問題となる。

　平成14年改正前の民事再生法170条は、再生計画案に不認可事由があるときは、これを決議に付することができないとしながら、その見出しを「再生

計画案の排除」としていたが、現行民事再生法169条は、付議決定の時期的制限と障害事由とを同一の項の中で規定しつつ、これらに該当しない場合に付議決定をすることを定める体裁をとっていることからして、排除決定は要しないものと解される（ただし、複数の再生計画案が提出され、その一部について不認可事由がある場合には、決議の対象となる再生計画案を明らかにして手続の混乱を避けるため、付議決定をしない再生計画案に対して排除決定をするのが相当であることについては、後記IV 3(3)参照）。

この場合、提出された再生計画案が決議に付すに足りないとして、再生手続を廃止することになる（民再191条2号）。

IV 再生計画案が複数提出された場合の付議決定上の問題点

1 届出再生債権者からの再生計画案の提出

再生手続の遂行主体である再生債務者等に加えて、管財人が選任されている場合の再生債務者、届出再生債権者および外国管財人も、裁判所の定める期間内（その期間が伸長（民再163条3項）された場合はその期間内）に、再生計画案を作成して裁判所に提出することができる（同条2項）。

これは、重要な利害関係人に再生計画案の提出権限を与えて、複数の案の競合とこれを前提とした利害関係人間の交渉とを通じて、より公正かつ妥当な計画が作成され、より望ましい再生計画案が提出されることを促す趣旨とされている。[1]

そして、再生手続がDIP型を原則とする手続であり、管財人が選任されることが例外的であることに照らすと、再生債務者以外から再生計画案の提出がある場合は、ほとんど届出再生債権者からの提出となると考えられる。

---

[1] 才口千晴ほか編『民事再生法の理論と実務(下)』86頁、松下淳一「民事再生計画」ジュリ1171号57頁。

東京地方裁判所破産再生部（民事第20部）では、届出再生債権者から再生計画案が提出される例は、極めて少ないのが実情である。これは、届出再生債権者は必ずしも再生債務者の経営の内情に明るくないこともあり、現実に遂行可能性のある再生計画案を作成・提出することが困難であること、仮に再生計画案を提出しても、その付議または認可に至るには、いくつかの困難な問題を解決する必要があることが要因と考えられる。

2 届出再生債権者案が提出された場合の具体的な調整

裁判所に複数の再生計画案が提出された場合でも、最終的に認可の対象となる再生計画は1個でなければならないから、再生計画案の提出から再生計画の認可に至るまでの各段階において、何らかの形で再生計画案が一本化される必要がある。複数の再生計画案を絞る方法として、その段階に応じて、①提出後付議決定までの間における提出者による再生計画案の撤回や提出者相互による再生計画案の擦合せ、②付議決定段階における裁判所による一方の排除、③複数案を付議決定したうえでの債権者の投票による選択の3つが考えられる。

複数の再生計画案が提出された場合、再生債務者と届出再生債権者との間の民事上の権利関係を適切に調整し、再生債務者の事業の再生を図るという民事再生法の目的に照らすと、まずは、提出者らが、付議決定までに協議を行い、再生計画案を一本化できるように擦合せを行うことでより良い再生計画案を作成するよう努力するのが一般であり、また、そのように努力すべきであると考えられる。

たとえば、再生債務者提出の再生計画案（以下、「再生債務者案」という）と届出再生債権者提出の再生計画案（以下、「債権者案」という）とで弁済率や弁済期間が異なる、あるいは弁済のための諸条件が異なるという場合は、再生債務者の経営状況等に照らしてその修正が可能かを踏まえ、まずは、再生債務者および提出債権者との間の交渉により、場合によっては監督委員や裁判所を交えて、再生計画案の一本化を図っていくことを検討すべきである。

現に、東京地方裁判所破産再生部（民事第20部）では、ゴルフ場経営会社の再生事件において、再生債務者が債権者案の弁済率やその提示条件を取り入れたため、債権者案は取り下げられて再生債務者案に一本化され、これが可決認可されたという事例がある。

しかし、再生債務者案と債権者案との相違が、単に弁済率等の数字上の問題にとどまらず、自主再建による収益弁済型とスポンサーへの事業譲渡または減増資型のように根本的なスキームの相違に依拠するような場合は、より複雑であり、そのような対応が困難なことがある。特に、届出再生債権者が、現経営陣の下での再生に強く反対して債権者案を提出したというような場合、両者が妥協点を探るのは困難であって、最終的には複数の再生計画案を同時に付議決定するほかないこともあり得る。東京地方裁判所破産再生部（民事第20部）では、平成24年に、ゴルフ場経営会社の再生事件において、債権者案の提出がされ、最終的に再生債務者案と債権者案の双方を付議するに至った事例が2件ある。

3　債権者案を付議する場合の問題点

(1)　債権者案の再生計画の内容

届出再生債権者から再生計画案の提出があり、再生債務者案との一本化が困難である場合、裁判所は、再生債務者案のみならず債権者案を付議するか否かの判断を行う必要がある。届出再生債権者から提出された再生計画案であっても、その履行可能性等、付議決定に関する一般的な要件は、再生債務者案に対するものと同じである。しかし、届出再生債権者は、再生債務者の財産管理処分権や業務遂行権を有しないため、債権者案では、定めることができる再生計画案の内容に一定の制約がある。

(ア)　募集株式を引き受ける者の募集

募集株式を引き受ける者の募集を定める条項は、再生債務者のみが提出できるとされているので（民再166条の2第1項）、これを内容とする再生計画案を届出再生債権者が提出することはできない。再生手続はDIP型を原則

とする手続であるが、再生計画の定めにより新株の発行を行うことができるようにすると、株式の取得に関する定めと組み合わせることにより、再生債権者の主導による完全な資本構成の変更も可能になり、DIP型手続としての性格を変質させるおそれがあることから、これを防止する趣旨とされる。[2]

他方、民事再生法154条3項所定の資本金の額の減少に関する条項については、同法166条の2第1項の規定のような制限はない（民再166条1項）ことから、届出再生債権者による減資の条項を含む再生計画案の提出も可能と解される。[3]

(イ) **事業譲渡を伴う再生計画案**

民事再生法42条1項の文言が、事業譲渡の許可について再生債務者等（再生債務者または管財人）からの申立てを前提としていることや、再生手続は本来DIP型であることから、再生債務者に事業譲渡を強要することはできないと解すべきであり、そのように解さないと、申立人は再生手続を申し立てること自体に躊躇するとして、そもそも届出再生債権者が事業譲渡を内容とする再生計画案を提出することはできないとの見解もある。

しかし、民事再生法42条は、計画外の事業譲渡を前提とする規定であると解釈できること、事業譲渡については、同法166条の2第1項のように提出者を再生債務者のみに限る規定が存在しないこと、事業譲渡を内容とする再生計画案が提出できないとすると、届出再生債権者が提出できる再生計画案の内容はごく限られたものとなり、重要な利害関係人に再生計画案の提出権限を与えて、より望ましい再生計画案が提出されることを促すこととした法の趣旨が損なわれるおそれがあることから、事業譲渡を含む再生計画案の提出自体は、法律上禁止されていないと解するのが相当である。このように解するとしても、届出再生債権者が事業譲渡を含む再生計画案を実際に提出するにあたっては、事業譲渡契約書案を添付するなどして、どのような内容での事業譲渡を予定しているのかを特定する必要があり、また、事業の譲受人

---

[2] 一問一答新破産法394頁。
[3] 福永有利監修『詳解民事再生法〔第2版〕』509頁〔山本弘〕。

の資力や事業の運営能力を明らかにして、事業譲渡の遂行可能性を示す必要もある。前記2のゴルフ場経営会社の再生事件においては、いずれも監督委員の指摘を受けて、契約当事者が調印すればよい段階まで契約内容を詳細に定めた契約書案を再生計画案に添付し、スポンサーについては、金融機関発行の残高証明書やゴルフ場運営の実績を示す資料等が提出されている。

(2) 再生債務者が債権者案の遂行を拒絶している場合

債権者案を付議する際、仮に債権者案が可決され認可決定がされた場合に、再生債務者がその遂行に協力する旨の了解を得ておくことが望ましい。しかし、必ずしも再生債務者が対立関係にある債権者案の遂行に協力するとは限らず、たとえば、債権者案が第三者に事業を譲渡する内容の再生計画案であった場合において、再生債務者が、仮に債権者案が可決され認可決定がされても、その事業譲渡を実行する意思がないことを表明しているときに、債権者案を付議できるか、または遂行の見込みがないとして付議しない（民再169条1項3号、174条2項2号）こととすべきかという問題が生ずる。

このような場合、債権者案が認可されても再生債務者に対して事業譲渡を強制する手段がないため、その遂行の見込みがないようにも思われるが、再生債務者が債権者案の実行を拒否しているとの一事をもって遂行の見込みがないと判断して付議もしないというのでは、他の債権者の意見を聴くこともなく、再生債務者の一存で債権者案を排除することになって相当とはいえない。また、現実に債権者案が可決され認可決定がされた場合、再生債務者が、再生計画が遂行される見込みがないことが明らかになったことを理由に再生手続が廃止され、牽連破産に移行することを覚悟してまでその履行を拒絶するのか否かといった点は将来の問題であり、付議決定の時点では未定であるともいえる。さらに、債権者案について認可決定がされた場合において、実際に再生債務者が再生計画の遂行に必要な事業譲渡の実行を拒絶した場合には、後述のとおり、その時点で管理命令（民再64条1項）を発令し、管財人による代替許可申請（同法43条1項）を経ることにより、事業譲渡の実行を確保する手段がないとはいえないから、基本的には、他の要件が具備されて

いる限り、付議するのが相当である。

　前記2の再生事件では、いずれも監督委員から、債権者案についての問題点の指摘をしつつ、履行の可能性がないとまではいえないとして付議相当の意見書が提出され、債権者案についても付議決定をした。その意見書では、債権者に対する情報提供の意味で、問題点についてはわかりやすく詳細な説明がされている。

(3) 債権者案を付議しない場合の処理

　不認可事由があって再生計画案を付議しない場合でも再生計画案の排除決定は不要であるとの見解が一般であるが（前記Ⅲ参照）、複数の再生計画案が提出されてその一部に不認可事由がある場合は、決議の対象となる再生計画案を明らかにして手続の混乱を避けるため、実務上、不認可事由がある再生計画案について排除決定をしている。なお、この場合の排除決定は、その性質上、不服申立ての対象となるものではなく、当該再生計画案を決議に付さないことを外部的に明確にするものにすぎない。

　これに対し、複数の再生計画案すべてに不認可事由があるときは、民事再生法191条2号により再生手続廃止の決定をすることになり、再生計画案の排除決定を行うことを要しない。

4　複数の再生計画案を付議する場合の留意事項

　複数の再生計画案が決議に付される場合、個々の再生計画案ごとに賛否を問えば複数の再生計画案が可決されるという不都合が生ずるおそれもあるが、民事再生法は複数の再生計画案の決議について具体的な規定を設けておらず、その方法はもっぱら解釈ないし運用に委ねられている。

　東京地方裁判所破産再生部（民事第20部）では、複数の再生計画案について付議決定をした事例において、計画案ごとに投票するのではなく、1枚の議決票に「再生債務者案に賛成」、「再生債権者案に賛成」、「両案に反対」との選択肢を設け、その1つを選択する方法で投票を行っており、両案が可決されるという不都合な事態を回避する運用を行っている。もっとも、これに

対しては、同一機会の投票において互いに票を奪い合う関係となり、再生債務者案または債権者案のいずれかが可決要件を満たす賛成を得ることが、計画案ごとに投票するよりも困難となるとの指摘もある。しかし、再生手続においては、決議に付された再生計画案が可決された場合には、裁判所は、いずれかの不認可事由に該当する場合を除き、再生計画認可の決定をするとされ、認可・不認可についての裁量権を有しない建前であって、複数の再生計画案が可決された場合の解決困難な問題を回避するためにはやむを得ないものと考えられる[4]。

5　債権者案の認可段階における遂行可能性の判断

(1) 再生計画認可決定の当否

　事業譲渡を内容とする債権者案が可決された場合において、再生債務者が、なおその再生計画案に定められた事業譲渡を実行する意思がない旨を表明しているときに、可決された再生計画案は遂行される見込みがないとして不認可の決定（民再174条2項2号）をすべきかという問題がある。

　再生債務者は、再生計画認可の決定が確定した場合、その再生計画を遂行しなければならない（民再186条1項）。もっとも、再生計画認可決定が確定したことにより生ずる効力は、届出再生債権者等の権利の変更（同法179条）、再生債権者表の記載（同法180条2項）、再生債務者の株式の取得等に関する条項（同法183条、183条の2）等に限られ、再生計画に定められた事業譲渡の履行を再生債務者に直接強制する手段はない。しかし、再生債務者が債権者案の実行を拒否しているとの一事をもって遂行の見込みがないとして可決された再生計画を不認可とすることは、再生債務者の一存で、決議で示され

---

[4] なお、筆者（鹿子木）は、ゴルフ場運営会社の更生事件において更生管財人と届出更生債権者の双方から更生計画案が提出された場合に、計画案ごとに投票する方法を採用したことがあるが、これは、両案が可決された場合にいずれの更生計画を認可するかについて裁判所が裁量を有すると解される更生手続の特殊性によるものである。もっとも、この場合においても、付議決定に先立ち、双方の提出者に対し、いずれの計画案も可決された場合には、更生債権者の組においてより多くの賛成を得た更生計画を認可する旨の方針を説明し、了解を得た。

た多数の債権者の意思を覆すことになって相当とはいえない。また、再生債務者が、牽連破産に移行することを覚悟してまで認可された再生計画の履行を拒絶するのか否かは将来の問題であることは、付議の当否に関する検討と同様である。さらに、後記(2)のとおり、管理命令を発令して、管財人によって代替許可申請をしたうえ、事業譲渡を実行し、再生計画を履行するという途も存在する。したがって、基本的には、他の要件が具備されている限り、認可するのが相当といえよう。

(2) 計画遂行の確保の手段

再生計画認可決定の確定後に、なお再生債務者が再生計画に定められた事業譲渡を拒絶している場合、管理命令を発令することは可能かという問題がある。

事業譲渡を拒絶しているとの一事をもって、直ちに再生債務者の財産の管理または処分が失当（民再64条1項）であるということは困難であると考えられる。他方、再生計画に基づく弁済を行うためには、同計画に定められた事業譲渡を実行するほかないことが客観的に明らかであるにもかかわらず、再生債務者がこれを徒に拒絶して再生計画の履行が困難となっているような場合にまで、再生手続の廃止による牽連破産への移行を待つしかないというのでは、再生債権者全体の利益を害するといえる。民事再生法は、管理命令の発令時期について時間的な制限を設けていないので、再生計画の遂行の段階であっても、このような場合には、再生債務者の事業の再生のために特に必要があるとして、例外的に管理命令を発令することが相当な場合もあると考えられる。なお、管財人は、事業譲渡に関する株主総会の特別決議に代替する許可（民再43条1項）の申立権も有している。

もっとも、これはあくまで最終的な手段であり、再生債務者としては、そのような事態を回避するように、再生計画案の立案にあたって再生債権者に対する情報提供を適切に行い、その意見も踏まえてできる限り多くの再生債権者の賛同を得ることができる再生計画案を策定することが求められるし、届出再生債権者が債権者案の提出の意向を有している場合には、付議決定ま

でに擦合せを行って、より良い再生計画案を作成するよう努力することが求められる。

第2節　再生計画認可決定の審理

I　再生計画認可決定の意義

　付議された再生計画案は、議決権を行使した議決権者の過半数で、かつ、議決権者の議決権の総額の2分の1以上の議決権を有する者の同意を得ることで可決となる（民再172条の3第1項）。再生計画案が可決された場合には、裁判所は、消極的要件としての不認可事由（同法174条2項各号）に該当する場合を除き、再生計画認可の決定をするとされており（同条1項）、他方、可決されたとしても、いずれかの不認可事由に該当する場合には、不認可の決定をすると定められている（同条2項柱書）。これは、①再生計画案に同意しない少数者である再生債権者の保護、②不正または不当な再生計画により再生債権者全体の利益が害されることの防止、③再生の目的を達成し得ないような計画の実施から生ずる社会的な不経済を回避するためであると説明されている。
　このように、再生手続においては、再生計画の認可または不認可の決定にあたり、裁判所には裁量権が認められていない。
　これに対し、更生手続においては、法定要件（積極的要件）として認可事由を定め、認可事由が認められたときに限って、認可の決定をすることができるとし（会更199条2項）、他方で、更生手続が法令または最高裁判所規則の規定に違反している場合であっても、その違反の程度、更生会社の現況その他一切の事情を考慮して更生計画を認可しないことが不適当と認めるときは、裁判所は、更生計画認可の決定をすることができるとされ（同条3項）、裁判所の裁量権が一部認められている。これは、更生手続のほうが、再生手

続よりも裁判所の後見的な役割を重視していることが考慮されたものと説明されている。

II 再生計画認可決定の要件（不認可事由）

1 再生手続または再生計画が法律の規定に違反し、かつ、その不備を補正することができないものであるとき（民再174条2項1号本文）

(1) 再生手続の法律違反

不備を補正することができない再生手続の法律違反を不認可事由としているのは、違法な手続の実施によって再生債権者ら利害関係者の利益が害されるのを防止するためである。

再生手続の法律違反の具体例としては、再生手続開始の決定の公告や送達の規定に違反した場合（民再35条）、裁判所の代替許可（同法43条）がないのに、株主総会決議を経ずに事業譲渡がなされた場合などのほか、再生手続開始申立てについての取締役会決議が存在しない場合など再生手続開始前の事由も含まれると解されている。[5]

なお、再生手続が法律の規定に違反している場合でも、その違反の程度が軽微であるときは、裁判所の合理的な裁量により、再生計画認可の決定をすることができる（民再174条2項1号ただし書）。これは、再生債権者の法定多数の同意を得て可決された再生計画について、軽微な手続上の瑕疵でその効力が否定されるのを回避する趣旨である。ここにいう法律違反の程度が軽微であるか否かの判断は、再生債権者を中心とする利害関係者の利益が実質的に侵害されるか否かを基準として判断すべきである。[6]

この要件に関する裁判例としては、次のものがある。

---

5 新注釈民事再生法(下)111頁〔須藤力〕。
6 条解民事再生法919頁〔三木浩一〕。

II 再生計画認可決定の要件（不認可事由）

(ア) 東京高決平成13・9・3金商1131号24頁〔日本ビルプロヂェクト事件〕

本件は、ゴルフ場運営会社の再生事件において、裁判所の許可を得て、事業の一部を譲渡し、譲受先において従前のゴルフ会員権者には預託金債権の現物出資を受けて新株を発行することとし、再生計画においては、現物出資に応じたゴルフ会員権者について弁済はゼロ％とし、他の一般再生債権者の債権と現物出資に同意しなかったゴルフ会員権者の預託金債権については0.1％の弁済を行うことが定められた事案である。

本決定は、「もともとゴルフ会員権者の権利は、預託金債権のみならず、プレー権も債権として含まれるものであるから、ジェイクラブホールディングス株式会社に預託金債権を現物出資せず、ゴルフプレー権を承継させなかったゴルフ会員権者については、そのプレー権をも金銭に評価して……、その金額を再生債権（の一部）として届けさせ、議決権の額を定める（民事再生法87条1項3号）べきであった」として、「本件再生計画案の議決は、法律の規定に違反して成立するに至ったものといわざるを得ないが、これに対する債権者集会の投票結果の内容に照らしてみれば、決議の方法の不適法は最終的に可決の結果に影響を及ぼさなかった可能性が高いということができ」るとして民事再生法174条2項1号の該当性を否定し、抗告を棄却した。

(イ) 東京高決平成14・9・6判時1826号72頁〔茨城ロイヤルCC事件〕

本件は、ゴルフ場運営会社の再生事件において、原審である東京地方裁判所破産再生部（民事第20部）の運用として、議決権者が議決票を第三者に交付して代理投票することを認めており、第三者の資格について特に制限を設けておらず、また、議決票を債権者集会に持参する第三者について、委任状の提出を求めていないことについて、抗告人が、①議決票をもって、議決権者本人がその持参者に対して議決権行使を委任した書面とみることはできないから、代理権を証する書面の提出を要する旨定める民事再生規則51条に違反する、②利害が相対立する再生計画案に対する賛成者・反対者双方を代理して議決権を行使することを認めることになり、かかる議決権行使は、民法

547

108条により無効であると主張した事案である。

　本決定は、①について「いかなる書面をもって議決権行使の代理権を証する書面とみなすべきかについては、同規則に規定するところがないから、民事再生法の趣旨、目的を逸脱しない限り、裁判所の裁量判断に委ねられていると解すべきである」としたうえ、原審の扱いは裁量判断の範囲内に属するものであるから違法とはいえないとした。また、②については、「議決権行使は各議決権者ごとに独立した法律行為であって、当該第三者は、同一の法律行為につき当事者双方の代理人となるわけではないから、当該第三者による議決権行使が民法108条により無効となる旨の抗告人らの主張は失当である」と判断して抗告を棄却した。

　　(ウ)　東京高決平成16・6・17金商1195号17頁〔日本コーリン事件〕

　本件は、医療用機器の製造販売等を目的とする会社の再生事件において、民事再生法42条、43条1項の許可を得たうえで、再生計画外で事業譲渡をして、再生債権者に弁済した後に清算する再生計画案を作成し、同法166条1項により資本減少等を定めた本件再生計画案提出の許可を受けたうえで、同計画案を提出したところ、可決された事案である。これに対し、再生債務者の株主から、①事業譲渡の代替許可、②資本減少等を定めた本件再生計画案提出の許可、③再生計画認可の決定に対し、それぞれ即時抗告したところ、①の抗告審は、債務超過の疎明が十分とはいいがたい、事業の継続のために必要であるとはいえないとして、代替許可を取り消し、②の抗告審は、債務超過の疎明が十分とはいいがたいとして、本件再生計画案提出の許可を取り消した。

　本決定は、上記の経過を踏まえ、「本件再生計画は、その内容である本件営業譲渡につき法43条1項の代替許可の申立てが不許可とされた点、及び資本の減少を定める条項に関する法166条1項の許可申立てが不許可とされた点で、『再生手続又は再生計画が法律に違反し、かつ、その不備を補正することができないものであるとき』（法174条2項1号）に該当する」と判断したが、株主総会の特別決議を得れば事業譲渡を内容とする清算型の再生計画

案の変更を申し立てることは可能であって、その場合には再生計画案の提出があった場合の手続に関する規定に従った処理を再度行えば足りるものと解するから、原決定を取り消したうえ、原審に差し戻すことにとどめるのが相当であると判断した。もっとも、本件の再生債務者は、本決定による原審差戻し後、抗告審の示唆する再生計画の変更は不可能であるとして再生手続の遂行を自ら断念したことから、再生手続が廃止され、職権により破産手続に移行することとなった。

なお、本決定が、再生計画認可決定に対する株主の即時抗告権を認めたことの是非については、後記Ⅲ5⑵(カ)を参照されたい。

⑵ 再生計画の法律違反

不備を補正することができない再生計画の法律違反を不認可事由としているのは、再生計画の策定は基本的には当事者の自治に委ねられているが、再生計画案に賛成しない少数者である再生債権者の保護を中心として、当事者自治によっても侵すことのできない利害関係者の権利を保護するためである。

再生計画の法律違反の具体例としては、再生計画の必要的記載事項を欠いている場合（民再154条）、権利変更の内容が再生債権者間で不平等である場合（同法155条）などがこれに該当する。

なお、再生計画の法律違反は、再生手続の法律違反とは異なり、その違反の程度が軽微であっても、民事再生法174条2項1号ただし書の適用はなく、再生計画認可決定をする余地はない。

この要件に関する裁判例としては、次のものがある。

(ア) 前掲東京高決平成13・9・3〔日本ビルプロヂェクト事件〕

本決定は、前記⑴(ア)の事案の下で、「このプレー権を存続させるゴルフ会員権の価額が預託金債権の0.1パーセントの額よりも高額になる蓋然性が極めて高くなるというべきであるから、本件再生計画案においては、一般再生債権者とゴルフ会員権者との間で実質的な不平等になる可能性があるといわざるを得ない」としたうえで、「本件再生計画の内容の前述の不平等は、株主制ゴルフ会員権の評価次第では実質的な不衡平をもたらす可能性が高いが

(民事再生法174条2項1号本文)、その評価は、追加募集があった場合を含めて、今後の本件ゴルフ場の運営内容や状況及びゴルフ会員権市場の動向によって左右され、流動的なものといわざるを得ないから、実質的不衡平が明白であるとまではいうことができず、本件再生計画案に反対している再生債権者の数が極めて少なくなっていることにかんがみると、その不衡平さも軽微なものということができる」として民事再生法174条2項1号の該当性を否定し、抗告を棄却した。

(イ) 前掲東京高決平成14・9・6〔茨城ロイヤルCC事件〕

本件の再生計画案の概要は、ゴルフ会員のうち、退会会員については、元本債権の2％を10回分割弁済をし、プレー会員については、プレー権の内容は変更せず、預託金返還請求権の15％を10年間据え置き、前記未処分利益を基準として算定した金額の範囲内で弁済することとし、再生債務者が新たに担保保有会社を設立し、同社がプレー会員のため預託金返還債務につき保証を行うというものであった。

本決定は、「会員の債権は、通常の金銭債権とは異なり、金銭債権である預託金返還請求権のほかにゴルフ施設利用権を併せ持つという特殊性があるので、……プレー会員と退会会員及び一般債権者を別個に取り扱うことは、合理的理由があり、……退会会員の比率によって被抗告人の弁済額が変動し、弁済原資となる年会費収入やゴルフ場の売上げも変動することとなるので、プレー会員の債権に限って付保することは、会員に対して会員契約の継続を希望するインセンティブを与え、退会会員の比率をできるだけ低く抑え、本件再生計画の円滑な遂行に資するものとして合理性があるといえる。そして、会員は、本件再生計画の認可決定(原決定)の確定後に、退会するか、会員契約を継続するかの選択ができることも併せ考慮すると、本件再生計画におけるプレー会員と退会会員及び一般債権者との間の差異の程度は、いまだ平等の範囲内にあるというべきであり、本件再生計画が民事再生法155条1項に反する違法なものとはいえない」と判断して、抗告を棄却した。

II 再生計画認可決定の要件（不認可事由）

(ウ) 東京高決平成16・7・23金商1198号11頁

　本件は、ゴルフ場運営会社の再生事件において、再生計画で、一般再生債権者については、少額債権者を除き、99.8%の債権を免除し、免除後の0.2%をその全員に対し、最長でも認可決定確定後10年間の分割払いするのに対し、継続会員債権者については、①会員プレー権を維持継続するとともに、②資格保証金返還請求権については、額面の40%を免除し、60%の資格保証金券面額を継続保有するが、10年間支払を据え置き、10年経過後に、毎年の決算における税引後利益に減価償却費を加算した金額の50%という限定された原資から弁済し、償還希望者が多数に上る場合には、抽選の方法によって選定された者に対してのみ弁済することを定めた事案である。

　本決定は、「本件再生計画は、継続会員債権者間で、資格保証金返還請求権の弁済につき抽選方式を採用して著しい格差を設けており、このような差を設けることに合理的な理由は見いだし難いし、また、資格保証金2000万円以上の会員債権者には会員権を分割しその譲渡の途を与える点でも、権利内容の変更として債権者平等原則に反するというべきである」、「会員プレー権の継続は一部の請求権の100パーセント弁済である実質をもつ上、継続会員債権者が資格保証金返還請求をする場合には一般再生債権者と異なるところはないから、弁済面において実質的に平等であることを再生計画で明らかにする必要がある。しかるに、本件再生計画は、継続会員債権者の資格保証金返還請求権の行使が10年間据え置かれ、一般債権者への弁済よりも遅くなるというだけであって、会員プレー権の継続保証と資格保証金の弁済率の点では一般債権者よりも著しく有利に扱うものであり、それでもなお実質的な平等が確保されていることの主張も立証もない」として、本件再生計画は民事再生法155条1項に違反すると判断し、原決定を取り消して再生計画不認可の決定をした。

　もっとも、本決定も極端な弁済率の相違を定めた事案についての判断であって、常にプレー権の経済的価値の評価を考慮すべきものとする趣旨ではないであろう。現在の東京地方裁判所破産再生部（民事第20部）の運用として

551

は、プレー権の経済的価値の一般的な評価を行うことは困難であること、会員は、一般の利用者よりも低額な料金でゴルフ場を利用できるものの、一方で年会費の支払義務も負担しており、一方的に便益のみを享受するものではないこと、会員によるゴルフ場の利用が再生債務者の事業の継続と弁済資金の確保のためにも不可欠であり、プレー権の保障は再生債務者の利益にも資することから、特段の事情のない限り、プレー権を具体的に評価したうえで、継続会員と他の債権者との間の平等性を検討することは求めていない。[7]

　　　㈏　東京高決平成22・6・30判タ1372号228頁

　本件は、いわゆるリーマン・ブラザーズグループ（以下、「LBグループ」という）に属する会社の再生事件において、再生計画で、LBグループの再生債権と他の再生債権を平等に取り扱う内容を定めた事案である。抗告人（再生債権者）は、グループ会社の再生債務者に対する貸付けは、実質資本として拠出されたものを形式上グループ会社の貸付けという外形をとっていたにすぎないから、グループ会社の貸付金債権については、他の一般債権より劣後する措置をとるべきであり、劣後化の措置をとらない本件再生計画案は、法に内在する衡平、公正の原則、平等原則（民再155条1項本文）に違反し、権利の濫用（民1条3項）であって、違法であると主張した。

　本決定は、具体的な事実関係の下で、再生債務者に対する貸付けが実質的に出資と同視するものと評価することはできないとしたうえ、「米リーマン社及びその傘下のグループ会社について、それぞれ各国において倒産手続が開始されているのであるから、特定のグループ会社に対する債権のみ劣後化させると、当該企業の債権者を他のグループ会社の債権者より不利に扱うこととなり、むしろ、平等原則に反する事態が生じるということもできる」として、抗告を棄却した。

　　　㈺　東京高決平成23・7・4判タ1372号233頁

　本件も、上記㈏と同様にLBグループに属する会社の再生事件の事案であ

---

[7] 民事再生の手引282頁〔鹿子木康〕。

る。争点は多岐にわたるが、抗告人の主張のうち、本件再生計画案においてLBグループ債権者の債権を劣後化すべき義務に違反する旨の主張について、「民事再生法155条1項ただし書は、再生計画において特定の債権者の不平等取扱いを定めることを認める（許容する）ものではあるが、これを義務付けるものではない。したがって、仮に、解釈上、特定の債権者の不平等扱いが義務付けられる場合があることが認められるとしても、それは、これを認めないと著しく正義に反するような例外的な場合であるというべきである」としたうえ、事実関係を詳細に認定し、「LBグループ債権者について、不平等取扱いを正当化するような信義則違反があるとはいえず、LBグループ債権者について不平等取扱いをする再生計画は認められないものというべきである」と判断して抗告人の主張を排斥した。

また、本件再生計画は、事業再生を内容としない清算目的によるものであり、民事再生法1条に違反する違法があるとの主張についても、「民事再生法は、再生手続の開始原因を債務者に破産手続開始の原因となる事実の生ずるおそれのあるとき、又は事業の継続に著しい支障を来すことなく弁済期にある債務を弁済することができないときとしており（21条1項）、当初は事業又は経済生活の再生を図るために手続が進行していても、再生手続中に事業継続の見通しが立たないことが明らかとなり、清算を決意せざるを得ない場合も生ずるのは当然である。この場合、再生手続によって債権回収が進んでいるのであれば、そのまま清算を前提とした再生手続を継続する方が再生債権者にとって有利な場合が多いから、清算を内容とする再生計画案が再生債権者の決議によって可決される可能性があるのであれば、破産手続に移行させなければならない理由はなく、民事再生法もこれを禁じるものではないと解される」と判示した。

2 再生計画が遂行される見込みがないとき（民再174条2項2号）

会社更生法では、更生計画が遂行可能であることが認可要件とされており

（会更199条2項3号）、積極的要件として定められているのに対し、民事再生法では、遂行の見込みがないことが不認可事由とされており、消極的要件として定められている。したがって、裁判所は、遂行可能性の不存在が積極的に認定できる場合以外は、再生計画を認可しなければならない。

　民事再生法174条2項2号に該当する具体例は、一般的には再生計画の弁済原資の調達が極めて困難であることが明らかで再生計画に定める弁済を実行できる可能性が低い場合があげられるが、実務上、一般優先債権（民再122条）に該当する滞納税金が多額であり、再生債権の弁済原資が確保できない場合や収益弁済型の再生計画で免除益課税を免れず、再生債権の弁済原資が確保できない場合などがみられる。

　この要件に関する裁判例としては、次のものがある。
(1) 前掲東京高決平成14・9・6〔茨城ロイヤルCC事件〕
　抗告人は、①多額の免除益課税が予想される、②退会会員数が予想を上回ればプレー会員からの年会費収入、ゴルフ場の売上げが激減する、③別除権者との間の別除権協定は、弁済充当方法の合意を欠いており、不利な充当が行われれば過大な免除益の計上に伴う課税によって再生計画の遂行は不可能となると主張して、遂行可能性を争ったのに対し、本決定は、監督委員の補助者の公認会計士は、債務免除益の発生も考慮したうえで、遂行の見込みがないとは結論づけておらず、監督委員も意見書で本件再生計画が遂行される見込みを肯定していること、再生債権者の大多数は、本件再生計画案に賛成しており、遂行可能性があると判断していることを根拠に本件再生計画が遂行される見込みがないと断定することはできないとして、抗告を棄却した。

(2) 大阪高決平成18・4・26金商1244号18頁
　本件は、ゴルフ場運営会社の再生手続において、抗告人が、再生計画認可決定に対し、本件再生計画認可後の事業計画において採用された減価償却の方法は、恣意的で商法施行規則29条に基づく相当の減価償却とはいえず、同規則に従った償却方法を採用すると赤字になることが明らかであるから、再生計画の遂行の見込みがないとして争った事案である。

本決定は、「抗告人の主張する定額法、定率法等は、償却方法としては代表的なものであるが、会計処理における資産の償却方法は、これらの方法に限られず、資産の価額、耐用年数等を基礎として、公正妥当な会計慣行に従い、正確性、明確性に反しない（同規則（筆者注：商法施行規則）44条）合理的な内容であれば足ると考えられる。そして、本件では、一応償却資産の財務評定が行われており、その評定が相当でないと認めるに足りる証拠もないし、再生手続に至った事態を受けて従来採用していた償却方法と異なる方法を採用することは正当であるといえる上、相手方が予定する上記償却方法が公正妥当な会計慣行に反するとまで認めることはできない。したがって、上記償却方法が採用されたことをもって、再生計画の遂行の見込みがないとはいえない」として、抗告を棄却した。

3　再生計画の決議が不正の方法によって成立するに至ったとき（民再174条2項3号）

　本来、再生計画案の決議に不正があれば、再生手続の違法として民事再生法174条2項1号の不認可事由に該当するはずであるが、法が独自に同項3号の規定を設けたのは、再生計画案の決議は、再生手続の中でも特に重要な意義を有することから、単に法の定めに形式的に合致するだけでは足りないとの趣旨を明らかにしたものであると説明されている。

　民事再生法174条2項3号の具体例としては、議決権を行使した再生債権者が詐欺、脅迫または不正な利益の供与等を受けたことにより再生計画案が可決された場合はもとより、再生計画案の可決が信義則に反する行為に基づいてされた場合も含まれる（最決平成20・3・13民集62巻3号860頁）。

　前掲最決平成20・3・13は、①認可決定を争った債権者3名にとっては、再生債務者が再生手続を利用するほうが再生債務者につき破産手続が進められるよりも再生債務者に対する債権の回収に不利であり、再生債務者が本件再生計画案を提出しても再生債務者の代表者等の関係者2名の同意しか得られず可決の見込みがなかったこと、②再生債務者が再生手続開始の申立てを

する直前に、再生債務者の取締役であってそれまで再生債務者に対する債権を有していなかったAが回収可能性のない再生債務者に対する債権を譲り受け、その一部を同じく再生債務者の取締役であってそれまで再生債務者に対する債権を有していなかったBに譲渡したこと、③AとBによる議決権の行使がなければ議決権者の過半数の同意を求める民事再生法172条の3第1項1号の要件が充足することはなかったが、上記議決権の行使により同要件が充足し、本件再生計画案が可決されたという事実関係において、「本件再生計画の決議は、法172条の3第1項1号の少額債権者保護の趣旨を潜脱し、再生債務者である抗告人らの信義則に反する行為によって成立するに至ったものといわざるを得ない。本件再生計画の決議は不正の方法によって成立したものというべきであり、これと同旨をいう原審の判断は是認することができる」と判示して、抗告を棄却した。

4 再生計画の決議が再生債権者の一般の利益に反するとき（民再174条2項4号）

「再生債権者の一般の利益に反する」とは、特定の再生債権者の利益ではなく、再生債権者全体としての利益が、実質的に害されることであり、典型的には、再生計画による弁済が破産手続における配当を下回る場合がこれに該当する。したがって、民事再生法174条2項4号は、再生債権者に対して、再生債務者が破産した場合の配当額以上の弁済を保障したものであり、清算価値保障原則を規定したものと解されている。

清算価値保障原則の基準時については、再生手続開始時とする見解（開始時説）、再生計画認可決定時とする見解（認可時説）、原則として再生手続開始時としつつ、事業価値の劣化の進行等により再生計画認可時に違法ではない事情により清算価値が減少した場合には、再生計画認可決定時を基準とすることも許容する折衷的な見解（折衷説）、特定の基準時を観念せず、それが問題となるその時々において清算価値が保障されていなければならず、かつこれで足りるとする見解（判断時説）に分かれている。

II 再生計画認可決定の要件（不認可事由）

　東京地方裁判所破産再生部（民事第20部）では、再生債権者に一定の債務免除を強いながらその協力の下に再生手続の進行を図り得るのは、再生手続開始時に再生債務者が破産した場合に比べて有利な弁済ができる見通しがあるからであり、その見通しが立たなくなった場合は、一刻も早く手続を廃止するという厳しい自律が再生債務者に求められていること、財産評定の基準時が再生手続開始時であること（民再124条1項）から、清算価値保障原則の基準時を再生手続開始時と解している。

　清算価値保障原則を充足しているかどうかの判断においては、再生計画案の弁済率と清算配当率の比較が重要である。清算配当率とは、再生手続開始時点で再生債務者に対し破産手続がとられた場合の予想配当率をいう。清算配当率は、財産評定において、債務者の有する財産の清算価値の評価額から、税金、労働債権等の共益債権および一般優先債権に対する弁済額、別除権評価額、清算費用（破産管財人の報酬見込額、財産処分費用）等を控除して配当見込総額を算出し、これを再生債権の元本並びに再生手続開始決定日の前日までの利息および遅延損害金の総額で除して算定する。東京地方裁判所破産再生部（民事第20部）の運用では、監督委員において、公認会計士を補助者として選任し、再生債務者の行った評価が適正なものであるかを確認することとしている[8]。

　この要件に関する裁判例としては、次のものがある。
　(1)　**東京高決平成15・7・25金商1173号9頁**
　本件は、債権者が再生債務者の関連会社に対する債務免除につき詐害行為取消訴訟を提起したが、再生債務者の再生手続開始により中断したところ、監督委員は、これを受継せず、再生債務者も当該訴訟による回収可能性は極めて低いとして清算配当率はゼロ％であるとの前提で0.17％を弁済する旨の再生計画案を提出し、可決された事案である。本決定は、「監督委員は詐害行為取消訴訟を受継しないのは再生債権者の利益に反する行為であり、信認

---

[8] 民事再生の手引274頁〔鹿子木康〕。

557

上の義務違反になるし、また、少なくとも再生手続裁判所もこの視点から監督委員を指導すべきである。そうすると、本件においては、監督委員が本件詐害行為取消訴訟の受継をしないで、弁済原資となる可能性のある債権の回収を怠っているのを放置したままで本件再生計画を成立させたものであり、再生債権者の利益に反するというべきである。このような事案においては、再生計画の内容として、勝訴するか、和解金が得られた場合……を想定した条件付きの弁済計画条項をも予備的に付加すべきであって、それを内容としない本件再生計画は、『再生計画の決議が再生債権者の一般の利益に反するとき』（民事再生法174条2項4号）に該当する」とし、なお計画変更の可能性があるから再生計画を不認可とまではしないのが相当であるとして、認可決定を取り消して原審に差し戻した。

(2) 東京高決平成19・4・11判時1969号59頁

本決定は、前掲最決平成20・3・13の原決定であり、賃貸ビルを所有し賃貸管理することを業とする株式会社の再生手続において、スポンサー企業から融資を受けて再生債権額の1％を再生計画認可決定確定から3か月以内に一括弁済するという再生計画につき（財産評定における清算配当率はゼロ％）、建設保証金返還請求権を有する賃借人債権者においては、「破産手続であれば、その期限が到来し、破産手続開始時において弁済期が到来するものとされ、将来の賃料債務と相殺することが可能である」とし、「賃借人債権者にとって、本件再生計画案は破産の場合より不利益であることは明らかである」とした。また、別除権者においては、「破産手続においても別除権行使により本件建物1の処分価値の全部を回収可能であり、破産管財人と協力して時価による任意売却をすることによる清算をすることも可能であり」、「本件再生計画においては担保権消滅許可により評価命令による評価価額による弁済がされ、別除権不足額の1パーセントの弁済にとどまることからすれば、本件再生計画がその利益に適うものということはできない」として、「本件再生計画の内容は、相手方が破産した場合に再生債権者が受ける利益を下回るものであり、相手方関係者4名については個別の同意を条件として弁済し

ないものとされていることを合わせ考えると、本件再生計画案は再生債権者の一般の利益に反するというべきである」と判断して、原決定を取り消し、再生計画不認可の決定をした。

　本決定は、再生債権者一般の利益になるか否かの判断にあたって、手続外回収を含めた実質的な回収見込みまでを判断基準としたものであるが、これに対しては、このような判断基準によると、とりわけ事業用不動産賃貸業者の再生事件においては、民事再生法174条2項4号違反の有無の判断が複雑となり、早期処分による市場性減価等により、任意売却見込額を下回る価額決定がされることが少なくない担保権消滅許可制度の利用が事実上困難となり、再生債権弁済率も高めに設定しなければならなくなるから、認可決定に至る事案が減少するとの指摘がある。本決定自体、大多数の債権者にとって再生債権弁済率が予想破産配当率を上回るが、一部債権者について本件の賃借人債権者や別除権付債権者のような事情があって破産のほうが有利な事案と、債権者3名全員について破産のほうが有利と認められる本件の場合を同等には考え得ない旨述べているところであり、本決定の判断基準は、本件の特殊な事案を前提とするものであって、一般化すべきものではないであろう。

III　東京地方裁判所における再生計画認可決定の審理方法

　裁判所は、再生計画案が可決された場合、不認可事由が存しないか否かについて審理を行う。審理にあたって、裁判所は、必要な調査を職権で行うことができる（民再8条2項）。これに対し、再生計画案が否決された場合、裁判所は、民事再生法172条の5第1項による続行をしないときまたは続行期日において再生計画案が否決されたときは、再生手続廃止の決定をすることになる（同法191条3号）。東京地方裁判所破産再生部（民事第20部）における

9　永島正春「再生計画の決議方法の不正」NBL882号6頁。

審理の実情は、以下のとおりである。

1 利害関係人の意見陳述権

　民事再生法115条１項本文に規定する者（再生債務者、管財人、届出再生債権者および再生のために債務を負担しまたは担保を提供する者）および労働組合等は、再生計画を認可すべきか否かについて意見を陳述することができる（民再174条３項）。これらの者は再生計画が認可されるか否かについて重大な利害関係を有するからである。意見の陳述は、付議決定の通知等を受けた後認可決定までに裁判所に書面を提出するほか、決議のための債権者集会において再生計画案の可決後に口頭で述べる方法による。

2 再生計画認可の決定時期

　東京地方裁判所破産再生部（民事第20部）では、すでに再生計画案の付議決定の段階で、民事再生法174条２項３号以外の不認可事由の有無についての検討を済ませていることから、それ以降、債権者集会までの間に同号を含む不認可事由に該当する事実が判明しない限り、不認可事由が消極的要件であることを踏まえ、基本的に不認可事由が存在しないという前提で債権者集会に臨んでおり、再生計画案が可決された後、債権者集会の場で再生計画認可の決定を行うのが通常である。

　もっとも、届出再生債権者が、決議のための債権者集会において口頭で再生計画の認可に関する意見を述べた場合に、事実関係についての新たな主張を含むなど慎重な検討を要するときは、その要旨を書面で提出することを求めたうえ、債権者集会後に、再生債務者による反論および監督委員の意見書の提出を受け、これらに基づき再生計画の認可に関する判断をすることもある。

3 再生計画認可・不認可の決定

　再生計画認可・不認可の決定は、民事再生法115条１項本文に規定する者

(再生債務者、管財人、届出再生債権者および再生のために債務を負担しまたは担保を提供する者）に対し、その主文および理由の要旨を記載した書面を送達しなければならない（民再174条4項）。この決定は代用公告（同法10条3項本文）によることが可能であることから、東京地方裁判所破産再生部（民事第20部）では、例外なくこの方法によっている。

前述したように、実務上、不認可事由が認められる場合は、付議決定の審理の段階で事前に対処していることから、付議決定がされたうえで再生計画案が可決された場合に、再生計画不認可の決定がされる例は極めて少なく、東京地方裁判所破産再生部（民事第20部）では、民事再生法施行以来、平成25年4月1日現在で、当部（1審）において不認可決定がされた事例は8件（そのうち5件は関連事件として一体のものである）にとどまっている。

4 再生計画認可決定の効力の発生時期

再生計画は、認可の決定の確定により、効力を生ずる（民再176条）。これは、裁判は確定により効力を生ずるという一般原則を採用したものであるが、再生手続の対象が個人やすべての種類の法人をも含み、認可決定後に再生計画の認可決定が抗告審で取り消された場合の混乱を犠牲にしてまで早期に再生計画を遂行すべき必要性が一般的に高いとまではいえないからである。したがって、再生手続においては、再生計画の遂行に着手するためには、再生計画認可決定に対する即時抗告の有無が重要な意味をもつこととなる。

これに対し、更生手続では、更生計画は認可決定の時から効力を生ずると定められているが（会更201条）、これは、更生会社が、一般的に社会的に重要な位置を占めていることが多いため、認可決定後に更生計画の認可決定が抗告審で取り消された場合の混乱をある程度犠牲にしても、更生計画の早期遂行を図る必要性が高く、また、更生計画については、裁判所が積極的要件としての認可事由の存在を慎重に審理するため、通常は認可決定の取消しという事態は起こらないと考えられるからである。

5　再生計画認可決定に対する即時抗告

(1)　即時抗告の手続

　再生計画の認可または不認可の決定に対しては、即時抗告をすることができる（民再175条1項）。即時抗告期間は、決定の主文および理由の要旨を記載した書面を送達した場合は、送達があった日から1週間の不変期間内にしなければならないが、代用公告の方法によった場合は、公告の翌日から起算して2週間となる（民再9条、18条、民訴332条）。

　東京地方裁判所破産再生部（民事第20部）では、すべて代用公告によっているので、公告の翌日から起算して2週間が即時抗告期間となっている。したがって、即時抗告期間経過により認可決定が確定するまでの期間は、官報掲載日までの所要期間と即時抗告期間とを合わせて認可決定から約4週間を要する実情にある。

(2)　即時抗告権者の範囲

　民事再生法175条1項は、即時抗告権者の範囲について直接規定していないから、再生計画認可または不認可の決定につき利害関係を有する者が即時抗告権者となる（民再9条）。再生計画認可または不認可の決定についての利害関係者の具体的範囲については、以下のとおりである。

(ア)　再生債権者

　届出再生債権者は、利害関係者として当然に即時抗告権を有する。届出をしなかった再生債権者も、原則として再生債務者が免責されることになるから（民再178条）、即時抗告権が認められるが、その場合には、再生債権者であることを疎明しなければならない（同法175条3項）。

　なお、約定劣後再生債権者については、再生債務者が再生手続開始時において債務超過の状態にあるときには、約定劣後再生債権者の間に平等原則違反（民再155条1項）があることを理由とする場合を除いて、即時抗告権が認められない（同法175条2項）。これは、再生債務者が債務超過の状態の場合は、約定劣後再生債権者には議決権も認められず、再生計画全体についての

(イ) 再生債務者

再生債務者は、再生計画認可または不認可の決定に基づく効力を直接受ける者であるから（民再177条）即時抗告権を有する。もっとも、再生債務者が再生計画案を提出するのがほとんどであり、自ら提出した再生計画認可の決定には抗告の利益を有しないから、再生債務者が即時抗告権を有するのは、主として再生計画不認可の決定に対してである。

ただし、届出再生債権者が再生計画案を提出した場合や管財人が選任されている事案で管財人が再生計画案を提出した場合には、その認可または不認可のいずれの決定についても即時抗告権を有すると解される[10]。

(ウ) 別除権者

別除権者は、再生手続によって別除権の行使の制約を受けないが（民再53条2項）、別除権の行使により弁済を受けることができない限度で、再生計画の効力を受けるから（同法88条）、この場合に限り、別除権者も即時抗告権を有する。ただし、未届けの場合、または届け出ても議決権が認められなかった場合には、別除権の行使によって弁済を受けられない債権の存することを疎明しなければならない（同法175条2項）。

(エ) 再生のために債務を負担しまたは担保を提供する者

再生計画においては、再生計画の履行または再生債務者の再生を確保するために、再生債務者以外の者による債務の負担や担保の提供が定められることがあるが（民再158条）、これらの者は、再生計画認可決定の確定によって、債務の負担や担保提供が義務づけられるのであるから、利害関係者として即時抗告権を有する。

(オ) 管財人

管財人は、第三者機関として、認可された再生計画を遂行する義務を負う立場にあり、利害関係者の権利は各自の即時抗告権の行使に委ねればよいこ

---

10 伊藤・破産法民事再生法1020頁。

とから、即時抗告権は認められないとする見解が有力である[11]。

これに対し、管財人が提出した再生計画について不認可決定がなされたときは、管財人にも即時抗告権を認めてよいとする見解もある[12]。

(カ) 株 主

再生手続は、一般債権の減免のみを行い、資本の問題は原則として手続の外側の事項であるという建前をとっており、再生債務者が株式会社である場合の株主には再生計画案の作成および決議に関与する権限を与えていない。したがって、株主の地位があるというだけでは、再生計画認可または不認可の決定について直接的な法律上の利害関係はなく、株主は即時抗告権を有しないのが原則である[13]。

これに対し、再生計画に資本金の減少等を定める条項がある場合について、前掲東京高決平成16・6・17は、株式会社である再生債務者の株主は再生計画の認可・不認可の決定に直接的な利害を有することになるとして、株主に対する即時抗告権を認めた。この決定については、資本金の減少等に関する条項を定めた再生計画案を提出するための裁判所の許可の要件は、再生債務者が債務超過にあることであるから（民再166条2項）、当該許可がされている場合には株主は会社財産に対して実質的な持分権を有していないことになり、株主は保護されるべき利益を有していないのであるから、即時抗告権は否定されるべきであり、株主としては、債務超過については、資本金の減少等に関する条項を定める再生計画案を提出する許可に対する即時抗告（同条4項）において争うべきであるとの指摘がある[14]。なるほど、当該許可が即時抗告において取り消された場合には、付議決定および認可決定は違法となると解されるが、実務においては、迅速な事業再生を実現する観点から、即時抗告の確定を待つことなく、再生計画案の決議および認可手続を進めること

---

11 更生手続につき、条解会社更生法(下)676頁。
12 条解民事再生法931頁〔三木浩一〕。
13 条解民事再生法931頁〔三木浩一〕。
14 松下淳一「営業譲渡の代替許可等が抗告審で取り消された事例」NBL797号25頁。

が少なくなく、株主による認可決定に対する即時抗告権を否定した場合には、認可決定が確定した後に、許可が取り消されて認可決定が違法となるという事態が生じかねず、手続の混乱を招くおそれがあることは否定できない。したがって、認可決定に対する株主の即時抗告権は原則として否定すべきであるが、資本金の減少等に関する条項を定める再生計画案を提出する許可に対する即時抗告を提起している株主に限り、認可決定に対する即時抗告権を認めざるを得ないであろう[16]。

(キ) **労働組合等**

労働組合等は、再生計画の認可または不認可について意見陳述権があるが（民再174条3項）、再生計画の認可または不認可によって直接的にその権利に影響を受ける立場になく、法律上の利害関係があるとはいえないから、即時抗告権を有しない。

(3) 即時抗告審における審理

即時抗告があった場合の抗告審の審理の範囲は、再生計画の認可の要件が職権調査事項であることから（民再8条2項）、当事者が抗告理由として主張している事項のみに拘束されず、当事者による責問権の放棄が認められる事項を除き、原則として認可要件の存否に関するすべての事項に及ぶと解される[17]。

抗告審は、即時抗告に理由がないと認めるときは、抗告を棄却し、理由があると認めるときは、原決定を取り消して再生計画不認可の決定をすることになる。

これに対し、前掲東京高決平成15・7・25および前掲東京高決平成16・6・17は、即時抗告に理由があることを認めて原決定を取り消したうえ、当該事

---

15 民事再生の手引300頁〔鹿子木康〕。
16 この問題について、松下淳一「民事再生法に関する立法論断想」（東京弁護士会倒産法部編・倒産法改正展望）41頁は、提出許可の要件の存否の争いは認可決定に対する即時抗告の中で主張するものとし、かつ債務超過である場合には株主は即時抗告権を有しないとする立法的解決の必要性を指摘している。
17 条解民事再生法932頁〔三木浩一〕。

案においては計画変更の申立てをすることは可能であり、その場合には再度決議を行えば足りるとして原審に差し戻す決定をしている。この決定については、進行してきた再生手続を無駄にせずに再生債務者に事業の維持継続の機会を与えるものとして、肯定的に評価されている。[18]

(鹿子木康／鈴木義和)

---

18 松下・前掲（注14）25頁。

第6章
即時抗告をめぐる諸問題

第1節　即時抗告の要件

I　即時抗告の対象となる裁判

1　不服申立不許の原則と即時抗告を認める場合

　倒産手続においては、手続の開始から終結までの間に、手続を進行させるため裁判が数多く積み重ねられる。これらの裁判のうち重要なものについては、手続関係者の利益保護の観点から、不服申立てを認める必要があるが、倒産手続の裁判一般に対して不服申立てを許す手続構造とすれば、手続が遅延して円滑な進行の妨げとなる。そこで、倒産手続法においては、重要な裁判に限り即時抗告により不服申立てをすることを認めるとともに、その他の裁判については不服申立てを許さないこととして（破9条、民再9条、会更9条、会884条1項）、手続の迅速進行と利害関係人の利益保護との調和を図っている。

　旧破産法は、特別の規定がある場合を除き、破産手続上の裁判一般に対して即時抗告を認めていた（旧破112条）。これに対し、和議法、旧会社更生法および特別清算に関する旧非訟事件手続法は、一般的に不服申立てを禁止し、特に規定がある場合に限り即時抗告を認めていた（和議7条、旧会更11条、旧

非訟138条ノ15)。民事再生法以降の新しい倒産手続法は、いずれも後者を採用している。

ただし、不服申立てをすることができない裁判であっても、憲法の解釈の誤りがあることその他憲法の違反があることを理由とする場合には、最高裁判所に特別抗告をすることができる（破13条、民再18条、会更13条、民訴336条、非訟75条1項)。広く裁判の合憲性を担保するためである。

2 即時抗告を認める規定

破産、民事再生および会社更生に関する裁判については、当該各倒産手続法の手続規定中に即時抗告ができるものと規定されている場合に限り、即時抗告をすることができる。即時抗告が認められるのは、手続の節目となる重要な裁判（開始決定、棄却決定、認可決定、不認可決定等）および関係者の重要な利益に関係する裁判（保全命令、担保権消滅許可決定等）である。即時抗告を認める定めは限定列挙であり、倒産手続法において特別の定めがされていない裁判については、不服申立てをすることはできない（前記1参照）。特別清算に関する裁判について即時抗告を認める旨の規定は、非訟事件手続法および会社法に個別に定められており（非訟43条4項、66条、68条4項、79条、会884条、888条4項、889条2項、890条4項、891条3項等)、これらも限定列挙である（前記1参照）。

民事執行法においては、執行処分のうち執行抗告をすることができないものについては執行異議の申立てをすることができるものとされている（民執11条1項）が、倒産手続法においては、そのような仕組みは採用されていない。

倒産手続法には民事訴訟法を準用する旨の規定があり（破13条、民再18条、会更13条)、この準用規定に基づいてされる倒産手続に関する裁判について、民事訴訟法中に即時抗告を認める規定がある場合には、その規定が準用され、即時抗告が許される。裁判長による再生手続開始申立書却下命令に対する即時抗告（民訴137条3項)、再生裁判所が職権証拠調べとして文書提出命令を

発した場合における即時抗告（同法223条7項）などがその例である。ただし、倒産手続の中でも特別清算手続は非訟手続であるため、民事訴訟法の規定を一般的に準用する旨の規定は設けられておらず、民事訴訟法に準じて即時抗告を認める必要がある場合には、その旨の個別の規定が設けられている（非訟43条6項、53条1項等）。

II 即時抗告の手続

1 即時抗告権者

即時抗告権を有するのは、当該裁判について利害関係を有する者である。ここにいう利害関係は、事実上の利害関係では足りず、法律上の利害関係であることを要する。たとえば、賃金請求権を有する従業員は利害関係人であるが、その従業員が加入する労働組合は、独立して債権を有する場合でなければ、倒産手続開始決定につき利害関係を有する者とはいえない。

即時抗告をすることができる者が法律に具体的に特定されている場合もある（民再31条4項、43条6項、148条4項、150条5項、166条4項、会更104条5項、106条5項、会890条4項・5項）。

倒産手続開始申立てを棄却する決定につき、申立人以外に即時抗告権を認めるかどうかについて、債務者申立事件の場合は債務者および全債権者に、債権者申立事件の場合は当該申立債権者を含む全債権者に抗告権を認めるべきであるとする積極説[1]と、申立人以外には抗告権を認めるべきでないとする消極説[2]の対立がある。判例は消極説をとる（旧破産法に関し大決大正15・12・23民集5巻849頁）。特別清算開始命令に関しては、抗告権者が個別に規定されている（会890条4項・5項）。

---

[1] 条解破産法269頁、条解会社更生法(上)466頁等。
[2] 伊藤・破産法民事再生法792頁、条解民事再生法34頁〔園尾隆司〕、破産民事再生の実務(上)144頁〔西野光子〕等。

倒産手続における処分禁止の保全処分に関する判例であるが、保全処分の対象とされた財産が自己の所有に属すると主張する者は、即時抗告を申し立てることができないとするものがある（東京高決昭和45・9・25東高民時報21巻9号190頁）。保全処分の対象とされた財産が自己の所有であると主張する者は、第三者異議の訴えを提起して争うべきものであり、即時抗告によって保全命令の発令を争う適格を有しないからである。

2　即時抗告期間

　破産、民事再生および会社更生手続については、民事訴訟法の規定が準用され（破13条、民再18条、会更13条）、即時抗告は、裁判の告知を受けた日から1週間の不変期間内にしなければならない（民訴332条）。裁判の告知は、1日の途中で行われるのが通例であるから、期間計算にあたり、告知の当日は期間計算から除外される（民訴95条1項、民140条）。

　この期間は、裁判の公告があった場合には、その公告が効力を生じた日から起算して2週間とされている（破9条、民再9条、会更9条）。公告が効力を生じるのは、公告が官報に掲載された日の翌日である（破10条2項、民再10条2項、会更10条2項）。公告の効力が生じるのは午前零時であるから、期間は公告の効力が生じた当日から起算される（民訴95条1項、民140条ただし書）。和議法7条後段、旧会社更生法11条後段と同趣旨の規定である。

　公告された裁判につき個別に告知がされた場合に、即時抗告期間の起算日は、公告の効力が生じた日になるのか、個別の告知の日になるのか。かつて争いがあった論点であるが、同趣旨の旧破産法の規定に関し、公告された裁判については、公告が効力を生じた日が起算日となり、個別の告知の日が起算日となることはないとする最高裁判所の判断が示され、議論に終止符が打たれた（最判平成12・7・26民集54巻6号1981頁、最決平成13・3・23判時1748号117頁）。

　公告がされる裁判であるにもかかわらず、例外的に、即時抗告の起算日が個別送達の日の翌日と定められている裁判がある。破産法上の保全管理命令、

民事再生法上の監督命令、管理命令および保全管理命令、会社更生法上の保全管理命令および監督命令である（破92条3項、民再55条3項、65条6項、80条3項、会更31条3項、36条3項）。

　倒産手続の中でも特別清算手続は非訟手続であることから、民事訴訟法を一般的に準用する規定は設けられておらず、特別清算終結の決定である場合は2週間（会902条1項）、その他の裁判の場合は1週間（非訟81条）とする旨の規定が設けられている。抗告期間の起算点についても、特別清算については、会社法および非訟事件手続法に規定されており、特別清算終結決定については公告が効力を生じた日の翌日から起算し（会885条2項、902条1項後段）、その他の場合は即時抗告をする者が裁判の告知を受けた時から等とされている（非訟82条において準用する同法67条2項・3項）。

3　抗告状および委任状の提出

　抗告をしようとする者は、抗告状を原審裁判所に提出しなければならない（民訴331条、286条1項、特別清算につき非訟68条1項）。抗告状が誤って抗告裁判所に提出された場合には、窓口で原審に提出するよう指導を受けるが、郵便で提出されたような場合は、原審に事件が移送される。
　即時抗告をするには、所定の収入印紙を貼付し、送達費用を予納する。
　弁護士が代理人となって抗告をする場合には、委任状を提出する。抗告審の取扱いにおいては、原審の委任状に特別委任事項（民訴55条2項・3項参照）として抗告が含まれる旨が掲げられていても、いなくても、審級ごとにあらためて委任状の提出を求める運用がされるのが通例である。代理権の存続を確認するためである。

4　抗告理由書、準備書面および書証の提出

　抗告理由は、抗告状に記載する場合と別途抗告理由を記載した抗告理由書を提出する場合がある。公告がされる裁判でないときは、抗告期間が1週間と短いため、まず抗告理由の記載のない抗告状を提出し、その後に抗告理由

書を提出するのが一般的である。抗告理由書は、抗告の提起後2週間以内に提出しなければならない（破規12条、民再規11条、会更規10条、民訴規207条、非訟規52条1項）。抗告理由を補充する準備書面は、抗告審の裁判がされるまでは、随時追加して提出することができる。

　抗告理由を主張するに際し、書証の追加をする必要があり、または追加をするのが相当と考えるときは、抗告状、抗告理由書または準備書面とともに、または書証単独で追加提出する。この場合には、書証写しを提出すれば足りる。写しでは足りないときは、裁判所からその旨の指示がある。訴訟においては、書証を口頭弁論期日に取り調べる関係で、書証原本を法廷に持参するが、抗告においては、適宜の取調べで足りるため、このような扱いとなる。

　訴訟とは異なり、抗告状、抗告理由書、準備書面、書証を相手方に送付することは義務づけられていない。しかし、裁判所が相手方の意見も聴いて判断をすることとなり、かつ、相手方に代理人が選任されているときは、これらの書面の写しを相手方代理人にも送付するのが適当である。これによって、相手方からも、提出書面が送付されてくることが期待され、裁判所において閲覧することを要しないこととなる。

III　即時抗告の効果

1　確定遮断効

　即時抗告には当該裁判の確定を遮断する効力がある。したがって、即時抗告ができる裁判については、即時抗告期間が満了するまで当該裁判が確定しないのであり、仮に即時抗告がなかったとしても、全利害関係人に告知が終了したことが確認できなければ、当該裁判が確定したものとはいえない。そうすると、廃止決定のように、その裁判が事件終了事由となる裁判である場合には、全利害関係人に裁判が告知されたことが確認されなければ事件が終了したとはいえないから、当該決定を公告し、個別告知がなくとも事件の終

了事由が明瞭になるような仕組みとしている。再生手続開始申立棄却決定は公告することを要しないとされているが、それは、利害関係人が申立人のみであることを前提としているためである（前記Ⅱ1参照）。

2 執行停止効

即時抗告には当該裁判の執行を停止する効力がある（破13条、民再18条、会更13条、民訴334条、会873条）。即時抗告は認めるものの、執行を停止するのが相当でない裁判については、執行が停止されない旨の規定が個別に設けられている。すなわち、倒産手続開始決定は全手続関係者に対して一律に効力を生じさせる必要があることから、その決定の時から効力を生じると規定されており（破30条2項、民再33条2項、会更41条2項、会890条2項）、即時抗告があっても効力が停止されない（大判昭和8・7・24民集12巻2264頁）。また、中止命令、包括的禁止命令、仮差押え・仮処分その他の保全処分、監督命令、管理命令、保全管理命令、事業譲渡に関する株主総会決議代替許可決定等については、その裁判の性質上、即時抗告に執行停止効がないものと規定されている（破24条5項その他の各手続規定参照）。

第2節 即時抗告についての審理および裁判

Ⅰ 原審における手続

1 原審における更正決定

即時抗告があった場合において、原審が当該即時抗告に理由があるものと認めるときは、原審において原決定を更正する決定をすることができる（破13条、民再18条、会更13条、民訴333条、非訟71条）。この場合において、更正

決定により行った裁判が即時抗告の対象となる場合、たとえば、認可決定に対して即時抗告があり、原裁判所がこれを相当と認めて更正決定をして不認可決定をしたときは、利害関係人は、当該不認可決定に対して即時抗告をすることができるのであり、当該更正決定に対して即時抗告（民訴257条2項）をすることができるものではない。ここでの更正決定は、再度の考案としての決定であり、民事訴訟法257条1項の更正決定とは要件も性質も異なるからである。

2 抗告審への事件の送付

抗告状が提出され、原審がこれを受理したときは、記録を抗告審に送付することにより、事件を抗告審に送付する。この場合において、抗告を理由がないと認めるときは、原審裁判所は、意見を付して事件を抗告裁判所に送付しなければならない（破14条、民再19条、会更14条、破規12条、民再規11条、会更規10条、民訴規206条、非訟2条、非訟規53条、54条）。

即時抗告があった場合において、裁判所が事件の記録を抗告裁判所に送付する必要がないと認めたときは、裁判所書記官は、抗告事件の記録のみを抗告裁判所に送付することができる（破規5条1項、民再規4条1項、会更規5条1項、非訟規69条1項）。抗告審で必要と推認される一部の記録写しとともに抗告記録を送付することも許される。これらの場合において、抗告裁判所において必要があると認めるときは、原審から送付された記録に加えて追加の記録を送付するよう指示することになる（破規5条2項、民再規4条2項、会更規5条2項、非訟規69条2項）。

II 抗告審における手続

1 抗告の適法性の審査

抗告裁判所は、抗告状が不適法である場合には、補正を命じたうえ、補正

がないときは命令で抗告状を却下する。印紙または送達費用の予納がないときも同様である。

抗告状についての形式的要件は整っているものの、抗告が適法要件を欠き、その不備を補正することができないことが明らかな場合（抗告期間の徒過、抗告権のない者の抗告等）には、抗告を却下する（破13条、民再18条、会更13条、民訴331条、288条、137条1項・2項、非訟73条1項、43条4項・5項）。この却下決定に対しては、特別抗告が許されるのみであるが、裁判所の許可があれば、許可抗告をすることができる（裁7条）。

抗告が適法要件を欠き、その不備を補正することができないことが明らかであるとする抗告却下の裁判は、原審もすることができる（破13条、民再18条、会更13条、民訴331条において準用する287条1項）。この裁判に対しては、即時抗告をすることができる（民訴331条において準用する同法287条2項）。

2　抗告理由についての審理

抗告が適法であるときは、抗告理由について審理する。抗告審における審理は、職権調査に基づいて行われ（破13条、民再18条、会13条、民訴331条、破8条2項、民再8条2項、会更8条2項、非訟73条1項、49条1項）、抗告人からの抗告理由その他の主張と抗告人から提出された証拠を原審記録に加え、また、相手方と認められる者がある場合にはその者からの主張および提出証拠も加え、原裁判所の意見（破14条、民再19条、会更14条、破規12条、民再規12条、会更規10条、民訴規206条、非訟2条、非訟規54条）も斟酌したうえで判断されるのが原則である。

しかし、抗告人の主張が記録に照らして理由がないと認められるときは、相手方の主張を徴することなく抗告棄却の判断がされる。この場合には、抗告状および抗告理由書は、相手方に送達または送付されない。控訴が適法な場合には、控訴状は必ず相手方に送達されるが（民訴289条）、これは控訴の場合には、控訴が適法である以上、口頭弁論を開いて双方の弁論を徴して判断がされる審理構造であるからであり、口頭弁論を開くことを要しない抗

審の場合には、控訴の場合とは異なる。

　職権により監督委員、管財人その他の者から意見を求めることができる。審尋を行うこともできるが、審尋が行われる場合も、通常は書面審尋（主張の聴取）によって行われ、審尋期日を開いて主張および証拠を徴することは、ほとんどない。口頭弁論を開くこともできるが、その例は、現下においては、皆無といってよい。

3　抗告審における判断の基準時

　抗告審における判断の基準時は、原則として裁判時であり[3]、再生裁判所の裁判後の事情も考慮に入れて判断がされる。小規模個人再生手続の廃止決定に対する抗告において、決定後に反対債権者から計画案への同意が得られたことを理由に、原決定を取り消した判例がある（東京高決平成21・3・17判タ1318号266頁）。開始決定は、その決定の時から効力を生じ（破30条2項、民再33条2項、会更41条2項、会890条2項）、その後の再生手続は開始決定時を基準として進められるが、開始決定に対して即時抗告があったときは、開始要件を具備しているかどうかは、抗告審の裁判時を基準として判断される。旧破産法に関する判例であるが、破産宣告に対する即時抗告においては、破産申立人の債権の有無は裁判時を基準に判断すべきであるとするもの（大決昭和9・9・25民集12巻226頁）および支払不能の事実の存否は抗告審の裁判時を基準として判断すべきであるとするもの（大決大正15・5・1民集5巻358頁）があり、いずれも抗告審の裁判時を基準とすべきものとしている。

　ただし、破産・再生・更生手続開始申立てにおける債権者の申立適格、すなわち、申立債権者の債権の存在については、開始決定時に存在すれば足り、開始決定後に当該債権が弁済・免除等によって消滅した場合であっても、抗告裁判所は開始決定を取り消すべきでない[4]。

3　山木戸克己『破産法』70頁、伊藤・破産法民事再生法183頁、条解破産法275頁、条解会社更生法(上)469頁等。

4　抗告審における裁判

　抗告が不適法であるときは、抗告を却下し、抗告に理由がないときは、抗告を棄却する。ただし、決定においては、棄却と却下の用語が厳密に区別されているわけではなく、決定主文において、棄却の用語に代えて却下と表示されることもある。[5]

　抗告に理由があり、原決定を取り消す場合において、自らが判断をするに熟しており、かつ、それで手続上問題がないときは、自判する（原決定を取り消して相当な決定をする）。これに対して、原決定を取り消す判断をするものの、他の要件について倒産裁判所において検討させる必要がある場合（棄却・認可等の事由の1つは存在しないが、他の棄却・認可事由の有無につき検討させる必要がある場合等）には、原決定を取り消したうえ、事件を原審に差し戻す。[6] 仮に手続開始申立ての棄却決定を取り消して手続開始の自判をする場合、開始決定と同時に処分すべき事項について裁判を行い、裁判を公告し、全関係者に通知する必要が生じるが、抗告裁判所が債権届出期間等をどのように決めるのか、公告や通知をどのように行うのか等の問題があり、自判するのは相当でない。この場合には、開始決定を取り消し、事件を原裁判所に差し戻すべきである（東京高決平成19・7・9判タ1263号347頁）。

　これと異なる裁判例としては、個人再生手続について、原決定を取り消し、再生手続を開始するとの決定のみをしたものがある（名古屋高決平成16・8・16判時1871号79頁）。仮に上記のとおり抗告審が開始決定をした場合には、債権届出期間の決定は再生裁判所が行う必要があり（民再34条1項）、また、開始決定の通知を受けた債権者は、債権の届出等を再生裁判所にすべきことに

4　霜島甲一『倒産法体系』152頁、伊藤・破産法民事再生法184頁、条解破産法275頁、条解民事再生法39頁〔園尾隆司〕、条解会社更生法(上)470頁。

5　条解民事再生法109頁〔園尾隆司〕。

6　東京高決平成13・3・8判タ1089号295頁は「原決定を取り消す」とするのみの主文であり、東京高決平成19・4・11判時1969号59頁は「原決定を取り消す。本件再生計画を認可しない」とする主文であるが、いずれも、事件を原審に差し戻す趣旨が含まれると解される。

なるから、混乱および遅滞を避けるため、開始決定の公告および通知（同法35条1項1号）は、同時決定事項の公告・通知（同2号・3項）とともに、再生裁判所が行うものと解すべきであり、その名義も再生裁判所とするのが相当である。

即時抗告申立書の写しを相手方に送付するなどして相手方に攻撃防御の機会を与えることなく、原決定を相手方に不利益に変更する決定をした場合に、民事訴訟における手続的正義の要求に反するとして、特別抗告により、決定が取り消されることがある（最決平成23・4・13民集65巻3号1290頁）。ただし、原審来争われていた法律判断のみが争点であるような場合その他相手方の防御権が妨げられたと認められるような事情があるとはいえないときは、違法とはいえないとされている（最決平成23・9・30判時2131号64頁）。

5　裁判以外の終了事由

裁判以外の終了事由としては、抗告取下げや抗告権放棄による終了等があるが、一般に抗告審の手続は迅速であるため、裁判により終了するのが通例である。抗告の取下げをするについて、相手方の同意を要しない（破13条、民再18条、会更13条、非訟73条2項、民訴292条1項）。また、抗告権の放棄は、抗告提起前には再生裁判所に、抗告提起後は裁判記録の存する裁判所に対して申述する（破規12条、民再規12条、会更規10条、非訟規58条2項、民訴規173条1項）。申立ての取下げについては、破産・民事再生・会社更生・特別清算においては、申立ての取下げが制限されている（破29条、民再32条、会更23条、会513条）。

第3節　抗告審の裁判に対する不服申立て

I　特別抗告または許可抗告

1　特別抗告

　高等裁判所がした即時抗告についての裁判に対しては、特別抗告をすることができる（破13条、民再18条、会更13条、民訴336条、非訟75条1項）。特別抗告において主張することができる抗告理由は、憲法の解釈の誤りがあることその他憲法の違反があることに限られる（民訴336条1項）。特別抗告は、裁判の告知を受けた日から5日の不変期間内にしなければならない（同条2項）。特別抗告がされたときは、当事者に特別抗告受理通知書が送達される。抗告人は、その送達を受けた日から14日の期間内に抗告理由書を提出しなければならない（民訴規207条）。上記期間内に抗告理由書が提出されないとき、その他特別抗告が不適法であるときは、原審において特別抗告が却下される（民訴336条3項、316条）。
　特別抗告がされても裁判の確定を遮断する効力はないから、倒産裁判所においては、特別抗告中であっても手続を進行させることができる。

2　許可抗告

　当該高等裁判所の許可があるときは、許可抗告をすることもできる（破13条、民再18条、会更13条、民訴337条1項～3項、非訟77条1項）。ただし、許可抗告をすることができるのは、その裁判が地方裁判所の裁判であるとした場合に抗告をすることができるものであるときに限られるから（民訴337条1項ただし書、非訟77条1項ただし書）、高等裁判所が第1審として行った裁判で

抗告の対象にならないものについては、許可抗告の対象とならない。許可抗告の申立てについてされた裁判も、許可抗告の対象にならない（民訴337条1項本文カッコ書、非訟77条1項本文カッコ書）。

　特別抗告は、憲法の解釈の誤りがあることその他憲法の違反があることを理由とする場合に限って行うことができるものであるため、高等裁判所が抗告審としてする裁判に対する不服申立てとしては、許可抗告事由があるかどうかが重要となる。最高裁判所において再生手続に関し許可抗告が認容された事例としては、再生計画案の決議における過半数要件の充足をめぐって不正の方法により決議が成立したものと認めたものがある（最決平成20・3・13民集62巻3号860頁）。また、旧破産法の免責の抗告期間をめぐって、個別送達があっても一律に公告から2週間とする判断を示した許可抗告審の判断もあり（最決平成12・7・26民集54巻6号1981頁）、平成8年の民事訴訟法によって創設された許可抗告の制度により、倒産手続についても、重要な事項について最高裁判所の判断が示されている。許可抗告がされても裁判の確定を遮断する効力はないから、倒産裁判所においては、許可抗告中であっても手続を進行させることができる。

II　その他の不服申立ての可否

1　即時抗告

　高等裁判所の決定に対して即時抗告をすることはできない（裁7条。最決平成22・12・10民集1巻1号13頁）。当該決定が地方裁判所の決定である場合には即時抗告をすることができるとしても、高等裁判所においてその決定がされたときは、即時抗告をすることができない。したがって、たとえば訴訟救助の申立却下決定に対しては、民事訴訟法上即時抗告をすることができるとされている（民訴86条）が、高等裁判所が訴訟救助申立却下決定をしたときは、即時抗告をすることができない。この場合にも、法定の要件を満たす

580

ときは、特別抗告または許可抗告をすることができるが、その場合の抗告期間は、決定の送達を受けた時から5日（同法336条2項、337条6項）であり、即時抗告期間が1週間（同法332条）であることと混同しないようにする必要がある。

2 再抗告

即時抗告をもって不服を申し立てることができる決定または命令で確定したものについて再審事由があるときは、再審の申立て（再抗告）をすることができる（民訴349条）が、当該決定または命令が抗告審の決定または命令であるときは、即時抗告をもって不服を申し立てることができないから、これに対して再抗告をすることはできない（最決昭和42・3・29裁判集民86号771頁）。

第4節 即時抗告に関する諸問題と立法措置の必要性

I 移送決定と即時抗告

1 移送決定に対する不服申立禁止

倒産手続における移送決定のうち、裁量移送（破7条、民再7条、会更7条、会880条2項）については、倒産手続法に規定され、即時抗告を許す旨の規定がないから、不服申立てが許されないと解される（破9条、民再9条、会更9条、会884条1項）。一方、管轄違いによる移送は、倒産手続法に規定がなく、民事訴訟法の規定（民訴16条1項）を準用して行われるため、民事訴訟法の準用により即時抗告が許されるようにみえる（同法21条）。しかし、学説は、管轄違いによる移送についても、移送に関する裁判の迅速確定の必要を理由

として、不服申立てが許されないと解するのが一般的である。[7]移送申立却下決定についても、同様に、民事訴訟法を準用して即時抗告をすることが認められるようにみえる（民訴21条）が、学説は、不服申立てが許されないと解している。この解釈は、旧会社更生法により裁量移送の規定が設けられて以来の解釈である。

したがって、移送決定はその告知と同時に確定し、再生裁判所は直ちに事件を移送先の裁判所に送付することができる。

移送に関する決定に対して不服申立てをすることができないという解釈は、管轄違いを理由とする移送の申立てが却下された場合にも及んでおり、上記のとおり、移送に関する裁判の迅速確定の必要から民事訴訟法21条は準用されず、申立人に即時抗告権は認められないとするのが一般的解釈である。しかし、管轄違いを理由とする移送の申立てを却下したうえで開始決定をした場合には、申立人は、開始決定に対する即時抗告（民再36条1項、会更44条1項）において、開始決定が管轄権を有しない裁判所によってなされたことを主張することができるとする見解が有力である。[8]この場合において、抗告審が開始決定をした裁判所には管轄権がないと認めたときは、開始決定を取り消すとともに、事件を管轄裁判所に移送する決定をすることになる。裁判例もこの見解をとっている（東京高決平成14・5・30判時1797号157頁）。

これに対して、移送に対する不服が認められないのは、管轄違いを理由とする移送申立てを却下した場合も同様であり、管轄違いを理由とする移送申立てが却下された場合にも、関係者は一切の不服申立てをすることができないとする見解もある。[9]

---

[7] 条解破産法59頁、65頁、条解民事再生法20頁〔笠井正俊〕、条解社会更生法(上)173頁。
[8] 伊藤・破産法民事再生法813頁、条解民事再生法20頁〔笠井正俊〕、松下淳一「事業者の再生事件の土地管轄について」（事業再生研究機構編・民事再生の実務と理論）330頁。
[9] 新注釈民事再生法(上)34頁〔林圭介〕。

2　自庁処理を認める規定の必要性

　裁量移送の範囲は広く、債務者の何らかの財産が存在すれば、その所在地を管轄する裁判所に移送することができる。そして、この決定に対して一切の不服申立てをすることができないことは、上記のとおり、学説上異説のないところである。したがって、本来の管轄裁判所に倒産手続の申立てをしたうえ、何らかの財産があるとして当該事件を裁量移送すれば、その裁判所は適法な管轄権を有することとなり、不服申立てをする余地がない。ところが、管轄裁判所に申立てをして裁量移送を求める方法をとらず、当該移送先となる裁判所に対して、直接倒産事件の申立てをした場合には、当該裁判所には管轄権がないことになり、開始決定に対して即時抗告がされると、開始決定が取り消されて、本来の管轄裁判所に移送されることになり（上記1参照）、不合理であり、立法措置を講じて、不合理を解消する必要性が高い。この不合理を解消するためには、裁量移送をすることができる裁判所に倒産事件の申立てがあったときは、当該裁判所の裁量により、これを受理し、自庁処理をすることができるものとすべきである。[10]

II　費用の予納と即時抗告

1　問題の所在

　費用の予納命令に対しては、即時抗告をすることができるものとされている（破22条2項、民再24条2項、会更21条2項、会888条4項）。民事訴訟法においては、費用の予納命令に対して争うことはできず、予納命令に従わないために訴状が却下された場合に、当該却下決定に対して即時抗告をすることが

10　園尾隆司ほか編『最新実務解説一問一答民事再生法』160頁〔園尾隆司〕、多比羅誠「書面等投票の決議続行・計画案の変更」（東京弁護士会倒産法部編・倒産法改正展望）217頁、条解民事再生法21頁〔笠井正俊〕。

〔第3部・第6章〕第4節　即時抗告に関する諸問題と立法措置の必要性

できるとされている。費用予納命令に関する判例としては、旧破産法下の事例で、1000万円の予納を要するところ、国庫補助を求めて争った事案につき、原審は、国庫補助の必要性を否定し、費用の予納がないとして破産申立てを却下した。これに対して債務者が即時抗告をしたが、抗告審は、この判断を相当として抗告を棄却した（東京高決昭和63・5・26金法1228号41頁）。債務者が8万円の国庫仮支弁がないのを不当として、国に対し、8万円を支出することを求めた申立ても棄却され、控訴審でもその判断が維持されている（大阪高判昭和59・6・15判タ533号166頁）。個人再生の申立てについて、再生裁判所が30万円の予納命令を発したのに対し、抗告審はこれを正当として抗告を棄却している。予納命令は、倒産手続を行う裁判所が必要と認めて納付を命じたものであり、抗告審は、その命令が明らかに不合理であるような場合を除き、手続遂行の職責を負う倒産事件担当の裁判所の手続に関する見通しを尊重する。

　ところで、倒産手続の申立人は、費用の予納命令に対する即時抗告のほか、費用を予納しないことを理由とする倒産手続開始申立ての棄却決定に対して即時抗告をするものとされている。この両者の関係をどう解するかについて、予納命令が確定した以上、予納金額については不服の対象にならないとする考え方、予納金額を争って容れられず、これが確定した場合は、棄却決定に対して予納金額を不服として即時抗告をすることはできないが、単に予納金額を争わなかったというだけでは棄却決定に対する即時抗告権が失われないとする考え方とがある。いずれにしても、予納金額の決定については、倒産裁判所の裁量権が尊重されるから、この争いが深刻なものになることはないが、費用の予納をめぐり、二度にわたり即時抗告をもって争うことを認める規定は、改めるのが望ましい。

2　立法措置の必要性

　法改正の方向性としては、民事訴訟法の予納命令と同様に、予納命令の段階では不服申立てを許さず、費用の予納がないことを理由として棄却決定が

584

された場合に初めて即時抗告を認めるよう改める方法、裁判長の予納命令に対して異議申立権を認め、裁判所が裁判をするが、即時抗告は認めず、その後棄却決定がされたときに初めて即時抗告を認める方法、予納を書記官の処分として命じ、これに対する異議申立てを認めるが即時抗告は認めず、その後棄却決定がされたときに初めて即時抗告を認める方法が考えられる。[11]

III 再生債務者の株式の取得等を定める条項に関する許可決定に対する即時抗告

1 問題の所在

　再生債務者の株式について第三者割当増資をする場合に、株主総会の決定に代わる裁判所の許可を得て再生計画を立案することができる。この許可の裁判に対しては即時抗告をすることができるものとされている（民再166条の2）。この即時抗告には即時抗告の一般原則に従い、執行停止効がある。したがって、規定の内容に従った場合、この許可について即時抗告がされている間は、再生計画案の決議はできないこととなる。しかし、株主からこの許可に対して即時抗告がされた場合には再生計画案の決議ができないとなると、決議を避けたい株主から再生計画案の決議を遅延させるために即時抗告がされかねないこととなり、再生計画案の決議の妨害が容易になるために、実務においては、この許可があったときは、その確定を待つことなく再生計画案の決議を行い、再生計画案が可決した場合において不認可事由がないときは、認可決定をし、株主総会決議に代わる裁判に対する即時抗告と認可決定に対する即時抗告が同時並行的に進行することを許容する運用がされている。[12]即時抗告を認めて許可決定の執行停止を認めながら、あたかも執行停止の効果がないかのように手続を進めることは、可能なら避けるのが相当であるから、

11　条解民事再生法32頁〔園尾隆司〕。
12　条解民事再生法872頁〔園尾隆司〕。

この点についても、何らかの法的手当てをするのが相当である。

2 立法措置の必要性

株主総会決議に代わる許可の裁判に即時抗告を認めると、執行停止効が生じ、再生計画案の決議に支障が生じるため、法改正の方向性としては、株主総会の決議に代わる裁判所の許可決定に対しては即時抗告を認めず、この不服事由を再生計画認可決定に対する即時抗告事由として規定し、再生計画認可決定に対する即時抗告のみを認めるというような立法措置が考えられるであろう。[13]

(園尾隆司)

13　松下淳一「民事再生法の立法論的再検討についての覚書」ジュリ1349号35頁。

● 判例索引 ●

頁の表記については、判例が第1部「実務編」にあるものは、ゴシック体、第2部「法理編」にあるものは、明朝体、第3部「裁判編」にあるものは、イタリック体とした。

(判決言渡順)

【大審院】

大決大正15・5・1民集5巻358頁	*576*
大決大正15・12・23民集5巻849頁	*569*
大判昭和6・9・16民集10巻818頁	*522*
大判昭和8・7・24民集12巻2264頁	*573*
大判昭和9・5・25民集13巻851頁	168
大決昭和9・9・25民集12巻226頁	*576*
大判昭和14・3・29民集18巻287頁	149

【最高裁判所】

最判昭和35・4・26民集14巻6号1046頁	*507*
最判昭和37・3・23民集16巻3号607頁	13
最判昭和37・11・20民集16巻11号2293頁	*519*
最判昭和37・12・6民集16巻12号2313頁	*508*
最判昭和39・1・24判時365号26頁	120
最判昭和39・3・24裁判集民72号589頁	*522*
最判昭和39・6・26民集18巻5号887頁	156
最判昭和40・3・9民集19巻2号352頁	159, 160
最判昭和40・7・8裁判集民79号703頁	130
最判昭和40・11・2民集19巻8号1927頁	199
最判昭和41・4・8民集20巻4号529頁	150, 187
最判昭和41・4・14民集20巻4号611頁	156
最判昭和41・4・15民集20巻4号660頁	253
最判昭和41・4・28民集20巻4号900頁	*476*
最決昭和42・3・29裁判集民86号771頁	*581*
最判昭和42・5・2民集21巻4号859頁	*516*
最判昭和42・6・22裁判集民87号1111頁	*527*
最判昭和42・11・9民集21巻9号2323頁	*507*
最判昭和43・2・2民集22巻2号85頁	*507*
最判昭和44・11・26民集23巻11号2150頁	252
最判昭和44・12・19民集23巻12号2518頁	*507*
最判昭和45・11・15民集22巻12号2629頁	152
最決昭和45・12・16民集24巻13号2099頁	211
最判昭和46・7・16民集25巻5号779頁	156
最判昭和47・6・15民集26巻5号1036頁	*508*
最判昭和47・7・13民集26巻6号1151頁	174
最判昭和48・4・6民集27巻3号483頁	*522*
最判昭和48・11・22民集27巻10号1435頁	149
最判昭和49・6・27民集28巻5号641頁	150

587

最判昭和52・12・6民集31巻7号961頁	168, 187
最判昭和54・2・15民集33巻1号51頁	81
最判昭和57・3・30民集36巻3号484頁	13
最判昭和59・2・2民集38巻3号431頁	98
最判昭和59・5・17判時1119号72頁	359
最判昭和60・2・14判時1149号159頁	273, 438, 503
最判昭和60・2・26金法1094号38頁	188
最判昭和61・4・3裁判集民147号489頁	527
最判昭和61・4・8民集40巻3号541頁	167, 191, 268
最判昭和62・7・3民集41巻5号1068頁	514
最判昭和63・10・18民集42巻8号575頁	186, 190
最判平成2・7・19民集44巻5号837頁	151
最判平成2・7・19民集44巻5号853頁	151
最判平成2・11・26民集44巻8号1085頁	150
最判平成5・1・25民集47巻1号344頁	152
最判平成6・2・10裁判集民171号445頁	438
最判平成7・4・14民集49巻4号1063頁	90, 388, 476
最判平成8・10・17民集50巻9号2454頁	160
最判平成9・12・18民集51巻10号4210頁	156
最判平成10・4・14民集52巻3号813頁	200
最判平成10・7・14民集52巻5号1261頁	117, 118
最判平成11・1・29民集53巻1号151頁	81
最決平成11・4・16民集53巻4号740頁	431
最決平成12・7・26民集54巻6号1981頁	570, 580
最決平成13・3・23判時1748号117頁	570
最判平成13・7・19金法1628号47頁	56
最判平成13・11・22民集55巻6号1056頁	81
最判平成14・1・17民集56巻1号20頁	170
最判平成15・6・12金商1181号24頁	245
最判平成16・7・16民集58巻5号1744頁	161
最判平成16・9・14判時1891号200頁	161
最判平成17・1・17民集59巻1号1頁	171, 173, 176
最決平成17・1・27判例集未登載	110
最判平成18・12・14民集60巻10号3914頁	175, 182
最判平成19・2・15民集61巻1号243頁	81, 82
最決平成19・8・7民集61巻5号2215頁	141
最決平成19・9・27金商1277号19頁	458
最決平成20・3・13民集62巻3号860頁	224, 555, 580
最判平成20・12・16民集62巻10号2561頁	24, 91
最判平成21・12・4判タ1323号92頁	357
最判平成22・6・4民集64巻4号1107頁	80, 373
最決平成22・12・10民集1巻1号13頁	580
最決平成23・4・13民集65巻3号1290頁	578
最決平成23・9・30判時2131号64頁	578

最判平成23・12・15民集65巻9号3511頁	119,183,190
最判平成24・5・28民集66巻7号3123頁	194
最判平成24・10・12民集66巻10号3311頁	123,128
最判平成24・10・19金法1962号60頁	274,438,503,504
最判平成25・7・18判時2301号48頁	359
最判平成25・11・21金商1431号32頁	358
最判平成26・6・5金商1444号16頁	167,175,176,182,186
最判平成26・6・5金商1445号14頁	271,391

【高等裁判所】

札幌高判昭和31・6・27下民集7巻6号1645頁	13
東京高決昭和32・12・24下民集8巻12号2453頁	225
東京高決昭和33・7・5金法182号3頁	437
東京高判昭和37・6・7東高民事報13巻6号82頁	514
東京高判昭和37・10・25下民集13巻10号2132頁	213
東京高判昭和40・2・11下民集16巻2号240頁	213,227,412
大阪高判昭和40・4・6下民集16巻4号35頁	515
名古屋高金沢支決昭和42・4・28訟月13巻7号833頁	226
東京高判昭和43・6・19判タ227号221頁	244
東京高判昭和45・9・25東高民時報21巻9号190頁	570
名古屋高金沢支決昭和48・4・11判タ295号268頁	237
大阪高判昭和48・5・28判タ298号223頁	201
福岡高決昭和52・9・12判時882号104頁	213
名古屋高判昭和53・3・23判時905号75頁	223
仙台高判昭和53・8・8金商566号36頁	157
東京高決昭和54・8・24判時947号113頁	213
東京高判昭和55・6・30判時973号120頁	253
大阪高判昭和56・6・25判時1031号165頁	77,493
福岡高決昭和56・12・21判時1046号127頁	213,412
大阪高判昭和56・12・25判時1048号150頁	493
東京高決昭和57・11・30判時1063号184頁	254
名古屋高判昭和57・12・22判時1073号91頁	193
名古屋高判昭和58・3・31判時1077号79頁	189
東京高決昭和59・3・27判時1117号142頁	13
大阪高判昭和59・6・15判タ533号166頁	584
名古屋高金沢支決昭和59・9・1判タ537号237頁	412
大阪高判昭和60・3・15判時1165号117頁	199
東京高決昭和60・7・30判タ572号90頁	37
東京高決昭和63・5・26金法1228号41頁	584
大阪高判昭和63・10・28判タ687号254頁	191
東京高判平成元・10・19金法1246号32頁	191
大阪高判平成元・10・26判タ711号253頁	244
大阪高判平成6・9・16金法1399号28頁	118
東京高決平成9・11・13判タ974号239頁	98
東京高決平成10・6・19判タ1039号273頁	98

判例索引

東京高決平成10・11・27判時1666号141頁	117
東京高決平成12・5・17金商1094号42頁	32,440
福岡高判平成12・6・30金法1593号71頁	120
東京高判平成12・12・26金商1114号14頁	514
東京高決平成13・3・8判タ1089号295頁	32,441,577
東京高決平成13・9・3金商1131号24頁	226,547,549
東京高決平成14・5・30判時1797号157頁	582
東京高決平成14・9・6判時1826号72頁	225,226,547,550,554
大阪高判平成15・3・28金法1692号51頁	185
東京高決平成15・7・25金商1173号9頁	227,557,565
東京高決平成16・6・17金商1195号10頁	218
東京高決平成16・6・17金商1195号17頁	214,223,548,564,565
東京高決平成16・6・17金法1719号58頁	218
東京高決平成16・7・23金商1198号11頁	226,551
名古屋高決平成16・8・10判時1884号49頁	109,386,465
名古屋高決平成16・8・16判時1871号79頁	577
札幌高決平成16・9・28金法1757号42頁	105,110
大阪高判平成16・11・30金法1743号44頁	361
大阪高決平成16・12・10金商1220号35頁	24,379,455
東京高決平成17・1・13判タ1200号291頁	32,36
東京高判平成17・10・5判タ1226号342頁	200
高松高決平成17・10・25金商1249号37頁	33,435
福岡高決平成18・2・13判時1940号128頁	24,376,453
福岡高決平成18・3・28判タ1222号310頁	104,107,110,386,452
大阪高決平成18・4・26金商1244号18頁	554
大阪高決平成18・4・26判時1930号100頁	38,266,446
東京高判平成18・8・30金商1277号21頁	24,25,458
東京高決平成18・11・28判例集未登載	464
東京高決平成19・3・14判タ1246号337頁	380
東京高決平成19・4・11判時1969号59頁	558,577
東京高決平成19・7・9判タ1263号347頁	32,577
東京高決平成19・9・21判タ1268号326頁	32
東京高決平成20・9・17判例集未登載	467
東京高判平成21・1・29金法1878号51頁	157
東京高決平成21・3・17判タ1318号266頁	576
福岡高判平成21・4・10判時2075号43頁	171
東京高決平成21・4・23金法1875号76頁	260
大阪高判平成21・5・27金法1878号46頁	194
大阪高決平成21・6・3金商1321号30頁	24,381,457
東京高決平成21・7・7判タ1308号89頁	108,110,387,464,466
名古屋高金沢支判平成21・7・22判時2058号65頁	171
福岡高那覇支決平成21・9・7判タ1321号278頁	24,457
東京高決平成21・10・20判例集未登載	467
大阪高判平成22・4・9金法1934号106頁	176

東京高決平成22・6・30判タ1372号228頁	*552*
東京高決平成22・10・7判例集未登載	*465*
東京高決平成22・10・22判タ1343号244頁	227
東京高判平成23・6・7判例集未登載	80
東京高決平成23・7・4判タ1372号233頁	*552*
広島高岡山支判平成23・10・27金商1393号54頁	260
大阪高決平成23・12・27金法1942号97頁	19,262
高松高判平成24・1・20判タ1375号236頁	270,271
名古屋高判平成24・1・31判タ1389号358頁	182
東京高判平成24・3・9判時2151号9頁	33,435
東京高判平成24・6・20判タ1388号366頁	128,130
東京高決平成24・6・21金商1410号57頁	*435*
東京高決平成24・9・7金商1410号57頁	33
東京高判平成26・1・29金商1437号42頁	196

【地方裁判所】

浦和地判昭和30・2・26下民集6巻2号358頁	*514*
東京地判昭和32・12・9下民集8巻12号2290頁	*508*
横浜地判昭和35・12・22判タ122号18頁	189
東京地判昭和37・6・18判時303号33頁	192
東京地決昭和38・9・4下民集14巻9号1728頁	*433*
東京地決昭和39・4・3判時371号45頁	*433*
神戸地姫路支決昭和41・4・11判タ191号128頁	237
東京地決昭和41・12・23判タ202号143頁	237
東京地判昭和41・12・23判タ202号201頁	244
福岡地小倉支決昭和42・3・4下民集18巻3・4号216頁	224
東京地判昭和42・3・16判時483号48頁	200
徳島地決昭和47・3・7判タ276号234頁	237
大阪地判昭和49・4・26判時781号103頁	237
東京地決昭和52・7・1判タ349号183頁	237
札幌地決昭和54・5・8判タ397号145頁	237
東京地判昭和54・7・25金商581号31頁	237
名古屋地判昭和55・6・9判時997号144頁	189
東京地判平成3・12・16金商903号39頁	412
大阪地決平成4・6・8判時1435号137頁	*433*
東京地判平成7・11・30判タ914号249頁	245
東京地決平成8・3・28判時1558号3頁	*439*
福岡地判平成8・5・17金法1464号35頁	173
大阪地判平成10・3・18判時1653号135頁	161
東京地判平成10・7・31判時1655号143頁	161
東京地和解平成10・11・9判タ988号300頁	200
東京地決平成11・3・10金商1063号22頁	226
東京地決平成11・5・17金商1069号7頁	226
東京地決平成12・1・27金商1120号58頁	249
和歌山地判平成12・2・15判時1736号124頁	249

京都地決平成13・5・28判タ1067号274頁	24,379, *455*
東京地判平成13・7・10金法1632号47頁	260
大阪地決平成13・7・19判時1762号148頁	380,388, *468*
大阪地決平成14・9・5判タ1121号255頁	161
大阪地判平成14・9・30金法1672号40頁	185
東京地判平成15・5・26金商1181号52頁	173
東京地判平成15・12・22金法1705号50頁	380, *468*
東京地判平成16・2・27金法1722号92頁	381
東京地決平成16・4・7判タ1153号294頁	71
東京地判平成16・4・13金法1727号108頁	80
東京地判平成16・6・10判タ1185号315頁	*468*
東京地判平成16・9・28判時1886号111頁	237
東京地判平成16・10・12判時1886号132頁	237
東京地判平成17・6・10判タ1212号127頁	94,118,122
東京地判平成17・12・20金法1924号58頁	128
大阪地決平成18・2・16判タ1223号302頁	266
東京地判平成19・3・15判タ1269号314頁	*525*
東京地判平成19・3・29金法1819号40頁	260,282, *437*
東京地決平成20・5・15判時2007号96頁	39,266, *446*
東京地決平成20・6・10判時2007号100頁	39,265,266, *446*
東京地判平成20・6・30金法1856号39頁	158
大阪地判平成20・10・31判タ1292号294頁	194
岡山地判平成21・7・31金商1393号62頁	260
大阪地判平成21・10・22金商1382号54頁	176
東京地判平成21・10・30判時2075号48頁	57
東京地判平成21・11・10判タ1320号275頁	180
福岡地判平成21・11・27金法1902号14頁	128,130,134
大阪地判平成22・3・15金商1355号48頁	179,299
那覇地判平成22・3・17判例集未登載	173
東京地判平成22・7・8判時2094号69頁	280,282
東京地判平成22・9・8判タ1350号246頁	80
福岡地判平成22・9・30判タ1341号200頁	128,130,154
名古屋地判平成22・10・29金商1388号58頁	182
東京地判平成23・4・12判タ1352号245頁	*517*
岡山地判平成23・4・27金商1393号58頁	260
東京地判平成23・8・15判タ1382号349頁	162,264
東京地決平成23・8・15判タ1382号357頁	264, *504*
東京地決平成23・11・24金法1940号148頁	74,264
東京地判平成24・1・26判タ1370号245頁	128,130
東京地判平成24・2・27金法1957号150頁	269,390
東京地判平成24・3・23金法1969号122頁	197
東京地判平成25・5・30金商1421号16頁	196

● 事項索引 ●

頁の表記については、事項が第1部「実務編」にあるものは、ゴシック体、第2部「法理編」にあるものは、明朝体、第3部「裁判編」にあるものは、イタリック体とした。

【英数字】

100％減資　213
1号禁止　169, 192
1年以上前に生じた原因　191, 201
2号禁止　177
3号禁止　181
4号禁止　183
absolute priority rule　312
Best Interests Test　309
capitalized earnings 基準　331
DIP 型 4 要件　18, 48
DIP 型会社更生　35, 46
Impairment　309
ISDA マスター契約のスケジュール　196
My Travel Group Plc 事件　333
Out of the money　333
Schemes of arrangement　339
work out　307

【あ行】

相手方からの受継申立て　248
アウト・オブ・ザ・マネー　333
異議権の喪失　367
異議者等の審尋（更生担保権査定申立て）　*493*
異議訴訟の判決の主文　242
異議等を受けた倒産債権の確定　68
異議の訴え　354
　　──と否認の訴えとの弁論併合　*531*
異議の撤回　66, 366
遺産分割協議　185
移送決定　*421*, *581*
移送申立却下決定　*582*
委託保証人による代位弁済　194
一時停止の要請通知　299
一部無償償却　213
一般調査期間　*481*
一般的な詐害行為否認　506

一般的な偏頗行為否認　*517*
営業譲渡　386
大阪高決平成18・4・26の準則　39
オーバーローン　385
お台場アプローチ　141

【か行】

買受けの申出　105
会計学上の時価　84
開始決定後の調査命令　54
開始決定前の調査命令　52
開始決定前の保全処分　*447*
開始前の保全措置　51
会社更生価値　331
会社更生手続における保全処分　*449*
会社更生手続の開始要件　*442*
会社更生法41条1項2号の判断についての一般準則　38
会社更生優先の原則　36
会社分割に対する否認訴訟　128
会社分割無効の訴え　127
価額決定（担保権消滅許可）　*474*
価額決定の請求　110, 116
　　──（担保権消滅許可）　*472*
　　──に係る手続費用　*474*
価額決定の申立て　356
　　──（更生担保権）　*484*
　　──の手続　357
価額決定手続中の更生手続終了　*490*
価額償還請求権の要件事実　*527*
価額の根拠を記載した書面（担保権消滅許可）　*470*
価額の相当性に関する異議　110, 113
確定判決と同一の効力　370
仮想契約アプローチ　320
合併・会社分割　185
株式会社の発起人に特有の責任　239
株式価値の相当性　139
株主総会決議に代わる裁判に対する即時抗

事項索引【か行】

告　585
株主代表訴訟　244,248
株主の即時抗告権　223
株主申立て　36
借入金による弁済　152
仮登記仮処分命令　160
管轄　429
管轄違い　421
　──による移送　581
管財人　44
　──の解任　54
管財人等による訴訟提起（役員責任追及訴訟）　244
完全な補償　318
監督委員　230
　──による要同意事項　448
　──の意見書　536
　──の同意を得なければならない行為　52
監督命令　33,38,42,52,448,449
監督命令兼調査命令　35,52
管理型民事再生　40
管理命令　40,43
　──の申立て　231
危機時期における詐害行為否認　508
棄却事由の有無　33
議決権（額）の確定方法　219
議決権額に対する異議　67
議決権額の誤集計　223
議決権行使の方法　220
議決権の確定　219
期限弁済　151
期限前弁済　151
期待行為　139
忌避に係る手続　421
忌避の申立て　421
ギフト問題　329
客観的弁済能力の有無　277
共益債権　403
　──の財団債権化（先行手続と後行手続の一体性の確保）　267
共益性　403
強制融資契約アプローチ　321
業務および財産に関する保全処分　11

許可抗告　579
金融整理管理人　245
グッド部門　125
組合員代表訴訟　245
組分け　311
　──を規律するルール　312
クラムダウン　221,314
クラムダウン・レイト　320
クレジットビッド　321
経営判断の原則　7,141
計画案の可決　220
計画案の可決要件　477
計画案の決議に係る違法　225
計画案の修正　215
計画案の否決　220
計画案の変更　215,221
計画遂行の確保の手段　544
計画認可決定　222
計画認可の規律　223
計画認可の要件　222
計画不認可の規律　223
競売申立人への不当な損害　377
契約による自働債権の取得　202
ゲリマンダリング　314
現経営陣に経営権を留保する保全措置　51
権利変更　309
権利変動についての対抗要件具備行為　522
牽連破産　233,427
更改　150
抗告権の放棄　578
抗告状　571
抗告審における裁判　577
抗告審における判断の基準時　576
抗告の適法性の審査　574
抗告の取下げ　578
抗告理由書　571,579
抗告理由についての審理　575
公正かつ衡平　327
公正かつ衡平基準　316
更生管財人　78
更生計画　205
　──の取消し　234
更生計画案の決議　221

594

更生計画案の提出義務 214
更生債権 477
　　――に対する異議 355
更生債権者表 355
更生債権等査定申立ての手続 357
更生債権等の確定に関する訴訟 501
更生裁判所 426
更生担保権 77,95,374,401,476
　　――の価額決定の申立て 484
　　――の価額決定の申立ての利益 485
　　――の確定手続 482
　　――の存否 497
　　――の存否をめぐる審理 493
　　――の調査 480
　　――の届出 78,478
　　――の範囲 476,496
　　――の評価 83
　　――の評価方法 84
更生担保権査定異議の訴え 499
　　――の判決 500
更生担保権査定異議の訴え係属中の更生手続終了 500
更生担保権査定決定 497
更生担保権査定手続中の更生手続終了 498
更生担保権査定申立て 483
更生担保権者表 355
更生担保権届出書の書式 479
更生担保権の目的財産の評価基準 86
更生手続 205
　　――における債権調査 62
更生手続開始原因（私的整理との関係） 263
更生手続開始時の時価 83
更生手続開始申立ての棄却事由 37
個別権利行使の禁止 56

【さ行】

債権確定後の債権届出の取下げ 61
債権確定の対象 369
債権額に応じた形式的平等 396
債権額を減額する届出 60
債権額を増額する届出 60
債権査定決定手続 68,69

債権査定の申立て 354
債権者案を付議しない場合の処理 542
債権者一般の利益 304
　　――（私的整理と法的整理） 263
　　――（民事再生と会社更生） 265
　　――の判断 37,38
債権者間の訴訟 364
債権者代位訴訟 365
　　――の受継 365
　　――の中断 365
債権者による破産申立て 33
債権者の悪意 519
債権者の意向聴取 17
債権者の権利に対する履行 229
債権者の誤解の可能性 338
債権者平等原則 256,394
　　――の例外 394
債権者表の更正処分 67
債権者表の訂正 66
債権者申立て 34,36
債権者や持分権者の組分け 311
債権調査 61,349
　　――の対象 348,352
債権調査・確定の手続 346
債権届出 56,347,355
　　――の効果 57
　　――の対象 348
　　――の取下げ 60,367
　　――の必要性 56,357
　　――の方法 56
債権届出期間に遅れた債権届出 62
債権届出名義の変更手続 59
債権に係る査定異議の訴え 73
債権の確定 4,68,219
債権の帰属主体の変更 59
債権の対立 168
債権の内容に係る異議の変更 67
債権の優先順位 405
債権の劣後的取扱い 412
再抗告 581
財産種類変更 510
財産の評価（担保権消滅許可） 473
再審の申立て 581
再生・更生計画 228

事項索引【さ行】

　　──の決議における公正・不正　224
　　──の遂行　229
　　──の遂行可能性・見込み　225
　　──の変更　231
　　──の法令違反　225
再生・更生手続の廃止　231,234
再生・更生手続の廃止決定　234
再生・更生手続の法令違反　224
再生計画　205
　　──が遂行される見込みがないとき　553
　　──の遂行懈怠　231
　　──の取消決定　233
　　──の取消し　232
　　──の取消しの申立権者　233
　　──の不履行　233
　　──の法律違反　549
再生計画案　533
　　──が可決される見込みがない場合　467
　　──が複数提出された場合　537
　　──の一本化　538
　　──の可決の見込みがないこと　440
　　──の決議　220
　　──の決議の不正　555
　　──の作成の見込みがないこと　440
　　──の提出義務　214
　　──の認可の見込みがないこと　441
　　──の排除　536
　　──の排除決定　542
再生計画認可・不認可の決定　560
再生計画認可決定に対する株主の即時抗告権　549
再生計画認可決定に対する即時抗告　562
再生計画認可決定の効力の発生時期　561
再生計画認可決定の当否　543
再生計画認可決定の要件　546
再生計画認可の決定時期　560
再生債権者の一般の利益に反する　556
再生債権者表　353
再生裁判所　426
再生債務者提出の再生計画案　536
再生債務者の公平誠実義務　41
再生手続　41

　　──における債権調査　62
　　──の法律違反　224,546
再生手続開始原因　440
　　──の存否の調査　441
再生手続廃止の決定　542
最善の利益テスト　309,338
財団債権　403
　　──の範囲　404
財団債権請求権との同時履行　508,509
裁判上の和解　500
裁判所書記官の審査権限　429
裁判所による監督　230
裁判所の変更決定　232
債務者による担保目的物の受戻し　323
債務者の資産の評価　439
債務整理開始通知　295
債務超過　438
　　──の立証　439
債務の確定　2
債務の消滅に関する行為　150,517
債務名義成立行為　524
債務免除等要請行為　287,296
裁量移送　581
裁量による認可　225
詐害行為取消権　127
詐害行為取消訴訟　365
詐害行為否認　129
　　──の要件事実　506
詐害性の考え方　136
詐害性の基準　136
差額償還請求の要件事実　528
査定異議訴訟における和解　75
査定異議の訴え　356
　　──の性質　73
　　──の訴訟物　73
　　──の判決　74
査定決定に対する異議の訴え　241
　　──の管轄　241
　　──の訴訟物　241
査定決定に対する不服申立方法としての異議の訴え　68
査定決定を認可する場合　74
査定決定を変更する場合　75
査定手続における和解　72

事項索引【さ行】

査定の裁判　354
査定の申立て　356
　　——の方式　238
　　——を棄却する決定　241
査定申立期間の経過　367
時価　85
　　——の概念　487
　　更生手続開始時の——　83
事業継続不可欠性要件　108, 386, 465
事業再生ADR　262, 299
事業譲渡　208, 465
　　——を伴う再生計画案　540
事業の継続に著しい支障を来す場合　409
自己破産　29
失権の主張　357
執行異議の申立て　568
執行行為否認　163, 523
　　——の要件事実　523
執行抗告　98
執行停止文書　98
執行力ある債務名義　163
実質的平等　399
私的整理　307
自働債権の取得規制　167
自認債権　64, 353
支払停止　273, 286, 438, 503
支払能力　437
支払の停止を要件とする否認の制限　520, 523
支払不能　177, 272, 277, 437, 503
　　——の要件事実　285
　　——の立証　503
支払不能推定規定　519, 521
社債権者による議決権行使　220
車両の所有権留保付割賦販売契約　191
集合債権譲渡担保における対抗要件具備行為　160
集合債権譲渡担保に対する中止命令　381
集合動産・債権譲渡担保　456
集合動産譲渡担保　81
　　——の存否　81
集合物譲渡担保　380
受益者の悪意　525
受継後の請求の趣旨の変更　366

受継する訴訟の訴訟物となる債権　360
受継訴訟の係属中の更生手続終了　502
受継の申立て　359
受訴裁判所　425
主張制限　367
出資不足額の支払請求権の査定申立て　237
出資不足額の支払請求権の保全処分　237
受働債権の取得規制　167
受働債務の負担規制　167
種類物についての代金支払の有無に関する立証責任　80
準自己破産　30
準消費貸借契約における旧債権　200
純然たる第三者による弁済　193
少額債権　449
　　——の優先弁済　407
少額債権弁済制度　226
償還すべき差額の算定時期　529
承継資産の価値評価基準　136
証券投資信託　176
商号続用の法理　127
商事留置権　117, 494
　　——の消滅　96
商事留置権消滅請求　94, 117, 121
譲渡担保　379
剰余金返還債務　174
将来債権譲渡　81
　　——の効力が及ぶ範囲　82
将来債権譲渡担保の存否　81
将来債権譲渡担保の評価　91
職権主義　426
職権進行主義　428
職権調査　428
　　——の方法　428
処分価額連動方式　485
所有権留保　380
　　——の存否　80
自力救済　260
スキームズ・オブ・アレンジメント　332
スポンサー選定（民事再生手続）　266
請求異議の訴え　164
制限説（対抗要件否認）　161
清算価値の基準時　339

597

清算価値保障原則　226,304,338,556
　　——の基準時　556
清算配当率　557
清算を前提とした再生手続　553
責問権の喪失　225
絶対優先原則　312,315,327,343
専相殺供用目的　177
戦略的異議　65,368
相殺禁止の例外　184,198
相殺権　167
相殺否認　150
創設説（対抗要件否認）　161
相続・相続放棄　184
相続の偶然性　185
想定弁済率　139
相当な対価を得てした財産の処分行為に関する詐害行為否認　510
即時抗告期間　570
　　——の起算日　570
即時抗告権者　569
即時抗告の起算日　570
即時抗告の効果　572
即時抗告の対象となる裁判　567
即時抗告の要件　567
訴訟救助申立却下決定　580
訴訟状態の拘束　366
訴訟手続の受継　76,483
　　——（無名義債権）　501
　　——（有名義債権）　501
　　——の申立て　362
訴訟の受継　359,361,362,363
訴訟の中断　358,361,363
訴訟費用の償還　498
租税債権　404
租税等の請求権　519
　　——の場合の否認の制限　521

【た行】

第二会社方式　125
対価が過大な債務消滅行為に関する詐害行為否認　510
対価の過大性　510
対抗的な再生手続開始申立て　34
対抗要件具備行為の否認　158

対抗要件否認　161
　　——の要件事実　522
第三者による行為　157
第三者による弁済　151
代物弁済　155
代理受領契約　189
多数決原理（私的整理）　271
棚卸資産　387
担保解除　100
担保権実行中止期間の伸長　462
担保権実行中止命令　22,95,375,402,451
　　——に不服がある場合　461
　　——の効果　25
　　——の正本　459
　　——の対象　23,379
　　——の対象となる担保権　454
　　——の発令　460
　　——の発令要件　452,454
　　——の要件　23,376
担保権実行手続の目的物　24
担保権実行の申立て　105
　　——の取下げ　460
担保権消滅許可　95,96,102,462
　　——の対象となる担保権　468
　　——の申立て　470
　　——の申立ての対象となる財産（破産手続）　104
　　——の要件　463
担保権消滅許可決定　472
担保権消滅許可制度　94
　　——（会社更生法）　389
　　——（破産法）　381,402
　　——（民事再生法）　385
担保権消滅請求　494
担保提供命令　231
担保の供与　517
担保の変換　100
担保物権を有する債権の取扱い　401
担保目的物の受戻しの条件　101
担保目的物の価額　491
担保目的物の評価　469
担保目的物の法的性質　91
担保目的物を評価する基準　487
中止命令　96

事項索引【た行・な行・は行】

――の対象　21
　　――の取消し　22
　　――の変更　22
　　――の要件　22
調査委員　442
　　――の選任　53
調査確定の対象　349
調査命令　33,38
　　開始決定後の――　54
　　開始決定前の――　52
陳述の変更　366
強い振込指定　189
提訴請求の制度　250
抵当権の実行手続の中止期間　461
手形金の支払の場合の否認の制限　521
手形金の弁済　519
手形の商事留置権　118
手形割引契約　199
出来高確認　171
手数料　429
手続の中止　97
転得者に対する否認　147
転得者否認の要件事実　525
転付命令の確定　99
転付命令の発令の否認　165
転用型事例　365
等価値として確信されるもの　322
当座勘定取引契約　187
倒産債権査定決定　71
倒産裁判所　424
　　――の管轄　424
倒産債務者自身による訴訟提起（役員責任
　追及訴訟）　243
倒産事件　416
倒産手続　416
　　――が競合する場合　444
　　――における決定　417
　　――における債権者平等原則　396
　　――における裁判　417
　　――に付随する訴訟事件の受訴裁判所
　　　424
　　――に付随する民事訴訟　422
倒産手続開始の裁判　28
倒産手続上の財団に関する民事訴訟　422

――の受訴裁判所　426
動産売買先取特権　79,494
　　――の更生担保権の成否　494
　　――の存否　79
　　――の特定性の要件　79
同時交換的行為　157
同時交換的取引の除外　516
投資信託の解約金返還債務　175,181
登録要件のない動産　80
特別抗告　579
特別清算事件の管轄　423
特別清算手続開始原因　443
特別清算手続における保全処分　450
特別清算手続の開始要件　443
特別清算の裁判　423
特別調査期間　481
特別の先取特権　117
届出があった再生債権　353
届出がない再生債権　353,361
届出がなされた破産債権　349
届出債権の取下げ　348
届出再生債権者からの再生計画案　537
届出のない更生債権　363
取込み詐欺　32
取締役の管財人への活用　47
取立委任手形　190

【な行】

内部債権の劣後的取扱い　412
荷為替手形取立委任契約　191
二義性説　275
任意売却　99
認可決定に対する即時抗告　222
認可決定の取消し　223,561
認可決定の破棄　223

【は行】

売却許可決定の否認　165
破産管財人らによる自認制度　348
破産原因　29
　　――を推定させる支払停止　275
破産債権査定異議の訴え　351
破産債権査定の申立て　350
破産債権者表　349,370

事項索引【は行】

破産債権の取得　194
破産債権の届出期間　347
破産裁判所　426
破産者から異議を述べられた債権者　350
破産者の異議　350
破産者の隠匿等の処分意思　513
破産者の義務に属しない行為　520
破産者の詐害意思　507
破産障害事由　29
破産手続開始原因　436
　──の審理　436
　──の存在　432
破産手続における債権調査　61
バッド部門　125
反対給付返還請求権との同時履行　508，509，514，515
販売用資産　465
非義務行為　151，519
　──の特則　156
　──の偏頗行為否認　520
非訟手続　423
否認および相殺禁止の基準時の統一（先行手続と後行手続の一体性の確保）　267
否認権　144
　──の行使　4
否認権・相殺禁止の基準としての支払停止　275
否認権行使時における目的物の価額　527
否認権行使の根拠規定　129
否認請求を認容する決定に対する異議の訴え　531
否認の訴えの性質　506
否認の訴えの訴訟物　506
否認の訴えの要件事実　505
否認の期間制限　148
否認の効果　148
否認の請求　530
否認の登記　150
評価人の評価費用　489
費用の予納命令の即時抗告　583
ファイナンス・リース　380
フォーミュラー・アプローチ　320
付議決定　533
　──がされない場合　536

　──の障害事由　217
　──の要件　533
複数の再生計画案を絞る方法　538
不公正な差別の要件　328
負債の価値評価基準　136
不誠実な申立て　35，435
不足額責任主義　93，94
不足額に関する合意　392
普通預金契約　188
物上代位に基づく債権差押手続　455
不動産の評価　88
不当性　146
　──の欠缺　507，509，515
　──の欠缺の抗弁　520
不当な損害　454
不当目的・不誠実な申立て　35
不認可事由　546
　──の例外　225
不服申立不許の原則　567
プライム・プラス・アプローチ　320
プレDIPファイナンス　264
分割対価の価値評価　138
分割納付　388
ペーパーレス証券　182
別除権　93，94，373，401
　──の不足額　369
　──の目的物の受戻し　100
　──の優先的取扱いの程度　402
別除権協定　95，101，268，342，390
　──の解除条件　391
別除権協定書　101
弁護士の債務整理開始通知　504
弁済禁止等の保全処分　51
弁済禁止の対象外債権　449
弁済禁止の保全処分　12
偏頗行為　144
偏頗行為否認　129，144，503
　──の一般的要件　146
　──の個別的要件　147
　──の対象　516
　──の要件　146
　──の要件事実　516
包括的禁止命令　26
　──の解除　27

600

――の要件　26
法人格否認の法理　127
法定の認可事由　224
法定の不認可事由　223
法的整理手続の選択　8
保険解約返戻金　172
保証契約　201
補助者である公認会計士の調査報告書　536
保全管理人による事業譲渡　16
保全管理人の権限　16
保全管理命令　15,31,35,38,447,449
保全管理命令発令基準　20
保全管理命令発令の要否　19
保全処分の主文例　448

【ま行】

前に生じた原因　185,199
孫請代金の立替払い　200
未払リース料債権　90
民事再生手続の開始要件　440
民事再生との競合　37
民事留置権　121
無委託保証人による代位弁済　194
無償行為　514
無償行為否認　514
無名義債権の確定手続　483
免除　150
申立棄却事由の存否についての調査　442
申立権の濫用をめぐる審理　433
申立債権の認定　431
申立書の記載事項　429
申立書の添付書類　429
申立適格　431
　　――（破産手続）　431
申立ての不誠実　32
申立ての不当　32
申立ての取下げ　578
申立ての方式　429

申立ての方式上の不備　430
目的物を共通にする複数の更生担保権　495

【や行】

役員等に対する損害賠償請求権の根拠規定　236
役員の個人財産に対する強制執行　241
役員の財産に対する保全処分　237,242
役員の責任を査定する裁判　240
役員の責任を査定する決定の主文　240
役員の賠償責任の査定　237
役員賠償責任査定の手続　238
約定劣後破産債権　406
有害性　146
遊休資産　386,465
優先的な債権に対する弁済　153
優先的破産債権　406
優先的破産債権間における優先順位　406
有名義債権の確定手続　483
預金拘束　260
予納金額の決定　584
予納金の返還請求権　31
予備的債権届出　57,357
弱い振込指定　188

【ら行】

濫用的会社分割　123,125,434
　　――の否認　153
リース物件の評価　90
利害関係人の意見陳述権　560
劣後的破産債権　406
連帯債務関係　200
労働債権　405

【わ行】

和解による査定事件の終了（更生担保権）　498

〈編者略歴〉

松嶋 英機（まつしま　ひでき）

弁護士（西村あさひ法律事務所パートナー）
（略　歴）
昭和41年3月　　中央大学法学部法律学科卒業
昭和46年4月　　弁護士登録（東京弁護士会）後、東京弁護士会法律研究部倒産法部会部長、日本弁護士連合会倒産法改正問題検討委員会委員、東京弁護士会倒産法改正対策協議会委員、通商産業省倒産法制研究会委員、事業再生研究機構理事、事業再生実務家協会代表理事、全国倒産処理弁護士ネットワーク理事、新潟大学大学院実務法学研究科非常勤講師、東京地方裁判所調停委員、沖縄事業再生研究会理事、中小企業再生の今後の政策的課題に関する研究会座長（中小企業庁）、足利銀行の受皿選定に関するワーキンググループ委員（金融庁）、事業再生人材育成促進事業第3分科会委員（経済産業省）、地域力再生機構（仮称）研究会委員（内閣府）、中小企業再生支援全国本部アドバイザリーボード委員（中小企業庁）、金融機能強化審査会委員（金融庁）、地域建設業支援緊急対策調査事業委員会委員長（国土交通省）、中小企業の再生を促す個人保証等の在り方研究会座長（中小企業庁）、個人債務者の私的整理に関するガイドライン研究会委員（金融庁）、金融機能強化審査会会長（金融庁）、個人版私的整理ガイドライン運営協議会（一般社団法人個人版私的整理ガイドライン運営委員会）委員、事業再生関連手続研究会顧問（経済産業省）、中小企業における個人保証等の在り方研究会委員（中小企業庁・金融庁）を歴任し、
平成24年4月　　株式会社東日本大震災事業者再生支援機構社外取締役（現任）
平成25年4月　　事業再生実務家協会顧問（現任）、株式会社地域経済活性化支援機構社外取締役・地域経済活性化支援委員長（現任）

（主な著書）

『ゼロからわかる事業再生』（編著・金融財政事情研究会）／『金融債権者から働きかける法的整理の実務』（編著・経済法令研究会）／『ゴルフ場の事業再生』（共著・商事法務）／『倒産法改正展望』（共著・商事法務）／『企業倒産・事業再生の上手な対処法〔全訂二版〕』（編著・民事法研究会）／『私的整理計画策定の実務』（共著・商事法務）／『最新実務解説一問一答民事再生法』（共著・青林書院）／『事業再生 ADR の実践』（共著・商事法務）／『民事再生法入門〔改訂第 3 版〕』（編著・商事法務）　ほか著書・論文多数

第 1 部序章担当

伊藤　眞（いとう　まこと）

早稲田大学大学院法務研究科客員教授、東京大学名誉教授、弁護士（長島・大野・常松法律事務所顧問）

（略　歴）

昭和42年 3 月	東京大学法学部卒業
昭和43年 4 月	東京大学法学部助手、その後名古屋大学法学部助教授、一橋大学法学部助教授、一橋大学法学部教授、東京大学大学院法学政治学研究科教授を経て
平成19年 3 月	東京大学定年退職
平成19年 4 月	早稲田大学大学院法務研究科客員教授、弁護士登録（第一東京弁護士会）
平成19年 6 月	東京大学名誉教授
平成25年 4 月	株式会社地域経済活性化支援機構社外取締役・地域経済活性化支援委員（現任）

昭和53年～54年 Harvard Law School にて在外研究、昭和54年～55年 University of Michigan Law School にて在外研究、平成18年 Seoul National University にて在外研究

（主な著書）

『破産法・民事再生法〔第 3 版〕』（単著・有斐閣）／『民事訴訟法〔第 4 版補訂版〕』（単著・有斐閣）／『会社更生法』（単著・有斐閣）／『松嶋英機弁護士古稀記

編者略歴

念論文集——時代をリードする再生論』（共編・商事法務）／『コンメンタール民事訴訟法Ⅰ～Ⅴ』（共著・日本評論社）／『新注釈民事再生法(上)(下)〔第2版〕』（共同監修・きんざい）／『条解破産法』（共著・弘文堂）／『法律学への誘い〔第2版〕』（単著・有斐閣）／『民事再生法逐条研究』（共著・有斐閣）　ほか著書・論文多数

第2部序章担当

園 尾 隆 司（そのお　たかし）

東京高等裁判所部総括判事

（略　歴）

昭和47年3月	東京大学法学部卒業
昭和49年4月	東京地方裁判所判事補、その後最高裁判所民事局付、同人事局付、札幌地方裁判所判事、最高裁判所民事局第二課長、最高裁判所民事局第一課長兼第三課長、東京地方裁判所判事、東京地方裁判所民事第20部総括判事、最高裁判所民事局長兼行政局長、最高裁判所総務局長、宇都宮地方裁判所所長、静岡地方裁判所所長を経て
平成21年3月	東京高等裁判所部総括判事（現在に至る）

（主な著書）

『民事訴訟・執行・破産の近現代史』（単著・弘文堂）／『倒産法の判例・実務・改正提言』（共編・弘文堂）／『松嶋英機弁護士古稀記念論文集——時代をリードする再生論』（共編・商事法務）／『民事再生法書式集〔第4版〕』（共同監修・信山社）／『条解民事再生法〔第3版〕』（共編・弘文堂）／『最新実務解説一問一答民事再生法』（共編・青林書院）／『大コンメンタール破産法』（共編・青林書院）／『新・裁判実務大系⑳新版破産法』（共編・青林書院）　ほか著書・論文多数

第3部序章、第6章担当

●執筆者一覧●

(執筆順)

〈第1部〉

松嶋　英機（弁護士・西村あさひ法律事務所）序章
佐藤　昌巳（弁護士・佐藤綜合法律事務所）第1章第1節
清水　祐介（弁護士・ひいらぎ総合法律事務所）第1章第2節
富永　浩明（弁護士・富永浩明法律事務所）第1章第3節
進士　　肇（弁護士・篠崎・進士法律事務所）第2章第1節
田汲　幸弘（弁護士・シティユーワ法律事務所）第2章第1節
蓑毛　良和（弁護士・三宅・今井・池田法律事務所）第2章第2節
志甫　治宣（弁護士・三宅・今井・池田法律事務所）第2章第2節
佐長　　功（弁護士・阿部・井窪・片山法律事務所）第3章
原田　崇史（弁護士・阿部・井窪・片山法律事務所）第3章
鈴木　　学（弁護士・西村あさひ法律事務所）第4章第1節
髙橋　洋行（弁護士・株式会社地域経済活性化支援機構）第4章第1節
深山　雅也（弁護士・深山・小金丸法律事務所）第4章第2節
三森　　仁（弁護士・あさひ法律事務所）第4章第2節
粟田口太郎（弁護士・ビンガム・坂井・三村・相澤法律事務所）第5章
木村　昌則（弁護士・木村昌則法律事務所）第5章
藤田　将貴（弁護士・ビンガム・坂井・三村・相澤法律事務所）第5章
濱田　芳貴（弁護士・西村あさひ法律事務所）第6章
金井　　暁（弁護士・大知法律事務所）第6章
中井　康之（弁護士・堂島法律事務所）第7章第1節
富山　聡子（弁護士・堂島法律事務所）第7章第1節
中森　　亘（弁護士・北浜法律事務所・外国法共同事業）第7章第2節

執筆者一覧

〈第2部〉

伊藤　　眞（早稲田大学大学院法務研究科客員教授）序章
杉本　和士（千葉大学大学院専門法務研究科准教授）第1章
藤本　利一（大阪大学大学院高等司法研究科教授）第2章
杉山　悦子（一橋大学大学院法学研究科准教授）第3章
松下　祐記（千葉大学大学院専門法務研究科教授）第4章
杉本　純子（日本大学法学部准教授）第5章

〈第3部〉

園尾　隆司（東京高等裁判所部総括判事）序章、第6章
古谷　慎吾（横浜地方裁判所相模原支部判事）第1章
片山　　健（熊本地方裁判所天草支部判事）第2章
垣内　　正（最高裁判所経理局局長）第3章
日置　朋弘（最高裁判所行政局第二課長）第3章
島岡　大雄（大阪高等裁判所判事）第4章
鹿子木　康（千葉地方裁判所部総括判事）第5章
鈴木　義和（水戸地方裁判所判事）第5章

（所属は、平成26年9月30日現在）

【専門訴訟講座⑧】倒産・再生訴訟

平成26年11月13日　第1刷発行

定価　本体5,700円＋税

編　者　　松嶋英機・伊藤　眞・園尾隆司
発　行　　株式会社　民事法研究会
印　刷　　株式会社　太平印刷社

発行所　　株式会社　民事法研究会
　　〒150-0013　東京都渋谷区恵比寿3-7-16
　　　〔営業〕TEL 03(5798)7257　FAX 03(5798)7258
　　　〔編集〕TEL 03(5798)7277　FAX 03(5798)7278
　　　http://www.minjiho.com/　　info@minjiho.com

落丁・乱丁はおとりかえします。　ISBN978-4-89628-978-7　C3332 ¥5700E
カバーデザイン　袴田峯男

▶東日本大震災・金融円滑化法後の倒産・再生に対応するための最新の実務と情報を織り込み改訂！

企業倒産・事業再生の上手な対処法〔全訂二版〕

松嶋英機・花井正志・濱田芳貴　編著

A5判・454頁・定価　本体3,800円＋税

本書の特色と狙い

▶リーマン・ショック後の状況を踏まえ、私的整理・法的整理の解説を全面的に見直し、膨大な情報をコンパクトにまとめ倒産・再生実務の全体像を俯瞰できるよう配慮！

▶中小企業再生支援協議会、事業再生ADR、産活法等の私的整理手続、および破産、特別清算、民事再生、会社更生の法的整理手続につき、手続の全体像と実務の応用について図・表・書式を織り込みつつ丁寧に解説！

▶東日本大震災、中小企業金融円滑化法の期限後、倒産事件が増大することが見込まれる中で、実務に必須の最新の情報を提供！

▶企業倒産処理に不可欠な会計、税務から民事責任および刑事責任についても網羅！

▶産活法改正や税制まで織り込んだ企業関係者・弁護士、金融機関等の最適書！

本書の主要内容

第1編　企業倒産・事業再生の概要
- 第1章　企業倒産・事業再生の最前線
- 第2章　企業倒産・事業再生に関する各種手続
- 第3章　法的整理手続の概要
- 第4章　私的整理手続の概要
- 第5章　産業再生法による再生手法
- 第6章　各種手続・制度の複合的利用

第2編　企業倒産・事業再生への対処法
- 第7章　取引先が経営危機に陥ったときの対処法
- 第8章　法的整理手続への対処法
- 第9章　私的整理手続への対処法
- 第11章　企業倒産・事業再生と債権償却等
- 第12章　企業倒産・事業再生と経営者の責任

発行　民事法研究会

〒150-0013　東京都渋谷区恵比寿3-7-16
(営業) TEL. 03-5798-7257　FAX. 03-5798-7258
http://www.minjiho.com/　info@minjiho.com

■東京大学名誉教授・早稲田大学客員教授　伊藤眞氏推薦！

担保権消滅請求の理論と実務

佐藤鉄男（中央大学法科大学院教授）
松村正哲（弁護士・森・濱田松本法律事務所） 編

Ａ５判上製・665頁・定価　本体6,000円＋税

▷▷▷▷▷▷▷▷▷▷▷▷▷▷▷▷▷▷▷▷ **本書の特色と狙い** ◁◁◁◁◁◁◁◁◁◁◁◁◁◁◁◁◁◁◁◁

▶研究者が精緻な理論的考察を試み、弁護士・金融機関関係者・司法書士・公認会計士・税理士・不動産鑑定士・リース会社関係者が豊富な図・表・書式を織り込み、制度を「どう使うか」を追究！
▶要件論から手続論および制度の射程を民事訴訟法の研究者により底流に流れる法理を詳細に解明！
▶民法における担保法理論と担保権消滅請求との関連を民法の研究者が、制度の経済学的分析を法社会学者が、法分野を越えた考察を提示！
▶裁判例の詳細な分析から、担保権実行中止命令・担保権消滅請求の申立および裁判の各手続から価格決定請求、登記手続、会計・税務上の取扱いを現場に立つ実務家がこれまでにない切り口で論究！

本書の主要内容

第１章　担保権消滅請求の意義と課題
第２章　担保権消滅請求の法的構造
　第１節　担保権消滅請求の要件論
　第２節　担保権消滅請求の手続論
　第３節　担保権消滅請求の射程──非典型担保への適用をめぐる問題を中心として──
第３章　担保権消滅請求の理論分析
　第１節　担保法理論と担保権消滅請求
　第２節　担保権消滅請求制度の経済学──分析と展開
第４章　担保権消滅請求の手続と書式
　第１節　破産手続
　第２節　民事再生手続
　第３節　会社更生手続
　第４節　登記手続
第５章　評価人による担保物の評価
　第１節　不動産の評価
　第２節　動産の評価
第６章　担保権消滅請求の会計・税務
　第１節　会計上の取扱い
　第２節　税務上の取扱い
第７章　担保権消滅請求等の裁判例
第８章　担保権消滅請求の実務上のポイント
　第１節　各利害関係人からみた実務上のポイント
　第２節　金融機関からみた実務上のポイント

○執筆者（執筆順）
佐藤鉄男（中央大学法科大学院教授）・倉部真由美（法政大学法学部教授）・髙田賢治（大阪市立大学法科大学院准教授）・山本　研（早稲田大学法学部教授）・梶山玉香（同志社大学法学部教授）・田中　亘（東京大学社会科学研究所准教授）・松村正哲（弁護士）・松井裕介（弁護士）・矢田　悠（弁護士）・田尻佳菜子（弁護士）・片桐　大（弁護士）・田口靖晃（弁護士）・小俣　徹（不動産鑑定士）・篠原俊哉（昭和リース株式会社）・加藤俊明（司法書士）・髙木　融（公認会計士）・山根陽介（税理士）・黒木正人（飛驒信用組合）

〒150-0013　東京都渋谷区恵比寿3-7-16
（営業）TEL. 03-5798-7257　FAX. 03-5798-7258
http://www.minjiho.com/　info@minjiho.com

発行　民事法研究会

●多様な利害関係の適切・公正な調整を図るための指針を詳解！

【専門訴訟講座⑦】
会社訴訟
―訴訟・非訟・仮処分―

浜田道代・久保利英明・稲葉威雄　編

A5判・1000頁・定価　本体8,500円＋税

▷▷▷▷▷▷▷▷▷▷▷▷▷▷▷▷　**本書の特色と狙い**　◁◁◁◁◁◁◁◁◁◁◁◁◁◁◁◁

▶会社をめぐるさまざまな紛争の事前の差止め・仮処分から本訴、事後の責任追及、非訟事件まで、法理、実務上の手続・留意点、解決へのノウハウ、審理のあり方と要件事実を、斯界の著名な執筆陣が詳細に解説！

▶［第1部：法理編］では、研究者を中心に、わが国における現段階での会社訴訟の全貌を、体系的に俯瞰しつつ、紛争の中に活きる理論を解説し、新たな形での「理論と実務の架橋」を実現！

▶［第2部：実務編］では、日々企業活動の中で生じる紛争に最前線で立ち向かう弁護士が、その相談から訴訟遂行においてその手続上の留意点から、事前・事後に行っておくべきこと、訴訟外の対応等、紛争解決のためのノウハウを開示！

▶［第3部：裁判と要件事実編］では、東京地方裁判所商事部に所属した裁判官により、訴訟要件・実体的要件から、審理のあり方、和解の可否、主張・立証責任の所在と要点を解説！

本書の主要内容

第1部　会社訴訟の法理
- 第1章　会社訴訟の意義とその法的構造
- 第2章　会社の組織に関する訴え
- 第3章　事前の差止め・仮処分
- 第4章　事後の責任追求
- 第5章　会社の解散の訴え・社員の除名の訴え・役員の解任の訴え
- 第6章　非訟事件
- 第7章　その他の主要な会社関連訴訟

第2部　会社訴訟の実務
- 第1章　相談から訴訟遂行へ
- 第2章　取締役会をめぐる係争
- 第3章　株主総会の支配権をめぐる係争
- 第4章　事後の責任追求
- 第5章　組織再編無効・詐害行為取消し
- 第6章　非訟

第3部　会社訴訟の要件事実と裁判
- 第1章　会社の組織に関する訴訟
- 第2章　会社に対する役員等の責任の追及訴訟
- 第3章　その他の会社訴訟
- 第4章　会社関係仮処分
- 第5章　会社関係非訟

発行　民事法研究会

〒150-0013　東京都渋谷区恵比寿3-7-16
（営業）TEL.03-5798-7257　FAX.03-5798-7258
http://www.minjiho.com/　info@minjiho.com